清史列传

简体字本

王钟翰 点校

清史列传

卷四三～卷五一

中华书局

清史列传卷四十三

大臣传续编八

江忠源

江忠源，湖南新宁人。道光十七年举人。二十四年，大挑二等，以教职用。二十七年，新宁会匪雷再浩等滋事，忠源率乡兵捣其巢，擒雷再浩。事平，以知县用，赏戴蓝翎。二十八年，拣发浙江。二十九年，署秀水县知县。三十年，补丽水县知县。是年，文宗显皇帝登极，诏中外大臣各举所知，礼部右侍郎曾国藩疏荐忠源，遵旨赴部引见，并蒙召对。旋丁父忧。

咸丰元年，粤匪洪秀全等倡乱，上命大学士赛尚阿为钦差大臣，督师往剿，奏调忠源赴营差委。忠源募乡兵五百，率赴广西。时贼氛甚恶，官兵莫敢撄其锋，忠源筑垒逼贼营，贼以其兵少，且新集，急犯之。忠源坚壁如不敢战，贼近堙，始开壁驰之，斩首数百，贼大败。以功赏换花翎，俟服阕后，以同知直隶州知州用。

寻贼聚于永安州,官兵环攻,不克,忠源与副都统乌兰泰议掘长壕聚歼之,统兵者不能用,遂以疾归。二年正月,贼犯广西省城,忠源由新宁增募千人,倍道赴援。至则乌兰泰已中炮卒,城围逾月,乃与总兵秦定三等由飞龙桥进攻古牛山,设伏诱战,败之;复自北门外移营东面,连击之,并于猫耳山分路设伏,三面兜围,歼戮及追溺者甚众。贼旋由栖霞寺一带来扑,忠源等伏炮击却之,贼夜遁,省城围解。论功,以知府用。

四月,贼窜全州,附城屯踞,忠源偕官军追及,叠遏其冲,并建议扼要布营,杜贼歧出。贼掳船图窜,忠源豫于河面密钉排桩阻截,仍分路逼攻贼营。贼拒战凶猛,忠源策马当先,兵勇继进,大败之。越日,贼穿地道破城入,旋窜出,将循河北驶。忠源等绕前迎截,翼日,贼船二百馀聚泊蓑衣渡。我军四路力攻,贼酋冯云山中炮死,贼乘夜弃舟逸。忠源以全州东岸空虚,请分军扼截,复请躬率所部往,均未及用其策。贼寻由东岸窜湖南,陷道州。五月,忠源偕各军分队并进,诱贼出巢,败之。贼筑垒树栅,意图久踞,我军逼攻,贼坚匿不出。六月,忠源购城贼为内应,约期合攻,贼夜遁,由蓝山、嘉禾犯桂阳,陷郴州,我军拔营追之。七月,连次进攻,忠源设伏接应,贼溃,复分股窜逼长沙省城。

忠源自郴州赴援,贼大股亦由郴州并趋省城,南门外天心阁地势最高,贼争栅其上。忠源望见,惊曰:"贼据此,长沙危矣!"急率所部缒城争之,我军死伤数十人。忠源督战益力,贼不支,始退出。忠源移垒逼贼,去贼营仅数十步,共汲一井,击柝声相闻。自八月至九月,与贼相持,贼日蹙。十月,长沙围解。忠源以官军四面集,惟河西一面虚,请调重兵驻回龙塘,扼贼窜路,期尽歼之。会赛尚阿罢斥，钦差大臣署湖广总督徐广缙久不至，无所从。贼遂由回龙塘窜出，掠舟西遁。十一月，追贼至临资口，会巴陵土匪晏仲武等乘乱肆扰，忠源奉檄剿平之。十二月，移师剿浏阳会匪周国虞，贼势张甚，忠源设伏掩杀，贼大败，追奔二十里，斩首七百，解散胁从万馀。浏阳平。三年正月，以上年防守湖南省城功，命以道员用。

时粤匪由湖南窜湖北，陷武昌省城。署湖广总督张亮基奏调忠源赴湖北差委，寻擢湖北按察使。粤匪复自武昌沿江下窜，由安徽犯江苏，钦差大臣、湖北提督向荣跟踪追剿。二月，上以忠源历次接仗奋勇，命带亲信兵赴向荣军营，张亮基奏留忠源暂缓前往，允之。贼寻陷江苏江宁府，镇江、扬州亦相继失守，诏忠源迅赴江南帮办向荣军务。适湖北通城县土匪刘立简纠众肆掠，张亮基檄忠源剿平之，并剿灭崇阳土匪陈北斗、嘉鱼土匪熊开宇等。亮基奏入，得旨："江忠源现剿湖北匪徒，着暂缓起程，即赶紧将著名首逆悉数歼擒。"时通城土匪陈申子等由桂口径袭崇阳，忠源率其弟六品顶带忠济等驰抵桂口，斩陈申子于阵，乘胜攻剿何葛墩匪首何田俊，复败之，擒著名逆匪二十馀人。

四月，以剿办土匪将竣，遵旨前赴江南，并以军兴数载，巨寇披猖，贻误有由，宜思变计，爰将现办军务所关得失胪举八条陈奏：[一]"一曰严军法。将不行法，是谓无将；兵不用法，是谓无兵。全州以失援陷而赴救不力者相仍，道州以弃城陷而望风先逃者接踵。驯至岳州豫设防师，不能为旦夕之守；九江厚集兵力，不能遏水陆之冲。由畏贼念重，畏法念轻也。夫贼常致死于我，而我转避其锋，利钝之机，已决于此。粤匪与官军接仗，[二]

每驱新附之贼在前,以死党监督其后,却顾者辄杀之,故不得不为之尽力。诚欲易怯而为强,莫如易宽而用猛。一曰撤提镇。承平日久,提镇类多积资较俸,荐至高位,未必均有胆略也。而军营体制,副参以下,俱听命于提镇。提镇不得其人,则一军皆难得力。又军兴既久,筹饷维艰。裁一提镇之费,养精兵二百有馀。副参以下,敢战者未尝无人,资位较轻,则奉檄不敢迁延;拔擢方始,则临事易为感奋。诚择提镇之久历戎行、胆气尚优者,以资统御,其馀概行裁汰,庶军政严而军饷亦裕矣。一曰汰弁兵。选兵之道,胆气第一,朴实耐苦次之,技艺娴熟又次之,巧滑怯懦最下。有武艺而无胆气,则临阵忙乱。战阵之事,与搏斗异。旌旗骇目,金鼓震耳,胆怯则心易动,心动则耳目手足举失其常。朴实耐苦之人,军令易于服习,令进则进,令退则退,故可得而用。巧滑怯懦之流,无事则应对趋跄,临阵则趑趄退避,论功则多方钻营,遇败则巧为推诿。此弁兵之宜汰者也。一曰明赏罚。军兴以来,得一胜仗,先邀奖录者,皆主帅左右随侍之人;而逆匪蔓延四年,未尝行一失律之诛,何以昭惩劝乎?夫赏罚未可一概论也。胜固当赏,然或杂然并进,割取他人之首级以冒功,或当追击至要之时,不思乘胜掩杀,只顾夺取财物,以致大胜变为小挫,则又当罚。败固当罚,然或奋勇前驱,后军不继,或大众皆走,一军独前,则又当赏。若大帅惟据营主之禀报,营主又付诸左右之品评,功罪之实,既非采访所能知,好恶之心,又因毁誉而多误。求有当于人心难矣。自非亲历行阵,开诚布公,何以振积疲之习乎?一曰戒浪战。我兵并力攻贼坚垒,每至损伤精锐,其新兵未与贼战者,不谙营垒壕墙之式,将卒无所恃以为固,往往为贼所乘。贼分数路来扑，我每以一路当之，即或数道并登，而临阵彼此不相顾，或左进而右退，或后却而前行，贼得以施其奇正钞伏之术，皆危道也。故贼之止也，宜扼要以断其接济，严兵以堵其逃窜；贼之行也，宜豫择精兵宿将，迎头拦截以遏其锋，沿途设法以挠其势。乃我之围贼也，不务扼要严防，专以扑营逐利为事；其追贼也，不务拦头逆击，专以跟踪尾击为能。小有失挫，将卒之气先馁，须养之经旬，始堪再战，使贼得以长其凶锋。此浪战之宜戒也。一曰察地势。地利非仅山溪之险也，视贼出入之踪而先为之防，察贼分合之势而遥为之制。虽渐车之浍，数仞之冈，苟形势在所必争，则机会不可偶失。请以近事明之，全州蓑衣渡之战，贼锋已挫，宜连营河东，断贼右臂；道州之役，贼势本孤，宜分屯七里桥，扼贼东窜；长沙之围，贼路俱穷，宜据回龙塘、土墙头，堵贼西溃之路。他如道州双牌莲涛湾六十里之奇险，贼入死地而纵之使生；湘阴之临资口，岳州之城陵矶，皆水陆必争之隘而放之使遁：皆由事前未及虚心体访，豫为绸缪故也。一曰严约束。兵丁旧明营规，果能严为约束，无难一律肃然。乡勇多系四方无籍之民，较兵丁殊为难驭，然犹可按兵籍而稽，至于长夫及随营买卖之人，倏来倏往，踪迹靡常。或假充兵勇，掠取近营村庄财物，转卖营中，将来事竣，散处民间，必为后患。从前三省教匪，大局已经戡定，而勇夫啸聚，又两年始平，其明证矣。一曰宽胁从。凶恶痞棍，楚、粤州县所在有之。平日作奸犯科，官司每苦文法之繁，曲从宽宥，一旦有警，从乱如归。又所配流军，及被贼劫放监禁。此皆甘心从贼，宽之无可宽者也。至于驱胁之徒，并非甘心从贼，宜多写简明示谕，射入贼中，临阵旁竖投诚免杀大旗，令其乘与贼接仗之时，弃城奔赴，给免死执照，资遣回家，庶几党与既披，渠魁自殄。"疏入，得旨："所陈均属切中机宜。该臬司亲历行间，两载以来，目击军情，自非空谈韬钤者可比。现已赴江南军营，着即将所陈各条与向荣等悉心商榷，[三]认真办理。"

　　会湖北广济土匪宋关祐等抗粮为乱，[四]上命忠源顺道迅速剿办。忠源督兵进剿，斩首五百馀，俘数十人，解散被胁愚民甚众。五月，行抵九江，会粤匪由江宁分股溯江上窜，扑江西省城。忠源方奉命援凤、颍，闻警即疏请改道，先援江西，率亲兵千三百人三昼夜行五百里抵南昌，即偕巡抚张芾等力筹战守。贼方环攻各门，施枪炮，挖地道。忠源宿谯楼，晓夜躬巡，督兵勇加筑月城，开挖深壕，安设瓮听，即突门出战，贼屡扑屡退，往复者四；复密派兵勇缒城焚贼巢，节次斩擒无算。上以忠源屡著战功，所带楚勇尤奋往出力，诏嘉奖之。六月，忠源饬兵勇分三路迎剿，燔章江门外贼垒及船，贼穴地轰城，陷数十丈，众数千蜂拥上，忠源率其弟忠济督楚勇首先奋击，抢护城缺，鏖战经时，贼死伤山积。奏入，上嘉之，赐白玉翎管、四喜搬指各一。

　　寻湖南援师亦先后集，贼气沮，图窜吉安、临江。会安福、泰和、万安各属土匪纷起，忠源恐土匪与南昌之贼钩连，则上下路绝；乃分军樟树镇扼贼冲，而檄训导罗泽南剿泰和各匪，平之。八月，忠源于章江得胜两门城上，分置巨炮十馀，逼对贼垒，昼夜轰击；垒尽倾，并沉贼船，贼将遁。忠源令兵勇乘势下城纵火，值南风大作，火益猛，贼惊溃，痛歼之；贼军械多毁，纷纷登舟扬帆下窜，遂解南昌之围。疏入，谕曰："逆匪攻扑江西省城九十馀日,经江忠源等督率官绅兵民,协力固守,虽未能剿尽贼匪,而城围已解,自应先沛恩施。江忠源着赏给二品顶带。"寻贼自南昌回踞九江,忠源追剿,贼复分股溯江上窜,扰湖北兴国州,径扑田家镇。初,武昌道徐丰玉、汉黄德道张汝瀛驻守田镇,用战舰扼江,而南岸半壁山不设备,忠源督军追至,急挥兵据险。贼船扬帆直上,已先我兵而登,陆路贼亦麇至,水陆交讧,官军遂溃。徐丰玉、张汝瀛死之。时忠源至田镇甫一日,自请严议,上念其初到,救援不及,降四级留任。

旋擢安徽巡抚。贼自田镇连樯上驶,扰黄州,攻陷汉阳、汉口,围扑武昌省城,忠源收集兵勇往援,以江路梗阻,疏陈留楚剿办情形,拟先攻复汉阳。十月,进抵滠口,贼惧忠源蹑其后,乘夜遁;忠源即分兵沿江追剿,击沉贼船,殪贼无算。武昌解严,遂绕道赴任,并疏请增兵万人当一路。先是,安徽自安庆府被陷,移省会于庐州府。至是,江西之贼下窜,再据安庆,江宁之贼又分股窜扰,逼近庐州。忠源以庐州为南北枢纽,赴援稍迟,贼且北窜,遂以二千人先发。行抵六安州,适舒城、桐城已陷,士民遮道请留,忠源方病,入城为缮守备,六安人心稍定,而庐州警报日夕至,乃留千人守六安,自率数百人驰抵庐州。未几,贼大至,练丁溃散,[五]忠源力疾登陴,誓死守,城周二十六里,合练丁及援兵仅三千人,糗粮军火,一无所有。贼挖地道,我军迎掘,破其诡计。贼叠次扑城,均击败之,殪贼数百,获云梯五十馀具。奏入,上以忠源病躯督战,叠挫贼锋,优诏嘉其忠勇。贼旋以地雷轰大西门月城,缺十馀丈,众拥上,忠源力御却之,随督兵勇抢筑,城复完。忠源疏陈固守待援及饷需不继情形。

十一月,湖北之贼窜入安徽英山县,忠源以未能先事豫防,下部议处。时庐州贼日夜环攻,因官军防御甚力,复暗掘地道,我军穴墙出城击退,贼复于水西门伏地雷,我军再迎掘之,贼计穷。越日,贼四五百人扑小东门,[六]忠源以城外援兵稍集,派楚勇缒城接应。忽水西门月墙被地雷轰裂八丈有奇,火光猛烈,城摇撼,贼乘势欲径入,忠源亲督兵勇冒烟冲上,施枪炮,掷火弹,燔百馀人,贼不敢上;并分兵歼小东门之贼多人,遂乘势钞击,贼败却。奏入,得旨:"江忠源力保危城,躬亲战阵,督率将弁兵勇,并力捍御,俾得化险为平,实属忠勇,可嘉之至!着赏给霍隆武巴图鲁名号。"

庐州自十一月合围,忠源坚守逾月,贼夺气,将遁矣。有内奸以城中食乏、军火且尽告,遂增掘隧道。十二月,贼并力攻城,水西门城塌十馀丈,忠源且战且修筑,贼突自南门缘梯入,人声鼎沸,忠源知事不可为,掣佩刀自刎,左右持之。一仆负忠源行,忠源嚼仆肩及耳,血淋漓,仆创甚,不得已委忠源于地。贼逼,忠源转战至水关桥之古塘,身被七创,奋投桥下,死之。布政使刘裕鉁,池州府知府陈源兖,同知邹汉勋、胡子雝,县丞兴福、艾延辉,副将松安,参将马良勋、戴文澜,均同时殉难。忠源殁后八日,旧部周昌发冒死入城,负尸出,面如生。

事闻,谕曰:"江忠源以知县调赴军营,屡立战功,超擢臬司,令其帮办军务。本年在江西守城,尤为出力,倍著忠勤。[七]旋即授为安徽巡抚,由湖北力疾赴皖。甫抵庐州,即值逆匪围攻郡城,督率文武绅民兵勇,竭力守护,一月有馀,屡次出奇制胜,力捍危城,方资倚畀。乃因援兵不力,以致贼陷庐州,捐躯尽节,深堪悼惜！江忠源着追赠总督，即照总督阵亡例赐恤，入祀昭忠祠。任内一切处分，悉予开复。应得恤典，该衙门察例具奏。并着于殉难地方建立专祠，以慰忠魂。"四年，复谕曰："江忠源因庐州被陷，临阵捐躯。当经降旨优恤，后将伊弟江忠济、江忠濬先后加恩，以知府、知州用。念江忠源身经百战，力守危城，厥功甚伟！以外援不力，效命行阵。每忆孤忠，时深矜悯！其灵柩回籍时，着福济、和春派委妥员，护送出境，并着沿途地方各官，妥为照料，用示朕垂念荩臣至意。"寻赐恤如例，予谥忠烈，赏骑都尉兼一云骑尉世职。

　　九年，湖南巡抚骆秉章奏请于湖南省城，建立忠源专祠，诏如所请。同治元年，上追念死节诸臣，以忠源及其弟忠济先后殁于行阵，一门忠烈，尤堪悯恻，各赐祭一坛。三年，上以江宁克复，念忠源战功，赏三等轻车都尉世职。七年，江西巡抚刘坤一奏江西士民感戴忠源力守省城，呈请捐赀为忠源及其弟署广西提督江忠义建立专祠，允之。光绪三年，前兵部左侍郎彭玉麟奏陈忠源前在湖北按察使任内战功政绩，允洽人心，请入祀湖北省城罗泽南等三忠祠，允之。

　　子孝棠，袭世职。

【校勘记】

〔一〕爰将现办军务所关得失胪举八条陈奏　原脱"爰"、"现办"、"所关"五字，今据江忠源传稿(之一七)补。

〔二〕粤匪与官军接仗　"与"原误作"于"。今据江忠源传稿(之一七)改。

〔三〕着即将所陈各条与向荣等悉心商榷　原脱"所陈"二字。今据显
　　录卷九一叶一六上补。按江忠源传稿(之一七)亦脱。

〔四〕会湖北广济土匪宋关祐等抗粮为乱　"祐"原作"祜",形似而讹。
　　今据江忠源传稿(之一七)改。

〔五〕练丁溃散　"练"原误作"团"。今据江忠源传稿(之一七)改。
　　下同。

〔六〕贼四五百人扑小东门　"百"原误作"千"。今据显录卷一一五叶
　　四〇下改。按江忠源传稿(之一七)亦误。

〔七〕倍著忠勤　"忠"原误作"功"。今据显录卷一一六叶一二上及江
　　忠源传稿(之一七)改。

李续宾

　　李续宾,湖南湘乡人,廪贡生。咸丰二年,粤匪洪秀全等窜
扰湖南长沙,同郡贡生罗泽南创办团练,续宾以父登胜命,往应
之。续宾能以兵法约束团勇,所练悉精锐。三年,贼围江西省
城,前礼部右侍郎曾国藩、湖南巡抚骆秉章檄续宾随罗泽南赴
援。会土匪围吉安府,陷泰和、安福二县,续宾随同解吉安之围,
克复泰和、安福。事平,以从九品用。未几,土匪陷永兴县,续宾
复随同往剿,战于油榨墟,复其城。寻复败湘潭之贼。叙功,以
县丞用。先是,续宾所部仅三百六十人,至是,骆秉章檄增为五
百人,驻军衡州。平常宁土匪。

　　四年七月,曾国藩统水陆军东下,续宾随泽南及提督塔齐布
等赴剿,抵岳州,驻大桥。时湘军才千人,分防八路,贼日夜来
犯,续宾鏖战连旬,破贼垒数十。岳州平,遂追贼至临湘县之长

安驿,湖北蒲圻之羊楼峒,崇阳之虎爪石、桂口,克复崇阳、咸宁县城,又击贼于横沟硚、官步硚,败之。叙功,擢知县,赏戴蓝翎。八月,进剿武昌,叠破花园及鲇鱼套贼垒,遂复武昌、汉阳。语均在罗泽南传。曾国藩奏:"续宾自岳州拔营东下,常为军锋,沿途七战皆捷,攻克花园坚垒,尤足制贼之命。"得旨,以直隶州知州用,赏换花翎。九月,随同克复兴国州,擒伪进士胡万智,斩之。十月,进攻半壁山贼巢,随同罗泽南扎营山下,距提督塔齐布之营十馀里,中隔小河。塔齐布正督兵搭造浮桥,以通两营之路,忽突出多匪,阻遏渡处,沿江贼船及由田家镇渡江之贼,各出数千分扼半壁山左右;其占踞旧垒之贼二万馀,〔一〕复空壁来扑。时塔齐布之师无桥可渡,泽南所统乡勇又众寡不敌,军士多失色,逃者三人。续宾怒马入阵,手斩三人以徇,麾军血战,贼大溃,歼贼万计,断贼横江铁锁,遂破田家镇。捷入,记名以知府用,赏挚勇巴图鲁名号。

　　十一月,授安徽安庆府知府。时贼以黄梅为湖北、安徽、江西三省总汇之区,悉众踞守,势张甚。湖广总督杨霈方驻军北岸,不敢前,续宾乃随塔齐布、罗泽南渡江北剿,力攻坚城,身先士卒,克复黄梅及广济县。贼复纠安庆窜贼,踞孔垅驿、小池口一带,续宾等由对岸督兵进攻,遇贼于翟港,〔二〕痛歼之。寻剿湖口援贼至梅家洲,大小十馀战,皆捷。十二月,水师陷入彭蠡湖,外江失利,小池口贼势复张,湘军退回九江。续宾愤甚,自率千馀人渡江,攻小池口伪城,因众寡不敌,战不克。五年二月,武昌复陷。适江西之饶州、广信告急,曾国藩督兵至江西,檄续宾等往援。三月,偕罗泽南赴剿,连复弋阳、兴安、德兴、浮梁各城。

会义宁州陷,七月,进攻义宁,拔其城。语均详罗泽南传。得旨,记名以道员用。

八月,随罗泽南回援武汉,克复通城县。会崇阳复陷,九月,督兵移剿,克之。贼旋窜蒲圻之羊楼峒,为负嵎计,贼酋石达开率众大至,续宾督队迎击,毙贼九百馀,生擒七十馀。十月,石达开等复合悍贼六万馀人,自蒲圻来扑,续宾等又败之,追杀十馀里,歼擒贼二千馀,遂复蒲圻。捷闻,加盐运使衔,并赏续宾父母三品封典。时贼自蒲圻败窜后,复约兴国、大冶之贼麇聚咸宁县,续宾攻克之,遂同罗泽南会合湖北巡抚胡林翼之师,进规武昌省城,驻军洪山。十二月,破塘角贼垒,旋与知县刘腾鸿扼贼窑湾,斩馘数千,屡战皆捷。六年二月,宁绍台道罗泽南以乘胜攻城,中炮卒,所部皆精锐,胡林翼奏请以续宾统其军。三月,进攻省城,平壕道六,扫平保安门、中和门贼垒三,并毁长虹桥西一带濠垒。四月,贼乘我兵分援江西,屡出城来犯,续宾败之于赛湖堤,又败之于小龟山、双凤山。七月,石达开由金陵会湖口、临江各路贼七八万人上犯,分十三股并进,城贼将应之。续宾分兵由鲁家巷进剿,旬日之内,大小二十八战,解散胁从万馀人,毁援贼营垒二十八座。八月,赏布政使衔。

时城贼坚闭不敢出,续宾遂增勇开壕,掘江水入湖,为长围,断贼接济,贼益困。十一月,克复武昌省城。得旨,记名以按察使用。武昌既复,即分三路追剿,贼由鲁家巷绕出葛店,续宾以马队迎击,杀贼千馀,追至樊口。贼争先渡水,断浮桥以遏我军,复纠武昌县之贼,意图抗拒。续宾督各营造桥进攻,由西门杀入,武昌县城亦复,即渡江进取黄州,于江边设伏,贼突出二千馀扑我水师,遇伏尽溃。我军乘胜薄城,克之,并下兴国、大冶、蕲州、瑞昌各城;遂帅师直捣九江,悍酋林启荣率众死守,七年正月,浚长濠三十馀里以困之。二月,贼出毁濠,叠经我军击败,先后击贼于八里坡西坝,[三]并下八里坡,败湖口援贼于茶庵、安庆援贼于新坝。三月,长濠成。四月,皖贼犯蕲州及黄梅、罗田,续宾分兵攻陆家嘴,进援蕲州,皆大胜。五月,城中悍贼突出逾濠,又击败之。六月,贼倾巢上犯,蕲、黄告急,续宾督军渡江,大战于广济之童司牌,破贼垒十九座。八月,会水师攻破小池口伪城,仍回攻九江。

续宾以九江贼恃湖口相犄角,不拔湖口,九江不可得也,乃定计水陆夹攻湖口。九月,续宾遣弟知府续宜率马步军攻梅家洲伪城,而自率师扬言剿宿松,迂道八里江,伏湖口后山,士卒皆扪萝上。时提督彭玉麟以舟师攻湖口东,游击黄翼升以舟师攻梅家洲,提督杨岳斌夹击石钟山。贼方悉锐抗拒,续宾率师从山椒破空下,贼大惊,遂尽歼其众。湖口县城立复,梅家洲贼亦弃城遁;乘胜复彭泽县,平小姑洑伪城。捷闻,授浙江布政使。十二月,剿平临江逸贼。八年二月,会水陆各军攻九江,添募劲旅,挖濠合围,水师十馀营驻守北面江岸,贼援遂绝。四月,分三道开挖地道,督饬水师各军,分攻北门及东南一带。东南隅地雷暴发,轰塌城垣百馀丈,我军梯而登,殄贼万六七千,遂复坚城,擒林启荣及伪元戎李兴隆等,磔之。捷入,加巡抚衔,赏穿黄马褂。会贼酋陈玉成自安庆陷麻城、黄安,续宾移兵进攻,五月,克之。

七月,奉命征安徽。时贼据庐州,钦差大臣胜保及巡抚翁同书之师在北,续宾定计南北合剿,互为声援,遂率师由太湖前往,自八月至九月，攻破枫香铺、小池驿、梅心驿及桐城、舒城城外各贼垒，先后克复太湖、潜山、桐城、舒城各县城，声威大振，乘胜进剿庐州。先是，贼于庐州府属之三河镇筑伪城一、砖垒九，凭河设险，负嵎久。其地为水陆之冲，扼庐州要害，屯聚米粮、军火，以接济庐州及金陵贼营。我军非先得三河，不能进兵庐州也；而是时兵勇一分于九江、湖口、彭泽，再分于蕲州、黄州，又分于桐城、舒城，续宾所统仅五千人。九月，驻军三河，规度形势，以攻城必先破垒，遂以一军攻河南大街及老鼠夹一带贼垒，一军攻东北面迎水庵、水晶庵一带贼垒，一军攻西面储家，越贼垒，亲督马队为各路策应。十月初二日，整队出击，贼以大股迎拒，我军分途进，毙冲锋悍贼百馀，贼势稍却，狂奔入垒死拒，炮石雨下；我军鼓勇而进，乘风纵火，烈焰蔽天，贼营大乱。我军夺栅入，九垒俱下。寻城中贼与白石山之贼分途来援，复为我军马步队击退，毙贼七千馀，贼势穷蹙。贼目陈玉成旋率大股自江浦、六合、庐江来援贼十馀万，乘夜窜至三河三十里之金牛镇、白石山一带，连营十馀里，钞我军后路。

　　续宾以血战数月，精锐伤亡甚众，须添调劲旅以厚兵力，飞檄各路防兵接应，援师未集，而贼锋已逼。初九日，续宾部勒各营，夜半直逼金牛镇，追击十五里，晨抵樊家渡、王家祠堂，突遇大股贼，分数队与我军搦战，复分数队包钞我军。我军连环轰击，杀贼二千，贼败退。会大雾，咫尺莫辨，贼突由左路钞出数大股直前冲突，我军惊溃，弁勇伤亡过半，归路悉为贼断。续宾督领亲兵，[四]并飞调他营接应，冲荡数十次，犹杀贼无算。伪城之贼复联络外援，分股冲突，绵亘二三十里，环绕来扑，弁勇伤亡益众。续宾一面死战，一面传令军中严守墙垒。时贼势愈集，各军被贼阻截，不能回营，墙垒多被攻破，仅馀四五营，从续宾苦战，运同丁锐义冲入续宾营盘，与主帅共命。续宾顾诸僚佐曰："我义当死战以报国，诸君可自图生也。"僚佐皆言："公义不负国，我等岂可负公？"或劝以敛兵退守桐城，突出重围。续宾曰："军兴九年，均以退走损国威，长寇志。吾当血战纵横，多杀一贼，即为地方多除一害。"遂焚香九叩首，取所奉廷旨及批折焚之，曰："不可使宸翰落于贼手也！"会贼挖断河堤，绝我军去路，续宾怒马驰入贼阵，往来奋击，毙贼数百，鏖战至夜半，死之。随从员弁数百人、兵勇数千，同时战殁。

初，续宾既克舒、桐，即留兵守之，以顾后路。迨初十日，续宾既殁，随从员弁退守营墙，以俟舒、桐之援，无如三河地势平衍，河港纷歧，待援不至，犹更番叠战，昼夜不息，延至四更，利右营被贼攻破，带兵官李存汉犹冲入中右营，为续宾保全士卒。十二日夜，湘后、左仁两营俱破，惟续宾自带之中右营恪守军令，感恩畏法，士无去志；又经丁锐义、李存汉与道员孙守信，县丞刘运会，守备萧廷玉，从九品李肇用、尹耀莘等晓以忠义，直至十三日夜，铅药水米俱尽，乃越濠浮水冲出，得免者仅十之二三。湖北、湖南、江西、安徽士民，巷哭如失所依。桐、舒绅民，从贼中密求其尸，由间道卫送，交其弟道员李续宜，返葬湘乡。湖北巡抚胡林翼奏言："续宾在军选士，以知耻近勇、朴诚敢战为尚。臣前在蒲圻遇塔齐布，称其忠勇果毅，异日必为栋梁。其临阵安闲肃穆，厚重强固。凡遇事之难为，而他人所畏怯者，无不毅然引为己任。其驻营之处，百姓耕种不辍，万幕无哗。非其法令足以禁制诸军,实其明足以察情伪,而一本于至诚也。其处事接人,和平正直,不矜不伐,其质直厚重,与汉之周勃相似。即如三河之败,续宾于初十日战殁,各营亦陆续失陷。其本营士卒,犹历四昼夜死守不去,其得人心又如此。从军七年,未尝省亲。臣每过其营,读其父登胜家书,屡以尽心戎行,为国出力,胜于侍养庭帏,勉之。”

先是,胜保奏请添派带兵大员帮办安徽军务,续宾方奉帮办胜保军务之命。旋经钦差大臣、大学士、湖广总督官文等以续宾殉难状闻,上手敕曰:“详览奏牍,不觉陨涕! 惜我良将,不克令终,尚冀其忠灵不昧,他年生申甫以佐予也。”复谕曰:“巡抚衔浙江布政使李续宾,当贼匪围扑长沙之时,首倡团练,屡建奇功。嗣从赴援江西,调回湖南。旋随曾国藩东下,克复武、汉。凡江西、湖北、湖南等省攻克巨垒坚城,该藩司无不亲历行间,身先将士。通计七年之间,先后克复四十馀城,大小六百馀战,以少胜众,所向无前。一时诸将之中,无与伦比。本年七月赴援安徽,甫逾匝月,连克潜、太、舒、桐。朕以其谋勇素优,威望众著,特命帮办安徽军务。方冀肃清皖北,净扫狂氛,特膺懋赏。乃因进图庐郡,先剿三河,苦战旬馀,杀贼逾万。江浦、六合、庐江逆党大股来援,以五千兵勇,当十馀万之贼,将士伤亡,从容赴义,其忠勇义烈之气,虽死犹生,实深悼惜! 李续宾着加恩追赠总督,即照总督阵亡例赐恤,入祀昭忠祠。任内一切处分,悉予开复。应得恤典,该衙门察例具奏。伊父李登胜,着赏给光禄大夫封典,并赏银五百两。伊子李光久、李光令,均着赏给举人,一体会试,仍于服阕后交吏部带领引见。并着于湖北、江西、安徽及湖南湘乡本籍各建专祠,以示朕褒恤荩臣至意。"寻赐恤如例,予谥忠武,赏骑都尉世职,袭次完时,以恩骑尉世袭罔替。

九年正月,曾国藩奏:"李续宾初随罗泽南征剿,循循不自表异。迨岳州大桥之战,塔齐布独称湘勇白旗为无敌,贼亦深畏白旗。白旗者,李续宾所部右营也。既而田家镇之役,以少胜众。九江之败,士卒多逃散,独右营勇丁依依不去,然后众称其贤,得士心矣。犹复粥粥无能,转战江西、岳郡之间,经过州县,不见一客,稠人广座,不发一语。自楚军之兴,人人皆以节烈相高,或啮臂自盟,[五]或歃血共誓,慷慨陈词,豫相要约。李续宾独默然深藏,初不豫作激烈自许之言,然忠果之色见于眉间,远近上下,皆有以信其大节之不苟。臣所立湘勇营制,编队立哨,略仿古法,计事授糈,皆有定程。行之既久,各营时有变更。惟李续宾守法,五营始终不变。尝谓臣曰:'立法者但求大段妥善,行法者当于小处弥缝。'臣初定湘营饷项,稍示优裕,原冀月有赢余,以养将领之廉,而作军士之气。李续宾统营既多,历年已久,节省赢余及廉俸至数万金,不寄家以自肥,概留备军中非常之需。咸丰六年冬,曾寄银五千两于南昌,济臣粮台之急。七年冬,又寄银一万两至吉安,济臣弟曾国荃一军;又寄银三千两至贵溪,济李元度一军。此外赢余银两,亦皆量力济人,不忍他军饥而己军独饱也。续宾驭下极宽,终年不见愠色,而弁勇有罪,往往挥涕而手刃之。甲寅十月,在田家镇斩退怯之勇,臣奏牍称其有古名将之风,故刑人无多,而岁久无敢弛慢。至于临阵之际,专以救败为务,以顾全大局为先。遇贼则让人御其弱者,而自当其悍者;分兵则以强者予人,而携弱者以自随。或携随数次,弱者渐强矣,则又另带新营以自随。江、楚诸军每言肯携带弱兵、肯临阵救人者,前惟塔齐布,后惟李续宾。此次三河之败,亦由所部强兵分留湖北,分拨臣处,分防九江,分驻桐城,而多携弱者以自随。其仁厚在此,其致败亦未始不由乎此。此军民所尤感泣不忘者也。"

谕曰:"巡抚衔浙江布政使李续宾,前在三河镇剿贼阵亡,业经降旨,优加褒恤。兹据曾国藩胪陈该员功绩具奏,益添悼惜!李续宾从军数载,所向成功。及其见危授命,麾下将士无一偷生。实有古名将之风,允宜垂诸信史,百世流芳。着将曾国藩此奏付国史馆,采入列传,以示褒嘉。"十二月,湖南巡抚骆秉章奏称:"湖南省自江忠源、罗泽南、王鑫,塔齐布、李续宾先后募勇,训练兵丁,百战粤、黔、江、鄂之间,悉成劲旅。其部曲疆场效命者,尤不乏人。忠义之风,照耀区宇。请于长沙省城内再行建祠,其部下员弁兵勇曾经赐恤者,准其一律附祀,并准其建立求忠书院,令阵亡各员后嗣入院读书。"从之。同治元年,穆宗毅皇帝御极,嘉予军兴以来忠良死事诸臣,各赐祭一坛,续宾与焉。三年,复以江宁克,复轸念前劳,赏二等轻车都尉世职。

子光久,浙江候补知府,袭职。

【校勘记】

〔一〕其占踞旧垒之贼二万馀　原脱"贼"字。今据李续宾传稿(之三五)补。

〔二〕遇贼于翟港　"翟"原误作"濯"。李续宾传稿(之三五)同。今据清史稿册三九页一一九五二本传改。

〔三〕先后击贼于八里坡西坝　"坡"原误作"波"。今据李续宾传稿
　　（之三五）改。下同。

〔四〕续宾督领亲兵　"亲"原误作"新"。今据李续宾传稿（之三
　　五）改。

〔五〕或啮臂自盟　"臂"原误作"背"。今据李续宾传稿（之三五）改。

邹鸣鹤

邹鸣鹤,江苏无锡人。道光二年进士,以知县用,分云南,亲
老告近,改河南。历署新郑、罗山等县知县。五年七月,补罗山
县知县。九月,丁母忧。六年,河南巡抚程祖洛疏称:"鸣鹤循声
卓著,实政孔多。现据罗山绅民六百馀人十次吁恳保留,请于服
阕后仍发原省补用。"奏入,谕曰:"邹鸣鹤准其于服阕后仍发豫
省,遇有南、汝、光、陈四府州属应留选缺出时,酌量补用。此系
地方紧要,治理需人,该员实心图治,历著循声,是以俯允所请。
嗣后不得援以为例。"八年,服阕。九年,补光山县知县,寻调祥
符县知县。十年,拿获邻境逃犯,十一年,获山东省盗犯,叠经巡
抚杨国桢保奏送部引见,以知州用。十二年,署兰仪厅同知。是
年夏,黄河盛涨,鸣鹤以随同保护平稳,赏知府衔。十三年二月,
护理开归陈许道。六月,伏汛期内,沁、黄并涨,鸣鹤以堵截平
稳,下部优叙。十一月,实授兰仪厅同知,仍护理开归陈许道。
十五年,以抢护险工,甚合机宜,谕俟河南相当知府缺出,酌量补
用。十六年,复以抢护险工出力,命开缺归于候补知府班尽先
补用。

十八年,署卫辉府知府。十九年,署陈州府知府。二十年,

署开封府知府,护理开归陈许道。二十一年,实授开封府知府。是年六月,河决祥符上汛三十一堡,省城猝被水围。鸣鹤露宿城上七十昼夜,随同巡抚牛鉴等竭力修防,省城形如釜底,堤高于城,河水冲决,势如建瓴。时有议迁省城于河南府者,上命大学士王鼎等详察具奏。鸣鹤采舆论作六不可迁议上之,略言:"汴梁地居中原,近联畿辅,东控江淮,南邻吴楚,实为京师屏蔽。此揣度形势,必不可迁,一也。省会若迁,凡贡院、衙署、仓库、监狱、书院、祠宇等,必须一一建置,外府城垣窄隘,必须开拓,经费浩繁;而汴梁当数省之冲,即改省会为外府,亦不能弃置弗顾,修城、筑堤、挖壕等事,仍无一可缺。是迁一城而增两城之费,不若不迁之所省多矣。此较量经费,必不可迁,二也。汴梁当直、东、江、皖之冲,与东北之归德、曹、单,迤北之东明、长垣,迤南之颍、亳、萧、砀,犬牙相错。诸郡民情素悍,若省迁外府,则必议增兵,而汴城之兵势必议减。一值多事,奸徒窃发,其患不可胜言。是省一迁而营制变,营制变而安危异。此审度营制,必不可迁,三也。河南文武乡试,俱不下万人,而商贾辐辏又不下万人,外府城基狭隘,建置闱场,[一]无地可容。倘仍在省垣,则办理一切窒碍,且迁省为避水计,而闱场仍在旧地,独不虞秋汛泛溢乎?此科场牵制,必不可迁,四也。黄水涸后,修城筑堤等事,亟须次第举行,惟经费甚巨,现当海疆不靖,用度支绌,势难请发帑金,不得不藉资民力。省垣为八府、四直隶州总会,一经劝谕,人多乐于捐资。若废省城为外府,恐人视同隔膜,便难踊跃输将,即劝捐者亦无从措词。此劝谕捐输,必不可迁,五也。中州民情,安土重迁,今大灾之后,正宜休养生息,以培元气,若遽令迁移,富者恋产而不欲迁,贫者乏资而不能迁。其故家大族,因先人坟墓所在,亦不忍迁,加以驻防无可迁之地,回民非乐迁之人。是欲安之,适以扰之。且朝廷设官原以为民,如谓迁官不迁民,是官移乐土而置民于危地也。此体察民情,必不可迁,六也。"新任巡抚<u>鄂顺安</u>据以奏闻,迁省之议遂寝,民心始定。堵御八月之久,城赖以全。<u>鄂顺安</u>疏入,得旨,遇有<u>豫</u>省道员缺出,请旨简用。

二十三年四月,兼护粮储盐法道。七月,以<u>沁</u>、黄复涨,<u>中牟</u>下汛<u>八堡</u>漫决百馀丈。鸣鹤褫职留任,旋命革职留工效力。十二月,以省城善后事宜告竣,开复知府,仍令在工效力。二十四年,丁生母忧。二十五年,<u>中牟</u>大工告竣,得旨,俟服阕到省后,以道员即用。二十七年,服阕。二十八年,署<u>彰卫怀道</u>,寻授<u>江西督粮道</u>。三十年,<u>文宗显皇帝</u>御极,诏中外大员保举人材,吏部左侍郎<u>侯桐</u>、<u>两江</u>总督<u>张建瀛</u>交章以鸣鹤荐。寻擢<u>顺天府</u>府尹。

<u>咸丰</u>元年三月,授<u>广西</u>巡抚。时<u>广西</u>会匪<u>洪秀全</u>等倡乱,上命大学士<u>赛尚阿</u>为钦差大臣,督兵往剿,并谕鸣鹤兼程赴任。五月,抵省,即密疏言:"<u>粤西</u>积弊已深,积案至五百八十馀起,未完交代亦积至二百数十起,馀如驿站稽迟,缉捕废弛,种种弊习相沿,几难挽救。拟次第筹办,先将旧案清厘,勿任积压。"上韪其言。又疏言:"实行团练,督办粮台,总核军需,熟筹善后诸大端,必得心术端正、晓畅事机之人相助为理。请将<u>左江道严正基</u>、<u>河南</u>祥符县知县周煦徽等四员调省襄办军务。"七月,请豁免<u>道光</u>三十年<u>广西</u>省实欠在民钱粮,十一月,请将<u>浔州</u>等府、厅、州、县被贼扰害地方急加抚恤,均如所请行。

　　二年二月,克复永安州,贼首洪大全就擒,馀贼溃逃。总兵长瑞等追贼于永安之龙寮岭,被贼回扑,四镇同时阵亡。贼遂由阳朔县之马岭、高田,临桂之六塘地方,直扑省城。城中兵不满千,亦无火器,鸣鹤于西清门昭忠祠后,掘得前明旧炮二十五位,分置各城。适提督向荣统援兵由间道至,民心乃定。三月,贼攻文昌门,分股在城南象鼻山得月楼上架大炮,向城轰击,势危甚。鸣鹤疏言:"逆匪逼攻省城,兼旬猖獗。臣身受重恩,久矢与城存亡之见。惟仰祝上苍,转否为泰。"得旨:"所奏实堪怜恤,朕亦无复谕矣。第身为疆吏,岂可张皇无措?朕是日斋宿南郊,惟诚祈垂佑也。"

　　时赛尚阿驻离省百馀里之阳朔县,都统乌兰泰受伤,均不能赴援。总兵秦定三等各以援兵至,诸军无所统属。鸣鹤疏请自统援兵,上许之,因分遣诸将击贼于古牛山,又战于狮子崖,相持月馀,贼百计攻城,屡濒于危,均经鸣鹤偕向荣激励将士,击却之。赛尚阿以向荣赴援省垣,非出己意,闻贼将退,急檄向荣出省追贼。鸣鹤以向荣方患胁痛甚剧,且省城不可无得力兵将防贼回窜,坚执不许。赛尚阿奏劾之,谕鸣鹤曰:"贼匪诡谲,难保不为声东击西之计。省城紧要,固宜加意巡防,但恐我军全力保卫省垣,而贼或乘机他窜,上窥平乐,下窜梧州,其势必更滋蔓。邹鸣鹤督办团练,如果著有成效,自应各有准备,不致受其蹂躏;若专恃兵勇,始能保护,所谓团练者安在耶?逆匪分窜无定,岂可胸无成竹,徒涉张皇?"鸣鹤旋疏言:"省城兵少勇多,勇皆不知纪律,可恃而难深恃,且征战经年,半属疲困。以此守城,小挫贼势,自是有馀,若欲尽扫妖氛,恐难操必胜之势。如贼大创后,始行逃窜,或可多撤防兵;倘并未大创,忽然退走,恐有以退为进、去而复返之事。向荣所带楚兵,必须留驻城上,其城外兵勇亦应于跟踪追击之外,酌留五六千名,仍行周匝布置。省城为根本重地,关系全粤大势,不得不大为之防而严为之备也。"上严饬之。

四月,省城解围,贼北窜兴安、全州等处。赛尚阿先后密奏言:"逆匪已到全州,将顺流北窜湖南。邹鸣鹤仍坚闭城门,将诸军中得力之楚兵及诸将中得力之提督向荣,均令留守,即城外所扎兵勇,亦必俟贼剿尽,始能酌撤。现在全州之贼已将城外房屋烧毁,将奔湖南。封疆大吏不能筹顾大局,专欲以兵自卫,省外郡邑存亡,亦恝然不关痛痒。"疏入,鸣鹤遂褫职。寻贼破兴安、全州,逼近湖南。湖广总督程矞采请饬鸣鹤迅带援兵与绥靖镇总兵和春迎头剿截,赛尚阿疏称贼陷兴安后直扑全州,鸣鹤坐拥援兵,贻误事机,奏请治罪。上以鸣鹤守护省城有劳,不允。十一月,回籍。

十二月,贼由湖南犯湖北,陷武昌府。上命两江总督陆建瀛驰赴九江防剿,建瀛请令鸣鹤筹办沿江防堵事宜,允之。鸣鹤闻命即抵金陵。三年正月,以捐助军饷,赏六品顶带。二月,贼陷金陵,鸣鹤死之。四年,两江总督怡良等奏言:"邹鸣鹤前经陆建瀛奏调金陵咨访贼情,时已久患头晕耳鸣之病,戚友咸阻其行。鸣鹤曰:'此正吾报国补过之日也!'毅然力疾驰抵金陵。陆建瀛业已登舟赴楚,即赶往前途,告以贼中虚实。适奉协同办理防堵之命,当与将军祥厚等筹商守御,而陆建瀛已由九江折回,鸣鹤仍昼夜在局筹画,心力交瘁,陆建瀛悯之,欲奏明令其还家调

理。鸣鹤愤然曰：'我虽无守土责，而奉旨协办防堵，即当兴城存
亡，岂有因疾遽图苟免？视我为全躯保妻子之臣，非知我者也！'
迨贼攻城，犹力疾昼夜登陴。嗣闻仪凤门陷，因从容作绝命辞
曰：'臣力难图报称，臣心仰答九重。三次守城尽节，庶几全始全
终。'遣人持付其子，遂带勇驰援，遇贼于三山街，贼见舆中名帖，
咸哗然曰：'此即守桂林省城之邹巡抚也！'呼其名骂之，鸣鹤亦
骂不绝口，手刃二贼，贼刃交加，遂被支解。其居心之忠纯，遇害
之惨烈，实足起懦立顽。应请下部议恤。"疏入，赏加道衔，即照
道员阵亡例议恤。

　　同治七年，大学士两江总督曾国藩疏言："邹鸣鹤在开封府
任内，正值祥符决口，捍御水灾，卓然有古循吏风。迨巡抚广西，
守城却贼，公论昭著。回籍后，以闲散之员，力疾办团，誓死勿
去。综其生平，历任府县，均有政绩可传，而在江宁殉节，本无守
土之责，尤为临难不苟，大节懔然。恳请加恩照巡抚例优恤，并
准予谥，以表循良而彰忠节。"允行。时御史朱震又奏称："鸣鹤
于江宁失守后，避匿民居，被贼所杀，并非力竭捐躯者比。请将
照巡抚例优恤予谥之处撤销。"从之。寻编修朱福基等以鸣鹤被
难情形，闻见各殊，呈由都察院奏闻，命下两江总督马新贻等查
明具奏。八年，新贻等奏言："遍访当时在城绅耆，佥称鸣鹤协同
防守，事有条理，及城垂破，誓以身殉。旋以骂贼不屈被戕，并无
避匿民居之说。核其一生志行，居官则御灾捍患，不愧名臣；临
难则取义成仁，无惭大节。若不为之昭雪，诚如圣谕：'使从容就
义之臣，蒙苟且偷生之谤，殊不足以昭公道。'"疏入，命仍照巡
抚例从优议恤予谥。寻赐恤如例，予谥壮节，赏骑都尉兼一云骑

尉世职,袭次完时,以恩骑尉世袭罔替。九年,入祀河南名宦祠。

　　子觐颺,浙江温州府同知;觐仪,河南候补通判;觐皋,刑部郎中。

【校勘记】

〔一〕建置闸场　"闸"原误作"围"。今据邹鸣鹤传稿(之一七)改。下同。

　　吉尔杭阿

　　吉尔杭阿,奇他拉氏,满洲镶黄旗人。由监生捐笔帖式,分工部。道光十七年,补官。二十三年,升主事。二十四年,升员外郎。二十七年,升郎中。二十九年,充坐粮厅监督。咸丰二年,宣宗成皇帝梓宫奉安礼成,吉尔杭阿与执事,得旨,遇有应升缺出,先行升补。寻京察一等,记名以道府用。三年三月,孝和睿皇后梓宫奉安礼成,吉尔杭阿因在事出力,以道员用,先换顶带。寻以道员拣发江苏。十二月,补常镇通海道。四年正月,署按察使。

　　时粤匪踞江宁,镇江、上海土匪乘机作乱,陷县城。吉尔杭阿偕总兵虎嵩林、参将秦如虎等,奉檄进剿。贼冲北门,吉尔杭阿亲放抬炮,击毙贼目,却之。三月,超擢布政使。贼劫北营,虎嵩林等不及防范,吉尔杭阿独固守大营,兵勇赖以不溃;复击退西门扑营之贼。四月,两江总督怡良以闻,赏戴花翎,六月,升巡抚。是月,于上海南门迤西挖地道,设地雷,毙贼无算。八月,浙江金华府知府石景芬等于攻城时遗失火药,经吉尔杭阿奏参,褫

景芬等顶带,吉尔杭阿亦下部议处。自十月至十二月,贼叠次出
扑,吉尔杭阿均击退之。又分四面围剿,轰坍东、北面城垣,士卒
由北门缘梯登,毁贼房,因东、西、南三面不克进,未即复。寻分
兵洋泾浜断贼接济,直逼城下,地雷发,兵继之,贼突队奔窜,擒
伪将军林阿朋及贼目陈阿太。五年正月,吉尔杭阿檄各营乘胜
薄城,并埋伏策应,兵勇由城轰缺处拥入,贼奔溃塞衢,俘其渠及
著名贼匪三百馀,馀匪尽歼焉,复上海城。捷闻,谕曰:"此股贼
匪,自三年冬间扰陷上海县城,负嵎抗拒。吉尔杭阿督率攻剿,
奋勉图功,将士用命,立将坚城克复。吉尔杭阿调度有方,深堪
嘉尚,着赏给头品顶带,并赏给法施善巴图鲁名号。即带得胜官
兵驰往向荣军营,帮办军务。

　时镇江之贼,恃金山为援,银山、宝盖山等处亦有伏贼,来往
窥伺。七月,偕钦差大臣向荣叠剿败之,并攻镇江之西南两门,
堵截金山、瓜洲沿江援贼,累战皆捷。十二月,吉尔杭阿在黄山
督战,用大炮击入城中,贼卡尽毁。金陵之贼集上游各贼,将由
北岸渡江来援。吉尔杭阿由高资港渡过土桥,麾兵截击,贼窜栖
霞、石埠桥一带。吉尔杭阿偕向荣饬总兵德安扼要堵剿,贼始败
退回巢。六年正月至二月,贼勾结瓜洲之贼,窜高资及蔡家窑,
四出掳掠,屡经吉尔杭阿击却之。五月,贼数万由黄泥洲直扑我
烟墩山营盘,吉尔杭阿鏖战五昼夜,猝中贼枪,殁于阵。

　向荣以闻,并奏称:"吉尔杭阿忠诚果勇,谋略过人。自帮办
军务以来,与臣等和衷共济。善抚士卒,兵将多乐为用。督师镇
江年馀,叠次出奇制胜,屡挫贼焰。兹以援救烟墩山营盘,陷围
殉节,遗骸复失,悼惜尤深!"疏入,谕曰:"江苏巡抚吉尔杭阿由

郎中拣发江苏道员,屡立战功,超擢巡抚。上年克复上海,懋著勋勤,赏加头品顶带、法施善巴图鲁名号,并命帮办江南军务。自围攻镇江以来,一切布置,颇合机宜。本年击剿金陵内窜贼匪,尽力筹防,不辞劳瘁。方冀恢复坚城,正资倚畀。乃据向荣、德兴阿等同日奏到,该抚因剿贼烟墩山,登高瞭望,中枪殉难,深堪悯惜!吉尔杭阿着追赠总督,即照总督阵亡例赐恤,赏给一等轻车都尉,世袭罔替,并准其入城治丧。任内一切处分,悉予开复。应得恤典,该衙门察例具奏。伊子户部笔帖式文钰,俟百日孝满后,由该旗带领引见,用示朕褒嘉忠荩至意。"寻赐恤如例,予谥勇烈,并于殉难地方建立专祠。同治元年,穆宗毅皇帝御极,追念死事诸臣,各赐祭一坛,吉尔杭阿与焉。六年,两江总督大学士曾国藩奏请于上海建立吉尔杭阿专祠,允之。

子文钰,袭一等轻车都尉,赏员外郎。

蒋文庆

蒋文庆,汉军正白旗人。嘉庆十九年进士,以主事用,分吏部。道光二年四月,补官。十月,升员外郎。五年二月,京察一等,记名以道府用。五月,授云南曲靖府知府。十年,调云南府知府。十二年,升甘肃宁夏道。二十年,署按察使。二十一年三月,擢浙江按察使。十月,署布政使。时英吉利兵船扰浙江,官兵堵剿,文庆驻绍兴府,总理粮台。

二十三年十一月,护理浙江巡抚。先是,巡抚刘韵珂奏筹调防军需条款,有屯土官兵照绿营兵给盐粮银、各省所调守兵照马步兵随带徐丁二条,经户部议驳。十二月,文庆奏言:"浙江自军

兴以来,食物昂贵。所调四川屯土官兵,若仍照屯土例支给,实
难果腹。请照原议日给盐粮银一钱二分,至各省所调守兵同驻
海口,一体枕戈露宿,亦应请照广东奏定新章,每兵十名给馀丁
三名,百名给夫长四十名",下部议行。寻回按察使任。二十五
年四月,以捐备军需,加五级。五月,升安徽布政使。二十八年,
以捐备京仓米石,加三级。三十年五月,巡抚王植遵文宗显皇帝
登极求贤诏,以文庆历办赈务节帑惠民,甚得政体,奏闻。六月,
入觐。

　　咸丰元年四月,护理安徽巡抚。时两广会匪蔓延滋扰,命各
督抚办理保甲,以清盗源。文庆奏言:"皖省凤阳、颍州各属,界
连豫、东、捻匪枭徒,尤须防范,宜团练与保甲并行。至江岸滩州
居民,率多浮家泛宅,水涨则徙,水涸则归,难与城乡民户一律编
查。道光十八年曾定有沿江巡检汛弁分月轮巡旧章,前抚臣王
植又添置快蟹巡船,选水师将弁,带勇搜巡。但江面延长,难保
无宵小窃发。兹酌拟巡江章程四条:一、严查匪船,以清盗窝;
一、严防汉港,以绝盗踪;一、分头稽察,以专责成;一、添设棚卡,
以期周密。"报闻。寻以藩署不戒于火,下部议处。

　　五月,实授巡抚。八月,以捐廉修筑沿江堤坝,下部议叙。
先是,文庆遵旨会办捻匪,拿获首犯,究出踪迹。至是,复疏言:
"江北民情强悍,已非一日。定远、合肥、怀远等处尤甚,往往成
群结党,白昼抢劫,名曰'锭钉'。节次严拿,未尝不稍敛迹。然
根株未净,则地方差役难保不私通消息。每一案出,州县甫经查
拿,匪徒早已远飏;即认真缉捕之员,亲带兵勇下乡,亦鲜扫穴擒
渠。欲杜牧令之朦混,必先杜差役之勾通。计惟遴委文武员弁,

周历各处城市乡镇,先密访该匪姓名、住址、党翼驰禀,然后设法擒拿,庶可有济。再此委员不晓事者,恐其贪功妄杀,别滋事端;太晓事者,又恐其姑息优柔,畏首畏尾,实属难得其人。查有病痊道员王彦和、平日讲求缉捕,才力心思,亦足以驾驭兵役。应请留皖办理捕务。"从之。二年六月,以倡捐军需,赏戴花翎。八月,以清厘司库积存银两,悉心钩稽,下部议叙。

时粤匪窜湖南境,湖北、江西俱戒严。文庆以安徽沿江一带与湖南北一水可通,存兵六千馀名,分驻各汛,未便全调防江,奏请于江北凤阳等府募勇二千,以补兵力之不及;并饬与湖北接壤各州县,于额设民壮外,添募健丁,会营操练,以助守御:允行。十一月,粤匪窜湖南岳州,谕曰:"昨已降旨谕令安徽、江西等省于沿江一带,节节严防。现在江防尤关紧要,着巡抚蒋文庆仍驻省城,就近调度。"十二月,奏调江苏兵三千名,浙江、山东各二千名,及徽州兵一千五百名防堵,并请留未解甘肃饷银六万两,借拨江苏、浙江、山东火药万斤备用,均如所请。

三年正月,粤匪由武昌沿江东窜,两江总督陆建瀛于九江失利,遽退回江宁省城,贼遂陷安庆府。钦差大臣周天爵奏入,谕曰:"蒋文庆于本月十七尚在安庆发报,兹据周天爵奏称省城即于十七日失守。省城重地,何以一日之间,遽被贼匪攻陷?是否该抚及藩司以下文武各员先期退避,抑带兵守城力竭殉难?着周天爵迅速查明驰奏。"天爵寻奏称:"文庆家丁驰抵舒城,赍呈该抚遗折稿一件,并称该抚被贼乱砍遇害,当即核对该抚遗折与家丁所供,迥不相符,据实以闻。"谕曰:"蒋文庆被害情形,既据奏称遗折原稿与该家丁等所供不符,着再确切查明,迅速具奏。"

旋经钦差大臣向荣缕陈文庆殉难情形,谕曰:"前因贼窜湖北,叠经谕令蒋文庆严密防堵。本年正月间,据该抚以皖省城薄兵单,请将粮饷军装运赴庐州,该抚仍与藩司竭力守城。兹据向荣查明,藩司饷银三十馀万两,及总局银钱、仓廒米谷,尽以资贼。是该抚及藩司平日毫无布置,已可概见,惟念蒋文庆登陴督战,叠受刀伤殒命,尚不失城亡与亡之义。着加恩照巡抚例赐恤,并于该地方建立专祠以慰忠魂。"寻赐恤如例,赏骑都尉世职,袭次完时,以恩骑尉世袭罔替,入祀京师昭忠祠。

同治五年,大学士两江总督曾国藩奏查明蒋文庆死事情形,恳恩予谥。谕曰:"原任安徽巡抚蒋文庆于咸丰三年粤匪由九江奔窜皖省之时,布置城守事宜,登陴督战,与军民誓守,卒因兵力单薄,城陷后巷战被戕。大节懔然,不愧城亡与亡之义。前经奉旨赐恤,并建专祠,着加恩予谥,以彰忠节。"寻予谥忠愍。

子常绶,举人,候选知府,袭世职;常绂,候选知府。

李孟群

李孟群,河南光州人。父卿穀,湖北按察使。咸丰四年,殉武昌之难,赏布政使衔,予骑都尉世职。

孟群,道光二十七年进士,以知县用,分广西。二十年,署灵川县知县。二十九年,会匪李沅发作乱,孟群奉檄赴全州军营协剿,击贼于沙宜、古龙庙等处,胜之。三十年,经巡抚郑祖琛保奏,以同知升用,赏戴花翎。旋署桂平县知县。咸丰元年二月,因集团剿灭修仁、荔浦等处窜匪,并生擒逆首陈亚贵,命以同知尽先补用,寻补南宁府同知。

时粤匪洪秀全稔乱。六月，贼由盘龙河偷渡，守备李进荣在下游防堵，孟群督带练丁驰援。贼分队抗拒，孟群手执藤牌，督放枪炮，毙贼十馀。贼稍却，旋图钞袭我后。孟群身先士卒，鏖战多时，复毙四十馀贼。连日偕左江道杨彤如等杀贼一百馀名，贼惧不敢渡河。钦差大臣、大学士赛尚阿奏入，命以知府升用，先换顶带。九月，桂平县土匪梁亚介等勾结外匪，在周石村一带焚劫，孟群偕浔州府知府张其翰等剿平之。十月，调赴永安州军营。

二年二月，补泗城府知府。三月，贼由永安六塘窜扑省城，赛尚阿驻军阳朔，饬孟群赴援；旋偕总兵王锦绣等先后驰至，于北门下犄角立营。时贼扑北门，王锦绣等督兵迎剿，孟群率勇由北门外绕攻贼后。适潮勇继至，孟群遂率各勇从两旁钞袭，官军由中路奋击，贼大败，毙贼六千馀。其另股占距古牛山之贼，孟群偕副将马龙等复败之于五里墟之夹山口，追至徐家村。越日，进攻牛山，遥闻山上贼营吹角，孟群设伏诱之。贼至，各军四面合围，擒斩无算。复偕右江道张敬修败之于睦邻村，贼锋大挫，省围遂解。巡抚邹鸣鹤奏入，赏加道衔。五月，梧州波山艇贼扰浔州，孟群剿平之。两广总督徐广缙上其功，命以道员用。六月，署浔州府知府。三年正月，偕知县李嘉年破匪党刘亚乌于贵县。二月，获巨匪李观保，斩之。五月，调江西九江府知府。广西巡抚劳崇光奏留督办浔、梧缉捕，允之。

四年四月，前任礼部右侍郎曾国藩以湖南靖江失利，奏调孟群赴楚协剿，旋督带水师千名，驰抵长沙，随同克复岳州。五月，授广西平乐府知府。六月，贼陷武昌，孟群之父署湖北按察使李卿豰死之。孟群陈请丁忧,谕令留营带勇剿贼。时湖南提督塔齐布援武昌,偕曾国藩整师东下。国藩进驻金口,塔齐布进扼洪山,定三路齐下之策。八月,知府罗泽南等攻东西两岸,孟群统水师从中路冲击,分前后两队,前军战船冲过盐关,绕出贼后;后军战船,自上击下,逼贼落河,毁盐关贼船二百馀。其东西两岸贼垒,亦经陆军焚毙无算。孟群等乘胜直追,毁沿江木栅,攻破汉关及白沙洲、金沙洲各贼营,直抵鲇鱼套焚贼舟,江水为沸。越日,仍三路进攻,孟群率前营西渡,攻汉阳朝宗门土城,游击杨载福等攻塘角,汉口之贼扬帆下窜。孟群焚毁各舟,贼尸蔽江。复回攻汉阳,合副都统魁玉等军夹击,连毁晴川阁下木栅、大别山下木垒,武昌之贼遂乘夜遁。汉阳亦同时收复。孟群入城,奔父尸所,恸哭收殓,一军感动。楚境肃清。捷入,赏按察使衔,并珠尔杭阿巴图鲁名号。

时巴河至九江皆有贼船,曾国藩等仍分兵三路进剿,派孟群统水师由江路直下,十月,泊九江,于南北两岸暨湖口等处进剿,均败之。五年正月,贼沿江上窜,孟群回援武汉,巡抚陶恩培饬令总理水师全军,偕知府彭玉麟带领炮船抵襄河,复败贼于汉阳城外。三月,署湖北按察使。孟群以夺情供职,于心未安,奏请简放实缺人员,上不允。自二月至三月,贼复连陷武昌、汉阳,孟群招集水勇,屯泊金口。五月,贼悉众来犯,孟群随署巡抚胡林翼等分兵进剿,水陆四战,擒斩贼七百馀,贼大溃。七月,崇通股匪勾结武昌之贼扑金口营,孟群力战四日,众寡不敌,陆营被陷。事闻,谕曰:"胡林翼、李孟群素来用兵尚合机宜,现虽兵勇溃散,逆焰复炽,谅能重整队伍,不致顿挫军威。"十月,谕令统率中路各军进剿汉阳。

六年九月，随钦差大臣总督官文攻汉阳各门，贼由西门出扑，孟群率县丞袁怀忠等钞击，歼戮多贼。十月，服阕，授湖南按察使。十一月，复随官文等攻汉阳西、南、北三路，东门外突出数千匪抗拒，我军越墙进剿。孟群分队直上龟山，记名总兵王国才等攻西南各门。[一]城中贼大乱，我军拥入，毙贼四千馀，擒伪将军等五百馀名，立将汉阳克复。官文奏入，赏布政使衔，以布政使遇缺题奏。

七年三月，官文等奏派孟群总统官军，驰赴安徽庐州府助剿。途次，授安徽布政使。四月，克复英山县城。五月，剿除皖境沿途败匪，六月，进攻霍山，饬参将张得胜等焚毁城外各贼营，同知袁怀忠等攻西北门外各营，毙贼千馀。贼并营坚守，守备邓昌林等攻西南两门，孟群檄知县邓元镐暨六安各堡团勇进剿，贼溃，复霍山县城。八月，六安贼围攻河东，孟群进攻独山，既又移军麻埠。十一月，霍山复陷，知府袁怀忠等赴援，随即克复。孟群以救援不及，奏请治罪，得旨宽免。八年二月，潜、太等贼窜扰河南固始，孟群自六安赴援，偕副都统胜保力解城围，特旨嘉奖，并下部议叙。三月，攻剿商城匪党，平之。四月，克复六安州城。七月，安徽巡抚福济因病请假，谕孟群暂署巡抚，仍带兵驻麻埠。是月，庐州失守，命革职留营，立功自赎。寻进扎庐州西官亭、长城一带。

九年二月，贼复陷六安，进逼长城各垒。孟群以孤军竭力捍御，相持十馀日，贼麕至，各营皆破，孟群营亦随陷，犹执刃屹立墙缺，手刃悍贼三名；伤重而蹶，被贼拥至庐州，大骂不屈，死之。

钦差大臣<u>胜保</u>入奏,谕曰:"<u>李孟群</u>以知县带勇从征,自<u>广西</u>、<u>湖南</u>、<u>湖北</u>、<u>安徽</u>转战数省,累著战功。前因<u>庐州</u>失守,降旨革职,仍令留营剿贼。兹以兵单力竭捐躯,殊堪悯恻!着开复原官,交部照布政使阵亡例议恤,以慰忠魂。"寻赐恤如例,予谥<u>武愍</u>。十年,巡抚<u>翁同书</u>以寻获遗骸入奏,谕令妥送回籍。

同治元年,<u>穆宗毅皇帝</u>御极,追念死事诸臣,以<u>孟群</u>父子殉节,忠烈萃于一门,尤堪悯恻,赐祭一坛。嗣钦差大臣、督办<u>安徽</u>军务<u>袁甲三</u>查明<u>孟群</u>死事实迹,奏言:"<u>咸丰九年二月</u>,逆匪<u>陈玉成</u>围攻长城营盘,<u>孟群</u>以饥卒数千,当悍贼六七万,固守十馀日。粮尽援绝,复手刃数贼,力不能支,受伤被执,犹厉声骂贼,遂被害于<u>庐州</u>。请为<u>孟群</u>建立专祠。"谕曰:"<u>李孟群</u>忠勇性成,功绩懋著。兹览其死事情形,被害尤为惨烈,孤忠可悯,大节无亏,允宜渥沛恩施,以光泉壤。着照巡抚阵亡例从优议恤。其死事实迹,着国史馆纂入列传,并准于<u>庐州府</u>建立专祠以彰忠节。伊父<u>李卿毂</u>,固始县专祠并准从祀,以示笃念忠烈、有加无已至意。"寻赏骑都尉兼一云骑尉世职。十年,<u>直隶</u>总督、大学士<u>李鸿章</u>奏请于<u>孟群</u>原籍建立专祠,从之。

子<u>闿</u>,袭世职。

【校勘记】

〔一〕记名总兵王国才等攻西南各门　原脱"记名"二字。今据<u>李孟群传稿</u>(之三五)补。

王有龄

<u>王有龄</u>,<u>福建侯官</u>人。由监生捐盐大使,分发<u>浙江</u>。<u>道光</u>二

十四年,署浦东场大使,以捐输经费留于浙江,以知府升用。二十五年,升慈溪县知县。二十六年,以办理宁波夷务善后事宜,赏同知衔。二十七年,署鄞县知县,旋署定海县知县。二十八年,署仁和县知县。二十九年,丁父忧。三十年,以前在定海任内拿获邻境洋盗,命俟服阕后,仍赴原省以同知直隶州知州尽先补用。咸丰二年,服阕,以办理盐粮出力,赏戴蓝翎。寻补定海厅同知,署湖州府知府。以捐备军需,交部优叙。三年八月,新城匪僧慧心等抗粮滋事,拒捕戕官,巡抚黄宗汉饬有龄驰往围捕,擒获匪首置诸法。十二月,命赴安徽军营,交巡抚江忠源差委。黄宗汉奏请仍留浙江,允之。四年,因办理海运出力,开缺以知府用。

五年,授杭州府知府,并署督粮道。寻以劝捐防堵出力,交部优叙,并赏换花翎。复以海运出力,得旨交军机处记名,遇有道员缺出,请旨简放。六年,署盐运使,并署按察使。旋擢云南粮储道,巡抚晏端书奏留浙江防堵,从之。十二月,奉命赴江苏查办关税事件。七年六月,升江苏按察使,旋署布政使。十一月,大军克复镇江府,有龄以筹饷接济无缺,赏二品顶带。八年,升江苏布政使。时广西逆匪由浙窜闽,围攻建宁、延平等府,有龄请调浙江提督周百禄驰援,贼遂遁去。寻以筹饷出力,并率属捐廉,解济皖省,叠次下部优叙。十年三月,贼陷杭州省城,提督张玉良自江南大营赴剿,复之;馀贼尚炽,命有龄署浙江巡抚,带兵迅速前往,会办军务及善后事宜,旋实授。四月,贼连陷江南苏、常二郡,顺流而下,围浙江嘉兴府。五月,复合金陵、苏、常之贼扑杭州省城。有龄以闽兵绕出北新关外,攻贼后队,抚标镇标各军,绕至卖鱼桥,要击之,贼大败。

　　时浙省设捐输局,有龄请派在籍大员总司捐务,遂命前任都察院左副都御史王履谦、前任漕运总督邵灿督同办理。七月,有龄奏浙省需粮甚急,请招商运米,并援案恳请免税,如所请行。时贼已陷安徽徽州,遂扑严州,众十馀万;严州陷后,复合嘉兴、宁国、广德之贼,由馀杭分路窜扑杭城。有龄偕将军瑞昌调兵迎剿,以少胜众,遂解城围;复檄副将吴再升进攻馀杭,复其城。事闻,赏头品顶带。寻分兵克复严州。十一年二月,复偕瑞昌分兵先后克复江山、常山、富阳、遂安、海宁、新城、分水、临安等县。三月,贼窜太湖,扰及东山,总兵王之敬迎剿失利,东山失守。有龄以未能先事筹防,下部议处。先是,王履谦奉旨总司浙省捐务,至是,奏称:“有龄将伊督办之名改为总办绍郡劝捐事宜,并将奏明设立之局擅自裁撤,归地方官办理,并未奏明。”得旨,交学政张锡庚查明,有龄下部议处。

　　五月,贼分股陷常山、江山、寿昌、龙游、汤溪、长兴、金华各府县城。上以有龄督办军务,履次失陷郡县,从未自请处分,殊属胆大,命革职留任。六月,江西大股贼由江山窜陷遂昌、松阳、处州、永康各城,遂由永康陷义乌县。有龄咨商广西提督张玉良,于要害处为各军应援,而玉良所统之勇先溃,贼势益横。时福建官军已克复汀州,有龄奏请移得胜之师援浙。援军逗遛不进,有龄议固守宁、绍,以保饷源,檄临安县知县廖宗元署绍兴府,密筹布置,并调总兵文瑞带兵赴浦江一带防堵。八月,浦江围急,民弃城溃。提督饶廷选统兵来援,中途遇贼失利,退入诸暨县城。有龄请将带兵各员分别惩处。

　　时逆首李世贤等围攻严州,另股贼复由幽岭关等处攻逼馀杭,先后均失守。上以有龄未能及早救援,调度乖方,交部严议。十月,贼大股攻陷萧山、诸暨及绍兴府城,遂合各路悍贼,并力围攻杭州省城。省城自绍郡失守,饷源已绝,外援不至,贼围益急。有龄率文武员弁婴城固守,城中饥民死者枕藉,城遂陷,有龄死之。江苏巡抚薛焕以闻,谕曰:"浙江省城被围,已逾两月,卒以粮尽援绝,于十一月二十八日被匪攻陷。浙江巡抚王有龄殉难情形,着曾国藩、庆端、左宗棠查明具奏。"同治元年,谕曰:"王有龄前经颜宗仪、高延祜、朱潮等先后以劝捐敛怨等词参奏,叠经谕令曾国藩查明具奏。旋据奏称该抚在浙,因官绅不和,又不能制驭兵勇,以致偾事等语。王有龄虽叠经被人参劾,此次贼氛环逼省垣,激励兵民,登陴固守,至两月之久,卒以粮尽援绝,见危授命。大节无亏,殊堪悯恻!王有龄着照巡抚例议恤。"寻赐恤如例,予谥壮愍,命入祀本籍昭忠祠,并于殉难地方建立专祠,赏骑都尉世职,袭次完时,以恩骑尉世袭罔替。

　　二年,福建巡抚徐宗幹奏请于有龄本籍建立专祠,谕曰:"浙江巡抚王有龄在杭州殉难,业经降旨从优议恤,并入祀昭忠祠。兹据徐宗幹奏,据福建绅士太常寺卿廖鸿荃等呈称,咸丰八年贼匪窜陷福建浦城,王有龄时任江苏藩司,拨兵援剿,浦城得以克复,建郡亦即解围。绅士感激,请于本籍地方公建专祠,准其所请,于福建省中建立专祠,以顺舆情而彰忠荩。"

　　子乔云,道衔,候补知府;卿云,举人,刑部郎中;见三,举人,户部郎中。孙承祖,袭世职。

罗遵殿

罗遵殿,安徽宿松人。道光十五年进士,以知县用,分发直隶。十九年,补唐山县知县。二十年,调清苑县知县。二十一年,总督讷尔经额遵旨保举人员,遵殿送部引见。二十二年,赏同知衔。二十三年正月,升冀州直隶州知州。三月,升浙江湖州府知府。二十七年,擢湖北安襄郧荆道。咸丰二年二月,以捐备军需,下部优叙。

十二月,粤匪洪秀全等窜陷武昌,土匪乘机肆抢,遵殿赴楚、豫交界之黄渠铺,会同郧阳镇总兵柏山督拿,土匪解散。三年四月,署按察使。五月,遵殿奉檄遍历下游,履勘水陆形势,相地驻兵,为防剿计。七月,署湖广总督张亮基奏:"遵殿前在安襄道任内甚有惠政,[一]士民乐为之用。请将提标将弁兵丁俱归调遣,以备不虞。"允之。四年四月,督兵赴石灰窑、欧家集、小河等处防堵。五月,贼窜荆门州,遵殿饬投效文生王朝望带勇二千,由安陆至府河一带,扼贼上窜之路。七月,以剿贼叠胜,并克复潜江县城,赏戴花翎。

时将军官文统兵进图武、汉,饬遵殿备船百只,选派兵勇会合川兵,由沔阳州之仙桃镇、汉阳县之蔡店,分路进剿,以期直达汉阳。贼寻窜踞京山县,遵殿率知县杜嘉善督民团进攻,毙贼千馀,歼擒贼目百二十馀名,遂复京山。八月,总督杨霈檄遵殿另简襄勇千名,派员带赴天门,相机堵剿。五年正月,杨霈以广济失利,退回汉江,三月,驻军枣林。遵殿派勇千名,委员带往助剿。十一月,赏按察使衔。六年三月,升两淮盐运使,仍留湖北襄办粮台。十月，因督办襄阳匪徒，未即扑灭，革职留任。七年，以襄阳首逆就擒，开复。寻升湖北按察使，八年，升布政使。

九年四月，擢福建巡抚，八月，入觐，九月，调浙江巡抚。十月，奏皖南军务及地漕捐输事宜，请饬大员督办；又奏汰劣员，请将补用知府潘清撰、永嘉县知县高梁材等降革有差；并奏参误漕之黄岩县知县黄维周、孝丰县知县赵廷彩、署杭严卫守备任铨请革职撤任。均如所请行。十年二月，粤匪窜陷广德，蔓延浙境，遵殿以浙势危急，咨钦差大臣湖广总督官文调候补知府萧翰庆带勇往援，未至而省城失守，遵殿死之。谕曰："浙江省城被陷，六日即经克复，巡抚罗遵殿于城陷后殉难，深堪悯恻！罗遵殿官声素好，到浙后留心吏治，筹画军需，颇能实心任事。着照巡抚例从优议恤。任内一切处分，悉予开复。应得恤典，该衙门察例具奏。"

四月，御史高延祐奏遵殿封疆大吏，误国殃民，请撤销恤典。谕曰："罗遵殿城破捐躯，妻女同殉，是以给予优恤。嗣又博采众论，皆言杭州贼已攻城，该抚不肯出军抵御，坐待省城失陷，城中男女死者以数万计。核其情节，实属一筹莫展，贻误生民。所有罗遵殿恤典，着即撤销。"同治元年，钦差大臣两江总督曾国藩奏，遵殿以死勤事，恳恩仍照初次谕旨给予优恤。谕曰："前任浙江巡抚罗遵殿于贼陷杭州即时殉难，当经文宗显皇帝降旨优恤。嗣因御史高延祐奏参，降旨将恤典撤销。兹据曾国藩奏，详加核度，罗遵殿历任官声均好，办事实心。浙省向恃宁国一军如藩篱，追贼由宁国入浙境，该故抚到任未及三月，仓猝登城，布置未能周密，尚属情有可原。及至城破之日，从容赴义，大节无亏，尤堪矜悯！仍遵文宗显皇帝初次谕旨,罗遵殿照巡抚例从优议恤。"寻赐恤如例,赠右都御史衔,予谥壮节,赏骑都尉世职,袭次完时,以恩骑尉世袭罔替。十三年,安徽巡抚英翰奏请于遵殿原籍建立专祠,允之。

【校勘记】

〔一〕遵殿前在安襄道任内甚有惠政　原脱"甚"字。今据罗遵殿传稿(之一六)补。

徐有壬

徐有壬,顺天宛平人,祖籍浙江。道光九年进士,以主事用,分户部。十八年,补官。二十一年,升员外郎。二十二年,升郎中。二十三年二月,京察一等,记名以道府用。五月,授四川成绵龙茂道。二十七年,署按察使。时四川啯匪滋事,有壬侦知渠魁所在,悬重赏购获之,馀党解散,地方以靖。二十八年,迁广东盐运使。二十九年三月,捐银备赈,赏戴花翎。四月,署按察使。六月,阳山、英德等县匪徒聚众戕官,两广总督徐广缙檄有壬驰往剿办,先后获犯五百馀名,下部优叙。寻升四川按察使。三十年,升云南布政使。云南汉、回杂处,军兴以来,运铜厂丁尤饥困,屡犯不法,官禁之则汹汹欲为变。有壬抵任后,请诸督抚,就厂铸钱,使之无失业,择其黠者操纵而噢咻之,厂丁遂受约束,不敢逞。咸丰元年七月,永昌边外匪徒图开矿厂,纠众滋事,抗拒官兵,有壬拿获匪犯多名,置诸法。十二月,云贵总督吴文镕以有壬亲母寿逾八旬,五世同堂,吁请旌表,得旨优奖如例。三年三月,调湖南布政使。四月,率属捐备军饷,下部优叙。

五年三月,丁母忧,回籍。寻命督办浙江湖州团防事务。时粤匪陷安徽宁国,直趋湖州,有壬督率壮丁分布要害,飞请巡抚何桂清调兵策应。贼至长兴县界,遇伏击败,遂遁去。七年,服阕。八年二月,命督办江南军营粮台事务。十二月,擢江苏巡抚。时嘉、湖枪船千百成群,白昼夺攘,甚则聚众抗粮,焚毁仓署,地方官莫敢撄其锋。有程鹏士者,嘉兴新篁里人,尤为枪船魁首。有壬侦知其赴江苏天平山烧香,密派干弁擒获,置诸法,于是众匪敛迹。有壬每公事稍暇,辄简从潜行,抽查各段团防之勤惰,恒漏四下,犹未回辕宴息也。

九年五月,偕两江总督何桂清奏本年己未恩科江南乡试,借用浙江文闱,诏如所请。先是,已革江苏参将台斐音因委署江阴游击,争论缺分,讦告同官行贿,挟制官长,[一]上命有壬提讯。至是审明台斐音所揭全诬,奏请遣戍新疆,从之。十一月,以原任湖北提督向荣前经攻剿金陵,屡遏凶锋,实为东南保障,请入祀江苏名宦祠,得旨俞允。十年二月,粤匪陷安徽广德州,将直扑湖州,势张甚。有壬飞书告急于何桂清,请调江阴游击曾秉忠督带长龙船赴援。秉忠由常州一日夜抵湖州,水陆夹击,贼大创,乃遁。三月,贼分陷东坝、溧阳,复由间道径陷杭州省城,有壬咨何桂清飞檄提督张玉良督兵赴援。时杭州驻防旗兵尚与贼相持,玉良疾驰抵杭,毁平贼垒,连战皆捷,贼披靡,随将杭州收复。上以江南援兵出力,予有壬优叙。

闰三月,贼自杭州回扑江宁大营,钦差大臣和春师溃,退守丹阳,贼旋陷丹阳。四月,常州、无锡相继失守,贼遂围攻苏州。

有壬率兵勇昼夜守御,以贼众兵单,外援不至,城陷。有壬仍督队迎剿,被贼刺帽将坠,犹手自整冠,抗声骂贼,遂遇害。事闻,谕曰:“江苏巡抚徐有壬当贼逼苏州,力筹守御。嗣因逆众麇至,省垣失陷,该抚与妾施氏并女同时遇害,次子徐震翼投水自尽,殊堪悯恻!徐有壬着加恩照巡抚例赐恤,以慰忠魂。其妾及子女,并同被戕之候选理问鲍鄂衔、工部主事徐曾庚,均交部分别旌恤。”寻赐恤如例,予谥庄愍,赏骑都尉世职,袭次完时,以恩骑尉世袭罔替。

同治三年三月,江苏巡抚李鸿章督师克复苏州,有壬长子震耀赴苏寻父遗骨归葬。李鸿章因奏称:“有壬敦尚实学,尤精天文、算法。服官数省,所至皆有政绩。在苏抚任内临难捐躯,无愧守土之义。合署从殉,忠孝节烈,正气犹存。请于苏州建立专祠,并将事迹宣付史馆。”允之。

子震耀,正三品荫生,运同衔候选同知,袭世职。七月,引见,以知府选用。寻赏戴花翎,选福建建宁府知府。

【校勘记】

〔一〕挟制官长　“官长”原误作“上官”。今据徐有壬传稿(之一六)改。

常大淳

常大淳,湖南衡阳人。道光三年进士,改翰林院庶吉士。六年,散馆,授编修。九年,充会试同考官。十一年,充顺天乡试同考官。十三年四月,转山东道监察御史。六月,奏:“各州县买补仓谷,积弊多端,请敕下各督抚,严饬所属遵照定例发价采办,不得在本境粮户勒派,前后任交代时,不得折价抵谷,〔一〕并责成该管府道随时盘验,加结申报。"允之。先是嘉庆十二年,湖南乡试,加苗生中额一名,另立"田"字号与"边"字号汉文生同坐一号。至是,大淳奏请隔别号舍以杜代倩,下部议行。十二月,转掌山东道监察御史。十四年,充江西乡试副考官。十五年五月,稽查旧太仓。七月,奏言:"直隶、山东、河南向有教匪,辗转传习,惑众敛钱。遇岁歉,白昼伙抢,名曰'均粮'。近来间或拿办,未断根株。湖南之永州、郴州、桂阳、江西之南安、赣州,与两广接壤,均有会匪,结党成群,动成巨案。推原其故,实因吏治废弛所致。应请敕下各督抚严饬各属,行乡约、保甲诸法,轻骑减从,亲历乡村,实心化导,随地举行,庶奸回革心,吏治亦毕举矣。"允行。八月,升工科给事中。九月,奏:"各直省满营不习骑射,〔二〕汉营粮额多虚,陆路捕务废弛,水路江海疏防,且各州县额设民壮,不以守护仓库、监狱,护送饷鞘人犯为专责,辄使持票传案,并听老弱充数。请严饬将军、都统、督抚、提镇,及地方官,核实整顿。"从之。

十六年,奏湖南镇筸厅兵勇忿官起衅,应请查办,并劾该管大员办理迁延,命下湖广总督讷尔经额奏覆。大淳又奏陈:"善后章程五条:一、镇筸兵丁练勇,不得以外来游民充当;一、兵勇饷米,或折钱,或领米,应从其便;一、买备屯谷,价银运费,嗣后总以八钱为率;一、巡道每年秋后巡阅一次,须详报起程回署、出境入境日期;一、巡道员缺,例于知府内拣选,不得以同知请升。"复下讷尔经额及巡抚裕泰、总兵杨芳议行。又奏江南河库出入支销,自道光八年至十六年,库存实数与册卷不符,经兵部尚书朱士彦查奏属实,命将河库道李湘苣夺职。十七年,京察一等,以道府用。寻授福建督粮道。二十年三月,护理布政使。九月,以英吉利兵船由粤洋犯闽、浙各海口,闽浙总督邓廷桢檄大淳偕延建邵道徐继畲赴漳泉一带筹办海防。二十一年,升浙江盐运使。二十二年,以接纂大清一统志告成,大淳前充国史馆总纂,下部议叙。二十三年,升安徽按察使。二十五年二月,告养回籍。五月,丁母忧。二十七年,服阕,授湖北按察使。二十八年,升陕西布政使。三十年八月,调湖北布政使。

十一月,升浙江巡抚。咸丰元年四月,议覆御史汪元方奏请禁浙江棚民开山并兴修水利,疏言:“浙江棚民开山过多,以致沙淤土壅,有妨水道田庐,亟应查禁。惟浮居未定者尚易驱逐,年久难迁者必须安插。[三]请饬地方官实力编查,分别去留,有不法者随时惩办。至西路之馀杭县南湖骤难浚复,请先开支河,修石闸以资蓄泄。上游治则下游之患亦可稍平。东路之绍兴府三江闸口沙淤,亟应挑浚,并疏导象山等县河溪,现在已经兴办。”均允行。八月,奏:“浙江松所私盐,系由定海岱山等处航海至漕泾之南库、北库,凭土棍自设私廒私秤,囤积贩运。请化私为官,即于漕泾地方委员设局,将定海岱山所产盐斤公平议值,官为收买,招商起运;其从前私囤私贩各户,分别安插管束。试办一年,如果有成效,再行奏请定案。”从之。十一月,奏宁海各洋盗船肆劫,请将署定海镇总兵周士法等下部议处。二年正月,奏:“仁和等州县被水之后,其仍有收田亩应征漕米,[四]未能一律圆洁,请红白兼收,俾小民便于输纳。”均如所请行。

四月,奉化县连山乡及鄞县西南、东南两乡匪徒聚众闹粮,毁坏衙署,鄞县东乡姚家浦盐枭拆毁官盐公所,大淳檄按察使孙毓溎、署盐运使庆廉前往查办。未几,副将张蕙,千总沈兆堂,通判袁廷举,知县德成、蔡琪,县丞李琪,均以督拿盐枭被戕,孙毓溎等坐调度失宜,下部议处。大淳镌四级留任。五月,调湖北巡抚。旋因戕官枭匪经官绅擒获首要各犯,地方一律安谧,署浙江巡抚椿寿奏入,大淳得旨开复。八月,以沔阳等四州县水灾,奏恳拨银谷抚恤,并请免四川、江西商贩米船关税,俱允之。时粤匪窜扰湖南各州郡,需饷孔亟,大淳以捐备军需,赏戴花翎。寻调山西巡抚,未即赴任。先是,大淳奏武昌防守事宜,并请严守岳州。十一月,粤匪自长沙下窜,陷岳州,蔽江东驶,由汉阳犯武昌,大淳率文武婴城固守。十二月,贼于滨江平湖、文昌各门,由江岸穴地道,轰地雷而进,东面援军声势隔绝,城遂陷。大淳率文武巷战,力竭死之。

事闻,谕曰:"览奏,益增愤恨!调任山西巡抚、湖北巡抚常大淳秉性忠贞,官声素著。前因粤匪窜扰湖南,即奏请严守岳州,并力筹武昌防守事宜。不料岳州文武弃城失守,遂令逆贼长驱直入,径抵武昌。该抚督率文武婴城固守二十馀日,竟被地雷轰发,省城失陷。该抚亲督守兵,登陴力战,誓死不退,为贼戕害。孤忠亮节,可悯可嘉!常大淳着加恩晋赠总督衔,入祀昭忠祠,即照总督阵亡例赐恤。任内一切处分,悉予开复。应得恤典,该衙门察例具奏。其尸骸有无下落,子孙是否随任,均着该署督查明驰奏。"

三年,克复武昌,署湖北巡抚骆秉章查奏大淳眷属男女上下共殉难十六人,谕曰:"此次逆贼攻陷武昌,阖城文武官员坚守二十馀日,竟以力竭同时殉难。其中被害酷烈,或一门死节,或幕友捐躯,惨祸猝遭,精忠弥著! 朕一念及,悲悯泪零! 巡抚常大淳婴城固守,临难捐躯,大节懔然,允足垂型不朽! 着于该地方建立专祠,以慰忠魂。其殉难之家属,即附祀。该员尸骸业经家丁认领棺敛,着饬属设法护送回籍。"寻赐祭葬,予谥文节,赏骑都尉世职,袭次完时,以恩骑尉世袭罔替。孙国笏袭。

【校勘记】

〔一〕不得折价抵谷 "谷"原误作"算"。今据常大淳传稿(之三七)改。

〔二〕各直省满营不习骑射 "满"原误作"旗"。今据常大淳传稿(之三七)改。

〔三〕年久难迁者必须安插 "迁"原误作"遣"。今据常大淳传稿(之三七)改。

〔四〕其仍有收田亩应征漕米 "仍"原误作"他"。今据常大淳传稿(之三七)改。

　　陶恩培

　　陶恩培,浙江会稽人。道光十五年进士,改翰林院庶吉士。十六年,散馆,授编修。十七年,充四川乡试正考官。二十年,提督福建学政,旋丁父忧。二十二年,服阕。二十三年,充顺天乡试同考官。二十四年,授山东道监察御史。二十五年,丁母忧。二十七年,服阕。二十八年九月,补江西道监察御史。十二月,转广西道监察御史。二十九年,转协理京畿道监察御史。[一]三十年五月,俸满截取,记名以繁缺知府用。十一月,授湖南衡州府知府。

咸丰二年,广西会匪洪秀全等自永安州窜扰桂林省城,邻省土匪乘机窃发,恩培访闻湖南境内匪徒左家发等聚众谋逆,饬衡阳县知县冯如荼、清泉县知县厉云官捕获,鞫实置诸法。湖广总督程裔采以闻,得旨以道员用。三年,超擢按察使。四年正月,升山西布政使。时粤匪鸱张,江、皖之贼仍图上窜,湖南设局筹防。巡抚骆秉章以恩培在楚年久,熟习情形,疏请暂留湖南。六月,调江苏布政使。九月,擢湖北巡抚。

五年正月,粤匪窜踞汉阳、汉口,进薄武昌省城。时武昌屡遭寇警,城广兵单,[二]守具未备。恩培抵任旬日,仓卒登陴,日夜守御。二月,会同前任礼部右侍郎曾国藩檄知府彭玉麟率水师剿贼于襄河,败之;并调按察使胡林翼、道员李孟群赴援,以饷需不继,奏请饬山西、陕西、四川等省接济,允行。寻胡林翼、李孟群统水陆各军先后抵鄂,会同江防及城守各兵并力剿贼,连败之。二月,贼由兴国、通山、沌口、塘角等处麇至,[三]围扑省城。恩培咨湖广总督杨霈拨兵救援,屡催不至,官军寡不敌众,城遂陷。恩培力战,死之。

事闻,谕曰:“逆匪上窜汉口,武昌省城兵力本单。嗣因水陆赴援,屡有胜仗,方冀危城克保,南北夹攻,乃该逆遽四面攻扑,官兵竟日鏖战,众寡不敌,以致省城失陷。湖北巡抚陶恩培甫经抵任,月馀以来,婴城固守。兹以力战阵亡,实堪悯恻!着照阵亡例从优赐恤,以慰忠魂。”寻赐恤如例,予谥文节,入祀京师及阵亡地方、本籍府城昭忠祠。赏骑都尉兼一云骑尉世职,袭次完时,以恩骑尉世袭罔替。子廷栋,袭。

同治十年,湖广总督李瀚章奏请于湖北省城,与总督吴文镕等合建一祠,允之。

【校勘记】

〔一〕转协理京畿道监察御史　原脱"转"字。今据陶恩培传稿(之四二)补。

〔二〕城广兵单　"广"原误作"旷"。今据陶恩培传稿(之四二)改。

〔三〕塘角等处麇至　"塘"原误作"唐"。今据本卷青麐传有"由汉口鹦鹉洲分扑塘角"语改。

柏贵

柏贵,额哲忒氏,蒙古正黄旗人。嘉庆二十四年举人,充实录馆誊录。道光四年,全书告成,议叙知县。十年二月,选甘肃陇西县知县。十月,丁父忧回旗,在兵部笔帖式上行走。十二年,丁母忧。十四年,服阕。十五年,选广东普宁县知县。十六年,调龙门县知县。十九年,调东莞县知县。二十一年,升南雄直隶州知州。二十六年,擢四川叙州府知府。二十七年,擢广东督粮道。二十九年四月,迁按察使。五月,以襄办夷务出力,赏戴花翎。九月,升布政使。咸丰二年二月,擢河南巡抚。七月,调署广东巡抚,八月,捐备军需,下部优叙,十二月,实授。

三年二月,粤匪窜据安徽安庆府,江宁一带戒严,命柏贵选派水陆精兵驰赴江南周天爵军营助剿。先是,江防吃紧,上命调拨外海师船助剿，柏贵以师船笨重，不宜内河，请雇红单商船由海入江，听候差遣。五月，江西上游逆匪窜扰湖南桂东、广东连州等处，上以该处界连三省，命柏贵合力兜拿。七月，高、连、南雄等处亦有匪徒拜会滋事，柏贵严饬地方捕之。八月，击散镇口土匪。九月，进剿龙川，各匪闻风潜逃。

时福建上下游均有土匪滋扰，需饷孔殷。广东距福建较近，柏贵叠次调兵拨饷，设法协剿，复以京仓支绌，广东洋米价贱，劝谕官绅捐办采买，运赴天津，以裕仓储。十一月，以拖罟、快蟹各船均难调赴他省，派熟习工匠赴川、楚，按船式制造，复购夷炮多件，解赴武昌水师各营。四年三月，惠来、普宁等县散勇滋事，柏贵调水师搜剿，并饬各县严加防堵。先是，户部左侍郎罗惇衍奏请变卖南海官屯以济军饷，柏贵以田分三等，议立租额，必须分别变价，民始乐从，上韪其议。五月，惠来、普宁匪徒复勾结澄海土匪肆扰，柏贵饬参将庄起凤等驰往剿捕，其阑入东莞、增城、陆丰各匪，先后歼除殆尽。

六月，贼自花县窜番禺，旋越萧冈，分路径扑省城东北两门，另股攻西关，柏贵督兵截剿，匪溃四窜。复募壮勇八千人跟追，击退新兴、鹤山、长乐、东安各匪。闰七月，近省一带贼匪，叠经挫衄，复结伙党，环亘六七十里，意图四面钞袭。柏贵以专注一处，先行扫荡，方可并力进攻，饬参将卫佐邦等由东路进剿，克之。馀匪北窜，其阑入香山等处各匪，均剿捕殆尽。八月，由棠夏村进兵，剿灭北路贼巢十三处，解韶州、新会城围。九月，贼据佛岭市等处抗拒，其地险峻，箐深林密，有小河可通。柏贵饬用浅水船载质轻力劲洋炮，趁潮驶攻，旬日七战皆捷。贼逃入西路,退据石门石井地方,水师直捣其穴,痛加剿洗。另派参将罗璋等克复从化、龙门、开平等县。十月,复派兵克复海丰等县城。时番禺匪船驶逼省河,图袭我军,亦经派兵击退。其东莞、乐昌、乳源、仁化等县,并同时克复。

　　十一月,雷琼道沈棣辉侦知佛山贼情,柏贵即令进剿,克复全镇,另派兵攻剿虎门匪船。先是,夏秋间,贼匪由英德、龙门先后窜扑翁源、长宁等县,遂扰连平,叠经派兵抵御。至是,获其渠,置诸法。河源、阳山、高明等县一律肃清。十二月,克复封川,并解潮州府城围。五年正月,饬沈棣辉进剿番禺匪船,败之。二月,督剿永安、连州、三江、顺德匪徒,遂击败广宁、高要、清远、三水各匪,均将城池克复。初,柏贵以肇庆各属本为匪窟,自东莞、佛山匪徒滋事,当饬肇罗道李敦业率在城文武捐集经费,督水师堵御。嗣因该匪勾结城内奸勇,将各船移泊对岸,城内兵不满千,遂被攻陷。叠经派兵攻击,贼尚踞城死守。四月,大队齐集,直捣贼巢,遂复肇庆。七月,剿惠州匪徒,大挫凶锋。八月,连州馀匪复由西岸堡等处,叠次攻城,分兵扫荡,城围立解。

　　六年五月,援剿江西上犹、雩都等匪,克复城池,疏通江西下游。时广西浔州艇匪分据大黄、江墟等处,柏贵派令水陆兵勇进剿,击沉贼船,溺毙无算。其和平县城同时收复。十二月,入觐。七年,英吉利人突入省垣,绐两广总督叶名琛入洋船,开驶而去。柏贵偕广州将军穆克德讷等奏闻,并自请严加治罪。上加恩改为议处,旋命署钦差大臣、两广总督。八年,梧州艇匪窜扑高要,柏贵调水陆各兵进剿,遂解城围。九年,卒。遗疏入,谕曰:"柏贵由知县荐升巡抚,封疆久任,宣力有年。兹闻因病出缺,洵堪轸恻！着照巡抚例赐恤。任内一切处分,悉予开复。应得恤典,该衙门查例具奏。"寻赐祭葬。

子常炆,候选知府。

陆应穀

陆应穀,云南蒙自人。道光十二年进士,改翰林院庶吉士。十三年,散馆,授编修。十四年,丁父忧,服阕。十九年六月,转江南道监察御史。十月,以云南、临安、开化等府属境盗匪充斥,奏请于要隘处所移改营汛,添设塘卡。十二月,又奏云南省西南一带,界连阿瓦各境。该处多种罂粟,制卖鸦片,内地奸民每勾结四川喕匪,伙往兴贩。请敕下该督抚,于由外夷入内,并由滇入川各要路,严查防禁。二十年三月,以开化等处数月内劫案多起,地方官不即拿办,请饬严行查究。均如所请。八月,充顺天乡试同考官。十月,掌四川道监察御史。十一月,以朝阳门外有奸民偷藏运仓米石,又匪徒盘踞太平仓外拦截米车,勒索钱文,奏请查究,如所请行。

二十二年,授山西朔平府知府。二十三年,调太原府知府。二十八年六月,大计,卓异。七月,升冀宁道。十二月,擢顺天府府尹。二十九年五月,以切近畿辅一带矿洞,先有匪犯偷挖之案,遵旨查勘矿苗情形。寻偕兼管府尹卓秉恬议奏,以各厂矿苗俱不甚旺,官为经理,则入不敷出;听民开采,则无业游民转得借为逋逃之薮。况地近京畿,理宜肃清,请严行封禁,允之。九月,以讯办通州石坝州判任元于漕粮过载受湿,稽查不力,应穀日久未能定谳,下部议处。十月,以武清等州县被水歉收,会同直隶总督讷尔经额奏请分别蠲缓，以纾民力，诏如所请。

三十年，擢江西巡抚。时前任巡抚陈阡有被参各款，先经学政张芾遵谕密查覆奏，上夺陈阡职，案内被参各员均解任，并交应毂查究。适陈阡以张芾收受陋规劾奏，知县陈俊亦具禀申诉，牵涉陋规，复谕应毂会同两江总督陆建瀛确切查办。寻将各情鞫实以闻。得旨：“陈阡等业经革职，姑免置议。张芾无需索情事，着无庸议。并以查办被参各员，藉端挟制查案大臣，欲使扶同隐饰，此风断不可长！严谕饬诫之。”

咸丰元年三月，顺天府府丞陈宝禾奏东南各省频遭水患，由长江下流积沙涨溢，请敕沿江各督抚即时疏治。应毂奏言：“现在并无新涨沙洲，其老额滩地，于江流尚无阻碍，沿山居民亦无垦荒抛掷沙石情事。又近山州县屡有蛟患，亦经查照前大学士陈宏谋所著伐蛟说，复酌拟条款，劝谕搜掘。”疏入，报闻。并谕种洲必应严禁，每年查勘不可视为具文。先是，广东英德、清远一带，有匪徒滋扰，江境设防。至是，各匪次第就擒，疏请撤兵归伍。上以粤省军务未竣，谕仍于接壤处加意巡防，认真查缉。闰八月，以临江府属之新淦县钱粮较多，近年弊端百出，瑞州府铜鼓营同知地方安静，治理较易，奏请将二缺繁简互易，下部议行。

九月，召来京，以应毂讲求地理之学，命协同定郡王载铨等相度万年吉地。二年正月，命恭勘东陵、西陵各河道，以应行疏浚，奏奉谕旨。旋署刑部右侍郎。二月，充各直省乡试覆试阅卷大臣。四月，署河南巡抚。六月，兼署河东河道总督。

时粤匪窜扰湖南，九月，攻扑长沙省城。应毂奏：“请严防北窜，且以河南系十省通衢，直隶、山东之保障。南阳、归德等府州属与湖北、安徽、山东各省壤地毗连,民风悍黠,恐易勾结。加以丰北黄河漫口,尚未合龙,工夫饥民,不免乘机扰动。亟应严为设备,已饬各属力行保甲,以净匪踪。"奏入,报闻。十月,奏请停缓阳武县盐碱地亩应完粮赋,下部议行。

先是,二月,应毂遵旨前赴东陵、西陵协同选建万年吉地。至是,上以平安峪、成子峪两处均合法,复谕应毂将两处情形细心考核,奏备采择。应毂疏言:"平安峪龙穴砂水似无疑义,惟石水不无可虑。成子峪堂局整齐,水深土厚,亦甚妥协。"奏上,诏原派王大臣公同相度。十一月,捐备军饷,赏戴花翎。

时粤匪窜至湖北,攻陷汉阳,直犯武昌省城,河南戒严。所调邻省官兵一时未到,命于本省各营先行抽调,如须出省调度,即行择要驻扎。又以刑部尚书周祖培奏河南南阳等处与楚接壤,自宜择要固守,尤应团练乡勇,藉资守御。谕应毂相机办理,并将捻匪、盐枭设法钤制,俾免勾结。旋奏分路筹防,布政使郑敦谨赴信阳州、总兵柏山专办南阳一带。上命应毂亲往要隘,督饬严防。寻奏言:"省垣尚有筹办事件,归德复有捻匪窃发。若即出省,恐人心惊惶,只可暂驻省城,镇静弹压。"复称:"南阳等处更属紧要,该处有巡抚驻扎,藉可稍定民心,免致相率迁徙。"旋以万年吉地有应行相度之处,诏应毂来京,署户部右侍郎,兼管钱法堂事务。

十二月,仍授河南巡抚,并谕令驻扎南阳,筹办防剿事宜。寻以湖北省城被陷,疏请催调各路赴豫官兵,诏如所请。三年正月,奏:"湖北襄阳势据上游,为陕、豫门户,最关紧要。请派重兵扼守襄樊,并以襄阳土匪纠众劫掠,即令柏山带兵驰往,攻其不备。"上嘉其不分畛域,所办甚合机宜。二月,粤逆沿江下驶,由安徽扰及江宁,扬州、镇江各城相继失陷。应毂以归德与江、皖接壤,奏请驰往防堵。得旨,相机筹防,并命办团练,互为声援,以资保卫。三月,奏陈归德防堵情形,并统筹剿匪事宜,疏言:"逆贼起自广西,蹂躏五省,扰乱四年,皆由措置乖方所致。一在机会之坐失,一在事权之不一,一在威之不立,一在饷之不充。窃计贼扼瓜口,漕艘不能北上,可危一;贼据镇江,必掠苏、杭,可危二;若由清江直走山东,由滁州直走河南,臣以数千不练之师,当累万方张之贼,可危三。为今之计,惟有调东三省及蒙古兵,一由山东取道瓜口,一由河南取道淮、徐,以资攻剿。简派公忠体国之王公,假以便宜,俾之统帅,先发内帑以济急需,再由户部筹画归款,庶逆匪可期荡平。"又以捻匪大股窜至永城县地方,先经道府等派员剿击获胜,追获匪党。应毂抵归德后,复添派兵勇,各路堵拿,先后擒斩七八百匪、著名首恶二百馀人。捷入,得旨嘉奖。

四月,粤逆陷安徽滁州,复窜扑临淮关,凤阳旋亦失守。上以永城为入豫门户,敕应毂迅往驻扎,并以皖省军务吃紧,谕迅速拨兵迎剿。五月,皖贼窜蒙城、亳州,应毂以先经派兵往援,复督兵进剿,并连次获胜情形奏闻。寻贼窜入豫境,归德府城被陷,应毂以调度无方,革职留任,命会同各路大兵攻剿,并严防黄河口岸。时贼先已分股,由柘城直扑开封省城,坚守待援。应毂在鄢陵,途次收集兵丁,叠谕驰赴省城,内外夹击。旋奏归德收复,省城被围危急,兵勇不敷,且河北之防守宜严,京畿之豫备宜早,请添调精兵以利进攻,兼资护卫。得旨,所见甚是。六月,开封围解,贼由汜水渡河,攻陷温县,进扑怀庆府城。上以应穀身任地方,兼管河防,不能及早筹画,致贼抢渡,叠次严饬之,并责令剿办黄河以南贼匪。时贼扑许州,经官军击败,并追剿获胜,馀匪南窜。七月,疏陈南路贼势穷蹙,由汝宁一带转窜而南,又归德、陈州等处捻匪蜂起,亟应筹剿,拟折回省城。谕以南路遗孽仍须速派干员会剿,以净根株。时以军饷支绌,遵旨力筹接济,遴派官绅劝谕捐输,将设局办理章程陈奏,报闻。

八月,怀庆贼被剿,窜入山西。应穀奏于沿河添派兵勇,严防各渡口,得旨:"侦探何路紧急,即亲往督办,切勿株守省垣,致误事机。"九月,贼复回陷武安、涉县,且扰及直隶。应穀以遏贼回窜豫境,请驰赴河北,督饬严防,允之。时逆匪肆扰直境,京师戒严。上命王大臣等督办巡防,以贼渡河北犯,应穀不能先事豫防,命褫职来京,交巡防王大臣差委;又以前在河南巡抚任内办理秋审案件,经刑部由缓决改情实者十起,复议降一级调用。

四年,遵旨随同查勘银矿情形,并以平安峪吉壤系应穀等选择,命前往覆加相度。五年,赏六品顶带。六年七月,命随盛京将军庆祺前往查勘永陵河道情形,并应修各工。十一月,赏四品顶带,授直隶按察使。七年,卒。九年四月,平安峪万年吉地兴工,谕曰:"平安峪建立万年吉地,已于本月十三日开工。原任直隶按察使陆应穀深通地理之学,由巡抚内召,周历履勘,定兹吉壤,尤为出力。着加恩追赠巡抚衔。伊子候选郎中陆葆德,着以郎中归部即选。"

子葆德,进士,四川荣昌县知县。

陆费瑔

陆费瑔,浙江桐乡人。祖墀,礼部左侍郎。瑔,由副贡生充国史馆誊录,议叙知县。嘉庆二十年,选湖北麻城县知县。二十四年,丁本生父忧。道光元年,以前任麻城时亏空仓谷褫职,嗣于限内清完复官。四年,拣发直隶。五年,补枣强县知县。六年,调清苑县知县。七年,以缉捕出力,下部议叙。八年,升易州直隶州知州。十四年,升正定府知府。十五年,调保定府知府。以前在易州任内承办万年吉地工程出力,下部议叙。十六年,迁大顺广道,旋署清河道。十七年,擢按察使。十九年六月,升广西布政使。八月,调直隶布政使。二十年,以孝全成皇后梓宫奉安,瑔督治道路出力,下部议叙。二十二年,在天津海口防堵夷匪出力,下部议叙。二十三年四月,调甘肃布政使。五月,调江宁布政使。

旋擢湖南巡抚。先是,耒阳县民段拔萃以县胥浮收钱粮,赴京呈控,审谳待遣,其党杨大鹏等纠众赴县劫而纵之。段拔萃寻赴湖广总督衙门投首,杨大鹏等仍恃众作乱,屡犯耒阳县城,均被官军击退。二十四年六月,瑔督兵赴衡州,分据要害,杜贼旁窜。提督石生玉等进克鱼陂洲贼巢,俘其孥。杨大鹏走杉木岭,官军击败之。八月,杨大鹏被擒,伏法。贼党在东乡者,犹拥众未散。瑔虑扰及善良,乃示令绅耆,缚送滋事首匪,胁从免究,遂获贼酋十馀人,馀并解散,地方悉平。事闻,下部优叙。二十五年,阅本省兵。旧制,各兵操演,惟试弓箭、刀矛。瑔以鸟枪为行军利器,择精锐骑士兼习之,复于例操外添设月操,即署中亲自校练,优其奖拔,以冀渐成劲旅。

二十六年,疏裁各属溢额典史九百馀名,并奏覆部议银钱并重章程,略云:"湖南钱粮起运为数最多,而支放兵饷居其大半。从前饷银一两,搭放钱二成。自道光十八年前抚臣钱宝琛以钱价过贱,奏请暂停鼓铸,兵饷全放银两,奉旨准行。今钱价较前愈减,而转欲按成搭放,于兵丁生计未免有亏,似非所以示体恤。且兵饷搭钱,必须开铸,细核鼓铸工本,每钱一千需银八钱二分有奇。现在市价千钱仅合银二三分,是成效未见,而耗费已多,未可轻以相试。此外报部应拨之项,辇重致远,运费不资,驿站支款,邮政攸关,均未便以钱出纳。各官养廉现已搭放钱二成,若再加成,恐办公竭蹶。臣就地详察,并与司道熟筹,惟各属留支祭祀、役食等项,酌放钱文尚无窒碍,为数六万七千馀两,即照部咨以十五钱准银一分,并以银七钱三搭放。计终岁放钱三万馀串,似于补偏救弊之中,得收酌盈剂虚之益。"下部议行。

二十七年,祁阳县会匪王宗献纠众滋事,捕获诛之。湖南民、瑶杂处,每有匪徒结盟拜会,为害闾阎。瑔以保甲之法最易发伏摘奸,先经委员赴各州县会同实力编查。至是临武、常宁、桂阳、新宁各县访获会匪百十名,并究出传教首犯王存真、楚潮泗等往来江、广诸省,当即分咨饬缉,先后就获。惟新宁县瑶匪雷再浩于广西全州交界出没肆扰,叠派官兵堵剿,随窜深冲峒,官军进击之,擒雷再浩,悉降其众。赏戴花翎。

寻疏覆部议禁漕务情弊,略言:"湖南漕粮止十五万馀石,征收尚易,偶遇灾歉请缓,为数亦复无多,与江浙漕多省分动至数十万者情形迥异,委无捏灾请缓情事。至弁兵需索,无非藉口于米色不净。查湖南漕粮,长沙、衡州居十之八,每岁漕米运至岳州水次,于过省时报由粮道赴船查验,倘不干洁,即就近驳换,不待临时始行验收。是以弁兵无从挑剔,帮费俱有定章,州县不肯加增,弁兵不能多索。若将必不可已之费,确估应收折之数,按户均摊,则是漕粮正耗之外,又有加增,诸多窒碍。似可毋庸另议章程。"从之。是年,琼本生母许氏年八十七,御书匾额及玉如意、文绮等件特赐之。

　　时乾州厅屯田痞苗石观保等纠众抗租,勾结凤凰、永绥二厅苗民肆行焚掠,琼调兵堵击。二十八年,擒斩苗匪百馀人,匪众畏惧,投首缴械纳租。琼以农事方兴,其被扰良苗呕应抚恤,疏准赏给籽种谷六千石,允之。又以屯田类皆硗薄,地利无多,各佃生齿日繁,完租之外,不敷养赡,痞苗煽诱,无非藉此为词。若不酌加轻减,无以安良苗之心,而缄顽佃之口。遂委员清查水冲沙压,及硗薄各田情形,分别入奏。旋得旨豁免租谷八千四百馀石,苗民以安。二十九年,丁本生母忧。咸丰元年,御史雷维翰参奏湖南吏治废弛,上以琼在任多年,未能整顿,又坐办理教匪宽纵,褫职。三年,命在籍办理捐输团练事宜。五年,以团练有效,下部优叙。七年,卒。

　　子棨,安徽寿州州同;菜,广西雒容县知县;榦,福建候补知县;寀,江苏候补通判;森,江苏候补知府;彬,湖南候补府经历。孙燮,两淮候补盐大使。

　　郑祖琛

　　郑祖琛,浙江乌程人。嘉庆十年进士,以知县用,分江西,补星子县知县。十八年,大计,卓异。二十年,调新建县知县。二十三年,迁宁都直隶州知州。道光元年九月,升抚州府知府。十二月,调吉安府知府。四年三月,调南昌府知府。八月,擢广饶九南道。十二月,调盐法道。五年正月,调直隶天津道。十一月,以催趱滞漕帮船妥速,下部议叙。六年正月,漕粮由海运津,祖琛专司筹备剥船各事宜,八月,事竣,赏加按察使衔。十二月,升两淮盐运使。八年,迁江西按察使。九年,丁本生父忧。十一年,服阕,授福建按察使。十二年,升广西布政使。十四年,调福建布政使。十五年,因母病请假,旋请开缺侍养,允之。十六年,给事中朱逵吉奏劾广西阆茸营私各员,上命礼部尚书恩铭、户部左侍郎赵盛奎往按,查出祖琛前在布政使任内于南宁府同知庆吉禀获私盐,擅给价免究,并不明白指斥,率行批发,奏请交部议处,寻降四级留任。

二十一年八月,英吉利兵船驶犯浙江海口,命祖琛赴镇海军营,随同筹办防剿。九月,命于浙江省城随同办理粮台事务,寻赴曹娥江防堵。二十二年,英人就抚,祖琛仍回籍养亲。二十三年六月,浙江巡抚刘韵珂奏请留办军需总局报销,允之。七月,丁本生母忧。二十四年,服阕。二十五年二月,授陕西布政使。四月,升云南巡抚,兼署云贵总督。八月,调福建巡抚。二十六年,调广西巡抚。二十七年,偕两广总督耆英奏参昭平县知县夏允颐才具平庸,代理天河县知县朱元鼎办事竭蹶,请分别勒休改教,如所请行。又奏广西省钱贱银贵,请暂停鼓铸,从之。

时全州与湖南新宁县交界地方,瑶匪聚众焚掠,祖琛偕提督马殿甲调兵剿之,俘馘三百馀名,殪首匪李世得,并擒其子李加耀,馀匪窜匿;复穷追搜捕,歼戮殆尽。二十八年二月,以全州匪党肃清,赏戴花翎。寻奏思恩府各土属盗匪肆行,知府彭舒荜等亲督兵勇于穷岩绝谷,奋力剿捕,将积年巨盗悉数歼除,请予鼓励。四月,奏上年全州匪徒扑灭后,旋有湖南道州馀匪窜扰,灌阳土匪罗三汎等滋扰平乐、阳朔等处,经官绅兵练合力剿捕,未及两旬,歼擒净尽,请分别奖励。均允之。二十九年正月,以天保县知县沈毓寅缉拿邻境归顺州盗匪,中途被戕,饬按察使冯德馨驰往查办,先后歼获匪犯黄维叶等一百二十四名,按治如律。

时廷议筹备库款五条,命下中外各大臣筹办。二月,祖琛偕两广总督徐广缙疏言:"原奏内漕粮、盐政、河工三大端,粤西所无。其开矿及清查地丁积欠二条,查粤西龙胜、临桂等处曾有矿砂呈露,贵县之陇头等山,亦有铅矿,试采并无成效,即河池等厂,每年抽炼银砂,亦入不敷出,故商厂多已歇业。现饬属查勘,如有可开采之处,即随时核办。至粤西地丁正项,向无灾缓带征,其不免有征存未解以完作欠,及奏销届期挪款垫解者,自应设局清查,以重库藏。又各属于交代时,如税契、厂税、谷价及因公措办之款,往往列款交抵,辗转流摊,轇轕愈甚。其仓谷一项,前经查明动缺数目,奏明分年买补。现复有盘折霉变及未经买补,或买补又复挪用者,即据册报存仓,亦恐不实不尽,均拟一律清查,酌量情形,或分限追赔,或按年弥补,务期各款均归有着。"报闻。五月,议覆御史戴絅孙请严定将弁协缉章程,疏言:"粤西捕盗,前定章程勒限严缉,并饬各备弁将所管汛地有无盗劫按旬禀报;又每月会哨巡查,以防窃发。现复于水陆要隘,添设巡船卡兵,并派署左江道张熙宇、游击马芳为总巡,遇有盗犯,即派兵兜拿,不使蔓延;并饬绅士办理团练,互相守御。现在各属查办认真,计两年来获首伙盗犯不下千数百名,其一切参限处分定例,极为详备。请无庸另议更张。"允之。

时上思州迁隆土境与广东毗连之汪洸山内,盗匪窃发,横州亦有滩匪肆劫,经官兵剿败,窜广东钦州。两省兵合剿,追败之于灵山县崎岑墟,复追败于横州之平福墟、云表等处,贼窜贵县、来宾、迁江交界各村墟。八月至十一月,祖琛偕徐广缙等陆续奏闻,并疏陈派员前往督剿,及审办捕获匪犯各情形。会湖南新宁县逆匪李沅发等作乱,祖琛遵旨于界连新宁之全州、西延各处,扼要防堵。十二月,奏民、瑶安谧,全州一带擒新宁逸犯多名,并檄升任按察使劳崇光驰往督办。三十年正月,楚兵叠次获胜,上命祖琛仍会同楚兵乘胜追擒首匪。五月,贼窜广西,祖琛偕湖广总督裕泰饬兵追剿,诱贼窜回新宁之金峰岭,合力攻击,歼擒数百名,李沅发就获,馀党悉平。奏入,赏加太子少傅衔,仍下部优叙。

六月,上以贼匪蔓延日久,到处诱胁,恐有逸犯,别滋事端;并以苗、瑶杂处地方,向有会匪出没,命祖琛会同裕泰筹议设兵添防,并团练保甲各事宜。八月,大股贼匪窜扰修仁、荔浦两县,另股突入迁江县城,贺县境内亦有广东英德贼匪窜入,群丑并兴,势甚炽。起前任云贵总督林则徐为钦差大臣,驰赴广西,会同祖琛筹办防剿。十月,祖琛偕提督闵正凤奏言:"修仁、荔浦股匪被剿,窜至武宣之三里墟,经副将李殿元等追败之,仍分途逃窜,复经官军追剿于弯龙冈及宾州之黄练各地方,叠次获胜,歼俘计二千人。首匪陈亚贵乘间逃匿猪仔峡、紫荆山,李殿元偕知府顾元凯、同知吴德徵等侦至,督兵围攻,擒陈亚贵并其弟大交。疏入,得旨嘉奖。

时太平、庆远各府属贼匪,仍蔓延肆扰,给事中黄兆麟、候补四品京堂李莼均以盗匪日炽,祖琛废弛贻误各情,具疏参奏。寻广西绅民李宜用等航海至京控诉,经都察院奏闻,兵科给事中袁甲三复疏劾祖琛酿乱已成,欺饰益甚。略言:"广西盗匪充斥,已非一年。该抚专务弥缝,直至诸臣参奏,奉旨查询,始含混入奏。且八府绅民来京具控,其通省糜烂可见。该抚从不肯以绅民所控情形缕述入告,文武各官失守城寨,该抚辄曲为开脱,复请随营效力,应请严旨诘责,并敕查失事各员弁,分别严惩。"上命徐广缙查奏。寻以祖琛专事慈柔,工于粉饰,各州县亦相率弥缝,遂至酿成巨患奏覆。谕曰:"广西自上年以来,盗贼肆行,该抚平日如果振刷精神,讲求缉捕,何至群盗如毛,数郡民生受其蹂躏?现在贼首陈亚贵虽已擒获正法,修仁、荔浦大股贼匪歼灭将尽,而左右江各属贼势复蔓延。且据徐广缙奏称,该抚年老多病,文武皆不知畏服,若仍令带罪自效,亦难望其振作。郑祖琛着即革职,林则徐着以钦差大臣暂署广西巡抚,仍将郑祖琛欺饰各情,逐细查明具奏。"会林则徐未至军卒,复起前任云贵总督李星沅为钦差大臣,督师广西。

咸丰元年,李星沅偕署广西巡抚周天爵详查奏覆,略言:"广西贼匪于道光二十二、三年已显露其端,郑祖琛非无闻见,乃不早图善策,消弭无形。及贼起,党伙未众,州县将备又未能上紧剿除。此迁延之咎也。地方官讳盗为窃,由来久矣。果能立予严参,是亦弭盗之法。郑祖琛久于其位,未能挽回积习,此徇庇之咎也。通省员弁阘茸无能者,应参劾示惩。郑祖琛责在整饬吏治,未见改观。即如提督闵正凤操防懈弛,郑祖琛见好同官,优容无间,此周旋粉饰之咎也。"疏入,谕曰:"该革员身任封疆大吏,既不能消患未萌,又不将贻误之提镇及文武各员早行参奏,是阘茸无能,皆伊一人作俑。似此养痈贻患,以至吾民涂炭,糜饷劳师,仅予罢斥归田,转得置身事外,何以挽颓风而儆有位?郑祖琛着发往新疆效力赎罪,为封疆大吏玩误者戒!"旋在籍病故。

子训达,候选员外郎;训常,候选知府。孙兴扬,兵部主事。

崇纶

崇纶,喜塔腊氏,满洲正白旗人。由内阁贴写中书,于道光十二年充军机章京。十五年,补内阁中书。十七年,升侍读。二十三年,京察一等,记名以道府用。寻授陕西凤邠道。二十五年,署潼商道。二十七年,署督粮道。咸丰元年三月,调直隶永定河道。四月,升云南按察使。二年二月,升广东布政使。十月,升湖北巡抚。

时粤匪自湖南省城被剿,由岳州窜陷湖北各郡,经官兵次第克复。[一]三年正月,贼蔽江东窜,犯江西省城。三月,崇纶抵巡抚任,偕署湖广总督张亮基将上年岳州及武昌、汉阳各府县失守文武员弁,遵旨查明奏闻,论如律。四月,偕张亮基奏剿办通城土匪,扫穴擒渠,并檄镇将分剿崇阳、蒲圻土匪。得旨:"务将各股土匪悉数歼除,毋留馀孽。"八月,粤匪自江西省城被剿,由九江上窜,犯兴国州田家镇,湖北粮道徐丰玉等率师迎击,水陆获胜。旋失利,贼遂上驶,连陷州郡。奏入,[二]谕曰:"此次官军失利,该督抚实难辞咎。崇纶着革职留任。"九月,贼陷黄州,逼近省垣。崇纶奏民迁市绝,饷乏兵单,请移内就外,以剿为守。十月,贼犯汉阳,并分船泊武昌迤北之塘角,窥伺省垣,崇纶与新任总督吴文镕复撤兵回城。寻贼以各路援兵将集,势少却,屯巴河。

先是,吴文镕甫抵任时,适省城戒严,誓与城存亡,死守待援,与崇纶议不合。至是,贼围省城,文镕登陴固守,崇纶以闭城坐守劾之。谕曰:"崇纶与吴文镕遇事龃龉,先已不能和衷,安望于事有济? 傥因各怀己见,致误事机,该督抚厥罪惟均,断不能为之曲宥! 着吴文镕出省督战,省城防守事宜,即责成崇纶妥筹布置。"文镕遂率兵数千进薄黄州,驻堵城。四年正月,贼数万麕至,众寡不敌,文镕死之。崇纶奏吴文镕堵城出师失利,武昌复戒严,未尝以文镕死难入告也。

二月,复请出城迎剿,为背城借一之举。谕曰:"恐系因筹防棘手,姑为出城之说,为他日卸责地步。仍责成该抚等竭力防堵。"寻丁忧,命仍留湖北协办防剿事宜。时贼踞汉阳、汉口一带。三月,饬兵勇攻毁西岸贼船多只,[三]寻贼复上驶,崇纶偕新任巡抚青麐登城拒守,贼登岸,经川勇击走之。五月,崇纶以患病奏请就医,谕曰:"前任湖北巡抚崇纶经朕擢任封疆,[四]宜如何通筹全局,悉心经理,乃于防剿事宜毫无布置,以致贼匪扰及黄州、汉阳等处。迨丁忧开缺,谕令留楚帮办防剿,辄以抱病入告,实属不知振作。崇纶着即革职。"六月,武昌复失守,崇纶先一日出城,由荆州赴陕西就医。

十月,前任礼部右侍郎曾国藩克复武昌、黄州等处,采访舆论,以前任督抚优劣陈奏,得旨:"已革湖北巡抚崇纶现在曾否到京,着该旗查明迅速具奏。"寻奏闻,[五]谕曰:"崇纶经朕简任湖北巡抚,上年贼扰田镇,不能与前任总督吴文镕共筹战守。丁忧后留办防剿,复与青廖不能和衷协力,共保省城。经朕革职,宜如何愧奋图报。乃当武昌失守,辄即逃往荆州,偷生避难,实属辜恩昧良!兹据该旗查明,该革员现在陕西就医,着王庆云派员押解来京,交刑部候旨讯办。"是月,于西安府寓病故。

子裕长,直隶承德府知府;裕禄,安徽巡抚;裕德,翰林院编修。

【校勘记】

〔一〕经官兵次第克复　原脱此七字。今据崇纶传稿(之一七)补。

〔二〕奏入　原脱此二字。今据崇纶传稿(之一七)补。

〔三〕饬兵勇攻毁西岸贼船多只　原脱"多只"二字。今据崇纶传稿(之一七)补。

〔四〕前任湖北巡抚崇纶经朕擢任封疆　原脱"前任湖北巡抚"六字。今据崇纶传稿(之一七)补。

〔五〕寻奏闻　"闻"原误作"入"。今据崇纶传稿(之一七)改。

青廖

青廖,图们氏,满洲正白旗人。由拔贡生补侍卫处笔帖式。道光十八年,考补国子监助教。二十一年,成进士,改翰林院庶吉士。二十五年,散馆,授检讨。二十六年五月,升右春坊右中允。六月,充陕甘乡试副考官。九月,以所中副榜卷错误,降一级留任,寻转左春坊左中允。二十七年五月,大考二等,升翰林院侍讲,寻转侍读,充日讲起居注官。八月,升国子监祭酒。十二月,升光禄寺卿。二十八年,提督江苏学政。二十九年四月,升太常寺卿。五月,升内阁学士,兼礼部侍郎衔,俱留学政任。十一月,奏江阴营游击福山擅责生员曹毓麟,并禀报失实,请革职审办,如所请行。咸丰二年七月,升户部右侍郎,兼管钱法堂事务,仍留学政任。九月,以河决丰北,两江总督陆建瀛赴徐州督工,奏请江南武闱乡试,由青麐代办,允之。寻遵旨督催丰工,自十二月至三年正月,两次疏陈坝工情形,并因河冻,请俟天融冰泮,再行进占。上以青麐本无办工之责,命即回京。二月,提督湖北学政。

　　时粤匪洪秀全等由湖南窜扰湖北,连陷各州郡及武昌省城,顺流下窜,各属防堵,团练吃紧,府县试未能依期报竣。八月,青麐奏请照案变通,岁科并试,从之。九月,调礼部右侍郎,仍留学政任。适粤匪分股窜扰江西、安徽、江南、河南各省,复由江西上窜湖北,陷兴国州等处,青麐方按试德安府,以贼踪较近,暂停考试,督知府易容之等招集乡勇,亟筹防守。十月,又以湖北、江西、安徽三省长亘大江,均被贼踞,疏请敕各督抚合力并攻,以期得力。均报闻。

　　四年二月,授湖北巡抚。贼再陷黄州府,仍上窜,陷汉阳、汉口,并分陷各郡县。三月,由汉阳渡江登岸,仍欲攻扑武昌,已革总兵杨昌泗、游击侯凤岐等水陆合击,败之。青麐具疏以闻。五月,以兵饷匮乏,疏请于省城东门外分局专铸常钱,城内宝武局铸当十大钱，分别搭放，暂资接济；又以贼陷德安府，署安陆县知县万成骂贼不屈，被害惨酷，奏请从优议恤：均允之。

六月，汉阳、汉口之贼分股犯豹子海、鲁家港等处，杨昌泗偕副都统魁玉等分剿获胜，毁贼营五座。贼旋由汉口鹦鹉洲分扑塘角、鲇鱼套等处，逼攻省城，青麐出武胜门督战，见城中火起，土匪内应，各营盘兵勇皆溃，省城陷。青麐奏闻，并疏言仿古人移师就饷之法，亲率大队一路攻打，当将咸宁、蒲圻县城收复；仍随进随剿，径赴长沙，休息三五日，再与魁玉、杨昌泗等驰抵荆州一带，相机防剿，并自请从重治罪。奏入，得旨："咸、蒲二县收复，皆是贼弃之地，汝任意铺张，以图掩饰。魁玉、杨昌泗虽小有挫失，亦有斩获。是直委之而逃，殊堪痛恨！"

七月，又谕曰："湖北巡抚青麐自简任封圻以来，正当黄州、汉阳贼匪充斥之际，武昌兵单饷匮，本属实情。朕以青麐在学政任内保守德安郡城，念其勤劳，畀以重任。叠据奏报省垣布置，屡次击贼获胜，计八十馀日中，困苦艰难，所奏原无虚假。朕方节次严催各路援兵，前赴武、汉救应，但以道途多阻，未能迅速赶到。青麐于六月初二日大股贼匪攻城时，业已派魁玉、杨昌泗带兵连陷贼营五处，但能督率官兵，感激众心，竭力鏖战，何至省城遽尔失陷？即使婴城固守，坐待援师，亦望解围有日，方当宥过叙功。纵或力尽捐躯，不失城亡与亡大节，褒忠有典，岂不心迹光明？乃本日接到青麐奏报，称于武胜门督战时，见城内黄旗皆出，土匪内应，兵勇溃散，率与魁玉、杨昌泗拥众远避，为移师就饷之谋，径赴长沙。直是弃城而逃，曷胜痛恨！倘青麐为收复武昌计，或就台涌军营并力进取，或从官文乞师前来，带罪图功，亦可为之曲谅。长沙则去武昌甚远,并非青麐所辖之地,越境偷生,何辞以辩?若再加之宽典,则疆吏守土之责,几成具文,何以对死事诸臣耶?所称沿途攻剿,拟抵荆州,皆是任意铺张,希图掩饰,与前奏不敢畏葸取巧,置城池人命于度外,大相径庭。朕赏功罚罪,一秉大公,岂能以青麐前次尚有微劳,稍从末减?青麐着俟到荆州时,交官文即行传旨正法。"旋抵荆州,遂弃市。

十月,前任礼部右侍郎曾国藩以湖北历任督抚优劣入奏,略言武昌再陷,实因崇纶、台涌多方遗误,百姓恨之!极称督臣吴文镕忠勤忧国,即于前抚臣青麐亦多恕辞。文镕既没,青麐帮办军务,崇纶百端龃龉,求弁兵以护卫,不与;请银两以制械,不与;或军务不使闻知,或经旬不得相见。自贼据汉口、汉阳为老巢,纵横蹂躏,庐舍荡然,百姓皆曰:"青巡抚在,尚有弁兵,驱贼之掳掠;尚有告示,怜民之疾苦。崇抚则并告示而无之矣!"疏入,报闻。

杨文定

杨文定,安徽定远人。道光十三年进士,以主事用,分刑部。二十四年二月,管理提牢。四月,通州民妇康王氏因北城各官刑讯,诬供谋勒亲姑身死,文定于覆鞫时,首先平反。得旨,以员外郎即补。寻以疏防监犯自缢,命于补官日革职留任。五月,升员外郎。二十六年二月,升郎中。京察一等,记名以道府用。八月,授广东惠潮嘉道。二十八年,升湖南按察使。二十九年,升江宁布政使。叠次捐备本籍赈需,均下部优叙。

咸丰元年二月,擢江苏巡抚。闰八月,丰北决口,正河断流,谕文定等妥筹抚恤。时粤西用兵，南河复灾歉，度支拮据。九月，户部尚书孙瑞珍以海运著有成效，疏请新漕援照办理，计节省之费，可补库储，诏文定等议覆。十二月，奏请将苏州、松江、常州、镇江、太仓五府州粮米改由海运，如其所请。二年正月，偕两江总督陆建瀛奏："拟海运章程十条：一、须经理得人；一、交仓筹补足额；一、筹银款以备拨用；一、筹补缓缺南粮，无庸援案截拨；一、停运旗丁水手，分别调剂资遣；一、沙船领运，悉遵八成载米、二成载货成案；一、巡哨防护，倍宜周密；一、筹备天津通仓经费，照案支用；一、剥船经纪食耗等米，备带本色；一、天津交米后，循旧责成经纪。"下部议行。

复以钱漕疲玩，奏筹整顿之法，略云："现当清查之后，尤以杜绝新亏为要图。除禁革捐摊差欠各名目外，饬令设簿按月开报，立限提清，并责成府州于上下忙截数时调查，则征项无从挪移矣。州县交代，勒令于前任初参限内造册移交，后任于二参限内禀请会算，不准通融延欠，尤不准有私立期票等弊，则库款藉以盘查矣。官垫民欠，虽经禁革州县交代，仍不免以漕尾列抵。兹饬将漕尾分别酌减，使其易于征收。俟试行有效，庶可渐减而至于无，则催征无虞不力矣。漕项二参将届，州县不准无故更调，即遇有应行升调之缺，亦必查明该员有无欠项，则完解无从趋避矣。大户恃势包揽，以致小户多诡寄于大户。此外刁生劣监把持公事，图吃漕规。州县虑及误漕，不能不买静求安，而帮费纷繁，不堪赔累，必剜小户之肉，补大户之疮。须加意严惩，澈底清出，而后苛征可息，民困可苏矣。"上可其奏。

先是，给事中焦友麟疏称吏治因循，盗匪充斥，亟宜综核名实,有旨下各省督抚饬属查拿,并于年终将盗案分别开单,及现办情形具奏。至是,文定疏陈与保甲相辅而行者,复分别议立规条,如根究窝家,多葺陆路要隘营房,分设水路支河巡艇,安设城厢市镇栅栏,雇夫彻夜支更,以及清词讼、拿赌博、定差役之解费,禁铺保之得规,罔不斟酌变通,严饬遵办,并饬属宣讲圣谕广训,实力奉行,复将盗案已未完结各单奏入,报闻。二月,奏筹补灾缺兵粮,请碾动仓谷,并折放库银,从之。四月,以捐办丰、沛、铜、砀等县灾赈,下部优叙。六月,东河骤涨,重运难挽,偕陆建瀛奏请分别变通海运,酌量起卸,办赈截漕抵饷,复以苏、松等属各帮丁行月粮米,因连年灾歉缓缺不敷,兼筹银谷折给,下部议行。七月,倡捐军需,赏戴花翎。

先是,御史王茂荫以库款支绌,条陈行钞,尚未议行。至是,十一月,文定亦奏请行钞,略言:"信号令以祛疑惧,工制造以防诈伪,酌收放以示限制,慎倒换以免减折,置会局以广流通。"并胪举行钞之利八条:"制造之本省,一;资用之利溥,二;无成色之低昂,三;无倾镕之耗费,四;轻赍便而免解运之纷繁,五;收藏易而少盗贼之窥伺,六;存钞为至简,则窖银日出而银必增多,七;有钞为放款,则实银日入而库必充积,八。"寻经军机大臣等议行。

时粤匪由湖南岳州陷湖北汉阳及武昌省城,江路戒严,叠奉谕旨扼要防堵。十二月,武昌陷,贼势蔽江东窜。提督向荣蹑踪追击,上以陆建瀛为钦差大臣,督师赴江西九江上游扼守,并谕文定防守江宁及江岸水路各要隘。三年正月,文定以江南兵力柔脆,且节经征调,城内兵单,请济师,上命山东巡抚李僡选精兵二千赴援。已而贼陷九江,陆建瀛仓猝折回江宁,文定止之,不及;与之议,复龃龉。遂奏请移守镇江,为保守苏、常门户计。

寻经将军祥厚等联衔参奏,谕曰:"陆建瀛自九江折回,当经降旨将伊革职,仍责令办理地方军务。旋据杨文定奏函商陆建瀛令其驻守小孤山、芜湖等处,乃仍过而不留,并将一路防兵撤回梁山,复未布置周密,竟行回省。该抚复以省城有专任大员,即应移守镇江入奏。朕即知该督抚不能和衷,批示训饬。兹据该将军、副都统、提督、藩司联衔参奏,陆建瀛一战兵溃,遽行折回江宁;杨文定遂藉词防守镇江。朕思陆建瀛若不退回江宁,杨文定何至藉词出守? 合城绅民又何至纷纷惊徙? 陆建瀛着拿问治罪,所有钦差大臣关防,着祥厚祗领,并着兼署两江总督。杨文定奏镇江为入苏门户,移往镇守,并未将将军等劝留情节叙入,其为藉词退守,已属无疑。杨文定着即革职,暂行留任,即责令率同所属文武在镇江竭力防守,并于瓜洲、京口上下各港汊,饬属严密设防,断不准折回苏州、无锡,以致江口要隘稍有疏虞。"

寻奏言:"臣暂驻江宁,原以督臣陆建瀛出师迎剿之故。兹督臣业已回省,统辖武弁,较臣呼应更灵;其权谋术数,较臣心计更敏。臣是以回顾镇江,并非去难就易。朱谕'权术驭人'等语,岂为大吏者应出诸口耶?"时镇江居民纷纷迁徙,又历年挑挖运河,积土高与城齐,壕亦久淤。文定与副都统文艺议,守城莫如守险,派拨旗营及协标营各兵分守水路之金山、北固山,陆路之金鸡岭,并奏陈设法布置情形,复派员前往沙洲劝谕洲民入城协守。又疏言:"芜湖为苏之屏蔽,自陆建瀛撤退防兵,屏蔽尽撤,宜守东坝,请亲往度隘堵御。"具折即发,旋于途次奉到前旨,复折回镇江。

二月，江宁陷，上命怡良为两江总督，以文定驻镇江，暂署总督事务。镇江方一日数惊，陆兵逃散，副都统文艺集各路援兵七百名驻山嘴头，[一]文定集艇船八、舢板十二，檄水师溯流进攻，适无风不能进。粤匪遂由鲇鱼套登岸，焚金山及北固山，连陷京口、镇江，自是文报梗阻。文定遂退驻江阴，奏请治罪。得旨，革职，暂行留任。三月，以前次奏请截留军食，未经分晰奏明，率将海运米二十馀万石截留，部议降四级调用，得旨，仍暂署总督任。

寻谕曰："前有旨令杨文定在江宁办理防堵，迨陆建瀛自九江退回，即藉词移往镇江，又不能婴城固守，旋致失陷，辄复退至江阴。因一时简用乏人，将该员革职暂行署理两江总督，犹冀其带罪自效，或可稍赎前愆。乃数月以来，毫无布置，实属大负委任。杨文定着即革职拿问，交怡良派员解送刑部治罪。"九月，经军机大臣会同刑部定谳，拟斩监候律。十一月，户部左侍郎王茂荫奏保文定回籍募勇，得旨："杨文定系因失守地方拿问治罪，岂得以其曾经本籍招募壮勇，遽从宽典？所请饬令回籍协剿之处，着不准行。"四年，秋审届期，奉朱谕："杨文定擅离江南省城，已属畏葸，迨退守镇江，并未在城，深匿江阴，伪态毕露。但革职后尚督带艇师，所报胜仗未必尽实，然不无微劳可录，着宽其一线，暂免勾决，仍牢固监禁。"六年，发往军台效力赎罪。七年，故。

孙学培，湖北宜昌府同知。

【校勘记】

〔一〕副都统文艺集各路援兵七百名驻山嘴头　原脱"副都统"三字。

今据清史稿册三九页——一七九八杨文定传补。

宗室祥厚

宗室祥厚,镶红旗人。由四品宗室于道光六年,授銮仪卫整仪尉。八年,升治仪正。十年五月,兼佐领。十二月,以曾祖副都统明善,于乾隆年间剿甘肃回匪阵亡,荫袭骑都尉世职。十一年,擢云麾使。十二年闰九月,以失察骁骑校庆奎等冒领米石银两,自行检举。[一]十二月,又以銮仪卫备用轿内陈设之表遗失,并下部议处。十四年,升冠军使。十五年,记名以副都统用。十七年正月,授镶红旗蒙古副都统。三年,调山海关副都统。十月,拿获配所脱逃太监刘进禄,奏交内务府审讯办理。十二月,又拿获夹带鸦片烟土人犯程朴需等,奏交刑部。上嘉其实心任事,赏戴花翎。十八年,校阅山海关八旗及永平府、冷口、喜峰口、罗文峪四处官兵,训练之勤惰,技艺之优劣,分别劝惩奏闻。十九年,调熊岳副都统。

二十年,以英人船只驶入复州洋面,偕盛京将军耆英等拨兵驻各海口防堵,奏言:"向来屯居者,月食饷银二两。调防在三百里以内,各项需费,例不准开销。兹查锦州等八城海口,添兵防守,并安设腰台,豫备马递。地在三百里以内,时届三月之久,自备资斧,殊形苦累。应请赏借三个月饷银,以资津贴。自二十一年秋季起,分作六年按季扣还。"允之。二十三年,调金州副都统。二十八年,升江宁将军。

咸丰三年正月,以粤匪由湖北蔽江下窜,总督陆建瀛弃险失机,擅回江宁省城,巡抚杨文定不候谕旨回驻镇江。祥厚偕江宁副都统霍隆武、江南提督福珠洪阿、江宁布政使祁宿藻奏言："御外必先靖内,自今固结民心,尚恐缓急难恃,若任其纷纷迁徙,土匪因而窃发,奸细尤易勾结。是未御外侮,将成内变。现在督抚臣首鼠两端,进退无据,以致省城震动。虽有驻防旗兵,志切同仇,力图报效,无如兵力太单,贼船顺流下窜,朝发夕至,守御万分紧迫。除督同藩司祁宿藻并道府等官及八旗协领,激励官兵,安慰居民,竭尽血诚,认真办理,并请敕向荣、琦善、陈金绶迅速统兵绕出贼前,协力堵剿,以固省城根本,维持南北全局。"疏入,谕曰:"据该将军联衔参奏陆建瀛辜恩昧良,着传旨拿问,交刑部治罪。所有钦差大臣关防,着祥厚祗领,兼署两江总督。祥厚膺兹重任,着即率同城文武传谕绅民,戮力同心,严密防守,并与向荣等内外夹击,务期力挫贼锋,以定人心而固疆圉。"

时贼船已由安徽太平府四合山顺流而下,直扑金陵,祥厚督饬文武官兵登陴守御十昼夜。二月,外城陷,祥厚犹力守内城,骑马督战,创巨力竭,殁于阵。事闻,谕曰:"本年正月间,逆匪自武昌溃出,窜入江省,直扑金陵,经江宁将军祥厚等督饬文武官兵登陴守御,竭十昼夜之力。旋因城大兵单,应援未至,省城失陷。朕闻祥厚于外城陷时,力守内城,犹复骑马督战,手刃数贼,被贼砍折马足倒地,身受数十伤,殒命。忠勇捐躯,被害尤烈,深堪悯恻!祥厚着追赠太子太保衔,照将军阵亡例,从优赐恤。伊子乾清门二等侍卫恩全,赏给二等轻车都尉世职。"寻赐恤如例,予谥忠勇。七月,复谕曰:"祥厚之子乾清门二等侍卫恩全,前已赏给二等轻车都尉世职,着加恩照一等轻车都尉承袭六次;袭次完时,以恩骑尉世袭罔替,用示朕优恤忠荩之至意。"同治元年,穆宗毅皇帝御极，追念死事诸臣，各赐祭一坛，<u>祥厚</u>与焉。

子<u>恩全</u>，乾清门二等侍卫，袭一等轻车都尉。

【校勘记】

〔一〕自行检举　"举"原误作"毕"。今据<u>祥厚</u>传稿（之四四）改。

　　和春

　　<u>和春</u>，<u>赫舍里氏</u>，<u>满洲正黄旗</u>人。由前锋蓝翎长，于<u>道光</u>十八年授整仪尉。十九年，迁治仪正。二十年，升副护军参领。二十二年，以参将拣发<u>湖广</u>。二十四年，补<u>湖南</u>提标中军参将。二十七年，署<u>永绥</u>协副将，二十八年，实授。

　　<u>咸丰</u>元年，<u>广西</u>会匪<u>洪秀全</u>等倡乱，经提督<u>向荣</u>等先后击败，复窜聚<u>武宣县</u>、<u>东乡</u>。二月，<u>向荣</u>调<u>和春</u>驰往合剿，俘戮多贼，赏戴花翎。七月，随<u>向荣</u>剿贼于<u>中坪</u>各村，我军营于<u>界</u>岭，侦知<u>洪秀全</u>将乘夜来扑，豫设伏于<u>架村</u>左右。贼果悉众来犯，<u>向荣</u>分兵五路齐进，横击之，<u>和春</u>偕副将<u>博春</u>等继进，歼伪先锋<u>方梅</u>。贼大溃，旋踞<u>紫荆山</u>，前以<u>新墟</u>为门户，后以<u>双髻山</u>、<u>猪仔峡</u>为要隘，负隅抗拒。<u>和春</u>随<u>向荣</u>进攻<u>新墟</u>，复于<u>紫荆山</u>前后分路夹剿，直抵<u>双髻山</u>、<u>猪仔峡</u>隘口，夺据之。是役也，<u>和春</u>功为多，事闻，赏铿色巴图鲁名号。贼自失<u>紫荆山</u>要隘，遂于<u>风门坳</u>口安置大炮，挖断山梁，为死守计。大军分路直逼山下，贼弃隘走，窜入<u>古调村</u>，我军追及，伏贼千馀突出，<u>和春</u>击走之，克<u>古调村</u>，毁其巢。十一月，迁<u>绥靖镇</u>总兵。

　　二年三月，贼窜<u>临桂县</u>之<u>六塘</u>，<u>和春</u>闻警，即由间道冒雨疾

趋,一昼夜抵省。巡抚邹鸣鹤以闻,下部议叙。寻省城解围,向
荣以患病未能出省,四月,上加和春提督衔,命带兵进剿。五月,
抵全州,贼乘夜扑营,和春亲督拒守,密令弁兵往烧贼船,四路兜
攻,大败之。六月,贼由兴安、全州窜入湖南,陷道州,和春进剿
至五里亭。贼突出来扑,击走之,移营进攻,歼贼数百馀,贼败
退。七月,以永明失守,革职留任。寻叠败贼于桃花井、五里亭、
龙安桥、两家铺,毁贼营,贼溃窜四眼桥。叙功,下部议叙。时桂
阳、郴州先后陷,和春驰抵桂阳城下,贼施枪炮如雨,和春约兵暂
退,贼突出三千馀人,我军奋力攻击,鏖战四时之久,大败之。

　　八月,贼犯长沙省城。先是,向荣以病难速痊,奏请开缺,得
旨革职,发往新疆效力赎罪。至是,令其统带官兵,赴楚带罪图
功。九月,贼由妙高峰绕至浏阳门外,分扑各营,和春偕向荣缒
城出剿,夹击之,贼披靡,由长沙城外西窜。十一月,贼陷岳州
府。和春以赴援迁延,钦差大臣徐广缙奏劾之,命先行革职,仍
责令剿贼,以观后效。贼由水路顺流下驶,叠陷湖北蒲圻、汉阳,
遂窜入武昌省城。三年正月,大军会攻武昌东南二门,克之,贼
弃城遁。上命向荣即督率和春等分带各路兵勇,水陆并下,迅速
追剿,贼复窜汉镇下游,逼犯江西九江。和春随向荣冒雨兼程
进,绕出贼前,击沉贼船多只,贼大股继至,又击败之。

　　二月,贼由九江东窜,连陷安徽、江宁省城,复分陷瓜洲及镇
江府城。三月,向荣以精兵乘夜直捣江宁通济门外贼营,饬和春
等各领一军开放枪炮,贼营同时火发,毙贼无算。四月,和春偕
总兵叶长春等乘东南风大作,督艇船由丹徒镇乘风上驶,见甘露
寺至镇江一带有贼船三百馀,随开炮击沉多船,并纵各艇往来冲

击,撞破贼船无数,乘胜进至瓜洲。五月,驻师金山,断贼船往来之路,复乘风利,直抵鲇鱼套,击坏贼船数十。寻偕总兵瞿腾龙率壮勇四千人,改装携带器械,于太平门外六里许暂驻,即向贼营进发,遇巡卡贼毙之,越濠突扑贼营,贼大乱。我兵囊土填濠,三面齐进,已逼城垣,城上火器抛掷如雨,始收队,歼擒贼八百馀名。六月,贼突由镇江北门转至东门,直扑我军大营,提督邓绍良不为备,各营俱陷。上褫邓绍良职,命和春暂署江南提督,统带广东、湖南各军驰往救援,以固苏、常下游门户。

七月,移营丹徒镇。先是,京岘山有官兵旧垒,贼据之,和春督兵进攻,贼弃垒遁,遂因垒加高培厚,与南路三营联络。贼拥出数千人来扑,我军纵击之,复派潮勇钞攻其后,贼披靡,歼毙殆尽。十一月,擢江南提督。十二月,命驰赴庐州会剿。四年正月,奏皖省军情重大,庐郡西北两路虽有兵勇万馀,多系未经战阵,请旨令向荣调镇江、湖南官兵七百馀名,并拨金陵得力官兵三千名,交总兵秦定三、郑魁士管带前来,允之。二月,贼乘雾分五路来扑,和春偕郑魁士督兵由中路迎击,大败之。时我军营于三星冈,虽间获胜仗,而贼势不少衰,仍抗拒如故,叠奉严旨切责。

四月,偕郑魁士四面围剿,毁文昌楼贼营,贼由东南两门拥出,我军迎击,大破之。五月,于沿河筑垒,令楚勇赶筑土桥,桥成,遂分三路进攻。郑魁士亦冒雨直抵濠边,贼纠众来援,击退之。自五月至闰七月,和春督饬各营轮流进攻,先后擒斩甚夥。五年正月,攻德胜门,败贼于七里站,遂进攻之。二月,将贼木城土垒一律踏平,擒斩伪丞相陈宗胜、伪指挥罗三才等,随进攻焦湖一带贼营,一昼夜悉拔之,斩伪司马等五名。八月至九月,贼屡分股来犯柘皋及石机桥等处营盘,均被我军击溃。

十月,大军分攻庐州各门,和春亲督后队,郑魁士一军先薄城下,梯而登,贼惊乱,兵勇蚁附而上,副将嵩瑞由东门杀入,贼火药局轰发,火光烛天,兵勇大呼杀贼,贼拼死由德胜门奔出。和春督马队在紫金堤一带截杀,歼毙无馀,遂将府城克复。奏入,谕曰:"庐州府被陷,将及二年。和春等带兵攻剿,坚城克复,丑类尽歼。调度有方,办理妥协。着赏穿黄马褂,并赏给骑都尉世职。"十二月,进攻巢县,拔贼卡三。

六年正月,进剿三河,克复舒城县,得旨嘉奖。三月,捻匪耿小金等分窜怀远,和春饬郑魁士往剿之,自督大队进剿三河,捻匪分股袭我后队,为我军马队冲击,歼毙多名。怀远捻匪旋纠众焚掠蒙城一带,和春饬郑魁士设伏于汪家铺,贼蜂拥而来,触伏尽溃。遂分兵进剿宿州及湖墅捻匪,连败之,并克湖墅。六月,贼自无为州来援三河,至白石山,败之。八月,移营逼三河,贼于营盘对面筑垒,和春攻拔之。寻派军赴剿于家集踞匪,生擒捻首王凤林,乘夜尽攻三河,用云梯翻墙而入,三河街内登时火发,官军抢进石垒,毙贼无算,遂克复三河。奏入,谕曰:"逆匪窜踞三河,半载有馀。此次和春督兵克贼巢,平坚垒,歼贼八百馀名之多,实属奋勇可嘉!发去绿玉翎管一枝、白玉搬指一个、小刀一把、大荷包一对、小荷包四个,交该大臣祗领,以示优嘉。"

旋进攻庐江,贼拥出五千馀迎拒,我兵围剿,悉歼之,平贼五垒,遂复庐江县。是月,向荣卒于军,命和春为钦差大臣,驰赴丹阳,督办江南军务。七年四月,饬总兵李定泰攻镇江贼于小茅山,毁贼垒十。时贼分踞句容、溧水县城,为犄角势。闰五月,和春檄总兵傅振邦进攻,连败贼于邬山及博望、阳村等处,直逼溧水城下,克之,毙贼六千馀。奏入,上嘉奖之。六月,副将张国樑进攻句容,和春督兵继进,乘夜抢进内濠,枪炮齐施,兵勇冒烟直上,克之,赏太子少保衔。八月,移营进逼鲇鱼套。九月至十月,分攻红花山、京岘山、观音山、炭渚、赵家湾、泥汊等处贼垒,悉平之。

十一月,镇江外援之贼自石坪至高资,连营二十馀里,勾结捻匪,屯聚江滨。和春饬张国樑统副将张玉良、参将马得昭等水陆并进,贼倾巢而出,副将冯子材首先冲入贼队,和春亲督大军继之,南北两岸贼垒,一律踏平。歼逆酋洪仁荣,并伪丞相职官等二十馀名,〔一〕尽焚云台、摩旗诸山贼巢,直逼城下,梯而上,遂复镇江府。捷入,谕曰:“和春督师以来,调度有方,此次力拔坚城,深堪嘉尚!着赏戴双眼花翎。”十二月,会攻金山鲇鱼套贼垒、黄泥庵贼卡,悉毁之。

八年二月,督师攻金陵城外各贼卡,贼分路出扑,均经我军击溃,直抵秣陵关,马得昭斩关直入,大军乘之,遂克秣陵关。捷入,谕曰:“秣陵关为金陵屏障,该逆失此险要,不难一鼓歼除。该大臣等布置悉合机宜,和春着赏加太子太保衔。”五月,大破贼于寿德洲,拔六垒。六月,围攻金陵,分兵克土桥贼垒,乘胜直趋扬州,生擒伪将军鲁定保等二名。七月,贼自寿德洲调集逆党,于太平、神策各门,雨花台等处拼死抗拒。和春派师船驶至双闸口,毁贼卡四,夺贼船一,进攻雨花台,胜之。

九月,授江宁将军。十月,贼复陷溧水县,分踞红蓝埠,和春饬张玉良先将禄口贼营悉数扫除,遂踏平红蓝埠贼垒,挥兵直薄城下,踊跃而登,将县城克复;乘胜扫荡铜丹、六郎庄、龙摩山等处贼垒。九年二月,江浦、浦口县城先后收复,皖北各路悍贼及湾沚、黄池溃贼同时下窜,踞乌衣镇、汊河口等处,图援金陵。和春饬张国樑等在黄山迎敌,败之,并击退九洑洲钞袭之贼,直抵浦口,生擒贼目洪方、莫兴。贼旋于双阳围、萧家围筑垒,我军击毁之,复败贼于包公庙、九洑洲,歼执旗贼目多名。自三月至六月,叠败贼于萧家墟、九洑洲、陈家洲、裕溪口、芜湖、东梁山等处。

八月,贼自天长分股犯六合县,和春饬张玉良分两翼进攻,贼败,遂焚荻港贼巢,擒伪指挥罗开文等九名。十月,以六合大营被围,和春未能先事防范,下部议处。十一月,皖北贼纠死党扑浦口大营,提督周天培阵亡,营遂陷。和春以未能豫防,复下部议处。十二月,贼因官军浦口失利,乘间窥伺仪征。和春亲督大兵先后攻毁北山、城南、磨盘洲各贼垒,及北门外贼营,扬州迤西肃清。十年正月,攻克九洑洲贼垒。二月,招降贼目秦礼国等献垒投诚。旋会同官军攻克上下两关。三月,皖南贼窜入杭州,命和春兼办浙江军务,以派兵收复杭城,下部优叙。

寻以金陵大营被贼夹攻,和春遂率张国樑等退守镇江,得旨褫职,拔去双眼花翎,仍留将军任,督办军务。四月,贼犯常州府城,和春亲自督兵迎敌,中枪伤,卒。奏入,谕曰:"和春自广西转战数省,战功卓着。兹虽兵机屡挫,尚能血战捐躯,殊堪悯恻!着开复革职处分,照将军例赐恤,以慰忠魂。"寻赐恤如例,予谥忠武,赏骑都尉兼一云骑尉世职,照例并为二等男爵。同治三年,命于<u>江宁</u>、<u>京口</u>旗营中建立昭忠祠,祀前任将军宗室<u>祥厚</u>等,<u>和春</u>一并附祀。

子<u>霍顺武</u>,候选参将,袭世职。

【校勘记】

〔一〕并伪丞相职官等二十馀名　原脱"职官"二字。今据<u>和春</u>传稿
　　(之一七)补。

善禄

<u>善禄</u>,<u>图博特氏</u>,蒙古正白旗人。由拜唐阿于<u>嘉庆</u>十六年擢蓝翎侍卫。二十一年,迁三等侍卫。<u>道光</u>六年,授<u>直隶</u>巩华城都司。十年,迁督标前营游击。十九年,升<u>涿州</u>营参将。二十一年,升督标中军副将。二十二年二月,以英吉利兵船由<u>广东</u>犯<u>浙江</u>各海口,<u>天津</u>戒严,<u>善禄</u>随<u>直隶</u>总督<u>讷尔经额</u>前往防堵。三月,擢<u>江西</u><u>南赣</u>镇总兵,四月,调<u>山西</u><u>太原</u>镇总兵,均留<u>天津</u>总办营务。九月,英人就抚,<u>天津</u>撤防,<u>讷尔经额</u>奏请将<u>善禄</u>暂留<u>天津</u>,办理善后事宜。寻以地方敉静,巡防周密,赏缎匹。十月,署<u>天津</u>镇总兵,二十五年,实授。二十六年,升<u>四川</u>提督。二十七年,调<u>浙江</u>提督。二十八年,<u>浙江</u>巡抚<u>刘韵珂</u>以浙省南连<u>闽</u>、<u>粤</u>,北达<u>江苏</u>,盗匪乘间剽掠。现在<u>苏</u>、<u>松</u>、<u>太</u>属漕船改由海运,难保该匪不生觊觎,奏请遴员堵缉洋盗。得旨,着<u>善禄</u>统带师船前赴交界洋面堵缉。

<u>咸丰</u>元年,以<u>山东</u>守备<u>黄富兴</u>追捕<u>广东</u>艇匪,至<u>定海</u><u>岑港</u>洋接仗被戕,<u>善禄</u>坐未能防护,下部议处。寻调<u>贵州</u>提督。二年九

月,入觐。时广东会匪洪秀全等窜扰湖南,犯长沙省城,命善禄赴钦差大臣徐广缙军营协剿。十一月,贼自长沙下窜,陷岳州府,湖北省城戒严,谕善禄如已行抵湖北,即截留该省,扼要帮同堵剿。寻汉阳、武昌连陷,复命驻河南南阳府,遏贼北窜之路。三年二月,河南巡抚陆应毂以安徽亳州等处捻匪乘机肆扰,河南永城县与亳州接壤,奏请敕善禄移师永城,会同防堵,允之。四月,以捐输军饷,下部优叙。

五月,粤匪由安徽北窜,犯河南开封省城,善禄偕江宁将军托明阿等率师赴援,于睢州、杞县、陈留县,沿途斩获甚众。六月,贼自开封西窜,陷汜水县,托明阿率马队前进,善禄督步队继之,合力围攻。贼弃汜水犯怀庆府,善禄偕托明阿督队渡沁河,由武陟赴援,分三路前进,贼亦三面迎拒,我军奋击毙七百馀名,并歼贼首吉文元。奏入,得旨嘉奖。时贼于怀庆城外设木城土垒,内围外拒,为持久计,城中守御甚严。八月,善禄偕托明阿、内阁学士胜保移营逼近贼垒,昼夜环攻,寻以炮毁贼垒,兵勇齐进,城中亦出兵夹击,俘馘二千馀贼,城围遂解。奏入,赏戴花翎,并给斐理巴图鲁名号,迁绥远城将军。

寻贼窜扰山西曲沃、洪洞、平阳等处,善禄偕都统胜保等追剿,绕出贼前,遏其北窜太原之路。九月,贼窜入直隶临洺关,命帮办钦差大臣胜保军务。贼自藁城县被剿东窜,陷深州。善禄偕西凌阿等追至,连营犄角,协力合围。胜保率各路援兵继至,叠次获胜,击走之。先是,善禄由山西移师直隶,追贼落后,褫翎顶。十月,贼由沧州陷静海县,善禄偕胜保等追至,贼凭城抗拒。时犯大营,我兵奋勇环击,大败之,赏还翎顶。十一月,进攻静海,贼以千馀人拒战,善禄等督马步齐进,殪贼三四百名。贼分股陷天津独流镇,与静海相援应,复经胜保击败之,得旨嘉奖。十二月,命由静海南路节节进逼,并力合攻,以防窜逸。四年正月,攻克独流,馀贼溃,静海踞贼亦窜逸,善禄等率马队击之。二月,贼窜阜城县,善禄等截击于小李文庄、念祖庄,痛歼之。贼复分屯各村,大军分路进攻,善禄偕胜保等攻杜家场,毁其屋栅,兵勇冒火越墙而进,贼尚困斗,歼毙殆尽。

　　寻以另股贼由安徽窜扰山东,善禄奉檄赴援。三月,贼渡河连陷金乡、单县,犯临清州,善禄坐未能堵御,革职留任。迨临清陷,复命摘去顶带,即行革职,带罪自效。寻善禄由临清之东南,偕各路官兵进攻,毁贼外垒,鼓勇登城,贼南窜,搜戮多名,遂克复临清。奏入,得旨,赏还顶带,开复革职处分。四月,贼踞冠县清水集,并左近三村,善禄督马队追击之,夺其三村。贼由清水集犯善禄营,复歼毙无算。贼乘夜悉众南窜,善禄督步队偕胜保合力掩击,将占踞冠县城厢及附近村庄之贼,搜戮殆尽。

　　馀贼由张秋一带窜踞江南丰县,方于城外设木城拒守。大军昼夜驰数百里,比至丰县,即毁其木城,并分兵四面堵截。贼弃城东窜,善禄偕副都统绵洵等乘夜追奔十馀里,殪贼数百。黎明,抵漫口支河,适河水陡涨,湍流甚急,贼骑俱陷于淖,其步贼随首匪绕行河岸,前后无可遁,悉歼之。捷闻,赏颁黄马褂,并大小荷包、白玉巴图鲁翎管等件。嗣以北路回窜之贼由直隶连镇分股踞山东高唐州,善禄偕胜保等移师昼夜围攻,日久不拔。八月,贼由东西南三门扑营,意图窜逸,善禄于西关击走之。

　　十一月,卒于军。谕曰:"绥远城将军善禄由侍卫荐升提督,宣力有年。军兴以来,派赴<u>河南</u>防堵。上年<u>怀庆</u>被扰,该将军迅速<u>渡河</u>,与<u>胜保</u>等会剿,立解城围。当经赏给斐理巴图鲁名号,并擢授<u>绥远城</u>将军。追贼由<u>山西</u>窜入<u>直隶</u>,特派帮办军务。本年四月,追剿<u>临清</u>贼匪,复经赏穿黄马褂。两载行间,战功叠著。现在<u>高唐</u>馀匪,尚资剿办。朕眷念勤劳,方冀迅奏捷章,懋邀恩赏。兹闻溘逝,轸惜殊深!<u>善禄</u>着加恩照将军军营病故例赐恤,准其入城治丧。任内一切处分,悉予开复。应得恤典,该衙门察例具奏。<u>善禄</u>现无子嗣,[一]着该旗即行拣选近支承继,其承嗣之子着百日孝满后,交该旗带领引见,用示朕眷念荩臣至意。"寻赐恤如例,予谥勤壮。

嗣子<u>廉溥</u>,一品荫生,赏二等侍卫。

【校勘记】

[一]善禄现无子嗣　"无子"原颠倒作"子无"。今据<u>善禄传稿</u>(之四三)改正。

扎拉芬

<u>扎拉芬</u>,<u>博尔济吉特氏</u>,<u>满洲正黄旗</u>人。高祖<u>特穆德格</u>,以出师<u>锦州</u>阵亡,赏骑都尉世职。父<u>庆林</u>,<u>福建建宁镇</u>总兵。<u>扎拉芬</u>由闲散于<u>道光</u>十一年四月,以大员子弟引见,赏蓝翎侍卫。八月,上阅侍卫弓箭,<u>扎拉芬</u>中五矢,升三等侍卫。十二年,袭世职。十七年,升二等侍卫。十九年,充侍卫什长。二十年二月,充侍卫班领。十一月,升头等侍卫,充续办事侍卫班领。二十七年,军政卓异,旋赏副都统衔,充<u>乌鲁木齐</u>领队大臣。二十八年,

授镶红旗汉军副都统。咸丰二年，调镶红旗满洲副都统。三年，以捐备军需，下部议叙。寻调密云副都统。四年正月，授喀什噶尔办事大臣。

三月，署西安将军，时粤匪窜扰湖北，毗连陕西，命驰往潼关筹办防务。七月，实授，兼署固原提督。贼寻由湖北武昌、汉阳上窜，命驰往襄阳一带会剿。五年四月，贼扰随州、平林市等处，扎拉芬由望城冈进剿，遇贼于五里墩，击之，毙贼千馀，贼溃复集，援兵未至，扎拉芬身受重伤，裹创突围出，伤重，卒于军。

事闻，谕曰："西安将军扎拉芬由头等侍卫赏副都统衔，授为乌鲁木齐领队大臣，调任副都统。办事历练，诸臻妥协。上年经朕授为西安将军，复因楚北逆氛上窜，命该将军统兵径赴襄阳一带，会同剿办。四月十三、十五等日，贼由平林市等处直犯随州，扎拉芬迎击于五里墩，杀贼千馀人。逆匪愈聚愈众，该将军身受枪伤，犹复裹创督战，将贼击退。旋因伤重溘逝，殊堪痛惜！扎拉芬着照将军阵亡例赐恤，准其入城治丧。任内一切处分，悉予开复。应得恤典，该衙门察例具奏。"寻赐恤如例，予谥武介，赏骑都尉兼一云骑尉世职，并为二等轻车都尉，袭次完时，以恩骑尉世袭罔替。同治元年，穆宗毅皇帝御极，追念死事诸臣，各赐祭一坛，扎拉芬与焉。

子文秀，正蓝旗满洲副都统、右翼总兵，袭职。

清史列传卷四十四

大臣传续编九

瑞昌

瑞昌,钮祜禄氏,满洲镶黄旗人。六世祖敖德,以军功授骑都尉世职。瑞昌由拜唐阿于嘉庆二十四年,授銮仪卫整仪尉。道光元年,迁治仪正。六年,升云麾使。十八年四月,充协理堂务章京。九月,升冠军使。二十年,充总理堂务章京。二十四年,袭世职。二十七年,军政卓异。二十九年七月,署镶白旗蒙古副都统。九月,授正白旗汉军副都统。咸丰元年,署镶红旗护军统领,旋调盛京金州副都统。二年,以捐输军饷,下部议叙。三年正月,调吉林副都统。二月,授杭州将军。

时粤匪洪秀全等由湖北下窜江南,连陷江宁、镇江、扬州三府,冀图北窜。三月,上命瑞昌统带盛京官兵,赴淮、徐防剿。五月,命专办山东防剿事务。六月,贼酋李开芳由河南汜水渡河,陷温县,遂围怀庆府,瑞昌驰赴濮州截击。八月,怀庆围解,命留于濮州一带防剿,并于山东、直隶交界处所一体严防。十二月,贼窜直隶境,扰独流、静海,瑞昌带兵移扎静海城南三里庄。四年正月,贼扑河西村庄,瑞昌等督军攻其南面,毙贼无算。旋由西南进攻贼营,贼出拒,我兵鼓勇直前,贼溃,寻由静海窜出,占踞河间县之束城村一带。钦差大臣都统胜保令瑞昌分路进攻,逼其巢,贼抵死抗拒,束城贼亦出接应,我军分投截杀,〔一〕贼败退。四月,贼窜东光县属之连镇,瑞昌随钦差参赞大臣科尔沁郡王僧格林沁统兵攻剿,自七月至十二月,贼叠次扑营,均被击退。五年,钦差大臣都统西凌阿、直隶泰宁镇总兵宗室庆祺等督带马步官军,〔二〕在南北两面会攻,瑞昌等在河西扼截,攻毁贼巢木城,毙贼殆尽,擒逆首林凤祥,并伪总制、检点多名。奏入,得旨嘉奖,敕赴杭州将军任。

　　十年二月,金陵贼由安徽宁国一带窜入浙江,围湖州府,寻分股攻陷杭州省城。瑞昌督率满军坚守驻防城待援,适提督张玉良由江宁大营督援兵至,出贼不意,将武林钱塘门外及昭庆寺贼垒全行扫荡。瑞昌派八旗兵缒城兜剿,遂克复省城。事闻,谕曰:"杭州将军瑞昌于省城被陷后,尚能坚守驻防城至六七日之久,以待援兵,会同克复,厥功甚伟!着赏穿黄马褂,并赏给二等轻车都尉世职。"四月,贼连陷江苏常州、无锡,遂窜踞苏州。上以钦差大臣广西提督张玉良驻军无锡不能力遏凶锋,褫其职,命瑞昌总统江南诸军迅赴苏州,力图攻克。五月,偕巡抚王有龄奏请将嘉兴失守携银潜逃之署宁波府知府张玉藻,革职拿问,得旨:"即行正法,以为弃城逃避者戒。"九月,贼由淳安县陷严州府,上命瑞昌等迅速进攻,毋任滋蔓。十月,富阳县失守,瑞昌由省城派兵乘夜往攻,贼弃城遁,复窜陷馀杭县,径扑省城。瑞昌亲自督战,副都统杰纯与副将吴再升各手刃执旗贼目数名,贼势稍却。寻复分三股来扑,瑞昌鏖战竟日,贼大溃。复令吴再升进逼馀杭县城,克之。奏入,谕曰:"此次逆匪大股窜扑杭州,凶焰甚炽,经瑞昌等调兵剿办,以少胜多,立解城围,并克复馀杭县城,实属调度有方。瑞昌着加恩赏给一等轻车都尉世职。"

时严州踞贼复纠合死党,图袭我军后路,瑞昌令已革提督张玉良击退之,并复严州府,得旨嘉奖。十一月,贼大股围攻湖州府城,[三]记名道赵景贤等击却之。十一年,官军节次收复江山、常山、富阳、遂安、海盐、新城、分水、临安等县,瑞昌等请将出力及阵亡文武员弁奖励优恤,允之。四月,贼自嘉兴府水陆分扑石门县城,吴再升迎剿失利,城遂陷。瑞昌等劾之,得旨,褫再升职,责令带罪图功。瑞昌旋因捐输军饷,下部优叙。先是,上命在籍前任漕运总督邵灿为浙江督办团练大臣。至是,以办理团务不洽舆情,瑞昌偕王有龄奏请撤退,从之;并谕瑞昌等查讯帮办绅士陶庆章等如有侵蚀情弊,严行惩办。五月,安徽婺源县踞匪由白沙关窜至华埠,连陷常山、江山县城,复分股由开化、遂安,窜入淳安县之港口,并攻陷寿昌县城。上命瑞昌迅饬带兵各员,力图克复。未几,龙游、长兴、金华各府县城相继失陷,上以瑞昌、王有龄督办军务,屡失郡邑,从未自请处分,均革职留任。

六月,江西之贼由江山县窜陷遂昌、松阳、永康各县城,命瑞昌等迅速进剿。会永康之贼又窜扰义乌县,瑞昌奏参处州镇总兵文瑞于贼合股下窜时,节节退守,遂至义乌失陷,命将文瑞革职留任,责令防守诸暨,进剿金华。八月,剿平处州府各属之贼。十月,大股贼围攻严州,张玉良偕副将罗大春迎战,失利。贼由大南门越城而入,另股贼由幽岭关并陷馀杭县。上以瑞昌、王有龄调度乖方,均下部严议。时贼势张甚,瑞昌偕王有龄驰奏,请檄闽兵来浙援剿,而援军逗遛不进,贼连陷萧山、诸暨二县及绍兴府城,寻纠合各路贼匪并力围攻省城。自绍兴失守,饷源已绝,而外援不至,贼围益急。瑞昌偕王有龄率文武员弁婴城固守,城中死亡枕藉,城遂陷,瑞昌及王有龄死之。

江苏巡抚薛焕以闻,谕曰:"浙江省城被围,已逾两月,卒以粮尽援绝,于十一月二十八日被匪攻陷。览奏,曷胜愤懑!杭州将军瑞昌、浙江巡抚王有龄殉难情形,及阖城文武下落,着曾国藩、庆端、左宗棠查明具奏,再降谕旨。"同治元年,谕曰:"前据薛焕奏,杭州城陷,当经降旨令曾国藩等将瑞昌、王有龄等殉难情形,查明具奏。兹据曾国藩奏:'查明瑞昌、王有龄均已殉难,并请赐恤'等语。杭州将军瑞昌于前次浙江省城失陷时,坚守驻防城垣,鏖战待援,六日之内,即将省城克复,厥功甚伟!兹复临难捐躯,忠烈卓著,大节懔然,可嘉可悯!瑞昌着追赠太子太保衔,照将军阵亡例从优赐恤。任内一切处分,悉予开复。所有前次赏给二等轻车都尉世职,着加恩改为一等轻车都尉,承袭六次;袭次完时,以恩骑尉世袭罔替。"寻赐恤如例,予谥忠壮,入祀京师昭忠祠,并于殉难地方建立专祠。

三年,谕曰:"原任杭州将军瑞昌前在杭州殉难,业经降旨从优赐恤,并给予世职。兹据左宗棠奏称:'瑞昌之妾吴氏,于杭城陷时逃出,现已回至杭城。伊子绪成、绪恩年皆幼稚,当时被贼冲散无踪,现经辗转物色,始悉其第三子为人收养,业已给予吴氏领回,派员护送回旗'等语。瑞昌前在杭州守城有功,旋复见危授命,大节凛然。据奏,其幼子绪恩散失多年,竟能无恙,览之实深欣慰。着俟护送到京时,交镶黄旗满洲传知瑞昌长子内阁中书绪光领回收养。绪光着该旗即行带领引见;绪恩着俟及岁时,由该旗带领引见;绪成尚无下落,仍着左宗棠随时详细查访,以示朝廷笃念荩臣、推恩后嗣之至意。"寻经吏部照例以两次赏给轻车都尉世职,并为三等子爵。

【校勘记】

〔一〕我军分投截杀　"投"原误作"股"。今据瑞昌传稿(之二三)改。

〔二〕直隶泰宁镇总兵宗室庆祺等督带马步官军　原脱"宗室"二字。今据瑞昌传稿(之二三)补。

〔三〕贼大股围攻湖州府城　原脱"城"字。今据瑞昌传稿(之二三)补。下同。

宗室绵洵

宗室绵洵,镶白旗人。曾祖和硕淳度亲王允祐,祖多罗淳慎郡王弘昞,父多罗贝勒永鋆。绵洵由应封宗室于道光六年,考授奉恩将军。七年,授三等侍卫。十七年,升二等侍卫。二十一年,擢前锋参领。二十四年,授复州城守尉。二十八年,调辽阳城守尉,寻署金州副都统。咸丰元年,升凉州副都统。三年二月,调江宁副都统,以捐备军饷,下部优叙。

时粤逆洪秀全等滋事,〔一〕窜踞江宁省城,复分股扰及河南等省,绵洵以捐备军饷,下部优叙。六月,绵洵请随陕甘总督舒兴阿军营办理防堵,允之。八月,贼由河南怀庆府窜山西垣曲等处,帮办军务、内阁学士胜保等会兵追剿,绵洵以舒兴阿檄由茅津渡河截击。九月,贼由黎城回窜直隶临洺关,胜保绕出贼前,绵洵亦带兵追击。贼旋由晋州窜入深州,并分扰安平、蠡县等处,屡经官军攻击,退踞深州,连日不出。胜保督军进攻,适绵洵等带兵赶到,分攻东南一面,随剿随进,直至城隅,败之,馀贼南窜。是役也,绵洵一军战最力,胜保以闻。

四年正月,贼窜陷静海县城,并分踞附近村镇,官军进取西河头,静海城中出贼二千馀钞袭其后,绵洵击却之。三月,贼另股窜踞山东临清州,绵洵偕胜保分队急攻,复之。四月,临清溃贼南遁,绵洵追剿,扎营州之东南,以扼南窜之路。其分窜丰县之贼,绵洵复乘夜追击,歼擒殆尽,馀贼三百名长跪乞降。五月,事竣,经胜保保奏,得旨赏绰尔欢巴图鲁名号。闰七月,随参赞大臣科尔沁郡王僧格林沁进剿东光县连镇之贼。时贼被围久,屡图窜逸,会风雨大作,突向西南出扑。绵洵开放枪炮,毙贼无算。五年正月,察哈尔都统西凌阿由北面进攻,绵洵由南面毁贼木城,乘胜直捣其巢。逆首林凤祥身受重伤,潜匿地洞,被我军搜获,并获伪典制、伪检点多名,斩擒压毙及投水者甚夥。叠经僧格林沁疏闻,得旨,加都统衔,并赏穿黄马褂。四月,随僧格林沁攻克冯官屯,赏戴花翎。

旋授荆州将军。五月,命驰赴湖北帮办西凌阿军务。六月,行抵襄阳,偕西凌阿奏与湖广总督官文会商,在京山、天门拨兵防剿,并亲督兵勇从襄阳顺流下击。七月,德安踞贼分扑三陂港,官军失利,绵洵以未能及时攻取,并步兵屡溃,命革职,仍留军营差遣。八月,署湖北提督。九月,汉阳贼匪上窜麦旺嘴,绵洵分队由天门截击,败之,遂合诸军进剿,克复汉阳等城。奏入,得旨,开复原官。七年,荆门州败贼刘尚义等窜扰武安堰,经知府唐训方攻剿,势急,率众来归。绵洵委员察看实情,分别遣散。先后奏入,均报闻。

八年,卒。谕曰:"荆州将军绵洵由侍卫荐升副都统,曾在江南丰县剿贼出力,赏给巴图鲁名号,并在连镇军营著有劳绩。嗣简任荆州将军,带兵防剿襄阳等处匪徒,荆州一带悉臻安堵。方资倚畀,遽闻溘逝,悼惜殊深!着加恩照将军例赐恤,准其入城治丧,赏银三百两,经理丧事。任内一切处分,悉予开复。应得恤典,该衙门察例具奏。伊子奕槛、奕楝均着俟百日孝满后,由该衙门带领引见,用示朕笃念荩臣之至意。"寻赐恤如例,予谥庄武。

子奕槛,袭奉恩将军;[二]奕楝,赏宗人府主事。

【校勘记】

〔一〕时粤逆洪秀全等滋事　原脱"滋事"二字。今据宗室绵洵传稿（之一七）补。

〔二〕袭奉恩将军　原脱"袭"字。今据宗室绵洵传稿（之一七）补。

托云保

托云保,额哲特氏,满洲正黄旗人,吉林驻防。嘉庆十八年,由马甲随剿河南教匪,拔蓝翎长。道光四年,荐升副护军参领。

七年,以剿平逆回办理善后事宜,经钦差大臣、直隶总督那彦成奏请带往喀什噶尔差委,事竣回旗。八年,升护军参领。十二年,充虎枪长。十五年,充谙达。三十年正月,赏头等侍卫,在乾清门行走,充压马大臣。三月,授上驷院卿。十二月,赏副都统衔。咸丰元年,擢正红旗汉军副都统。二年,上由慕陵旋跸,中途乘马失跌,托云保以平日骑压不慎,下部议处。

　　三年二月,粤匪洪秀全等窜陷江宁省城,大军进剿,托云保遵旨带吉林官兵二千名南下。寻贼扰河南,奉檄赴援,行抵延津县境,弁兵等抢夺民间牲畜,逞凶伤人,钦差大臣、直隶总督讷尔经额以托云保约束不严,疏劾之,降三级调用,仍留营。七月,贼渡河北薄怀庆府城,环城筑垒,围攻甚急。我军驰抵丹河铺迤南之季村,合力攻剿,托云保督马队会诸军力战,焚毁贼垒,歼贼多名。八月,怀庆围解,贼众西窜。我军追剿至济源县风门山口,遇伏贼,托云保督马队疾驱而进,贼仓猝失措,歼擒大半;并枪毙贼目,搜杀匿匪殆尽。贼大股阑入山西,由垣曲、绛县、曲沃陷平阳府城,踞之。我军跟踪追及,于府城外列营堵截。钦差大臣都统胜保以托云保追剿不力参奏,命摘去翎顶。

　　嗣贼由山西窜扰直隶,分踞静海县暨独流镇,托云保随胜保疾驰尾追,自深州至独流,历次攻击,获胜。十月,胜保上其功,赏还翎顶。十一月,独流贼负嵎抵拒,并由静海分股应援,胜保逼攻贼垒,托云保由堤岸分钞,大败之。十二月,我军进扎葡萄洼一带,遇静海援贼,贼出扑,我军分路迎击,托云保奋力钞袭,歼贼五六百人,贼势遂蹙。寻因病开缺,回旗。四年八月,病痊,发往胜保军营差委。十二月,授正蓝旗蒙古副都统。先是,贼由连镇分窜山东高唐州,踞其城,胜保移师往剿,围攻数月,未克。五年二月,胜保以师久无功,褫职逮问。贼旋由高唐窜踞冯官屯,托云保随参赞大臣科尔沁博多勒噶台亲王僧格林沁移营赴剿。是月,调正红旗蒙古副都统。四月,大军攻克冯官屯,俘逆首李开芳,北路肃清。托云保在事出力,经僧格林沁奏保,赏换花翎。寻凯撤回京。

五月,命在御前侍卫上行走。十月,授奉宸苑卿。十一月,调镶红旗满洲副都统。十二月,擢宁夏将军。先是,宁夏兵丁于道光二十二年奏准添演秋围,每岁将军与副都统轮流带领官兵前往贺兰山一带,肄习马上鸟枪技艺。嗣因甘肃协饷短绌,暂行停止。六年,上以各路军营马队得力,令西安、宁夏官兵一律添演秋围,托云保偕副都统宗室奕梁奏言:[一]"宁夏驻防官兵行围钱粮,皆系官借官还,兵借兵还,与绥远城之有卡伦房租,可以由公项给发者不同。现在饷项不足,兵力孔艰,若复加以行围给项,不特不能清还,未免累上加累。请俟协饷充裕,仍行按年轮流照旧演习。"如所请行。八年,因病奏请开缺,允之。九年,卒。[二]

【校勘记】

〔一〕托云保偕副都统宗室奕梁奏言　原脱"宗室"二字。今据托云保传稿(之三九)补。

〔二〕允之九年卒　原脱此五字。今据托云保传稿(之三九)补。

佟鉴

佟鉴,佟佳氏,汉军镶红旗人。嘉庆二十五年,袭世管佐领。

道光十一年,授印务章京。十二年,擢副参领。十九年,升参领。二十六年,迁印务参领。咸丰元年,升镶黄旗蒙古副都统。三年三月,以孝和睿皇后梓宫奉安昌西陵礼成,赏加一级。

八月,粤匪分股由江南犯河南,窜山西,命佟鉴选带汉军八旗神威铜炮,并炮兵、护炮枪兵等,偕新任山西巡抚恒春前往堵剿。九月,贼由山西窜直隶,钦差大臣胜保等追剿抵深州,侦知分踞州城之贼将图出窜,豫设伏击之;贼犹困斗,适佟鉴运炮由山西折回至营,遂率弁兵轰炮助战,毁其垒,贼披靡,殪二百名,馀贼遁,与全股合。十月,贼由静海、青县窜天津之独流镇,分踞杨柳青等处。佟鉴偕胜保督队踵至,袭击于杨柳青,贼猝不及防,轰毙二百馀名,俘馘三十馀名,沿河溺毙无数,夺获船械、马匹甚夥。

寻合攻独流,贼倾巢出拒,总兵达洪阿等于东西岸分队冲击,各殪贼数百。贼复马队坌集,胜保率吉林、黑龙江官兵赴援,佟鉴以神威炮从旁轰击,歼渠二。越日,大兵分路进攻,贼于迤南堤畔蚁聚以待,达洪阿等督队奋击,佟鉴偕总兵经文岱等,以大炮及炮船相接应,贼死伤枕藉,馀贼遁回木城。胜保先后奏闻,得旨嘉奖,并颁赏佩刀、荷囊等件。十一月,独流踞匪合静海援贼出垒扑营,我兵纵横击走之。贼复倾巢出,我兵奋勇轰击,贼不支,沿堤鼠窜。佟鉴思绝其归路,身先士卒,进掣濠板,贼死拒。佟鉴手刃数匪,以路滑失足,踣地,贼刃蜂集,遂殁于阵。

奏入,谕曰:"镶黄旗蒙古副都统佟鉴管带炮位,累次击贼,叠著战功。此次接仗,业已轰毙贼匪数百名,乃因拽取濠板,被贼拥围,犹复手执长矛,连刺数贼,身受重伤,登时遇害。忠勇血诚,览奏不禁陨涕! 着加恩追赠将军,即照将军阵亡例赐恤。入祀昭忠祠,并赏给二等轻车都尉世职,仍准其入城治丧。应得恤典,该衙门察例具奏。该员现无子嗣,着该旗于本族近支内择其应继之人,即为立嗣,承袭世职,并着于阵亡地方建祠置祀,以慰忠魂。"寻赐恤如例,入祀京师昭忠祠,予谥刚节。

四年,贼分窜山东,德州练勇获贼目王小勇,[一]讯系戕害佟鉴凶渠,即伏法,并于德州城外设佟鉴位以祭。经山东巡抚张亮基入奏,谕传知佟鉴家属,俾自行告祭,以慰忠魂。是年二月,遗腹子佟泽沛生,由本旗都统奏闻,得旨,承袭二等轻车都尉世职,并袭世管佐领。同治元年,穆宗毅皇帝御极,追念死事诸臣,各赐祭一坛,佟鉴与焉。

子佟泽沛,袭世职。

【校勘记】

〔一〕练勇获贼目王小勇 原脱"目"字。今据佟鉴传稿(之三三)补。

达洪阿

达洪阿,富察氏,满洲镶黄旗人。嘉庆十八年,以鸟枪护军随征河南教匪,荐擢蓝翎侍卫。二十一年,以射中五矢,赏三等侍卫。二十三年,授江西南昌城守营都司。道光四年,升福建建宁镇标右营游击。九年,擢同安营参将。十四年三月,升浙江绍兴协副将。十月,升贵州威宁镇总兵。十二月,调福建漳州镇总兵。十五年,调台湾镇总兵。十八年,以剿办嘉义县匪徒沈和等,事竣,赏戴花翎。十九年,复获匪徒胡布等首从各犯,审明正法。上嘉其办理迅速,下部优叙。二十年,上以达洪阿调任台湾五载,训练操防,诸臻妥协,赏加提督衔。

二十一年八月,英船驶至台湾,攻击炮台,达洪阿与台湾道姚莹督兵击之,沉其船,擒斩多人,获炮位图册。疏入,上甚嘉之,赏换双眼花翎,仍下部优叙。九月,英船复至淡水鸡笼口门,扰及三沙湾,又击败之。是时嘉义、凤山土匪乘间起,即分兵驰剿,获股首江见、吴慈等。事平,得旨嘉奖,并赏骑都尉世职。二十二年,英船驶至淡水、彰化交界之大安港外洋,意欲入口,达洪阿使军士等诱令从土地公港驶进,搁于暗礁,船歆入水。会伏发,击破之,英兵皆落水;其窜至渔船者,又击斩殆尽。奏入,谕曰:“览奏欣悦,大快人心!该英人窥伺台湾,达洪阿等以计诱令其船浅搁,破舟斩馘,大扬国威,实属智勇兼施,不负委任。着赏加太子太保衔,并赏给阿克达春巴图鲁名号。〔一〕旋叠奉廷谕,此次生擒白人、红人及汉奸,其中必有洞悉夷情之人,讯令据实吐供,由五百里覆奏。取供之后,除头目暂行禁锢,候旨办理外,均着即行正法,以快人心。”

寻奏:“英军官颠林供称:‘此次大小船百馀只,实在兵船连火轮船七八十只,内多贸易之船,配以军官,作为兵船,其兵皆黑人,雇自各岛,约四五万人,每月工资番银二三圆至十圆不等。’臣伏见该国兵船,半即商舟,人众数万,月费工资数十万,合头目俸银,兵众口粮、军装、火药,月费亦数十万。船本、货本又数百万。犯顺二年,费已不下二千万。彼以货财为命,今闭关货物不行,所在私售无多,价亦大减,主客异形。英人虽富,何能久支?朴鼎查始冀如义律故智,思得所欲;及不可得,且人船丧失,所耗益多。其情势必绌,饥而扑食,乃更扬言大举。窃恐其势将离,未必复能久持也。"

二十三年三月,以英人于就抚后诉称达洪阿等妄戮遭风难民,作为接仗俘获,朦混奏报;两江总督耆英奏请将达洪阿解部审办,耆英又奏曾询浙江提督李廷钰及四品京堂苏廷玉,谓英船实系遭风,非无端肇衅,请敕交闽浙总督怡良查办。上命怡良渡台确查,怡良旋查明两次英船之破,实因遭风沉搁,并无与之接仗及计诱等事,奏请治罪。谕曰:"此事原在英人未经就抚以前,即使激于义愤,据实入奏,朕自有办理之法,乃欺饰冒功,情殊可恶!一称接仗,一称计诱,直至怡良渡台,始呈递亲供认罪,殊属辜负朕恩。达洪阿着革职,解交刑部,派军机大臣穆彰阿等会同审讯,定拟具奏。"八月,讯明奏上,复谕曰:"达洪阿等原奏,仅据各属禀报,并未核实,率行入奏。本有应得之罪,姑念在台有年,于该处南北两路匪徒屡次滋扰,均能迅速藏事,尚有微劳足录。达洪阿加恩免其治罪。"十月,赏三等侍卫,充哈密办事大臣。十二月,赏副都统衔,充伊犁参赞大臣。

二十五年七月,命驰往甘肃查办事件。九月,授西宁办事大臣。二十六年六月,偕陕甘总督布彦泰等剿办黑错寺番匪,上以达洪阿身先士卒,不遗馀力,下部优叙,并谕曰:"番匪抗拒官兵,经达洪阿带兵攻剿,焚毁庄寺,该逆仍敢窜匿果岔地方,希图有险可踞。复经达洪阿督兵追击,扫荡窝巢,计乌合之众,歼除殆尽。现在拉布鲁等收合散还番族,带到营盘,匍匐乞命,经达洪阿严立条约,准令悔过自新,[二]官兵即日凯撤。所办可嘉之至!达洪阿着赏戴花翎。"十二月,以旧疾复作,奏请开缺回旗调理,允之。三十年五月,病痊,署镶白旗满洲副都统,旋授镶黄旗蒙古副都统。七月,授右翼总兵。九月,署正白旗护军统领,又署镶红旗满洲副都统。十一月,调镶白旗满洲副都统。先是,文宗显皇帝御极,以大学士穆彰阿倾排异己,诏数其罪,谕曰:"如达洪阿、姚莹之尽忠尽力,必欲陷之。"盖指台湾之事也。

咸丰元年三月,广西贼起,上命偕都统巴清德随大学士赛尚阿前往剿办。六月,抵广西省城,疏陈汰兵勇、明纪律、购间谍、散贼党、断接济、行团练等事。奏入,上以筹画均合机宜,特赏黄马褂。时贼据紫荆山,前以新墟为门户,后以猪仔峡、双髻山为要隘。赛尚阿饬达洪阿偕总兵秦定三、李能臣、经文岱等分路攻新墟,达洪阿攻其西南,自辰至未,歼贼四百馀,焚其炮台。越日,巴清德等先后夺猪仔峡、双髻山隘口。奏上,谕曰:"达洪阿及各镇将等围攻新墟,均能同心戮力,奋勇争先。现已夺据山后要隘,势若建瓴,前路攻剿,自更得手,计日扫穴擒渠,即当同膺懋赏。"

八月,以旧疾复发,请在浔州调理。谕曰:"达洪阿自抵军营以来,奋勇剿贼,不辞劳瘁,以致旧疾复发,朕心实深眷念。着毋庸仍留军营,即来京安心调理,病痊照旧在京供职。"二年二月,署正红旗汉军都统。四月,署正黄旗护军统领。九月,署正白旗护军统领。三年九月,粤贼犯直隶,命达洪阿选八旗兵驰赴临洺关,偕侍郎培成、庆祺,副都统多尔济、那木凯等,并力剿捕。时钦差大臣胜保等败贼于杨柳青,贼遂窜扰静海、独流两处。十月,达洪阿随胜保抵独流,以大炮击贼,贼倾巢出,我兵分东西两岸击退之,复率健锐、火器各营兵合诸军进攻,四战皆捷,毁贼垒十馀处,得旨嘉奖。

十一月,胜保赴下西河,令军中列阵严待。时逆匪分股出扑,被我兵击败,正追剿间,副都统佟鉴足滑踣地,贼蜂拥回击,天津县知县谢子澄单马救之,皆阵亡;候选知府朱镇亦中枪伤,赖官兵大至,贼始窜回。时达洪阿督北路兵先退,上以达洪阿始则贪功锐进,继则轻退失机,命革职,交胜保差遣,责令带罪自效。四年二月,贼南窜献县,达洪阿迎击于西门,横截贼阵,歼戮甚夥。奏入,开复原官。三月,与将军瑞昌等攻贼于阜城县,达洪阿战尤力,身受枪伤,犹裹创督战,遂患病,特赏如意、拔毒散,交其子户部员外郎穆克金布赍往看视。

寻卒于军。谕曰:“镶白旗满洲副都统达洪阿,由火器营鸟枪护军校,历升总兵。嘉庆年间,曾征滑县,道光年间,防堵台湾,均有劳绩。经朕简任副都统、右翼总兵,派往广西带兵,因病召还。此次剿办直隶境内贼匪,先因失挫获咎,旋因出力,即予开复。该员冲锋陷阵,奋勇可嘉。昨因身受枪伤,犹复裹创力战,当赏伊侄孙福成二等侍卫,并赏给药料,命伊子穆克金布前往看视。方冀调理速痊,藉资倚畀,兹闻溘逝,轸惜殊深!着加恩赏加都统衔,即照都统阵亡例赐恤。准其入城治丧。任内一切处分,悉予开复。应得恤典,该衙门察例具奏。伊子员外郎穆克金布,着俟百日孝满后,由该旗带领引见。”寻赐恤如例,予谥武壮,赏骑都尉兼一云骑尉世职,袭次完时,[三]以恩骑尉世袭罔替。同治元年,穆宗毅皇帝御极,追念死事诸臣,各赐祭一坛,达洪阿与焉。

子穆克金布,户部员外郎,袭世职。

【校勘记】

〔一〕并赏给阿克达春巴图鲁名号 原脱"赏给"二字。今据达洪阿传稿(之四四)补。

〔二〕准令悔过自新 原脱"悔过"二字。今据达洪阿传稿(之四四)补。

〔三〕袭次完时 原脱"次"字。今据达洪阿传稿(之四四)补。

霍隆武

霍隆武,钮祜禄氏,满洲镶红旗人,福州驻防。由前锋中武举。道光五年,委署前锋校。〔一〕十年,升正黄旗骁骑校。十六年,迁正红旗防御。十七年,升正白旗佐领。二十年,升镶白旗协领。二十三年至二十四年,叠奉檄赴厦门督办夷税事务。二十五年,以办理税务认真,赏戴蓝翎。二十六年,俸满引见,得旨,交军机处记名。二十七年,调水师旗营协领。二十八年,军政卓异,加一级。咸丰元年,擢江宁副都统。二年,署江宁将军。

时广西会匪洪秀全等窜扰湖南北,旋陷武昌省城。三年正月,复沿江下驶,由安徽窜江宁,钦差大臣、两江总督陆建瀛弃九江退回省城,江苏巡抚杨文定由省移驻镇江,民心益恐。霍隆武偕江宁将军祥厚、江南提督福珠洪阿、江宁布政使祁宿藻合疏参奏,并陈守御情形,略言:"督抚臣首鼠两端,进退无据,以致省城震动。虽有驻防旗兵,同仇敌忾,无如兵力过单,贼船顺流扬帆,旦夕可至,情势万分紧迫。现督同司道及八旗协领等官,激励兵民,竭力防守。请敕统兵大臣、提督向荣等迅速督军驰绕贼前,协力堵剿,以固省城根本,而维南北全局。"奏入,逮建瀛治罪,以祥厚代其任。

霍隆武等疏甫上，贼已连樯驶扑江宁，霍隆武偕祥厚等登陴战守，历十馀昼夜。二月，外城陷，仍与祥厚力守内城，于小门地方策马督战，霍隆武被贼钩堕受伤，力竭，殁于阵。事闻，谕曰："逆匪自武昌溃出，窜入江省，直扑金陵。经祥厚等督率文武官兵登陴守御，竭十数昼夜之力，旋因城大兵单，应援不至，省城失陷。祥厚于外城陷后，力守内城，骑马督战，身受数十伤殒命。副都统霍隆武与该将军同在小门督战，被钩落马，身受数伤，遇害亦惨。霍隆武着照副都统阵亡例从优议恤，以慰忠魂。"寻赐恤如例，赠都统衔，予谥果毅，入祀京师及阵亡地方、驻防省分昭忠祠。赏骑都尉兼一云骑尉世职，袭次完时，以恩骑尉世袭罔替。同治三年，金陵克复，上追念江宁、京口驻防死事诸臣，命于江宁、京口旗营分建昭忠祠，霍隆武与焉。

孙普存，袭世职。

【校勘记】
〔一〕委署前锋校　原脱"委"字。今据霍隆武传稿(之三七)补。

乌兰泰

乌兰泰，索佳氏，满洲正红旗人。道光六年，由外火器营鸟枪护军，随征逆回张格尔于喀什噶尔，有功，升蓝翎长。十五年，擢护军校。十八年，升副鸟枪护军参领。二十年，迁参领，历升营总、翼长。二十一年，以英人不靖，随御前大臣科尔沁郡王僧格林沁查阅天津海口。二十三年，坐失察火器营碾药火发轰毙兵丁，革职留任。旋以制造火药得力，下部议叙。二十七年，军政卓异，旋擢广州副都统。

　　咸丰元年二月，广西会匪洪秀全等倡乱，命驰往帮办军务。四月，抵广西。时贼踞武宣州，经大兵围困，将次歼灭，复乘间窜入象州。乌兰泰自请治罪，上以其甫到广西，免议。寻命偕提督向荣节制广西镇将及各省征调官兵。五月，督贵州三镇兵，由罗秀移营梁山村，距中坪贼巢四五里许。贼乘我兵驻营未定，蜂拥进逼，乌兰泰下令：兵毋妄动，以火炮、火箭隔河击走之。越日，贼四五千分十数股渡河扑营，炮子如雨，乌兰泰饬官兵伏地前迎，自督八旗兵往来指挥，炮毁贼巢望楼，先击败西南山头之贼，复由独鳌山脚过桥冲击，鏖战竟日，贼大溃，殪千馀人。奏入，上嘉其调度有方，下部优叙。是日，威宁镇兵见贼退缩，将弁伤亡，乌兰泰复自请治罪。谕曰："此次我兵逼进贼巢，奋勇剿击，逆匪已大受惩创，虽小有挫衄，究属罪不掩功。且乌兰泰尚能转败为胜，所请治罪之处，着毋庸议。乌兰泰据实陈奏，具见不欺，如能迅速立功，仍当加以懋赏。"

　　七月，贼由中坪窜踞新墟、莫村等处，乌兰泰令总兵经文岱等由马鞍岭攻莫村，总兵李能臣等由新罗塘、瓮窑攻新墟之东南，上瑶十八村练勇由罗旺过河，直击新墟；其南面之护甲渡，令总兵重纶等排队两岸，自偕总兵秦定三督兵于思盘渡河，由西南攻入，均约听候号炮火箭，同时前进。嗣侦知贼设伏于莫村、金田一带，欲俟官兵过河东行，四出钞尾，乌兰泰调护甲渡之兵守思盘大营，并多张旗帜，设为疑兵，扬言过河；而自率兵勇改由护甲潜渡攻莫村贼巢后面，将战，贼即退走。乌兰泰知彼处有竹围村,林木丛杂,豫令秦定三伏兵于中,每追里许,即鸣金小住,侦探再追。如此数里,贼果由竹围村前平冈拥出,伏发,贼溃,乘势穷追,贼并窜入新墟。是役也,一日七捷,斩级数千。上优奖之,赏戴花翎。

八月,贼踞紫荆山,大兵分路围剿,乌兰泰偕秦定三攻其西北,歼贼三四百,破双髻山隘口,进攻贼巢,先将罗村等三处贼房焚毁,贼于风门坳隘口筑寨安炮,为拒守计。我兵仍分三路攻破之,进逼新墟,贼倾巢出扑,我兵奋勇鏖战,歼五六百人。闰八月,贼匿大竹围、木寨等处,编造木筏,潜谋渡河。乌兰泰激励兵勇,分路设伏,叠次俘馘无算。贼败退,及我兵撤队,贼复悉众来追,乌兰泰从容下马以示镇静,旋麾兵回击,大败之。上嘉其身先士卒,有胆有识,赏都统衔。既又诱贼至圌岭,[一]斩馘无算。奏入,赏穿黄马褂。九月,贼窜永安州,乌兰泰督李能臣攻破水窦要隘,[二]贼营六七百人歼戮净尽,并毁板屋、帐房三百馀架,又连败之于石燕岭、铜盘村等处。

十月,攻贼于永安州城,暗伏地雷,轰毙贼渠。会圌岭之贼分股来袭我军,复回兵击却之。十一月,复歼贼五六百,并黄衣、红衣贼目,夺获马匹、炮械无算。自十二月至二年正月,昼夜环攻,接战十馀次,歼贼目黄满、伪军师秦姓。三月,收复永安州,生擒逆首洪大全,槛送京师。馀贼分窜,乌兰泰带兵追剿,因腿受炮伤,致失机会,命拔去花翎,革职留任。寻追贼至桂林城下之将军桥,以炮伤过重,退军六塘。

旋回阳朔,卒于军。谕曰:"都统衔广州副都统乌兰泰,自上年派赴广西剿办逆匪,屡著战功。昨因追击贼匪,身受炮伤,方冀调理速痊,藉资倚任。遽闻溘逝,轸惜良深! 着加恩照都统例赐恤。任内一切处分,悉予开复。并赏银一千两,由藩库交伊家属祗领,准其入城治丧。<u>乌兰泰</u>现无子嗣,该旗于本族近支内,择应继之人即立为嗣。应得恤典,该衙门察例具奏。”旋奉旨照阵亡例赐恤,寻赐恤如例,予谥<u>武壮</u>,赏轻车都尉世职,袭次完时,以恩骑尉世袭罔替。

嗣子<u>绍曾</u>,袭三等侍卫。

【校勘记】

〔一〕既又诱贼至圉岭　“圉”原误作“困”。今据下文“会圉岭之贼分股来袭”改。

〔二〕乌兰泰督李能臣攻破水窦要隘　原脱“督”字。今据<u>乌兰泰传稿</u>(之三三)补。

克兴额

<u>克兴额</u>,莫勒哲呼氏,满洲镶黄旗人,<u>黑龙江</u>驻防。道光六年,以骁骑校随钦差大臣<u>长龄</u>出师回疆。七年,收复<u>阿瓦巴特</u>,赏戴花翎。十年,带兵至<u>安集延</u>防守,寻补防御。十四年,授佐领。十七年,升协领。二十一年,坐失察参领<u>德隆阿</u>等挪用官钱,下部议处。二十三年,俸满引见,命交军机处记名。二十七年二月,擢<u>齐齐哈尔</u>城副都统。十一月,署<u>黑龙江</u>将军。二十八年,闲散<u>达木察</u>纠集披甲<u>德勒德伯克</u>等,越界偷窃俄罗斯驼马,旋即弋获。<u>克兴额</u>偕将军<u>英隆</u>奏请惩办,并请将该管鄂绰尔图交部察议,从之。二十九年,奏言:“<u>齐齐哈尔</u>城仓储因连岁灾

歉,存仓无几,应由邻境运米筹补,而本城船只兼资挽运,恐误水师操防,请由邻属雇觅商船,以速转运。"下部议行。咸丰元年四月,以东三省军营向无抬枪,偕将军英隆捐廉添设八十杆,拨给齐齐哈尔、黑龙江、呼伦布雨尔三处各二十杆,[一]墨尔根、呼兰二处各十杆,奏请由火器营颁给式样,制造演习,允之。十一月,卒。

　　子贵德,六品荫生。[二]

【校勘记】

〔一〕呼伦布雨尔三处各二十杆　原脱"雨"字。今据克兴额传稿(之三七)补。

〔二〕六品荫生　"六"原误作"二"。今据克兴额传稿(之三七)改。

　　穆腾额

　　穆腾额,赫舍勒氏,满洲正白旗人,荆州驻防。嘉庆五年,由披甲前锋随荆州将军宗室弘丰,[一]赴荆门州防堵教匪。十九年,授骁骑校。二十四年,迁防御。道光九年,升佐领。十一年三月,升协领。九月,保升副将,得旨记名。先是,荆州驻防营额设马四千匹,嘉庆时将军弘丰疏请裁二千匹,经部议驳。嗣协领巴克坦布呈明将军,将连年倒马皮脏银一万六千两作一千匹马价,俟调拨时购补;其马干银发给兵丁添补实马喂养及一切公用,历任照册办理,惟未具奏。[二]至是十三年,荆州副都统善英以马干短少劾奏,经湖广总督讷尔经额等遵旨查奏,实系体恤兵丁,别无情弊,惟应奏不奏,请将经管员弁议处。穆腾额降五级留任。十九年,开复。

二十二年,将军禄普以穆腾额办事勇往,不辞劳瘁,叠于荆江等处查获炮位、炮子,奏请奖励,得旨以副都统用。寻授江宁副都统。二十三年,部议酌减外省马干银两,存库以备拨用。穆腾额偕将军德珠布等遵旨裁减江宁、京口两处马四百匹,计撙节干银八千六十四两,添设炮兵二百名,需饷银二千四百两,由马干减项拨给,允之。二十四年正月,护理江宁将军。时以英人就抚,议于江宁府城东五龙山添筑炮台,以固省城门户。十一月,偕总督壁昌、将军岳兴阿等入奏,如所议行。二十五年,复议防护炮堤,以江宁八旗抬炮移置五龙山及各城门,另拨旗库存款添筑抬炮、鸟枪,归入旗营;又铸一尺六寸铜炮,择养育兵年壮者随时演放,以备派入营伍,得旨允行。二十七年十月,署江宁将军。十二月,以年力就衰,原品休致。咸丰二年,卒。

子贵顺,佐领;玉魁,骁骑校;贵强,佐领。

【校勘记】

〔一〕由披甲前锋随荆州将军宗室弘丰　原脱“宗室”二字。今据穆腾额传稿(之四三)补。

〔二〕惟未具奏　原脱此四字。今据穆腾额传稿(之四三)补。

乌尔棍泰

乌尔棍泰,舒穆鲁氏,满洲镶黄旗人。由向导处护军校、委副护军参领,于道光二十六年升护军参领。咸丰三年,粤匪北窜,命偕刑部右侍郎文瑞办理东路巡防,旋擢镶白旗蒙古副都统。九月,进巡防图样,寻管理镶白旗蒙古新旧营房。十月,以筹办巡防认真,赏戴花翎。四年正月,由通州移驻良乡。三月,命赴涿州帮同防堵,寻拿金有等六名,讯有从贼情事。奏请治罪,[一]治如律。五月,奏通州团练著有成效,并将图样进呈,谕曰:"通州为畿东门户,经乌尔棍泰等劝谕绅民举行团练,地方藉资保卫。着确加查核,择其尤为出力之绅耆,酌量保奏。"七月,奏请奖励团练人员,诏如所请。八月,充进武职六班。十月,以拣选世职错误,经怡亲王载垣等参奏,降三品顶带,在銮仪卫章京上行走。

五年五月,擢正红旗汉军副都统。十二月,授内阁学士,兼礼部侍郎衔,并充八旗值年大臣。六年四月,调正红旗满洲副都统。十月,管理右翼幼官学。七年正月,署稽查宝坻等小四处事务。二月,历充考验右翼军政大臣,稽察内七仓大臣。四月,署礼部左侍郎。八年三月,命往天津办理洋务,并赴山东筹防河道。五月,因挑筑减河工程,奏请将捐赀各员奖励,下所司议行。六月,天津洋务完竣,奏请先行回京,允之。旋于途次病卒。遗疏入,谕曰:"内阁学士正红旗满洲副都统乌尔棍泰,前经派往天津办理洋务。嗣赴山东帮办河道,事竣回京。因病在途出缺,殁于王事,殊堪悯恻!着加恩照副都统例赐恤,并准其入城治丧。应得恤典,该衙门察例具奏。"寻赐恤如例。

子瑞祥,钦天监笔帖式。

【校勘记】

〔一〕奏请治罪　原脱此四字。今据乌尔棍泰传稿(之一六)补。

向荣

向荣，甘肃固原州人，原籍四川。以行伍隶陕甘固原提标，拔外委。嘉庆十八年，随剿河南滑县教匪，攻克道口镇，经钦差大臣那彦成保奏，赏戴蓝翎、六品顶带。二十一年，升前营把总。道光元年，迁千总。二年，西宁野番扰青海，荣随征出力，经陕甘总督长龄保奏，得旨，以应升之缺升用。四年三月，升陕西宁陕营中军守备。七月，升靖远协中军都司。六年，随剿逆回张格尔。七年，官军破贼十馀万于阿瓦巴特回庄。旋于兰山兜剿安集延匪众，歼其渠。荣均在事出力，赏换花翎。八年，回疆底定，凯撤回任。九年，调金锁关都司。十二年，升宁羌营游击。

十三年正月，调甘肃镇羌营游击。时直隶总督琦善以直隶各营将领多未经行阵之员，奏调陕甘员弁赴直隶补用，藉资教练，荣与焉。八月，补直隶督标前营游击。十八年，升提标中军参将。二十年，升开州协副将。二十一年，以英人犯顺，各海口调兵防守。寻英船退出广东虎门，裁减防兵，直隶总督讷尔经额奏请令荣带留防官兵，仍驻山海关协防。二十二年正月，擢正定镇总兵。九月，英人就抚，上以直隶各文武筹防两年，各予奖励，荣下部优叙，并赐缎匹。十二月，调通永镇总兵。二十七年，擢四川提督。

三十年二月，调湖南提督。时湖南逆匪李沅发滋扰粤、楚之间，屡溃屡振，窜新宁县金峰岭负险抗拒，荣由武冈州驰抵楚、粤交界，剿败之。五月，李逆就俘，下部优叙。七月，调陕西固原提督。八月，奏请改归四川大宁县原籍，允之。时广西会匪洪秀全等稔乱,先后窜扰修仁、荔浦、迁江等县,势甚张。上调荣为广西提督,会同巡抚郑祖琛筹办。九月,贼犯宾州,游击成保击败之。贼首陈亚贵乘间窜猪仔峡、紫荆山,荣会剿擒之,及其弟陈大交。会郑祖琛以酿寇褫职,钦差大臣暂署广西巡抚、前任云贵总督林则徐卒于途,荣遵旨偕钦差大臣前任两江总督李星沅、署广西巡抚周天爵会筹剿贼。

十一月,贼窜扰武缘、宾州、庆远等处,荣赴庆远府迎剿,贼二千馀踞龙门司之索潭墟,荣破之,歼贼数百;乘胜纵火围攻,贼被焚及落崖死者无算。奏入,上以荣甫经到粤,即能身先士卒,激厉将弁,忠勇可嘉,优旨褒奖。十二月,索潭墟败匪窜至八旺,踞险抗拒,荣挥兵奋击,歼贼三百馀,馀贼溃窜,追及于陶邓墟、覃村,获陈亚贵之父陈胜。贼旋扰宜山县及墟城土司,荣往剿,密于北山墟设伏,至犹山村,贼由山后拥出,我兵夹击之,戮贼数百。贼沿山溃,移师剿横州陶墟之贼,贼四千馀声言投诚,荣知其诡谋,逼攻其巢。贼恃众抗拒,鏖战两时;复诱之离巢,三面环攻,荣亲冒矢石,士卒勇气百倍,追杀三十馀里,俘馘数百人,各路团兵亦截戮六百馀人,并获贼渠诛之。捷闻,谕曰:"向荣督兵转战,一日之间,四获胜仗,洵属奋勇可嘉!着先行交部从优议叙。"

寻贼踞桂平县之金田村,被剿后窜平南之思旺堆,我军击败之,退至思宜渡口,荣移兵往捕。咸丰元年正月,贼分踞大黄江一带,荣进攻,歼数百人,毁贼屋多间,乘势进追,贼暗伏地雷,左右抄截,我军枪炮齐施,又殪数十人,贼回巢拒守。二月,贼分股诈诱我兵,荣令云贵官兵移扎佛子口,亲率楚兵赴夹洲搜剿。贼

诈退,由金匏村出扑大营,官军击却之。荣虑其另有诡谋,严阵
以待。贼果分三大股来突,荣率总兵李能臣、周凤岐等合兵进
攻,荣子荫生向继雄堵其北,贼伏南面竹林内,荣督战自寅至午,
殪贼多名。湖南都司龙金源复燃炮轰之,乘势冲入,歼其渠,贼
大溃。是役也,共歼千数百人,获炮械无算。捷入,上嘉其有谋
有勇,不负委任,赏霍钦巴图鲁名号。

寻剿牛排岭之贼,诱贼离巢,水陆夹攻,火其屋及船,贼伏匿
图窜。荣乘夜潜赴北岸,以火箭焚贼屋,兵勇拥上江岸,亲率大
军往围之。贼不能支,宵遁,遂毁其巢,复追败之于新墟、紫荆山
等处。贼窜踞武宣东乡,山径丛杂,荣力战数时,贼大蹙。三月,
会剿贺县股匪及上林墟之贼,败之。时太平、龙州各属均有贼窜
扰,荣严饬镇道会剿,防其滋蔓。五月,武宣之贼突围,窜入象
州。钦差大臣、大学士赛尚阿奏入,上责诸将相持日久,仍任贼
窜逸,荣褫花翎,降三级留任。贼首凌十八先由广东石城县逸入
广西,围攻郁林州。荣往剿,大败之,追击于广东化州之平定墟,
又剿博白县贼刘八等,乘胜追至广东合浦县境,败之于香山竹根
坡;并饬贵州威宁等三镇兵,御贼于象州之罗秀,贼锋大挫。

六月,武宣之贼踞象州中坪一带,荣由桐木进营中坪之东,
偕帮办军务广州副都统乌兰泰、总兵经文岱四面环峙,贼数千由
马鞍山出扑,我兵分路轰击。贼旋分十数股渡河,我军进毁贼巢
望楼,贼惊溃。我兵益奋击,战四时许,歼贼千馀,贼仍踞中坪等
村。荣营于界岭防其分窜,令湖南总兵李伏等渡河攻剿,署参将
成安巡河口,搜其伏。贼由岭后突出,李伏夺上山梁,斩伪先锋
余安,荣获贼谍,知贼渠洪秀全欲扑营,遂乘夜设伏于架村左右。

贼果以四五千人由中坪来犯，荣分兵五路齐进，见架村火起，横击之，副将和春、博春，都司郑魁士等继进，歼伪先锋方梅，贼大溃。其苦瓜岭、西安村等处之贼仍迎拒，荣督师合击，适李伏钞出贼后，并力夹攻，一日三胜。赛尚阿奏入，上以荣督率有方，嘉之。贼回窜东乡，并分窜桂平县之新墟，荣偕乌兰泰等节次追剿，贼反扑，荣策马当先，歼贼先锋二人，马伤欲仆，易马决战，胜之，复追斩数十级。奏入，谕曰："此次贼匪因北路严堵，窜回旧巢，向荣节节追击，屡有斩获。奋勇冲锋，身先士卒，实属壮往可嘉！着赏戴花翎。"

时贼踞紫荆山，前以新墟为门户，后以猪仔峡、双髻山为要隘，恃险负嵎。乌兰泰进攻新墟，荣率候补知府陈瑞芝攻其后路，破贼栅五。奏入，荣以督率有方，下部优叙。七月，乌兰泰复围攻新墟，荣偕都统巴清德由紫荆山后路进，豫遣兵由间道越山至猪仔峡、双髻山各隘口，绕贼上路，饬总兵刘长清等分路并击，荣偕巴清德由中路攻猪仔峡，贼于峡内设伏阻截，木石枪炮叠发，我军夺据猪仔峡要口，双髻山贼见我兵夺其要隘，斗益力，我军并力攻之，毁贼巢望楼，复上下夹攻，贼大溃，我兵遂据双髻山巅为营。贼由间道南窜，追奔三十馀里。捷闻，上嘉荣纪律严明，身先士卒，开复降级留任处分，仍加军功一级，赐荷囊、玉鞢等件。

寻偕巴清德营于界顶，贼扑营，击败之，焚冷田村贼房积聚，我军前后两路直迫新墟，贼益不支。洪秀全等匿新墟后莫村等处。八月，仍两路逼近新墟，自我兵夺据紫荆山隘，贼于风门坳口筑安炮位，挖断山梁，为负嵎计。我兵分三路衔枚疾走，直至山下，昧爽齐进，歼贼百馀，贼弃隘走，破之，夺风门坳隘口，追十馀里，贼落崖死者无算，败入古调村。追甫及，伏贼突出，副将和春等败之，克古调村，焚其巢。贼乘夜越山，三次劫营，总兵长瑞等击走之。贼乘风纵火，忽反风燔贼营，荣帅师前进，贼屡出屡败，追至古林社，歼贼渠韦亚孙等。疏闻，上嘉奖之，下部优叙。

我军既攻破风门坳口，仍两路围攻新墟，荣密遣兵焚古林社，分两翼沿河进，贼三千馀分七队倾巢出拒，我兵焚其望楼，贼复分踞山梁五处，荣督诸镇分击，短兵相接，歼凶悍贼目，斩级三千馀。贼焚巢遁，我兵追剿，复败之，歼伪军师周锡能，俘伪司马杨继昌，贼由藤县和平墟窜逸，荣偕巴清德截贼前路。会大雨，贼反扑，诸军失利于官村，荣褫职留任。闰八月，贼突陷永安州，荣以军械损失未能急追，摘顶带，褫花翎。九月，赛尚阿以荣因官村挫失，顿兵不进，又称病回省月馀，始绕抵平乐，疏劾其诿卸延误，得旨，褫荣职，责令随营效力。

十一月，我兵南北两路叠攻永安州，荣督兵移营凉亭，议合力大举。谕曰："向荣病已痊愈，既知感激朕恩，力图报效，着赏给三品顶带，饬令迅速进剿。"荣遂赴北路，统调各镇进营龙眼塘、冲口等处，贼乘我营垒未定来犯，荣击败之。贼复倾巢出扑，荣严伏以待，贼至，发火器，伏兵应之，贼败走河岸。荣率刘长清等张左右翼渡河叠战，复会南路诸军进攻，歼贼二千，贼大挫。奏入，得旨："向荣亲冒矢石，激励兵勇，人人用命，实属知感知奋！着即开复广西提督原官，并赏还花翎。"

时永安之贼抗拒日久，诸军移营进逼，荣由排头口攻河岸之贼，寻从牛头洲、江神庙渡河攻贼营，毁所踞村落，屡战屡胜，遂与南路诸军合击,歼贼渠,军声益壮。二年正月,攻贼西炮台,守东炮台之贼来援,参将马龙被伤,驰马大呼,兵勇乘之,贼溃;遂攻东炮台,诱贼出巢,短兵冲杀,贼败退,复毁其小炮台。二月,仍由北路围攻贼巢,夺据三座小山,追至马背岭,转截贼后,又于摩天岭对岸轰击,均败之。时暴雨连旬,贼冒雨突围东窜,我兵追剿,俘逆酋洪大全,槛解京师,遂复永安州。旋因山险路滑,总兵长瑞等追贼失利阵亡,上责荣等锐进失机,夺职留任。

　　贼由永安窜出,犯桂林省城,荣闻变,由间道驰抵桂林,偕巡抚邹鸣鹤严御固守,贼屡扑城,击走之。三月,节次遣兵败贼于城外,俘戮数千,焚贼所占房屋,获攻具无数,贼惊退,不敢附城,又败贼于河岸,歼其目。诸军由飞鸾桥至五里墟,欲钞贼后。会大雨,贼乘夜于文昌门得月楼下堆土袋为炮台,轰缺女墙数处,势危甚。荣急赴缺处,亦用土袋叠集女墙内,贼炮不能穿;下令缒城击贼者,予重赏,应者百馀人,噪而前,占贼炮台,夺长梯四十架。贼大队来犯,我兵退至城根,城上火器应之,贼不能进,宵屯对河,其分犯北门、南门、文昌门之贼,均经我兵击退。城内复出奇兵,败贼于五里墟,袭贼后,由丽泽门至马拐桥,攻古牛山,水陆并击,连败之,贼宵遁。先是,省城援兵未集,守御单薄,城中诸将多惊愕。荣力言可守状,人心始定。至是,围解。上以荣保守桂林功,予开复,并下部议叙,擢其子继雄同知。八月,两广总督徐广缙奏劾荣藉病规避,得旨褫职,遣戍新疆。

　　时贼由兴安、全州窜湖南,犯道州、郴州、永兴等处,趋长沙省城,荣奉檄克期赴援,经赛尚阿奏入。谕曰:"该革员此次遵调来楚,尚为迅速,着暂缓发遣,即令统带官兵带罪图功,以观后效。"九月,贼由妙高峰至浏阳门外分扑我营,荣以敢死士缒城出剿,贼却退,复夹击之,贼死伤枕藉,分股图窜。荣由见家河败河西分股之贼,遂渡河,追至渔网洲,连破贼垒,并轰城南贼巢,与诸军合剿;侦知贼粮尽偷渡,密遣兵营河西岸,连破贼地道,抵岳麓山。贼踞险力拒,荣飞骑驰至,严令督战,我军上下夹击,贼败窜回巢。十月,贼以被剿穷蹙,解省城之围,渡河西窜;荣与诸军分路追剿,由宁乡钞出贼前,遏其北窜常德之路。十一月,贼窜陷岳州府城,荣率总兵常禄等赴援,攻克岳州,贼大股已他窜,荣率兵急追,贼由水路顺流直下,陷湖北蒲圻、汉阳,犯武昌省城。上以荣屡保危城,缓急可恃,免其发遣,给还提督衔,帮办军务,命迅驰援武昌。时贼踞江面,荣追及,大破之。十二月,复授广西提督。

　　贼自抵武昌,分股四面窜扰,由东门外之洪山至南门外江岸,连营数十座。荣令总兵福兴等径逼洪山扎营,亲督兵于白水岭拔营,由长虹桥一路转战而进,绕赴东路,营于鲁家港,派兵进攻,尽毁贼垒,乘胜追至城下。贼窜江岸,我兵已断其浮桥,贼奔无路,回拒,复击败之;并分兵于上游荆、襄,下游黄、蕲各路截剿。寻贼由西面平湖、文昌各门掘地道轰发地雷,守陴兵溃,武昌遂陷。事闻,褫荣职,仍帮办军务,寻署湖北提督。时钦差大臣徐广缙以失机偾事,褫职逮问。复谕曰:"向荣自抵军营,两载有馀,虽不免挫失,而桂林、长沙两处守城,均能迅速赴援,追贼湖北,亦系该员先到。朕用人略短取长,毫无成见,但能勇于任事,即可承受朕恩。向荣着即授为钦差大臣,接受关防,赏还提督、顶带,专办军务。"

　　三年正月，进攻武昌，鏖战六时，克东南二门，贼弃城遁，遂复武昌。荣率诸军追剿，乘贼争渡，击败之于江岸，贼窜汉镇下游，复败之于葛店，焚其船，昼夜兼程，驰抵九江，冒雨行泥淖中，绕出贼前，击沉先至贼船多只，贼大股继至，又击败之。奏入，得旨嘉奖。寻授湖北提督。时贼由九江东窜，陷安徽省城，复由太平府四合山顺流下。二月，犯江宁省城，伏地雷轰仪凤门，城陷。荣由六合渡江驰剿，贼复分陷瓜洲及镇江府城。荣追贼至江宁，驻军孝陵卫，防守江南。贼踞江宁后，于土城一带连扎多营。荣乘夜进攻，贼弃营走。嗣乘我兵筑垒，复麋至，荣叠次击败之，贼退守不出。三月，袭通济门外贼营，令各军四面环攻，贼不及防，毁其营三座，歼除殆尽。城内之贼复出通济门来援，均经我军击退，贼大创。奏入，上嘉其调度有方，赏白玉搬指、白玉翎管、绿玉烟壶各一。

　　寻乘夜袭七桥瓮贼营，遣兵左右涉河，进至桥头，贼惊拒。我兵乘雾纵火，破贼营四，夺据其垒，进营七桥瓮，贼溃围出者悉歼之。疏入，上以"统师奋勇，胆气尤壮"嘉之。时钟山及报国寺贼营为我军从中隔断，荣豫伏疑兵，并令各军逼贼营纵火，贼惊溃，复败城内援贼三千馀，追至朝阳门，贼闭城不出。我兵乘月夜烧其营，贼知不守，自焚钟山明陵亭殿各垒，窜至朝阳、正阳各门，为退守计。我军遂夺据钟山。捷入，得旨："向荣自到金陵，运筹制胜，悉合机宜。赏穿黄马褂。"

　　四月，分攻通济、朝阳门，连胜之，荣进营紫金山，贼以我军占据形胜，出数千人来夺。荣挥兵纵击，贼遁回。其长江上游之贼亦经叠次击败，焚贼船数百，毁炮台望楼。时我军于江宁城外结大营十八座，荣令一律移近城垣，以联声势。乘夜伏兵城边，以火箭射入。贼渠杨秀清登城，见朝阳门贼众，疑系官军，遂自相轰击，人声鼎沸，达旦始息。寻奏江宁城南四十八社团兵防守严密，请照官军例发给壮勇粮米，允之。

五月，贼由安徽分犯河南归德一带，上以荣拥重兵未能收复一城，致贼另股北窜，严旨切责。七月，荣令已革提督邓绍良攻江宁聚宝门，都司张国樑攻雨花台贼营，和春等剿镇江之贼，战于观音山，均大败之。寻以保奏副将明安泰等各缺不符，下部议处。十月，贼船驶入芜湖，犯高淳县，窥伺东坝，官兵击走之。荣以东坝为苏、常门户，令邓绍良扼要堵剿。十二月，令游击张国樑、总兵吉顺分攻江宁朝阳门左右，总兵秦定三攻中路，荣以大兵乘之，士气百倍，越濠仰攻。贼由明陵山后出五六千人来援，遇伏，败走；我军蹂上山梁，歼贼数十，贼奔回太平门，复追戮无算。寻以官兵请领饷银，未由该管官禀办，荣坐约束无方，下部议处。

四年七月，贼由高淳犯东坝窥内河，荣遣副将傅振邦等剿败之，沉其船，贼退回高淳，筑垒为久踞计。我兵于港汊内潜袭其炮台，举火焚之，贼惊溃，争船以济。我军进戮百数十人，毁贼船数十，遂复高淳县，东坝上下一律肃清。金陵之贼因我军分兵东坝，乘虚扑七桥瓮附近营盘，我军潜从上游绕出贼后，败之。贼由洪武门突出数千，我军纵击，复斩馘数百，贼窜回，旋于朝阳、太平二门分左右来扑，都司衔陶茂森首先陷阵，诸军乘之，将军苏布通阿扼七桥瓮桥口，参将张国樑亲入贼队，手刃贼数十，贼大乱，俘戮三千馀，获伪丞相谭应桂。

闰七月,总兵叶长春、吴全美率舟师抵下关,克贼水栅二、炮台七,绕贼后,横江截击。贼船自三山江面下驶,进退无路,堕水死者无算;夺贼船数百,炮毙逆首伪燕王秦日纲,遂进扼三山营江面。贼水陆不通,啸聚太平府,并筑垒分踞江宁城外,以通太平往来之路。荣设伏分攻,连克其垒,贼自城中出拒,张国樑冲入贼阵,诸军继之,贼被扑落濠,伏兵一鼓登城,遂克太平府,歼贼渠韦得真等,逸出之贼亦焚溺殆尽。

时金陵踞贼出营于上方桥一带,荣扼通济门、雨花台要路,别遣兵焚贼营三座,沿河败援贼数千,贼扑七桥瓮大营,我兵迎击,歼贼千馀,并贼目九,贼惊走。寻贼从上游对岸扎筏至上方桥左,又作浮桥渡过土山,分三路突入高桥门,荣迎战冲击,贼败走,各军从旁钞至,夹击之,追至上方桥,贼不敢渡,多逼溺;其已登浮桥者,亦被轰落水,河流尽赤,歼渠赖四秀。贼乘夜于两桥扎篸偷渡,筑两营,我军破之。平明,贼过桥来援,背水而阵,我兵又败之,贼过桥遁,未及渡者,搜杀无遗。先后歼贼二万馀。

其镇江之贼亦屡经官军击败。八月,连攻上方桥贼营,九月,破之,毁贼营八座,遂由东岸桥渡,进逼雨花台东贼营,歼其目及守墙贼,燔贼军资、火药,贼来援,遇伏败退。荣令副将张国樑直捣雨花台贼巢,署将军福兴为接应,破贼卡六,乘势夺上山梁,毁其营栅、炮台,贼窜入芦苇中,我军追至城根,俘戮无算,坠濠河溺杀者又数百人。贼复由观音门冲出,扑栖霞一带,荣令总兵德安乘夜追剿,战于桥头,至高资汛渡河,与水师夹击,戮贼渠杨正潮,贼大溃,由马步桥登山窜逸。提督余万清方赴高资迎剿,与贼遇,战败之,贼遁新开河渡口,又败之于夹江。会德安由马步桥追及，合战，贼溃，追戮殆尽。余万清等又连败镇江贼于北固山、金山等处。

时湖北败窜之贼，由芜湖犯徽州、宁国二府，荣令邓绍良御于黄池。十二月，破贼万馀。五年正月，复十馀战，均大败之。金陵之贼自上方桥被剿后，防守益坚。荣穴城进攻，破城垣二丈，及城堞数处，守陴贼多震落。二月，瓜洲之贼由鲇鱼套、夹江窜至高资，沿江筑垒，我军毁其营二座。贼由夹江驶出木簰接应，我兵截击，贼走句容县高家边，荣率德安等败之于福港，歼其目，贼狂奔，复破之于东方桥。余万清从旁钞袭，德安设伏诱之，贼自相践踏，溃至河岸，溺杀者七百馀人，高资贼垒悉平。

三月，吴全美等以舟师叠败贼于三山江面，沉贼船数百，水陆会剿，扫荡贼营。五月，芜湖之贼窜犯湾沚，我军奋击，贼败窜。六月，吴全美等剿贼于东梁山江面，贼拒于夹江，我军进击，沉其船，连破贼卡数重，焚其积聚，遂进逼芜湖，攻南岸援贼。贼遁入小河，旋由蔗山出江筑垒，荣令德安由太平、黄山陆路进，总兵明安泰出黄池，由清水河填沟进，破贼卡，进攻芜湖东西两门。德安袭破北门外贼卡，都司虎坤元登陴，砍开城门，三路齐进，歼贼数百。明安泰等破其水卡，至宝塔根贼营，逼溺无算。会邓绍良自施家渡截剿，移营老鸦山，安庆贼万馀来扑，我军力战，歼其渠，邓绍良等水陆进攻，破其犄角二垒，攻东南两门，破之，并击毁西门城河贼船，攻进北门，连破贼垒数重，焚踏小河北小山上各贼营。是役也，水陆歼贼万馀，贼船剿洗殆尽，遂克芜湖县。

八月，芜湖上下援贼筑垒于弋矶等处，我兵乘夜焚丁桥贼卡，邓绍良与吴全美水师合进，破贼垒七，追至高冈铺河岸，又歼多贼,水师复屡断贼援。荣旋饬邓绍良合水师攻袭,戮丁桥之贼数百,连破周家山、宋家岭、广福矶贼垒。贼沿港窜逸,水师攻弋矶毁山北二垒,直逼山南,贼惊逸,贼营悉平。十一月,金陵之贼万馀,由水路下援,荣偕江苏巡抚吉尔杭阿击败陆路之贼,总兵陈世忠等以水师败贼于燕子矶,追至观音门,贼又大败。贼复由龙脖子拥出窥伺,荣令总兵张国樑由仙鹤门进攻,至甘家港一带,贼来扑,我军纵击,大败之。其分窜东阳之贼,在栖霞街焚掠,德安偕张国樑等叠败之,栖霞街及石埠桥江边贼复于观音门筑垒挖濠,亦经张国樑等击歼之,并剿败援贼,毁其巢。其盘踞芜湖神山后村之贼,经邓绍良等剿败,又败之于弋矶江,副将李德麟等亦败贼于神塘河,沉其船,俘伪官,贼遁入河口。十二月,贼自无为州纠上游贼船数百来援,至荻港,遇我水师,毁贼船数十,焚溺无算,追之于刘家渡,贼溃逸。其应援石垒之贼,自陶阳铺来犯,邓绍良击却之,又歼范罗山守垛贼,贼不支,自焚营垒逃窜。

　　寻吉尔杭阿攻镇江,金陵之贼由上游渡江来援,吉尔杭阿由高资港渡土桥,贼窜栖霞石埠桥,荣令德安等会合扼剿,贼自宝盖山拥出四五千人,我兵奋击,歼千馀,贼并入金陵,伺隙出扰,荣击败之于仙鹤门、观音门、栖霞桥。城中贼由龙脖子直扑濠外,我兵钞截,断其阵,首尾不相顾,贼败回巢。六年正月,贼窜杨家坝、陈庄,筑垒啸聚,欲犯仓头,荣令余万清、总兵虎嵩林等御。贼由上游绕出仓头大路,分扑我营,余万清等力战,贼却退;又令张国樑扼于丁家桥,余万清由下蜀街会之,断贼为两路,败之;又败之于仓头街后。其三汊河之贼,经德安合诸军直捣其垒,焚附近所居房屋,叠歼贼目,贼大溃。寻由仓头石埠桥窥伺龙潭,分犯大营,我军环攻之,破韩家村贼垒,又败之于施家村,追奔数里,斩馘无数。

二月,镇江之贼窜扰高资,吉尔杭阿击败之,遂攻镇江,荣令邓绍良击沿江窜贼,败之于严营口、姚冈等处。贼分股犯下蜀街,欲袭我大营,虎嵩林设伏败之,余万清夹击,焚其积聚三十馀所,我兵进营和家湾,逼攻前港,歼贼渠,贼奔窜,我兵连攻张冈、顾家坝,焚其垒,贼遁刘家庄,乘夜袭民便河,我兵击却之。贼由三汊河窜沿江一带,荣令张国樑、德安驰赴东阳会剿,贼由上游马桥口屯英隆湖,我兵叠击,逼溺无算。进抵仓头贼垒,破垒二,贼遁,其犯龙潭之贼亦经我军击败。寻金陵大股贼蔓延炭渚、桥头一带,荣令张国樑等会剿,焚贼踞村落五处,贼犯下蜀街对山,筑垒,分扑大营。张国樑统军进剿,副将秦如虎等扼之于东西堰,我军夜袭顾家坝,焚贼垒,分攻下蜀街对山,破贼垒三,又破东西堰贼垒二,焚下蜀街洲口贼卡十馀处,毁平田新筑贼垒;另股贼来援,我军击之,连破太平桥大小贼垒,贼溃奔三思庄,我军进逼。会吉尔杭阿由东西堰驰至,合力进攻,焚贼船数十,下蜀街、炭渚一带悉平。

三月,张国樑探知三汊河贼穷蹙图窜,德安、秦如虎先设伏截剿,贼乘雨弃垒逸,我兵追击,伏兵四起,夹攻,歼贼数百,石埠桥、栖霞贼亦闻风溃。我军由仙鹤门截击,张国樑督大队会之,荣令将军福兴由观音门沿江追击,三汊河、石埠桥、栖霞一律肃清。时吉尔杭阿攻镇江,与贼遇于烟墩山,殁于阵。五月,贼犯京岘山大营,福兴、张国樑驰至上墟遇贼,败之,诸军由丹徒镇会

合夹攻,大败之,焚丁卯桥贼垒。宝塔山之贼亦弃营走虹桥,我
兵三路围之,贼窜杨营;又败之于茅山。贼由东阳窜甘家营,荣
豫令游击张玉良扼之于傅家桥,贼惊惧遁回金陵。寻贼分股陷
溧水县,复于龙膊子等处,出贼数千,窥伺我营,荣令副将王浚、
都司冯子材驰往策应。贼突犯仙鹤门营盘,王浚等迎剿失利,贼
围我军急,荣令游击李鸿勋往援,贼少却。福兴添筑营垒于黄马
群,防其内窜。贼分数十股来犯,张国樑击败之。紫金山之贼又
犯我山角营盘,南门、通济门出贼数千应之,扑七桥瓮大营。荣
亲率官兵剿杀,贼乘间突出四五千人,越山扑我马队营,纵火延
烧,各营相继陷。贼遂犯荣大营,张国樑等带伤力战,歼贼数千,
诸军遂由淳化镇退守丹阳,以防内犯。荣据实疏陈,并自请治
罪。得旨:"此次该逆纠众围扑,向荣一军虽因屡经筹拨,兵勇过
单,究属调度乖方,着即革职,拔去花翎,仍留钦差大臣,督办
军务。"

　　寻贼窜陷句容县,荣奏请将逗留不进及遇贼溃散之带兵各
员惩处,允之。镇江贼被剿,并入金陵后,仍欲合窜下扑镇江诸
营,荣令诸军进剿,败之于镇江南门及丁卯桥、磨旗山等处。六
月,金陵贼分踞安徽铜陵县,收买米粮,掳船装载。荣檄副将李
梦麟率水师抵大桥,贼船蔽江下,我军伏鲇鱼套丛叶中,贼船近,
伏发,逼溺无算。铜陵贼来援,我军乘胜登陆钞袭,贼大溃。城
贼由东门逃逸,遂复铜陵县,诛贼渠胡坤元等十三人。

　　时镇江之贼窥伺丹阳,筑垒屯踞。荣令张国樑等攻石桥贼
巢,又攻和定桥,贼败走;又会攻凤凰冈,贼奔和定桥老巢,我军
迎击,贼腹背受敌,追十馀里,遂平凤凰冈贼垒。贼复窥伺东河,

我军前后截击,<u>张国梁</u>直攻<u>黄土桥</u>,歼其渠,贼分窜<u>五里牌</u>、<u>黄庄桥</u>,偷筑营垒。<u>张国梁</u>由<u>五里牌</u>上游渡,击散沿河贼党,破贼卡炮台,焚其垒。<u>荣</u>复令<u>虎坤元</u>等攻破河东<u>黄庄桥</u>一带贼垒,歼戮殆尽。河西之贼经<u>张国梁</u>对河轰击,宵遁。是役也,共毁贼垒八座,俘馘数千人。

　　七月,卒于军。遗疏入,谕曰:"钦差大臣、前任<u>湖北</u>提督<u>向荣</u>,由行伍叠次出师<u>滑县</u>、<u>喀什噶尔</u>等处,以备弁荐升专阃,超擢提督。久历戎行,战功屡著。前因<u>粤</u>匪肆扰,统兵督剿,力保<u>桂林</u>、<u>长沙</u>等城。经朕授为钦差大臣,由<u>湖北</u>追贼,直抵<u>金陵</u>,虽未能克复坚城,而忠勇朴诚,士卒用命,数年来保障<u>苏</u>、<u>浙</u>,并分拨<u>皖南</u>、<u>江北</u>等处,均能尽心竭力,懋著勤劳。本年五月,因贼众兵单,扼守<u>丹阳</u>,犹复力疾督阵,誓殄贼氛。方冀其会集援兵,军威重振。遽闻溘逝,痛惜实深! 披阅遗章,无一语计及家事,尤见忠忱义愤,公尔忘私。<u>向荣</u>着加恩开复提督,赏还花翎,即照提督军营病故例赐恤,并赏给一等轻车都尉世职。应得恤典,该衙门察例具奏。伊孙<u>向恩</u>等三人,着俟服阕后,由吏部带领引见,用示朕褒嘉忠荩至意。"寻赐恤如例,予谥忠武。复以<u>荣</u>捍卫<u>江南</u>、分援各郡,为东南保障,命于<u>江苏</u>建立专祠。九年,入祀<u>江苏</u>名宦祠。<u>同治</u>元年,<u>穆宗毅皇帝</u>御极,追念死事诸臣战功卓著者,各赐祭一坛,<u>荣</u>与焉。三年,<u>金陵</u>克复,上复追念前劳,加恩入祠昭忠祠。十三年,<u>两江</u>总督<u>李宗羲</u>奏请于<u>江宁</u>省城合建<u>向荣</u>、<u>张国梁</u>专祠,诏如所请。

　　子<u>继雄</u>,一品荫生,候选道,赏戴花翎,袭轻车都尉世职。孙<u>恩</u>,举人,赏主事。

张国梁

张国梁，广东高要人。初名嘉祥，陷广西群贼中，寻自拔，率众投诚，改名国梁。值广西左右江寇盗充斥，贼首潘大等窜扰思恩、南宁、太平三府之交，咸丰元年三月，国梁率勇堵剿，遇贼于土上林墟，力战胜之。钦差大臣李星沅以闻，并言："国梁才可用，不但此时大有裨益，将来肃清江面，非此人不可。"得旨，以千总用，赏戴蓝翎。

寻贼首颜品瑶率党万人援南太，国梁赴剿，距养利州数里，贼于山坳设伏，国梁督勇前进，贼蜂拥至，山后复出多贼分抄我军来路。国梁督勇断后，被贼冲突，乃单身跃马而出。是役也，钦差大臣、大学士赛尚阿以国梁虽小挫，然其勇往剿贼，实堪嘉尚，记大功一次，并给银一千两，分赏所带壮勇，以示激劝。八月，率勇目张鸿才等于僻处设伏，突斩颜品瑶于阵，并歼擒贼二百馀。得旨，以守备即行升用，先换顶带，并赏换花翎。颜品瑶馀党自那晓窜宣化县之那陈、大塘等处，那晓距大塘三四十里，贼扼险坚守，沿途设伏。国梁率勇三百夜往诱敌，距那晓七八里，贼伏尽起，施放大炮。国梁先于大塘墟外山后丛林中设伏以待，我军惟在山头鸣角。黎明，贼见我军甚寡，遂出战，国梁随战随退，诱贼穷追，贼果长驱而至。国梁回拒，两面伏兵齐发，贼大败。二年正月，贼分屯灵山县之新铺、那勤，恃险为负嵎计，各军叠次会攻，不能克。国梁率勇千人由佛子坳攻贼巢之西南，各营继之，遂破新铺贼巢，歼贼首颜品喜等。南邕一带肃清。

时贼围桂林省城，将窜梧州，国梁奉檄赴梧州防剿。值贼滋

扰苍梧、藤县,国樑由南邕行抵平南,即由水路攻击,先后沉贼船
多只,杀贼二百馀人,贼溃。四月,赛尚阿以省城东南路之沙子
街为平乐、恭城、灌阳、兴安四达之衢,饬国樑堵剿。时全州城
陷,旋闻州城火起,贼将他窜,国樑由灌阳县直攻全州,贼遁,遂
复全州。寻贼由全州窜湖南道州,于州城南水门扎营,为贼首屯
聚处;又于斧岭、洪家村、何家村、柑溪铺、百岭头各要隘结垒,抗
拒官军。五月,国樑会诸军进逼贼营,贼分三路出战,国樑迎剿,
大败之。六月,官军剿贼至两家铺、对山地方,见铺后黄旗飐动,
有黄巾黄马褂贼目数人,率众数千分两股抗拒,国樑麾勇迎击
之,于枪炮中见黄马褂之贼落马,兵气益奋,追杀至两家铺,贼锋
大挫。七月,移营灵龛槛、大坪头一带进剿,先派勇目李连陞夜
突贼营,贼仓猝出敌,被炮轰毙多人,遂惊走。国樑督勇继至,四
面围击,毁贼营过半。越月,复由小路绕至贼营,先于要路设伏,
亲率李连陞等分队进剿,贼营多盖茅棚,我军火攻之,烟焰四塞,
贼大溃,弃营遁。伏勇突起,贼歼毙及堕死山溪者,不计其数。

　　会郴州大股贼归并永兴县,永兴之贼又分股由安仁县犯长
沙府。国樑一面拨勇赴安仁拦剿,一面设计攻永兴,知城北崇福
庵贼营可破,乃选精锐二千馀人分为二队:一队绕至东北二门外
设伏,一队诱贼出,复佯退。贼逼之,触伏奔溃,城中贼出援,国
樑急麾军扑城,贼惊退。国樑乘势拥入,遂复永兴县。九月,捷
入,以都司尽先升用。时湖南省城被围,国樑奉檄赴援,攻贼于
醴陵之丹陵槛,贼退踞谭家村,分两股从山沟钞出,国樑麾众齐
进,大败之,阵斩伪监军蓝姓,歼擒贼目二百九十馀,后路之贼剿
杀殆尽。复率五百人进击金盆岭贼营,各勇从炮烟中,或伏地蛇

行,拔其墙外毒签,或带稻草等物铺地垫脚前行,勇目奋勇登墙,各勇继之,贼胆益落。十月,贼自宁乡窜益阳县,益阳城临河,民船悉为贼掠,其河道由常德达岳州,为湖北咽喉。国樑奉檄赴湘阴县堵截,贼由林子口窜扑芦林潭,夜逼湘阴南门外,放船渡河。适国樑至,急饬兵勇沿河击之,贼知不敌,弃船遁,我军追之,贼大败。

三年二月,贼自湖北连樯东下,犯安庆,陷江宁府。国樑随钦差大臣、提督向荣移师江南进剿钟山贼营,国樑首先扑至贼墙阵,伤左手中指。奏入,上温语询及之。七月,从高桥门潜袭雨花台贼营,乘夜穿越丛苇十馀处,远闻贼营更鼓声,蹑踪前进,绕至雨花台贼营之后,越过贼营外壕,其内壕之上密插竹签,并砍倒树株为鹿角栅,吊桥亦撤去,壕沟深宽。国樑命抛掷火罐,适我军火药以霉湿不能燃,贼于土墙内施放枪炮,城上贼闻声亦开炮遥击,我军不能进。越数日,国樑复乘大雾率壮勇数百人夜攻贼卡,守卡贼拼死抗拒,雨花台贼营及城上贼闻之,并开炮接应,乃整队而退。向荣奏称:"国樑自去秋至今,大小数十馀战,前以炮伤手指,曾荷温语垂询,遂感沦肌髓,于道途险恶贼营深邃之地,叠次进剿,一往无前,实属不可多得。请升补湖南永州镇中营游击。"允之。

金陵南门以雨花台为犄角,而雨花台又恃城外大街为屏蔽。自贼窜入后,其头目及粤、楚悍贼皆在街内盘踞,互为援应。我军攻雨花台,贼即从中街四面包钞,难于得手。八月,国樑绕至雨花台之西,豫拨勇三百人至街尾纵火,街中贼从火中逸出,向雨花台而遁。国樑击之,后队继进,贼见我军攻急,坚闭不出,国樑豫仿制贼号衣数百件,授亲信壮勇,于进攻时伏于雨花台及南门左右,俟城内贼出,或外贼败退入城,即乘势溷入城中,俾大队夺门而入。寻以贼坚守不出,策不果行。十二月,以叠次力战,赏霍罗歌巴图鲁名号。[一]

四年五月,率队夜攻通济门,门前阻重壕,国樑令善泅者凫至城下。正欲架梯登城,贼觉,开放枪炮,角声四起,城上砖石火罐纷纷抛掷,我军不能进,仍从壕道退回。贼乘我军移动,突于聚宝门出贼一股,从定河桥来钞我后,我军各路齐出,大呼截剿,遂获大胜。贼以我军于江面叠次扼剿,水路不通,乃集各处裹胁之众,并上游窜回之贼,悉屯安徽太平府城,以为巢穴,将所掠粮米停泊内河,潜通接济;复于金陵城外西南隅板桥、善桥一带,筑营分踞,以通太平往来之路。闰七月,国樑选壮勇四百名,会合各营,由丹阳镇进兵,直抵太平之十里桥,探知府城外有贼船千馀只,城中有贼五六千人,西、南、北三面均有内河,绕护东路重濠引水,中架吊桥,旁植梅花桩,迤逦扎贼营四座,防御甚密,惟中路一线可达城闉。国樑谓宜攻其不意,将兵勇分为三队:一队潜出贼营之后,越过梅花桩渡壕伏于城下;一队潜伏贼营近处,纵火接应;一队驰近贼营。贼尽力迎拒,忽见近城火起,延烧贼营,贼惊顾,不知所为。我军乘势逼近吊桥,国樑首先冲入贼队,兵勇奋力掩杀,贼悉堕濠沟,歼毙无数。国樑督兵冲入城中,分投截杀,毙贼四五千,遂复太平府城。八月,升广东三江协副将。

九月,进逼雨花台迤东贼营,贼抵死坚守,屡攻不克。国樑以精锐二千人直捣雨花台,连破贼卡六重,乘势拥上山梁,焚毁木栅,破贼营二座,毁炮台一座。十月,贼分股由南路窜扰殷巷、马木桥一带,国樑赴剿,贼连夜窜入秣陵关,馀贼窜回南门。我军分路进攻秣陵关,贼死拒,栅门开放枪炮,国樑从街头跃上房屋,兵勇继之,抛掷火器,毙贼无算。贼见我军已入关内,前队惊溃,相率由北关口冲出,国樑等与诸军分路追杀,将窜伏关内之贼搜捕净尽,救出被虏难民四百三十馀人。五年,擢福建漳州镇总兵。

时镇江、瓜洲踞贼叠为我军所败,而观音门外龙膊子等处之贼,时出窥伺。国樑由仙鹤门进攻至甘家巷,忽大股贼三四千冲队而来,国樑从后路兜剿,纵横肆击,贼大败。其分窜东阳之贼仍在栖霞街焚掠,国樑绕至牌头巷,合各军分路进攻,行至东阳,令马队越涧奋击,毙贼八百馀。贼旋于观音门挑筑壕垒,国樑率马步各队由东路杀入,四面围攻,复毙贼无算。六年正月,贼于杨家坝、陈庄一带筑垒啸聚,意图阑入仓头。国樑剿贼至丁家边,与各营争先掩杀,贼败溃;复拨兵于仓头街后两面纵击,亲督大军分队冲突,尽毁三汊河附近贼垒,斩骑马贼十馀人。二月,贼叠次被剿穷蹙,欲由三汊河窜往沿江一带,国樑驰赴东阳会剿,贼由上游马桥口绕至桥头,又分股窜至英隆湖屯踞。我军叠次邀击,国樑攻抵仓头贼垒,轰毙守城多贼,立破前垒二座,焚数百贼。贼夜遁,复带兵会剿炭渚、桥头一带,窜匪焚毁炭渚贼踞村落五处。贼复纠众至下蜀街对山筑垒,分股直扑我营,国樑密派兵勇夜袭顾家坝贼营,自统官军分路进攻下蜀街对山各垒,节次踏平。

三月,贼陷江浦,旋踞浦口,围攻六合。国樑驰抵六合之龙池地方,适贼由毛许墩焚掠而来,国樑统兵截击,阵斩黄衣贼多人，贼逸；拔营尾追，直逼浦口。贼于葛塘集筑垒二座、炮台五座，抵死抗拒，国樑马步兵勇同时并到，分路进攻，遂复浦口。奏入，谕曰："张国樑渡江协剿，叠获大胜。此次迅复浦口，实属可嘉！着赏加提督衔。"旋移师进剿江浦踞匪，逆众由南门冲出，我军乘势掩杀，并复江浦。五月，贼扑京岘山大营，国樑驰至上墟，遇贼接仗，斩馘甚多。寻带兵由丹徒镇一带夹剿，贼大败；复乘夜袭贼营，直抵城壕，抛掷火罐喷筒，贼势不支，越墙窜出。我军四面截杀，立毁丁卯桥贼垒，宝塔山之贼亦焚垒而遁。六月，贼窥伺丹阳县，国樑击走之。寻贼于丹阳城外东南隅筑垒屯踞，国樑进攻石桥，冲扑贼营，贼大溃；进攻和定桥，侦知贼于凤凰冈添筑营垒，以大炮隔河轰之，麾军三面围攻，贼弃垒遁。复派队钞剿，亲督大军追杀，连战三昼夜，毙贼数千，贼大恐。

　　七月，命在向荣军营帮办军务。时镇江之贼分股窜至五里牌、黄庄桥等处，偷筑营垒。国樑由五里牌上流径渡，击散沿河之贼，直薄贼卡炮台，遂督将弁首先冲进，毁贼炮台，乘势进攻，贼伏墙内，密开枪炮，国樑越过贼壕，抛掷火器，焚栅破垒，毙贼无算。旋增兵进攻河西贼垒，就近筑营置炮，对河轰击，贼弃垒遁，进扑五里牌，国樑派兵分路攻击，贼复窥我军城西营盘，并击走之。会向荣卒于军，提督和春以钦差大臣代统其众。国樑以新易大帅，军威宜振，移营进逼贼垒，昼夜轰击，贼不能支，宵遁。我军乘夜攻剿，悉毁河东、河西贼垒十馀处，贼旋由丹阳窜金坛县，国樑驰赴金坛，渡河进攻，贼千馀突扑我新营，并分股钞袭我河西旧营。国樑指挥各军奋勇直前，毙贼尤众。贼围金坛县城，国樑分三路攻击，亲督各军居中策应，毁城南贼营一座、城东炮台二座,其由北门来援之贼,擒斩殆尽。

八月,金坛解围,乃进逼黄茅庄贼垒,国樑横冲贼队,贼首尾不能顾,遂溃。我军直捣枝尧里贼巢,贼分三路抗拒我军,国樑派队迎剿,并饬精锐直冲东门外茶亭桥。贼由南北二门分出包钞,国樑麋战逾时,大败之,遂移营进逼句容县。时句容、溧水二城,贼踞已久,与江宁之贼势成犄角。我军扎营张家庄,贼添筑东南城营盘,死守。九月,国樑分路进攻,直薄东门。十月,复率马步队移营前进,贼益困。七年二月,贼由南土梁来援,击退之。三月,督诸军分路攻城,于西门外诱贼出巢,痛歼之。四月,贼从西北两门拥出千馀来扑,国樑领步队从左拦截,贼大败。闰五月,擢湖南提督。饬各军夜越城壕,直抵城根,竖立云梯,贼开炮轰击,我军突烟而上,国樑麋大队冲杀入城,贼尸山积,遂复句容。奏入,赏穿黄马褂。

六月,移营规复镇江府,以诸军三面合围,贼援皆绝,我军进扎红花山。贼乘我营垒未成,倾巢出扑,复以大股突扑我新营,国樑督军击退之。八月,金陵贼图攻高资,国樑分路迎击,设伏佯退,诱贼至炭渚,枪炮齐施,贼大败。九月,贼叠次出扑,国樑侦知贼将西窜,先于高资添营扼守,贼果于运河之北潜筑营垒。国樑拨兵痛剿,亲督各军由陆路进攻,力战六昼夜,斩馘千馀;复以水师乘风轰击,贼势大蹙。时金陵之贼以镇江被围,率悍党来援,自石埠桥至高资连营二十馀里,并勾结江北捻匪麋聚江滨,冀图窜并。国樑督率诸军悉击退高资以上直至龙潭迤西援贼。十月,连夺下蜀街贼营七座,阵斩首逆洪秀全之侄伪安王洪仁等,贼旋集大股来援。十一月,我军进抵龙潭,将金陵四次援贼击杀净尽。国樑知镇江贼粮绝援断,必将倾巢而出,急督队分攻各门,遂克复镇江府城。捷闻,谕曰:"张国樑秉性忠正,谋勇超群,与和春同心合力,共奏肤功。着加恩赏给骑都尉世职。"

寻会剿金山、紫墟等处贼匪,并进攻秣陵关贼营,贼败窜。国樑督队驰赴高桥门,相机进攻。十二月,攻朝阳门外三洞贼垒,夺金陵东北贼营,贼复纠皖北捻匪数万分路滋扰,潜袭我军营盘,意欲分我兵力。八年正月,北门、神策门突出悍贼数股,并于下关乘驶划船,分犯我水陆各营。国樑亲督大队迎击,贼屡败,其东北各门并七桥瓮之贼亦派兵击退,我军移营节节进逼。值内外贼巢同时火发,乘势尽力剿击,遂复秣陵关。其逃窜之贼复经伏兵截杀,歼馘无遗。前后计杀贼五千馀人,斩级数百,焚毙者无算。捷入,赏换双眼花翎。

三月,进围金陵,国樑设伏诱贼,各军从间道直薄贼巢,且战且进,抵南门,贼出,大败之。雨花台、印子山复出贼五六千来扑,我军四面兜杀,贼尸枕藉。时金陵贼陆路接济已断,自四月至五月百计溃围,国樑与各营会合堵剿,直抵雨花台贼垒,杀贼四千馀,斩级五百馀,贼固守不战。乃议筑长围以困之,七月,长围成。贼大股出扑,国樑令南北各营分攻太平、金川二门,以艇师袭七里洲。寻太平门窜出之贼被歼甚多,金川门贼营亦经我军左右环攻,贼大溃。我军复分两路会捣雨花台,国樑亲督策应,士气百倍,踊跃登墙,将守卡贼悉数歼毙。随举火为号,伏兵四起,杀贼千馀。

九月,扬州踞贼屡由西北山焚掠,图犯邵伯埭。国樑渡江赴援,夜令各营挑选勇队进攻东门,贼拥众出扑,大败之;复有骑马悍贼由北门拥出，国樑迎击，枪炮连环继进，贼纷纷落马，轰毙黄衣贼首数人，贼队惊乱。国樑挥马步各军拥入，遂复扬州。寻即拔营前进，驰抵仪征县之茅家桥，贼惊惧，东北二门贼垒并撤入城。国樑急麾军由东北直入，大队继之，贼见我军旗帜，不战而逸，遂复仪征。捷入，谕曰："张国樑援剿江北，所向克复，实属奋勇可嘉！着即乘胜将六合等处一律扫除，迅速奏功，载膺懋赏。"

寻调江南提督。会皖北援贼窜陷溧水县，分踞红蓝埠，国樑派兵分路进剿，遂复溧水。寻铜井、慈湖之贼四五千，并合另股贼五六千，冲突我高台山、三山营盘，国樑以数十骑陷阵，横冲贼队，连刺黄衣贼数名，贼阵溃乱；沿途追剿，直抵江宁贼巢，阵斩伪国宗洪姓一人，毙贼无算。奏入，谕曰："江南提督张国樑带兵剿贼以来，时阅数载，勤劳懋著。上年扬州、仪征失陷，该提督渡江援剿，于两旬之间，先后收复。旋即回军，攻克溧水。实属调度有方，着加恩赏给三等轻车都尉世职。"

时江浦、浦口两城亦先后收复，皖北各路悍贼及黄池、湾沚溃贼同时下窜，不下七八万人，分踞乌衣镇、汊口河等处，意在攻夺两城，以援金陵。九年二月，国樑迎剿贼于黄山，贼扑我浦口营盘，国樑分军三路长驱而进，冲断贼队，并击退九洑洲钞袭之贼，乘胜直抵浦口，鏖战五时之久，杀贼二千馀，生擒伪因天福洪方、伪立天豫莫兴等二十馀。贼分股扑江浦，并横截浦口大道，我军四面环攻，毙贼甚多。贼复于江浦县之双阳围、萧家围筑坚垒三座、木卡一重，国樑督军五路齐发，径扑贼垒。贼出巢抗拒，我军力战，贼势稍却，忽由包公庙、九洑洲各出贼万馀，蜂拥而来，我军分投迎剿，毁其帐房、木栅，攀垒毕登，立将贼垒木卡攻破,杀贼千馀,斩级三百馀。旋贼于附近浦口地方潜筑营卡,国樑督队首先渡河,轰毙踞崖悍贼数十人。旋越外濠斩关直入,轰塌炮台一座,毁贼垒二座、贼卡二道。九里山之贼复在萧家圩旁潜筑垒卡,我军环攻山梁,悍贼拥众下压,我军从烟焰中直踏贼垒,奋力先登,毁贼营一座,杀贼四五百人。三月,国樑督大队捣贼中坚,击败九洑洲悍贼。贼又于浦口之西筑垒,国樑夺其要隘,贼垒一律踏平。

十月,皖北贼纠集死党,屡扑浦口大营,提督周天培带兵迎击,国樑拨兵援应,以贼势过重,周天培力竭阵亡,营盘失陷。国樑坐未能先事豫防,下部议处。十一月,浦口踞贼于江浦城西结巢抗拒,国樑直趋贼垒。贼拥众数千扼险抵御,国樑以兵两路合攻,杀贼数百,贼回巢死守。我军复分投进剿,贼纠浦口老贼四五千伏濠扼卡,复以马步队密遏要冲,鏖战两时,贼尸枕藉。国樑麾兵冲入贼垒,炮石雨注,未能得手。越日,乘夜缒城,掷放喷筒、火箭,立将贼垒踏平。

时贼以我军前在浦口失利,遂东伺扬、仪,西逼江浦,南窥溧水,凶焰复炽。国樑复渡江督剿,毁北山贼卡,贼于江边磨盘洲地方增筑营垒,我军四面环攻,贼大挫;并破北门外贼营、陈家集等处之贼,窜回天长。扬州迆西一律肃清。乘胜击退求雨山等处扑窜之贼,毁西北贼垒二十馀座。十年正月,国樑夜饬各军水陆并进,直薄浦口沿堤贼垒,贼于墙内开枪抵拒,九洑洲又出悍贼数股,三面来扑,我军分投迎击,无不辟易。国樑复以水陆各军会攻九洑洲老巢,连夜直越重壕,毙贼极多,遂克复九洑洲。贼汹惧,寿德洲及七里洲贼目咸请献垒投诚。二月,国樑会合各军,约期大举分攻上下两关贼营,投诚贼目暗为内应,从中掩杀,遂获大胜,攻克贼营六座,平毁贼巢垒卡十馀座,抚定胁从五千馀人。贼寻由瓜子山突出数千人,分扑我军,国樑督队从中路杀入,贼势不支,夺路奔溃,斩馘不可胜计。

闰三月,以浙江告警,分师赴援。金陵之贼知我军兵单,乘间陷句容县,与城贼遥相联络,并扰溧水、溧阳及东坝,金陵大营后路被贼包钞。国樑遂偕和春退扼丹阳县,国樑复由丹阳上扼镇江。奏入,拔去花翎,革职留任。嗣因丹阳告警,国樑由镇江驰援,方与贼遇于丹阳城外,兵忽溃,国樑策骑渡河,水深马没,沉溺不起。

事闻,命江苏巡抚薛焕饬国樑之弟张国材迅速寻查具奏。八月,谕曰:"江南提督张国樑,由广西自率所部随同向荣,转战数省,所向无敌。朕见其谋勇兼优,功勋卓著,由偏裨擢至提督,并令帮办军务。殊恩异宠,屡赐褒嘉。因其克复城池,赏给世职。该提督感激图报,誓志灭贼。数载以来,东南半壁,倚为长城,惟张国樑之力居多。讵意本年夏间,金陵大营溃败,和春退守丹阳,张国樑自镇江往援,出城击贼,身受重伤,策骑渡河,人马俱殁于水。先后据薛焕等奏报,朕犹以为传闻之讹,未即开缺,谕令详细确查,并令其弟寻觅骸骨,尚冀该提督不死,出为国家宣劳。乃距今数月,终无确报,其为业经捐躯已无疑义。若使张国樑尚在,苏、常一带,何至糜烂若此?追念荩臣,益深怆恻!张国樑着追赠太子太保衔,照提督阵亡例从优议恤。所有任内一切处分,悉予开复。入祀昭忠祠,并着于死事地方及该提督原籍建立专祠,以慰忠魂。该员子弟几人,着广东督抚查明,俟服阕后,送部引见,候朕施恩,用示朕眷念勋劳、优加褒恤之至意。"
寻赐恤如例,予谥忠武。赏骑都尉兼一云骑尉世职,袭次完时,
以恩骑尉世袭罔替。

同治元年,穆宗毅皇帝御极,追念死事诸臣战功卓著者,各
赐祭一坛,国樑与焉,并命原籍督抚委道府大员前往该员家祠致
祭。三年,金陵克复,加恩赏给三等轻车都尉世职,照例将前后
三次世职并为一等男爵,兼一云骑尉。五年,御史朱镇奏请于江
宁省城建立忠义祠,国樑与祀,允之。十三年,两江总督李宗羲
奏请于江宁省城合建向荣、张国樑专祠,诏如所请。

子荫清,袭世爵。

【校勘记】

〔一〕赏霍罗歌巴图鲁名号　"歌"原误作"夸"。今据增订清文鉴(乾
隆四十二年刊本)卷一二叶七下改。

邓绍良

邓绍良,湖南乾州厅人。由屯兵荐拔凤凰厅把总。道光二
十一年,英人滋扰广东,绍良奉调随营出力,赏六品蓝翎。二十
二年,随征崇阳县逆匪,身被数创,擢凤凰厅千总。二十四年,署
永绥厅花园屯守备,二十七年,实授。时新宁逆匪李沅发由广西
回窜,据新宁县之烂泥坳、牛坪,绍良率五百人追贼至深冲洞,败
之,擒逆党李承芬。贼屡败屡窜,逼至金峰岭,绍良乘晦衔枚登
山,噪而驰,贼惊溃,蹂践死者无算。获李沅发,槛送京师。叙
功,赏扬勇巴图鲁名号,并赏换花翎,擢提标前营都司。

二十九年，粤贼洪秀全起金田，势张甚。提督向荣檄绍良助剿，连败贼于索潭、陶邱墟，贼窜浔州，驻大黄江。绍良麾兵渡，对贼垒而军。贼数万自牛排岭来会，绍良横冲其阵，两路贼皆大败。咸丰元年，追贼至象州之谢官村，贼巢环山左右，绍良率壮骑奋而上，鏖战箐谷中，夺其隘，破走之；乘胜追至永安州，斩其渠，贼阵乱，大败之。叙功，以游击升用。寻授武冈营游击。二年三月，超擢云南楚雄协副将。时贼犯桂林，围甚急，绍良率楚兵应援，一日夜驰三百里，屯西门，贼百道仰攻，绍良连放大炮，击却之。广西巡抚邹鸣鹤上其功，下部优叙。

五月，贼窜湖南道州、宁远，土匪应之，连陷江华、永明、嘉禾、桂阳，据郴州。绍良追及，与诸军合击，相持月馀，贼乃遁。七月，贼扑长沙，绍良由安仁赴援。八月，贼攻城急，湖南巡抚张亮基檄绍良入城守御。九月，魁星楼侧地雷发，城圮四丈馀，贼蜂拥缘陴上。绍良攘臂大呼，跃出缺口，炮中右膊，屹不动，麾兵搏战，移时，殪先登悍贼百馀，贼气夺；督兵累土，城复完。十月，御史陈庆镛以绍良保湖南省城功甚伟，奏请重加拔擢。

十一月，贼由湖南窜湖北，陷岳州，直趋武昌、汉阳。巴陵土匪晏仲武复勾通粤匪，沿途劫掠，绍良偕总兵阿勒经阿剿平之。三年正月，升安徽寿春镇总兵。二月，贼由武昌东下，安庆、江宁相继失守，连陷镇江、扬州。上命绍良赴钦差大臣提督向荣军营，听候调遣。侍讲学士宋晋、在籍尚书陈孚恩等交章疏荐，绍良旋擢江南提督。三月，击退观音山踞贼。五月，合攻瓜洲，贼突出扑营，却之。六月，镇江踞贼出城扑营，抛掷火箭，各营火起，官兵不能御，绍良遂退守丹阳。向荣奏请褫绍良职，命按律定拟罪名,仍交向荣军营,责令带罪自效。

七月,向荣以屡攻金陵未克,檄绍良从外郭之凤台门西善桥,直趋江东桥,掩旗息鼓而进,期夜攻旱西门。会天已晓,贼觉,复乘大雾攻朝阳门,游击朱占鳌殒于阵,始退军。十一月,贼窜高淳,逼东坝,向荣檄绍良追击之。十二月,仍调赴金陵击贼,屡有功。四年四月,贼窜太平府,窥伺东坝,绍良兼程进,贼闻风遁,绍良遂回攻金陵神策门。闰七月,攻克太平府,绍良移驻其地。九月,采石沿江以下贼党肆掠,绍良由慈湖、铜津直取江宁镇,进攻板桥、善桥等处之贼,累战皆捷。向荣以绍良驰援东坝,转战太平,攻夺采石,无不身先士卒,出奇制胜,奏请免罪,仍令带兵剿贼,旨如所请。十二月,贼由芜湖犯徽、宁,绍良由宁国出屯黄池,深壕固垒,遏芜湖内犯之路。逆首石国宗纠各路贼万馀来扑,绍良以贼众我寡,密令各营镇静以待,豫于山沟土坎埋伏枪炮,高阜处多设旗帜,以作疑兵。贼至,兵勇佯退,诱至伏所,麾兵从树林中出,枪炮并发,贼溃走,乘胜追杀二十馀里。

五年正月,芜湖之贼复乘夜犯黄池,绍良用大炮排枪环列营垒间,贼将近,火器齐发,击中执黄旗贼渠,坠马,阵斩悍贼数十,伏兵分路兜剿,歼贼无算。捷闻,上以绍良力遏贼锋,保全甚大,赏三品顶戴,并赏还花翎。时贼败归芜湖,复聚金柱关及西梁山,图袭宁国,绍良率千总杨万清赴剿。二月,贼窜徽州,扰黟县,三月,陷婺源、迫近浙江。绍良奉命赴援,各路援兵均归调遣,至则选精兵伏要隘,独以数骑尝敌,贼易其少,薄之;佯北,伏发,贼败走。以次复婺源、黟、石埭、芜湖诸县。捷入,赏还提督衔。六月,芜湖贼船麇聚,绍良以南陵、黄池均紧要,乃由湾沚进兵,扎营施家渡,复移营老鸦山。安庆贼万馀纠合芜湖贼由十里亭进扑,绍良连挫其锋。我军分三路并进,一由蔗山进攻北门,一由清河水直取东、南两路,绍良由老鸦山进攻内河南岸贼营,毁贼卡二,焚贼船四十五,复芜湖。八月,芜湖上下游援贼麇至,筑垒于广福矶、弋矶两处,牵掣我军,绍良力击之。九月,授陕西提督。十二月,贼据神山后村,绍良击破之。六年正月,击退石垒援贼,复破范梁山贼垒。三月,金陵贼匪外窜,上以绍良不能力图截击,下部议处,并褫花翎。

旋命赴扬州钦差大臣德兴阿军营帮办军务。时扬州败贼方聚扰药王庙,绍良冒雨渡江赴援,败之于七里桥,毁其垒,环攻六昼夜,复扬州府城。四月,复败贼于三汊河,寻命帮办皖南军务。会贼陷宁国府城,绍良倍道往援,先守金河桥,扼贼旁窜,大败贼于东溪桥,贼叠次出城,均击却之。七月,贼窜泾县,绍良偕副将周天受攻剿,叠胜。九月,调浙江提督。十月,大股贼自柿木铺援宁国,绍良败之于杨柳铺,进剿夏家渡。适援贼图窜入城,与周天受援兵相值,歼贼千馀,绍良乘势纵击,贼大溃。是役也,贼众号数万,绍良七战皆捷,得旨嘉奖。十一月,督诸军夺夏家渡贼垒六,焚团山贼垒二,乘夜进攻七里冈,贼遁,追杀至双杆埠而还。宁国贼来援,复督诸军先剿桃花源一带,连夺团山、妙葛山等处贼卡,自妙葛山分兵六队环攻,十二月,城中内应,举火相援,沿城棚卡均烧毁,各将弁夺门入,复宁国府。捷闻,赏还花翎。七年,丁母忧,命毋庸开缺,作为署任,仍留皖南办理防剿。

八年二月,贼窜黄池,绍良驻军南陵,不及援,降三级调用。旋以收复黄池,开复。十月,黄池败贼从高村桥、小苏山、五里亭三路来犯,绍良督诸军进剿。十一月,湾沚河东贼势猖獗,我军渡河修筑新营,贼以马队冲突,经总兵戴文英击回黄池,北岸之贼忽窜上土山,瞰我军营垒空虚处,以马步万馀躐水渡河,复从黄池山后分股断绍良接应,以大股合围湾沚营,戴文英殁于阵。贼愈炽,绍良举火自燔其营,率亲兵血战,殁于阵。事闻,谕曰:"浙江提督邓绍良由湖南备弁带兵剿贼,荐历专阃。桂林、长沙力保危城,厥功甚伟! 前由江南大营分兵赴徽、浙督剿,五载以来,叠复郡县。兹据奏于湾沚地方与贼接仗,力竭阵亡,深堪悯惜! 邓绍良着加恩照提督例赐恤。一切处分,悉予开复。应得恤典,该衙门察例具奏。并于殉难地方建立专祠,以慰忠魂。"寻赐恤如例,赠太子少保衔,予谥忠武,赏骑都尉兼一云骑尉世职,袭次完时,以恩骑尉世袭罔替。

九年二月,谕曰:"邓绍良战功卓著,临危授命,业经降旨赐恤。伊子光禄寺署正衔邓亨先,着俟服阕后,交部带领引见,候朕施恩。邓绍良之父邓士俨,原任湖南平江县训导,年逾八旬,并着加恩赏银四百两,由湖南藩库给领,用示朕优恤荩臣至意。"七月,江宁将军和春奏亨先寻父尸不获,上悯之,赏亨先员外郎衔。十二月,湖南巡抚骆秉章奏请将绍良等于湖南省城建表忠祠汇祀,允之。同治元年,穆宗毅皇帝御极,追念死事诸臣功勋卓著者,各赐祭一坛,绍良与焉。

子亨先,员外郎衔,袭世职。

塔齐布

塔齐布,陶佳氏,满洲镶黄旗人。由护军荐授蓝翎侍卫,升三等侍卫。咸丰元年，拣发湖南，以都司用。

　　二年七月，广西会匪洪秀全等窜湖南，犯长沙省城，塔齐布随提督鲍起豹等婴城固守。十月，偕各路援兵内外夹击，贼遁，城围遂解。三年正月，钦差大臣徐广缙等以塔齐布守城出力保奏，得旨，以游击升用，赏戴蓝翎。寻署抚标中军参将。六月，在籍前任礼部右侍郎曾国藩奏称："塔齐布短衣草履，日督麾下士卒，演鸳鸯连环阵，对放枪炮，数伏数起，俾临敌无畏心，悉成劲旅。观其奋往耐劳，深得兵心，洵忠勇可大用。"疏入，赏副将衔。七月，署湖广总督张亮基复保奏塔齐布胆识俱壮，训练认真，得旨，以副将升用。十月，江西太和县土匪窜扰湖南茶陵州、安仁县、塔齐布以署巡抚骆秉章檄剿平之，赏换花翎，记名以副将用。

　　四年三月，粤匪自金陵溯江而上，越安庆、武昌，再陷湖南岳州府，过洞庭，以戈船遍布临资口，遂由湘阴破宁乡，间道袭湘潭县。湘潭居长沙上游，百货所辖，既得湘潭，长沙将不攻自困。塔齐布闻警，即率守备周凤山等兼程前进，由陆路转战而前。师次高岭，贼奄至，塔齐布手大旗麾军纵击，斩伪先锋、元帅九人，贼败溃。追奔数里，至城下，贼大出犯，塔齐布伏兵山左右，设炮三重，诱之，及贼逼，炮毙贼数百，贼大乱，伏起，夹击之，贼夺路走，死伤枕藉；遂薄城闉，殚悍贼数百，塔齐布横矛深入，几中伏，跳而免，麾兵鏖战，大破之。城北贼栅皆尽。总兵杨岳斌，知府彭玉麟、褚汝航复率水师会剿，焚城南贼舟数千，并焚市廛，使城外贼无所栖止，火光烛天三日夜，贼尸蔽江下。四月，贼弃城，夜遁，湘潭平。捷闻，赏总兵衔，并喀屯巴图鲁名号。值鲍起豹夺职，命塔齐布署湖南提督，六月，实授。

时湖北武昌、汉阳再陷，其分踞岳州之贼复陷常德、澧州，塔齐布由陆路驰抵新墙，破贼土城三，水师亦破贼雷公湖，又败之于道林矶，塔齐布与知府罗泽南、李续宾，合攻岳州，败贼于高桥。闰七月，尽破贼垒，贼弃城遁，遂克岳州。贼寻于城陵矶以下、洋陵矶以上，及罗山对岸之夹洲湾，伏船千馀，并匿悍贼于岸，诱我军深入，禇汝航等率水师直逼城陵矶，贼方登舟，发伏。适塔齐布亦豫于陆路设伏，突起截击，大败之。嗣水师失利，贼由城陵矶登岸，分三路扑营，塔齐布亦分三路迎击，贼溃败，追至擂鼓台，〔一〕突有贼酋戴髯深目跃而前，槊及塔齐布所乘马，亲兵黄明魁跃起，以矛刺酋坠马，殪之，获贼旗，视所署字，知为伪丞相曾天养。天养骁捷桀黠，屡出奇败我军，群贼倚之，至是歼焉，贼皆夺气，中路溃，其左右路犹拒战，我兵奋击，复大败之。是役也，毁贼垒二十馀，杀贼二万馀，自倒口抵六溪口，贼船殆尽。捷闻，谕曰："岳州克复以后，逆贼虽叠被惩创，尚踞沿江营垒，以阻我军东下。其城陵矶等处营垒，绵亘二百馀里，经官兵于数日之间，悉数蹋平，歼擒贼匪数千名，〔二〕办理甚合机宜。塔齐布着交部从优议叙。"八月，塔齐布自临湘进剿长安驿、羊楼峒、佛岭、大沙坪等处，战屡捷。

　　时崇阳之贼踞城守隘，阻我军东下之路。其地连峰矗天，蹊径峻险，塔齐布偕罗泽南分道进梯，缘绝壁而上，克三垒，夺其隘，直逼城下，攻东北门，潜以炮轰西门，克之，并复蒲圻、咸宁等县，又败贼于官步桥及徐李埔，遂与泽南进屯江夏之紫坊。时曾国藩方与诸将议攻武昌，定议罗泽南攻花园贼垒，水师扼长江，塔齐布由油房岭趋扼武昌之洪山。时贼艘屯盐关，并筑垒于东西岸,为武昌犄角。塔齐布等军三路齐下,贼不支,盐关东西岸贼船营垒悉毁。武昌之贼震慑,开东北门遁,馀贼犹抗守西南城。我兵以炮轰望山门,由僻处蹴城上,举火为号。各营乘势拥入,俘贼渠陈昌贵等,馀贼遁趋洪山。塔齐布豫设伏山下,躬自迎击,戮其渠。贼绕山走,伏发,逼陷沙湖,湖浅尸填溢,后奔者践而行,至中流悉漂没。遂复武昌省城,水师亦同日攻克汉阳府城。

武昌既复,进攻大冶,转战至五里牌。塔齐布怒马入阵,殪贼酋,兵勇继进,毁其外垒。贼反斗,伏突起,刺伤塔齐布坐马,左右两军合击,贼复大溃,直抵城下,克北门,追奔至南关。贼争桥渡,桥断,贼多坠水死,俘百四十馀人。会罗泽南亦克复兴国州,于是两军会于兴国,筹进取。泽南西捣半壁山,塔齐布东剿富池口。十月,与贼战于军山嘴,克之,遂驻军其地,距罗军十馀里,中隔小河。塔齐布等方造浮桥济,忽出贼数千遏渡处,别贼数千阵半壁山左右,与泽南拒战。塔齐布隔河为声援,贼大败。旋贼由富池口沿岸而上,冀袭我军后,塔齐布击走之。会浮桥成,田家镇之贼渡江来夺,塔齐布与泽南夹击,戮其渠,歼贼六七百人。时贼所设横江铁锁在南岸者已断,而北岸犹未破。彭玉麟等以水师剿北岸之贼,塔齐布与泽南列阵半壁山助之,燔贼舟数千,北岸铁锁悉销毁,贼遁窜广济、黄梅,遂克田家镇。捷入,赏穿黄马褂,并骑都尉世职。复谕曰:"塔齐布自岳州统师东下,所向克捷,皆因同心戮力,调度有方,朕心实深欣慰! 在事文武员弁,亦能人人用命,奋不顾身,尤堪嘉奖!"

寻偕罗泽南渡江绕至蕲州,及贼于莲花桥,遇伏,我前队少却。塔齐布匹马突阵,手刃大旗贼,追奔五十里,遂复广济县城,而黄梅为贼必争地,悍酋秦日纲、陈玉成、罗大纲并力守之,以数万贼分布小池口、孔垅驿立坚垒五于大河埔、龙头寨等处。十一月,我军次双城驿,未成列,贼出二万馀分三路掩袭;塔齐布等坚持不动,少顷,亦分三队突起,凭高下击,贼左右路溃,其中路犹负溪抗拒。我兵奋跃,戮其渠数人,馀贼披靡,回奔大河埔,纠援贼返斗。塔齐布等挥兵疾进,殪贼三千馀,俘九十馀,遂进军黄梅县城,攻北门,我兵肉薄而登,多受创。塔齐布头被石击,流血被面,督战益力,遂克黄梅县城。寻安徽之贼来援,纠败贼踞孔垅驿、小池口,我军败之于翟港,直逼孔垅驿。贼于驿西、南、北三面筑土城,塔齐布从西南路进攻,累肩为梯,卓矛而跃,遂大破之。贼悉窜小池口,分党奔湖口,与九江之贼相犄角,为死守计。

时曾国藩驻军九江城外,塔齐布遂与罗泽南渡江,会攻九江。彭玉麟等率师直下湖口,毁贼舟六十馀,并辎重大船三。捷闻,谕曰:"现在大军扼守湖口要隘,九江逆匪首尾不能相顾,可期即日扫除。曾国藩、塔齐布运筹决胜,戮力同心,麾下将士率皆转战直前,争先用命。着赏白玉四喜搬指一个、白玉巴图鲁翎管一枝、玉柄小刀一把、火镰一把,交塔齐布祗领,以示优奖。"十二月,攻九江西南门,不拔,会水师被贼袭,丧失辎重。罗泽南自二套口渡江进攻小池口,塔齐布率壮士二十人渡江督战,以众寡不敌,败,且战且退,塔齐布匹马冲突,为诸军捍蔽。有黄衣贼酋三人策马来犯,塔齐布以套马竿圈一酋颈,斩之,且夺其马,馀贼皆靡。塔齐布俟大队沿江上,始单骑渡江回营,时已除夕三鼓矣。五年正月,城贼出犯,塔齐布击毙贼二百馀,生擒二十馀,复令暗伏地雷，诱贼来扑，陷之，果毙贼百馀。其后战屡捷，而城终不下。

会湖北之贼复由兴国州上窜，湖广总督杨霈不能御。三月，连陷湖北郡县，武昌再陷，贼势复炽。塔齐布分兵赴援，仍亲督军九江城下，百计仰攻，贼拒守甚力。六月，曾国藩与塔齐布会于青山，曾国藩议移师东渡，剿湖口及东流、建德，长驱直下，塔齐布以攻具方备，誓力破此城。七月，方传令攻城，忽患气脱，卒于军。事闻，谕曰："湖南提督塔齐布，由侍卫拣发都司，荐升副将。在湖南剿贼，叠著战功。朕知其忠勇奋发，由副将超授提督。上年克复武、汉，追贼九江，身经百战，所向无前。叠经赏戴花翎，并赏给喀屯巴图鲁名号、骑都尉世职，赏穿黄马褂。该提督年力正壮，方冀迅克浔郡，净殄妖氛。兹陡患心悸，甫经半日，在营病故，悼惜殊深！着照将军军营病故例赐恤，准其入城治丧。应得恤典，该衙门察例具奏。并着该旗查明该提督子嗣，百日后带领引见，候朕施恩。"

八月，前任礼部侍郎曾国藩奏："塔齐布肫诚报国，忠勇绝伦。自为都司时，毅然有杀贼立功之志。上年超擢提督，出师岳州，途次于左臂涅刺'忠心报国'四字。每战匹马当先，或他营被围，辄跃马驰往救援。凡相度战地，及察看贼营情形，每以单骑清晨独往，屡濒危险，常有奇缘，得免于难，贼中惊以为神。其为人从容谦退，未尝自伐其能，且纪律严明，居心仁厚。身殁之后，军士百姓同声悲泣。不独臣军失此名将，即东南众望亦倚为长城，远近官军，同深惊悼！上年湘潭、岳州之战，保全省城，厥功甚伟。请于湖南省城建立专祀。"允之。寻赐恤如例，予谥忠

武。赏骑都尉世职,袭次完时,以恩骑尉世袭罔替。九年,入祀
湖南表忠祠。同治元年,穆宗毅皇帝御极,追念死事诸臣,各赐
祭一坛,塔齐布与焉。三年,金陵克复,上加恩赏三等轻车都尉,
入祀昭忠祠。

　　塔齐布无子,弟阿林布,袭世职。

【校勘记】

〔一〕追至擂鼓台　 “台”原误作“巷”。今据清史稿册三九页一一九七
　　　二本传改。

〔二〕歼擒贼匪数千名　原脱此七字。今据塔齐布传稿(之一八)补。

　　双福

　　双福,他塔拉氏,满洲正白旗人。由护军于道光八年擢护军
校。十年,随赴喀什噶尔剿安集延、布鲁特回匪。十八年,荐升
副护军参领。十九年,上校阅两翼营弁射,双福中箭五枝,升护
军参领。二十一年二月,拣发湖北,以副将用。三月,署黄州协
副将。八月,署湖广督标左、右二营游击。

　　十二月,崇阳县匪首钟人杰作乱,双福以湖广总督裕泰檄驻
蒲圻县丁泗桥堵剿。除夕,贼二千馀犯守备王荣、把总陈锦营,
双福督队救应,殪贼数十,馘六级,俘贼渠王得茂,馀匪遁。二十
二年正月,谍知贼由崇阳乘夜来犯,豫为布置,以连环枪炮四面
轰击,毙贼七十馀。黎明,馀匪溃。另股数百人将由严家山、冰
岭犯通山县北境,双福截击,殪贼数十,馀悉解散。嗣贼乘小舟
数十犯蒲圻县,并分踞东南山坡,官兵轰毙数百人,贼犹恃众负

嵎,势甚猖獗。双福率兵勇沿河奋击,毁其舟,毙贼二千馀,堕水者百馀,俘获多名。裕泰叠次奏入,上嘉之,赏戴花翎,并遇缺即补。寻事平,叙功,复赏乌尔玛斯巴图鲁名号。五月,署督标中军副将。十月,补湖北施南协副将。二十六年,丁母忧回旗,仍署护军参领。二十七年,丁父忧,二十九年,服阕,授江南漕标中军副将。三十年十一月,调湖广督标中军副将,寻升河南河北镇总兵。十二月,调贵州古州镇总兵。咸丰二年二月,署湖北提督,以贵州方防堵粤匪,未即抵任。七月,升江南提督,仍命署湖北提督,十一月,实授。

　　时粤匪洪秀全等由湖南下窜,犯湖北武昌省城,双福偕巡抚常大淳等婴城固守。十二月,贼于城西平湖、文昌各门,由江岸穴地道轰地雷而进,东面赴援诸军声势隔绝,城遂陷。双福率兵勇巷战,力竭,死之。其长子已革前锋校德龄亦遇害。三年,克复武昌,署巡抚骆秉章遵旨查明奏闻,谕曰:"此次逆贼攻陷武昌,阖城文武官员坚守二十馀日,竟以力竭,同时殉难。朕每一念及,悲悯泪零! 湖北提督双福,着加一等赐恤。该员婴城固守,临难捐躯,大节凛然,允足垂型不朽! 着于该地方建立专祠,以慰忠魂。"又命此次殉难道员以上之子孙服阕后,俱着带领引见。寻赐恤如例,予谥武烈。赏骑都尉兼一云骑尉世职,袭次完时,以恩骑尉世袭罔替。

　　子德隆、德森,俱赏员外郎。德龄亦蒙恩照阵亡例议恤,赏恩骑尉世职。德龄之子瑞祥,袭骑都尉世职,并袭恩骑尉。

　　尤渤

　　尤渤，甘肃武威人。由行伍于嘉庆十二年，随凉州镇总兵吴廷刚赴西宁口外征剿番贼，有功。历拔提标左营千总，寻调大马营千总。道光六年，逆回张格尔作乱，陷喀什噶尔等四城，渤随甘肃提督齐慎出师，战于阿克苏南路柯尔坪，生擒贼二，歼四人。七年二月，驻兵乌什卡外，侦知奇里克部落布鲁特潜谋附逆，即入山搜捕。三月，抵怎当山，杀贼三百馀，俘十馀名。寻进逼贼巢，至佳噶赖，分步队两路入林莽中；伏起，渤右腿受石伤，奋勇冒突，手刃三贼，我兵合围，搜戮殆尽。以功升南古城堡守备。六月，西四城克复，张逆遁。渤由乌什调赴喀什噶尔大营，出哈兰圭卡外追捕。十二月，张逆就擒。八年正月，渤奉檄押解回营，赏戴蓝翎。十二月，以承修喀什噶尔城垣出力，得旨，以应升之缺升用。十年，升陕西西安镇标右营都司。十二年，升巩昌营游击。十八年五月，调长安营游击。九月，升河南汝宁营参将，寻调抚标中营参将。

　　二十一年七月，升荆子关协副将。八月，擢安徽寿春镇总兵。二十二年五月，英人犯顺，浙江、江苏各海口戒严，渤以两江总督牛鉴檄带兵赴上海应援。嗣因苏省捍卫紧要，复由嘉兴驰赴苏州，扼要为之备。时英人攻陷宝山、上海，后分综驶入泖湖，并叠犯松江府城。渤整队相持，令兵伏地，用抬炮火枪连环轰击，却之。寻以英船北驶，渤仍留兵松江防堵。六月，署江南提督，八月，实授。九月，英人就抚，命渤偕两江总督耆英筹议江苏善后诸务。十二月，赏换花翎。寻疏言："水师营以讲求操驾舟楫,辨识风云沙线,熟习大炮鸟枪为首务,不重骑射。请嗣后水师员弁,专取水务枪炮,即骑射稍有生疏,亦准录用。"允行。

旋陈长江大略情形,疏称:"江南常熟之福山,与江北通州之狼山对峙,中间隔水面八十馀里。福山以上江阴坝之鹅鼻嘴,为长江第一重内户;丹徒县之圌山关为第二重内户。圌山关以上江面曲折,两岸平衍,至焦山则屹立江心,南对镇江府之象山,北对江都县之滩地。再上十数里为京口,京口外稍西为金山,正对北岸之瓜洲,以上尽系洲地,至江宁之燕子矶为省城门户。均宜择要设守。"得旨,详加布置,次第举行。二十三年二月,偕耆英奏江防事宜,略云:"狼福二山对峙于江海之交,崇明为中流砥柱。定制于狼山、崇明设立狼山、苏松二镇总兵,福山仅止游击,轻重悬殊。应于福山添设水师总兵一员,内可拦截海口,翼蔽苏州;外可控制吴淞海口。"并陈:"苏松镇标各营,应与毗连各营互相操巡,以资联络。福山、狼山二营,应专管福、狼一带江面,以专责成。京口左右二营,应分防鹅鼻嘴、圌山关等处,以免推诿。高资营兵应操巡练习,以防圌山关,三江营守备改为内河水师,以备操防。战船现未造成,先制木筏,以遏要隘。总督按年巡阅圌山关、鹅鼻嘴江防一次,以免疏懈。鹅鼻嘴、圌山关外江心河洲及镇江、扬州,江宁省城门户吴淞口,与吴淞、上海后路,江北后路,均豫备兵炮,以昭严密。上海应移驻同知,以资弹压。提标右营游击应升为参将,加副将衔,以崇体制。常熟、昭文县城应移驻弁兵,以资防守;操练水师,以资造就;练习泅水兵勇,以资实用。提标副将,应出洋考校,以杜偷安。陆路汛守兵丁一体操练,以免缺额。酌裁外海、内河水师营马匹,以资协济。加给水师操巡口粮,以资养赡。炮位分局鼓铸,以资利用。补制遗失器械,以免缺误。沿海、沿江要隘,修复汛地兵房,以资戍守。慎选将弁,以联兵情。调和文武,以免猜忌。消弭伏莽,以固根本。"奏入,下部议行。

三月,以鹅鼻嘴、圌山关等处为江面扼要,渤偕耆英筹备划船、木筏,招募泅水壮勇,教习营兵。寻耆英授钦差大臣赴广东,命渤偕江苏巡抚孙善宝、署漕运总督李湘棻妥为办理。五月,以前奏请添设福山水师总兵,有旨令通盘筹画以节糜费,渤偕署总督璧昌奏言:"总兵养廉等项,在于裁减马干项下支销。其应添镇标三营,即以福山原营作为福山镇标中营,尚有左、右二营,查苏松镇原设中、左、右、奇四营,即移奇营全数为福山镇左营、杨舍营陆路都司一缺,事务较简,即改为福山镇右营,内河水师都司所有额设弁兵,均酌量筹拨,无庸增添,并无设官添兵之费,而江海防御藉资得力。"如其所请。

先是,靖逆将军奕山奏呈广东官绅造成各船图说,命江南、福建、浙江各督抚就所辖江海情形详议。适浙江提督李廷钰道过苏州,渤偕耆英知其籍隶福建同安,熟悉水务船政,向其咨访。据称所造各船,于江苏内江外洋均不合用,惟同安梭船操纵自如。请饬李廷钰绕道上海,先造梭船二只、子船四只,以资试练。至是十月,梭船造成,渤亲赴崇明刘河口外配兵试演。奏称:"梭船吃水较深,请交外洋驾驶。其崇明营调到阔头舢板船于江面驾驶灵便,请依式接造,以备派给。"并言:"水师领船到营,多不认真巡守,舵水兵丁私将篷桅篙缆偷卖,甚至赁与乡民装运柴草,一经饬调操演,则诿为船不堪用。亟宜严定章程,俾将弁不视操巡为具文，而各营船只亦不致日久废弃。"如所请行。

初，壁昌奏请修筑鹅鼻嘴等处炮城，上以耆英奏陈沿江炮台，砖石则工费浩繁，土筑又风雨剥蚀，宜节省建筑，为造船练兵之用；又因御史曹履泰奏请于鹅鼻嘴设立南北两坪土垒土堡，外开濠沟，不用砖石，工价甚减。谕令壁昌同渤筹议。二十四年，疏称："因地制宜，于江面坚筑土墩，多多益善，外种芦苇，藏伏兵炮，岁取芦柴，藉资兵爨。根荄日久潜滋，土垒益臻坚固。并勘明沿江安炮处所。"报闻。二十五年七月，以营县会拿匪犯，中途被夺，渤坐不能认真整顿营伍，下部议处。十月，大江南北两岸炮堤工竣，渤偕壁昌奏入，上训勉之。二十六年，又偕壁昌奏言："苏、松二郡之淀山湖、泖湖入吴淞江，与黄浦江合流，至此入海，故总名为吴淞口。海船如由外洋达江，须绕铜河外洋，不由吴淞入口。现在英船通商往来，在口内停泊，东、西两岸均有营汛墩台，安置炮位，官兵守护瞭望。到口出口，俱有稽察，颇为安静，未便稍涉张皇。惟溯吴淞江而上，有野鸡墩为赴苏必由之路，溯黄浦口而上，有闵行墩为赴淞江必由之路。应于二处设兵安炮，以固苏、松藩篱。"上纳之。

时洋面劫案未尽，壁昌有辨认船只之议，命壁昌会同渤再行详议。二十七年，奏言："英船与内地船式本不同，盗船与商船行走亦异。至人心狡诈，或英人获民船，即乘民船行劫，或民盗勾通英船行劫，是必严饬沿海文武认真巡缉。其巢穴在岸者，责成地方州县；其踪迹在洋者，责成水师营汛。购觅眼线，细辨其孰为商船、盗船，孰为真夷、假夷，总期奸匪无从假托而后已。"如所议行。

二十八年四月,因病请假。七月,病痊,经总督李星沅奏入,谕曰:"览奏欣慰! 江南提督尤渤办事认真,操防得力,朕所素知,毋庸来京陛见,免得徒劳往返。尤渤着即行接印视事。"旋因山东巡抚徐泽醇奏海洋盗船乘风游驶,现饬实力防堵,上命渤迅派水师得力员弁带兵扼要兜剿。二十九年,复因病奏请开缺,允之。咸丰二年,卒。

陈金绶

陈金绶,四川岳池人。嘉庆三年,由行伍随剿本省及陕西教匪,歼擒首逆王廷诏、马五等。六年,拔四川提标右营额外外委。七年,擢夔州协标左营外委。九年,擢山西河保营把总,赏戴蓝翎。十年,调陕西西乡营把总。十一年,随陕西提督杨遇春进剿宁陕叛匪,歼获首逆陈先伦等,迁左哨千总。十八年,随杨遇春剿河南滑县教匪,由封丘、延津追击首逆李文成,克司寨,文成自焚死。升砖井堡守备。寻回攻滑县,克之,逆渠牛亮臣等歼焉。寻以陕西三才峡及南山老林匪徒滋事,遵檄移师剿平之。十九年,调盩厔营守备,赏换花翎。

道光元年,署孝义营都司。三年,历署西凤营守备、西乡营都司。四年,升阳平关营都司。六年,逆回张格尔勾结布鲁特作乱,陷喀什噶尔等四城,大兵进剿,乌什近接布鲁特,为我兵后路,金绶随甘肃提督齐慎等赴乌什防守。七年二月,侦知山内匪有布鲁特匪徒,将乘机窃发,随副将李士林等入山搜捕。三月,抵山口,见一贼于东北山顶,以其帽手摇传号,百馀匪即上山踞险,以枪石下击。金绶偕守备王一凤等钞上山梁,歼贼七十馀,追殪二十馀,俘四名。四月,巡山至佳噶赖,谍知逆匪窝巢不远,分两路进林莽中,伏起,金绶首先击殪数名,各军合力奋剿,歼百数十名,馀匪溃,搜戮殆尽。闰五月,升留坝营游击。七月,以搜乌什匪匪功,经扬威将军、大学士长龄奏入,赏逸勇巴图鲁名号。十月,喀什噶尔等四城以次克复,张格尔遁匿阿坦台等处,复图肆扰,金绶随提督达凌阿仍驻乌什防守。寻张逆就擒,凯撤回任。

十一年三月,署汉中镇标中军游击。五月,调西安镇标中军游击。十三年正月,直隶总督琦善以直隶各营将领多未经行阵之员,奏调陕甘员弁赴直隶补用,藉资教练,金绶与焉。四月,署直隶督标前营游击。十四年,补天津镇标中军游击。十五年六月,升福建泉州营参将,寻得旨,仍留直隶升用。十一月,补固关营参将,护理正定镇总兵。十六年,署保定营参将。十八年,升督标中军副将。十九年,琦善遵保堪胜陆路总兵之员,以金绶操守廉洁,晓畅机宜,疏荐之。朱批:"系朕所知,毋庸送部引见。着交军机处记名以总兵用。"二十年三月,授天津镇总兵。四月,入觐。

时英吉利兵船扰广东,各海口戒严。金绶偕宣化镇总兵石生玉,遵旨于天津择要设兵安炮,豫备堵剿。二十一年,海氛稍戢,仍留大沽、北塘等处防守,寻复炽,叠奉谕申严兵备,赐裘一袭。二十二年九月,英人就抚,事平解严。谕曰:"天津为畿辅重地,现在地方静谧,巡察周密,允宜特沛恩施,以旌劳勚。金绶赏缎匹,下部优叙。"十月,升直隶提督。二十五年,马兰镇馀丁梁永顺戕官自戕,案发,金绶坐失察,降一级留任。二十八年,上谒西陵,跸路未能修治妥速,偕总督讷尔经额奏参管道员弁,并自请议处,上加恩免议。二十九年,西陵红桩内官树被窃,坐失察,降三级留任。三十年三月、九月两次入觐。

　　咸丰二年,以广西会匪洪秀全等窜陷湖南岳州府,犯湖北武昌、汉阳,势甚炽。命金绶率直隶官兵三千,随署河南巡抚琦善赴楚、豫交界防堵,寻帮办军务。三年正月,贼由湖北陷江西九江府,势将蔽江东窜,安徽戒严。上叠次饬金绶随琦善由信阳州星速赴援。二月,抵皖,安庆府已失守,贼连陷江南江宁、镇江、扬州三府,上责琦善等未能迅速应援金绶,亦摘去顶带,带罪图功。时金绶抵江北浦口镇,偕内阁学士胜保督队进攻,贼出拒,我兵奋力前击,克之,俘斩多名。寻移营帽儿墩,琦善兵亦继至。金绶等由西路进,与琦善合攻扬州,殪贼数千,先后捷闻。得旨,开复顶带,并赏四喜搬指、白玉翎管及大荷包等件。

　　贼于扬州城外加筑土城,江宁贼出援之,我兵驻宝山司徒庙等处,距贼只三里许,并力进攻,贼数千蜂拥出,自辰至酉,五战五胜,毁土城五,歼贼七八千,夺获旗械无算。上以旬日之间,叠获胜仗,优诏嘉奖之。四月,仍由西路进,与各军合攻,轰塌城垛十馀处,穿城身数穴,贼随毁随补,坚匿不出。五月,总兵双来以大炮轰塌城垣,遂用木棍作浮桥渡河,架云梯而上。正鏖战间,金绶策应之兵迁延不用命,双来孤军无继,受枪伤而退。事闻,上饬其督率无方,复摘去顶带。九月,我军增高炮台,俯城轰击,贼震慑,分门缒城冲突图窜,金绶等击败之,仍赏还顶带。寻城中又突出贼五六千扑营,总兵瞿腾龙等分投迎击,金绶督参将鞠殿华由西门接应,贼遁,追奔直抵城下,俘馘甚众。

　　时贼分股踞<u>瓜洲</u>江岸,树立壁垒,与<u>仪征</u>之贼为犄角。十一月,贼迭出应援,俱被我兵击退。旋以<u>扬州</u>东路参将<u>冯景尼</u>营兵勇溃散,各路效尤,贼遂由<u>扬州</u>城窜出,仍踞<u>瓜洲</u>。<u>琦善</u>以克复<u>扬州</u>入奏,谕曰:"<u>琦善</u>统领全军,不能及早克复<u>扬州</u>。至乡勇溃散,复以贼从东路窜出,藉词诿罪;<u>陈金绶</u>督办军务,一筹莫展,厥罪惟均。均着革职带罪自效。"四年七月,贼由<u>瓜洲</u>纠<u>镇江</u>之贼,由东西岸来犯,东岸约三四千人,分三路麇至;我兵亦三路前击,<u>金绶</u>躬自督战,殪贼三百馀,贼大溃,追奔至<u>四里铺</u>。贼收合馀烬,并力回斗,我兵以马队横击之,射其渠。<u>金绶</u>督各路继进,自辰至申,鏖战数时,歼贼千馀,俘馘及溺毙者无算。馀贼窜<u>虹桥</u>等处,意图掠食,亦追戮殆尽。时钦差大臣<u>琦善</u>卒于军,<u>金绶</u>暂署关防。九月,赏三品顶带。

　　时提督<u>托明阿</u>以钦差大臣赴<u>江</u>北剿贼,偕<u>金绶</u>叠攻<u>瓜洲</u>之贼,败之。十一月,抵<u>瓜洲</u>城下,攻之,未克,贼于<u>新桥</u>等处筑垒为卫,四出焚掠。<u>金绶</u>等驰击,力战三时之久,毁其垒,歼贼六七百,俘贼渠二,夺获火药、米谷甚多。<u>金绶</u>之侄八品顶带<u>陈能义</u>首先陷垒,身受重伤,偕游击<u>海明</u>等殁于阵。自十二月至五年正月,贼以改岁之交,于<u>带子沟</u>、<u>朴树湾</u>等处八次出扑,图北窜,<u>金绶</u>等均击却之。四月,偕<u>托明阿</u>由东西岸进,东岸贼千馀蜂拥而出,游击<u>王建功</u>殪贼数十。贼向<u>虹桥</u>四窜,我兵分道前追,援贼二千继至,副都统<u>德兴阿</u>等由后合击,忽雨甚,侍卫<u>穆克登额</u>以马队援应,歼贼多名,贼乃退。寻筑垣挖濠,逼贼巢,围之,自七月至十月,叠有斩获。十二月,偕<u>托明阿</u>分东西岸剿贼,遂以乘夜逼贼出巢,歼剿无算。入奏,上严责其并无杀毙贼数,足见过事掩饰。

六年，贼由土桥一带分股上窜，各路兵勇相继溃，扬州复陷。谕曰："此次虽经德兴阿督带马队，连日截杀，毙贼数千，而营盘连失，府城复陷。托明阿调度无方，实堪痛恨！陈金绶驻兵东岸，当逆匪直扑三汊河营盘，并不派兵接应，现在退至何处，亦未与托明阿会合，恇怯无能，厥罪甚重！托明阿着先行革职，陈金绶业经革职，所有三品顶带，着先行摘去，听候查办。"寻德兴阿收复扬州，金绶偕帮办军务、太常寺卿雷以諴泊船万福桥，德兴阿以金绶等并未督兵进攻，遽奏由东路督队助剿，疏劾之，适金绶已于三月病殁。

子能徵，刑部郎中，同治元年，在籍守城殉难，赏云骑尉世职。孙显德，候选通判；显铭，都司：亦均在籍殉难。显诚，袭其父能徵世职。

乐善

乐善，伊勒忒氏，蒙古正白旗人。由拜唐阿于道光二十年，补銮仪卫整仪尉。二十四年，迁治仪正。二十七年，升云麾使。三十年，拣发陕甘，以参将用。咸丰二年八月，随同凉州镇总兵崇保驰剿镇羌卡外番贼，败贼于炭碐沟；复偕副将双来攻克黑茨沟，毙贼五千馀，夺回牲畜三百馀。贼仍踞河北柯柯乌苏地方。九月，乐善等冒雪进剿，四战皆捷，擒其渠阿里克公住于阵，馀贼悉平，卡地肃清。总督舒兴阿以闻。三年九月，命以参将即补，并赏戴花翎。

十一月，粤匪窜扰近畿，乐善随钦差大臣都统胜保攻贼于独流,败之,赏加副将衔。[一]四年二月,以剿平三村出力,赏巴克敦巴图鲁名号。八月,署西安城守营副将。五年,以疏防已革游击蕙椿畏罪逃逸,革职留任。六年四月,河南捻匪张洛行等窜扰鹿邑县,乐善偕总兵邱联恩等剿贼于界沟集,大破之,生擒匪首张拴等。捷闻,开复革留处分。六月,乐善率领马队剿捻匪于颍川六十里铺,擒斩多名,获贼车四百馀辆。九月,偕总管格绷额等渡吴家河马村桥口,贼悉众来拒,乐善等密伏马队钞截,败之。七年二月,擢河南河北镇总兵,檄蓝翎马甲穆腾额等分军攻剿方家集贼巢,擒捻首钱万荣等。

时捻匪窜踞三河尖,以柳沟集为门户。四月,乐善进攻,督兵过桥,塌其围墙,[二]复令马队居中施放火箭,贼惊溃,遂毁柳沟集。五月,复攻剿方家集,乘夜雾直薄逆垒,越濠入,后队继进,克之,毙匪三千馀,赏加提督衔。九月,随胜保督兵进攻正阳关,首先突阵,枪毙逆首二名,大军乘之,捻众大溃,遂复正阳关,擒捻首魏蓝等于阵。八年,移营逼近固始城外逆垒,平毁观音阁一带匪巢,复偕安徽布政使李孟群等,擒斩伪天侯卜占魁等馀匪,殄灭殆尽,遂解固始围。得旨,遇有提督缺出,由军机处题奏,并赏穿黄马褂。旋请假回旗葬亲,允之。九年正月,假满,命仍赴胜保军营随同剿贼。

寻又命往天津,交钦差大臣科尔沁亲王僧格林沁差委。五月,授直隶提督。八月,英吉利兵船闯入大沽海口,僧格林沁督将弁扼截,将英船击退。乐善以训练得人,下部优叙。十年七月,英人攻陷海口,乐善力战死之。事闻,谕曰:"直隶提督乐善久历戎行,战功叠著。兹在海口防所阵亡,殊堪悯恻!着照提督阵亡例从优议恤。所有任内一切处分,悉予开复。该提督有无子嗣,着该旗查明具奏。并着在海口地方建立专祠,以慰忠魂。"寻赐恤如例,赠太子少保衔,予谥威毅。入祀京师,并天津府城昭忠祠。赏骑都尉兼一云骑尉世职,袭次完时,以恩骑尉世袭罔替。复谕曰:"乐善之子成友、成受,俟百日孝满后,由该旗带领引见。"十二月,得旨,成友赏二等男爵世职,十一年,复赏二等侍卫,在大门上行走;成受赏骁骑校。同治元年,穆宗毅皇帝御极,追念死事诸臣,各赐祭一坛,乐善与焉。

子成友,〔三〕二等侍卫,兼袭二等男爵;成受,骁骑校。

【校勘记】

〔一〕赏加副将衔　原脱"加"字。今据乐善传稿(之二三)补。下同。

〔二〕塌其围墙　原脱"墙"字。今据乐善传稿(之二三)补。

〔三〕子成友　原脱"子"字。今据乐善传稿(之二三)补。

鞠殿华

鞠殿华,山东安丘人。道光十五年一甲三名武进士,授二等侍卫。期满,以游击用。二十三年,补直隶提标前营游击。咸丰二年五月,升陕西延安营参将。七月,调补直隶提标中军参将。

三年四月,广西会匪窜扰江南,钦差大臣琦善前往剿办,殿华奉调随营。时扬州城陷,琦善派殿华等分路进攻,毁城外贼垒。七月至八月,两次败贼于西门,又败贼于扫垢山。十一月,贼自仪征来援,殿华偕副都统萨炳阿击走之。十二月,官军围攻仪征县城,殿华等带兵驰至,由东北二门攻入,遂将仪征收复。

四年二月,升直隶大沽协副将。进攻瓜洲。时瓜洲踞匪与镇江贼往来勾结,殿华等叠击败之。叙功,赏戴花翎,并赏给强都巴图鲁名号。九月,官兵于运河口以船搭桥,直逼瓜洲城壕。贼以铁索贯巨木为抗拒计,殿华令水勇砍断之。十一月,我军越过城壕,直至城下。五年,擢山西大同镇总兵。

六年三月,随钦差大臣德兴阿收复扬州。四月,仪征贼由砚台山至庙山,欲绕袭六合,德兴阿檄协领富明阿钞前截击,殿华在后兜剿,败之。十一月,贼叠陷江浦、天长、高望等处,并有股匪阑入三汊河,经殿华击退。七年四月,德兴阿等会剿瓜洲,殿华败贼于四里铺。寻带马步队进攻,抢渡重壕,直逼贼垒。十一月,命在德兴阿军营帮办军务。是月,复围瓜洲,殿华受伤,仍裹创力战,克之,赏提督衔,遇有提督缺出,由军机处题奏。寻大军移攻江浦,德兴阿由东路进,殿华由西路进。八年正月,攻西门及求雨山贼营,均破之,收复江浦县城。时皖匪麇聚滁州。三月,殿华督兵进剿,行至八里铺,遇贼跃马直前,擒杀多名。六月,命开缺,以提督候补。八月,浦口陷,殿华以督率无方,革职留任。九月,扬州复陷,褫花翎。

九年五月,以游击冷震东削矛杆不如式,呵斥之,罚跪泥淖中,复手批其颊。震东负气回营,自缢,殿华畏罪自尽。七月,经钦差大臣提督和春奏言:"鞠殿华性情暴戾,动辄陵辱将士。因其打仗勇敢,是以留营剿捕。乃因矛杆细故,殴打属官,任性荒谬,自应照例革职,治以应得之咎。今既畏罪自尽,是该两员死由自取,与人无干,均无庸议。"从之。

博勒恭武

　　博勒恭武,阎佳氏,满洲正白旗人。由鸟枪护军于嘉庆十八年出师河南,历授骁骑校、步军校、步军协尉。二十五年,拣发浙江,以游击用。道光二年,署嘉兴协副将。四年,补提标后营游击。十一年,升宁海营参将。十五年,升杭州协副将。十九年,擢湖北宜昌镇总兵。二十一年,英吉利兵船犯广东海口,博勒恭武带兵协剿出力,下部优叙。二十七年,署提督。二十八年,升甘肃提督。二十九年,调湖北提督。

　　咸丰二年八月,广西会匪洪秀全等窜湖南,[一]扑长沙省城,博勒恭武遵旨带兵于岳州防堵。十月,奏叠次拿获粤匪奸细,并纠党谋逆之土匪李际望、徐先运等,其伙匪在巴陵县石步桥地方恃险拒捕,添派官兵迎剿,歼擒数十名,夺获旗械各件,请将出力弁兵保奏,允之。十一月,粤匪犯岳州府,博勒恭武师溃,城陷。湖北巡抚常大淳奏闻,上命先褫博勒恭武职,并敕查是否御贼受伤。嗣湖北汉阳、武昌相继失守,复命查如何下落。三年三月,署湖广总督张亮基遵旨查明节次逃避各情,[二]据实奏闻。谕曰:"已革提督博勒恭武,自岳州溃逃后,带兵径回武昌,又弃军私回汉川,复藉养病辄回穀城提督本署。今又欲前赴江南军前报效,种种荒谬,实出情理之外! 该革员以湖北提督大员,奉旨防守岳州,乃始则见贼先遁,继则辗转偷生,若不明正典刑,何以申严纪律? 博勒恭武俟提解到省,着即处斩,毋庸再行请旨。"

　　四月,潜逃至京城外之黄村被获,[三]诡称湖北宜昌府同知升任福建延平府知府衍秀上年武昌城陷后逃出,与已革提督博勒恭武系属姻亲,经顺天府以形踪诡秘奏闻。命交刑部严讯,寻鞫实。谕曰:"博勒恭武系湖北提督大员,前派防堵岳州,不能防守郡城,以致失守,罪已难辞。乃自岳州溃逃后,由湖北縠城改装易服,逃至清江,又潜至京城外黄村,假名图脱,种种狡诈,实出情理之外!直至拿获交部审讯,始行具呈,哓哓置辩。无论一面之词,殊难凭信;即令当时遇贼接仗,而于溃散后南北逃避,辗转偷生,亦属罪无可逭。博勒恭武着即处斩。"遂弃市。

子贵山,刑部员外郎,同时下部审讯,议上,谕曰:"贵山于伊父辗转逃避各情,容隐不言,原无坐罪之律,惟博勒恭武所犯情罪重大,贵山着即照部议革职,以示炯戒。"次子贵德,湖南兴宁县知县。

【校勘记】

〔一〕广西会匪洪秀全等窜湖南　"西"原误作"东"。今据博勒恭武传稿(之二七)改。

〔二〕署湖广总督张亮基遵旨查明节次逃避各情　"广"原误作"北"。今据博勒恭武传稿(之二七)改。

〔三〕潜逃至京城外之黄村被获　原脱"之黄村"三字。今据博勒恭武传稿(之二七)补。

常禄

常禄,富察氏,满洲镶白旗人。由蓝翎长于道光十二年授护军校。十四年,迁委护军参领。十五年,升副护军参领。十六年,拣发云南,以参将用。十九年,补提标中军参将。二十三年,擢楚雄协副将。二十六年，署临元镇总兵。

咸丰元年三月，广西会匪洪秀全等倡乱，署云贵总督张亮基橄常禄率师赴剿，时贼屯踞桂平县之金田村，常禄随总兵经文岱等叠次击走之。经署广西巡抚周天爵等奏闻，赏戴花翎。嗣贼由桂平窜踞象州中坪一带，经大兵环击，复乘间窜回桂平，踞新墟及莫村。六月，常禄随经文岱等由马鞍岭进攻，与总兵李能臣等合，直抵莫村，歼贼无算。新墟援贼亦败遁。七月，贼踞紫荆山，其地前控新墟，后枕猪仔峡、双髻山，大兵分队环攻，常禄等仍由马鞍岭攻其东面，[一]抵新墟，轰击四时之久，败之。闰八月，贼由紫荆山窜陷永安州城，常禄等赴援，与各军围攻，叠有斩获。十月，都统乌兰泰橄常禄攻城之南，总兵秦定三等由铜盘村一带接应，乌兰泰躬自督师攻城之北。城中及近村之贼绕围岭由后来袭，我兵合力击走之，殪贼五六百名。

二年三月，升河南河北镇总兵。时贼由永安州溃围四窜，犯桂林省城，常禄偕提督向荣等赴援，力战匝月，围始解。寻以守城功，赏强谦巴图鲁名号。五月，贼下窜湖南道州，常禄偕总兵和春等追剿，逼城围攻，叠有斩获，六月，贼乘夜突常禄营，由小路窜逸，常禄坐防御不严，革职留任。七月，贼由嘉禾县、桂阳州，陷郴州，常禄偕和春等击走之，惟郴州未下。八月，以贼分股由醴陵犯长沙省城，并侦知郴州踞贼亦将弃城与永兴之贼合，并力东下。常禄令候补守备张国樑于安仁县截击，躬自督队，克复永兴县城。得旨，开复原职。

嗣郴州之贼改道由茶陵州下窜，常禄首先击之于石家岭，又偕总兵李瑞等分道追剿，累战皆捷，搜戮贼渠数名；侦知贼由小

路窜醴陵,遂偕经文岱等渡河尾击,抵丹陵桥,经经文岱等奋力
接战,贼退踞谭家村,将分股从山沟钞袭。适常禄等兵至,分左
右从高压下,并令张国樑毁村中民房,烟焰蔽天,贼大溃,斩馘殆
尽。九月,偕李瑞等进援长沙,抵洞井铺,扼城之南,贼叠次犯常
禄营,俱击走之。贼寻犯李瑞营,枪炮如雨,势甚炽,常禄等分投
援应,追歼无算。遂密布连营,遏贼窜平江、浏阳之路。嗣大兵
叠次合剿,贼由河西翻山遁,城围乃解。常禄侦贼将遁,豫绕西
北兜击,以遏贼窜湘阴之路。

　　十一月,贼由益阳县窜陷岳州府,遂犯湖北武昌省城,常禄
偕总兵王锦绣等赴援,与巡抚常大淳等固守。十二月,贼于城西
平湖、文昌各门,由江岸穴地道,轰地雷而进,东面向荣等援军声
势隔绝,城遂陷。常禄率兵勇巷战,力竭,死之。三年,大兵克复
武昌,经署湖广总督张亮基、署湖北巡抚骆秉章将常禄等殉难情
形奏闻。谕曰:"此次逆贼攻陷武昌,阖城文武官员坚守二十馀
日,竟以力竭同时殉难。朕每一念及,悲悯泪零! 各该员婴城固
守,临难捐躯,大节懔然,允足垂型不朽! 着于该地方建立专祠,
以慰忠魂。"又谕曰:"该处文武力竭捐躯,览奏不胜悯恻! 前河
南河北镇总兵常禄,着赏加提督衔,即照提督例议恤赐谥。"寻赐
恤如例,予谥刚节。赏骑都尉兼一云骑尉世职,袭次完时,以恩
骑尉世袭罔替。同治十年,湖广总督李瀚章奏准湖北殉难文武
各员合建一祠,常禄与焉。

　　无子,以兄子内阁中书霍隆武为嗣,袭世职,百日后引见,赏
员外郎。

【校勘记】

〔一〕常禄等仍由马鞍岭攻其东面　原脱"仍"字，又"岭"误作"山"。
今据常禄传稿(之一八)补改。

都隆阿

都隆阿，舒穆禄氏，满洲正蓝旗人。由火器营蓝翎长于道光
六年，随参赞大臣武隆阿出征喀什噶尔回匪，〔一〕以功升额外护
军校。九年，迁护军校。十五年，充委参领。十六年，授副参领。
十七年正月，升参领。五月，迁掌关防营总。十九年正月，充委
翼长。十一月，授正翼长。二十年，以在卢沟桥演放炮位，炮炸
伤官，交部察议，镌级留任。二十一年三月，以副将拣发浙江补
用。时英人犯顺，窜扰浙江，都隆阿以两江总督裕谦檄赴镇海防
堵。八月，复带兵驻守穿山一带。二十二年，署太湖营游击。二
十三年，署台州协副将。二十九年，补乐清协副将。

咸丰元年，调平阳协副将。二年，署衢州镇总兵。三年，粤
匪洪秀全等窜陷江南省城，并分踞扬州、镇江二府，都隆阿带浙
江兵赴镇江会剿。寻擢云南开化镇总兵，浙江巡抚黄宗汉奏仍
留镇江军营。四年，镇江踞匪由东、南、北三门分股窜出，意图围
扑营盘，都隆阿偕总兵刘开泰等从南、北两面包钞，殪贼无算，馀
贼败窜入城。钦差大臣向荣奏闻。五年，复以高资、黄池剿贼出
力，赏戴花翎。七年正月，因病陈请开缺，回旗调理，允之。八
年，卒。

子文奎，内阁学士，兼礼部侍郎衔；文瑞，直隶候补副将。

【校勘记】

〔一〕随参赞大臣武隆阿出征喀什噶尔回匪　　"征"原误作"师"，又脱"回匪"二字。今据都隆阿传稿(之二七)改补。

恒安

恒安，萨克达氏，满洲正白旗人。由黏竿处拜唐阿，于嘉庆十一年升补蓝翎侍卫。十四年，迁三等侍卫。十七年，升副护军参领。十八年，随剿河南滑县教匪，接仗二十馀次，杀贼多名，生擒四名，面受石伤。经钦差大臣那彦成以战功保列超等。二十一年五月，发往江南，以参将补用。闰六月，署镇江营参将，历署督标左营并奇兵营游击，淮安、苏州等营参将。二十四年，补苏州城守营参将。道光四年，叠署抚标中军参将。五年，擢广东南雄协副将。六年，署三江口协副将。[一]七年，调补两广督标中军副将，旋擢潮州镇总兵。九年八月，两广总督李鸿宾以恒安与潮州镇人地不宜，奏请开缺，酌量补用，从之。十一月，补高州镇总兵。十二年，瑶匪由大古坳窜据阳公岐。五月，恒安以李鸿宾檄总理营务翼长。八月，偕副将张必禄会合黔、楚、广西各军进攻左山梁，四面兜围，贼殊死战，我兵奋勇前进，枪炮齐施，贼大溃，乞降。随将首匪房大第六等缚献，排瑶平。以功，赏戴花翎。十三年七月，调补福建漳州镇总兵。十一月，入觐，旋调广东南韶连镇总兵。十六年，丁母忧。十八年，服阕，补湖北郧阳镇总兵，历署提督三次。二十三年，因病乞休，允之，并赏食全俸。咸丰三年，卒。

子英汇，四川叙州府知府；英智，候选盐大使。

【校勘记】

〔一〕署三江口协副将　“协”上原衍“水师”二字。今据恒安传稿(之一七)删。

文俊

文俊,博尔济吉特氏,蒙古镶黄旗人。由护军于道光三年升蓝翎长。七年,升护军校。十年,升委护军参领。十六年,兼御前鸟枪差使。十八年,升副护军参领。十九年七月,拣发云南,以参将用。十二月,署临元镇标中军游击。二十年,补武定营参将。二十一年,署楚雄协副将。二十四年,署龙陵协副将。二十七年二月,署曲寻协副将,兼署中军营都司。十二月,擢督标中军副将。旋以姚州回匪滋事,云贵总督林则徐饬文俊赴白盐井驻扎防堵。二十八年四月,移驻大桥,堵缉回匪。十二月,林则徐偕云南巡抚程矞采奏[一]:“姚州回匪挟雠烧杀,并欲蔓延白盐井,文俊带兵驰往驻防,昼夜弹压。半载有馀,所获皆斩枭、斩决重犯,并地得以安全。实属辛劳丕著。”疏入,[二]赏戴花翎。咸丰元年五月,总督吴文镕遵保堪胜总兵人员,以文俊疏荐,送部引见,得旨,交军机处记名。十二年,升临元镇总兵。四年二月,命署福建陆路提督,十月,到任。十一月,卒。

子霍隆武,三等侍卫。

【校勘记】

〔一〕林则徐偕云南巡抚程矞采奏　原脱“云南”二字。今据文俊传稿(之二六)补。

〔二〕疏入　原脱此二字。今据文俊传稿（之二六）补。

褚克昌

褚克昌，云南云南县人。由武举投标学习，历拔督标右营千总。咸丰元年五月，因会剿粤匪获胜，以守备尽先升用，赏戴花翎。十二月，补云南临元镇标中营守备。五年，粤匪窜扰云南，克昌防剿出力，以都司尽先升用，先换顶带。

六年七月，贵州苗、教各匪滋事，随总督恒春带兵赴剿。时苗匪负嵎抗拒，结寨于翁树河，又分屯米桶寨为声援。克昌侦知之，偕副将陈得功由常平山一路进兵，直薄贼垒，纵火焚烧数十寨，擒斩数百人；乘胜追捕，生擒巨逆王登元等。另股贼渠据老巢，恃险固守，克昌同游击巴扬阿密计设伏诱之，自率轻骑由间道进攻，捣其巢，并败贼于翁树河。捷闻，以游击留于云南补用。八月，补开化镇标左营都司，复以攻剿螺蛳壳等处功，赏勤勇巴图鲁名号。七年，回匪围攻云南省城，克昌会合各路援兵，攻破北门外贼垒，疏通粮路。经巡抚桑春荣奏入，以参将升用。时省城外东、西、南三面均为回匪占据，日肆焚掠；城内匪党复布散谣言，乘势劫夺，人心惶惑。克昌督率亲兵擒斩匪党数十人，城防始固。经总督吴振棫奏入，以副将尽先即补，先换顶带。九年正月，署普洱镇标中营游击。七月，攻克南城外江右馆踞匪，得旨，交军机处记名，以云南总兵简用。

十年四月，大理逆回杜文秀扰及迤西楚雄一带，总督张亮基以克昌久历戎行，稔知贼状，奏请署云南提督；檄令驰往督剿，连战皆捷，赏提督衔。五月，授云南腾越镇总兵，仍兼署提督。七

月,克昌督军至沙桥,叠次击贼获胜,遂由云南县进兵,规复大理
府,为贼阻不得进,遂营于宾川州属之太和村。贼大股麋至,克
昌与贼相持,互有杀伤。

　　时回匪蔡七二等勾结南路回匪,攻陷楚雄、镇南、广通等府
县,附省之禄丰、安宁亦相继失守。克昌陷入贼境,四面隔绝,饷
运不通,回匪知援绝,围攻益力,兵练溃散。克昌独率子侄十馀
人直冲贼营,日夜转战不息,遍体受伤,力竭死之,子侄并殉焉。
十一年,云南巡抚徐之铭以闻,〔一〕谕曰:“署云南提督、腾越镇总
兵褚克昌剿办贼匪,屡著战功。上年七月间,率子侄力战阵亡,
深堪悯恻!褚克昌着照提督例从优议恤。”寻赐恤如例,赠太子
少保衔,予谥武烈。赏给骑都尉兼一云骑尉世职,袭次完时,以
恩骑尉世袭罔替。

【校勘记】

〔一〕云南巡抚徐之铭以闻　原脱“云南”二字。今据褚克昌传稿(之
　　二六)补。

　　邓尔恒

　　邓尔恒,江苏江宁人。父廷桢,官陕西巡抚,自有传。尔恒,
道光十三年进士,改翰林院庶吉士。十五年,散馆,授编修。二
十三年,充广东乡试副考官。二十四年,授湖南长沙府遗缺知
府。二十五年,补辰州府知府。二十六年,丁父忧,二十八年,服
阕,授云南云南府遗缺知府。二十九年,补曲靖府知府。咸丰三
年,以捐备军饷,赏戴花翎。

是年,回匪马二花肆扰寻甸,旋窜东川,尔恒随总督罗绕典、巡抚吴振棫带兵剿之,首犯就擒。四年,赏加道衔。六年,护理盐法道。时弥勒县贼匪劫狱戕官,势甚猖獗。尔恒偕署副将陈得功会同迤东道潘楷赴剿,歼杀甚众;生擒贼首吴美、朱顺等二十馀名,馀匪纷窜。尔恒等督兵,乘雾登山进剿,复毙三百馀,生擒匪首李在等,地方肃清。云贵总督恒春上其功,命留于云南,遇有道员缺出,请旨简放,旋补盐法道。时昆阳之海口回匪滋事,巡抚舒兴阿檄尔恒进剿。七年,回民就抚,赏加按察使衔,寻署按察使。是年,曲靖回匪纠众窜扰省城,尔恒例应议处,上嘉其昼夜登陴巡防得力,宽免处分。十年二月,授按察使。七月,升布政使。十月,擢贵州巡抚。

十一年正月,调陕西巡抚。五月,云南巡抚徐之铭奏:“据署迤东道唐简督办迤东军务,副将何有保等禀报,调任陕西巡抚邓尔恒,于三月十二日由马龙行抵曲靖,暂居府署偏院,[一]至二十二日夜间,突有贼匪拥入,搜抢箱笼杂物,尔恒惊起捕拿,致被拒伤殒命。当经兵役将贼匪李宝等戮毙,并拿获董有等六名,正法枭示。请将尔恒照殁于王事例,饬部议恤。”谕曰:“邓尔恒系巡抚大员,被贼戕害,首犯李宝等虽经官役戮毙,并拿获董有等正法,惟曲靖文武各员所禀情节种种支离,殊多疑窦。着刘源灏迅即查明具奏。”

先是,尔恒之在滇也,何有保横恣不法,尔恒深疾之。比赴巡抚任,何有保率人于中途尽劫其装。尔恒廉知之,声言欲据情参奏,何有保闻之惧。会尔恒行抵曲靖,何有保阴令练勇戴玉堂等纠党戕杀之,胁官吏以盗闻。寻何有保索分所劫赃不获,以火

烙戴玉堂背,戴玉堂愤甚,伺隙复刺杀何有保。同治元年,云贵
总督潘铎访获戴玉堂鞫实,奏明正法。谕曰:"调任陕西巡抚邓
尔恒因何有保屡行不法,为害地方,欲行参办,致被何有保闻知
戕害,殊堪悯恻! 着交部照例议恤。"寻部议照二品官阵亡例赐
恤,予谥文悫。赏骑都尉世职,袭次完时,以恩骑尉世袭罔替。

【校勘记】

〔一〕暂居府署偏院　 "院"原误作"隅"。今据显录卷三五一叶二六
　　 上改。

清史列传卷四十五

大臣画一传档后编一

僧格林沁

僧格林沁,博尔济吉特氏,蒙古科尔沁旗人。本生父毕启,四等台吉,以僧格林沁功追封贝勒。初,科尔沁多罗贝勒新吉伦,于顺治七年晋封扎萨克多罗郡王,世袭罔替。承袭八次,至索特纳木多布斋卒,无子。道光五年七月,得旨,伊族侄僧格林沁作为索特纳木多布斋之子,承袭科尔沁扎萨克多罗郡王爵。十月,袭封,命在御前行走。十二月,赏戴三眼花翎。六年,赏用紫缰。九年,赏穿黄马褂。十四年,授御前大臣。寻补正白旗领侍卫内大臣、正蓝旗蒙古都统。十五年,命总理行营。十六年,授镶白旗满洲都统。十七年,赏用黄缰。二十一年,斡珠尔巴诺们罕私开牧场,例得处分,理藩院核议未能详细,僧格林沁上疏劾之,上严饬更定。二十四年,充右翼监督。三十年九月,密云

属穆家峪匪徒持械逞凶,僧格林沁奏请查办,允之。寻授左翼监
督。十二月,赏给四团正龙补服,准予穿用。咸丰二年,宣宗成
皇帝梓宫奉安慕陵,僧格林沁恪恭将事,赏加三级。

　三年五月,粤西逆匪分扰河南,上以京师根本重地,防范稽
察均关紧要,命僧格林沁偕左都御史花沙纳等专办京城各旗营
防守事宜。僧格林沁疏陈稽察章程十二条,下所司议行。八月,
贼由直隶永年之临洺关窜正定府,上授惠亲王绵愉为奉命大将
军,僧格林沁为参赞大臣,御乾清宫亲颁关防,并颁给讷库尼素
光刀。九月,赴防紫荆关。十月,贼由沧州窜踞静海等处,图窜
天津,僧格林沁进军永清属之王庆坨,防贼北犯。得旨:“僧格林
沁筹备防剿,一切布置,均合机宜。天气严寒,该大臣辛苦备尝,
且拊循士卒,尤能甘苦与共,殊堪嘉尚!着发去御用貂冠一顶、
黑狐腿马褂一件、绿玉烟壶一个、白玉四喜搬指一个。”四年正
月,移师王家口。适贼由静海窜至,以有备遂折窜西南。官军蹑
追数十里,至子牙镇南,擒斩多名。赏给湍多巴图鲁名号。

　既而贼踞河间县属之束城村,官军分五路进,贼大溃,南走,
追败之献县单家桥、交河富庄驿等处。贼入阜城县城,并踞附城
各村,互为援应。僧格林沁分饬诸军进屯东北,自率马队绕至阜
城迤南,攻克高家庄、宋家庄各贼巢。奏入,[一]上嘉其调度有
方,赏给粤威罗瓦佛一尊、白玉翎管一枝、白玉搬指一个、黄辫珊
瑚豆大荷包一对。寻相度地势,定期分剿,饬副都统达洪阿由堆
村一带攻其西南,侍郎瑞麟等由连村一带攻其东北,将军善禄等
进军杜家场迤南。僧格林沁亲将中军往来策应,遂平堆村、连
村、杜家场贼垒,炮毙逆首伪丞相吉文元。馀贼匪不出,诱败之

塔尔头、红叶屯,贼向东南窜,遂踞连镇。连镇为河间府东光县巨镇,东西两岸村落相错,贼并踞之。围攻累月,贼恃众坚守。会绵雨,河水涨发,军事日棘。奏言:"自六月以来,阴雨浃旬,河水日涨。逆匪蚁聚高阜,我军地处低洼,该逆死守不出,欲趁水势另生诡谋。极力筹维,拟挖濠筑堤,以水为兵,设法浸灌。"寻堤工竣,贼数出奔扑,击走之。九月,东西连镇各出数千匪向南图窜,官军扼之,贼大挫。自是至十一月,贼势穷蹙,收复附近各村,遂克西连镇,其东连镇贼仍负嵎。十二月,饬投降各勇分扎西连镇及附近之陈庄,极力攻剿,并侦知逆首林凤祥业已剃发图遁。遂刻日大举进攻,饬都统西凌阿、瑞麟等督带马步队攻其北,侍郎宗室庆祺等攻其南,杭州将军瑞昌等在河西扼截,立将贼栅焚毁。于是东连镇亦复,生获林凤祥及伪检点、伪将军等,贼党聚歼。捷闻,谕曰:"僧格林沁督兵剿贼,叠著勋劳。此次攻克连镇,生擒逆首,深堪嘉尚!着加恩封为博多勒噶台亲王。伊子乾清门三等侍卫伯彦讷谟祜着在御前大臣上行走。现在畿辅地方一律肃清,着僧格林沁移得胜之师前往高唐州督办军务。"

先是,连镇踞匪分股南窜,踞山东高唐州城,钦差大臣胜保督师屡攻不下。至是,逮问来京,谕军营领兵大员均归僧格林沁节制。五年正月,抵高唐,以州城坚固,欲出奇兵胜之,遂饬南面防军故作疏防状,贼果疑,夜潜师出,全股南遁,遂复高唐。贼趋茌平,踞县属之冯官屯。官军追至,先夺其西面二村;馀党啸聚东南隅,恃粮足,开挖地道,图扑炮台,以严备不得逞。相持久之,乃密决运河之水倒灌贼巢,土墟之中,泥深没髁。官军逼近土埝,烧毁贼窟数处,生擒逆首李开芳,并曾授伪职之黄懿端等八名,馀匪无一漏网,遂复冯官屯。奏入,谕曰:"僧格林沁督师剿贼,均合机宜,忠勇之诚,深堪嘉尚! 前赏给亲王,著加恩世袭罔替,并赏坐肩舆。伊兄三品顶带台吉郎布林沁,赏作辅国公;伊弟台吉崇格林沁,赏给二品顶带,并赏戴花翎。僧格林沁着即挑选精锐官兵,分起南下,并即驰驿来京陛见,以慰廑怀。"五月,抵京,举行凯撤礼,恭缴参赞大臣关防,并讷库尼素光刀。

八月,充崇文门监督。九月,奏请酌添外满洲火器营官兵操演阵势,允之。十二月,调镶蓝旗满洲都统。六年二月,丁本生母忧,奏请回旗守制,赏假百日,在京穿孝,给银七百两治丧。十二月,命充管理沟渠河道,并八旗值年大臣。寻调补正黄旗领侍卫内大臣。七年,署镶红旗汉军都统。八年四月,英吉利兵船驶至天津海口,授为钦差大臣,督办军务。六月,直隶总督谭廷襄海口疏防,炮台失陷。英船驶入内河,僧格林沁奏参,命解谭廷襄任。七月,办理大沽、双港炮台,并续捐炮位,严行设防。数月事竣,赏御用巡幸袍、褂各一件。十月,回京,赐紫禁城坐椅轿。

九年正月,仍赴天津防堵。五月,英船闯入天津大沽口内,毁我防具。寻复驶至鸡心滩,直隶总督恒福派员理谕,不听,并先行轰击炮台,继以步队登岸,督军力战,胜之;并轰毁英船入内河者十三只。奏入,所有办理海防及接仗各员给奖有差。十二月,回京,上念其功,赏黄马褂。十年正月,以本年恭逢三旬万寿,恩赏杏黄色端罩、貂褂,仍赴天津办防。自二月至五月,两江总督何桂清等奏言:"英船有北驶之说,命豫为布置,严密设防。"六月,英船百数十艘驶至天津海口,猝于北塘登岸,占踞村庄。时直隶总督恒福专办抚局,[二]而英人要挟,无定议,并出马步队万馀分扑新河、军粮城,官军退守唐儿沽、大沽两岸,势甚危急。僧格林沁先后奏入,得旨:"镇定军心,妥为调度。"仍谕恒福办理抚局。寻复谕曰:"握手言别,倏逾半载。现在大沽两岸正在危急,谅汝忧心如焚,倍切朕怀!惟天下根本不在海口而在京师,若稍有挫失,必当退守津郡,设法迎头截剿,万不可寄身命于炮台。切要切要!若执意不念大局,只了一身之计,殊属有负朕心,握管不胜凄怆!"

时唐儿沽又被英人占踞,大沽炮台愈危,复奉退守津郡之谕。寻奏言:"回守津郡,必至兵心动摇。现在情形惟有严守大沽,设法布置,竭力固守。"得旨:"所奏情形甚有见地。仍当仰体朕心,勿专以大沽为重。"七月,英人复占踞大小梁子,旋于右岸石缝地方接仗,官军失利,炮台被占。拟退守通州,于州城迤南择要驻扎。得旨:"迅速来京面授机宜。"并得旨:"僧格林沁办理海防,未能周妥,拔去三眼花翎,革去正黄旗领侍卫内大臣、镶蓝旗满洲都统。"八月,带兵留通防守,先派员赍折入奏,得旨:"该大臣威望素著,能得兵心。着仍领钦差大臣关防,会同瑞麟办理防剿,并赏还三眼花翎。"寻以英人逐日前进,严阵以待,获英人巴夏里等送京。英人复整队来扑,官军退扼八里桥,接仗失利。得旨:"僧格林沁革去爵职,仍留钦差大臣。"九月,和议成,直东及河间一带土匪蜂起,得旨:"僧格林沁偕侍郎衔瑞麟前往剿办。"

十月,以山东团练大臣杜翻奏捻匪猖獗,济宁、兖州、泗水均已被围,谕僧格林沁俟畿辅肃清,即赴山东节节剿办。旋奏言:"陆续缉获土匪,分别正法,各匪以次解散。拟即取道东昌以次南下。"得旨:"抵东后,必须会合兵勇进剿匪巢,以期一鼓荡平,是为至要!"寻谕于济宁、兖州一带择要驻扎,先将北路妥为布置。嗣与贼战于巨野之羊山,失利,僧格林沁以瑞麟节节退守,怯懦无能,劾之,上褫瑞麟职。十二月,邹县教匪宋继朋倡乱,僧格林沁督师往剿,胜之。越日,再胜贼于河滩暨后峪地方。十一年正月,捻匪由东平等处渡河,副都统伊兴额追至杨柳集,遇伏战殁。四月,解滕县围,克沙沟营及临城驿,先后杀贼六七千人。

时贼窜郓城,勾结长枪会匪,图陷济宁州属之金乡,邹县教匪亦恃险不下。僧格林沁次第进攻,叠有捷仗。六月,曹州会匪分股各踞要隘,僧格林沁遣翼长舒通额等分兵进剿,败贼于曹县安陵集、濮州田潭,各擒其渠。八月,贼渡运河,自泰安窜济南,僧格林沁亲统大军蹑之。贼闻风东窜,踞孙家镇,官军进击,贼由靳家桥遁青州。九月,袭贼于临朐县南,沿诸城至沂水,适黑旗捻首跨河拒敌,分队击之。贼合股回抗,追至兰山之兰陵镇,歼焉。奏入,谕曰:"捻匪自入东境以来,虽叠经剿击,总未大受惩创。此次僧格林沁亲督大军歼除殆尽,洵足以寒贼胆而快人心!着加恩赏还御前大臣,并赏还黄缰。"十月,授正红旗汉军都统,管理奉宸苑事务。穆宗毅皇帝御极,谕曰:"僧格林沁受三朝知遇之恩,宣力中外,功勋卓越。现在统兵剿办教、捻各匪,纪律严明,兵民爱戴,朕欣慰之馀,尤深眷系!允宜特沛恩施,用彰殊眷。着赏还博多勒噶台亲王。"旋命管火器营事务。

时大股捻众由山东高密、寿光、章丘入滕县,僧格林沁调马步队驰扎兰、峄,贼西窜济宁,营总富和等捷于杨庄冈山。十一月,僧格林沁母病,上赏给人参,命其子伯彦讷谟祜回牧,代为省视。先是,会匪踞寿张迤西,僧格林沁令侍郎宗室国瑞等蹑踪追压,先取簸箕营,次取竹口围,而曹州会匪复恃濮州红川口土围坚固,意图久踞。僧格林沁率各军合剿,越濠攻入,搜斩无遗,陆续毁刘家桥及菏泽郭家唐房老巢。正移营间,定陶县佃户屯老巢贼众潜扑大营,都统西凌阿拒之,贼败南奔,救出陷贼良民无算。抵大张寺,贼来扑,复击走之,毙贼千馀,寻复范县。十二月,捻贼踞巨野县境,西凌阿往攻,大捷。其定陶马家集之贼,遂丧胆逸去。适会匪郭秉钧等自河西回犯东岸,趋曹郡,僧格林沁由菏泽陈家集督师乘其后,自崔家坝至黄河南岸,屡挫贼锋,曹属渐就荡平。

同治元年正月,江苏丰县捻匪二万馀,由金乡犯鱼台,势张甚。令翼长苏克金等进攻,力战,毙贼数千,馀匪奔丰、沛间。二月,亳东捻匪纠合各股悍贼,并长枪会匪,并力西窜。僧格林沁督带马队追至河南杞县,贼分股来扑,僧格林沁设伏诱之,乘贼撤队时,马步齐出,毁贼营七;复攻破赵寨等匪,贼大败,宵遁。是役也,三路会剿,杀匪万计。奏入,上嘉奖之。其宵遁之贼向西南穷窜,僧格林沁督率各军由陈留追抵尉氏;匪踞县东,击之,屡有擒获。匪惧,退入民寨,派队进攻,匪列阵数里,旋诈退,欲由旁路包钞,营总卓明阿等整队以待,至匪迫近,奋力冲入,匪大震,闭寨固守。官军复设法撤去东面重围,诱至樊家楼地方,拨马回剿,枪炮齐施,亳东逸出之馀匪,至是歼焉。五月,补正黄旗领侍卫内大臣。

时山东长枪会匪董智信等窜入直隶东明境,踞沙果寺民寨,苏克金等驰剿,智信乞降,呈缴军器多件。其盘踞坦头集等处捻匪,亦经富和攻克,并招抚被胁者数十圩寨。六月,进攻金楼。先是,教匪郜姚氏踞金楼,并有贼目金鸣亭施其狡谋,攻之不克。至是,僧格林沁督饬各军剿抚兼施,投诚甚夥,复激励将弁率以进攻降勇,先拥入贼圩,各军继之,与贼巷战,阵斩郜姚氏及其两子,并贼目常立身等,馀贼搜杀净尽,立平贼寨;又乘势败贼于邢家圩、吴家庙、营廓集等处,均有斩擒,事平。谕曰:"金楼教匪,荼毒生灵,尤为顽恶异常。僧格林沁督率官军,一鼓殄除,实足大快人心!"是月,长枪会匪焦桂昌等复窜曹属,意在纠合党与,四出滋扰。僧格林沁檄恒龄剿之,遂擒焦逆,并获首从各匪戮之;又先后攻克兰山之卓山寨、洪山寨及太丘、双桥集各贼圩。

　　寻疏言:"各路统兵大臣及督抚大吏,奏报含混,一味搪塞。为将帅者市恩于麾下,为督抚者见好于属员,每以将佐一战之功,遽行优保。请皇上密派贤员数人,自臣军营及各路军营认真密查。又军务莫急于饷缺,而饷缺盖由于各省征收之不足,其中有水旱偏灾,贼窜边境者,不肖州县藉此措词。其实灾轻之区,良善之民谁未纳赋,不过州县意图肥己,私征匿报。道府职司监察,耳目切近,岂无所闻? 其中或有喜其逢迎,遂代为缄默,地方大吏偶有风闻,又念道府情面,姑且容之,直待断难姑息,始行参革撤任。岂知事已不可收拾? 又岂知被劾之官私橐已饱? 似此吏治,若各省督、抚、司、道再不设法挽回,严定章程,实行惩劝,军饷何由得充? 官方何时能肃?"奏入,谕曰:"督兵大员肯将军营积弊据实上陈,具见公忠体国,不染习气,甚属可嘉!"

　　七月,命统辖山东、河南全省军务,并调度直隶、山西省防兵,直隶、山东、河南、山西各省督、抚、提、镇以下各官,及正白旗汉军副都统遮克敦布、右侍郎毛昶熙、署漕运总督吴棠,均归节制。其蒙、亳、徐、宿等处防兵,并一并调遣。八月,大股捻贼窜山东鱼台之罗家屯,僧格林沁亲督各军由河南夏邑驰至,自金山迤东分驻进攻,国瑞从中路直冲贼阵。贼腹背受创,杀贼千馀,追过山梁,又杀贼四五千人。九月,进克张大庄、卢庙、孙老庄、邢大庄各贼圩,擒斩捻首李廷彦、孙彩兰等。王新庄等各寨均降,亳东捻首宋喜元等亦杀贼归正。亳州以北,一律肃清。十二月,谕曰:"僧格林沁督兵剿贼,懋著功勋。两载以来,由直隶、山东以至河南、安徽境内,栉风沐雨,辛苦备尝。现进攻亳州各捻匪巢穴,时当冬令,布屋单寒,殊深廑念!着发去黄面貂尾马褂一件,交僧格林沁祗领,以示体恤。"

二年正月,捻首孙丑等掠河南鹿邑,僧格林沁派副都统舒通额等击之,歼步贼万馀。二月,连克安徽颍州属之雉河集、尹家沟贼巢,阵擒捻首韩四万等。寻侦知巨捻逃匿李庄,遂派舒通额等会集乡团围攻之,贼惧,执其渠以献。匪首杨瑞瑛、王怀义等先后请降,僧格林沁令翼长全顺潜驻王怀义原寨,藉探贼踪,适捻首苏天才等误投入寨,经全顺按名弋获,匪大惧,捻首李勤邦等诱擒巨捻张洛行,并其子张喜以献,馀匪悉平。事闻,谕曰:"安徽蒙、亳等处自遭捻患,几及十年。僧格林沁锐意剿除,卒能将各股捻首擒获收抚,使积年巨患克日扫除,洵属调度有方,谋勇兼备。科尔沁亲王僧格林沁着加恩仍以亲王世袭罔替,前奉特旨赏用章服等项,并仍准其服用,以示优异。"六月,剿平山东淄川踞匪,并将逃匿大白山之贼悉数擒获。奏入,上嘉之。寻谕曰:"近日天气炎蒸,该大臣冒暑督师,运筹决胜,允宜优加赏赉,以奖勋劳。着发去黄辫珊瑚豆大荷包一对、黄辫珊瑚豆小荷包两个、翠翎管一枝、白玉搬指一个、白玉烟壶一个、玉柄小刀一把、火镰一把，俟伯彦讷谟祜由隆福寺差竣回京，即令亲赍前往军营，交僧格林沁祗领，并传谕该大臣为国贤劳，允宜善自保爱，以隆委寄。”

初，教匪宋继明之负嵎邹县白莲池也，[三]纠党二万馀，四出劫掠。当派总兵陈国瑞扎营白莲池山腰，攻其老巢。贼乘高下扑，陈国瑞挥军大进，擒贼首刘锦春；[四]副将郭宝昌，伏兵噪而起，立破之。败匪窜红山为死守计，寻粮尽欲遁，国瑞扼其东面，而设伏西南山岭下，严阵待之。陈国瑞督带本队，由云蒙寺先抢山梁，扑入贼寨，将东山、西山之匪冲作两截，其西山之匪扑窜下山，复经陈国瑞迎击，据其寨，随将东山之匪围杀殆尽。计凡阅月，邹县股匪悉平。奏入，谕曰：“僧格林沁自攻克淄川后，移军邹县，甫经匝月，即将教匪扫穴擒渠，良由调度有方，用能驱策群力，深堪嘉尚！”寻以山东地方被贼滋扰，地方荒废寖多，奏请移民认垦，允之。

十月，捻首苗沛霖纠众数万，扰及安徽蒙城，僧格林沁亲督马步队驰赴亳州，先克蒋集，擒匪首陈万福斩之。寻破杨家寨，与陈国瑞等军会合，攻其南面，绝贼粮道，并破蔡家圩贼营二十四座；复亲督大军，分路并进，其河南贼垒三、河北贼垒五，悉数划除。苗逆计穷，昏夜越濠出窜，总兵王万清斩首以献。逆党苗景开等均伏法。蒙城围解。时西洋集踞贼犹负固抗命，僧格林沁调队合攻，由西南两面攻入，擒斩贼首葛春元等，毙贼三千馀名。其葛家圩、魏群儿等寨悉投诚，淮甸渐就肃清。遂饬总兵恒龄等分往颍、亳及寿州一带清理圩寨，缉拿匪犯，收复城关，其不遵劝谕者并诛之。先后奏入，得旨嘉奖。

三年四月，疏言："用兵之道，首贵严明侦探，知彼知己，调度战守，方能合宜。近见各路军营奏章，每以贼众兵单为词，获捷之报，络绎不绝，而贼势愈众，蔓延愈广。总由领队之员不能确探贼情，贼至不肯迎头堵击，贼去又不肯跟踪追剿，但敷衍出境，即报胜仗，以少报多，讳败为胜，豫为冒功邀赏地步。握兵符者，既不能身临前敌，复不详加查考，率行据禀入告，相沿成习，急须认真整顿。"疏入，〔五〕上韪之，并命督师皖、豫、楚三省之交，如有似此情弊，一经见闻，即指名参奏。五月，谕曰："本年发、捻各匪审扰楚、豫交界，该大臣亲督所部兵勇，转战而前，所向克捷。近日天气炎蒸，该大臣冒暑督兵，不辞劳瘁。着发去黄纱马褂一件、金表一对、玉柄小刀一把、火镰一把、鼻烟一匣、茶叶二匣，派伯彦讷谟祜驰驿亲赍前往军营，交僧格林沁祗领，并传谕该大臣为国宣劳，尤宜善自爱护，以隆倚畀。"

六月，江宁克复，谕曰："僧格林沁在直隶、山东等省，肃清全境，并督师皖北，将张洛行、苗沛霖等股剿灭。近复移扎豫、皖之交，扼剿东窜援贼。该亲王忠勇性成，不避艰险，军麾所莅，威望允孚。已叠次加恩，晋封亲王，世袭罔替。着再施恩，加赏一贝勒，令其子伯彦讷谟祜受封。"七月，复谕曰："该大臣向于蒙古官兵内保举出力将士，从不肯稍有冒滥。现当江宁克复，所有僧格林沁军营统带蒙古马队各员，着择其出力者，酌量保奏，候朕施恩。其该营蒙古兵丁，着加恩赏银一万两，以示体恤。"

时发、捻各匪审踞湖北之麻城，于县城南之闵家集筑垒二十馀座,僧格林沁派成保带兵进剿,均克之。郭宝昌一军并克蔡家畈等处老巢,贼窜河南罗山迤南之杨家店,僧格林沁亲督马队,乘胜逐北,抵萧家河,杀贼无算。其窜至上巴河、蕲州之贼,复勾合东窜各匪,屯踞风火山,蔓延数十里。既阵,官军薄之,贼翻山奔蕲水,逾芭茅街,贼尸盈路。进至土漠河,见沿河丛林中贼垒森布,僧格林沁分军扼驻,贼首陈大喜等各率伏裹钞,直扑官军,复有他贼钞在官军之前;陈国瑞直捣中坚,匪众四溃。越日,达黑石渡,檄令降目黄中庸乘夜袭取贼营,僧格林沁复亲督马队冲压,贼震慑,逆首温其玉、黄文诰等率众弃械乞降,并擒献伪端王蓝成青,降其众数十万人,诛蓝逆。

　　四年正月,河南宝丰县积匪踞甘露台、张八桥等处,僧格林沁驻军宝丰,四路兜剿,饬郭宝昌等逼贼安营,贼拥众出击,却之;复派成保督带马队横截,使贼首尾不能相顾。贼兵乱。适有别股贼匪蜂拥而至,图犯总兵何建鳌扼驻塔尔湾之军,官军佯退,贼尾袭,两旁伏起应之,将步贼全数殄除,马贼窜向梁洼,弃垒而走,及清凉寺杀贼千馀。另股发、捻赖文光等因各军堵截,纠众折向南窜,图陷鲁山。僧格林沁督饬恒龄等军越山追剿,抵鲁山城下,贼突出马队扑城,既复拼死回斗,馀贼潜袭后路,官军合围,贼遂窜叶县。僧格林沁令勇目从间道引军设伏,连破贼垒,二三月,[六]贼由临颍复回窜河南信阳,郭宝昌等军并力截剿,贼遁确山,复亲督各军星夜疾驰,并分接应之军防贼后路。贼果来扑,陈国瑞督勇力战,步贼先溃,官军马队从山口突出,贼马队亦溃,贼众遂不成军。

　　四月,发、捻入山东由汶上县之袁家口,犯及郓城西北水套一带,勾结伏莽马步数万众,势凶悍。[七]僧格林沁督师猛进,日逴一二百里,再战再胜之,追至曹州府西北高庄集地方。时官军重趼羸饿,遇贼鏖战竟日,力不能支,遂溃。僧格林沁抚循残卒,退入荒庄,既夜,贼掘长濠困之。全顺等请冲围出,越濠,贼层层包裹。陈国瑞马队四千覆几尽,馀军与贼不相辨识,长驱并骛于昏黑之中,行至吴家店,从骑半没。僧格林沁手刃悍贼,马蹶,遂遇害。内阁学士全顺、总兵何建鳌与焉。

帮办军务杭州将军宗室国瑞奏入,谕曰:"钦差大臣科尔沁博多勒噶台亲王僧格林沁,于咸丰三年间督师剿贼,叠克临清、连镇、冯官屯、高唐州等处,北路赖以肃清。嗣于十年间,整旅南征,转战直隶、山东、河南、安徽、湖北等省,扫荡捻圩,殄除发匪,擒斩巨逆张洛行、苗沛霖等,不可胜计。军麾所至,众望允孚。朝廷以该亲王频年转战,士卒疲劳,申谕再三,令其持重;而该亲王忠勇性成,视国事如家事,临阵无不身冒锋镝,誓灭此贼而后已。方期天鉴忠忱,克竟全功,长承恩眷;乃因猝遇贼伏,力战阵亡。览其死事情形,不禁为之陨涕!着赏给陀罗经被,照阵亡例,以亲王饰终典礼,从优议恤。应得恤典,该衙门详察具奏。任内一切处分,悉予开复。准其入城治丧,其灵柩回旗时,着沿途地方官妥为照料。并派乾清门侍卫克兴阿、岳林、恩全、吉凌迅速驰驿前往该营迎护。赏给银五千两,经理丧事。准其入祀昭忠祠。其死事及该亲王出师省分,均着建立专祠。生前事功,宣付国史馆立传。伊子伯彦讷谟祜,俟百日孝满后,着承袭亲王,该衙门无庸带领引见。所遗贝勒,即着赏伊孙那尔苏,以示笃念忠荩之至意。"

同日，复谕曰："科尔沁博多勒噶台亲王僧格林沁，蒙宣宗成皇帝恩眷，派充御前大臣，管理旗营事务。文宗显皇帝御极以来，尤加委任。咸丰三年，特命剿办发逆。十年督师南下，转战直隶、山东等省，于今六载，亲历戎行，靡间寒暑。殄除巨憝，懋建殊勋。功在生民，志安社稷。顷因督战阵亡，虽已加恩优恤，建立专祠，并入祀昭忠祠，尚不足以崇奖忠荩。国家定制，王大臣中有公忠体国、超众宣劳者，向有配飨之例。况僧格林沁为国家宣力，忠勇性成，允宜特沛殊恩，用慰忠魂而昭异数。着加恩配飨太庙，以示朝廷轸念勋臣之至意。"寻赐恤如例，辍朝三日，予谥曰忠。

五月，经国瑞查明战殁情形入奏，略曰："僧格林沁忠勇性成，图报心坚，[八]行则身先士卒，战则亲冒矢石，驻则与将士同甘苦；虽严寒溽暑，从无少怠。今春仅此穷寇入东，原可稍缓兵力，僧格林沁常言西路回氛未靖，经费艰难，誓欲速灭流寇，以期振旅出关，扫平西域，上纾宸廑，下奠良民。四月二十四日，探明发、捻在曹州府西北高庄集地方，乃督马队迎头截击，该逆正欲南趋，见我军大至，贼众列仗来拒。我军遂分三路，西路乃诺林丕勒、托伦布、达尔济领左翼马队，陈国瑞、何建鳌各领本带步队；东路乃成保、乌尔图、那逊、春寿领右翼马队，郭宝昌领本带步队；中路即常星阿、温德勒克西、高福、富森保各领马队，并无步队。该逆亦分三股迎拒，皆系马步相兼，其势甚凶。诺林丕勒、陈国瑞等敌住西哨之贼，恶战时许，互有伤亡，始将此股击退。贼去未远，适中股之贼往扑常星阿之队，常星阿抵敌不住，遂即撤退。此股马贼并未深追，急转马头向西路之军，横冲而来;西股败匪见势复进,二股并进,先将何建鳌步队东哨冲动。正在兵贼乱战,刀矛并举,我军死伤甚众,贼尸亦复不少。西路步贼蚁聚齐上,以致马步力不能支,纷纷溃散。是时僧格林沁在后督进,见东路之贼扑我右翼,无力迎击,即飞马往督,比及赶到,我军已退,遂与马步队且战且走。此时僧格林沁若带劲卫驰赴曹州,未尝不可远走,因见我军伤残零落,仍欲齐集马步,再作良图,是以退扎荒庄。仓卒未计食水,该逆全力来围,众军心怯,僧格林沁犹沿墙开导,使众稳守。注目四望,怜我将士。讵意该逆奸狡异常,随掘长濠,众将复求冲围早走,僧格林沁终恋败军,泪流满面。时至三更,贼氛愈近,势将扑犯。翼长全顺复以大局攸关,正颜挽请,始允夜行。全顺、成保、郭宝昌等护从,僧格林沁嘱令马步竭力杀贼,不必顾我。迨冲出围墙,未至贼濠,逆众惊觉,纷纷包裹。僧格林沁犹督令开枪,贼众应声落马者,不计其数。行至贼濠,从人渐少,僧格林沁马失前蹄,复换马,又行数里。比时我军马步与贼夜战,枪声不绝,乱兵中犹闻僧格林沁喊督将士实力杀贼。无如该逆包钞,愈裹愈厚,将僧格林沁困在垓心。僧格林沁并无少怯,遂抽佩刀,犹能手刃悍贼,不期马受矛伤,惊逸咆哮,以致落马,从人追赶,藉马惊闯得出。比及天明,贼散。讵料僧格林沁即于此地将星陨坠,身受八伤,生颜宛在。此地在曹州府城西北十五里,地名吴家店。此僧格林沁死事之详细情形也。"奏入,得旨:"僧格林沁事迹,前已有旨宣付史馆,此次国瑞将僧格林沁殉难情形详细查明具奏,着一并交付史馆,叙入列传,以昭忠节。"

闰五月,灵柩抵良乡,命御前大臣景寿前往奠酹。越日抵京,命醇郡王带领侍卫前往奠醊。上复奉两宫皇太后懿旨,亲临赐奠。长孙那尔苏,得旨,所袭贝勒,着加恩作为世袭罔替;次孙温都苏,得旨,赏给辅国公。六月,谕曰:"我朝历届办理军务,凡功勋卓著之臣,均于告成后,图像紫光阁,以彰懋绩。现在南北各路军务虽未告葳,而如僧格林沁之勋绩昭然,本应在绘像之列。今乃中道战殁,未获目睹成功,追念弥深眷注!僧格林沁着先行绘像紫光阁。"绘成,御制赞曰:"雄藩懿戚,夙懋忠勇。转战疆场,奇勋克巩。伤哉马革,遽陨将星。秘芬配食,阁表图形。"七年七月,上以捻匪荡平,谕曰:"原任钦差大臣科尔沁博多勒噶台亲王僧格林沁,自咸丰三年督师剿捻,叠殄巨憝,懋著勤劳。同治四年四月间,在山东曹州剿贼,乘胜逐北,中伏捐躯。前已叠降恩旨,从优议恤。现在捻股荡平,逆首次第伏诛。因思该亲王忠勇性成,赍志以殁,惓念殊勋,倍深怆恻!僧格林沁着加恩赐祭一坛,派盛京工部侍郎奕庆前往致祭,用示笃念荩臣至意。"

　　光绪十五年,慈禧端佑康颐昭豫庄诚皇太后归政,奉懿旨:"科尔沁博多勒噶台亲王僧格林沁于咸丰、同治年间,叠平寇乱,功在旂常。前经从优赐恤,并图形紫光阁配飨太庙。该亲王身后荣名,已足昭垂千古。现在归政届期,追念前勋,允宜特沛殊恩,以示优异。僧格林沁着于京师建立专祠,春秋致祭。"寻遵旨,建显忠祠于安定门内。

【校勘记】

〔一〕奏入　原脱此二字。今据僧格林沁传稿(之三七)补。下文"上嘉之"上亦同。

〔二〕时直隶总督恒福专办抚局　原脱"直隶总督"四字。今据僧格林沁传稿(之三七)补。

〔三〕教匪宋继明之负嵎邹县白莲池也　"明"原误作"朋"。今据清史稿(一九七七年北京中华书局点校本)册三九,页一一八九五僧格林沁传改。

〔四〕擒贼首刘锦春　"刘锦春"一作"刘得培",见毅录卷七一叶二五上,未知孰是。

〔五〕疏入　原脱此二字。今据僧格林沁传稿(之三七)补。

〔六〕二三月　原脱"三"字。今据僧格林沁传稿(之三七)补。

〔七〕勾结伏莽马步数万众势凶悍　原脱"众势凶悍"四字。今据僧格林沁传稿(之三七)补。

〔八〕图报心坚　"心"原误作"性"。今据僧格林沁传稿(之三七)改。

　　曾国藩

　　曾国藩,湖南湘乡人。道光十八年进士,改翰林院庶吉士。二十年,散馆,授检讨。二十三年三月,大考二等,以侍讲升用。六月,充四川乡试正考官。七月,补侍讲。十二月,充文渊阁校理。二十四年,转侍读。二十五年三月,充会试同考官。五月,迁詹事府右春坊右庶子,九月,转左庶子。旋升翰林院侍讲学士。十二月,充日讲起居注官。二十六年,充文渊阁直阁事。二十七年五月,大考二等,遇缺题奏。六月,擢内阁学士,兼礼部侍郎衔。二十八年,稽察中书科事务。二十九年正月,升礼部右侍郎。八月,署兵部左侍郎。

　　三十年正月,宣宗成皇帝升遐,文宗显皇帝御极,国藩遵旨集议郊配庙祔礼,疏曰:"皇上以大行皇帝朱谕遗命四条内无庸郊配、庙祔二条,令臣工详议具奏。臣等谨于二十七日集议,诸臣皆以大行皇帝功德懿铄,郊配既断不可易,庙祔尤在所必行,直道不泯。此天下之公论也。臣国藩亦欲随从众议,退而细思大行皇帝谆谆诰诫,必有精意存乎其中。臣下钻仰高深,苟窥见万分之一,亦当各献其说,备圣主之博采。窃以为遗命无庸庙祔一条,考古准今,万难遵从。无庸郊配一条,则不敢从者有二,不敢违者有三焉。所谓无庸庙祔一条,万难遵从者,何也?古者祧庙之说,乃为七庙亲尽言之。间有亲尽而仍不祧者,则必有德之主,世世宗祀不在七庙之数。若殷之三宗,周之文、武是也。大行皇帝于皇上为祢庙,本非七庙亲尽可比;而谕功德之弥纶,又当与列祖列宗同为百世不祧之室。岂其弓剑未忘,而烝尝遽别?且诸侯大夫尚有庙祭,况以天子之尊,敢废升祔之典?此其万难遵从者也。所谓无庸郊配一条,有不敢从者二,何也?古圣制礼,亦本事实。实之既至,而情文因之而生。大行皇帝仁爱之德,同符大造。偶遇偏灾,立颁帑项,年年赈贷,薄海含哺。粒我烝民,后稷所以配天也。御宇三十年,无一日之暇逸,无须臾之不敬,纯亦不已,文王所以配上帝也。既已具合撰之实,而欲辞升配之文,则普天臣民之心终觉不安。此其不敢从者一也。历考列圣升配,惟世祖章皇帝系由御史周季琬奏请外,此皆继统之圣人,特旨举行,良由上孚昊眷,下惬民情,毫无疑义也。行之既久,遂为成例。如大行皇帝德盛化神,即使无例可循,臣下犹应奏请,况乎成宪昭昭,曷敢逾越?传曰:'君行意,臣行制。'在大行皇帝自怀谦让之盛意,在大小臣工宜守国家之旧制。此其不

敢从者二也。所谓无庸郊配一条,有不敢违者三,何也?坛壝规
模,尺寸有定。乾隆十四年重加缮修,一砖一石,皆考律吕之正
义,按九五之阳数,增之不能,改之不可。七庙配位,各设青幄,
当初幄制阔大,乾隆三年量加收改。[一]今则每幄之内仅容豆笾,
七幄之外几乏馀地。我大行皇帝虑及亿万年后,或议增广乎坛
壝,或议裁狭乎幄制,故定为限制,以身作则,俾世世可以遵循。
今论者或谓西三幄之南,尚可添置一案,暂为目前之计,不必久
远之图。岂知人异世而同心,事相沿而愈久,今日所不敢言者,
亦万世臣子所不敢言者也;今日所不忍言者,亦万世臣子所不忍
言者也。经此次朱谕之严切,盈廷之集议,尚不肯裁决遵行,则
后之人又孰肯冒天下之不韪乎?将来必至修改基址,轻变旧章,
此其不敢违者一也。古来祀典,兴废不常,或无其祭而举之,或
有其礼而罢之,史册所书,不一而足。唐垂拱年间,郊祀以高祖、
太宗、高宗并配,后开元十一年从张说议,罢太宗、高宗配位。宋
景祐年间,郊祀以艺祖、太宗、真宗并配,后嘉祐七年从杨畋议,
罢太宗、真宗配位。我朝顺治十七年,合祀天地、日月、星辰、山
川于大享殿,奉太祖、太宗以配,厥后亦罢其礼。祀典改议,乃古
今所常有。我大行皇帝虑亿万年后愚儒无知,或有援唐宋罢祀
之例,[二]妄行陈奏者,不可不豫为之防,故朱谕有曰:'非天子不
议礼。'以为一经断定,则巍然七幄与天长存。后世增配之议尚
且不许,罢祀之议更何自而兴?所以禁后世者愈严,则所以尊列
祖者愈久。此其计虑之周,非三代制礼之圣人而能如是乎?大
行皇帝以制礼之圣人自居,臣下何敢以寻常之识浅为窥测?有
尊重之虚文,无谋事之远虑,此其不敢违者二也。我朝以孝治天

下,而遗命在所尤重。康熙二十六年孝庄文皇后遗命云:'愿于遵化州孝陵近地择吉安厝。'当时臣工皆谓遵化去太宗昭陵千有馀里,不合祔葬之例。我圣祖仁皇帝不敢违遗命,而又不敢违成例,故于孝陵旁近建暂安奉殿,三十馀年,未敢竟安地宫,至雍正初始敬谨葳事。嘉庆四年,高宗纯皇帝遗命云:'庙号无庸称祖。'我仁宗睿皇帝谨遵遗命,故虽乾隆中之丰功大烈,而庙号未得祖称,载在会典,先后同揆矣。此次大行皇帝遗命,惟第一条森严可畏,若不遵行,则与我朝家法不符;且朱谕反覆申明,无非自处于卑屈,而处列祖于崇高。此乃大孝大让亘古之盛德也,与其以尊崇之微忱属之臣子,孰若以莫大之盛德归之君父。此其不敢违者三也。臣窃计皇上仁孝之心,两者均有所歉,然不奉升配仅有典礼未备之歉;遽奉升配既有违命之歉,又有将来之虑,是多一歉也。一经大智之权衡,无难立判乎轻重。圣父制礼,而圣子行之,必有默契于精微,不待臣僚拟议而后定者。臣职在秩宗,诚恐不详不慎,皇上他日郊祀时,上顾成命,下顾万世,或者怵然难安,则礼臣无所辞其咎。"奏入,上韪之。

三月,应诏陈言,疏曰:"今日所当讲求者,惟在用人。人才不乏,欲作用而激扬之,则赖皇上之妙用。有转移之道,有培养之方,有考察之法,三者不可废一。臣观今日京官办事通病有二:曰退缩,曰琐屑;外官办事通病有二:曰敷衍,曰颟顸。习俗相沿,但求苟安无过,不肯振作有为。将来一遇艰巨,国家必有乏才之患。今遽求振作之才,又恐躁竞者因而幸进。臣愚以为欲令有用之才,不出范围之中,莫若使从事于学术,又必皇上以身作则,乃能操转移风化之本。臣考圣祖登极后,勤于学问,儒臣逐日进讲,寒暑不辍,召见廷臣,辄与往复讨论。当时人才济济,好学者多。康熙末年,博学伟才,大半皆圣祖教谕成就之。皇上春秋鼎盛,正符圣祖讲学之年。臣请俟二十七月后,举逐日进讲例,四海传播,人人向风。召见臣工,从容论难,见无才者则勖之以学,以痛惩模棱罢软之习;见有才者则愈勖之以学,以化其刚愎刻薄之偏。十年以后,人才必大有起色。此转移之道也。内阁、六部、翰林院为人才荟萃之地,内而卿相,外而督抚,率出于此,皇上不能一一周知也。培养之权,不得不责成堂官。所谓培养有数端:曰教诲,曰甄别,曰保举,曰超擢。堂官于司员,一言嘉奖,则感而图功;片语责惩,则畏而改过。此教诲不可缓也。榛棘不除,则兰蕙减色;害马不去,则骐骥短气。此甄别不可缓也。嘉庆四年、十八年,两次令部院各保司员。此保举成案也。雍正间,甘汝来以主事而赏人参,放知府。嘉庆间,黄钺以主事而充翰林,入南斋。此超擢成案也。盖尝论之,人才譬若禾稼,堂官之教诲,犹种植耘耔也。甄别犹去稂莠,保举犹灌溉也。皇上超擢,譬之甘雨时降,苗勃然兴也。堂官时常到署,犹农夫日在田间,乃熟稼事。今各衙门堂官多内廷行走之员,或累月不到署,自掌印主稿外,司员半不识面。譬之嘉禾稂莠,听其同生同落于畎亩之中,而农夫不问。教诲之法无闻,甄别之例亦废。近奉明诏保举,又但及外官不及京秩,培养之道不尚有未尽者哉?顷岁以来,六部人数日多,或廿年不得补缺,终身不得主稿,内阁翰林院人数亦三倍于前,往往十年不得一差、不迁一秩,而堂官多直内廷,本难分身入署,又或兼摄两部、管理数处,纵有才德俱优者,曾不能邀堂官之顾,又乌能达天子之知? 以数千人才,近在眼前,不能加意培养,甚可惜也! 臣愚欲请皇上稍为酌量,每部须有二三堂官不入内廷者,令日日到署,与司员相砥砺。翰林掌院亦须有不直内廷者,与编、检相濡染,务使属官之性情心术,长官一一周知。皇上不时询问,某也才,某也直,某也小知,某也大受,不特属官优劣灿呈,即长官浅深亦可互见,旁考参稽,而八衙门之人才,同往来圣主之胸中。彼属官者但令姓名达于九重,不必升官迁秩,而已感激无地,然后保举之法、甄别之例次第举行旧章。皇上偶有超擢,则梗楠一升而草木之精神皆振。此培养之方也。古者询事考言,二者兼重。近来各衙门办事,小者循例,大者请旨,本无才猷可见,莫若于言考之;而召对陈言,〔三〕天威咫尺,不宜喋喋便佞,则莫若于奏折考之。国家定例,内而九卿、科道,外而督抚、藩臬,皆有言事之责,各省道员亦许专折言事。乃十馀年间,九卿无一人陈时政得失,司道无一折言地方利病,科道奏疏无一言及主德隆替,无一折弹大臣过失,一时风气,不解其所以然。本朝以来,匡言主德者,如<u>孙嘉淦</u>以自是规<u>高宗</u>,<u>袁铣</u>以寡欲规<u>宣宗</u>,〔四〕皆优旨嘉纳。纠弹大臣者,如<u>李之芳</u>劾<u>魏裔介</u>、<u>彭鹏</u>劾<u>李光地</u>。后四人皆为名臣,至今传为美谈。直言不讳,未有盛于我朝者也。皇上御极之初,特诏求言,而褒答<u>倭仁</u>之谕,臣读之至于抃舞感泣。然犹有过虑者,诚见皇上求言甚切,诸臣纷纷入奏,或条陈庶政,颇多雷同;或弹劾大臣,惧长攻讦。臣愚愿皇上坚持圣意,借奏折为考核人才之具,永不生厌斁之心,涉于雷同者,不必交议而已;过于攻讦者,不必发钞而已。此外则但见有益,不见有损。今考九卿贤否,凭召见应对;考科道贤否,凭三年京察;考司道贤否,凭督抚考语。若人人建言参互质证,岂不更为核实乎? 此考察之法也。"奏入,谕称其剀切明辨切中事情,命百日后举行日讲,国藩旋条陈日讲事宜,下部议,格不行。六月,署工部左侍郎。

咸丰元年五月,署刑部右侍郎。十月,充顺天武乡试正考官。二年正月,署吏部左侍郎。六月,充江西乡试正考官。旋丁母忧回籍。时广西会匪洪秀全倡乱,窜湖南,围长沙,不克;窜湖北武昌,陷之,连陷沿江郡县,江南大震。十一月,上特命国藩会同湖南巡抚张亮基办理本省团练,搜剿土匪。时塔齐布尚以都司署抚标参将,国藩奏称其奋勇耐劳,深得民心,并云:"塔齐布将来如打仗不力,臣甘同罪,请旨奖叙,专令督队剿贼。"会贼破金陵,逆流西上,皖、鄂郡县相继沦陷。上以国藩所练乡勇得力,剿匪著有成效,谕令驰赴湖北剿贼。国藩以为贼所以恣意往来者,由长江无官军扼御故也。乃驻衡州造战舰,练水军,劝捐助饷。

四年二月,奏请将原任湖北巡抚杨健从祀乡贤,下部议处。寻议降二级调用,复督师东下。三月,与贼接战岳州。四月,又战靖港,皆不利,得旨革职,仍准专折奏事。时国藩已遣守备杨载福、知县彭玉麟与塔齐布合击贼于湘潭,大破之,复其城。贼退踞岳州,七月,国藩攻克之,毁其舟。贼浮舟上犯,再破之,遂与塔齐布,水陆追击,自城陵矶二百馀里,剿洗净尽。赏三品顶戴。九月,复武昌、汉阳,尽焚里河贼舟,赏二品顶戴。署湖北巡抚,赏戴花翎。旋以国藩力辞赏兵部侍郎衔,办理军务,毋庸署理巡抚。国藩建三路进兵策,奏言:"江汉肃清,贼之回巢抗拒者,多集兴国、蕲州、广济诸属,自巴河至九江节节皆有贼船,拟塔齐布由南路进攻兴国、大冶,湖北督臣派兵由北路进攻蕲州、广济。臣由江路直下,与陆军相辅为进止。"如所请行。

国藩扬帆而下,连战胜贼,蕲州贼来犯,再破之,会塔齐布复兴国、大冶。时贼以田家镇为巢穴,蕲州为声援,自州至镇四十馀里,沿岸筑土城,设炮位,对江轰击,横铁锁江上以阻舟师,南岸半壁山、富池口均大股悍贼驻守,舟楫往来如织。国藩计欲破田镇,当先夺南岸。十月,宁绍台道罗泽南大破贼半壁山,克之。国藩部署诸将,分战船四队:一队扼贼上犯;二队备炉鞴、椎斧,前断铁锁,贼炮船护救;三队围击之,沉二艘,贼不敢近。须臾,镕液锁断,贼惊顾失色,率舟遁;四队驶而下,追及于邬穴,东南风大作,贼舟不能行,官军围而焚之,百里内外火光烛天,陆军自半壁山呼而下,悉平田镇、富池口营垒,蕲州贼遁。是役也,毙贼数万,毁其舟五千,遂与塔齐布复广济、黄梅、孔垅口、小池驿,上游江面肃清,进围九江。十二月,上以国藩调度有方,赏穿黄马褂,并赏狐腿黄马褂、白玉搬指、白玉巴图鲁翎管、玉靶小刀、火镰各一。

国藩遣水军攻湖口、梅家洲,以通江西饷道。五年,贼窜武昌,分股乘夜由小池口袭焚国藩战舰,战失利。越数日,大风复坏舟数十。国藩乃以其馀遣署湖南按察使李孟群、知府彭玉麟及湖北布政使胡林翼所带陆军回援武、汉,亲赴江西造船募勇,增立新军,连破贼姑塘、都昌,进攻湖口,大败之。七月,湖南提督塔齐布卒,国藩驰往九江,兼统其军。八月,水军复湖口。九月,补兵部右侍郎。国藩以九江不下,师久无功,自请严议。谕曰:"曾国藩督带水师,屡著战功。自到九江后,虽未能迅即克复，而鄱湖贼匪已就肃清。所有自请严议之处，着加恩宽免。"六年，贼酋石达开窜江西，郡县多陷。国藩驰赴省城，遣道员彭玉麟统内湖水师退驻吴城，以固湖防。同知李元度回剿抚州，以保广信。诸将分扼要地，先后复进贤、建昌、东乡、丰城、饶州，连破抚州樟树镇、罗溪、瓦山、吴城之贼。会同湖北援师知县刘腾鸿、同知曾国华等大破贼瑞州，复靖安、安义、上高，自江西达两湖之路，赖以无梗。七年正月，复安福、新淦、武宁、瑞昌、德安、奉新，军声大振。不一岁，石逆败遁，江西获安，国藩力也。

二月，丁父忧。谕曰："曾国藩现在江西督师，军务正当吃紧。古人墨绖从戎，原可夺情，不令回籍。惟念该侍郎素性拘谨，前因母丧未终，授以官职，具折力辞。今丁父忧，若不令其回籍奔丧，非所以遂其孝思。着赏假三个月，回籍治丧，俟假满后，再赴江西督办军务。"寻固请终制，复谕曰："曾国藩本以母忧守制在籍，奉谕帮办团练。当贼氛肆扰鄂、皖，即能统带湖南船勇，墨绖从戎。数载以来，战功懋著，忠诚耿耿，朝野皆知。伊父曾麟书因闻水师偶挫，又令伊子曾国华带勇远来援应，尤属一门忠义，朕心实深嘉尚！今该侍郎以假期将满，陈请终制，并援上年贾桢奏请终制蒙允之例，览其情词恳切，原属人子不得已之苦心。惟现在江西军务未竣，该侍郎所带楚军，素听其指挥，当兹剿贼吃紧，亟应假满回营，力图报效。曾国藩身膺督兵重任，更非贾桢可比。着仍遵前旨假满后即赴江西督办军务，并署理兵部侍郎，以资统率。俟九江克复，江面肃清，朕必赏假，令其回籍营葬，俾得忠孝两全，毫无遗憾。该侍郎殚心事主，即以善承伊父教忠报国之诚，当为天下后世所共谅也。"国藩复奏称江西各营安谧如常,毋庸亲往抚驭,并沥陈才难宏济,心抱不安,奉旨:"先开兵部侍郎缺,暂行在籍守制,江西如有缓急,即行前赴军营,以资督率。"

八年五月,命办理浙江军务,移师援闽。闽匪分股窜扰江西,国藩遣道员李元度破之广丰、玉山,张运兰复安仁。时国藩驻军建昌,东、南、北三路皆贼,国藩计东路连城贼势已衰,闽事不足深虑;北路景德镇乃大局所关,又较南路信丰为重,乃遣张运兰攻景德镇,道员萧启江追剿信丰之贼。九年,萧启江破贼南康,克新城墟、池江贼巢,遂复南安,解信丰围。贼窜湖南,将由粤、黔入蜀,国藩随檄萧启江驰赴吉安援应湖南,张运兰复景德镇、浮梁县,江西肃清,馀贼窜皖南。

国藩奉命防蜀,行至阳逻,奉谕皖省贼势日张,饬筹议由楚分路剿办。国藩回驻巴河,简校军实,因奏言:"自洪杨内乱,镇江克复。金陵逆首,凶焰久衰。徒以陈玉成往来江北,勾结捻匪,庐州、浦口、三河等处叠挫我师,遂令皖北之糜烂日广,江南之贼粮不绝。欲廓清诸路,必先破金陵,欲破金陵,必先驻重兵滁、和,而后可去江南之外屏,断芜湖之粮路;欲驻兵滁、和,必先围安庆,以破陈逆之老巢,兼捣庐州,以攻陈逆所必救。进兵须分四路,南则循江而下,一由宿松、石牌规安庆,一由太湖、潜山规桐城;北则循山而进,一由英山、霍山攻舒城,一由商城、六安规庐州。南军驻石牌,则与福建水师提督杨载福黄石矶之师联为一气;北军至六安州,则与寿州之师联为一气。"国藩请自规安庆,协领多隆阿、绥靖镇总兵鲍超取桐城,署湖北巡抚胡林翼取舒城,荆宜施道李续宜规庐州。奏入,上是之。

　　十年二月,贼酋陈玉成犯太湖,国藩分兵破之。旋因金陵大营分兵援浙,城中悍贼大股出扑,统帅和春、张国樑以兵单贼众,退守丹阳,旋皆战殁。两江总督何桂清弃常州奔上海,致苏、常连陷,贼势蔓延。四月,上特命国藩驰赴江苏,并先行赏加兵部尚书衔,署理两江总督,六月,实授,以钦差大臣督办江南军务。七月,命皖南军务统归国藩督办。十一年,国藩进驻祁门,督饬杨载福、按察使彭玉麟、道员曾国荃等诸军,水陆夹击,为逐层扫荡之计。先后复黟县、都昌、彭泽、东流、建德、休宁、徽州、义宁各城。悍贼数万踞安庆,久不下,曾国荃、副都统多隆阿等围之。陈玉成来援,诸军击走之,拔其城,贼无脱者。进复池州、铅山、无为、铜陵及泥汊、神塘河、运漕、东关各隘。

　　十月,穆宗毅皇帝御极,加太子少保衔,令统辖江苏、安徽、江西、浙江四省军务,巡抚、提、镇以下悉归节制。国藩力辞,上不许,谕曰:"前命曾国藩以钦差大臣节制江、浙等省巡抚提镇,以一事权。曾国藩自陈任江督后,于皖则无功可叙,于苏则负疚良深,并陈用兵之要,贵得人和而勿尚权势,贵求实际而勿争虚名。恳请收回成命,朕心实为嘉许! 仍谕令节制四省,以收实效。曾国藩复陈下情,言现在诸路出师,将帅联翩,威柄太重,恐开斯世争权竞势之风,兼防他日外重内轻之渐。足见谦卑逊顺,虑远思深,得古大臣之体。在曾国藩远避权势,自应如此存心,而国家优待重臣,假以事权,从前本有成例。曾国藩晓畅戎机,公忠体国,中外咸知。当此江、浙军务吃紧,生民涂炭,我两宫皇太后孜孜求治,南望增忧,若非曾国藩之悃忱真挚,岂能轻假事权? 所有四省巡抚、提、镇以下各官,仍归节制。该大臣务以军事为重,力图攻剿,拯斯民于水火之中,毋再固辞。"

先是,贼围杭州,国藩叠奉援浙之命,咨令太常寺卿左宗棠统军入浙,檄按察使张运兰、副将孙昌图等水陆各营均归调度,以厚兵力,并拨给钱漕、盐金,以清所部积欠。因奏称:"左宗棠前在湖南抚臣骆秉章幕中,赞助军谋,兼顾数省,其才实可独当一面,恳明降谕旨,令左宗棠督办浙江全省军务。"上以浙江巡抚王有龄及江苏巡抚薛焕不能胜任,命国藩察看具奏,并迅速保举人员,候旨简放。国藩奏言:"苏、浙两省,群贼纵横,安危利钝,系于巡抚一人。王有龄久受客兵挟制,难期振作,欲择接任之人,自以左宗棠最为相宜。惟此时杭州被困,必须王有龄坚守于内,左宗棠救援于外。俟事势少定,乃可更动。至江苏巡抚一缺,目前实无手握重兵之人,可胜此任。查有臣营统带淮扬水师之福建延建邵遗缺道员李鸿章劲气内敛,才大心细。若蒙圣恩将该员擢署江苏巡抚,臣再拨给陆军,便可驰赴下游,保卫一方。"奏入,上皆特如所请。复因杭州失守,国藩奏陈:"补救之策:一、拟令各军坚守衢州,与江西之广信、皖南之徽州为犄角之势,先据形胜,扼贼上窜,左宗棠暂于徽、衢、信三府择要驻扎,相机调度,总须先固江西、皖南边防,保全完善之地,再筹进剿;一、请于浙江藩臬两司内将广西按察使蒋益澧调补一缺,饬带所部五六千人赴浙,随左宗棠筹办防剿,可收指臂之助;一、浙省兵勇恃宁、绍为饷源,今全省糜烂,无可筹画,恳恩饬下广东粤海关、福建闽海关按月协拨银两,交左宗棠以资军饷。"从之。

同治元年正月,命以两江总督协办大学士,国藩奏言:"自去秋以来,叠荷鸿恩,臣弟国荃又拜浙江按察使之命。一门之内,数月之间,异数殊恩,有加无已。感激之馀,继以悚惧。恳求皇上念军事之靡定,鉴微臣之苦衷,金陵未克以前,不再加恩于臣家。又前此叠奉谕旨,饬保荐江苏、安徽巡抚,复蒙垂询闽省督抚,饬臣保举大臣,开列请简。封疆将帅,乃朝廷举措之大权,如臣愚陋,岂敢干预?嗣后如有所知,堪膺疆寄者,随时恭疏入告,仰副圣主旁求之意。但泛论人才以备采择则可,指明某缺径请迁除则不可,盖四方多故,疆臣既有征伐之权,不可更分黜陟之柄。风气一开,流弊甚长。辨之不可不早。"寻遣将击走徽州荻港之贼,复青阳、太平、泾县、石埭,国荃会同水师复巢县、含山、和州,并铜陵闸、雍家镇、裕溪口、西梁山四隘,弟贞干复繁昌、南陵,破贼三山、鲁港。上以国藩前奏情词恳挚,出于至诚,不再加恩,而进国荃、贞干等职。

国藩驻安庆督师,奏请仍建安徽省会于安庆,设长江水师提督以下各官,指授诸将机宜,以次规取皖南北府县各城。国荃率师进围金陵,苏、浙贼酋李秀成等分道来援,大小数十战,力却之。二年五月,复江浦、浦口,克九洑州,长江肃清。因淮南运道畅通,筹复盐务,改由民运,奏请疏销轻本、保价杜私之法。三年正月,官军克钟山,国藩令弟国荃会诸将合围金陵。

六月,金陵克复,生擒伪忠王李秀成等,掘戮首逆洪秀全尸。三日内毙贼十馀万人,全股悍匪尽数殄灭。国藩红旗奏捷,并称:"洪逆倡乱粤西,于今十有五年,窃踞金陵亦十二年,流毒海内,神人共愤!我朝武功之盛,超越前古。如嘉庆川、楚之役,蹂躏仅及四省,沦陷不过十馀城。康熙三藩之役,蹂躏尚止十二省,沦陷亦第三百馀城。今粤匪之变,蹂躏竟及十六省,沦陷至六百馀城之多,实为罕见之剧寇! 卒能次第削平,划除元恶,蔚为中兴之业。"捷闻,上览奏嘉悦,谕曰:"曾国藩自咸丰四年在湖南首倡团练,创立舟师,与塔齐布、罗泽南等屡建殊功,保全湖南郡县,克复武、汉等城,肃清江西全境。东征以来,由宿松克潜山、太湖,递驻祁门,叠复徽州郡县,遂拔安庆省城,以为根本。分檄水陆将士,规复下游州郡。兹大功告蕆,逆首诛锄,由该大臣筹策无遗,谋勇兼备,知人善任,调度得宜。曾国藩着加恩赏加太子太保衔,锡封一等侯爵,世袭罔替,并赏戴双眼花翎。浙江巡抚曾国荃赏加太子少保衔,锡封一等伯爵,并赏戴双眼花翎。"将士锡爵进秩有差。

时捻匪倡乱日久,四年四月,钦差大臣科尔沁亲王僧格林沁追剿捻匪,战殁于山东曹州,贼势日炽。命国藩赴山东一带督兵剿办捻匪,山东、河南、直隶三省旗绿各营及地方文武员弁,均归节制调遣。国藩将赴徐州督师,乃招集新军,添练马队,檄调皖南镇总兵刘松山、直隶提督刘铭传、总兵周盛波、道员潘鼎新诸军会剿。五月,贼窜亳州雉河集,国藩驻临淮关,遣兵击走之。先后奏言:"此贼已成流寇,飘忽靡常,宜各练有定之兵,乃足以制无定之贼。臣由临淮进兵,将来安徽,即以临淮为老营,及江苏之徐州、山东之济宁、河南之周家口四路,各驻大兵为重镇。一省有急,三省往援。其援军之口粮、火药,即取给于受援之地。庶几往来神速,呼吸相通。"

时逆酋张总愚、任柱、牛洛红及发逆赖文光,拥众十万,倏分倏合。八月,国藩遣刘铭传败之颍州,贼东走曹州。国藩檄潘鼎新力扼运河,派军驰赴山东助剿。贼不能渡运,遂南走徐州,踞丰、沛、铜山境内。九月,国藩遣潘鼎新等败之徐州、丰县,贼复窜山东。十月,周盛波、刘铭传败之宁陵、扶沟,贼窜陷湖北黄陂。五年正月;国藩遣刘铭传破之,复其城。任逆回窜沈丘,将踞蒙、亳老巢,遣刘铭传、周盛波击之,张逆分股入郓城。三月,刘铭传、广西右江镇总兵张树珊败之颍州周家口,群贼合踞濮、范、郓、巨间,诸军击破之。张逆趋单县,任逆走灵壁,国藩驻徐州,修浚运河,以固东路。五月,遣诸将败张逆于洋河、王家林,败任逆于永城、徐州。时贼自二月北窜,坚图渡运,徘徊曹、徐、淮、泗者两月有馀,迄不得逞,于是张逆入豫,任逆入皖。国藩遣周盛波大破牛逆于陈州,败任、赖二逆于乌江河,张树珊败贼于周家口。牛、张二逆渡沙河而南,任、赖二逆亦窜渡贾鲁河。

国藩以前防守运河粗有成效,必仿照于沙河设防,俾贼骑稍有遮拦,庶军事渐有归宿。定议自周家口下至槐店,扼守沙河,上至朱仙镇,扼守贾鲁河。因奏言:"河身七百馀里,地段太长,不敢谓防务既成,百无一失。然臣必始终坚持此议,不以艰难而自画,不以浮言而中更,以求有裨时局。自古办流寇本无善策,惟有防之使不得流,犹是得寸则寸之道。俟河防办成,则令防河者与游击者彼防此战,更番互换,庶足以保常新之气。"六月,遣刘松山、宣化镇总兵张诗日大破贼于上蔡、西华,贼由河南巡抚所派防军汛地逸出东窜,河防无成。七月,遣刘松山、提督宋庆大破之南阳、新野。九月,刘铭传、潘鼎新破之郓城,运防赖以无恙。

十月,[五]国藩自陈病状,上命国藩仍回两江总督本任,以李鸿章代办剿匪事宜。国藩请开总督缺,以散员留营自效。谕曰:

"两江总督责任綦重,湘淮各军尤须曾国藩筹办接济。着遵奉前旨,仍回本任,以便李鸿章酌量移营前进,并免后顾之忧。"国藩复奏陈:"江督之繁,断非病躯所能胜任。与其辜恩溺职,不如避位让贤。吁请仍开各缺。"谕曰:"曾国藩为国家心膂之臣,诚信相孚已久。当此捻逆未平,后路粮饷、军火无人筹办,岂能无误事机? 曾国藩当仰体朝廷之意,为国家分忧,岂可稍事疑虑,固执己见? 着即懔遵前旨,克期回任,俾李鸿章得以专意剿贼,迅奏肤功。该督回任以后,遇有湘、淮军事,〔六〕李鸿章仍当虚心咨商,以期联络一气。毋许再有固请,用慰廑念。"十一月,回任。

六年六月,授大学士,仍留两江总督任。七月,授体仁阁大学士。九月,奏称制造轮船为救时要策,请将江海关洋税酌留二成,一成为专造轮船之用,一成酌济淮军及添兵等事,从之。十二月,捻匪平,赏云骑尉世职。七年四月,授武英殿大学士。七月,调直隶总督。十二月,入觐,赐紫禁城骑马。八年二月,查明积涝大洼地亩应征粮赋,请分别豁减,从之。三月,奏直隶刑案积多,与臬司张树声力筹清釐,甫有端绪,张树声现调任山西,请暂留畿辅一年以清积案。〔七〕谕曰:"曾国藩到任后,办事认真,于吏治民风,实心整顿,力挽敝习。着如所请,俾收指臂之助。"又先后二次查明属员优劣,开单具奏,得旨,分别嘉勉降革。

时直隶营伍废弛,廷议选练六军,命国藩将前定练军章程,妥筹经理。五月,国藩奏言:"臣见内外臣工章奏,于直隶不宜屯留客勇一节,言之详矣。惟养勇虽非长策,而东南募勇多年,其中亦有良法美意,为此间练勇所当参用者:一曰文法宜简,一曰事权宜专,一曰情意宜洽。又闻各营练军,皆有冒名顶替之弊,防不胜防。今当讲求变通之方,自须先杜顶替之弊。臣本拟定一简明章程,重整练军,练足万人,以副朝廷殷勤训饬之意。其未挑入练者,各底营存馀之兵,亦须善为料理,未可听其困穷隳坏。拟略仿<u>浙江</u>减兵之法,数年后或将当日之五折、七折、八折者,全数赏发,兵丁之入练军者,所得固优,即留底营者,亦足自赡,营务或有起色,而畿辅练军之议亦不至屡作屡辍,事同儿戏。请敕原议各衙门核议施行。"复命<u>国藩</u>筹定简明章程奏报定议,<u>国藩</u>奏言:"臣维用兵之道,随地形贼势而变焉者也。陈迹不可狃,独见不可恃,随处择善而从,庶可常行无弊。<u>直隶</u>练军宜添学扎营之法,每月拔营一次,行二三百里为率。并拟于前留四千人外,先添三千人,稍复旧观。一于<u>古北口</u>暂添千人,该提督<u>傅振邦</u>统之;一于<u>正定镇</u>暂练千人,该总兵<u>谭胜达</u>统之;一于<u>保定</u>暂添千人,令前琼州镇总兵<u>彭楚汉</u>以南将统之。与中军<u>冷庆</u>所辖千人,姑分两起,俟察验实在得力,而后合并一军。此因论兵将相,而拟目前添练之拙计也。至练军规模,臣仍拟以四军为断,二军驻京北,二军驻京南,每军三千人,统将功效尤著者,或添至四五千人,请旨交各衙门核议,先行试办。俟试行果有头绪,然后奏定简明章程,俾各军一律遵守。"奏入,允之。自<u>同治</u>三年至九年正月,三届京察,均蒙温谕褒嘉,下部优叙。

五月,通商大臣<u>崇厚</u>奏<u>天津</u>民人因迷拐幼孩,有牵涉教堂情事,<u>法国</u>领事<u>丰大业</u>出言不逊,对官施放洋枪,百姓激忿,殴毙<u>丰大业</u>,焚毁教堂。上命<u>国藩</u>赴<u>天津</u>查办,并谕以查有实据,自应与洋人指证明确,将匪犯按律惩办,以除地方之害。<u>国藩</u>奏言:"各省打毁教堂之案,层见叠出,而殴毙领事洋官,则从来未有之事。即使曲在洋人，而外国既毙多命，不肯更认理亏。臣但立意不欲与之开衅，使在彼有可转圜之地，庶在我不失柔远之方。"六月，抵津，查询仁慈堂挖眼剖心毫无实据，奏称："采生配药，野番凶恶之族尚不肯为，英、法乃著名大邦，岂忍为此残忍之行？以理决之，必无是事。况彼以仁慈为名，而反受残酷之谤，宜洋人之忿忿不平也。"又奏诛为首滋事之人，将办理不善之天津府县革职治罪，复谕以"洋人诡谲性成，得步进步，若事事遂其所求，将来何所底止？是欲弭衅而不免启衅也。如洋人仍有要挟恫喝之语，曾国藩当力持正论，据理驳斥，庶可折敌焰而张国维。"国藩复奏："中国目前之力，未便遽启兵端，惟有委曲求全之一法。"因陈："时事虽极艰难，谋画必须断决。伏见道光庚子以后，办理洋务，失在朝战夕和，无一定之至计，遂至外患渐深，不可收拾。皇上登极以来，守定和议，绝无改更，用能中外相安，十年无事。津郡此案，因愚民一旦愤激，致成大变，初非臣僚有意挑衅。朝廷昭示大信，不开兵端，此实天下生民之福，以后仍当坚持一心曲全邻好，以为保民之道；时时设备，以为立国之本。二者不可偏废。"

八月，调两江总督。国藩沥陈病状，请另简贤能，开缺调理。谕曰："两江事务殷繁，职任綦重。曾国藩老成宿望，前在江南多年，情形熟悉，措置咸宜。现虽目疾未痊，但得该督坐镇其间，诸事自可就理。该督所请另简贤能之处，着毋庸议。"十一月，命充办理通商事务大臣。十年，以楚岸淮南引地为川盐所侵占，偕湖广总督李瀚章定议，与川盐分岸行销，奏请武昌、汉阳、黄州、德安四府专销淮盐，安陆、襄阳、郧阳、荆州、宜昌、荆门五府一州暂行借销川盐。湖南巡抚刘崐请于永、宝二府试行官运粤盐,国藩复力陈二府引地不便改运,部议皆如所请。

十一年二月,卒。遗疏入,谕曰:"大学士两江总督曾国藩学问纯粹,器识宏深,秉性忠诚,持躬清正。由翰林蒙宣宗成皇帝特达之知,荐升卿贰。咸丰年间,创立楚军,剿办粤匪,转战数省,叠著勋劳。文宗显皇帝优加擢用,补授两江总督,命为钦差大臣督办军务。朕御极后,简任纶扉,深资倚任。东南底定,厥功最多。江宁之捷,特加恩赏给一等毅勇侯,世袭罔替,并赏戴双眼花翎。历任兼圻,于地方利病,尽心筹画,实为股肱心膂之臣。方冀克享遐龄,长承恩眷,兹闻溘逝,震悼良深! 曾国藩着追赠太傅,照大学士例赐恤,赏银三千两治丧,由江宁藩库给发。赐祭一坛,派穆腾阿前往致祭。加恩予谥文正。入祀京师昭忠祠、贤良祠,于湖南原籍、江宁省城建立专祠。其生平政绩宣付史馆。[八]任内一切处分,悉予开复。应得恤典,该衙门察例具奏。灵柩回籍时,着沿途地方官妥为照料。其一等侯爵,即着伊子曾纪泽承袭,毋庸带领引见。其馀子孙几人,着何璟查明具奏,候旨施恩。"

寻湖广总督李瀚章、安徽巡抚英翰、署两江总督何璟奏陈国藩历年勋绩,李瀚章奏略云:"国藩初入翰林,即与故大学士倭仁、太常寺卿唐鉴、徽宁道何桂珍讲明程朱之学,克己省身,得力有自。遭值时艰,毅然以天下自任,死生祸福,置之度外。其过人识力,在能坚持定见,不为浮议所摇。用兵江、皖,陈四路进攻之策;剿办捻匪,建四面蹙贼之议。其后成功,不外乎此。"英翰奏略云:"自安庆克复后,国藩督军驻扎,整吏治,抚疮痍,培元气,训属僚若子弟,视百姓如家人,生聚教养,百废俱举,至今皖民安堵,皆国藩所留贻。一闻出缺,士民奔走,妇孺号泣。以遗爱而言,自昔疆臣汤斌、于成龙而后,未有若此感人之深者!"何璟奏略云:"咸丰十年,国藩驻祁门,皖南北十室九空,自金陵至徽州八百馀里,无处无贼,无日无战。徽州初陷,休、祁大震,或劝移营他所,国藩曰:'吾初次进兵,遇险即退,后事何可言?吾去此一步,无死所也!'贼至环攻,国藩手书遗嘱,帐悬佩刀,从容布置,不改常度。死守兼旬,檄鲍超一战,驱之岭外。以十馀载稽诛之狂寇,国藩授钺四年,次第荡平,皆因祁门初基不怯,有以寒贼胆而作士气。臣闻其昔官京师,即留心人物,出事戎轩,尤勤访察,一材一艺,罔不甄录,又多方造就以成之。安庆克复,则推功于胡林翼之筹谋,多隆阿之苦战;金陵克复,又推功诸将,无一语及其弟国荃。谈及忠亲王僧格林沁、李鸿章、左宗棠诸人,皆自谓十不及一。清俭如寒素,廉俸尽充官用,未尝置屋一廛、田一区,食不过四簋,男女婚嫁不过二百金,垂为家训,有唐杨绾、宋李沆之风。其守之甚严而持之有恒者,曰不诳语,不晏起。前在两江任内,讨究文书,条理精密,无不手订之章程,点窜之批牍。前年回任,感激圣恩高厚,仍令坐镇东南,自谓稍有怠安,负疚滋重。公馀无客不见,见必博访周咨,殷勤训励,于僚属之贤否、事理之原委,无不默识于心。其患病不起,实由平日事无巨细,必躬必亲,殚精竭虑所致也。"谕曰:"据何璟、英翰、李瀚章先后胪陈曾国藩历年勋绩,英翰、李瀚章并请于安徽、湖北省城建立专祠,又据何璟遵查该故督子孙详晰覆奏。披览之馀,弥增悼惜!曾国藩器识过人,尽瘁报国。当湘、鄂、江、皖军务棘手之际,倡练水师,矢志灭贼,虽屡经困厄,坚忍卓绝,曾不少移,卒能万众一心,削平逋寇。功成之后,寅畏小心,始终罔懈。其荐拔贤才,如恐不及,尤得以人事君之义。忠诚克效,功德在民,允宜叠沛恩施以彰忠荩! 曾国藩着于安徽、湖北省城建立专祠,此外立功省分,并着准其一体建立专祠。伊次子附贡生曾纪鸿、伊孙曾广钧均着赏给举人,准其一体会试。曾广镕着赏给员外郎,曾广铨赏给主事,均俟及岁时,分部学习行走。何璟、李瀚章、英翰折三件,均着宣付史馆,用示眷念勋臣、有加无已至意。"寻赐祭葬。

　　十二年,两江总督李宗羲奏请将国藩入祀江宁府、上元县、江宁县三学名宦祠,允之。光绪元年,大学士直隶总督李鸿章以国藩遗爱在民,请于保定省城建立专祠,并附祀省城名宦祠。谕曰:"已故大学士直隶总督曾国藩,自同治七年调任直隶总督,举贤任能,整顿吏治,以及治河练兵,清理讼狱,于地方利弊,切实讲求,皆有成效。并因天津、河间水灾,筹助赈银,实属遗爱在民! 着准其于保定省城由该绅士等捐建专祠,地方官春秋致祭,并准附祀省城名宦祠,以彰忠荩。"十五年,慈禧端佑康颐昭豫庄诚皇太后归政,追念功绩最著诸臣,各赐祭一坛,国藩与焉。十八年,河南巡抚裕宽以国藩督师豫省,弟前任河道总督国荃功德在民,请于河南省城捐建一祠合祀,诏如所请。

　　子纪泽,袭侯爵,户部右侍郎,自有传;纪鸿,恩赏举人。孙广钧,翰林院编修。

【校勘记】

〔一〕乾隆三年量加收改　"收"原误作"修"。今据曾国藩传稿(之四二)改。

〔二〕或有援唐宋罢祀之例　"宋"原作"宗"，形似而讹。今据曾国藩
　　传稿(之四二)改。

〔三〕而召对陈言　"陈"原作"臣"，音近而误。今据曾国藩传稿(之四
　　二)改。

〔四〕袁铣以寡欲规宣宗　"袁"原误作"高"。今据曾国藩传稿(之四
　　二)改。按碑传集补卷一〇叶一六上袁铣有传。

〔五〕十月　原脱此二字。今据曾国藩传稿(之四二)补。

〔六〕遇有湘淮军事　"事"原误作"务"。今据曾国藩传稿(之四二)
　　改。

〔七〕请暂留畿辅一年以清积案　原脱"畿辅"二字。今据曾国藩传稿
　　(之四二)补。

〔八〕其生平政绩宣付史馆　"政"原误作"事"。今据曾国藩传稿(之
　　四二)改。

骆秉章

　　骆秉章，广东花县人。道光十二年进士，改翰林院庶吉士。
十三年，散馆，授编修。十八年十月，记名以御史用。十一月，补
江南道监察御史。十九年五月，稽察北新仓。六月，掌江南道监
察御史。二十年三月，充会试同考官。八月，充顺天乡试同考
官。十月，稽查银库。二十一年，补工科给事中。二十二年二
月，迁鸿胪寺少卿。五月，擢奉天府府丞，兼学政。二十三年，因
查库时失察库吏亏短，部议革职，仍罚赔库款，旋以限内全数完
缴；又以鞫库吏时，凡御史之查银库者，多所连染，独秉章一介无
所取。上由是知之，特旨以庶子用。

二十四年七月，补詹事府左春坊左庶子，充日讲起居注官。十月，以山东肥城县知县长喆失察胥役诈赃，及差役之子朦混报捐，秉章奉命偕赓福驰往查办，寻查明参奏褫长喆职。二十五年，丁母忧。二十七年，服阕。二十八年五月，奉命偕福济驰赴河南查办事件。七月，补右春坊右庶子。八月，查明禹州知州李嘉礼、柘城县知县罗景鄂、固始县知县严圻、前任固始县知县张庭瑜、安阳县知县朱显曾等赃私不法各情，奏请治如律；并将挑浚贾鲁河工程情形据实密陈。旋遵旨由河南驰赴江苏查明知府周沐润、知县秋家丞等七员被参各款，请分别治罪。谕曰："封疆大吏于属员贤否，原应随时察看，若必待钦差，始将劣员惩办，安用此大吏为耶？该督等均着交部议处，骆秉章不将该上司随案附参，亦属疏忽，着严行申饬。"时东南洋面不靖，苦累商民，疏言洋面辽阔，宜饬海疆督、抚、提、镇督饬水师，严密侦探，更添配兵船，互相堵截，不得稍分畛域，诏如所请。十月，擢翰林院侍讲学士，途次接奉谕旨折回山东，查办告病运司韦德成控案。十一月，擢湖北按察使。二十九年闰四月，迁贵州布政使。七月，调云南布政使。

三十年三月，擢湖南巡抚。十月，以常德、岳州水军及辰州等八协营驻守地方，收成歉薄，兵丁买食维艰，请借给一月饷银，允之。咸丰元年二月，奏言："上年武陵等处水患，堤垸冲溃，该处系积歉之区，业民力难全修。请于司库留备项下借银发交各县，按照被淹田亩核实修办，分年征还。"又奏："湖南所运荆州五帮漕粮，上年被灾缓征，帮丁无力办运，又无他款可筹。请援案借银三万九千馀两，以纾丁力。"均如所请行。

时粤逆滋事,命湖广总督程矞采往湖南偕秉章及提督余万清督办湖南防务。寻会同奏言:"粤匪北窜象州,若与贺县贼匪纠合,必由修仁、荔浦等处经过。凡湖南边界相通之处,均酌派官兵严密防堵。如可相机进援,即由提督余万清驰往剿办,不分畛域。"疏入,报闻。十一月,访获衡阳、清泉会匪左家发等六十馀犯,伏法。十二月,查明沅江县金盆洲等处官荒草地十二万七千馀亩,[一]涸复难期,奏请免租。二年正月,粤逆围攻桂林,湖南大小要隘五十馀处,均关紧要。秉章会商程矞采,将前派赴粤之兵截留分布,另调沅州、澧州、永顺营兵速赴永州,听候调遣。三月,粤匪由兴安、灌阳窜攻全州,永州与全州毗连,水路尤为迅捷。秉章饬总兵孙照带兵驰赴零陵之黄沙河,将湾泊各船撤归楚岸,一面将湖北续到官兵择要分布。四月,全州失守,逆匪由小路偷越,窜抵零陵之水土桥,烧毁柳公庙一带民房,复窜奔双排地方。五月,窜入湖南,陷道州。上以秉章未能先事豫防,并以余万清防守不力,皆秉章保举不实,下部议处。寻部议降三级留任。

时长沙城多倾塌,秉章择要兴修,率属倡捐经费,请先借司库银二万两支垫,允之。寻以贼扰楚境,命秉章劝谕绅民,仿照嘉庆年间筑堡事宜,自相保卫。秉章疏言:"筑堡之法,与团练相为表里,贼匪无从搜括,民居亦免流离,洵属法良意美。惟工程既大,需用浩繁,且兴筑须在事前,未可临渴掘井;惟有督饬地方认真试办,俟有端倪,即据实具奏。"旋奉旨来京另候简用。时调任巡抚张亮基尚未抵任,逆匪由道州叠陷江华、嘉禾、桂阳各州县,秉章以有地方之责,下部议革职,命加恩改为革职留任。八月,郴州踞匪陷安仁、攸县,由醴陵猝逼长沙,踞南门外妙高峰上,俯瞰城中。秉章督兵登陴,开放枪炮,相持两时之久,并于城楼上用大炮轰击,贼势稍却,复向大西门、小西门、鳌山庙等处潜行分驻。秉章饬各镇将分带兵勇,缒城协剿,歼毙无数,贼仍相持不退。九月,谕曰:"广西军兴以来,将及两载。朕念民生涂炭,宵旰焦劳,无时或释。程矞采总制两湖,特命前往湖南督管防堵,如果布置得宜,何至任贼窜越,竟由道州、郴州一带直扑省城?程矞采着即革职,仍留办粮台事务。骆秉章有文武地方之责,不能预为防范,咎亦难辞,惟念长沙城内守御正当吃紧之时,着俟剿办贼匪完竣后,再降谕旨。"旋命暂留湖南办理长沙防剿事宜,事竣再行奏明请旨。时逆众麇聚南门外之金鸡桥、浏阳门外之教场,昼夜环攻。广西提督向荣、绥靖镇总兵和春、云南楚雄协副将张国樑先后赴援,秉章令和春扎营于白沙井以防为剿,叠次获胜。向荣、张国樑由排头口分两路进攻,炮船继进,逆贼纷纷败窜,遂将妙高峰、西湖桥贼垒及望楼、哨棚一律平毁。

　　十月,长沙围解。上以粤匪窜入楚境,叠陷城池,秉章本有应得处分,此次防守,功过尚足相抵,加恩免议,仍命遵旨来京。十一月,贼窜宁乡,陷岳州,部议革职,上改为降三级留任。十二月,贼入湖北境,秉章于行次奉命留于湖北,帮同办理防守事宜。未至,而武昌失守。命暂署湖北巡抚,即于荆州、襄阳二府中酌量何处紧要,暂行驻扎,办理地方事宜。三年正月,官军收复武昌,上命秉章兼程驰赴湖北省城,办理善后各事。寻奏言:"武昌自康熙年间裁兵之变,迄今百数十年,休养生息,民物滋丰。粤逆扰及楚疆,所有省垣一切抚恤事宜,如修城、制炮、募兵、招商、戡匪,协拨驿站,掩埋被害官民,收养流亡子女,事事均关紧要,应次第举办。"疏入,谕曰:"所筹各事宜,均属周妥,着照所拟办理。所需经费,务当核实动用,俾穷黎得沾实惠,地方日就乂安。"复以前任湖北布政使唐树义熟悉湖北情形,奏请调赴武昌以备咨商,允之。三月,命赴江南徐州总办粮台事务,未行,旋奉旨署湖南巡抚。

时粤匪陷武昌后,湖北云扰,江西、广东、广西、贵州等省土匪蜂起,均与湖南接壤。在籍侍郎曾国藩奉命筹办团练,始立湘军。秉章赞成其事,又延湘阴举人左宗棠襄理戎幕,广罗英俊之士,练勇助剿,军威渐振。五月,江西上犹鹅形山土匪滋扰桂东,秉章檄县丞王鑫等剿平之。六月,逆船窜至江西南昌城外,遵旨派镇篁等营兵八百名驰往援剿。七月,奏:"请饬广东督抚雇拖罟、快蟹、红单等船,即派南澳镇游击黄开广等管带,驶赴金陵剿贼,可期得力。"诏如所请行。八月,授湖南巡抚。时广西兴安、恭城土匪扰及衡州,饬道员徐嘉瑞督兵会同各处民团,并力剿除。广东乐昌土匪同时扰兴宁,饬王鑫督兵击退之。十一月,常宁匪徒吴玉等聚众滋事,派知府张荣组、文生曾国葆带勇围剿,拿获首犯,毁其老巢。永兴亦有土匪,复委直隶州罗泽南分起剿捕,首要各犯多被斩擒。时粤匪久踞湖北黄州,攻破田镇,直逼武昌。秉章以两湖省会唇齿相依,檄六品衔江忠濬援鄂,旋因逆船上驶,窜陷岳州,扰及湘阴,并至靖江,檄知府王鑫由陆路、曾国葆由水路截击,贼由洞庭下窜,遂复岳州。旋派贵东道胡林翼统带黔勇,分路追剿,直过界口,歼悍匪二百馀名。

四年正月,贼匪再陷武昌,旋以大股陷华容及岳州,水陆并进,图犯长沙,官军失利。贼遂进攻长沙之靖港、湘阴之樟树港等处,并分股窜及宁乡、湘潭、道州各州县,秉章奏言:"贼势全注湖南,知衡、永、郴、桂一带民气尚强,其地毗连两粤,向为会匪卵育之区,希图略取各州县,翦枝叶以困腹心,一如困鄂之策。查南省与北省交界之处,既已千里萧条,若南省不及早肃清,奸民从而响应,不但省城势成孤注,难以久存,即界连湖南之江西、贵州各省,亦必浸受其祸。且贼踞上游,与江南三城之贼声息相通,皖、鄂之沦胥可虑。三城之克复难期,所忧不仅东南数省已也。湖南西接巫黔,东连豫章,南跨岭峤,北控江湖,其形势原可有为。自古东南有事,必资上游。尝与曾国藩筹商各省分防,糜饷多而兵力薄,不如数省合防,糜饷少而兵力厚。广东、贵州现尚安谧,应饬两省督抚,迅派兵勇二三千名,贵州由镇远而至,广东由郴州而至。救援邻省,亦即自固藩篱。然统驭非人,精卒亦归无用。查广东知府吴均恩威素著,贵州同知韩超善战知兵,均堪膺带勇之选,应檄调来楚差遣。"从之。

四月,会同礼部侍郎曾国藩精练水陆各军,更番击贼,分派副将塔齐布等攻湘潭,训导江忠淑、都司李辅朝各统楚勇先后继进,知府褚汝航管带水师,驶往会合,千总杨载福、生员彭玉麟所统战船,四路轰击,遂复湘潭。五月,贼陷华容、龙阳,复陷常德府,分派将弁往剿。六月,派知府罗泽南统带水师,会同塔齐布陆军攻复岳州。时江路已通,重湖无阻,而城陵矶下游犹有伏匪。七月,饬塔齐布督兵进击,贼势大溃,遂抵高桥。闰七月,曾国藩请将胡林翼带赴湖北,秉章奏言:"岳州新复,必有重兵防守,方为计出万全。湖南官兵之曾经战阵者,均已调赴湖北。若胡林翼复行随征,岳郡实无可依恃。"谕曰:"岳州一郡为湖南门户,川、黔藩篱。逆匪屡次窥伺,防范宜严。且该处驻有重兵,则曾国藩统师东下,可无后顾之虞。着骆秉章即饬胡林翼仍驻岳州,无庸随往湖北。"先是衡阳、清泉两县斋匪、会匪甚多,保甲催科,弱者赔累甚苦,强者勾结为奸。曾国藩奏请更正,仍责成差役,上命秉章查明具奏。寻以保甲催科年清年款,行之已有成效,责成差役人地生疏,查催不易,差少则地广难图,差多则众益滋扰,是杜弊适以滋弊,便民反以扰民,请仍循其旧,上韪之。

八月,广东、广西各匪徒同时由灌阳犯道州,派王鑫驰援,击退之。五年二月,广东连州贼匪复分扰临武、蓝山等处,派知府江忠濬、李辅朝等分路击败之,克复桂阳州城。时粤逆踞湖北通城,分踞通山,复陷黄梅,分扰武、汉。总督杨霈剿贼失利,退守汉口,复遁德安,三月,秉章疏劾之。四月,武昌再陷,巡抚陶恩培死之。秉章以李孟群管带水师,不能得力,奏请以副将杨载福代之,与知府彭玉麟各督水师援鄂。时胡林翼署湖北巡抚,督陆师在金口堵剿。杨霈虑难固守,奏请令胡林翼设法渡江,上扼汉川以固荆、襄。上命秉章悉心筹画,因奏言:"总督杨霈始终坚执者,'防贼北窜'四字。以北窜之患,更重于南,可藉以为词耳。防贼北窜,自不能不归重荆、襄。荆、襄者南方可由之以进窥陕、豫,北方可由之以俯瞰江、楚。自汉、魏、六朝以迄宋、元,皆以荆、襄为重镇。若以现在形势言之,江西、湖南虽被贼扰,形势犹完,湖北、安徽皆有重兵,胜负尚未可知。设使湖北水陆两军移驻汉川,长江千里,尽委之贼,其将置东南于不问乎?此未解者一也。移驻汉川,只能御贼上窜襄阳,其于荆州并无轻重,逆贼水陆并进,荆州门户何存? 此未解者二也。胡林翼陆军既驻汉川,水军无所依附,势非退守监利,即移泊岳州,为湖南门户计,尚未为失。然武、汉各府,岂能度外置之? 水军既去武、汉,武、汉之克复难期。此未解者三也。若谓贼众兵单,不思广济失利之初,贼之前队千馀,总督麾下兵勇万馀,乃退守黄州,未一日即退汉川。由此而德安而随州,今退至枣阳矣。是北窜者贼也,引贼北窜者谁乎? 此未解者四也。夫以形势言之,荆州据江水上游,襄阳据汉水上游,而武、汉为之锁钥,是襄阳者中原之门户,而武、汉又荆、襄之门户也。扼贼北窜,必固荆、襄;欲保荆、襄,必守武、汉,此一定之局。倘徒知北窜为重,何以舍武汉而先顾荆、襄? 胡林翼若不能克复汉阳,又焉能绕道进扼汉川? 况武、汉、黄均未收复,胡林翼纵能绕至汉川,亦以孤军而驻于四面皆贼之地,又何能为荆、襄门户计乎? 此未解者五也。臣因胡林翼一军甚单,现饬守备谌琼林、[二]候补枭司魁联抽拨兵勇赴鄂助剿。杨霈所奏,应毋庸议。"疏入,奉朱谕:"汝所筹尚妥,[三]惟议杨霈失机各条,实属妄谈居多。该督固为退缩,有负朕恩,尚不至如汝所言。"七月,派道员江忠济督兵击退巴陵县方山洞贼匪。

八月,广西股匪窜踞东安,派知府王鑫会同江西知府刘长佑攻克之。十月,奏请通饬湖南有漕州县,裁汰漕规以纾民困。得旨:"览奏,均悉。汝久任封疆,所陈皆历练有据之论,非以耳为目者比。"六年正月,贵州铜仁苗匪由镇篁窜入麻阳,派道员翟诰统兵击退之,并收复晃州、松桃两厅。二月,江西逆匪陷萍乡,檄道员刘长佑及知州萧启江击退之,复萍乡城。四月,刘长佑等攻克泸溪,又败贼于凤凰山,旋克复袁州府、分宜县。捷闻,谕曰:"骆秉章自前年筹办抬炮,接济曾国藩等大军,复派兵援剿贵州、江西等省,克复铜仁、松桃、萍乡、万载,并剿办广东连州、广西灌阳、湖北通城等处贼匪,均能不分畛域,极力图维。又派兵越境,克复江西袁州、分宜两城,攻夺贵州铜仁要隘二处,实属尽心调度,茂绩堪嘉! 着加恩赏戴花翎。"十一月,派翟诰进剿铜仁贼匪,破其堡城,生擒伪将军董浩然等。铜仁府境肃清,上嘉其办理妥速。十二月,以任满,奏请陛见,命俟湖南防剿事竣,再行请旨。

七年五月,道员王鑫等驰援江西吉安,阵斩贼首胡寿阶,临江之贼潜约新淦之贼分路来援,刘长佑督兵击败之,知府张运兰又追败之。十二月,攻克临江府城,又派道员蒋益澧、江忠濬等援广西,克复兴安,直抵平乐。八年正月,京察届期,谕曰:"湖南巡抚骆秉章筹画军务,能任贤才,悉臻安谧。着赏加头品顶带。"九月,奏保在籍兵部郎中左宗棠连年筹办炮船,选将练勇,均能悉心谋画。得旨,左宗棠着赏加四品卿衔。十一月,贵州镇远、广西思恩苗、教各匪四出滋扰,派按察使翟诰、道员韩超等出奇兵破之,毁其晃州茜垲山老巢。[四]

九年七月,粤逆石达开攻扑宝庆府城,檄湖北荆宜施道李续宜、花翎知府刘岳昭等分路截击,斩馘甚众,贼遂大溃。十二月,秉章奏:"湖南自江忠源、罗泽南、塔齐布等先后募勇训练,百战粤、黔、江、鄂之间,其部曲之效命疆场者,请于长沙建祠致祀。其总兵瞿腾龙、丁绍良等,或在邻疆击贼捐躯,或在本省力战殒命,请别建表忠祠;并立求忠书院,令阵亡各员子弟入院读书。"允之。

十年六月，命驰赴四川督办军务。七月，授四川总督。奏调广西候补道朱孙诒、候补道孙坦、知府冯卓怀随营差委，并请留广东盐运使裕麟于湖南，办理筹饷事宜，均得旨允行。时滇匪蓝朝鼎攻绵州，众十馀万，秉章督师由顺庆取道潼川，派总兵胡中和击贼于杨老店，知州曾传理攻十贤关，连破逆营十馀座，解绵州围；复跟踪追击，连毁贼垒七十馀座，歼贼四万馀人。九月，奏参四川布政使祥奎性情贪鄙，副将张定川狡狯刁诈，诏褫其职。十月，分遣官军追剿蓝逆于罗江之略坪场等处，败之。馀匪窜陷丹稜，会合眉州李永和一股，联营百馀里，复派胡中和等分攻之。同治元年正月，克丹稜城，蓝逆歼焉。捷闻，谕曰："四川总督骆秉章前在湖南巡抚任内剿办贼匪，不分畛域，其所荐人才，尤为有裨实用。自升任川督，办丹稜股匪，及整顿地方，均能妥速。着赏加太子少保衔。"

时逆首周踣踣由滇境窜入岳池、合州，分陷新宁，派道员张由庚、曾传理等击败之，收复各城；李永和犹盘踞青神，檄总兵蒋玉龙、副将唐友耕激励各军，分路痛剿，复派总兵萧庆高、胡中和、何胜必沿途兜击，将首从各逆悉数斩擒。馀匪图窜陕西，派总兵周达武等追击之，擒斩逆匪周绍勇及伪统领吴崇礼等一百六十八名，解散四千馀名。川南北一律肃清。捷闻，谕曰："滇匪窜扰川省，已经四载。骆秉章督办甫及一年，即能次第剿除，洵属调度有方！着交部从优议叙。"

先是，粤逆石达开由广西、贵州窜入川境，直扑涪州，至是围攻綦江，窜踞长宁，分扰珙、高等县。闰八月，复由永宁窜合州，叠经官军击败。二年正月，石逆被剿穷蹙，率众纡道黔、滇，渡金沙江,冀由宁远突犯川西,秉章派兵严扼大渡河。四月,复派副将唐友耕、参将杨应刚等围之于天全,生擒石逆,馀党围杀净尽。秉章奏入,谕曰:"伪翼王石达开由广西倡乱,窜扰湖南、湖北、江西,占踞金陵,复犯浙江、广东、福建等省,纷扰滇、黔,〔五〕注意川疆,志在必逞。其破城戕官,荼毒生灵,久为覆载所不容。此次川省将士,人人用命,将积年巨憝一鼓成擒,全股殄灭。实足伸天讨而快人心!骆秉章运筹决策,调度有方,深堪嘉尚!着赏加太子太保衔。"

五月,滇匪经官军击败后,由陕西宁羌回窜川东,秉章饬总兵周达武追剿,平之,逆首郭福贵等伏诛。六月,以川省需才孔亟,请调湖南候补道冯昆、前广东按察使赵长龄赴川差委,从之。时捐纳指省之员,多指其流寓之省,有碍官常,秉章奏请禁止。略言:"流寓是邦,虽为客民,已在部民之列。一旦混入寮寀,与地方官相抗,或所捐职分较大,动以势分相陵。使之临民,平时同居里巷之人易生藐玩,而其亲戚故旧夤缘请托,情面尤难破除。且寓居既久,琐细皆知,藉故搜求,挟嫌罗织,在所不免。请令指捐之员呈明所指省分,并非向来流寓,方准分发。"又奏:"各省获盗人员,仍照向例送部引见,不得由督抚指定官阶保奏。"均下部议行。

三年正月,京察届期,谕曰:"四川总督骆秉章连年督办军务,叠平巨股,全蜀渐次肃清。于邻省军务及地方整顿各事宜,均能实力妥筹,精勤罔懈,着交部从优议叙。"六月,江宁克复,粤逆荡平。谕曰:"四川总督骆秉章,前在湖南巡抚任内,荐贤使能,创办团练,克复城池。其于楚师饷项,悉心筹画,不遗馀力。

及擢任四川总督后,督饬官军,殄灭石逆,洵属老成持重,懋著公忠。加恩赏一等轻车都尉世职,并赏戴双眼花翎。"九月,檄官军援甘肃汉南,围攻阶州之贼,拔其城,斩擒首逆,馀贼悉平。十一月,檄官军助剿贵州号匪,越境克复仁怀县城。四年三月,奏患目疾,假期已满,因边境吃紧,仍力疾视事。奉谕:"览奏,具见矢志公忠,以国事为己任。仍赶紧调治就痊,以慰廑系。"十一月,奏川军赴援汉南死事弁兵,请于阶州建立专祠以慰忠魂,允之。五年,以目疾增剧,叠请开缺回籍调理。谕曰:"骆秉章自简任川督以来,于吏治军务,办理甚为妥协。现在邻境贼氛未靖,筹饷筹兵,均关紧要,未便遽如所请。着毋庸开缺,赏假四月,安心调理。"六年正月,复届京察,上以秉章老成硕望,宣力弥勤,交部优叙。三月,奏请销假,接篆任事,得旨:"览奏欣慰!川省邻氛未靖,该督当妥为筹画,力顾边防,以副委任。"

五月,命以四川总督协办大学士。十二月,卒。遗疏入,谕曰:"协办大学士四川总督骆秉章忠诚亮直,清正勤明。由翰林荐擢卿阶,以廉介持躬。仰蒙宣宗成皇帝特达之知,先后命赴山东、河南等省查办事件,旋简授臬司,擢任封疆。在湖南十年,练兵训士,甄拔人才,东南巨寇,赖以殄灭。复荷文宗显皇帝知遇,特加头品顶带,以示宠眷。嗣命督办四川军务。朕御极以后,即擢授四川总督,统军入蜀,赏罚严明,所向克捷。滇、粤各逆,悉数殄除,并越境攻克甘肃、贵州各州县。因石逆被擒,川省肃清,论功行赏,晋加太子太保衔。旋以江南克复,东南扫荡,念其昔年在湖南任内,识拔将帅,克振军威,忠荩咸孚,勋劳夙著,复赏戴双眼花翎,赏加一等轻车都尉世职。本年夏间,简任纶扉,老成硕望,方冀克享遐龄,长资倚畀。昨因旧恙复发,赏假调理,遽闻溘逝,披览遗章,良深震悼! 骆秉章着追赠太子太傅,即照大学士例赐恤。任内一切处分,悉予开复。应得恤典,该衙门察例具奏。并加恩予谥,入祀京师贤良祠,并于四川、湖南两省建立专祠。其生平政绩事实,着即宣付史馆。伊子骆天保,着赏给郎中,服阕后分部行走;骆天诒着赏给举人,服阕后,准其一体会试。伊孙骆懋湘、骆懋勤、骆懋仁、骆懋勋,均着交部带领引见。伊侄孙候选县丞骆肇铨,着以知县分发省分即补。其灵柩回籍,并着沿途地方官妥为照料,用副笃念荩臣至意。"寻赐祭葬,予谥文忠。光绪十五年,慈禧端佑康颐昭豫庄诚皇太后归政,追念功绩最著诸臣,各赐祭一坛,秉章与焉。

　　子天保,恩赏郎中;天诒,恩赏举人。孙懋勤,恩赏主事。

【校勘记】

〔一〕查明沅江县金盆洲等处官荒草地十二万七千馀亩　"洲"原误作"州"。今据骆秉章传稿(之四二)改。

〔二〕现饬守备谌琼林　"谌"原误作"湛"。今据骆秉章传稿(之四二)改。按显录卷一六四叶二〇下亦作"谌"。

〔三〕汝所筹尚妥　原脱"汝"字。今据显录卷一六四叶二六上补。按骆秉章传稿(之四二)亦脱。

〔四〕毁其晃州峕垱山老巢　"峕"原误作"屯"。今据骆秉章传稿(之四二)改。

〔五〕纷扰滇黔　"纷"原作"分",音近而误。今据骆秉章传稿(之四二)改。

桂良

桂良,瓜尔佳氏,满洲正红旗人。父玉德,闽浙总督。嘉庆十三年,桂良由贡生捐纳主事,分礼部。十五年,捐升员外郎。十九年,补官。二十四年,京察一等,记名以道府用。寻授四川顺庆府知府。道光二年,调成都府。三年,升建昌道。七年,升河南按察使。九年,擢四川布政使。十年,调广东布政使。十二年,调江西布政使。

十四年二月,护理巡抚。四月,以省城粮谷稀少,请拨借各属现存仓谷运省平粜,并以南昌等县被水较重,请援照成案增粜减价以裕民食,奏入,允之。七月,升河南巡抚。奏言:"豫省驻防闲散人丁,生齿日繁,多寡互异。请照例均齐,以资哀益。庶遇有披甲缺出,挑补不至偏枯。"从之。十五年,会勘原武分溜支河,请先期筹款,购备稽石。十六年,又奏勘北岸原、阳两汛支河情形,请赶办土石两工,筹防大汛;又以武涉县沁堤残缺卑薄,亟应修筑。均如所请行。十八年三月,奏:"筹议查拿私硝章程:一、严办私贩,一、稽察偷漏,一、严缉偷越,一、杜绝包庇。"得旨议行。

八月,奏查明河南汲县潞州屯地方有坟塔庙碑,实为邪教祖庭,并将拓出碑文,恭呈御览。谕曰:"汲县知县刘铭本既赴庙目睹情形,并不查办,着革职拿问;该府知府耿省修亦不据实揭参,着一并解任严讯。其无生老母塑像及庙碑,即派员全行拆毁,并着桂良于查阅营伍时,亲至该处查验,即将坟墓平毁,饬属严禁军民人等毋许再听信邪说,煽惑人心。"九月,遵议钱票章程:

"查明河南各府、厅、州、县开设钱铺,均系现钱交易,虽有用钱票之时,一经持票取钱,无不立付,实与现钱无异。惟立法不厌周详,应请照京师钱铺之例,同行五家联保。倘有侵蚀潜逃,照例办理,俾奸商知儆,流弊永绝。"从之。十月,奏勘明豫省黄河两岸堤堰,宜加帮加高,或加筑子堰,或补筑旧坝,或添筑坝戗土格,请由藩库拨款,次第兴工,如所请行。

十九年三月,擢湖广总督。寻奏言:"查河南地方无生老母庙共有三十九处,均系建自前明,现已拆毁,并将前案人犯从严惩办。"谕曰:"河南习教重案,屡经查办,何以尚有馀孽胆敢重修祠宇? 此皆从前不能认真查毁所致。嗣后境内如有此等淫祠,立即拆毁,毋稍徇隐。"六月,调闽浙总督。十二月,调云贵总督,二十年,兼署云南巡抚。遵议滇省各属捕盗事宜:"一、盗案初起,速移邻封协捕;一、盗窃之案,宜严惩牌保;一、城乡居民,宜守望相助;一、审鞫盗案,无令苦累事主。"奏入,允之。二十二年,奏整饬稽查营伍章程,略曰:"迤南、迤西二道皆兼兵备之衔,本有讲武之责。所有迤南、迤西各标镇协营官兵,应责成该二道就近稽察。其提督兼辖之武定州一营,亦应委迤西、迤南道稽查,迤东道本不兼兵备之衔,应改为兵备道,将迤东地方各镇协营官兵责成该道就近稽查。如此明定章程,逐层稽查,庶于营务边防益昭周密。"下部议行。

二十四年,奏言:"汉民佃种夷田,相沿已久,未便纷更滋扰。请将各户应纳土司田租,查明造册立案,照数交收,以杜衅端。"从之。二十五年正月,奏:"黔省下游镇远、黎平、都匀三府及古州一厅,山多险峻,苗俗桀骜,以盗为生。州县差役无多,缉捕不能得力。拟于镇远、古州各营兵百名内,酌量挑选勇健者,或十名、五名,专拿盗贼,以佐差役所不及,仍不准州县差役,藉词委卸。庶责成既专,缉捕益增周密,盗风可息。"上韪其议。四月,入觐,谕曰:"连日召见云贵总督桂良,年甫六旬,精力大逊于前,难胜两省总督之任。着留京当差。"旋署镶黄旗蒙古都统、兵部尚书,授正白旗汉军都统,管理正黄旗新旧营房。十一月,调热河都统。

二十八年二月,命来京,谕曰:"桂良之女,指六阿哥为婚。所有应行事宜,着各该衙门照例办理。"十二月,入宴保和殿。二十九年六月,授镶红旗汉军都统,兼署正白旗汉军都统。八月,管理右翼幼官学。三十年七月,充崇文门副监督。十二月,充随围都统。咸丰元年正月,调镶白旗满洲都统。二月,命考验八旗军政。四月,署正蓝旗满洲都统。八月,署吏部尚书。寻授福州将军。二年四月,授兵部尚书,命来京供职。七月,授正蓝旗汉军都统。十一月,以在福州将军任内捐备军饷银一万两,赏戴花翎。三年二月,充右翼监督。三月,奏言:"京师为根本重地,各门稽查,尤宜周密,而广渠、右安两门均有税务,恐匪徒乘间潜入,应请每门由八旗添派佐领、防御等章京一二员,带领八旗兵丁二三十名,白昼严密稽查,夜间即在各门住宿。并请饬各旗副都统随时稽核,如有奸匪混入,即从严惩办。"从之。三月,管理新旧营房,奏请修补城上堆拨,得旨议行。寻署正红旗汉军都统。

五月,粤逆窜河南,陷归德,上以直隶大名与河南接壤,命总督讷尔经额扼要防剿,复命桂良驰赴直隶省城驻扎,为后路声援。七月,谕曰:"保定省城为畿辅重地,该尚书务即督率文武、实力巡防,不可稍有疏懈。"又以直隶与山东、河南地方毗连,谕严饬各委员及地方官于交界地方实力严查,毋令贼匪阑入。先是,上闻直隶望都县并唐县地方均有匪徒肆扰,谕桂良查明具奏,并严饬带兵员弁会同地方官赶紧捕获,毋令蔓延。至是,奏此案贼匪因拒捕挟嫌起衅,窜至唐县地方,已派员拿获多名。八月,谕曰:"晋省为神京右臂,固关等处皆与畿辅毗连,关系甚重。桂良现驻扎保定,着于交界地方妥筹堵御,严密布置,总以查拿奸细、镇定人心为要。"

时逆匪已窜入平阳,复扰洪洞县境,复谕曰:"畿辅重地,拱卫神京,该尚书镇守省城,尤宜盘诘奸宄,毋令乘间混入。其各路探报,着随时据实奏闻,以慰朕念。"贼寻由洪洞东窜,谕曰:"山西代州地方有小道可通紫荆关,直达易州。倘贼由此窜入,关系甚重。桂良驻扎省城,相距不远,着迅筹布置,严饬文武员弁实力堵御,勿使偷越。"九月,奏贼窜临洺关,并扰隆平、柏乡等县,得旨:"直隶总督着桂良补授,务即悉心筹画。与胜保调派将弁兵勇,迅速剿截,尽殄贼氛,以副委任。"寻参奏:"藩司张集馨擅将要隘官兵调赴他处,且自调赴东路防堵,迁延观望。半年以来,并未接仗获贼。"得旨,着革职,发往新疆效力赎罪。又查明直隶被扰沙河等十三州县灾民情形,应请蠲缓下忙应征新旧粮租,及各折色口粮,并截拨豫东新漕粮米十万石,以为赈恤之用,允之。

贼寻陷隆平、柏乡二县,扰及赵州,并图分股东窜,上命桂良扼要堵截,贼旋窜藁城,势剽甚。谕曰:"藁城至正定,惟恃滹沱

河阻隔。着该督严饬地方文武员弁,赶紧将沿河船只概行撤收,
毋任逆匪乘间偷渡。该匪被剿,若不北渡滹沱河,必窜河间、天
津。着随时调拨各兵,并力兜截。"贼复由定州分股窜深州,上以
河间、天津尤关紧要,命桂良统筹全局,严密布置。十月,贼窜天
津,谕曰:"逆势剽疾,万一乘虚西窜,不可不防。该督惟当相机
筹办,以妥速为要。省城情形及贼踪所向,仍着确探飞报,以慰
朕念。"寻以天津、独流叠获胜仗,大兵云集,奏请饬京外各官一
律捐输,以助军饷;又请拨天津盐运两库及道库银两,以资接济:
均从之。旋谕曰:"贼情诡谲,恐由僻路直窜省垣。着严饬地方
关于水陆扼要处所,派兵认真堵截;并严饬河间、保定所属地方,
一体严防,毋稍疏忽。"十二月,上以土匪抢夺,贻害地方,与贼无
异,谕督饬所属文武员弁实力严拿,尽法惩治。至静海东南一带
各村镇,办理连庄,声势甚为联络。着该督分饬所属劝谕各乡团
严缉奸宄,俾地方渐就肃清。又谕曰:"天津现当防剿吃紧之际,
凡守御抚辑事宜,均关紧要。自天津知县谢子澄阵亡后,其员缺
尚未拣员请补,兹有人奏:'武清县知县胡启文素得民心,饶阳县
知县秦聚奎以练勇御贼,贼不能犯'等语。着桂良详加酌度,〔一〕
如该员等于天津要缺可期胜任,即拣一员请补;如不甚相宜,即
另拣妥员请补。〔二〕不必以奉有谕旨,稍涉拘泥。"

四年正月,奏言:"独流镇贼匪全数窜回静海,静海之匪亦烧
毁城内房屋,向西南各村逃窜。已严饬各地方文武设法抵御。"
二月,请饬署提督张殿元带兵在武邑县防堵,并饬副将达年于要
隘处相机设防,以资保障。得旨,此折着钞给僧格林沁等阅看。
三月,奏参带兵散秩大臣穆辂、健锐营翼长双僖,不能约束官兵,

以致伤官扰民,请交部议处,从之。又奏查明<u>直隶沧州</u>失守,城守尉<u>德成</u>等及驻防官兵殉难妇女共一千八百三十七名口,请饬部分别旌恤,以励忠节。谕曰:"览奏甚惨,可怜可悯之至!"四月,拿获逆犯<u>高刚头</u>置于法。又奏言:"<u>江</u>、<u>浙</u>米船八成载米,二成载货。其所载之米值银八百两,准免货二百两之税。"得旨,应如是办理。又奏<u>直隶省</u>城鼓铸大钱,应须铜斤,请饬<u>江苏</u>巡抚先将<u>道光</u>九年代购洋铜二十七万斤,委员解<u>直</u>,以资鼓铸;复请于<u>云南</u>委员<u>蔡得枢</u>领运铜斤项下借铜十万斤,以资接济:从之。寻谕曰:"私铸当百大钱罪名,业经刑部从重定拟。但近畿一带愚民,或未深悉,仍前盗铸。着<u>桂良</u>将新定私铸罪名,饬属遍行晓谕,并认真设法严密查拿,有犯必惩。"

七月,奏<u>英吉利</u>等国兵船到<u>津</u>。八月,奏<u>英</u>、<u>美</u>二国使臣欲求赴京呈诉。寻谕曰:"<u>吉尔杭阿</u>奏<u>英</u>、<u>美</u>、<u>法</u>三国使臣欲同赴<u>天津</u>变通成约,该抚反复开导,不能阻止。已密谕<u>文谦</u>、<u>双锐</u>,如果该船驶至,即一面速奏,一面知会<u>桂良</u>妥商开导之法。此时守城要紧,该督不必遽赴<u>天津</u>。当此畿辅未靖,不可稍涉张皇,致生事端。并着随时密派妥员赴<u>津</u>查探情形,据实驰奏。"又谕曰:"昨因<u>英</u>、<u>美</u>两国船只驶抵<u>大沽</u>,<u>桂良</u>应否亲往,已谕令该督妥筹办理,并将<u>崇纶</u>交该督差委。<u>桂良</u>务当仍遵前旨,如到津时,断勿轻与该使相见,以符定制。仍令<u>崇纶</u>剀切晓谕,不可另生枝节,是为至要。"五年五月,奏请筹拨官兵火药、器械,听候调遣,勿使临时贻误,从之。

六月,<u>山东</u>巡抚<u>崇恩</u>奏<u>山东</u>洋面屡有盗艇阑入,窥伺漕粮,并有火轮船二只,恐彼等声东击西。<u>盛京</u>、<u>直隶</u>沿海一带地方,必须亟筹防剿。得旨："天津口岸一带,最关紧要。此时海运漕船甫经报竣,该处为商贾辐辏之区,尤应加意防备。着桂良督饬天津道严密防范。"七月,奏拨大名等镇官兵一千五百名交大名镇总兵统带,会同大名道驻扎黄河北岸兰河渡口一带防守。得旨："据王履谦奏称:'河北卫辉府新乡县连庄会聚众围城,并纠邻近各县,希图抗拒官兵'等语。因思防守下游,固属要紧,而新乡刁徒滋事,尤刻不容缓。着桂良即将大名防河官兵一千五百名,交该镇道统带,就近取道卫辉前往新乡,相机助剿。"

九月,东河兰阳汛黄水漫溢,延及直隶开州、东明、长垣各州县,桂良请将直隶缴回宝钞二万五千串发给备赈,并请截留山东济东前帮米麦豆三项共一万二千三百馀石,以资接济,均从之。寻命以直隶总督协办大学士。十月,上念直隶各州县被水情形,命桂良饬令该地方官出示劝导,乘水落归槽之际,即令绅耆人等估工集料,克期兴筑,俟工竣后,所有出力出赀官绅,均着该督分别保奏。六年三月,以筹备粮储,率属倡捐,酌拟章程六条入奏,得旨,交部优叙,所拟奖叙章程,着户部议奏。六月,永定河正堤漫溢,坝身蛰陷,请亲往勘办,得旨："该督现已往工查办,着即饬该员弁赶紧盘筑裹头,毋令续有刷塌。其被淹各村庄,即查明抚恤。"七月,永定河北岸漫溢,各汛堤埽,计冲缺二十馀丈,请赶紧堵筑。十月,奏坝工一律完竣。

十二月,遵议严惩逃兵章程,略言："随征官兵溃散,除情有可原者贷其一死,倘无故潜逃,及闻警先遁,照原例斩立决,加以枭示。其发遣为奴者,枷号示众两月,再行发往。"从之。寻擢大学士,命来京授正蓝旗蒙古都统。七年正月,授东阁大学士。三月,命管理刑部事务,署正蓝旗满洲都统。四月,孝静康慈皇后梓宫永远奉安礼成,赏加一级。五月,调正白旗满洲都统。

八年四月,命驰赴天津海口查办事件。六月,奏洋船退出海口,请将天津出力员弁绅商,酌给奖叙,从之。六月,命驰驿前往江苏,会同何桂清妥议通商税则事宜。九月,授文华殿大学士,补内大臣。九年六月,回京,谕曰:"本日据桂良奏,将美国使臣华若翰照会该大臣公文呈阅,见其词气甚属恭敬,出于至诚,所有该国使臣赍来国书,即派桂良接收。至换约一节,本应回至上海互换,朕念其航海远来,准将和约用宝发交恒福,即在北塘海口与该国使臣互换。自换之后,永远和好通商,以示朕怀柔远人、敦信崇义至意。"七月,署经筵讲官。八月,命毋庸进内大臣班,嗣后一切引见,毋庸带领。十年正月,以办理山东省秋审情实孟传冉一案错误,降一级留任;又以刑部京察保送不实,降二级留任。寻以上三旬万寿,赏加太子太保衔。七月,复授钦差大臣赴天津办理事宜。八月,回京,命仍往天津与美使面议一切。寻派留京大臣仍在城外,毋庸入直。十一月,以办理各国事宜妥协,交部优叙。十二月,命督办各国通商事务。

十一年二月,上以团防事务较简,命毋庸在紫禁城内住班。三月,署镶蓝旗蒙古都统,稽察钦奉上谕事件处。七月,穆宗毅皇帝御极。九月,谕曰:"本日召见恭亲王奕訢,带同大学士桂良,乃载垣等肆言不应召见外臣,擅行拦阻,其肆无忌惮,何所底止?前旨仅予革职,不足蔽辜,着恭亲王奕訢、桂良等即传旨将载垣、端华、肃顺革去爵职,会同大学士、九卿、翰詹、科道严行议罪。十月,命在军机大臣上行走,管理钦天监算学事务,充实录馆监修总裁。同治元年正月，京察届期，上以桂良在军机大臣上行走，实力勖勷，和衷共济，下部优叙。

六月，卒。遗疏入，谕曰："大学士桂良志虑忠纯，器量渊粹。渥承四朝知遇，由部曹外任道府，〔三〕荐陟封圻，历任都统、将军。蒙文宗显皇帝优加擢用，由直隶总督荐登揆席，并令来京供职，综理部旗事务。〔四〕朕御极之初，蒙我两宫皇太后任用耆臣，重加倚畀，特授为军机大臣，与议政王等夙夜在公，商榷庶务，用资辅弼。方冀遐龄克享，恩眷长承。乃因偶染时疴，遽尔溘逝。遗章披览，犹惓惓于用人行政，语不及私，阅之不禁堕泪！着赏给陀罗经被，派醇郡王带领侍卫十员，即日前往奠醊。加恩晋赠太傅，照大学士例赐恤。入祀贤良祠。着赏给广储司银一千两治丧。任内一切处分，悉予开复。应得恤典，该衙门察例具奏。伊子孙俟百日孝满后，着该旗带领引见，用示朕笃眷忠荩至意。"寻赐祭葬，予谥文端。七月，谕曰："大学士桂良溘逝，业经派醇郡王带领侍卫前往奠醊，并降旨优加赏恤。兹闻举殡在即，眷怀忠荩，感怆殊深！本月二十二日，着再派恭亲王带领侍卫十员，前往赐奠，用示朕优礼耆臣有加无已至意。"五年，文宗显皇帝实录、圣训告成，赐祭一坛。光绪十五年正月，慈禧端佑康颐昭豫庄诚皇太后归政，以桂良前充军机大臣，夙夜在公，襄成郅治，命赐祭一坛。

子延祺，候选笔帖式；延祜，四川候补道。

【校勘记】

〔一〕着桂良详加酌度　"详加酌度"原误作"悉心体察"。今据显录卷一一四叶二八上改。

〔二〕即另拣妥员请补　原脱“妥”字,又“补”误作“调”。今据显录卷
　　一一四叶二八下补改。

〔三〕由部曹外任道府　“外”原误作“擢”。今据显录卷三二叶九
　　上改。

〔四〕综理部旗事务　“综”原误作“总”。今据毅录卷三二叶九上改。
　　下同。

官文

官文,王佳氏,满洲正白旗人,先隶内务府汉军正白旗。道
光元年,由拜唐阿补蓝翎侍卫。六年,授三等侍卫。十二年,擢
侍卫副班领。十八年二月,迁二等侍卫班领。十一月,升头等侍
卫、续办事章京。二十年,记名以副都统用。二十一年,授广州
汉军副都统。二十七年,调荆州右翼副都统。咸丰二年,捐输军
饷,下部议叙。

三年,粤匪由湖南沿江下窜,陷汉阳,将犯荆州。将军台涌
赴德安防堵,命官文专统荆州防兵。四年二月,擢荆州将军。三
月,贼陷安陆,又陷荆门,官文令游击王国才、参将佟攀梅分驻龙
会桥、丫角驿。贼寻陷宜昌,荆州危急。时驻防兵多调赴省城及
分扼要隘,城中仅二千人,官文奏请催调川兵协剿,并请于邻省
筹拨兵饷。四月,贼陷监利,复之,又复宜昌、石首、华容,荆州七
邑以安。时武昌被围急,官文饬佐领锡龄阿等攻沔阳之府场,总
兵双保、福炘规复潜江,由襄河赴省助剿。檄安襄郧荆道罗遵殿
等驻兵府河,扼贼上窜;并令归州知州书绅带兵,断贼窜入大江

之路。

六月，武昌失守，命官文统筹全局，迅复武、汉，因疏言："逆贼诡诈多端，军情随时变幻。武、汉之贼一日不尽，荆州一日不能安枕。贼踞汉阳、汉口，倚江为险，断我粮道，阻我援兵，武昌隔江孤悬难守。今欲攻武昌，必先围汉阳；欲围汉阳，必由襄河进兵。能克汉阳、汉口，即以贼所恃之险为我所恃，武昌可图矣。前派双保由潜江进击，因兵力过单，饬罗遵殿备船百艘，由仙桃镇、蔡店达汉阳，探悉抚臣杨霈来楚，即归调遣。抚臣或由云梦、应城进兵，亦可夹攻。檄福炘往潜江接应双保，知县吴振镛、守备钟堉等各率所部规复沔阳，疏通道路，直达汉阳协剿，使贼首尾不能相顾。至湖南岳州现为贼踞，南北援兵均受牵制，为今之计，尤应先剿岳州之贼。闻钦差大臣曾国藩统炮船驻湘阴，署提臣塔齐布兵入岳州境，[一]现已飞咨迅速进剿，早复岳州，分兵阻住江路。复派同知衔李光荣等统带川勇在调弦口防堵，协剿岳州、使荆州、长沙声气相通；同知衔张于铭在监利尺八口设防，遥为声援。都司宗维清等沿江接应。荆州仅剩旗兵应分派防守要隘，副都统贵陞率王国才、佟攀梅等于各路随时接应，庶几可进可退，不致有顾此失彼之虞。"疏入，报闻。

寻曾国藩等克岳州，贼艘悉出大江，官文檄凉州副都统魁玉、总兵杨昌泗等往螺山一带防堵大江，歼贼党甚多，进抵武、汉，八月，复武昌省城。命交部优叙。时汉阳、汉口相继复，曾国藩、塔齐布进攻九江。五年正月，总督杨霈师溃德安，汉阳、汉口复陷。二月，武昌陷。三月，德安、随州均陷。[二]四月，诏革杨霈任，以官文为湖广总督，师次安陆。五月，抵襄阳，疏言："贼自随州逸出,退踞德安,经官兵叠挫凶锋,不难剿办。惟天门、京山逼近安陆,道路处处可通,倘被窜入襄河,勾连仙桃镇以下股匪,不独荆、襄在在堪虞,上游各处均可北窜。若不四面围攻,必致此击彼窜,滋蔓难图。现派兵一由天门皂市进击,一往京山防守,驻师安陆,为两路应援。并咨固原提督孔广顺严兵堵御,伺隙进取,署提臣讷钦为后应。如克德安,留该提臣分兵驻守。北兵出府河攻汉口,严密布置,北路似可无虞。俟钦差大臣西凌阿入楚,即统兵从襄河两岸水陆并进,由汉川进攻汉阳。”疏入,上韪之。

七月,西凌阿军在德安,失利,退保随州。九月,命官文为钦差大臣,驰赴德安,妥筹攻剿。十月,德安贼弃城走,官文蹑追南下,直捣汉阳。十二月,官文督军三眼桥,进薄汉阳西门桥,焚贼卡,又败贼龟山、尾湖堤等处,至五显庙焚贼舟,破贼卡二,毁其东西土城。上赐“福”字及大小荷囊、银锞、银钱,并诸食物。六年正月,贼于汉江北岸造浮桥,从西门及龟山下,分队来犯,败之,分兵驻沙口,断其粮道,并令京口副都统都兴阿攻围风焚积聚,贼势渐蹙。三月,奏请设局荆、宜二郡,收盐课助饷,从之。八月,叠破汉阳城外贼营。九月,连战皆捷,贼益蹙。

时巡抚胡林翼规复武昌,十一月,与官文约水陆大举,同日分攻武、汉,官文督军由五里墩进击,檄按察使李孟群及王国才、杨昌泗分路进攻,水师炮船于东门环城轰击,探知五显庙卡贼较少,急攻之,破其卡。龟山之贼回援,复为李孟群所乘,王国才、杨昌泗由西南门鼓噪入,遂复汉阳,俘伪将军等五百馀人,杀贼略尽。胡林翼亦复武昌。奏入,谕曰:“逆匪踞守武、汉,几及二年,此次同日克复坚城,逆匪鲜有漏网。官文督率有方,着赏戴花翎,并交部议叙。"

寻命官文等统筹战守全局。七年正月,偕胡林翼疏言:"湖北省为长江上游要害,武、汉尤九省通衢。自来东南有事必争之地,前此未能守御,三次失陷,力攻两载而后克之。目前相机防剿,不令贼乘间上窜,蹈从前覆辙。业派记名按察使李续宾带勇由南岸,都兴阿、孔广顺、王国才由北岸,郧阳镇总兵杨载福督水师由江路进剿。现北岸黄州至黄梅,南岸武昌至兴国,均已肃清,崇、通一带搜捕殆尽。李续宾抵九江,逼城而营,与曾国藩会合进攻,杨载福将城外贼营焚毁,惟小池口贼垒未拔,派副将鲍超带勇助攻,连获大胜。安徽之英山、太湖、宿松、望江,接壤湖北,皆为贼薮,有窥伺上犯之心。饬王国才驻黄梅之大河铺、界岭岩,拦截要隘,孔广顺驻蕲水之孔垅驿,巴扬阿率马队为各路援应,以固楚北门户。查道士洑水阔溜急,田家镇两山对峙,水师皆难久驻,现酌留各营游巡江面,足备控驭,通筹大局。我军已据水陆上游,实蓄破竹建瓴之势。所虑江西七府未平,武昌尚有肘腋之患,贼若由通城、崇阳、兴国窜逼武昌,反出九江各军之上。自当固守武昌,以为后路根本。武、汉一江相望,天成锁钥,汉镇尤商贾辐辏之区。今残破一空,速为招集抚绥,使民庶安居,商贾复业,乃可通百货而利转输。现拟暂驻武、汉,相机筹画,节节进取,仍步步严防,庶军情无返顾掣肘之虞,转饷有源源不竭之利。"疏入,报闻。

三月,群贼败回宿、太,官文以贼势渐衰,亟宜大举,檄杨载福、都兴阿等克小池口伪城,进围九江,分剿宿、太。九月,复湖

口、彭泽,八年四月,复九江,赏太子少保衔。皖贼陷麻城、黄安,
旋复之。太湖、英、霍贼围蕲州,破之。七月,巡抚胡林翼丁忧,
官文以军务紧要,请留林翼照军营例改为署理,从之,并命官文
暂行兼署。九月,命以湖广总督,协办大学士。时英山、太湖贼
复犯蕲州,大败之,并击败弥陀镇、南阳河诸贼。十月,李续宾战
殁庐州之三河镇,官文分兵扼蕲州、广济、麻城诸隘,固守九江、
彭泽,水师严防江面。九年三月,贼扰湖南,围宝庆,官文檄荆宜
施道李续宜赴援,大破之,宝庆围解。

　先是,武、汉克复,官文即奏请抽撤陆营官兵,设立长江水
师,派镇协一员专领。至是奏称:"各营兵额已扣出二千名,备水
师充补,俟皖省荡平,即酌撤炮船水勇,改立水师专营,以重巡防
而资控扼。其先后扣撤兵额月饷,由藩司按数扣存,为将来新设
水师之费。查马战兵月饷一两五钱,守兵月饷一两,改设水师,
长川操防,不敷养赡,尚须另议酌增,但不得过现在水勇之数。
湖南洞庭水师有名无实,将来亦应统归长江水师总领节制,按季
会哨,或添设水师提督一员,兼辖安徽、江西各省水师,期于事权
归一,呼应较灵。长江上下首尾联为一气,实于天堑兵威大有裨
益。俟届时详定章程奏闻。"十二月,复太湖,上以官文调度有
方,先行交部优叙。

　十一年正月,授文渊阁大学士。三月,皖贼陈玉成扰罗田、
麻城,副将余际昌兵溃,贼长驱至英山,官文檄副都统舒保御之。
三月,复孝感、云梦、应城、黄安、黄陂。五月,疏请由楚招商采办
淮盐,略曰:"楚省旧食淮盐,自粤逆踞金陵,江路梗阻,商贾星
散,淮引不至。前署督臣张亮基奏请借食川盐,乃自上年川匪滋

事,产盐之地屡被蹂躏,商贾观望不前,盐价骤增,民间苦于食贵。查楚北近年整顿水师,长江上下分设炮船,梭织巡防,商船尚可随时挽运。当此楚北盐缺价昂,亟宜乘机利导,力筹淮运渐复旧规,惟虑淮商复业无期,拟于汉岸招募商贩,变通试办,运至汉岸行销,循照楚北章程按斤完纳厘税,以济军饷。其入楚川盐应仍照常行销,并行不悖,俟淮盐办有成效,再行察看情形停止川盐。"奏入,下部议行。

时逆首李秀成扰兴国、通城,六月,破之,复通城、崇阳、咸宁、蒲圻,击退兴国、大冶、通山之贼。南岸肃清,旋复德安,八月,复安庆,赏加太子太保衔。时桐城、宿松、黄梅、蕲州、广济、黄州相继复,十月,黔匪陷来凤,捻匪围枣阳,旋击走之。十二月,捻首苗霈霖据安徽寿州,上命官文等熟筹剿抚二策,因疏陈苗逆包藏祸心,罪大恶极,宜伸天讨。同治元年正月,复来凤。六月,遣副将周凤山等剿捻于河南信阳、罗山,破之。八月,荆州将军多隆阿奉命督兵赴陕,逾期未到,官文未遵旨严催,奏报又复迟延,部议降二级留任,上加恩改为降一级留任。寻官军破黄梅捻巢,收复乐家等十四寨,淮南捻踪肃清。闰八月,授文华殿大学士。时大军屯楚、豫之交,官文以楚兵不敷分布,奏调多隆阿回援。九月,多隆阿抵湖北,屡战克捷,襄河以北贼皆远遁。

二年五月,疏言:"选举古法寓于优贡,请特加擢用,以收实效而广登进。"下部议行。九月,亳州捻首程大坎等窜钟祥,分股扰德安、应山,复图扑汉口,官文饬总兵杨朝林等败之三里城,贼走罗山、应山,贼窜孝感,败之李家湾、双庙,又追及麻城之宋埠,大破之,馀贼遁还河南。十二月,奏言各省优贡已奉旨照拔贡一体覆试录用,湖南选举优贡,请照中省定额办理,下所司议行。三年四月,奏劾湖北巡抚严树森把持兵柄,刚愎用事,得旨,严树森着以道员降补。

六月,克复江宁,谕曰:"钦差大臣、大学士、湖广总督官文,征兵筹饷,推贤让能,克复楚北郡县多处,肃清全境,并筹办东征军务,接济饷需,不分畛域,实属茋勤卓著!着加恩封一等伯爵,世袭罔替,并加恩将其本支勿庸仍隶内务府旗籍,抬入正白旗满洲,赏戴双眼花翎。"四年四月,钦差大臣科尔沁亲王僧格林沁剿捻于山东,阵亡。上以发、捻前扰湖北,官文督师,兵力甚厚,不能就地歼除,仅以驱之出境为事,致贼得以远飏,蔓及东、豫等省,交部严议,降三级调用,上加恩改为革职留任,拔去双眼花翎,撤太子太保衔。

五年正月,与曾国藩议奏长江水师营制事宜,下部议行。四月,以汉镇地当冲要,请劝谕绅商捐费,就后湖一带筑堡开濠,设立炮台,以资保卫,允之。十一月,湖北巡抚曾国荃疏参官文贪庸骄蹇各款,上命刑部尚书绵森、工部右侍郎谭廷襄赴湖北查办。寻奏称:"查原参内上年馈送侍郎胡家玉等程仪一款,据官文覆称,钱漕、盐厘、关税、捐输,均归粮台实用实支,并无浮冒,惟汉阳竹木捐一款,有给与议叙内奖者移解粮台充饷,其零星不请议叙外奖者归粮台军需善后动支。上年胡家玉、张晋祺差竣入都,道经湖北,该督因向章系由省筹拨公款于外,交款内提银应付,又以道途多梗,仍于款内备二千两为胡家玉等沿途添雇车马犒赏之用,委非粮台正款。核对原参之数,约略相符。"上撤官文任,听候查办。六年正月,谕曰:"前因官文在湖广总督任内动用捐款各情,当经降旨交部严加议处。兹据吏部议以革职,自属咎有应得,惟念官文在湖广总督任内十馀年,历经会同胡林翼、曾国藩廓清江、鄂,勋劳甚著,而被议各款、尚非贪污欺罔可比。若遽予以罢斥,殊非朝廷保全功臣至意。大学士一等伯官文着革去湖广总督,加恩仍留伯爵大学士,改为革职留任,八年无过,方准开复,并罚伯俸十年,不准抵销,即来京供职。"

四月,到京,命管理刑部事务,赐紫禁城骑马,授正白旗蒙古都统。五月,兼署镶白旗蒙古都统。六月,充稽察坛庙大臣。旋以官文七十生辰,御书"纶阁延晖"匾额,"福"、"寿"字,并诸珍物赐之,充玉牒馆总裁。八月,署正蓝旗满洲都统,充翻译乡试阅卷大臣。十月,充武乡试监射大臣。十一月,署直隶总督。七年正月,捻匪北窜衡水、定州,上以官文毫无布置,任令北窜,交部严加议处。七月,捻匪平,谕曰:"官文前在湖广总督任内,暨本年捻匪窜直隶时,均因会剿不力,叠经降旨惩处。此次捻匪悉平,着加恩开复太子太保衔,并赏还双眼花翎,以示锡爵酬庸、用彰庆赏至意。"八年二月,卸署直隶总督。六月,管理户部三库事务,补内大臣。自元年、三年至九年正月,三届京察,均蒙温谕褒嘉,下部优叙。七月,充崇文门监督。

十年正月,卒。谕曰:"大学士官文持躬端谨,器量恢宏。历承先朝知遇,由侍卫荐升将军。蒙文宗显皇帝优加擢用,补授湖广总督。简任纶扉,特命为钦差大臣,督办军务,与原任湖北巡抚胡林翼协力同心,和衷共济,肃清全楚。复筹办东征军务,接济饷需,不分畛域,厥功尤多!金陵之捷,特加恩赏给一等果威伯,并将其本支抬入正白旗满洲。嗣令来京供职,综理部旗事务,旋署<u>直隶</u>总督。扬历中外,久著勤劳。方冀克享遐龄,长资倚畀,乃以偶染微疴,遽尔溘逝,披览遗章,殊深轸惜!着赏给<u>陀罗经</u>被,派<u>惠郡王奕详</u>带领侍卫十员,即日前往奠醊,加恩晋赠太保,照大学士例赐恤。入祀贤良祠,赏给广储司银二千五百两治丧。任内一切处分,悉予开复。应得恤典,该衙门察例具奏。其一等伯爵,着俟伊子<u>荣绥</u>百日孝满后,由该旗带领引见承袭,勿庸俟年终办理,用示笃念荩臣至意。"寻赐祭葬,予谥文恭。七月,谕曰:"<u>李瀚章</u>、<u>郭柏荫</u>奏前任督臣勋绩最著,〔三〕恳请建祠一折,原任大学士<u>官文</u>任<u>湖广</u>总督十二年,当地方兵燹之馀,能持大体,与历任巡抚和衷共济,恢复全<u>楚</u>,并次第举行善政,民气得渐复元。该省绅民,至今称颂。着照所请,即将前建<u>胡林翼</u>专祠改为<u>官文</u>、<u>胡林翼</u>合祠,列入祀典,饬地方官春秋致祭,以彰忠荩而顺舆情。"<u>光绪</u>十五年,<u>慈禧端佑康颐昭豫庄诚皇太后</u>归政,追念功绩最著诸臣,各赐祭一坛,<u>官文</u>与焉。

孙<u>兴恩</u>,袭一等果威伯。

【校勘记】

〔一〕署提臣塔齐布兵入岳州境　原脱"岳"字。今据<u>清史稿</u>(一九七七年<u>北京</u><u>中华书局</u>版)册三八页一一七一二<u>官文</u>传补。

〔二〕德安随州均陷　"随"原作"绥",音近而误。今据<u>显录</u>卷一六四叶一五上下改。

〔三〕郭柏荫奏前任督臣勋绩最著　"柏"原作"伯",音近而误。今据<u>官文</u>传稿(之四二)改。

翁心存

翁心存，江苏常熟人。道光二年进士，改翰林院庶吉士。三年，散馆，授编修。四年，大考二等，命记名遇缺题奏。旋擢詹事府右春坊右中允。五年，充福建乡试正考官，提督广东学政。六年，转左中允。九年，任满，命在上书房行走，授惠郡王读。十年八月，充日讲起居注官。九月，迁翰林院侍讲。十一年，充顺天乡试同考官。十二年，充四川乡试正考官，提督江西学政。十三年正月，补右春坊右庶子，三月，转左庶子。四月，擢国子监祭酒，均留学政任。十四年，任满。十五年，充浙江乡试正考官。寻授奉天府府丞，兼学政。十六年，补大理寺少卿。十七年，命在上书房行走，授六阿哥读。十八年，以母老乞养，回籍。二十五年，丁母忧。二十七年，服阕。二十九年七月，命仍在上书房行走，授八阿哥读。复授国子监祭酒。十二月，擢内阁学士，兼礼部侍郎衔。旋授工部左侍郎，兼署钱法堂事务。

三十年正月，宣宗成皇帝升遐，充恭理丧仪大臣。二月，充实录馆副总裁，调补户部右侍郎，兼管钱法堂事务。八月，江苏巡抚傅绳勋奏请将苏、松二府，太仓一州漕粮，改征折色，下部核议。心存等以为苏、松、太三属额征米一百十四万馀石，一旦尽改折色，恐京仓不敷支放，尤虑不肖州县借折色之名，抑勒倍取，是便民而适以厉民，具疏议驳。命两江总督陆建瀛等按照所指各情节，悉心体察，事遂寝。十月，赐紫禁城骑马。咸丰元年八月，充顺天乡试副考官。闰八月，兼署吏部右侍郎。十二月，升工部尚书，充经筵讲官。二年三月，宣宗成皇帝梓宫奉安慕陵礼成,赏加四级。四月,充新贡士覆试阅卷大臣、殿试读卷官,命恭勘宣宗成皇帝实录稿本。五月,充大考翰詹阅卷大臣。七月,充经筵直讲、实录馆总裁。八月,兼署都察院左都御史,疏请严缉海淀劫案。九月,充武会试正考官。十月,充武殿试读卷官。

　　是月,疏陈各省教匪恐与粤逆声势相通,请饬直隶、山东、河南各督抚认真访查,务使根株净绝。三年正月,与廷臣宴。二月,粤逆陷江宁,疏陈时务:"一,速合剿以挫贼锋。贼若南窜苏杭,则财赋之区皆被蹂躏,若盘踞江宁,南北分扰,则咽喉阻塞为患尤甚,亟应乘贼计未定之时,饬向荣相机渡江,陈金绶进扼浦口,以上海舟师溯流冲其前,以江忠源、邓绍良之兵掩其后,多备火攻,焚其舟舰;一,添重兵以守江淮。贼若北窜,其途有二:西路自江、浦犯庐、凤;东路由瓜、仪趋淮、扬。应饬大兵进扼滁、和,而运河、高、宝诸湖,舟楫宜尽拘藏,防贼偷渡,通州等处素称产米之区,盐场在焉,应饬并力守御,防贼窥伺;一,清捻匪以防滋蔓。兖、豫、颍、凤之间,捻匪四起,最为腹心之患,急宜分兵弹压,可抚则抚,应剿则剿,以次翦除,毋令合成大股;一,核浮冒以收实用。军兴以来,部拨军需二千五百馀万两,防剿一无得力,徒藉寇兵而赍盗粮,宜严定章程以杜侵冒;一,恤灾黎以苏民困。自粤西以逮江左残破州县,宜饬各督抚慎选牧令,拊循雕瘵,招集流亡,筑堡缮城,防贼再至;一、筹粮石以实仓储。京东州县产米最多,奉天高粱尤夥,请暂停开采参斤,以船规、烧锅两项津贴购买粮石,搭放俸饷,藉裕民食;一、整纪纲以维根本。京师者四方之本也,近来免商捐,停铺税,纶音甫沛,廛肆欢腾。可见为政之道,在审民情而示以镇静,不必妄议纷更,庶根本固而纪纲立,四方之观听不淆矣。至畿辅开矿之举,流弊滋多,宜亟行停止。"疏入,上多采纳。

三月,命偕大学士裕诚、尚书柏葰会同户部速议筹饷,心存等议上六条,并请推广捐输,每省捐银至三十万两者,加文武乡试定额一名,每府、厅、州、县捐银至一万两者,加文武学定额一名,诏如所议行。是月,疏荐湖北按察使江忠源,请畀统帅重任,从之。四月,充新贡士覆试、朝考阅卷大臣。五月,命赴通州覆查海运米石,调补刑部尚书,复调工部尚书,命兼管顺天府府尹事务。疏陈:"贼氛逼近,急筹防剿事宜:一、扼河而守,最为目前要务。应饬河北镇道分段防遏,所有防河船只,拘泊北岸,毋以资贼;一、直隶大、顺、广一带,宜速调重兵防守,以壮声威;一、河南、山西、陕西各要隘,应饬各督抚并力堵截,杜贼西窜之路,洛阳尤为险要,更宜严防;一、前调察哈尔、土默特蒙古马队官兵,在热河、绥远城分驻,应密饬整顿军装、器械,飞速进口,内卫京畿,外护山东、山西两省;一、京师九门内外,应饬严缉奸宄,以防窃发;一、海运米石及通仓存粮,宜运入城内各仓存储;一、逆贼负固江宁,分踞扬、镇,而潜向西北肆扰,应严饬琦善等克期收复扬州,邓绍良等进复镇江,然后以江北之师肃清淮甸,江南之师会剿江宁。并请饬江西、湖北各督抚缮完江防,为补牢之计。"

七月,充考试学正、学录阅卷大臣。是月,疏陈:"顺天府防守事宜:一,京师九门内外,向来画界分治,其营城界外,始归大、宛两县管辖。今拟变通办理,内城分东西两路,外城按五城地面,各派员役协力巡查;一、东路自马驹桥至通州,分作五段,西南路自黄村至卢沟桥,分作九段。每段设立窝铺、汛房,各派员弁督兵按更传筹;一、固安官渡为南北要冲,添委弁兵,驻守渡口;一、团练规条,择简要易行者,令绅耆逐户晓谕,不派经费,听民自便,仍力行保甲,亲历周查。"得旨,照议妥速办理。八月,命查勘京师内外城墙。先是,顺天府属各营隶直隶总督管辖,心存以军务殷繁,奏请将所属弁兵暂准管调,以资防卫,允之。

九月,粤贼窜天津,参赞大臣科尔沁郡王僧格林沁督兵驻王庆坨,命于顺天府设立粮台,筹备干糒数万斤、骡驼千馀匹、车数百辆,源源接济,毋少延缓。心存先后奏请拨内帑银三十二万两、京仓米二千六百石,以给军食,并偕部臣奏添制炉锅、帐房、铅丸、火药,诏皆从之。复疏陈京城防守事宜,请于编查保甲之中,行按户抽丁之法,命妥议章程具奏。寻偕大学士贾桢、尚书朱凤标奏:"守城章程六条:一、遴人才以专责成,应设总办二人、帮办数人,经理其事;一、分方段以清地界,京师居民于一方之中,各按所分段落一体联合,其偏僻街巷畸零小户就近并入;一、查户口以别莠良,各段中人数、户数详录一册,随时稽查;一、备丁壮以相保卫,每户各出壮丁一人或二人,守望相助,不准官为征调;一、制器械以习技艺,准各家长铺主自制刀矛、弓箭,发给应用;一、除奸宄以安良善,强劫盗犯许登时格杀勿论。"并举光禄寺卿宋晋、太仆寺卿王茂荫综理其事。疏入,命宋晋、王茂荫,福建兴泉永道何桂珍会同五城御史酌核具奏,悉如所请行。

十月,奏修通州城,并保举武清县知县胡启文办团有效,卓著循声,得旨升擢。十二月,疏言:"军营搭放票钞,诸多窒碍。钞币之法,施行当有次第。此时宝钞甫经颁发,并未试用,势难骤用之军营。请饬户部再议。"谕曰:"官票宝钞原以济银钱之不足,顺天为首善之区,尤宜倡率遵办。该兼尹等谓须先由地方试行有验,方可行使。是先存一试行无验之心,为此阻挠之说,是何居心? 所有应行次第施行之处,着妥速筹商,俾无阻滞。"先是,给事中贾世行奏通州捕役勾结土匪抢夺,命刑部侍郎文瑞提讯。至是,讯明捕役王玉忠抢夺得财,论罪如律;并奏心存等仅据通永道初禀,称为已革捕役,实属回护属员,下部严议,寻议革职。谕曰:"兼管顺天府府尹翁心存、府尹宗元醇于该道海瑛两次具禀,并不详细察核,仅据初禀含混入奏,又未奏同知吴承祖承审此案,显系徇庇属员,豫为开脱。且不候结案,先期辨白,希图卸责,更属有心取巧。翁心存、宗元醇均照部议革职。"

四年二月,特旨起用,授吏部左侍郎。三月,命覆查北新仓搀和米石,调补户部右侍郎,兼管钱法堂事务。五月,充武英殿总裁。六月,请停铸当千、当五百大钱,允之。九月,擢兵部尚书。十月,赐紫禁城骑马。十一月,调吏部尚书,充教习庶吉士。十二月,充经筵讲官。五年三月,上谒西陵,命留京办事。五月,命管理户部三库事务。六月,署吏部左侍郎沈兆霖请暂设皖南巡抚,心存等会议,请以皖南徽宁池太广兵备道改为皖南兵备道,专辖徽州、宁国、池州、太平、广德五属,仿台湾道例,加按察使衔,添设总兵一员,统辖五营,得旨允行。七月,命偕王大臣恭理孝静康慈皇后丧仪,十一月,梓宫奉移慕东陵,礼成,赏加一级。六年正月,充国史馆总裁,赐御制诗。

六月,疏陈吴中形势,略曰:"江南之苏、松、常三府,太仓一州,与浙江之杭、嘉、湖三府壤地相连,久为贼所窥伺。今宁国先陷,逼近宜兴,向荣退守丹阳,溧水、句容相继失守。贼船若至宜兴，则已越东坝而南，直奄苏州，路径尤捷。故防苏州西面必先防东坝、[一]宜兴。应敕向荣严扼丹阳，而亟抽精兵，令张国樑等统之，驻扎宜兴，控扼东坝；别简水师，分驻太湖。庶苏、常两郡可保无事。又近有按亩捐输之说，既失政体，又竭民财，请查明停止。"上嘉纳之。十月，充翰林院掌院学士。十一月，宣宗成皇帝实录、圣训告成，以心存悉心纂辑，赐礼部筵宴、鞍马、银币，并赏其孙曾源举人，命以吏部尚书协办大学士，寻调补户部尚书。十二月，命办慕东陵工程。七年二月，充经筵直讲、考试御史阅卷大臣。四月，孝静康慈皇后梓宫奉安礼成，赏加三级。八月，充考试誊录阅卷大臣。

是月，覆核朝审，有哈达郎阿窃钱票七百串一案，刑部依赃逾五百两拟绞入实，心存驳议，以为户部俸饷，均以制钱二串作银一两，该犯所窃钱票以二串合银计之，不过准银三百馀两，应改缓决，并请明定章程，嗣后偷窃钱票应以制钱二千合银一两，以昭平允，下部议。寻议哈达郎阿应改缓决，而窃赃仍依旧例核计，从之。先是，刑部侍郎宗室国瑞以朝审案内胡大诱拐幼女一案，拟罪未协，交军机大臣议奏。议上，谕曰："着翁心存、瑞常秉公查办。翁心存曾驳哈达郎阿一案，足征留心民命，此案谅能认真研鞫，懔之！"寻讯明应照原拟科断。八年四月，充上书房总师傅。

是时，天津戒严，疏请圣驾还宫，以定众志；并疏称和议难成，请速进剿。略言："京师重地，不可令外国领事驻扎。长江之形势不可失，绥芬之边地不可捐，兵费不可再偿，耶稣教不可远播。"上韪其言。七月，湖北巡抚胡林翼奏通除漕务中饱之弊，命部臣议奏，心存等奏言："湖北漕务积弊已久，详核所拟改折新章，实为民间减省钱一百四十馀万千，为国帑增筹银四十馀万两，节省银三十一万两，于厘剔弊窦之中，寓裕饷便民之意，应悉如所请。惟漕运旧制，不容尽废，应于停运之年，豫为筹及，以期推行无弊。并定章程五条：一、漕粮折色，按各州县历年浮收实数，分别核减，明定折价；一、漕折银两及帮船兑费，准其提充军饷；一、满、汉各营兵粮，应领本色者，以每石九钱支给，应领折色者以每石七钱支给；一、漕南水脚等项，一律节省归公；一、上下衙门一切陋规，概行裁革。"疏入，从之。九月，补授大学士，管理户部事务，旋命为体仁阁大学士。十二月，赐御书匾额。九年二月，充覆试举人阅卷大臣。三月，充覆试宗室贡士阅卷大臣，命偕王大臣挑选侍卫。旋因病奏请开缺，朱批："卿总理部务，深资倚畀，赏假一月，安心调摄，不必开缺。"五月，命教习庶吉士，具疏再请开缺，允之。

十年三月，怡亲王载垣等会鞫户部官票所司员有兑换宝钞情弊，命户部堂官明白回奏，心存以并未议准覆奏，而载垣等严讯司员忠麟、王熙震，称记曾回过尚书翁心存、侍郎杜翻，命再明白回奏。心存奏言："各部院公事，非一二人所能专政，断无立谈数语更改旧章之理。"下载垣等再讯。旋载垣等奏，虽无确据，仍请将心存等革去顶带，听候传讯。谕曰："此案以短号宝钞兑换长号宝钞，忠麟、王熙震仅称回过翁心存、杜翻，其馀各堂概未回明，亦未立稿存案，何得以影响之词，意存诿过？惟翁心存等在部有年，何以毫无觉察，实难辞咎！着先行交部议处，无庸再行回奏，亦无庸传讯。"寻议降五级留任，朱笔改为俟补官日革职留任。五月，载垣等奏“宇”商滥支经费，请饬明白回奏。心存覆奏：“原给经费，实在不敷。当时物价银价腾踊倍前，是以添给。”谕曰：“‘宇’商添支经费，曾经翁心存等驳核议减，尚未奏明。该司员已将此款列入奏销清单，咎有应得。着交吏部严加议处。”寻议革职留任。

是年七月，圣驾将幸热河，具疏切谏。十一年七月，文宗显皇帝升遐。十月，梓宫自热河还京，心存偕在京诸臣迎谒。穆宗毅皇帝御极，谕曰：“予告大学士翁心存守正不阿，学问淹博。朕御极之初，亟应延访耆儒，以资辅翼。翁心存尚未出京，着即销假，听候简用，以副朕侧席兴贤、人惟求旧之至意。”十一月，疏陈衰老，不堪任使，特旨开复革职留任处分，以大学士衔管理工部事务。心存复具疏辞，上不许，命仍管理工部事务，毋庸带领引见人员，并免派一切差使，以示体恤。寻疏举人材以供任使，谕曰：“为政之要，首在得人。翁心存胪举人材，洵属当务为急，不失以人事君之义。所保诸人，业有降旨宣召及擢用者，馀俟随时征起，同资郅治。”十二月，疏请力保通、泰，规复苏、常，略曰：“东南之民，向义甚坚。各郡县陷后，流亡渡江之人，日夜思招徕义勇，克复乡里。特以无人提倡，不克有为。请敕曾国藩择一素能办贼之员，驰赴通、泰一带，收拾将散之人心，激励方兴之义旅。进则直捣苏、常，退可力保下河数百里沃壤。至上海一隅，赋税所出，宜取江海关无穷之利，以供曾国藩有用之兵。”上嘉纳之。

同治元年二月，奉两宫皇太后懿旨：“前因皇帝冲龄，亟宜典学。曾经降旨，令议政王等保举师傅。嗣经该大臣等各举所知，胪列以闻。当皇帝养正之年，自应及时就学，以裕圣功。现谕钦天监选择吉期，于二月十二日皇帝在弘德殿入学读书，翰林院编修李鸿藻，前蒙文宗显皇帝派令授读，兹复特简礼部尚书前任大学士祁寯藻、管理工部事务前任大学士翁心存、工部尚书倭仁，均属老成端谨，学问优长，堪膺师傅之任，均着在弘德殿授读。该大学士等各以着硕重望，为时所推，历受累朝知遇之隆，至优极渥。其各朝夕纳诲，同心启沃。帝王之学不在章句训诂，惟冀首端蒙养，懋厥身修，务于一言一动，以及天下民物之赜，古今治乱之原，均讲明切究，悉归笃实。庶几辅成令德，措正施行，宏济艰难，克光大业。"六月，充拔贡朝考覆试阅卷大臣，命查办撤任治中蒋大镛呈诉屈抑一案。七月，充实录馆监修总裁。九月，以梓宫奉移礼成，赏加二级。十月，颁赏宣宗成皇帝圣训。

　　十一月，寝疾。先是，心存子同书以前抚安徽，缘事逮系。至是，特命暂释出侍汤药。是月，心存卒。遗疏入，谕曰："大学士衔管理工部事务翁心存品学纯粹，守正不阿。自翰林荐擢正卿，入直上书房，叠受先朝知遇之隆，简任纶扉，总理部务。嗣于咸丰九年间，因病开缺。朕御极之初，蒙我两宫皇太后简用耆臣，重加倚畀，以大学士衔管理部务，并命在弘德殿授读，朝夕纳诲，启沃深资。方冀克享遐龄，长承恩眷，兹闻溘逝，悼惜良深！着赏给陀罗经被，派醇郡王带领侍卫十员即日前往奠醊。加恩晋赠太保，照大学士例赐恤。入祀贤良祠。任内一切处分，悉予开复。应得恤典，该衙门察例具奏。伊子翁同书昨经降旨，令刑部暂行释放，并着俟穿孝百日后，再行监禁。伊孙举人翁曾源，着赏给进士，准其一体殿试；候选同知翁曾纯，着以同知即选；监生翁曾荣,着赏给举人,准其一体会试;刑部学习郎中翁曾桂,着作为候补郎中;举人翁曾翰,着赏给内阁中书:用示笃念荩臣至意。"寻赐祭葬,予谥文端。五年十二月,文宗显皇帝实录、圣训告成,上以心存曾充监修总裁,赐祭一坛,并赏其子同龢四品衔,子同书安徽巡抚,谥文勤,同爵湖北巡抚,均自有传。

同龢,军机大臣、户部尚书、毓庆宫行走。孙曾源,翰林院修撰;曾纯,候补同知;曾桂,江西按察使;曾翰,内阁中书。曾孙斌孙,侍读衔翰林院检讨。

【校勘记】

〔一〕故防苏州西面必先防东坝　 "面"原误作"南"。今据翁心存传稿(之四二)改。

彭蕴章

彭蕴章,江苏长洲人。由举人捐内阁中书。道光十二年,充军机章京。十五年,成进士,以主事用,分工部,仍留军机处行走,十八年,补官。二十年六月,升员外郎。十二月,升郎中。二十二年五月,授鸿胪寺少卿。十月,转光禄寺少卿。二十三年四月,升顺天府府丞。十月,充武闱校射大臣。二十四年,授通政使司副使。二十五年三月,擢宗人府府丞。十一月,稽察右翼宗学。二十六年八月,提督福建学政。十二月,补都察院左副都御史,仍留学政任。

二十八年五月,奏请裁减漕船帮费,略言:"漕船开兑之初,卫官即向旗丁需索,近来为数愈增;又沿途委员催趱有费,至淮安漕运衙门查验有费,抵通州仓场经纪花户有费。欲减旗丁帮费,宜探本穷源,节其出项。又请设立官夫,核定夫价,每船过三闸,定以夫价若干,毋许勒索,州县办漕,应令有漕督抚察其洁己爱民者,每岁酌保一二员;办理不善者,劾一二员。其各省运漕官及通州坐粮厅,如能洁己剔弊,亦准漕运总督、仓场侍郎保奏,不称职者劾罢。"疏入,下部议行。八月,擢工部右侍郎,兼管钱法堂事务,仍留学政任。二十九年,以捐备本籍赈银,下部优叙。三十年,回京,寻兼署刑部右侍郎,充考试汉教习阅卷大臣、武殿试读卷官。

　　咸丰元年五月,命在军机大臣上行走。十二月,遵旨严察私铸,奏言:"本月十四日召见时,蒙发下小钱,背有'宝源局'字样。跪看之下,实系私铸。当即面交监督扎克丹等赴局详查。据覆称'抽查两局库存钱文,皆无此项小钱。至两局匠役人数众多,易起弊端。'臣等不敢以查验无踪,信其必无私铸,惟有严饬该监督等随时稽察,有犯必惩。"得旨,报闻。二年正月,赐紫禁城骑马。京察届期,上以蕴章自参枢务以来,克尽厥职,加一级。是月,命恭理孝和睿皇后丧仪。四月,充会试覆试阅卷大臣。五月,海运米石短细,上以仓场侍郎朱嶟所奏情形,与户部前奏两歧,谕令蕴章偕兵部左侍郎宗室恩华秉公查奏。寻奏称:"查验坐粮厅公文清册,此次米石在天津不过蒸热,到通州始见潮湿,坐粮厅仍加风晾,始行验收。与该侍郎原奏,据经纪供称河干未能挑晾,以致转运后米身缩收之语不符。其经纪在津出结,系属向例,该侍郎不得诿为不知。又称现在米石尚未验收完竣,应请敕下该侍郎仍责成坐粮厅及大通桥监督,认真查验,如有潮湿短少情弊,即行严究惩办。"允之。十月,捐输军饷银三千两,命交军机处存记。十一月,兼署户部右侍郎,兼管钱法堂事务。三年三月,孝和睿皇后永远奉安礼成,议叙加四级。寻兼署吏部左侍郎。八月,以河南怀庆解围军功,加一级。十二月,复以历次捐输军饷,议叙随带加五级。调兵部左侍郎。

四年二月,充实录馆总裁。三月,调礼部左侍郎。五月,升工部尚书。十一月,会议闽浙总督王懿德等奏请宽民间铜器之禁,应以五斤以上不准打造私藏,五斤以下仍准民间照常使用。又议伊犁将军宗室奕山等奏支发各款,或全发现银,或减成给领,或折钱支放,所议虽与部定章程未能尽合,惟伊犁为西路极边地方,不惟与京城各别,亦与甘肃口内不同,变通核减,自当因地制宜,未便拘泥部章,勉强比合。又议塔尔巴哈台参赞大臣英秀奏请暂裁兵额,核其所奏,不但体恤蒙古官兵,兼可撙节常年经费。其节省银两,应令该大臣于拨调经费时声明扣除,以昭核实。议入,均如所请。十二月,稽察京、通十七仓。五年正月,复届京察,命下部议叙。

二月,会议叶尔羌参赞大臣常清奏裁新疆防兵,略曰:"叶尔羌满洲换防兵较多,其由内地派往者,装银车价,费于口外数倍,故旗营不如绿营之省,口内又不如口外之省。今既将叶尔羌满洲防兵裁撤,则乌鲁木齐各旗营归伍之兵,可代绿营差遣,绿营即可多派防兵抵内地调派,以节糜费。应请敕下乌鲁木齐都统于绿营内照撤回旗兵之数,添派兵二百五十名,赴叶尔羌等城换防,咨明内地照数少派。如此转移,于经费尤可节省。"均如所议。四月,充考试试差阅卷大臣。复以山东冯官屯荡平军功,加三级。

时闽、粤等省商民交易,多用洋钱,福建巡抚吕佺孙因奏请改银,仿照洋钱式样铸造。蕴章等以内地之钱仿照外夷式样,有乖体制,议寝之。五月,直隶总督桂良奏查明直隶用钞情形,蕴章等会议:“改票用钞、收银买钞之法,行之近省,于京饷既有裨益;行之远省,于民力亦可宽纾。该督既以骤行为难,自不妨宽以时日,逐渐转移。至官票一项,户部概行颁发,则度支可无漏卮之虑,不停搭收,则闾阎自无疑畏之生。”议入,上韪之。

六月,署吏部左侍郎沈兆霖奏请暂设巡抚,专办皖南军务,谕令军机大臣、大学士会同该部妥议具奏。蕴章等奏言:“安徽一省,介居大江南北。自粤贼占踞江面,巡抚督兵庐州,与江以南之徽、宁、池、太、广四府一州文报多阻,故福济曾有鞭长莫及之奏。赖浙江巡抚派兵协守,拨饷协济,有急则飞咨向荣同选弁兵前往救援。今该侍郎以浙江兼顾难周,请暂设皖南巡抚,诚为救时之策。惟立法贵乎因时,而于事必求有济,以保守地方而论,则在官员之能否,而不在阶级之崇卑;以攻剿贼匪而论,则不在文职之增多,而在武弁之得力。若添设巡抚,则疆域既分,难保不互相推诿。臣等公同商酌,皖南原有徽宁池太广兵备道一员,拟请暂改为皖南道,专辖徽州、宁国、池州、太平、广德五属,仿台湾道例,加给按察使衔,以资督率。再请添设皖南总兵一员,统辖徽州、宁国、池州、芜采、广德五营,以资镇守。”如所议行。

八月,署陕西巡抚宗室载龄奏请黄金定价抵银行使。蕴章等遵拟:“试行章程十二条:一、定成色;一、平价值;一、交官之项,宜分别核办;一、收纳地丁,宜于串票内添注数目;一、解部之款,宜与白银并解;一、协拨饷银,宜搭解黄金;一、各省放款,宜视所收之数酌量搭用;一、部库放项;宜随时酌办;一、出纳均平;一、收放黄金,宜就现银款内分搭;一、官银钱号,宜令各省一体开设,藉资兑换;一、产金省分,宜令试行开采。"从之。十二月,命以工部尚书协办大学士,充经筵讲官。六年三月,充会试正考官。四月,充会试覆试及朝考阅卷大臣。十月,充玉牒馆总裁。十一月,宣宗成皇帝实录、圣训告成,赏加二级。补授大学士,管理工部事务,派阅考试南书房翰林卷,命为文渊阁大学士。十二月,命稽察钦奉上谕事件处,充文渊阁领阁事。七年正月,管理工部三库事务。二月,命恭填宣宗成皇帝实录内庙讳、文宗显皇帝御名,充上书房总师傅。闰五月,户、工两局试铸铁钱,蕴章等遵议章程,请以工部宝源局应铸铁制钱,即在铁钱局西北厂内添炉鼓铸,分交户、工两局管理;一切稽察督率事宜,请即由工部钱法堂侍郎办理,以专责成。允之。八年正月,京察届期,并以玉牒告成,两邀议叙。四月,充考试试差阅卷大臣。七月,命督修万年吉地工程。

　　先是,京师粮价昂贵,旗民生计维艰,蕴章奏请酌拨库款采买米石,允之。至是,复请将京旗兵米酌增,略言:"自改用大钱后,城中粮价昂贵,民不聊生。叠荷皇恩,加展赈济,自五月以来,又加米折,每石京钱一千。然民生疾苦,未见转机。每思拯救之方,几于束手无策。臣近知旗人应得之米,年来分成折钱,现在兵丁所领止有实米二成,其馀折色则以米之高下、定价之多寡,多者每石京钱四千,少者止京钱两千。自入夏以来,京师大米一石，市价至京钱三十千，旗人持此一石之折价，多则买米一斗有馀，少则不过数升。民生之蹙，其患不独在无银，而并在无米。伏见本年海运总数多于上年，似可将兵米酌量加增，而减其折色。又查各旗营养育兵以及鳏寡孤独小甲米石，八旗约计不过四万馀名，每名岁支米一石六斗。此项人等最为孤苦，拟请推广皇仁，全行给放米石，毋庸折色。倘部臣核计，或虑米石不敷，则自前年以来有提存部库采买米石银十万八千两，近存四川解京谷价银二十二万六千两，山东解京漕米银六万两，山西米价银三万两，陕西四万九千馀两，共银四十七万馀两，堪以采买米石，加放兵米。又有河南停运采米节省运脚银二万两，堪为买米转运之费。实无须另筹款项。伏乞皇上饬下户部，迅筹加增米石，核减折色，稍补饷银之不足，并计通仓米石何项短缺，则采买何项，以资搭放，实于旗兵生计大有裨益。"得旨，下部议行。

十二月，御史王德固奏请于河南归德府添设总兵一员，[一]蕴章等议称："归德为豫东门户，向设参将一员，营伍本属单薄，应将归德营改为归德镇，设总兵一员，驻扎府城，设立左右两营，添设游击、都司各一员，中军守备二员，千总四员，把总八员。"如所议行。九年正月，奏请特开恩榜，略曰："乡举里选之法，始于成周。汉时，举贤良方正、孝悌力田，又命郡国举孝廉。东汉举士，以孝廉一科为最盛。其时循吏尤多，诚以百行孝为先，六计廉为本。能孝则可移于忠，能廉则必归于正。取士之方，实已操其要也。自晋至隋，以诗赋取士，至唐而仍隋旧。厥后科目有三：曰秀才，曰明经，曰进士。秀才试以策，明经、进士试以经策，皆重考核，而举行之法不闻焉。宋之科目亦重进士，试以九经、三史,后分经书、诗赋为两科,迄于南宋,兼行不废。元举经明行修、经策、诗赋分为三场。明代取士,始用四书文三道,乡试中式者为举人,会试于礼部,又中式对策,则有进士及第出身之目。今之乡会试实沿其制。夫以四书、五经取士,原望能明圣贤之训,必无畸邪之行,故可以治民行政也。无如士子徒习其言,不修其行,吏治日非,民风日薄。居今日而欲正人心、[二]维风俗,则孝行之典所当参用也。我皇上乐育人才,甄陶庶类,以近年未开恩榜,欲加惠士林,圣意殷拳,儒生之幸。臣窃维恩科之设,皆因恭逢庆典,计咸丰十年恭遇我皇上三旬万寿,允宜开科取士,以副圣主辟门吁俊之怀。查向来恩科,皆于万寿之年举行会试,先期一年举行乡试。今当以咸丰九年己未举行乡试,十年庚申举行会试。惟念各省自用兵以来,尚有未举行乙卯乡试之处,或乙卯虽已举行,而本年戊午尚未开科。若令天下于明年举行乡试,恐或因道途梗阻,或因贡院未修,士子仍不获观光,德意所加未能普遍。若令察举孝廉,则其事易行,而士林得以均沾。至其取士之法,应参用今之优行生员及孝廉方正两途之例,举于学校,考于学政,会考于督抚,然后试于朝;而孝廉一科,既准其与举人一体会试,是以特设之科为恩榜,重人品而拔真才也。至会试则仍循旧制,不加参改,若是则取之于学校,仍由文字进身,归之于会试,仍从文字成名,而中加考行一科,庶几文行交修,两无偏重矣。嗣后海内清平,每遇恩榜,仍可踵而行之。盖十年中三次正考,皆以文取士,偶加一孝廉之科,以行举贤,似不至纷更旧制,而于简拔人才之道亦参酌古今而互用。"疏入,下大学士九卿议,寻议以窒碍难行,奏寝之。

四月,充庶吉士散馆阅卷大臣。五月,充朝考阅卷大臣。旋充国史馆总裁。八月,命于管理处所俱免其带领引见。九月,充考试翰詹阅卷大臣。十二月,刑部具题湖北民人萧文秀殴伤胞叔萧恀礼身死罪名,谕令彭蕴章等议奏,寻奏称:"此案萧文秀欲殴弟,适伤胞叔,即与误伤无异。该署抚胡林翼拟以斩决,实与情罪未符。况既云适伤,又称有心逞凶,殊属两歧。"得旨,改为斩监候。十年正月,恭遇上三旬万寿,赏戴花翎。二月、三月,历充顺天乡试覆试、会试覆试、庶吉士散馆阅卷大臣。五月,以足疾,面奉谕旨,在军机处办事,量力豫备召见,出入命内侍扶掖以行。六月,谕毋庸在军机大臣上行走,以示体恤。旋因病赏假一月,七月,奏请开缺,复赏假两月。九月,复奏请开缺,允之。寻奏出都就医,谕曰:"卿久任枢垣,备悉时事。现在办理军务,如有见及之处,并采访舆论民情,仍随时具陈,交附近地方大吏代递。"十一月,密陈时务六条,报闻。十一年三月,疾瘥,署兵部尚书,派查三库。九月,兼署都察院左都御史。十月,充武会试校射大臣。

同治元年五月,复因病奏请开缺,允之。十一月,卒。遗疏入,谕曰:"前任大学士彭蕴章敬慎持躬,老成练达。由部曹荐登卿贰,渥荷文宗显皇帝知遇之隆,简任纶扉,参预机务,均能恪恭尽职。咸丰十年,因病开缺,上年病瘥销假,即命署理兵部尚书。朕御极之初,复命署理都察院左都御史。本年夏间,复因病剧请开署缺,当经降旨允准。方冀安心调理,克享遐龄。兹闻溘逝,轸惜殊深! 着赏给陀罗经被,派郡王衔贝勒载治带领侍卫十员,即日前往奠醊。加恩照大学士例赐恤。任内一切处分,悉予开复。应得恤典,该衙门察例具奏。伊孙户部学习员外郎彭达孙,着俟服阕后,作为候补员外郎,用示笃念耆臣之至意。"寻赐祭葬,予谥文敬。

子慰高,举人,浙江道员;祖芬,河南修武县知县;祖贤,举人,湖北巡抚;祖彝,刑部郎中;祖寿,湖北同知;柱高,兵部主事;祖润,举人,浙江道员。孙翰孙,广东知府;虞孙,山东济宁直隶州知州;达孙,户部员外郎;福孙,举人,甘肃武威县知县;毂孙,户部主事。

【校勘记】

〔一〕御史王德固奏请于河南归德府添设总兵一员　"德"原作"得",音近而误。今据彭蕴章传稿(之四二)改。

〔二〕居今日而欲正人心　原脱"居"字。今据彭蕴章传稿(之四二)补。

清史列传卷四十六

大臣画一传档后编二

祁寯藻

祁寯藻,山西寿阳人。嘉庆十九年进士,改翰林院庶吉士。二十年,丁父忧。二十四年,散馆,授编修。道光元年,命在南书房行走。二年三月,充会试同考官。五月,充广东乡试正考官。三年五月,提督湖南学政。六年正月,召还京,命仍在南书房行走。七年,充文渊阁校理。八年正月,京察一等。二月,升詹事府右春坊右中允。十月,迁翰林院侍讲,旋充日讲起居注官。九年,升詹事府右春坊右庶子。

十年,疏请开缺,赏假三月,回籍省亲。召见,垂询寯藻母病状,于三月假外加赏一月。假满,母病未愈,复具呈由军机大臣代奏展假。得旨,传谕:"俟伊母病愈再行来京,不必限定假期。"十一年九月,销假,命仍在南书房行走。十一月,补原官。

十二年二月,迁翰林院侍讲学士,复充日讲起居注官。六月,署国子监祭酒。七月,因母病疏请开缺,得旨,赏假一月,召谕曰:"汝母痼疾,非不可瘳之症,年未七十,从此颐养,可跻上寿。汝年方壮,若即告归,岂不可惜?朕已赏汝假期,必可医治有效,毋须遽请终养。"十月,授通政使司副使。十三年二月,升光禄寺卿。四月,擢内阁学士,兼礼部侍郎衔。十四年,丁母忧。十六年六月,服阕,先于五月授兵部右侍郎,命仍在南书房行走。九月,转左侍郎,充武会试校射大臣。

时圆明园不戒于火,寯藻偕王大臣督率官员弁兵扑救出力,赏加三级。十七年正月,署户部左侍郎。八月,调户部右侍郎,兼管钱法堂事务。寻提督江苏学政。十二月,转左侍郎,兼管三库事务。十九年九月,调吏部右侍郎,均留学政任。十月,偕署两江总督陈銮、署江苏巡抚裕谦疏请饬下儒臣敬谨推阐圣谕广训内黜异端以崇正学一条,撰拟有韵之文颁发各省,如所请行。十二月,御史杜彦士条陈海防各事宜,命偕侍郎黄爵滋会同闽浙总督邓廷桢查办,寯藻由江苏赴闽,旋擢都察院左都御史。

二十年二月,升兵部尚书。三月,奏闽省海防紧要,请令总督每岁暂驻泉州督办,南台福厂战船修造草率迟延,议令迅速修补。四月,奏查禁海口鸦片烟贩,首在严办汉奸,责成地方官兵尽力查拿,并严密巡防,永杜洋船窜至。控制海口,请易炮台为炮墩,并详陈建立保护及安炮施放之法;又以漳州、泉州两府属行使洋钱,请令沿海地方官于商船进口时严查夹带,其私铸者治罪,并限一年赴官呈缴,官为给价。又查奏晋江等县械斗情形,请严缉会首人犯,拆毁私设枪楼。并奏:"禁械斗章程六条:一、选择贤吏,力图整顿;一、查拿凶犯,毋轻会营;一、遴选乡族各长,以专责成;一、严拿斗匪,以绝根株;一、收缴火器,以息凶焰;一、整饬伦纪,以崇教化。"均得旨允行。八月,还抵浙江,遵旨查奏台州、温州各府属栽种罂粟,业经叠次铲除,仍令各厅县随时履勘。台州府知府潘观藻疲懦无能,请勒令休致。"特旨令革职。已革温州府知府刘煜试行票盐不善,被议定罪,遣人赴京翻控。九月,遵旨讯明并无枉屈,奏请仍遣戍新疆,允之。先是,英吉利兵船由广东犯福建各海口,经邓廷桢奏报厦门攻击英船,擒获奸匪,并保奏出力员弁。至是,命偕黄爵滋仍回闽确查,并历次官兵防堵接仗及英船停泊各情,均遵旨查实陈奏。十二月,回京,命仍在南书房行走。二十一年三月,充会试副考官。

闰三月,调户部尚书。九月,命在军机大臣上行走。十一月,赐紫禁城骑马。二十三年正月,充经筵讲官。二月,命查户部银库所收豫工事例捐项,并捐输经费确数。十月,命清查内务府现存金银锞钱文,并另款封储银两。十一月,管理户部三库事务。二十六年四月,以失察户部司员得受陋规,下部议处。闰五月,长芦盐政士魁奏前任运司李百龄呈诉悬垫库项,并历任动垫情形,命偕尚书文庆前往查办。寻奏李百龄接收前护运司陈鉴等交代,其征存各项本由前任动垫,并据详明前任盐政普琳有案,惟卸事两月始行禀详,其本任帑课并非按款清完。普琳于交代悬款批令追补,并不奏参。均请下部严议,陈鉴于补欠加价辗转挪拨,作为各商无利运本,尤属牵混取巧,应请褫职,其率准挪拨之前任盐政德顺,一并下部严议。历任动垫之运司、盐政,均查取职名,分别议处;其应报解课利等款,令新任盐政赶紧催收,并清厘未完商欠。均如所请。八月,充顺天乡试正考官。

二十九年二月,充上书房总师傅。七月,命以户部尚书协办大学士,管理户部三库事务。十月,陕甘总督琦善奏丁忧已革岷州知州陈昌言禀讦前任陕甘总督布彦泰赃私各款,〔一〕命前往甘肃会同琦善查办。寻以陈昌言供无确据,奏请褫职严讯。三十年正月,奏陈昌言于清查案内亏短仓库,经布彦泰参奏,捏词诬讦。所告布彦泰巡边案内吞银十万两审系全诬,请将陈昌言遣戍新疆,充当苦差;布彦泰虽查无赃私重情,惟封疆大吏,关防不密,办理清查,致多歧误,并令属员虚报到任,任听家人售卖衣服,请下部严议;并将委办清查草率之解任固原州知州徐采、〔二〕镇原县知县张琅、吐鲁番同知托克清阿等下部议处。又以甘省清查案件,舛错参差,未能画一,请饬琦善澈底覆查。又查明撤任安定县知县胡荐夔禀讦道员杨能格沿途需索夫马,〔三〕收受陋规,系因杨能格查该员仓库亏短捏词妄讦,请褫职遣戍。均从之。二月,充实录馆总裁。四月,稽察钦奉上谕事件处。六月,授体仁阁大学士。十月,充实录馆监修总裁。十二月,充文渊阁领阁事。

咸丰元年正月,管理工部事务。三月,兼署管理户部事务。十二月,偕部臣疏请将长芦、河东、两广、闽浙、四川盐政仿照两淮改票成案,各省挨次办理,允之。二年二月,以捐输原籍军饷,下部优叙。自道光二十三年至是年四届京察,均奉旨交部议叙;而自军兴以来,夙夜在公,殚心竭虑,尤为上所倚重。三月,恭题宣宗成皇帝神主,赏太子太保衔。五月,奉谕:“祁寯藻现在园值班,嗣后如遇轮应赴库日期,毋庸前往。”六月,六十生辰,赐“赞纶笃祜"匾额,并"福"字、"寿"字各一方,寿佛三尊,炉瓶三事,嵌玉如意一柄,蟒袍一袭,蜜蜡朝珠一盘,文绮二十四端,大小荷包十二对,铜玉瓶陈设十件。七月,因前为定郡王载铨题息肩图,夺俸半年。

九月,命管理户部事务。三年二月,上临雍,充进讲官,遵保前鸿胪寺卿贾克慎等办理团练。是月,因左都御史花沙纳、御史王茂荫先后条陈试行钞法,左副都御史和淳、文瑞又请易银钞为钱钞,偕部臣遵议,请设立官钱总局,将宝泉、宝源二局每月鼓铸卯钱全行运解,作为票本,并由部库应放款项内酌提现银,藉资转运,总计辘轳收发,以现银一百万两、现钱一百万串为率,凡官俸兵饷及各衙门支用杂款,分成搭放,诏如所请。又以御史富兴阿条陈指令京官捐输,并裁减王公蓝甲,偕部臣遵议,蓝甲米石原以养赡王府包衣及分府宗室之用,骤议裁撤减成,未免有妨生计,应毋庸置议,允之。

先是,二月,粤匪窜扑江宁省城,寯藻之弟江宁布政使宿藻,以守城病殁。迨城陷后,其家人赵兴、董位乘间出城,四月,到京,具陈城内文武各员殉难并现在贼匪情形,寯藻以闻。五月,以散馆阅卷错误,夺俸一月。八月,以河南怀庆府解围,赏加一级。十一月,偕部臣遵议巡防王大臣等奏请推广加铸当百至当五百、当千大钱,旋以行使不便,奏罢之。是月,恭题孝德显皇后神主。十二月,以历次捐输军饷,下部议叙。自道光十七年至是年,历充拔贡会考阅卷大臣一次,覆试宗室举人阅卷大臣四次,覆试顺天举人阅卷大臣二次,补行覆试顺天等省举人阅卷大臣五次,覆试新贡士阅卷大臣五次,殿试读卷官一次,新贡士朝考阅卷大臣七次,庶吉士散馆阅卷大臣四次,教习庶吉士三次,大考翰詹阅卷大臣二次,考试试差阅卷大臣二次,考试汉御史阅卷大臣三次。入直南书房,除出差回籍外,岁蒙颁赏"福"、"寿"字及珍玩文绮等件。四年六月,以积劳成疾,屡请假调理。八月,陈请开缺,奉朱批:"卿宣力有年,深资倚任。着不必开缺,仍在家安心调理,亦不必限定假期,总宜气和心平,勿生忿愤,自可速痊。过数月后,再行酌量。"十一月,以病未就痊,复请开缺,谕曰:"祁寯藻三朝旧臣,在内廷行走有年,兼管部务,勤慎趋公,深资襄赞。兹据奏称医治数月,尚未痊愈,恳请开缺,情词肫切。若不允所请,转无以安其心。祁寯藻着以大学士致仕,俾得息心静养,以副朕优眷耆臣至意。"

五年,山东茌平冯官屯逆首李开芳全股荡平,河北肃清。上念寯藻前在军机处,懋著劳勚,下部议叙。六年,宣宗成皇帝实录、圣训告成,赐食全俸。十年七月,英人犯天津,上将狩木兰,寯藻密疏切谏。九月,复疏言:"英人此次狂悖无礼已极,[四] 即令就抚,其需索无厌,动多牵掣,必不能日久相安;而天津海口逼近京师,非广东省城、江苏上海可比,岂堪数至惊扰,挠我事权?窃念天下形势,以关中为胜;自黄河南徙,则以燕、蓟为胜。今河流北归故道,又以西北为胜,雍州土厚水深,城池雄阔,且驻防人材辈出,官兵整练,与都城八旗不相上下。若因其地势拓此宏规,外无海寇之虞,内有山河之固,此亦穷变通久一大机会也。"又言:"厘捐一事,穷民未免受累,南省尚有水路运载,北省则皆肩挑负贩,备极困苦,所得甚少,所捐甚多。请将北省厘捐先为停止。"报闻。

十一年八月，〔五〕穆宗毅皇帝御极，谕曰："予告大学士祁寯藻，忠清亮直，学问优长。着来京听候简用。"寯藻因疏言："臣受三朝知遇之恩，至深且厚。值此时事艰危，稍有所见，何敢缄默不言？谨条列数事，敬为皇上陈之：一、保护圣躬，以崇帝学也。伏维皇上缵承大统，两宫皇太后朝夕保护，懿训常亲，不独寒燠起居，随时调适，即心思耳目亦可默收养正之功。自古帝王之学，与儒生异，今日进讲之方，亦与平时书房功课不同。盖读一句书，即有一句之用；讲一件事，即得一事之宜。臣愚拟请侍读儒臣除每日功课外，先择取五经、四子书中有益圣心治道切要之语，讲解数条，义取明简，不可太繁。更取史籍所载古圣帝王往事，明显易解者，日进一二条，大致分仁、正、勤、俭四端，如禹泣罪，汤解网，文王掩骼等类，并令画院按照故事作为画幅，复缀讲说数语，于进讲后，即请黏贴黼座宴息之所，以备随时观览。心不厌则易入，力不劳则有功。此亦古人左图右史之遗意也。至于天下舆图，亦宜渐次口讲指画，明其山川道里、关隘夷险，然后恭举列圣严恭寅畏之心，艰难创垂之意，明白陈说，积时既久，众理贯通。所谓日就月将，学有缉熙于光明也。至左右近侍，尤宜择老成谨愿之人，每日侍读时，勿令搀杂言语；其有导引嬉戏，呈进玩好、滑稽佻巧便佞者，难逃两宫皇太后洞鉴之中，自必力与屏斥，不少姑容。庶几圣德益致纯粹，而圣学日崇矣。一、绥辑民心，以清盗源也。粤匪跳梁，已逾十载，东南省分蹂躏殆遍。推原其故，虽由奸民犯法，亦由吏治废弛，养痈贻患，州县为亲民之官。诚能廉正勤明，则吏胥不敢欺谩，听断自无偏枉。官民相信，宵小潜踪。纵有窃发，随起随灭，即令办理团练，必不致聚众把持,办理捐输,亦不致抑勒生事。前者天津县知县谢子澄、六合县知县温绍原皆以民情爱戴,捍卫一方,生而立功,殁而优恤,其明征也。今民生困惫极矣,其被贼扰害处所,业已被蠲贷之恩,即完善地方亦不胜征调驿骚之苦,即如矿税一端,无业游民,易聚难散,动辄酿成巨案。且所得无几,所害实多,似宜停罢以弭后患。厘捐之设,虽为军饷起见,而穷民受累实深,其势纵难悉罢,亦宜于通衢要口,酌量抽留,其馀僻地小商,似应概免扰累。此所谓捐小利而施大惠,山陬海澨,咸颂皇仁,自必愈形鼓舞。今之急务,惟在固结民心,而固结民心,必先体恤民隐。臣闻湖北巡抚胡林翼办理清漕之法,于兵燹之后,催科不扰,而额征易完,官民两便,此当今挽救漕政之善法也。拟请江、浙诸省渐次廓清之后,即须仿照湖北办法,一洗从前勒折浮收、包揽侵蚀等弊,庶东南民困日苏,莠民不致借口倡乱,而国家漕运之利亦可经久无弊矣。一、请重守令以固民心也。民心之得失,视乎州县之贤否;而州县之贤否,惟知府知之最悉。知府州县能使民心爱戴,而犹犯上作乱者,未之有也。各省督抚、司道大员,黜陟悉听圣裁,优劣无难立判。至知府、州、县职分较卑,若非大吏认真考察,吏治何由整饬? 大抵循吏廉正自持,廉则不肯妄取,岂能应酬? 正则不肯干求,岂能迎合? 为大吏者察其官声,核其详案,知其才而举之,举数人而通省风气为之一变。否则民之所亲,上司之所厌也,同官之所忌也。或以为迂拘,或以为才欠开展,含混注考,因而黜之,黜数人而通省风气亦为之一变。在知府尚不致轻易甄别,州县则改佐贰、改教职,投闲置散,末由自见,诚可惜也! 今欲重守令,必以民情爱戴为凭。若听断不公,操守不洁,而欲沽名邀誉,势必不能。以臣所知,乾隆年间山西知县汪志伊、嘉庆年间四川知县刘清,皆因廉明有声,特邀圣制诗章以奖励之,荐擢至总督、布政使。刘清更由布政使改官总兵,以其文武兼资,故不限一格也。道光年间,知府无论特简部选外升,均蒙召见,州县亦每蒙召对。咸丰初年,州县亦有豫备召见者,列圣相承,心法治法,即此一端,具有深意。盖以亲民之官,职分虽微,关系綦重。偶蒙召对,于听断操守大端,加以策励,即中人之材,亦知感惧被濯,勉为良吏。风声所树,各省大吏风气亦为之一变。所举如此,所劾可知,吏治澄清,民心自然固结,盗贼自然潜消。且今日之守令,即可为他日之督抚,未有始基不慎而能表率属员者也。应请敕下各省督抚,随时认真考察,大计举劾,亦必陈明优劣实迹,不得以空言注考,以符定制。军兴十载,捐例频开,仕途流品较杂,虽其中可膺民社者甚多,而由科甲出身者,转形壅塞。部选之缺及外省请补人员,似宜量为变通,不致互有滞碍,应请敕下部臣妥议章程,以昭公允。庶人材各效其长,而庸劣者亦不得滥竽贻误,于吏治民心似有裨益也。

一、请诏开制科,以收人才,并请复各省驻防文举人生员之例,以广八旗登进之路也。军务未息,南北各省停科太多,或数科并为一科,或临期又复停止。按科举行者,惟顺天、山西、陕甘等省,此中人材湮没不少,其安分积学之士无由上达,而性情不定挟才欲试,又恐误入歧途。外则海洋招致,内则盗贼掳胁,铤而走险,甚可虑也。以臣愚见,拟请特开制科,仿照康熙、乾隆年间博学鸿词之例,诏下中外大臣及有言责准奏事诸臣,各举所知,而策以经世之学,进士举贡生监皆得与选,其布衣中有品学素著、才识优长者,亦许核实保荐。此亦古人茂才异等、直言极谏之遗意也。惟所保之人,必须真知灼见,胪陈所学实据,毋得含混冒滥,空言保荐。至京师八旗、各省驻防,如有研习经史、通达治体军务者,并由都统、将军、副都统等核实保荐,统限一年内咨送到京,礼部汇齐造册具奏,恭请钦派大臣考取,候旨录用。其有道路阻滞,限期外始到京者,另作一次考试。臣惟时事艰危,非才不济,而盘错之会,尤人才奋兴之时。即如湖南一省,两广总督劳崇光、两江总督曾国藩、湖北巡抚胡林翼,皆由翰林荐擢封疆;现办军务地方大员,如左宗棠、刘长佑、彭玉麟、李续宜皆此数年间仰蒙先皇简拔,内擢京卿,外擢巡抚;其死绥之臣,如江忠源、罗泽南、李续宾等,忠义众著,声名卓然。一省如此,他省可知。各省督抚果能认真延访,循名责实,必有硕学奇才,为国家宣力奏绩者,文则整顿地方,武则振兴军务,搜罗愈广,收效必多。士气由此日兴,贼势由此日蹙。转移之机,大有关系。然非朝廷特开一科,旁求俊乂,亦不能四方辐辏,荟萃一时也。至各省士民中,如有武略过人,或团练著有功效者,并请由各督抚督率镇将,留心访察,拔入标营备用,其中果有才识卓荦,堪胜大任者,准令破格保奏。再各省驻防,向有考取文举人、生员之例,至道光年间改为翻译。驻防八旗中通达汉文积学之士,无路上进,人才难得,诚为可惜。即如瑞常、倭仁皆系驻防科甲,由翰林荐擢正卿,其馀京外各官,由驻防科甲出身者亦复不少。臣任江苏学政时,考试驻防生童,文理优长者颇多。方今时事艰难,需才甚急,各省遗才尚须搜取,八旗旧例更宜疏通。臣愚拟于驻防翻译科甲外,请复驻防考取文举人、生员之例,与翻译一体录用,以广登进。从此八旗人才日众，足备器使矣。一、请速剿山东、河南贼匪，并严防山西、陕西要隘，以卫畿辅而肃饷道也。窃闻粤匪自窜扰江、浙以来，延蔓日众，虽江南有曾国藩，江北有袁甲三，暨江苏、安徽、浙江巡抚分扼要害，屡次克复郡县，贼势渐蹙，仍恐廓清尚须时日。至山东、河南两省，比年捻匪、土匪勾结抢掠，出没无时，渐渐侵及河北地方。此实畿辅之大患，断不可任其盘踞巢穴，恣肆横行也。闻僧格林沁、胜保各统大军，屡有胜仗，擒剿计已不少。河南、山东巡抚亦各督兵练剿办。但恐此剿彼窜，兵去贼来，而防河要口，又恐兵力单薄，偶被逸贼抢渡，其势更难扑灭。又闻联捷等在大名一带剿匪，此则直隶重地，尤当及早肃清也。至山西、陕西皆与河南接壤，虽有河山之险，而隘路处处可通，前此江南逋寇即由蒲州、平阳、潞安一带窜入直境，幸而剿灭净尽，然前车之鉴可为寒心。且山、陕两省尚属完善之区，京饷及各路军饷皆所取给，设有疏失，饷道阻隔，不堪设想。应请敕下统兵大臣及直隶总督，河南、山东巡抚合力会剿，勿令滋蔓。盖必东、豫肃清而后畿辅安谧，山、陕无事而后饷道畅通。方今军务莫急于此。臣闻副都御史张芾现在帮办陕西团练，臣知其前任江西巡抚，守城已著成效，即徽州防堵亦无大失事，惟须专其责成，俾令独当一面，必可有益。又闻前任云贵总督吴振棫告病，现寓西安省城该督曾任陕西、四川大员熟悉地方情形，可否会同陕西巡抚办理防堵，又有前任四川总督王庆云曾任陕西、山西巡抚，现以告病寓汾州府；前任顺天府府尹蒋琦龄曾任陕西首府，现以养亲寓泽州府。二人于泽、潞、平定、辽州一带地势民情，亦必谙习。可否会同山西巡抚办理防堵，伏候圣裁。至南省

用兵日久,必须多方激励以振军心。臣思江苏、安徽死事之臣,
名望最著者,如江苏巡抚吉尔杭阿、安徽巡抚江忠源、道衔六合
县知县温绍原,或亲督官兵攻城阵亡,或身经百战守城尽节,或
以小邑危城屡挫贼氛,明知无援死守不去;又如提督张国樑,自
广西投诚以来,深明大义,冲锋陷阵,屡建奇功,卒以力竭捐躯。
此数臣者,可否特旨再加褒恤,遣官于殉难处所致祭,以作战守
将弁感奋之气。其各省阵亡殉难,曾邀恩旨褒赠建祠者,并请敕
令地方官致祭,此亦激励军心之一端也。一、敦崇节俭,以培元
气也。我朝休养生息,二百馀年,列圣深仁厚泽,渐致丰亨豫大,
至乾隆时为极盛;嘉庆初年,川、楚教匪滋事,连岁用兵,耗帑七
千馀万两,库储不敷,始开捐例而水旱赈贷,河工经费,仍复日不
暇给。宣宗成皇帝建极之初,御制声色货利论,所以涵养圣心、
训诫后嗣之意,至深且切。三十年中,减免贡献,罢斥玩好无益
之费,西苑三海、圆明园、三山工程,大半停止。又出内务府帑金
数百万两,以实部库。此诚古帝王克勤克俭之心法也。是以咸
丰初年,先皇特谕馆臣纂修实录,恭载崇俭一门,宣昭圣德,垂示
天下后世,继志述事,合揆同符。自军兴以来,各省饷需,约略所
费万万有馀。其中实用实销者固多,而虚糜者亦恐不少。比年
京饷不敷,旗兵困苦,而都城内外风气转益奢靡,若非朝廷示以
节俭,何以挽回积习?我皇上躬膺宝祚,时值艰难,罢贡却珍,已
闻恩谕,仰见宸衷默契、尚俭黜奢之至意。窃念圣驾恭奉梓宫还
宫,忧勤惕厉,日昃不遑,御园修葺,自必缓图。即日后经营,亦
殊匪易,且游豫随意,则启宴安之渐;资膳多欲,则启进奉之渐。
杜渐防微,正在此日。拟请敕下工部、内务府,会同查勘园庭及

三山坐落等处,缭以周垣,敬谨看守,切勿更议缮修。其香山健锐等营操练处所,仍照旧章办理,南苑岁修,亦请暂止。其馀一切修造,可停者即停,可缓者即缓。至各省织造、关差进奉之件,并请敕谕内务府大臣查核需用缓急,量为裁减,俾中外人心皆知深宫俭约,慎怀永图,庶奢靡之风渐敛,帑饷不靡,而元气日培日厚矣。总之致治之要,本诸圣心。书曰'非知之艰,行之惟艰'。诗曰'靡不有初,鲜克有终'。方今治象清明,彰善瘅恶,大小臣工,孰敢不振刷精神,力图报称? 第恐数年之后,奉行者视为具文,渐就懈弛;而揣摩逢迎之习,缘隙而生,即言路亦恐因之而塞。窃见乾隆初年,直隶总督臣孙嘉淦有三习一弊之奏,其言剀切,深中事情,大致谓目习于所见,耳习于所闻,心习于所安。以此三习卒归一弊,其弊维何? 远君子而近小人而已。"疏入,上嘉纳之,次第施行。

十一月,疏荐科尔沁亲王僧格林沁忠勇朴直,终始如一,前兵部侍郎王茂荫遇事敢言,不避权贵,报闻。十二月,命以大学士衔授礼部尚书。同治元年二月,到京。是月,皇上入学读书,寯藻奉两宫皇太后懿旨,偕大学士翁心存、尚书倭仁、编修李鸿藻在弘德殿授读。寯藻自陈衰病,恳辞部务,上不许,令免其带领引见,并免派一切差使。寻进呈摘录经史二帙,上嘉其条分缕晰,切要简明,命陈弘德殿以资讲肄。四月,以山西办防需才,疏荐前大理寺少卿田雨公、太仆寺少卿徐继畬、江苏巡抚赵德辙、榆次县知县俞世铨、绛州直隶州知州李廷樟、奉天知县张保衡六员。时刑部定拟已革两江总督何桂清罪名,照临阵先逃斩监候律,上从重拟为立决。六月,寯藻请仍照本律定拟,上从之。七月,以北省军务紧要,请钦派科尔沁亲王僧格林沁节制山东、河南、山西、陕西四省,以一事权。是月,云南学政张锡镠奏请崇祀文宗显皇帝于大飨殿,以合孝经明堂之义。寯藻偕王大臣等遵旨会议,以考之今制,稽之古礼,事多窒碍,未可依行,上趐之。九月,文宗显皇帝奉安定陵礼成,赏加二级。

　　寻因病请开缺,得旨赏假三月。十一月,上读大学,日讲帝鉴图说,寯藻具疏反复推阐为人君止于仁一言,并进呈朱子小学、陈宏谋大学衍义辑要、杜诏读史要略三书,[六]疏云:“典学之要,诵读为先,而讲解之功,更为切实。盖非诵读不能习其文字,非讲解不能通其义理也。大学一书,皇上业已读毕,凡制治保邦之道,用人行政之原,胥于是乎在。要之为人君之道,在止于仁一言而已。治国、平天下两章,言仁者六,而终之以未有上好仁而下不好义。盖仁者必以仁亲为宝,故能爱人、能恶人,不仁者则好人之所恶,恶人之所好矣。仁者必以贪戾为戒,故忠信以得之,不仁者则骄泰以失之矣。仁者以义为利,不以利为利,故以财发身,不仁者则以身发财,菑害并至矣。千古治乱之机,判于义利,而义利之判,则由于上之好仁不好仁也。即如近日所讲帝鉴图说,下车泣罪,解网施恩,泽及枯骨等事,斯即帝王仁心所见端也。至若纳谏求贤,尊儒远佞,则仁亲为宝,能好能恶之说也。露台罢工,裘马却献,则以义为利,不以利为利之说也。臣愚窃谓帝鉴图说讲毕,即宜进讲舆地之学,大清会典中有皇舆全图、各省府、州、厅分图山川疆域形势,开卷了然,篇幅简明,易于指画,并有礼制、武备、天文等图,可资博考。又耕织图则农桑之事,衣食之原,纤悉具陈。宋马远豳风图,嘉庆年间取以联句,内府画本石刻具在,可资检阅。钦定月令辑要、授时通考二书,皆足与耕织、豳风等图互相发明,皇上读书之暇,随时讲求,庶几知稼穑之艰难,懔守成之不易也。"

又疏荐端木埰、郑珍、莫友芝、阎汝弼、王轩、杨宝臣经行修明,有体有用,宝臣兼通天算,疏云:"臣恭读上谕,现在中外臣工,荐举贤才,尚不乏人,而山林隐逸以及末秩下僚,或以德行,或以政事,或以文学,各擅所长,湮没不彰,殊为可惜!允宜及时登庸,以副辟门吁俊之典。着京外三品以上各员,并直省学政,悉心访察,胪举所长,咨调来京,候旨考试,视其器识,破格录用,不得视为具文。等因钦此。仰见皇上典学求贤,敷奏明试之至意。臣窃惟近来考试,词章之学尚多,根柢之学甚少,士不通经,不足致用,而通经之学,义理与训诂,不可偏重。汉儒许慎说文解字、郑康成诗礼笺注,各有师承,羽翼经传,厥功甚巨。历代名臣硕彦,由此其选。至宋周、程、张、朱数大儒,因注疏以阐明义理,学术人心,允足范围后世,此大学正心诚意之功,必本于格物致知也。后学不察,往往以训诂专属汉、唐诸儒,以义理专属宋儒,遂使圣门四科画分界限,即如制艺代圣贤立言,明季国初本多经意,而后来流弊渐就空疏,非立法之不善,乃学术之日歧也。方今圣学初基,屡奉谕旨厘正文体,整饬考试,臣愚窃谓经术之士,知之者希,亟应先为表彰,俾士气文风有所矜式,亦吏治储材之亟务也。臣素知寒士中有器识文艺者数人,虽不遽言德行,而由文学以达政事,各有所长,堪资器使。若知而不举,不特贻蔽贤之讥,实重负朝廷咨访之意。"复以久病请开缺,得旨,再赏假三月。二年十月,偕倭仁、李鸿藻疏云:"皇上冲龄御极,智慧渐开,当此释服之初,吉礼举行,圣心之敬肆于此分,风会之转移即于此始,则玩好之渐可虑也,游观之渐可虑也,兴作之渐可虑也。嗜好之端一开,不惟有以分诵读之心,即海内之窥意旨者,且将从风而靡。安危治乱之机,其端甚微,而所关甚巨,可无慎乎?方今军务未平,生民涂炭,时艰蒿目,百孔千疮,诚如圣谕正君臣交儆之时,非上下恬熙之日也。伏愿皇上恪遵慈训,时时以忧勤惕厉为心,事事以逸乐便安为戒。凡内廷服御一切用项,稍涉浮靡,概从裁减;虽向例所有,不妨量为撙节。如是则外物之纷华不接于耳目,诗书之启迪益敛夫心思。将见圣学日新,圣德日固,而去奢崇俭之风,亦自不令而行矣。"上优诏褒答焉。

十一月,疏云:"臣闻国史馆循吏传,自嘉庆年间编辑后,久未续纂。近年封疆大吏以此奏请者,亦甚罕见。且自军兴以来,征兵筹饷,几视吏治为缓图,不知地方果得一贤有司,平日弭盗安良,化民成俗,实足以消患于未萌。其曲突徙薪之功,不在敌忾捐躯者下。现在城守阵亡各员,均蒙随时赐恤,或奉特旨宣付史馆,此等地方循吏功在无形,誉传众口,若不及时表彰,致令湮没,何以昭激励而劝后来?应请旨饬各省大吏,加意访查政绩官声、遗爱在民者奏明,并咨史馆编入循吏列传,以资观感。臣更有请者,窃见各省州县供军需、办团练,不得不藉资民力。其假公济私、咈众敛怨者,无论已;即一二清洁自好者,亦不过黾勉办公,先其所急,设卡抽厘,方虑聚众滋事,团练筑堡;又虞负固抗粮,救过方且不遑,于民生疾苦、地方利弊,势更不暇兼顾。苟非至诚之心,兼济变之才,安能用民财力而民不怨畔?故至今日而言循吏,操术为至难,用心为更苦也。其已故者,固应特予表扬,其现任者,尤宜急加褒勉,俾得殚竭心力,以卫民生。应请敕下中外大臣,保举循吏,确核品行,胪列事迹,奏备简用。其有伏处之士,潜修力行,堪膺循吏之选者,如确有见闻,亦准一体保奏,并以原任同知刘大绅、按察使李文耕、大顺广道刘煦,循声卓著,请宣付史馆,入循吏传。直隶任丘县知县张光藻、献县知县陈崇砥、知县王兰广,山东知县蒋庆第、山西徐沟县知县程豫、汾阳县知县吴辉祖及江南优贡端木埰,山西举人秦东来等,请送部引见。"均得旨允行。

三年七月,复以病请开缺,并退出内廷差使,命开礼部尚书缺,仍以大学士衔在弘德殿行走。十月,沥陈病势,请致仕停俸,谕曰:"大学士祁寯藻奏衰病日久,难以起假入直,吁恳致仕一折,览其所奏,情词真切,若不允其所请,转不足以示体恤。祁寯藻着准其开弘德殿差使,以大学士致仕,仍加恩支食全俸,以示笃念耆旧至意。"四年五月,以科尔沁亲王僧格林沁剿捻战殁于曹州,畿辅震惊,疏陈防剿之策,荐总兵余承恩及直隶州县十员备委任。

五年,卒。遗疏入,谕曰:"予告大学士祁寯藻学粹品端,忠清亮直。由翰林入直南书房,荐擢正卿。赞画枢务,简任纶扉,总理部务,叠受先朝知遇之隆。克慎克勤,无忝厥职。咸丰四年间,以枢务积劳,因病开缺。朕御极之初,蒙两宫皇太后简用耆臣,重加倚畀,以大学士衔补授礼部尚书,令在弘德殿授读,朝夕纳诲,启沃深资。旋复因病予告,在家食俸。老成硕望,中外皆知。方冀颐养安和,遐龄克享,遽闻溘逝,悼惜殊深!着赏给陀罗经被,派钟郡王带领侍卫十员,即日前往奠醊,加恩晋赠太保,照大学士例赐恤。入祀贤良祠。任内一切处分,悉予开复。应得恤典,该衙门察例具奏。灵枢回籍时,着沿途地方官妥为照料。伊子翰林院编修祁世长,着俟服阕后以侍读用。伊孙祁友慎,着赏给举人,准其一体会试,以示朕笃念耆臣至意。"寻赐祭葬,予谥文端。

子世长,工部尚书。

【校勘记】

〔一〕已革岷州知州陈昌言禀讦前任陕甘总督布彦泰赃私各款　原脱"已革"二字。今据成录卷四七六叶三下补。

〔二〕并将委办清查草率之解任固原州知州徐采　原脱"解任"二字。今据成录卷四七六叶三上补。

〔三〕又查明撤任安定县知县胡荐夔禀讦道员杨能格沿途需索夫马　原脱"撤任"二字。今据成录卷四七八叶四上补。

〔四〕英人此次狂悖无礼已极　"礼"原误作"理"。今据祁寯藻传稿(之四一)改。

〔五〕十一年八月　原脱"八月"二字。今据毅录卷一叶八上补。

〔六〕杜诏读史要略三书　"要"原误作"论"。今据祁寯藻传稿(之四一)改。

周祖培

周祖培,河南商城人。嘉庆二十四年进士,改翰林院庶吉士。二十五年,散馆,授编修。道光元年,充顺天乡试同考官。二年,充云南乡试正考官。四年,丁父忧。七年,服阕。十二年八月,升国子监司业。十二月,升詹事府司经局洗马,充文渊阁校理。十三年正月,充日讲起居注官。二月,擢翰林院侍讲。七月,大考二等,赐文绮。转侍读。十四年二月,京察一等,记名以道府用。三月,升右春坊右庶子。八月,升翰林院侍讲学士。十五年六月,命协同批本。十月,充顺天武乡试副考官。十七年八月,提督陕甘学政。十二月,转侍读学士。十八年四月,升詹事府詹事。六月,丁母忧。二十年,服阕。二十一年十月,补原官,充经筵讲官。十二月,充文渊阁直阁事。二十二年,稽察左翼宗学。二十三年四月,升内阁学士,兼礼部侍郎衔。十月,充顺天武乡试正考官。十二月,稽察中书科事务,旋授礼部右侍郎。二十四年二月,兼署兵部右侍郎。三月转礼部左侍郎。八月,以乡试搜检不严,罚俸。九月,充武会试监射大臣。十二月,调工部右侍郎,兼管钱法堂事务。二十五年三月,充会试副考官。四月,以兵部堂官违例,派署掌印,又以司官索诈书吏,吸食鸦片烟,祖培奏参不实,命革职留任。九月,充武会试正考官。十月,调刑部左侍郎。二十六年正月,命偕户部尚书赛尚阿驰驿往江南查勘江防善后事宜,奏言:"长江自鹅鼻嘴西抵乌龙山,其间数百里,沿江筑堤安炮、设兵守卫者数十层,其炮有千斤、数千斤、万斤者,其弁兵有施放大炮者、防护者、接应者,声势连络,足资捍御。第恐日久懈生,视为具文,应请旨饬令按时操练,炮台随时修葺,兵弁随时更易,毋得稍有废弛。"六月,差竣回京。旋充浙江乡试正考官。十一月,偕户部左侍郎柏葰,顺道江苏查办事件。十二月,以御门大典到班迟延,罚俸二年。二十七年,以捐银备赈,下部优叙。

三十年二月,充实录馆副总裁。三月,充会试知贡举。寻条陈四事,略曰:"一、立政贵乎禀承也。从来乾纲独断,必能自得师;能自得师,莫善于式求成宪。我朝立政之要,用人之法,洪纤巨细,无不备载于列圣实录之中。现在内阁照例每日进呈,以备皇上按时恭读,典至巨、法至善也。惟卷帙浩繁,难于记诵,伏求皇上几馀乙览之时,亲加选择,凡有关于观人敷政之法,纳言决事之宜,以及防微杜渐、筹虑深远者,悉命南书房翰林敬谨缮写,另备一册,以便随时披阅。伏思利害所关,今昔同辙,容有昔之所利不尽利于今者,未有昔之所害不为害于今者。容有昔所欲除之害至今犹未尽除者,未有昔所应防之害至今转可不防者。惟皇上成法在胸,以应几务,庶利害了如指掌,而兴废可决于一心也。一、致治以除积弊也。时弊之重,莫过于欺饰。自督抚以至末吏,皆难逃此病。即如各省府、州、县之仓库,以及义仓、常平仓,上司有年终盘查之责,同官有交代出结之例,有无亏短,不难立破,何至日积月久而弊重难返。总由上司专徇情面,以考核为虚文,同官则互相营私,以结报为故事。或不知其实而姑为含容,或明知其非而故为隐匿。此各省所以有亏短,以致今日有清查之令也。至河工、漕务,尤当以核实为要。一涉虚浮,弊端百出。去岁河南六堡之漫口,漕船回空之迟滞,未必不始于一时一事之欺,终至连年累月之害也。惟皇上责成大吏,力惩其欺饰之习,以率属吏,则事皆求实,而积弊可渐除矣。一、澄叙州县,以卫民生也。国以民为本,而州县为亲民之官,民之疾苦知之,民之身家系之,州县得人而民安,民安而天下治矣。无如此途甚宽,贤不肖杂处其中。其贪婪残酷者固为民贼,其有貌似有才,称为能吏,事上则口舌便捷,任事则刚愎苛求,或纵容胥役以滋扰,或任听家丁以营私,有治民之名,而有害民之实。又有因循疲玩、阘茸无能者,坐高堂以养尊,窃利禄以便已,而嗷嗷之众,漠不关心。此玩视民瘼者,其害民尤甚。每见一县之中,偶遇灾荒,而哀鸿遍野,弱者转乎沟壑,强者去为盗贼。其为之上者,平时抚绥无术,临时赈济无方。迨至怨咨交作,上司不得已而加以参劾,而民之疮痍已不可复问矣。伏乞皇上严责直省大吏,各统所属,自上迄下,随时考察,倘有作奸犯科之员,该上司徇隐庇护,以致地方滋生事端,经言官弹劾,即将该督抚从严惩处,务使亲民之官以民为重,则所以奠亿兆而广皇仁者,孰有重于是哉?

一、修明武备,以资弭盗也。武备之设,所以卫民。国家设立营制,自京城以及外省,星罗棋布,每岁不惜千万帑金,教养训练,平时资其缉捕,有事赖以御侮。若缉捕先行废弛,更何望争先御侮耶?近来各省抢劫之案,层见叠出,或为害行旅,或行劫铺户,甚至霸据乡镇,百十成群,随在窜逸。如<u>湖南武冈</u>一带之匪徒滋扰,其始亦不过盗贼耳,苟有以豫防之,何至猖獗若是?窃见各省每遇盗贼之案,督抚大吏往往将微末营弁摘参,与地方文武一并勒缉。名为从严办理,不数日后经地方文员购买眼线,将案内人犯缉拿数人,遽以文武协缉获盗过半,一并奏明开复。相率效尤,几成锢习。武弁何由知儆?盗风何由得息?民生何由得安?伏思州县等官,刑名钱谷,责任綦烦,缉捕盗贼,系其职分之一端。若营员则缉捕系其专责,缉捕未能,平日之训练懈弛,已可概见。相应请旨严饬各省督抚、将军切实整顿,赏罚兼施,务使营伍员弁皆知责有攸归,无可推诿。于捕务日有起色,则盗风可靖,而闾阎亦渐增安谧矣。"疏入,谕曰:"周祖培陈奏一折,致治首宜除弊,而除弊先当戒欺。为大吏者亟当洗心涤虑,率属秉公,而澄叙官方,尤在严察牧令,断不可任意姑容,置民生于不问。卫民莫先于缉盗,尤宜实力整顿,务须日有起色。其设防之处,该督抚等各宜随时修葺,有备无患。至于列圣实录,每日进呈恭读,朕自当默识编勒。所请饬行缮录之处,着毋庸议。"十二月,署刑部左侍郎。

咸丰元年五月,升刑部尚书,充实录馆总裁。二年三月,充会试正考官。七月,以题定郡王载铨息肩图,夺俸半年。十月,赐紫禁城骑马。十一月,因户部筹饷二十馀条,所议之款尚恐缓不济急,奏言:"道光二十一年,河南河工、城工捐输案内,有以钱折银,照海疆章程一体办理者,彼时输将,甚为踊跃。此次豫省开捐,闻人数寥寥,若不格外加以鼓励,难期奋勉。应请查照河工、城工章程,变通办理。又闻各省巨富者实不乏人,查现在汉口镇为商贾辐辏之区,猝遇贼至,掳掠一空,与其委而资敌,何如输以报国,凡该富户等谅切同心也。至于畸零富户,力量无多,按户派捐,所凑无几,事无补于国而怨先敛于民。伏乞谕饬各直省督抚大臣,确查巨富之家数十万及百万以上者,妥为劝谕,务令激发忠爱,力图报效。一户独捐之数,即可抵数百户凑捐之数。一经奏报,自可立沐殊恩。其不愿仕进者,或俟军务告竣之后,照数发还,亦无不可。第必须由该督抚亲自办理,断不可假手属员,以致私受情贿,匿多报少,弊窦丛生。"疏入,得旨允行。

三年二月,奏言:"军兴以来,糜费帑金至二千数百万之多。军事一日未竣,帑饷一日难省。总应宽为筹备,以期无误要需。

窃思钱之为用,正以济银之不足。若钱果能充,则八旗每月之兵饷,以及各军用项,皆可以钱代银。钱无不足,银自有馀,度支可无虞支绌。惟近来铜斤短少,不能增卯多铸。窃闻热河避暑山庄及北海之琼岛、春阴,均有铜房,及圆明园之西洋楼铜盘、铜管、铜牛、铜马之类,因年久失修,损坏无用,倘皆聚集以资鼓铸,则可易无用为有用。再刑律载军民之家,私蓄铜器,并听赴官呈卖,每斤给银七分,增减随时。若故匿在家不赴官者,笞四十。咸丰二年八月,曾经御史条奏户部会同工部核议,以京城市卖铜器较多,酌定五斤以上铜器,无论黄白红铜,均行禁止。是民间私蓄铜器,律应赴官呈卖,其京城大小官员之家,若铜盆、铜炉之类,散之则有限,聚之则充裕。凡五斤以上铜器,似应赴局呈缴。且此等铜斤,曾经煎炼,较之滇、黔运京生铜,良顽迥别,资以鼓铸,所获必数倍低铜。更可仿照汉、唐成法当十、当百、当千之大钱,因古制而酌今宜,又在部臣之妥为筹议也。"疏入,命户部会同内务府查议。

五月,要犯刘秋贵死于刑部,承审司员未能审出实情,祖培坐降三级调用。寻补都察院左副都御史。七月,稽察左翼宗学。八月,奏言:"窃惟贼匪滋事以来,屡奉上谕,命各省皆办团练,并筑寨浚濠,严守要隘,仿照嘉庆年间坚壁清野之法,良以不筑寨堡不能坚壁,不坚壁不能清野;不坚壁清野,不足以御贼。乃各省自奉旨以来,有团练之名而无团练之实,即有一二处认真者,亦不过聚集乡民加以操演,而于坚壁之法并未讲求。即如怀庆被贼两月之久,垣曲近在接壤;绛县、曲沃相隔二三百里,各该县岂真聋聩,一无闻知? 果能实力奉行团练,寨堡林立,贼且举步

皆难,何至怀庆解围未及旬日,而连陷数城,如入无人之境? 所
谓防守,直同儿戏! 固由该抚等阘冗无能,失机玩寇,而该州县
之团练废弛,并不认真办理,亦可概见。今贼匪窜突靡定,各府、
州、县大抵皆毫无豫备,贼至即溃,全仗官兵追剿而尾其后,不能
截其前,势难克期荡平。夫剿贼贵乎兵,而防守必资乎民。今欲
用民,必使民有可凭而后民志定,非设立寨堡不为功。议者或谓
城且失陷,寨堡何足恃? 不知势孤者力弱,势聚者力强。今以一
县论,小者百里,大者百数十里,而所凭者仅一城耳。如一县内
而有数十寨堡,不啻一县而有数十城也。四面障蔽,贼且不得径
犯,何失之有? 又或谓需费甚多,科派滋累。夫科派诚滋累矣,
何不可量力而捐资也。查平原屯堡,所费不过数百金,一堡内可
容数百户。以数百户之民,筹数百金之费,尚不甚难,且富者捐
资,贫者出力,其费更可省约,惟在各府、州、县诚心劝谕之,精心
区画之,裁汰冗费,不假吏胥,斯民皆鼓舞为之耳。此法一行,有
数利焉:比庐聚族,棋布星罗,一寨堡有警,各寨堡互应,或邀击,
或夹攻,令贼无可入之境,一利也;百姓惊惶,由于无所倚恃,今
寨堡既建,人心皆固,不患流离,不虞裹胁,二利也;米谷牲畜,悉
聚于各寨堡内,令贼无可掠,不战自困,三利也;每寨堡约数百
户,每户抽壮丁一二人,设长以约束之,定期以训练之,无事仍可
兼顾耕作,有事则悉成劲旅,四利也;募兵于仓猝,无论其不足深
恃,即能得力,而一邑所募壮勇,能有几何? 今寨堡既成,人人可
以为勇,即人人可以为兵,按户抽丁,可以数万计,五利也;邪教
蔓延,土匪觊觎,伏而未动者,恐复不少。今以各寨堡之民,自为
巡防,互相纠察,保甲之法,就此施行,不独大寇可灭,并盗贼渐

除,六利也。至设立寨堡各事宜,相应请旨严饬各督抚责成贤能有司,会同绅民迅速遵办,如有怠玩从事,不善经理,反滋扰累者,立予参处。"疏入,得旨允行。

十一月,署工部左侍郎,寻升工部右侍郎,兼管钱法堂事务。十二月,以叠次捐备军饷,下部优叙。旋调吏部左侍郎。四年二月,升都察院左都御史。十一月,升兵部尚书。五年八月,署兼管顺天府府尹事务。六年二月,署工部尚书。九月,充武会试校射大臣。十一月,宣宗成皇帝实录、圣训告成,祖培以续办稿本,赏太子太保衔。是月,调吏部尚书。八年四月,会办五城团防。七月,复充经筵讲官。九月,命以吏部尚书协办大学士。十月,署户部尚书。九年二月,调户部尚书。三月,兼署吏部尚书。四月,充武英殿总裁。八月,充顺天乡试正考官。九月,充大考翰詹阅卷大臣。十年二月,署理户部三库事务。三月,充会试正考官。七月,命总办京城团防事宜,祖培酌拟章程六条:一、查户口以别良莠;一、劝保卫以联众志;一、任官绅以专责成;一、协营汛以联臂指;一、设水会以备不虞;一、增帮办以资助理。奏入,如所议行。[一]

八月,文宗显皇帝巡幸木兰,命祖培留京办事。十二月,授体仁阁大学士,管理户部事务。十一年二月,命在紫禁城轮流住宿。三月,奏保京员何元普赴河南军营差委。四月,议覆河南之河北三府捐输,应仍归河南巡抚委员一手经理。七月,文宗显皇帝龙驭上宾,穆宗毅皇帝御极,命祖培在京总理丧仪。十月,以怡亲王载垣等拟定"祺祥"年号字样,意义重复,奏请更正。谕曰:"大学士周祖培奏建元年号可否更定一折,建元大典,昭垂万世。前经载垣等拟进‘祺祥’字样，意义重复，本有未协。兹据周祖培奏请更正，实属关心典礼，周详慎重，爰命议政王、军机大臣恭拟‘同治’二字进呈，其以明年为同治元年，布告天下。”是月，充实录馆总裁，寻偕大学士贾桢等奏政权宜操之自上，及皇太后召见臣工礼节，并一切办事章程，疏载桢传。

　　十二月，奏言：“长芦盐课，近年销数缺短，两淮缺额尤甚，皆委其故于逆匪滋扰。前经督臣奏请于就近地方设场收税，每年所得亦属无多。两广、福建、山东、四川、甘肃等省皆销数甚短，〔二〕课项日绌，非大加整顿不可。”又奏言：“北省近畿各处渐多藐视官长，倚恃团众，抗粮拒捕。其故由于州县不得其人，平日临财贪墨，办事武健，为民深仇疾视。甚至赏罚不信，告令不遵，挟制官长，而为官长者遂不敢与之相较矣。”疏入，谕曰：“我国家深仁厚泽，沦洽民心，现在山东、河南等省州县遭贼蹂躏，及间遭荒歉地方，叠经降旨，分别蠲恤；其完善地方，亦均能争先输纳。如该大学士所奏情形，总由官吏不肖，有激而成，诚堪痛恨！着各该督抚秉公遴选洁己爱民之员，俾膺民社，如有贪声劣迹，立予严参重惩，毋稍徇隐。”同治元年闰八月，管理刑部事务。十二月，充文渊阁领阁事。四年五月，教习庶吉士。九月，以承办定陵工程事竣，赏戴花翎，仍交部优叙。五年，充大考翰詹阅卷大臣。时文宗显皇帝实录、圣训告成，赏给祖培子文龠员外郎用，文令举人，一体会试。祖培自道光二十四年以来，历充会试覆试阅卷大臣六次，乡试覆试阅卷大臣、殿试读卷官、朝考阅卷大臣各三次。

　　六年，卒。谕曰：“大学士周祖培持躬恪慎，学问优长。由翰林荐擢正卿,叠司文柄,受三朝知遇之隆,简任纶扉,管理各部,均能无忝厥职。朕御极以来,念其宣力弥勤,深加倚畀。前以微疴赏假数月,方冀调理就痊,遐龄永享。遽闻溘逝,轸惜殊深!着赏给陀罗经被,派睿亲王德长带领侍卫十员,前往奠酹。加恩照大学士例赐恤。任内一切处分,悉予开复。伊子举人周文令,着以主事用。伊长孙候选主事周德禄,着赏给举人,准其一体会试,用示眷念耆臣至意。"寻赐祭葬,予谥文勤。

【校勘记】

〔一〕增帮办以资助理奏入如所议行 "增"原误作"请",又"奏入"二字误置上文"六条"之后,又脱"如所议行"四字。今据显录卷三二五叶一六下至一七上改正。

〔二〕甘肃等省皆销数甚短 原脱"甘肃"二字。今据毅录卷一二叶三一上补。

倭仁

倭仁,乌齐格里氏,蒙古正红旗人,河南驻防。道光九年进士,改翰林院庶吉士。十二年,散馆,授编修。十三年二月,升詹事府右春坊右中允。七月,升翰林院侍讲,充日讲起居注官。八月,转侍读。九月,升詹事府右春坊右庶子。十一月,转左庶子。十二月,升翰林院侍讲学士。十四年,署文渊阁直阁事。十五年三月,充会试同考官。闰六月,转侍读学士。八月,充顺天乡试同考官。十六年三月,充会试同考官。十七年,充福建乡试正考官。十八年,充文渊阁直阁事。二十二年,擢詹事府詹事。二十四年四月,稽察右翼觉罗学。八月,升大理寺卿。二十五年五月,丁忧。九月,百日孝满。二十六年,充考试汉御史阅卷大臣。二十七年二月,充各省举人覆试阅卷大臣。九月,充武殿试读卷官。二十九年七月,丁忧。十一月,百日孝满。

　　三十年正月,文宗显皇帝即位。〔一〕二月,应诏陈言,略曰:"行政莫先于用人,用人莫先于严辨君子、小人。夫君子、小人藏于心术者难知,发乎事迹者易见。大抵君子讷拙,小人佞巧;君子澹定,小人躁竞;君子爱惜人才,小人排挤异类;君子图远大以国家元气为先,小人计目前以聚敛刻薄为务。刚正不挠,无所阿向者,君子也;依违两可,伺候人主喜怒,以相趋避者,小人也;谏诤匡弼,为朝廷补阙拾遗者,君子也;迁就逢迎,导人主遂非长傲者,小人也;进忧危之议,悚动人主之警心者,君子也;动言气数,不畏天变,以滋长人君之逸志者,小人也。公私邪正,相反如此。皇上天亶聪明,勤学念典,孰贤孰否,自难逃圣明洞鉴之中。第恐以一人之心思而揣摩者众,一人之耳目而混淆者多,几微莫辨,情伪滋纷,爱憎稍涉偏私,取舍必至失当。此知人则哲,惟帝其难,大禹所以致叹也。今欲求所以知人,岂有他术哉?本皇上好学之心,勤求不怠,使圣志益明,圣德益固而已。宋臣程颢云:'古之人君,必有诵训箴谏之臣,惟命老成贤儒,日亲便座,讲论道义,以辅圣德;又择天下贤俊,使得陪侍法从,朝夕延见,开陈善道,讲摩治体,以广听闻。'我朝康熙年间,熊赐履上圣祖仁皇帝疏,谓:'大学衍义一书,为万世有天下者之律令格例,伏愿延访真儒,讲求研究,务尽其理。于是考之以六经之文,监之以历代之迹,实体诸身,默会诸衷,以为敷政出治之本。若夫左右近习必端其选，缀衣虎贲亦择其人，非圣之书屏而勿读，无益之事戒而不为。内而深宫燕处之间，外而大庭广众之际，微而起居言动之恒，凡所以维持此身者无不备，防闲此心者无不周，则君志清明，君身强固矣。'二臣所言，皆人君修养身心之要，用人行政之原也。天下治乱系宰相，君德成就责讲筵，惟君德成就而后辅弼得人，辅弼得人而后天下治。然则开讲幄以赞宸修，致治要图，莫切于此！"疏入，上称其辨君子、小人之分，言甚切直，谕嗣后大小臣工有所见闻，剀切直陈，宜以倭仁为法。三月，礼部侍郎曾国藩奏陈用人三策，上复忆倭仁言，手谕同褒嘉焉。

　　十一月，赏副都统衔，充叶尔羌帮办大臣。时大理寺少卿田雨公以倭仁用违其才，奏陈用人宜慎，谕曰："倭仁以三品卿给予副都统职衔为叶尔羌帮办大臣，边疆要任，令其扬历谙练，并非投闲置散，而该少卿以为用违其才。若如所奏，则外任皆为左迁，而新疆换班者尤为摈斥，岂识国家文武兼资、内外并重之微意乎？"咸丰二年五月，疏言："我皇上践祚以来，敬以饬躬，宽以御众，求贤纳谏，勤政爱民，圣德咸孚，固宜治臻美备矣。乃中外之玩愒如故，人才之委靡依然，寰海望治之心，犹未能畅然满志者，何哉？或曰：'积重难返也，辅弼乏人也。'固也，而非本原之论也。志不期于远大，政以苟且而自安；意不极于肫诚，事以虚浮而鲜效。则欲济当今之极弊，而转移一世之人心，亦在朝廷而已矣。愿皇上立必为尧舜之志，始于思，辨于学，发端甚微，而为效固甚巨也。皇上端居渊默之时，深察密省，事事与唐虞互证，危微辨欤？执中允欤？知人哲、安民惠欤？必有欿然不自足，而皇然不自安者。由是因愧生奋，因奋生厉，必期如放勋、重华而后已。君志既定,然后择同德之臣,讲求治道,切劘身心,由穷理修身以至于治平天下。此其机操之圣心而有馀,即推之四海而无不足。所谓志定而天下之治成也。承艰巨之任,值多事之秋,使非困心衡虑以激发大有为之气,其何以宏济艰难哉? 后世人君往往耻闻己过,臣下唯诺成风,吁咈都俞,不可复睹。以唐太宗从谏如转圜,犹积怒于魏徵,盖克己之难也。舜命禹曰:'予违汝弼,汝毋面从!'夫舜岂尚有违道之举,禹亦何至如谀谄面谀者流,顾兢兢焉惟恐有违,且恐禹面从者。诚以人心至危,修省密,故惕厉深而求助于臣工者益切。于是禹以傲戒,益以怠荒戒,皋陶以逸欲戒,惟朝廷乐闻直谏,故群僚咸进谠言。不然,群臣方缄口之不遑,亦孰肯以不入耳之言,干雷霆之怒哉? 伏读高宗纯皇帝谕旨:'尔九卿中能责难于君者何人? 陈善闭邪者何事?'高宗纯皇帝之心,即虞帝取人为善之心也。皇上以法祖德者法尧舜,则智亦大矣。理财为今日急务,节用尤理财要图。前礼部议覆通政使罗惇衍崇俭禁奢一折,刊刻简明礼仪颁示遵行,奉旨允准,诚正德厚生之本计也。抑更有进者,政贵实不贵文,民从好不从令。以文告之虚辞,挽奢华之积习,科条虽设,谁其听之? 伏愿皇上以身作则,力行俭约,为天下先。申谕廷臣,将一岁度支出入之数,通盘筹画,自宫府内外大小衙门,凡可裁者概行裁省,勿狃虚文,勿沿故套,勿避嫌怨,勿畏繁难。务量入以为出,勿因出而轻入,服色器用,既已明示限制,必须全行禁止。有犯必惩,使朝野臣民共晓然于恐惧修身、以实不以文之意,天下有不率从者哉? 至若人情嗜利,廉耻道丧,宜杜言利之门,奖洁清之士。若夫无人之患,更甚于无财,尤宜讲明正学,兴贤育德,以储桢干。此皆政教大端所当及时修举者,惟圣志明断不疑,斯庶绩可次第而理。"

奏入,谕曰:"倭仁奏敬陈治本一折,意在责难陈善,其言尚无不合。惟朕特授倭仁为叶尔羌帮办大臣,原使其扬历边疆,俾资练习。今观所奏,仍系统论治道,并未及边陲情形,岂忽近图远,转以职守为无关轻重耶?嗣后总宜留心边务,实力讲求,于任内应办事件,毋稍疏忽,如有地方要务,切实敷陈,朕亦可验其学识,〔二〕毋得徒托空言,致负委任。"十二月,候补道何桂珍上言:"时势危难,请特用缓急可倚之人,以固人心而维邦本。倭仁秉性忠贞,见理明决,处危疑而不惧,临利害而不摇。生平言行,一一不负所学。若投以艰巨,必能尽言竭力,死生以之。"上未从其请。

三年,劾叶尔羌回部郡王阿奇木伯克爱玛特于所属护卫阿浑挟势婪赃,毫无觉察;又以该管之参赞帮办大臣逼认摊派路费,畏罪情急,列款讦控。上以倭仁等风闻该伯克摊派路费及护卫索赃等情,并未查讯明确,即行参奏,办理失当,下部严议,降三级调用。四年正月,京师举行团练,户部右侍郎王茂荫等奏请令倭仁会同筹办。上以军务非倭仁所长,寝其议。二月,命以翰林院侍讲候补,在上书房行走。八月,授惇郡王读。五年二月,补侍讲。九月,升侍讲学士。六年二月,迁光禄寺卿。

八月,擢盛京礼部侍郎,管理宗室、觉罗学事务。十月,管理威远堡六边门事务。十一月,监收盛京官仓谷石。七年二月,协理内务府大臣事务。八月,署奉天府府尹,充盛京牛马税监督。十一月,调盛京户部侍郎,兼管奉天府府尹事务。八年二月,以署辽阳州知州觉罗景灏临差规避,奏请下部议处;户部员外郎觉罗溥节派赴吏部领取则例,一年未回,奏褫其职。九月,请将获盗之承德县知县奎寿送部引见。十一月,奏参岫岩厅通判召隆阿、广宁县知县博通迟钝竭蹶,降补有差。九年三月,奏:“盗犯王超才白昼肆抢,例应绞候,惟奉天根本重地,现当整顿捕务,应从重拟绞立决,以昭炯戒。”四月,奏锦县三义庙地方有骑马贼抢去折差银钱衣物,将署知县张广摘顶勒缉。均从之。旋参副都统增庆随带多员骚扰驿站,命将军玉明等查办,增庆下部议处;又查办驿丞陈五福等京控牵涉兵部侍郎讷尔济系属儿女姻亲,应请回避,得旨毋庸回避。九月,偕玉明奏究出讷尔济及前任盛京兵部侍郎富呢雅杭阿等收受陋规,解任革职有差。十年三月,偕玉明等倡捐米石,下部议叙。八月,署盛京副都统。十月,补镶白旗蒙古都统。十一年二月,命偕玉明承修福陵、昭陵各工。十月,穆宗毅皇帝御极,颁诏中外,命充朝鲜正使,谕俟颁诏事竣,迅即来京听候简用,寻升都察院左都御史。

　　同治元年正月,擢工部尚书。二月,赐紫禁城骑马,奉两宫皇太后懿旨:“前因皇帝冲龄,亟宜典学,兹复特简工部尚书倭仁老成端谨,学问优长,堪膺师傅之任,着授皇帝读。”寻充翰林院掌院学士,倭仁将前所辑古帝王事迹及古今臣工奏议,有裨治道者,重加精择,附以按辞,为两帙进呈,得旨,赐名启心金鉴,并陈设弘德殿,以资讲肄。三月,充会试正考官。五月,充教习庶吉士。六月,命覆阅各直省拔贡覆试卷。七月,以工部尚书协办大学士。八月,文宗显皇帝暨孝德显皇后梓宫奉移山陵,上拟奉两宫皇太后躬亲远送,倭仁与诸王大臣等援引古礼,吁恳停止远

行,诏勉如所请。时豫省官民情形日蹙,倭仁胪陈入告,略曰:
"河南自咸丰三年以后,粤、捻各匪焚掠殆遍,盖藏一空。为州县
者,贼来则仓皇束手;贼去则泄沓自如,积习相沿,诛求无厌。至
稍称完善之区,则钱漕之浮收日增,杂派之讹索愈甚。捐输不
已,虽数十亩之地户皆勒之,抽厘不已,虽百馀千之本钱亦及之。
书役乾没,劣绅侵蚀,名为军饷,实为中饱。官虑民团聚众相抗,
阻抑之于平日,及被贼扰害,官不能卫民,民乃自行团练,官亦无
可如何。其间良莠不齐,或恃众滋事,则罪尽归之民,诛之戮之
而不问官之失。故州县官以民为鱼肉,以上官为护符,上下相
蒙,侵渔无已。哀哀小民,何以堪此? 其不变而为盗贼几希矣!
窃谓朝廷不能尽择州县,而必须慎择督抚大吏。嘉庆间姚祖同
为河南巡抚,尽裁陋规,丝毫不取,每出则自备面饼,供应全无。
州县贪劣者,参劾不贷,司道以下皆为敛戢,民间思慕至今。诚
择如姚祖同者以为巡抚,革除苞苴,无取于属员,则属员无可挟
以为恣睢之计。由是黜陟必当,查察必严,钱漕之浮收,去其太
甚,杂派之繁苛,澈底一清。果有忠君爱国之真心,必有调剂中
和之善术。孔子言道国之要曰:"节用而爱人,使民以时。'孟子
告齐、梁之君曰:'行仁政,薄税敛。'圣贤岂故为此迂论哉? 良
以此为根本之计,切要之图,足以拨乱而反正,外此补苴张皇,总
属苟且。顾目前而忘远虑,务小利而酿大害,如大学所谓以利为
利,菑害并至者,不可不深思也。顾河南今日官场之锢习,只曰
民刁诈,不曰官贪庸;只狃于愚民之抗官而不思民所以抗官,与
官所以致抗之由,牵联胶固,牢不可破。惟在朝廷认定本计,认
真厘剔,严饬抚臣实力振刷,绝瞻徇回护之私,因循含混之弊,州

县之清廉爱民,能去杂派、减浮收者,破格优赏。否则立予严罚,大吏察州县,朝廷察大吏,实力实心,各挽积习,勿虚应故事,勿徒行文告。庶几民困可苏,民心自固,寇乱之源由是可弭矣。"

　　闰八月,擢大学士,管理户部事务,旋授文渊阁大学士。九月,充武会试监射大臣。文宗显皇帝暨孝德显皇后梓宫奉移山陵飨殿礼成,倭仁以恭理丧仪,加二级。十月,充武乡试监射大臣。时御史裘德俊有体察牧令之奏,倭仁因奏言:"州县之贪廉,视督抚为转移。今吏治日坏,非大吏实心爱民,洁己率属,无以挽积习而奠民生。新授广东巡抚黄赞汤性情浮靡,操守平常,前任奉天学政,声名狼藉。此次入觐来京,携带厚资,广行馈送,其居官可知,其用意更可知矣。夫朝廷用人,不拘一格,才如可任,自不妨舍短取长,惟以贪鄙之行、奢侈之性,而济之以巧诈之心,则其所谓才不过欺饰弥缝而已,而谓其有干济之略,恐不能也。广东较他省稍为完善,京师赖以接济,安民察吏理财均关紧要,以黄赞汤为之,未见其可。"得旨,解赞汤任。十二月,充经筵讲官。二年四月,充殿试读卷官、朝考阅卷大臣。五月,充考试满御史阅卷大臣。六月,大军克复江宁,红旗奏捷,上以倭仁在弘德殿授读,加一级,纪录二次。八月,充崇文门正监督。四年四月,充朝考阅卷大臣。八月,充考试国子监助教阅卷大臣。九月,充武会试监射大臣。旋署镶白旗汉军都统。五年六月,充稽察坛庙大臣。九月,充玉牒馆督催总裁、考试汉御史阅卷大臣。

　　六年正月,同文馆招考天文、算学,由满、汉正途出身之五品以下京外各官考试录取,延聘西人在馆教习。二月,倭仁奏言:"立国之道,尚礼义不尚权谋。根本之图,在人心不在技艺。今求诸一艺之末,又奉夷人为师,〔三〕无论所学未必果精,即使教者诚教,学者诚学,其所成就不过术数之士,未闻有恃术数而能起衰振靡者也。且天下之大何患无才,如以天文、算法必须讲习,博采旁求,必有能精其法者,何必师事夷人乎? 自耶稣之教盛行,无识愚民半为所惑,所恃读书明理之儒,或可维持人心。今复举聪明隽秀,国家所培养而储以有用者,使之奉夷人为师,恐所习未必能精,而读书人已为所惑。夫数为六艺之一;本为儒者所当知,非歧途可比。然天文、算学为益甚微,夷人教习正途所损甚大。伏望宸衷独断,立罢前议,以维大局而弥隐患。"上以倭仁奏天文、算学博采旁求,必有精其术者,命酌保数员另行择地设馆,由倭仁督饬讲求。寻奏意中并无其人,不敢妄保,复谕曰:"倭仁现在既无堪保之人,仍着随时留心,一俟咨访有人,即行保奏,设馆教习,以收实效。"

　　旋命倭仁在总理各国事务衙门行走,倭仁恳请收回成命,上不允。寻上疏固辞,谕曰:"前派大学士倭仁在总理各国事务衙门行走。旋据该大学士奏,恳请收回成命。复令军机大臣传旨,毋许固辞。本日复据倭仁奏:'素性迂拘,恐致贻误,仍请毋庸在总理各国事务衙门行走。'等语,总理各国事务衙门公务关系紧要,倭仁身为大臣,当此时事多艰,正宜竭心尽力,以副委任,岂可稍事推诿? 倭仁所奏,着毋庸议。"四月,因病请假一个月。五月,奏病难速愈,请开缺调理,得旨,再赏假一个月,毋庸开缺。六月,复请开缺,谕曰:"倭仁不必给假,一俟气体可支,即以大学士在弘德殿行走,其馀一切差使,均着勿庸管理。"七月,病痊。十二月,充文渊阁领阁事。七年六月,充国史馆总裁。

　　八年三月,奏大婚典礼宜崇俭以光圣德,略曰:"宫廷系四表观瞻,节俭始于躬行。斯风化及于海内,上行下效,理固然也。昔汉文帝身衣弋绨,罢露台以惜中人之产,用致兆民富庶,天下乂安。明帝马后服大练之衣,史册传为美谈。此前古事之可征者也。我朝崇尚质朴,列圣相承,无不以勤俭为训。伏读世宗宪皇帝圣训:'朕素不喜华靡,一切器具,皆以适用为贵。此朕撙节爱惜之心,数十年如一日者。人情喜新好异,无所底止,岂可导使为之而不防其渐乎?'宣宗成皇帝御制慎德堂记,亦谆谆以'不作无益害有益'示戒。圣训昭垂,允足为法万世。近闻内务府每年费用,逐渐加增,去岁借部款至百馀万两。国家经费有常,宫廷之用多则军国之用少。况内府金钱皆闾阎膏血,任取求之便,踵事增华,而小民征比箠敲之苦,上不得而见也。咨嗟愁叹之声,上不得而闻也。念及此而痌瘝在抱,必有恻然难安者矣。方今库款支绌,云贵、陕甘回氛犹炽,直隶、山东、河南、浙江等省发、捻虽平,民气未复;八旗兵饷折减,衣食不充。此正焦心劳思之时,非丰亨豫大之日也。大婚典礼繁重,应备之处甚多,恐邪佞小人欲图中饱,必有以铺张体面之说进者,所宜深察而严斥之也。夫制节谨度,遵祖训即以检皇躬;崇俭去奢,惜民财即以培国脉。应请饬下总管内务府大臣,于备用之物力为撙节,可省则省,可裁则裁,总以时事艰危为念,无以粉饰靡丽为工。则圣德昭而天下实受其福矣。"

　　六月,武英殿不戒于火,倭仁偕弘德殿行走翰林院侍读学士徐桐、国子监祭酒翁同龢奏请勤修圣德,以弭灾变。略曰:"伏思武英殿为收藏钦定诸书之所,列朝圣训于此刊刻,深严重地,规制崇闳。一旦煨烬，实为异常灾变。谨按魏青龙中崇华殿灾，高堂隆对以为人君苟饰宫室，不知百姓空竭，故火从高起。宋天圣中，玉清、昭应宫灾，苏舜钦上疏，亦以此为言。自古占验之书，凡遇宫禁火灾，皆以台榭宫室为诫。今者陇西未靖，民困未苏。黄河甫经合龙，北河又复漫决。八旗生计日蹙，部款帑项不支。此诚民穷财尽之时也。比年以来，土木之工未尽止息，天安、神武门楼均加修饰，宫廷之内，屡有兴作，灾变之来，未必不由于此。自今以后，皇上正宜刻励修身，躬行节俭，一切大小工程，概行停止，传办之物，并予罢除。并请敕谕廷臣直言政事得失，庶灾变可弭，四方蒙福。"奏入，上嘉纳之。九年八月，充顺天乡试正考官。九月，管理国子监事务。十年二月，因病请假，旋奏请开缺调理，得旨，赏假两个月，安心调理，毋庸开缺。三月，授文华殿大学士。四月，以病久未愈，仍奏请开缺，得旨，再赏假两个月，并赏给参枝，以资调理。

寻卒，遗疏入，谕曰："大学士倭仁学术纯正，志虑忠诚。受先朝知遇之隆，由翰林荐擢卿贰，特恩命直上书房，旋授盛京侍郎，均能恪恭尽职。朕御极之初，蒙两宫皇太后简用耆硕，擢任正卿，旋晋纶扉，并命在弘德殿授读，朝夕纳诲，于兹十年，深资启沃。前因患病，屡请开缺，叠经赏假，并赏给人参，以资调摄。遽闻溘逝，悼惜殊深！披览遗章，于修齐治平之道，敷陈剀切，语不及私，阅之尤深凄怆。着赏给陀罗经被，派贝勒奕劻带领侍卫十员，即日前往奠醊。加恩晋赠太保，照大学士例赐恤，入祀贤良祠。任内一切处分，悉予开复。应得恤典，该衙门察例具奏。伊子广东候补同知福绂，着俟服阕后，以同知留于该省即补；理藩院员外郎福裕,着俟服阕后,以该衙门郎中补用。伊孙户部候补员外郎衡峻,着以本部员外郎即补;衡瑞,着赏给举人,准其一体会试;衡龄,着赏给主事;衡珊、衡琪,均着赏给内阁中书,用示笃念耆臣至意。"寻赐祭葬,予谥文端。光绪八年,河南巡抚李鹤年以倭仁品学纯粹,德业懋昭,请于河南省城特建专祠,由地方官春秋致祭,以彰盛轨而顺舆情,允之。

子福咸,拔贡,江苏盐法道,咸丰十年殉难,赠太仆寺卿衔,赏骑都尉世职;福纶,荫生,知府衔,广东同知;福裕,荫生,前奉天府府尹。孙衡峻,袭骑都尉,户部员外郎;衡瑞,进士,户部主事。

【校勘记】

〔一〕三十年正月文宗显皇帝即位　原脱"正月文宗显皇帝即位"九字。今据显录卷一叶八上补。

〔二〕朕亦可验其学识　"验"原作"念",音近而误。今据续碑传集卷五叶二九下本传改。

〔三〕又奉夷人为师　"夷"原改作"西"。今据倭仁传稿(之四一)改回。按续碑传集卷五叶三〇上本传未改。下同。

瑞常

瑞常,石尔德特氏,蒙古镶红旗人,杭州驻防。道光十二年进士,改翰林院庶吉士。十三年四月,散馆,授编修。七月,大考二等,赏文绮。八月,擢侍讲,充日讲起居注官。十月,转侍读。十一月,擢詹事府右春坊右庶子,十二月,转左庶子。十七年四月,擢翰林院侍讲学士。十八年,奏请开缺,回籍省亲。十九年,回京。二十年三月,补原官。四月,仍充日讲起居注官。十一月,转侍读学士。二十三年八月,充顺天乡试同考官。十二月,擢詹事府少詹事,充文渊阁直阁事。二十四年正月,稽察右翼觉罗学。三月,擢光禄寺卿。五月,充福建乡试正考官。寻擢内阁学士,兼礼部侍郎衔。二十五年正月,充会试知贡举。二月,擢兵部右侍郎。五月,以候补主事恩麟收受书吏年终陋规,瑞常坐失察,降三级留任。九月,授镶红旗汉军副都统。十一月,管理新旧营房。二十六年五月,丁父忧,八月,百日孝满。十二月,承袭恩骑尉。旋丁母忧,二十七年四月,百日孝满。五月,管理圆明园八旗、包衣三旗官兵。二十八年二月,充稽察七仓大臣。三月,署镶蓝旗护军统领。十月,充武英殿总裁。二十九年正月,署正黄旗护军统领,寻转左侍郎。二月,充右翼监督。四月,调正蓝旗满洲副都统。闰四月,署户部右侍郎,兼管钱法堂事务。七月,充山东乡试正考官。十月,充册封朝鲜正使。三十年二月,署刑部左侍郎,寻充实录馆副总裁。三月,调吏部左侍郎,授右翼总兵。五月,稽察会同四译馆。七月,转左翼总兵,充教习庶吉士,授正白旗护军统领。

　咸丰元年正月,署正黄旗蒙古副都统、正黄旗护军统领。三月,署国史馆副总裁。四月,署正黄旗蒙古都统,充十五善射,赏戴花翎。六月,充江南乡试正考官。会徐州丰北三堡黄流漫溢,口门塌宽百馀丈。河道总督杨以增奏闻,命瑞常于回京时道出徐州,驰往该处查勘。嗣奏言:“查三堡迤上地隶砀山,而砀邑被淹之处不多。三堡之北皆系沛境,其县境西南汉五中等二里黄水经由,被淹最重;汉二中等二十三里河水漫延,被淹次重;县境东北之四一等三里中隔昭阳湖,湖水顶托,逐渐漫注,被淹较轻。丰县在大溜西北,黄水续长时,县境之南华山、艾村、大乌、留顺等四里,田禾庐舍,均被漫淹,情形较重。复因昭阳、微山等湖倒漾,致莘村等九里亦逐渐被淹,受害尚轻。至铜山县境黄河北岸被淹无多,情形又属次之。邳州为下游宣泄经由之所,闻有波及者,村庄并无妨碍。又查丰北漫口时,被灾各县,经两江总督、河道总督等捐廉放赈,查明户口,派员亲自散给,不假胥役之手,筹办尚属得法。又查徐属民情强悍,时有捻匪出没,灾民难保不为煽动,经两江总督严饬各员弁带兵巡缉,如有匪徒抢夺,立即惩办,地方尚无他虑。又漕船回空,因本年大雨过多,湖水不消,各闸坝皆已启放,加以河注昭阳、微山等湖,堤闸漫溢。幸河水入湖,皆成清水,运道不致受淤,回空漕船可无阻滞。"奏入,报闻。九月,差竣回京,署正白旗满洲副都统。

　　十一月,步军统领衙门主事缺出,定郡王载铨将二等司员题升,瑞常以越次升补,显违定例,力争之,载铨将一等奏撤以二等用。瑞常寻开左翼总兵缺。二年,充会试知贡举。三年,以捐备军饷,下部优叙。五年,署镶黄旗护军统领。七年八月,授都察院左都御史。十一月,赐紫禁城骑马。八年二月,署正红旗蒙古都统。四月,署礼部尚书。五月,署正白旗满洲都统。七月,充经筵讲官。八月,命查办顺天乡试事,奏言:"大、宛二县办理乡闱供给,发价折扣,有需索抑勒情弊,大兴县知县贺廷銮、宛平县知县毛庆麟,请照例议处。"从之。九月,授理藩院尚书。十月,署步军统领、正蓝旗汉军都统。十二月,授镶白旗蒙古都统,寻擢刑部尚书。九年四月，署镶蓝旗满洲都统，充殿试读卷官。八月，充顺天乡试副考官。十年正月，以山东省秋审孟传冉一案覆核减等错误，降一级留任。寻以刑部京察保送不实，部议降二级调用，得旨，改为留任。

先是，工部宝源局监督张仁政侵蚀局款，畏罪自缢。上以职官轻生，案关局务，恐有别情，命瑞常偕户部尚书沈兆霖秉公查办。至是，奏言："前任监督奎麟得赃属实，又嘉兴府知府前任监督瑞琇于归案严讯后，供称在监督任内因试铸铁钱，招商买炭，私受商人钱文二万二千三百馀贯，〔一〕实属目无法纪。均拟斩监候，勒限一年追赃，赃完后遣戍。"从之。闰三月，署镶黄旗满洲都统。四月，充殿试读卷官。五月，充教习庶吉士。九月，管理户部三库事务。十月，以安定门一带城垣被匪拆毁，奏参疏防之营员，并自请议处。时驾幸热河，谕留京办事。十一月，以督办巡防，下部议叙。十一年七月，充崇文门正监督。九月，调工部尚书、步军统领。十月，调户部尚书、正蓝旗满洲都统。

同治元年正月，会议御史瑞亨请修复堆拨栅栏并五城稽察事，奏言："该御史称五城地面，五城御史亦有巡视之责，应如所奏，各按界址与步军统领衙门表里稽察。倘翼尉等及各地面官有瞻徇疏纵情弊，〔二〕即行严参。至京城八旗地面堆拨共七百七十三座，栅栏计一千一百四道，塌坏不少。拟将残缺堆拨，先饬两翼翼尉察看情形，轻者责令各该地面官赶紧修补，重者先行支搭窝铺，俾兵丁得所栖止，其损坏栅栏及坍塌较重之堆拨，若概行修复，为费甚巨，自当择要而图，惟现在筹款支绌，该御史所奏正蓝旗满洲都统衙门前存捐修沟渠之项，计官号票二万馀串。

此项钱钞虽已壅滞,不宜市廛,如照户部奏定章程,分交各该官号商人,酌予限期,或银或钱,赶紧呈缴,亦足资兴工而济实用。"上允其议。寻谕勘修炮车工程。二月,奏陈下夜缉盗章程,请将步军统领衙门新旧兵丁暂停派往堆拨,责成管理四场章京等管带,于皇城内外八旗地面轮班下夜,认真巡逻,遇有劫盗,格杀勿论,如居民不安本分,亦即拿究;其外城及城外集镇,并责成巡捕五营将弁,各按所管地面会同本汛团防严密防缉,从之。

寻调吏部尚书。先是,河南巡抚郑元善奏自贼中投诚历保参将之宋景诗,随钦差大臣兵部左侍郎胜保剿贼失利,辄敢不候军令,率众遁逃,得旨,褫宋景诗职,胜保下部议处。四月,瑞常等议奏:"胜保于宋景诗前在山东投诚时,叠谕妥为办理,乃不察情伪,力主抚议。迨宋景诗离营遁逃,时阅两旬,复不即行奏报。应照官员徇隐例,降二级调用。系派往军营之员,准带所降之级,仍留军营效力,暂免开缺。"从之。七月,管理宗人府银库。八月,充顺天乡试副考官。

九月,御史裴德俊奏商贾人等只准捐虚衔杂职,不准报捐正印,下部妥议。瑞常等议奏:"近来捐例频开,流品愈杂,难保无商民市侩滥厕其间。惟商民报捐,例所不禁。倘有通达事情,留心时务者,愿入仕途,亦未便阻其上进。但文员正印官职,于民生国计关系甚巨,不得不益加慎重。应如该御史所奏,凡商贾只准捐纳虚衔顶带,并州同以下佐贰杂职,以示限制;如官声尚好,有著劳绩者,仍准以正印升用。至此外世系本出商籍,并殷实之户开设典铺,本身并未充商者,出结官应示区别,不得概称商贾,以免牵混之弊。"奏入,允行。

　　寻署工部尚书。十月,以吏部尚书协办大学士。旋命稽察钦奉上谕事件处。十二月,充管理十五善射大臣、稽察官三仓大臣、八旗值年大臣。二年四月,充殿试读卷官。七月,充教习庶吉士。时呼伦贝尔总管员缺,谕值年旗拣选应升之员带领引见,瑞常将应放总管人员开列请简,与旨未协,下部议处。十二月,以失察内阁撰颁外藩清字敕书誊写错误,议处。三年二月,管理左翼幼官学。四月,奏杭州殉难之驻防官兵暨民间妇孺,请给旌恤,得旨,协领隆铿等百九十二名均照例赐恤,瑞常胞弟骁骑校瑞成,胞侄喜格、寿格等,一并旌恤。寻充盘查户部三库大臣。先是,上命南书房、上书房诸臣采择前史事迹,纂辑成书,以昭法戒。至是,书成,赐名治平宝鉴,并命瑞常等轮流进讲。七月,署镶黄旗满洲都统。八月,充顺天乡试正考官。十月,署镶红旗满洲都统。

　　四年三月,授总管内务府大臣。时廷臣有以陕西布政使林寿图政务废弛,沉湎于酒,巡抚刘蓉听信该司之言,以致举劾不公等款入告者;复有劾刘蓉于蔡寿祺一案回奏折内,申明胡林翼密保之词,忘漏泄之罪。上命瑞常偕户部尚书罗惇衍驰往查办。八月,偕罗惇衍奏言:“查林寿图于陕西善后事宜,均随时饬属筹办,亦无沉湎实据;其参劾各员,或由刘蓉特参,或经藩臬会详,亦非尽出该司一人私意。惟林寿图于会馆酬神演戏,邀同乡各官宴会,实属不知远嫌,于通判松龄到任日期,不遵部限,知县谢辅缨张皇贼势,虚报勇数,仅予撤任,亦未允协。刘蓉于面讯时,自知前奏措词失当,俯首引咎,其漏泄密保之词,系胡林翼钞给阅看。现虽将原信呈出,究属冒昧,请将刘蓉、林寿图均下部议处。"允之。是月，差竣回京，旋充阅兵大臣，补内大臣。十月，定陵奉安礼成，瑞常敬题神主，赏加太子少保衔。

五年二月，调工部尚书。三月，兼署刑部尚书。九月，充玉牒馆副总裁。十一月，管理户部三库事务。六年二月，命瑞常偕仓场侍郎宋晋驰赴天津验收漕粮。五月，奏言："直隶各州县失修残缺剥船九十馀只，应照数赔补，以备由津运通之用。嗣经仓场侍郎饬备民船抵补，本系通融办理，乃本年各州县于应交剥船报解寥寥，甚至有一船未解者，殊属玩视，请从严惩办。"得旨，允行。六月，以验收海运漕粮完竣，下部优叙。寻充翰林院掌院学士。八月，充顺天乡试副考官。十一月，命盘查北新仓查出各厫亏短粳秈、粟米、黑豆六万六千四百馀石，请将该仓书吏、花户人等移送刑部严讯，从之。七年闰四月，充教习庶吉士。六月，调刑部尚书。九年八月，充顺天乡试副考官。十年二月，充管理户部三库大臣。三月，授文渊阁大学士，命管理刑部事务。七月，授文华殿大学士。十二月，充文渊阁领阁事。

十一年，卒。遗疏入，谕曰："大学士瑞常植品端方，老成练达。受先朝知遇之隆，由翰林荐陟正卿，屡司文柄。朕御极以来，擢晋纶扉，并总管内务府大臣，兼理部旗事务。宣力有年，勤劳懋著。前以微疴给假调理，方冀即日就痊，长资倚畀。兹闻溘逝，悼惜殊深！着赏给陀罗经被，派孚郡王带领侍卫十员前往奠酹，加恩晋赠太保，照大学士例赐恤，入祀贤良祠。任内一切处分，悉予开复。应得恤典，该衙门察例具奏。伊子礼部员外郎文晖，着俟服阕后，以该衙门郎中即补，用示笃念耆臣至意。"寻赐祭葬，予谥文端。

子文晖,盛京礼部侍郎。

【校勘记】

〔一〕私受商人钱文二万二千三百馀贯　原脱"贯"字。今据瑞常传稿
　　(之四一)补。

〔二〕倘翼尉等及各地面官有瞻徇疏纵情弊　"面"原误作"方"。今据
　　瑞常传稿(之四一)改。下同。

朱凤标

　　朱凤标,浙江萧山人。道光十二年一甲二名进士,授翰林院
编修。十四年,丁母忧。十七年二月,服阕。七月,充山东乡试
副考官。十九年二月,大考二等,赐文绮。五月,命在上书房行
走。十二月,提督湖北学政。二十一年六月,擢国子监司业。八
月,命仍留学政任。十二月,升翰林院侍讲。二十三年,迁詹事
府右春坊右庶子。二十四年二月,回京,命仍在上书房行走。四
月,充日讲起居注官。六月,升翰林院侍讲学士。七月,转侍读
学士。二十五年三月,命授七阿哥读。四月,擢内阁学士,兼礼
部侍郎衔。五月,稽察中书科事务。二十六年正月,充文渊阁直
阁事。八月,署户部右侍郎,兼管钱法堂事务。二十七年三月,
充会试副考官。寻授兵部右侍郎,仍兼署户部右侍郎。五月,调
户部右侍郎,兼管钱法堂事务。十月,仓场侍郎德诚奏现放商米
与样不符,特敕风标前往查验。

　　二十八年正月,命赴天津验收海运漕粮。五月,遵查拨船亏
短米石,奏称讯无经纪串通情事,惟承运不慎,应责令经纪拨船

分别赔补,其亏短至六石以上者,除按数追赔外,仍枷示河干,以示惩儆。又奏言:"拨船由津运通,数日之中,辄敢亏短米石多寡不等,积弊已可概见。倘不严行防范,则干洁必藉口于收缩,足数又不免使水搀杂,弊端实为难除。嗣后请着仓场侍郎于拨船起卸米石,稍有折耗,即责令分赔,若每船短至四石以上,并查有潮湿搀杂等弊,即将船户交刑部惩办,咨行天津道迅速赔补。"诏如所请。七月,海运事竣,以督办周妥,下部议叙。

十一月,命偕大学士耆英前往山东查办盐务,寻以吏部右侍郎福济、詹事府右庶子骆秉章奏山东各任巡抚运使,有收受面封及程仪节寿礼之事,上命凤标偕耆英确查具奏。十二月,查明覆奏,将收受银两各员开单以呈。谕曰:"山东省面封公费银两,向系商捐商用,据查明历任支销之处,实系藉资办公。所有历任巡抚运使支销公费,着毋庸议。惟程仪节寿,着永远革除,不准仍蹈锢习。其收受各员,本应一概惩办,姑念相沿已久,且系在面封项下支销,与需索有间。此次暂行从宽分别办理,所有收受程仪之前任巡抚、署巡抚,均交部议处,收受节寿各项之前任运使,均交部严加议处。所受银两照数罚赔。"又奏:"查出历任运使出借银两七万三千九百两有奇,虽事属因公,确有案据,惟自道光二十年后,迄未归款。历任相沿,流弊滋甚。请责成各任运使如数赔缴。"又奏:"山东藩库实存款内,历年积存减平,并军需二成、三成及扣还行装等款,共银三十万两,向不归入奏销,请拨解部库。"均如所请。又奏清查山东济南府属十六州县仓库,所有正杂各项未完银四十一万四千七百馀两,各仓缺谷三十七万三千八百馀石。谕曰:"抽查一府如此,各府可知。累月经年,因循拖欠,州县则私肥囊橐,上司乃漫不经心。徐泽醇、刘源灏即将所奏情形,遵照前旨,依限八个月,赶紧清厘。其中款目繁多,认真稽核,务将亏短各项迅速设法弥补,饬令拨解。"又奏参候补知府周瑞图在德州知州任内欠交地丁钱粮一万馀两,请旨褫职,勒限催缴。

二十九年正月,奏言:"山东盐政疲敝,甚于他省。如纲总之易滋盘踞,浮费之贻误正供,积引之以旧混新,商名之以此冒彼。或听其悬引,而税课几致虚悬;或任其漏私,而缉捕竟为故事。若望其裕课畅销,惟除弊缉私,最为先务。"寻会同筹议变通章程,请先课后盐以重帑项,下部议行。七月,以本籍灾歉,捐银备赈,下部优叙。八月,充教习庶吉士。三十年五月,遵议稽核户、工两局匠役章程,开单呈览,又奏卯钱能否如式,责成大使请定奖劝章程,允行。六月,转左侍郎,兼管三库事务,并兼署吏部右侍郎。十月,充实录馆副总裁。十二月,充经筵讲官。咸丰元年五月,迁都察院左都御史。[一]九月,署工部尚书。十月,赐紫禁城骑马。二年正月,充国史馆副总裁。三月,署刑部尚书。八月,充顺天乡试副考官。三年三月,署户部尚书,并管理三库事务。

时发逆陷扬州,总督杨殿邦退保淮安,上允廷臣所议,命将军、督抚选精兵分路会击,并调山西、陕甘兵七千驰赴山东、江南交界,以备调遣。凤标在部与尚书文庆,侍郎全庆、王庆云会商,奏言:"淮安贼所必争,布置万难再缓,非特派重臣选带劲旅迅速迎击,万一贼众渡河,则河南、[二]山东一带民情震动,扑灭愈难。现调各兵,一时断难驰到。请命山东巡抚李僡迅带精兵数千,亲往淮安,扼贼北来之冲。并请敕下直隶总督,迅选精兵数千,交布政使张集馨,在直隶、山东交界扼要驻扎训练,以为京师屏蔽。"疏入,上命李僡酌留黑龙江马队官兵,扼要堵剿,并谕直隶总督讷尔经额如所请行。

五月,贼陷河南归德,风标以为贼势已逼汴梁,开封守备空虚,恐难固守待援。胜保虽已引兵向西,然仅能蹑追贼后;江忠源由湖北折回亦需时日,恐贼声东击西,由曹、考、兰仪渡河,蔓延直隶、山东界内。因与大学士贾桢、尚书翁心存公拟防剿事宜六条:一、扼河而守,最为要务,宜速令东河总督、河北镇道分兵防遏,黄河船只尽拘北岸,毋以资贼,并请敕恩华统带吉林、黑龙江官兵兼程前进,于兖、曹一带择要驻扎;山东巡抚、南河漕运各总督分扼黄河南北两岸,以通驿路,兼护粮台;其续调之山、陕官兵令驻河南曹、考、延津北岸严密防堵,并防奸细潜挖河堤,为偷渡灌城之计;其迤西孟津诸渡,一律防范。至汴梁形如釜底,万难坚守,宜令抚臣驻兵河干,接仗较为得势,并催胜保星夜赴援。一、直隶大、顺、广一带宜速调重兵防守,惟近京各镇不可调拨过多,致失居重驭轻之道,宜于保定、正定调集重兵,示以镇静,倘有蠢动,亦易剿擒。一、河南之偃师、阌乡、灵宝,山西之泽、潞、蒲、津,陕西之潼、商两路,均宜并力堵截,杜贼西窜之路。洛阳尤为险要,宜设严防。一、前调察哈尔、土默特蒙古马队兵在察哈尔、热河分驻,应否密饬整顿军装、器械,并豫拨内库银两,以备军需,俟一有征调,即可飞速进口。一、京师九门内外堆拨,宜实力巡查,盘诘奸宄,请敕步军统领衙门、顺天府五城昼夜侦察,密速擒拿,以防窃发;海运米石宜即运入城内禄米等仓,其通州仓储粮石,亦宜运入城内。一、逆贼负固金陵,分踞扬州,而潜向西北肆扰,其计甚为狡谲。总师干者,乃各拥重兵,相持不决,若复迁延时日,师老财匮,事变将生,深为可虑。请特旨严饬琦善克期收复扬州,和春等水师尽焚江中贼舰,邓绍良等进复镇江,然后江北之师肃清淮甸,西驰击贼,江南之师合剿金陵,扫穴擒渠,馀贼自易殄灭。尤须密饬向荣、许乃钊等布置周密,毋堕奸计,俾审出重围,又蹈永安、道州覆辙。”疏上,上嘉纳,采择施行。九月,充武会试正考官。

　　时审贼逼畿疆,凤标偕贾桢、翁心存奏请豫筹守城事宜,寻遵旨奏拟章程六条:一、遴人才以专责成;一、分方段以清地界;一、查户口以别良莠;一、备丁壮以相保卫;一、制器械以习技艺;一、除奸宄以安良善;并公举总办人员。得旨报可。十一月,充实录馆总裁。十二月,以捐备军饷,下部优叙。四年正月,充经筵直讲。二月,授刑部尚书。五月,调户部尚书。五年,充武会试正考官。六年六月,充教习庶吉士。十一月,宣宗成皇帝实录、圣训告成,赏太子少保衔。寻调兵部尚书。八年八月,充顺天乡试副考官。九月,署工部尚书,复调户部尚书。

　　十月,以御史孟传金奏中式举人平龄朱墨不符,特派大臣覆勘试卷,覆奏应讯办者甚多,命暂解凤标任,听候查办。九年二月,王大臣会审议结,谕曰:“副讲官户部尚书朱凤标于柏葰撤换试卷,闱中并未查讯,出场后又不即奏参。若照旧例办理,知情徇隐,即应治罪,即止于失察,亦应研讯。惟阅其供词尚无知情情弊,谅朱凤标亦不敢公然徇纵,着从宽即行革职。”八月,赏翰林院侍讲学士衔,仍在上书房行走,授醇郡王读。十月,授大理寺少卿。十一月,擢通政使司通政使。十年五月,迁都察院左副都御史,署刑部右侍郎。十二月,擢兵部尚书。十一年十月,以护送文宗显皇帝梓宫回京,并追叙热河扈从功,赏加二级。旋调吏部尚书,赐紫禁城骑马。十一月,充上书房总师傅,寻充武乡试正考官。十二月,署工部尚书,充经筵讲官。

同治元年五月,署都察院左都御史。八月,充国史馆副总裁。二年三月,署工部尚书。五月,充教习庶吉士。三年,充顺天乡试副考官。四年四月,署管理户部三库事务。六月,署户部尚书。六年六月,以御史朱镇奏请更定外城团练章程,命偕大学士贾桢、都察院左都御史汪元方妥议具奏。寻奏添派大臣会同管理勇局分日到局监视抽查,并责成带勇员弁实力操防,日练夜巡,如有不法各情,即按军法重惩,带勇官从严议处,并请敕五城御史协同查察。七年正月,命以吏部尚书协办大学士。寻充翰林院掌院学士、国史馆总裁。三月,充会试正考官,擢大学士管理吏部事务。四月,授体仁阁大学士。闰五月,谕免带领引见。十二月,稽察钦奉上谕事件处,充文渊阁领阁事。八年六月,充武英殿总裁。八月,凤标七十寿辰,御书"台衡介祉"匾额,"福"、"寿"字,及如意、文绮等件,赐之。九年,充管库大臣。十年,充会试正考官。十一年六月,以病奏请开缺,命以大学士致仕,赏食全俸。凤标历充殿试读卷官六次,朝考阅卷大臣五次,乡会试覆试阅卷大臣九次,庶吉士散馆阅卷大臣三次,大考翰詹阅卷大臣一次,〔三〕考试试差阅卷大臣六次。

十二年,卒。遗疏入,谕曰:"原任大学士朱凤标老成端谨,学问优长。由翰林荐擢正卿,叠司文柄。朕御极后,命充上书房总师傅,简任纶扉,管理部务,均能恪恭将事,克称厥职。上年患病,叠请赏假调理。嗣因固请开缺,准予致仕,赏食全俸。方冀调养就痊,遐龄永享。遽闻溘逝,悼惜殊深! 加恩追赠太子太保衔,赏给陀罗经被。派肃亲王隆勤带领侍卫十员,即日前往奠酹。任内一切处分,悉予开复。应得恤典,该衙门察例具奏。伊子朱其煊,俟服阕后,以工部郎中遇缺即补。伊孙监生朱有基,赏给举人,一体会试。"寻赐祭葬,予谥文端。

子其煊,山东按察使。孙有基,恩赏举人,江西知府。

【校勘记】

〔一〕迁都察院左都御史　"左"原误作"右"。今据朱凤标传稿(之四一)改。

〔二〕万一贼众渡河则河南　原脱"众"字,又"河南"误作"江南"。今据朱凤标传稿(之四一)补改。

〔三〕大考翰詹阅卷大臣一次　原脱"一次"二字。今据朱凤标传稿(之四一)补。

贾桢

贾桢,山东黄县人。道光六年一甲二名进士,授翰林院编修。八年,充顺天乡试同考官。九年,充会试同考官。十一年,充贵州乡试正考官。十三年三月,充会试同考官。七月,大考一等,擢侍讲。十六年,入直上书房。十七年二月,京察一等,记名以道府用。六月,充湖北乡试正考官。十八年闰四月,命授六阿哥读。五月,转侍读。九月,擢侍讲学士。十九年二月,大考翰

詹,谕贾桢不必考试。七月,迁詹事府少詹事。二十年三月,擢
内阁学士,兼礼部侍郎衔。八月,充顺天乡试副考官。二十一
年,升工部右侍郎,兼管钱法堂事务。二十二年,大清一统志全
书告成,桢前充纂修,下部议叙。二十三年,充江南乡试正考官。
二十四年,调户部右侍郎,兼管钱法堂事务。二十五年三月,充
会试副考官。四月,转左侍郎,管理三库事务。十二月,充经筵
讲官。二十七年三月,擢都察院左都御史。五月,迁礼部尚书。
十一月,赐紫禁城骑马。二十九年,调吏部尚书。三十年,充会
试副考官。

　　咸丰二年三月,署翰林院掌院学士。五月,教习庶吉士。九
月,命以吏部尚书协办大学士。十月,以捐助饷银,交军机处存
记。三年二月,请命山东在籍绅士筹办团练,从之。三月,恭题
孝和睿皇后神主礼成,赏太子太保衔。六月,山东黄县土匪张九
仔等滋事,桢以贼党甚多,伙犯未获,请饬地方协同团练严拿惩
治,如所请行。十月,充上书房总师傅,寻兼管顺天府府尹事务。
四年三月,海运将次抵津,复命勘估北运河上游北寺庄河堤,〔一〕
设法捐办。寻以河堤蒇事,并捐修通州城址在事各员,奏请奖励
有差。五月,充翰林院掌院学士。九月,顺天府役满书吏范鹤等
与户部井田科银库书吏,营私歃法,于解库款项买钞抵银。桢察
知其弊,谳定奏闻,失察官皆获咎。桢以先行查出,改为察议。
十一月,擢大学士,管理户部事务。十二月,授体仁阁大学士。
五年八月,充顺天乡试正考官。十月,以孝静康慈皇后升祔礼
成,赏给御用袍服。十二月,兼管工部事务,旋晋武英殿大学士,
并稽察钦奉上谕事件处。

六年六月，丁母忧，谕曰："大学士贾桢在上书房宣力有年，简任纶扉，甚属勤慎。现丁母忧，着暂行开缺，给假六个月，扶枢回籍；并加恩赏银四百两，经理丧事。假满即来京当差。"桢疏言："三年之丧，理宜守制。臣兄弟五人，自道光甲辰年后，诸弟叠亡，臣仅获幸存。今不能为母守制，是臣母虽有子而如无子，臣又何以为子？"力请终制，御史邹焌杰亦请旨准其开缺，复谕曰："邹焌杰谓：'贾桢停枢在京，并无回籍之意，自系传闻之误。惟所称君有优旨，原恩厚而情深，臣必固辞，乃心安而理得'等语、持论甚正。现在贾桢恳恩终制，业已俯如所请，适与该御史所见相符。至请照从前大学士张玉书大祥后来京之处，着毋庸议。"八年，服阕，回京。

九年二月，命以大学士衔补吏部尚书，充上书房总师傅。三月，充会试正考官。五月，授体仁阁大学士，管理兵部事务，兼翰林院掌院学士。十年闰三月，遵旨保奏编修李鸿藻入直上书房，授穆宗毅皇帝读。五月，谕曰："山东在京大小官员，各就地方情形，仿照河南团练章程，直抒所见，并各举所知，候旨派往。"桢疏拟章程八条，并请以前任户部右侍郎杜翮为督办山东团练大臣，并编修郭梦惠、主事毕翰昭、候选直隶州知州赵康侯等，随同办理，从之。八月，新设京城内外团防局，募勇缉贼，命桢等充团防大臣。十二月，充国史馆总裁。十一年正月，晋武英殿大学士。三月，稽察钦奉上谕事件处。六月，以疾奏请开缺，赏假调理。

七月，穆宗毅皇帝御极。十月，偕大学士周祖培、尚书沈兆霖等合疏云："我朝从无皇太后垂帘听政之典，前因御史董元醇条奏，特降谕旨甚晰。臣等复有何异词？惟是权不可下移，移则日替;礼不可稍渝,渝则弊生。皇上冲龄践阼,钦奉先帝遗命,派怡亲王载垣等八人赞襄政务,两月以来,用人行政,皆经该王大臣拟定谕旨,每日明发,均用'御赏''同道堂'图章,共见共闻,内外皆相钦奉。惟臣等详慎思之,似非久远万全之策,不能谓日后之决无流弊也。寻绎赞襄之义,乃佐助而非主持。若事无巨细,皆由该王大臣先行定议,是名为佐助而实则主持。日久相沿,中外能无疑虑乎? 为今之计,正宜皇太后敷宫中之德化,操出治之威权,使臣工有所禀承,命令有所咨决,不居垂帘之虚名,而收听政之实效。准法前朝,宪章近代,不难折衷至当也。伏查汉之和熹邓皇后、顺烈梁皇后,晋之康献褚皇后,辽之睿智萧皇后,皆以太后临朝,史册称美。至宋之章献刘皇后有'今世任姒'之称,宣仁高太后有'女中尧舜'之誉。明穆宗皇后,神宗嫡母,上尊号曰仁圣皇太后;穆宗贵妃,神宗生母,上尊号曰慈圣皇太后。维时神宗十岁,政事皆由两宫决择,命大臣施行,亦未尝居垂帘之名也。我皇上天亶聪明,不数年即可亲政,而此数年来,外而寇难未平,内而夷人逼处,何以拯时艰,何以饬法纪,端以固结人心,〔二〕最为紧要。倘大权无所专属,以致人心惶惑,是则大可忧者。请敕下廷臣会议皇太后召见臣工礼节及一切办事章程,或仍循向来军机大臣承旨旧制;或量为变通,条列具奏,请旨酌定,以示遵守。庶行政可免流弊,而中外人心益深悦服矣。"疏入,命廷臣集议,寻得旨允行。

　　旋充实录馆总裁。上复以桢年已六旬,嗣后毋庸带领引见。同治元年四月,充教习庶吉士。八月,充顺天乡试正考官。九月,充恭送文宗显皇帝梓宫大臣,复充覆核朝审大臣,奏言检查官犯何桂清一起招册内，有六月初七、十三等日两次谕旨，未经录入，据实奏闻。时桢闻安徽降贼苗沛霖拟于月内分大队二股，一由清江，一渡颍西，声言赴陕西胜保军营助剿，并令兵士不带锅碗。疏曰："苗沛霖以一捻首，大吏抚之，派办团练。蒙文宗显皇帝擢至四川川北道，天恩高厚，至优极渥。乃苗沛霖不知感激，辄因微衅，纠众称兵。旋又穷而就抚，乃复拥兵观望，反复不常。今陕西军务未平，地方已遭蹂躏，苗练素无纪律，倘故智复萌，数千里长驱入陕，何异引狼入室？且军兴以来，兵勇携带锅帐行粮，尚恐沿途滋扰，苗练乃欲不带锅碗，是直欲攘夺民食也。淮、徐一带，叠被捻氛，突又来一苗练，民更何堪？况由颍趋豫，尚为道所必经；若绕道清江，则去之愈远。设或意存窥伺，西犯山左，则北路门户大开，固为心腹之患；抑或东犯里下河，淮扬通海，在在可虞。请旨饬下胜保断不可轻议征调。若苗沛霖决志入陕，亦请命胜保严行阻止；并密谕吴棠、谭廷襄等实力严防，勿令苗练一人入境。"又疏言："皖省军情紧要，署抚臣李续宜回籍葬亲，请勿拘百日定制，迅饬回任，督办军务。"上皆从之。

　　十一月，充实录馆监修总裁。二年，充乡试校射大臣。三年七月，以江宁克复，巨憝就擒，赏加一级。八月，补缮宣宗成皇帝实录黄绫本全书告成，奏请优奖在馆人员，如所议行。四年三月，充会试正考官。九月，上谒东陵，命留京办事。十二月，文宗显皇帝实录、圣训告成，上以桢监修勤劳，赏戴花翎。桢子山西潞安府知府致恩，以道员用。六年二月，国史馆纂办年表、奏议等书告成，奏请奖叙在馆人员，从之。四月，充武英殿总裁，教习庶吉士。六月，御史朱镇奏请另定外城团练章程，命桢等妥议具奏。寻疏言："查咸丰年间,钦派办理外城事务,系属四员,节因事故出缺,臣楨一人照料难周,拟请简派大臣一二员,会同管理勇局事宜,分日到局监视抽查,责成带勇员弁实力操防,日练夜巡。如有不法各情,或即按军法重惩;倘知而不举,即将该勇官从严议处。并请饬下五城御史协同查察,其巡逻会哨,亦应彼此联络,以壮声势而资弹压。至勇局之宜分宜合,官弁之或贤或否,新派大臣非稽察一二月不能周知,统由臣楨会同酌量情形,随时办理。庶实事求是,以仰副圣主禁暴安良之至意。"上韪之。

八月,充顺天乡试正考官。九月,楨七十寿辰,御赐"福"、"寿"字,"平格延釐"额,"宠眷三朝承渥泽,祥开七袠迓繁祺"联句,并珍玩、文绮等物。十一月,以病乞退,上不许,仍赏假调理。寻恭缮文宗显皇帝本纪告成,尊藏皇史宬。楨奏请奖叙在馆人员,从之。七年,因病请开缺,命以大学士致仕,赏给全俸;命仍充团练大臣,先后疏陈局员带勇拿获贼匪,请予奖励。均得俞旨。楨自道光二十一年以来,历充大考翰詹阅卷大臣一次,考试试差阅卷大臣五次,庶吉士散馆阅卷大臣二次,殿试读卷官四次,朝考阅卷大臣三次,会试覆试、乡试覆试阅卷大臣各四次,考试御史阅卷大臣二次,拔贡朝考阅卷大臣三次。

十三年,卒。遗疏入,谕曰:"予告大学士贾楨持躬端谨,学问优长。受先朝知遇之隆,由翰林入直上书房,荐陟正卿,入赞纶扉,叠司文柄。朕御极后,派充实录馆监修总裁,优加简畀,倚任方殷。旋以患病,准予致仕,赏食全俸。方冀颐养安和,长承恩眷。兹闻溘逝,悼惜殊深!着赏给陀罗经被,派载濂带领侍卫十员,即日前往奠醊。加恩晋赠太保,照大学士例赐恤,入祀贤良祠。任内一切处分,悉予开复。应得恤典,该衙门察例具奏。灵柩回籍时,并着沿途地方官妥为照料。[三]伊子道员用河南彰德府知府贾致恩,着俟服阕后,以道员遇缺即补,伊孙员外郎衔主事贾孝珍,以郎中分部即补,用示笃念耆臣至意。"寻赐祭葬,予谥文端。

子致恩,浙江布政使。孙孝珍,兵部郎中。

【校勘记】

〔一〕复命勘估北运河上游北寺庄河堤　"估"原误作"沽"。今据贾桢传稿(之四一)改。

〔二〕端以固结人心　原脱"端以"二字。今据清史稿册三八页一一七二九本传补。

〔三〕并着沿途地方官妥为照料　原脱"并着"二字。今据毅录卷三七一叶一九下补。

瑞麟

瑞麟,叶赫那喇氏,满洲正蓝旗人。由文生员于道光二十一年,充太常寺学习读祝官。二十五年,补赞礼郎。二十七年,祫祭太庙礼成,上以瑞麟读祝声音洪亮,赏五品顶带、花翎。二十八年,升太常寺少卿。二十九年三月,擢内阁学士,兼礼部侍郎衔。六月,兼管太常寺事务。十二月,丁母忧。三十年三月,百日孝满,授礼部右侍郎。五月,上祀地于方泽,以赞引官察杭阿于献爵引爵错误,瑞麟等均镌级留任。七月,署正黄旗护军统领。九月,宣宗成皇帝梓宫奉安礼成,赏加二级。

　　咸丰元年九月,授镶蓝旗满洲副都统。二年四月,授正黄旗护军统领。七月,调正红旗满洲副都统。八月,充经筵讲官。十一月,兼署镶黄旗护军统领。十二月,署工部左侍郎,兼管火药局事务。三年三月,授左翼前锋统领、左翼监督。五月,管理内务府三旗鸟枪营事务。七月,以刑部要犯刘秋贵监毙,命瑞麟查讯,寻鞫实覆奏,郎中陈鲁等坐草率,降革有差。八月,充崇文门副监督。九月,调户部右侍郎,兼管钱法堂事务,寻署礼部右侍郎。十月,命在军机大臣上行走,赐紫禁城骑马。

　　时发逆窜踞天津静海县及独流镇,命瑞麟带兵赴津,偕参赞大臣僧格林沁等防剿。十二月,攻独流,克之,静海贼惧,倾巢出窜河间府之束城村。四年二月,陷阜城,瑞麟督兵追剿,贼复分窜连镇,遂陷山东之高唐州。瑞麟会军合击,屡有斩擒。闰七月,转户部左侍郎,兼管三库事务。五年正月,大军进规连镇,瑞麟督兵会攻,毁其木城,诸军继之,克连镇。首逆林凤祥就擒,馀贼歼焉。奏入,[一]得旨嘉奖,加都统衔,赏巴达琅阿巴图鲁名号。二月,凯旋回京。三月,管理健锐营事务。四月,官军复高唐州,发逆全股肃清。上念瑞麟功,下部优叙。寻授西安将军。十一月,擢礼部尚书,授镶白旗蒙古都统。六年十月,充玉牒馆副总裁。十一月,调镶黄旗汉军都统,授总管内务府大臣。七年正月,充经筵讲官。三月,管理钦天监事务。十月,管理户部三库事务。

　　八年三月,署工部尚书。四月,英法军舰驶入天津,命驰赴杨村,会同提督托明阿筹防守。六月,署直隶总督。七月,以通州铸造铜炮,需用铜斤,请截留浙江运津洋铜九万馀斤以济要需,从之。九月,调户部尚书。十月,遵旨会同直隶总督庆祺议奏添设天津河口各营将弁,请酌量裁移改驻。疏入,得旨允行。十二月,擢大学士,兼管礼部、鸿胪寺、太常寺事务。九年正月,授正白旗领侍卫内大臣。旋授文渊阁大学士,稽察钦奉上谕事件处。四月,长芦盐政乌勒洪额疏言:"长河一带淤垫过高,河身干涸,有妨漕运,宜亟筹疏浚。"上命瑞麟偕户部尚书周祖培前往履勘,寻勘明覆奏,如所议行。是月,充殿试读卷官。五月,管理户部事务。七月,充经筵直讲。十年四月,充殿试读卷官。五月,授内大臣。

六月,英法军舰复入天津,京师戒严,上命瑞麟带兵赴通州防守。七月,疏言:"联军现踞唐儿沽,当以严防陆路为急。通州为京师东南门户,拟于城外分扎数营,为犄角之势。"又偕僧格林沁奏请调蒙古三盟兵助剿,并筹备京城防守机宜。八月,怡亲王载垣等与英法两使议和未成,联军扑犯官军,瑞麟等御之于八里桥。光禄寺卿胜保军击其南,瑞麟击其东,正酣战间,胜保受炮伤坠马,官军惊溃,敌西趋,逼都城。瑞麟请带队回京布置防守,上不许,命暂统胜保军驻城外接应,旋驻安定门外。迎战失利,诏褫职。九月,上巡幸木兰,命瑞麟驰赴行在。十月,和议成,赏侍郎衔,并赏还花翎,命赴山东与僧格林沁剿办济宁一带捻匪。

时贼踞巨野之羊山集,瑞麟以兵攻之,复失利,马蹶被伤,退军济宁城外,乞假调理。僧格林沁以其节节退守,不能得力,疏劾之,复褫职,夺花翎,召令回京。十一年二月,赏四品顶带,恭办平安峪吉地工程。寻授镶黄旗汉军都统,兼署正白旗蒙古都统。十二月,管理神机营事务。同治元年六月,署镶白旗汉军都

统。七月,署热河都统,十月,实授。二年五月,疏陈热河围场驻
防旗丁,练饷支绌,请将围边荒地八千馀顷招佃开垦,以济军实,
并条陈押荒升课章程。奏入,谕曰:"所筹招佃展垦,自属可行。
事当创始,必须妥筹尽善,明定界址,以杜争端。"

　　六月,授广州将军。四年二月,兼署两广总督。时广东信宜
土匪勾结广西岑溪股匪,扰化州、罗定等处,瑞麟饬副将曾敏行
等带兵攻击,转战数百里,毁其巢,擒首逆吴春标、陈日升、李阿
娘等,斩之,并歼逆首江甲鳞于化州。五月,发逆汪海洋拥众数
万由永定窜大埔,瑞麟檄副将方耀等督队扼防,贼假冒官军以图
潜袭。方耀严阵以待,侦贼将近,突起奋击,连获胜仗,斩馘无
算,贼溃遁。闰五月,遣军入闽会剿,复诏安、平和两县城,馀贼
复窜广东。瑞麟饬副将宝林等迎击,败之于大溪,总兵翟国彦等
又追败之于东船乡,贼大溃,遁入镇平。八月,花旗股匪窜平远
县境,为官军所败,复窜长乐县之雉鸡笼、铁场等处,瑞麟檄总兵
卓兴移师进剿,叠破之。九月,贼陷长乐,卓兴督队围攻,贼势
穷,逆首伪烈王黄宗保乞降,获伪来王陆顺德,斩之,遂复县城。
十一月,洋面盗起,瑞麟饬潮州府知府海廷琛等率军剿之,擒盗
魁及其党百馀名,正法。又饬方耀会合闽军复镇平县城。先是,
贼由平远败走江西,旋窜连平,扰长宁、翁源,陷嘉应州,瑞麟偕
闽浙总督左宗棠等奏请合福建、广东、江西三省兵力会剿。疏
入,上命提督鲍超带兵驰援。至是,方耀等会鲍超诸军四面环
攻。十二月,贼潜启城门夜遁,官军越岭追击,歼伪偕王谭体元
于黄沙坝,擒首逆汪海洋,戮之,馀匪一律荡平。五年正月,瑞麟
以捷闻,上优诏嘉奖,赏还花翎。

六月,左宗棠疏称粤海关征收税银,报数悬殊,请改归督抚经理。上命瑞麟等查核,寻奏言:"粤海关税,前经改隶将军、督抚经理。自乾隆五十年改设监督,著为成例,未易轻议更张。且该关额征总数,从前并归一口,不及九十万两;近来归五口通商,每年犹及一百万两。但能严禁偷漏,自见起色,请无庸议。"从之。八月,实授两广总督。六年三月,五坑客匪滋事,瑞麟遣副将郑绍忠等剿之,叠破芋塘、长坑等处踞匪,进攻八宝坪,克其巢。时曹冲、赤溪匪徒同时聚众滋扰,瑞麟商令巡抚蒋益澧督兵进剿,由狮子山等处分路攻击,逆众率党来援,官军挥队钞击,直逼田头寨,环筑炮台,昼夜严攻,贼穷蹙求抚,馀党悉平。上嘉奖之。七月,以布政使郭祥瑞滥委代理人员,瑞麟先后批准,下部议夺俸。

七年十二月,兼署广州将军。八年五月,新安、东莞等县匪徒肆扰,瑞麟饬郑绍忠督兵剿平之。十月,疏劾前任盐运使方濬颐专擅,并收支款目多有不符,上命方濬颐速赴广东清理,如有亏短情弊,即从严究参。九年十一月,兼署广东巡抚。十年六月,擢大学士,仍留两广总督任。七月,授文渊阁大学士。九月,以潮州府属匪徒历年抢掠械斗,檄方耀与道员沈映钤率兵剿捕,获匪首陈触目等,先后正法。十一年六月,转文华殿大学士。七月,以率同司道等官倡捐直隶赈银四万馀两,下部优叙。十月,琼州府等属土匪滋事,派署总兵刘允成督军剿办,擒匪首何亚万等诛之。

十三年八月,因病乞假,寻卒。遗疏入,谕曰:"大学士两广总督瑞麟,老成端恪,练达勤能。受先朝知遇之隆,荐升卿贰,入赞枢机。咸丰二年,特命赴直隶天津等处督兵剿匪,克奏肤功。朕御极后,简授广州将军,调任两广总督。在粤十年,练兵训士,绥靖边疆,办理地方事宜,均臻妥协。旋晋纶扉,仍留总督之任。扬历中外,懋著勤劳。前因患病,赏假调理,方冀渐次就痊,长承恩眷。兹闻溘逝,悼惜殊深! 着加恩追赠太保,照大学士例赐恤,入祀贤良祠。任内一切处分,悉予开复。应得恤典,该衙门察例具奏。准其入城治丧,灵柩回旗时,沿途地方官妥为照料。伊子候选知府怀塔布,俟服阕后,以四品京堂候补,主事佛呢音布,[二]赏给员外郎;花沙布、哈芬布均俟百日孝满后,由该旗带领引见;用示朕笃念耆臣至意。"寻赐祭葬,予谥文庄。

　　子怀塔布,工部尚书;佛呢音布,候补道;哈芬布,恩赏员外郎。

【校勘记】

〔一〕奏入　原脱此二字。今据瑞麟传稿(之三八)补。

〔二〕主事佛呢音布　"事"下原衍一"用"字。今据瑞麟传稿(之三八)删。

　　麟魁

　　麟魁,索绰罗氏,满洲镶白旗人。道光三年进士。六年,殿试二甲第一名,改翰林院庶吉士。九年,散馆,改刑部主事。十二年,补官。十三年十月,升詹事府右春坊右中允,十二月,转左中允,升右庶子。十四年四月,充日讲起居注官。七月,充山东乡试副考官。八月,升翰林院侍讲学士。十五年八月,升詹事府詹事。十二月，授通政使司通政使。十六年，升都察院左副都御史。十七年二月，署刑部右侍郎。四月，授盛京刑部侍郎。十八年闰四月，命来京，补刑部右侍郎，兼镶红旗汉军副都统。八月，转左侍郎。十九年二月，署镶红旗护军统领。三月，兼正红旗副都统。六月，充浙江乡试正考官。二十年正月，署仓场侍郎。三月至五月，历充覆勘会试读卷官、庶吉士散馆阅卷大臣、殿试读卷官、朝考阅卷大臣。七月，充崇文门副监督。

　　九月，命偕户部左侍郎吴其濬前赴湖北查勘各州县被水及该省督抚安抚情形，十一月，勘实奏闻。先是，江西省有闹漕京控之案，上命麟魁由湖北折回江西，提集人证，秉公审讯。又有人参奏江苏署邳州知州贾辉山不理公事，与吏目结盟，并滥用非刑等款，得旨，着麟魁于江西审案完竣后，即驰赴该处查访，务得确情，严参惩办。至是，均讯明入奏。十二月，调户部右侍郎，兼管钱法堂事务。二十一年五月，充武英殿总裁。八月，调吏部左侍郎。九月，署礼部尚书，授总管内务府大臣，署左翼总兵、都察院左都御史。十二月，偕理藩院尚书宗室恩桂奏言："巡捕五营近在畿辅，操防倍应严密，[一]军械尤须适用。查五营原设枪兵一千名，各项兵等四百八十三名，荡子马一百匹。向系教习、什长等教练技艺，按名给予公费，并给与饷食银两。各在本营按期操演，每月合操一次，春秋二季阅看二次。本年秋季阅看各项技艺，均属可观。惟鸟枪一项，最为军中利器。兹枪兵仅止千名，为数较少，似可量为变通，添设一千名，请将原设之藤牌、弓箭各兵三百八十三名裁撤，改为枪兵。其不敷之数，在于各营防兵内择其年力精壮者补足，以资捍御。"如所请行。

二十二年五月，署山东巡抚。时英吉利船驶入镇江，海防戒严。谕曰："登州府城东北两面环海，情形最为危险。于海滩排筑护城河堤添设絮被，究竟能否御之；又于城后山巅埋伏马队精兵，为横冲旁击之计。所有沿海安设大炮，均移置近城地方，专备陆路攻守，办理尚属周妥。惟该国大船能否贴岸，其桅上之炮是否可以轰至城内，仍着派员测量，据实具奏。至该省兵力强健，人心亦固，着会同登州镇总兵申明纪律，激励人心，严密防堵。"又谕于兖州、登州两镇内挑选精兵，并选精良器械，迅赴清江浦会同麟庆协力守御。至抬枪、抬炮为行军要需，并着饬属多为制造，以备调用。"九月，命赴湖南会同刑部左侍郎王植审办事件，寻鞫实，按律定拟。十月，复署礼部尚书，兼镶蓝旗汉军都统。

二十三年四月，补礼部尚书，管理太常寺、鸿胪寺事务。五月，充考试试差阅卷大臣。六月，署管理钦天监事务，偕礼部尚书龚守正等奏言："圣裔奉祀生，各省向有定额。其充补祀生，请由该督抚会同学政，于本省嫡裔内详选充补，造册送部核定，给予印照。有关涉衍圣公者，由衍圣公会同巡抚、学政办理，不得以隔省之人滥充。其有事故出缺者，将原领印照缴销，并请敕下衍圣公详查各博士等，有私藏之关防、私给之札付，概行送部销毁，以申旧章而重名器。"从之。八月，充顺天乡试正考官。

九月，命驰赴中牟河工次，[二] 会同工部尚书廖鸿荃、河道总督钟祥、河南巡抚鄂顺安督办合龙一切事宜。十一月，赐紫禁城骑马。十二月，东西两坝成，麟魁等先后奏闻，得旨："水深溜急，正在吃紧之际，着麟魁等督饬各员，将已办新工加意守护，仍即跟接进占,务于迅速之中倍加慎重。"二十四年正月,以坝工遭风屡蛰,褫职留任。谕曰:"本年节候较早,转瞬桃汛经临,办理恐更棘手。着将水势平险若何,进占能否顺利,约计合龙尚在何时,此时所挑引河情形若何,一并据实具奏。"二月,复以坝工垂成屡蛰,得旨,着革职,给予七品顶带仍留工次督办。旋以所需物料购运维艰,而水势日增,万难措手,奏请援案缓办,得旨,并革去七品顶带,来京听候谕旨。十月,赏三等侍卫,充叶尔羌参赞大臣。二十六年,充乌里雅苏台参赞大臣。

二十七年八月,授礼部右侍郎。十二月,充右翼监督,调刑部左侍郎。二十八年二月,升礼部尚书。五月,署正红旗蒙古都统。十月,署镶蓝旗蒙古都统,充翰林院掌院学士。十一月,复赐紫禁城骑马。十二月,充经筵讲官。时大学士宗室耆英等遵查东商面封公费,并程仪节寿名目,请将收受之历任山东巡抚、运司及署任各员分别交议,麟魁以前任山东巡抚,得旨,降三级调用。三十年,赏副都统衔,充乌什办事大臣。

咸丰元年闰八月,奏言:"当今吏治不在纷更,而在实心任事。即如广西逆匪滋事,劳师糜饷,已逾数月,其初不过匪徒聚众,盗贼抢劫,地方官岂无见闻?无如畏事偷安,或且任意包庇,遂致日久蔓延,养痈成患。此等积习,一省如此,各省亦须虑及。请旨敕下封疆大吏,严查该地方如有教匪、土匪聚众,以及抢劫之事,务令随时查拿,毋贻后患。至经费一节,近开捐输事例,诚为朝廷万不得已之举。因思各省办理清查已屡次矣,近来何省钱粮征数如额,何省仍多积欠,应请敕下部臣按时详查,核其为数较多,即将该督抚、布政司优加赏赍,其道、府、州、县亦立予升攫;如征解仍多积欠,即将督抚、布政司严加议处,其道、府、州、县立予降革追交。如此明示赏罚,则皆知愧奋,否则徒有清查之名,未获清查之效,于国计经费仍无济事。至地方举行卓异,亦以各员任内征解成数是否足额,出具考语以归核实,庶几赋课不至任意拖欠矣。"奏入,下所司议行。九月,授察哈尔副都统。十月,授户部右侍郎,兼管钱法堂事务。

　　二年正月,兼补镶黄旗汉军副都统。[三]五月,命在军机大臣上行走。七月,复充经筵讲官,升工部尚书。八月,充顺天乡试正考官。十月,复赐紫禁城骑马。三年四月,署礼部尚书,兼管太常寺、鸿胪寺事务。九月,调礼部尚书。十月,授总管内务府大臣,命毋庸在军机大臣上行走。五年三月,署工部尚书。十一月,调刑部尚书,兼署礼部尚书。六年六月,充教习庶吉士。十二月,管理户部三库事务。七年正月,充崇文门副监督。闰五月,命往东陵查办事件。六月,授正蓝旗蒙古都统。八月,稽察右翼宗学。八年三月,署镶白旗蒙古都统。四月,仍兼署礼部尚书。五月,署镶红旗汉军都统。七月,兼署吏部尚书。十二月,调礼部尚书,复充翰林院掌院学士,授内大臣,充文渊阁领阁事。九年四月,署管理国子监事务,充会试覆试阅卷大臣、殿试读卷官、朝考阅卷大臣。十年三月,署镶黄旗汉军都统。五月,因呈递谢恩折失检,议降三级调用。六月,补刑部右侍郎。七月,兼正白旗蒙古副都统。八月,署管理光禄寺事务、右翼总兵。九月,署管理户部三库事务。十月,署左翼前锋统领。十一年六月,署正白旗汉军都统,仍兼署左翼前锋统领。七月,调镶蓝旗满洲副都统。八月,署镶蓝旗汉军都统。九月,充顺天乡试副考官。十月，补都察院左都御史，兼正白旗蒙古都统。寻授兵部尚书，命驰往甘肃查办事件，充实录馆总裁，复赐紫禁城骑马。

同治元年正月，命以兵部尚书协办大学士。寻卒，署陕甘总督沈兆霖以遗折奏闻。谕曰："协办大学士、兵部尚书麟魁品学端方，老成练达。由翰林荐擢正卿，历受三朝知遇。上年冬间，派往甘肃查办事件，本年复简授协办大学士，倚畀方殷。兹闻于兰州差次因病出缺，披览遗章，拳拳国事；并知其在途感受风寒，不遑休息，到兰数日，遽尔溘逝。洵属殁于王事，痛惜良深！麟魁着加恩照大学士例赐恤。任内一切处分，悉予开复。应得恤典，该衙门察例具奏。其灵柩回京，着沿途地方官妥为照料，并准其入城治丧。伊子候选员外郎恩寿，着赏给举人，准其一体会试，用示笃念荩臣至意。"寻赐祭葬，予谥文端。

子恩寿，四川成都府知府。

【校勘记】

〔一〕操防倍应严密　"倍应"原误作"宜倍"。今据麟魁传稿（之四一）改。

〔二〕命驰赴中牟河工次　原脱"次"字。今据麟魁传稿（之四一）补。

〔三〕兼补镶黄旗汉军副都统　原脱"兼"字。今据麟魁传稿（之四一）补。

张祥河

张祥河，江苏娄县人。嘉庆二十五年进士，以内阁中书用。道光四年，补官，充军机章京。七年，升户部主事。八年，充福建乡试副考官。十年七月,平定回疆方略书成,祥河以纂修官,得旨,以员外郎遇缺奏补。八月,补员外郎。十月,升郎中。十一年,京察一等,记名以道府用。八月,充顺天乡试同考官。十二月,授山东督粮道。十七年,擢河南按察使。旋丁父忧,二十年,服阕,授河南按察使。二十一年,署布政使。

二十二年,祥符大工合龙,祥河以总理钱粮,又率属捐赀,下部优叙,并赏戴花翎。二十三年,捐助南河工需银五千两,复以河南省自二十一年被水,始终其事,先后下部优叙。二十四年,升广西布政使。二十五年,丁母忧,二十八年,服阕,二月,授甘肃布政使。十二月,擢陕西巡抚。二十九年,捐备江苏赈银,赏加五级。时西安、同州等府有佩刀匪徒扰害闾阎,祥河饬属拿获一百五名,奏闻,上嘉之。三十年正月,以前在甘肃藩司任内督办清查舛错,镌级留任。

文宗显皇帝御极,应诏陈言:"一、述祖德,宜纂成简编,以资观法。我朝文德武功,超越前古,载在圣训者,卷帙浩繁,士民末由仰窥。应请编纂成书,颁示朝野,俾得家置一编,熟谙掌故,咸仰列圣创业之艰难,守成之不易。凡用人行政,一切因革损益,厘然毕具,足为万世之观法矣。一、守成法,宜慎选群言,以杜更张。我朝立法详备,相系相维,求治者率由旧章,无须别创新法。方今诏开言路,言之可备采择者固多,其不克施行者亦复不少。总之,法莫善于遵守,政无取乎纷更,惟在一人之乾断独裁焉。一、励官方,宜复旧制,以杜幸进。内阁为丝纶之地,学校为教化所关。今以生员充中书、教官,漫无区别,请敕部更正,中书不由举人捐者,改为中书科中书;教职不由廪贡捐者,以佐杂改补:俾示界限而复旧制,庶清班不致溷淆,而课士尤昭郑重矣。一、厚民生,宜加恩施,以孚众望也。查直省民欠,自道光二十年蠲免后,计期已及十年,其间展缓带征,无力输将者甚多。可否敕部核议,因灾民欠,实属力不能完者,优予豁免,以沛皇仁而苏民困。至东南漕务勒折浮收诸弊,应请重申巽命,不惮诰诫之烦;又西北开垦,颇为民累,请宽展期限,确查试种无效者,概免升课,庶民力可纾而民望大慰矣。"疏入,报闻。

咸丰二年二月,奏请将原任陕西巡抚林则徐入祀名宦祠,从之。九月,粤西会匪窜扰湖北,祥河奏言:"兴安一带毗连楚境,应举行团练,择要防堵。惟乡勇良莠不齐,易聚难散,不如力行保甲,为缉奸良法。"上韪其言。三年,召来京。四年三月,授内阁学士,兼礼部侍郎衔,署吏部右侍郎,四月,实授。十月,赐紫禁城骑马。十一月,转左侍郎。五年,提督顺天学政。六年正月,因病开缺回京。三月,署刑部左侍郎。四月,充朝考阅卷大臣。八月,署刑部右侍郎,兼管顺天府府尹事务。十月,复补吏部左侍郎。

七年,奏于本籍捐置义田千亩,以赡宗族。谕曰:"张祥河捐置义田,养赡宗族。所捐田亩,着江苏巡抚饬令该地方官立册存案,载入志书,不得私自卖买。该侍郎敦本厚族,古谊可风。应得旌奖,该部酌议具奏。"寻赏御书"谊笃宗支"匾额。八年十月,兼署顺天府府尹。十一月,擢都察院左都御史,充顺天乡试覆试阅卷大臣。九年四月,充考试试差并孝廉方正阅卷大臣。五月,授工部尚书。十月,充顺天武乡试监临。十年,赏加太子太保衔。十一月十一月,因病奏请开缺,得旨赏假一月。十二月,续请开缺,允之。

同治元年,卒。谕曰:"前任工部尚书张祥河学粹品端,老成持重。由进士历官京秩,简放外任,擢授封疆。蒙皇考文宗显皇帝特召来京,荐升工部尚书,兼管顺天府府尹事务。服官中外,叠掌文衡,均能勤慎宣劳,克尽厥职。上年十月以来,因猝中风寒,叠次赏假调理,迄未就痊,准其开缺,俾得安心调理。兹闻溘逝,悼惜殊深!张祥河着照尚书例赐恤。任内一切处分,悉予开复。应得恤典,该衙门察例具奏。"寻赐祭葬,予谥温和。

子茂时,户部候补主事;茂贵,议叙主事,福建漳平县知县;茂长,议叙主事。孙联恩,一品荫生,工部郎中。

王庆云

王庆云,福建闽县人。道光九年进士,改翰林院庶吉士。十二年,散馆,授编修。十四年,充广西乡试正考官。十七年,提督贵州学政。二十六年,充文渊阁校理。二十七年五月,大考一等,升侍讲学士,旋充日讲起居注官。七月,转侍读学士。九月,充武会试副考官。二十九年,迁通政使司副使。

三十年,文宗显皇帝御极,疏陈时务四条:一曰通言路,一曰省例案,一曰宽民力,一曰重国计。其重国计一条,略言:"今正供岁额四千四五百万,岁出在四千万以下;而道光二十一、二年实征止三千八百馀万,迩来实征止二千八百万。夫旱潦,事之偶然,而岁岁轮流请缓;盐课岁额七百四十馀万,实征常不及五百万。生齿日繁而销盐日绌。南河之费,嘉庆时止一百馀万,迩来递增至三百五六十万。入少出多,置之不问,思为一切苟且之计,何如取自有之财,详悉讲求;地丁何以岁岁请缓?盐课何以处处绌销?河工何以年年报险?必得弊之所在而革除之。户部政务繁重,满、汉尚书侍郎须时时入署,乃可共济而责成功。"奏入,上韪之。时命中外大臣保举人才,礼部侍郎曾国藩以庆云应诏。三月,擢詹事府詹事,复充日讲起居注官。十二月,稽察右翼觉罗学,充文渊阁直阁事,旋署顺天府府尹。

　　咸丰元年五月,升户部左侍郎,兼管三库事务,仍署府尹。寻偕直隶总督讷尔经额议覆:"内务府奏令庄头增租,佃户勒限退地,实关系畿辅民生疾苦。恭录乾隆二十八年停设庄头,嘉庆五年户部奏禁增租夺佃例案,请敕内务府详查原租不得任意取盈。"从之。七月,充顺天乡试监临。寻偕大学士管理户部事务祁寯藻等会奏:"江宁、苏州、安徽三藩司例应入拨各款,延未造报,自道光三年起至本年八月止,共有一千五十九款,共银九百三十六万,亟应予限分别清厘,请旨严饬遵办,以裕经费。"允行。又奏陈:"节流各款:一、严核各省上下两忙,分别藩司功过;一、各省存剩款项,按年抵拨;一、外省驿站留支剩款,提存司库;一、严查外任交代,以杜新亏;一、甲米复放本色,以节库支;一、缎疋库现存物料,分别应抵应停;一、裁马改步,以务军实。皆取国家自有之财而理之,果能实力奉行,积久自收成效。"下所司议行。十月,充武会试较射大臣。

　　十二月,命偕江苏布政使联英驰往山西,会同巡抚兆那苏图查办事件。二年正月,奏言:"河东商累,一在盐本贵,一在浮费巨,一在运脚重。从前盐每石价三、五十两,现贵至百三、四十两。河东盐行三省,例规几及岁课之半,官吏罔恤商艰;且陆运脚费定价不容加增,相率搀沙短秤,民食愈艰,商民交困。今欲轻盐本必先定池价,革浮费必先行票法,减运脚必先分口岸,将缉私之法分寓其中。大要在留商改票,先课后盐。盐池卤气浓厚,总敷岁额,价贵不在缺产而在走私。现拟定价不许居奇,售私官为惩办,核减锭票销价,总期成本减轻,则价平而商盐足。例规永远示禁,每票征办公银七分,不准需索分毫,将陕引并本省引与河南会兴镇设三路口岸各行各票,盐到口岸然后发贩销售,商人自运亦听其便,搀沙短秤者严究,统计盐价规例运脚,岁可裁省银七十馀万两,尽有赢馀,不至纷纷告退,间有歇业者,运商归并坐商顶充。二者无人,运商按签匀办,不准再有举商流弊。"并附陈新章十四条。下部议行。

三月,兼署户部右侍郎。先是,闽浙总督季芝昌等奏闽嵯疲累,仍恳展缓匀代额课。六月,庆云偕祁寯藻等疏言:"闽盐引何以积? 销何以滞? 私盐充斥为之也。缉私力则销畅,奚惮加斤? 闽盐本何以重? 利何以轻? 浮费繁重为之也。浮费裁则本轻,何至亏折? 至称全纲受病,由淮盐价贱;江贩绝迹,致光、建滞销;非暂停匀代,不能挽救。不知运途近则本轻价轻,远则本重价重,淮盐之贱实由浮费大裁。若较运途则自淮达江至建昌等属,向之千里者,今不能减而九百里。闽省无论行票与否,计本核价,浮费尽裁,光、建接壤江西,仍愈淮南之鞭长莫及,安见江贩之不复行? 若变通既无从措手,额课渐见短亏,奚藉整顿虚名,转损实用? 且称停匀代课六万馀两,派认续倒课二万馀两。不思五年之后,匀代起征,倒课仍纳,前停者四万五千,后征者八万九千,朝三暮四,诚恐无此办法。原奏所称窒碍四条,均各省变通成法,应请救下该督等痛澌积习,另筹良法。"如所议行。

七月,充顺天乡试监临。八月,偕祁寯藻等奏言:"江南赋甲他省,全在认真稽核。凡应征应缓界画不至侵欺,乃该省锢习,每将灾熟钱粮递年牵混,巧避处分,致正供日绌。查江南额征共五百二十九万,道光十六年查豁前欠五百六十三万,约计十年蠲免一年之额,二十六年查豁二十年以前民欠一千一十万,约计十年已蠲两年。及本年查豁该省三十年以前未完一千三百八十六万,是十年租赋几至蠲免三年。偏灾原难豫定,而约计十年比较,今昔原不悬殊。蠲缓年多一年,无怪度支日困一日。该省历年报灾,将上年熟田未完混入次年缓征,有初参而无二参,年年递缓,一遇覃恩,全数蠲免,趋避愈巧,短绌愈多。况熟田民无不完之理,即偶有蒂欠,何至豁免数百巨万?侵挪情弊显然!请救下该督抚,所有熟田未完,不准混入次年缓征。"如所请行。是月,充实录馆副总裁。十月,充武乡试较射大臣。

三年正月,偕祁寯藻等议覆季芝昌闽盐课短商疲,疏言:"该督等但称办理之难,而未筹补救之法。应令该督抚切实讲求,或再于就场征课、按包抽税二条,择一可行之策,另议具奏。该督前奏光、建受病,因于淮盐减价,江贩绝迹。现据署湖广总督张亮基奏报,逆匪滋扰,淮盐不到,请借粤引济楚,经部核准在案。九江防剿吃紧,淮盐未到,正可仿照借销,以闽蹉补淮额。"二月,又议覆江西巡抚张芾请拨粤盐济销,疏言:"江西借拨粤盐之案,前明江西总制陈南金、南赣巡抚王守仁因兵饷不敷,将粤盐设厂抽税佐军。所谓不加赋而财足,不扰民而事办者,法至善也。今该抚请拨粤盐济销,即师其意,自宜速筹遵办。"四月,又疏陈:

“滇、黔铜本、铅本,除抵扣外,岁各不敷一百十万两上下,尚需协拨,而地居遥远,饷鞘经过各省,因兵差截留,协拨不前。拟令于提镇驻扎重兵之处,筹铸制钱,附近水次,添铸大钱,船运四川、两湖易银,楚、蜀以所易大钱搭饷,滇、黔以易回银两配支,准民间交纳地丁税课,以便流通。”又奏言:“新疆南、北两路驻兵四万,岁需经费百三、四十万,戡定垂及百年,为数万万,势有不能不变通者。军兴数载,筹款维艰。再事因循,后难为继。防兵之费,不费于防所,费于沿边。防兵之疲,不疲于无能,疲于不久。拟自本年为始,停调陕省官兵换防,其喀什噶尔等八城设防,即由伊犁、乌鲁木齐绿营酌拨,准于满营通融调拨,一律定为五年更换,可节省经费数十万。”

五月,又奏:“粤贼滋事以来,征调兵逾十万,转战时历三年。其中有从征者,有遣撤者,有战殁病故溃逃者,兵已缺而饷犹存。请敕各督抚查明存营出省兵数,各路带兵大臣查明在营兵数奏报,由部臣磨对乘除,可知缺额。”六月,又议覆张亮基以湖广借销邻引官盐价贵,请饬四川、两广核实删减,疏言:“借运邻盐,权宜补救,本重价贵,由于外费浮冒。应令川、广大加裁汰,两湖接运脚费,亦令撙节支销。”又奏:“官盐价昂,由官吏巧立名色冒销,以致末大于本;即使核减,亦仅足敌私,于淮课丝毫无补。曷若化私为官,立厂抽税。凡川、粤盐斤到楚,许民贩鬻,不必官运,只须扼要设关,或税本色,或纳折色,十取一二,税后给照放行。由各该省权宜办理,并饬川、粤督抚招贩运赴邻封,减半完课,外费不得派摊,以轻成本。”又议覆江西巡抚张芾奏招贩给照,借运浙盐、闽盐,疏言:“淮盐中梗,课款无着,应如所请试办。

至买盐、销盐,内照注定某县,恐有守候居奇之弊,不若买盐但注省分,销盐但注府分,应令妥筹咨覆。该省既销邻省有课之盐,复完本岸无引之课。诚恐本重难以敌私,私贩即行阑入,拟令设厂抽税。”又议覆两江总督怡良奏淮纲奏销,俟军务告竣,疏言:“淮引口岸虽间有贼氛,而场产仍旧,莫若设厂抽税。淮纲弊在课重法繁,抽税轻则漏税少,而化私为官;立法简则犯法少,而化枭为良。请敕该督责成运司,移驻通、泰适中之地,迅即筹办。”均允行。

七月,充顺天乡试监临。十月,充武乡试较射大臣。十一月,疏请将山东、河南河道归两巡抚管理河防,裁东河河督、南河河库道缺,并两河厅员尽行裁汰,责成营员经理修防。南河岁工不得过百万,东河不得过七八十万,并请裁漕督缺,将盘掣攒运事宜归南河总督兼管,其金弆造船派单兑运各事宜,改归有漕巡抚粮道分任。淮安改设专镇,管辖漕标弁兵,弹压水手。命下王大臣等议奏。

是月,授陕西巡抚。十二月,捐助军饷,下部优叙。四年二月,粤匪窜扰河南,陕西潼关、朝邑、韩城、郃阳等处戒严。庆云督兵防御,并劝谕绅民制军械,修村堡,挑濠垒,募勇设防。寻奏请将绅民捐项照筹饷例奖叙,允之。四月,奏前赴潼关会同提督丰绅、将军扎拉芬相机防堵,略言:“潼关背河面山,夙称天险。风陵渡为水路咽喉,金陡关为陆路锁钥,与潼关犄角。拟拨兵分驻,设炮防守;并于潼关西四十里之盘头镇,添卡驻兵,使声势相接。请调甘肃兵千名,以补防兵之缺。”得旨,嘉奖。寻由潼关赴商南,亲勘隘口。五月,奏言:“潼关迤南,过山即雒南县境。雒南南与商州,东南与商南接壤,寸步皆山,惟正东之鸡头关,东出箭杆岭,与河南卢氏县山路可通。东北百二十里之卢灵关界隶卢氏、灵宝两县,西入商雒,北走潼关,皆有间道。卢、灵现已驻兵防守,复于鸡头关设卡,饬绅民练勇防守,以为潼关屏蔽。商南南接楚疆,东连豫境,县南要隘,曰梳洗楼,曰新庙,其总口在青山,县东要隘曰界牌,曰黑漆河,其总口在富水关,拟于梳洗楼专立一营,于青山富水关结两大营,以备堵剿。”报闻。

寻又奏遵饬丰绅带兵二千前住襄阳,略言:“襄、樊水陆交会,必须厚集兵力,则宛、邓自安,而商雒亦资其屏蔽。”并以武昌失陷,请将湖北省垣暂移襄阳,至襄阳应需军饷,陕省恐独力难支,应由山西四川督抚协力筹济襄、樊,保全大局。又疏陈关中丰稔,请停仓粮出易,并查道仓存粮十二万,现值防堵吃紧,暂行存留,以备缓急。又奏请各路粮台,银粮兼支,略言:“行军首重刍粮,未有专恃钱银,以充军食者。近例征兵不支粟米,月支银四两五钱,令其自行买食,粮台有银钱而无粮草。昔之军饷一万,今增四五万之数,行营买食价昂,今之兵丁领到百钱,不敌三二十钱之用。皆自不支粟米始。以各省无从设措之银,供各路不可限量之饷,仰食数千里外,万一饷匮,立形涣散。请敕各粮台仿照旧例,银粮兼支,或动项采买,或就地捐输,或碾动邻省仓谷协济,务使兵食足,斯兵心固;兵心固,斯兵气扬:则饷不虚糜,人皆自奋矣。”上嘉纳焉,下军机大臣等议行。十月,以湖北里河股匪尽灭,襄阳解严,奏请裁减潼关防兵,留兵一千,由扎拉芬督操,俟直隶连镇、山东高唐等处肃清,再遣归伍,允之。十二月,奏:“陕省刀匪、绺匪藐法行凶之案,拟将军流罪名加等定拟,徒犯毋庸解配,以大炼锁系巨石五年,杖罪锁系三年。限满自新,族邻保释。务消磨顽梗之气,庶匪徒敛迹以安善良。"又奏:"陕省行销河东引盐,改为官运官销,仍见窒碍。拟将陕课照乾隆年间摊征旧案,以咸丰五年为始,随同地丁开征,不准外加丝毫。"下部议行。

旋调山西巡抚。五年三月,因山西省城防务稍松,奏请裁撤练勇,酌留两镇兵防守,并撤辽州和顺防兵,以节糜费,旨如所请。又奏:"潞盐行销山、陕、河南,陕课改归地丁摊征,患在盐多,晋省苦于价贵。拟将陕引匀销晋省三百七十名以轻成本,晋引则就地远近,公平定价。饬各属畅滞,许其通融领运。惟河南官运已觉畅行,拟兼行民运,以广招徕。"并附陈章程十四条,下部议行。六月,以阳城县匪徒赵连城抗粮拒官,饬冀宁道瑞昌、太原镇总兵瑞格擒之,并获李聚泰、王法囤等,均治如律。九月,奏:"晋省私盐,惟吉兰泰、花马池盐侵灌最甚。查照嘉庆十七年禁止水运以杜来源,请将汾州通判移驻碛口镇,量移营汛,酌添河快巡船,并准审理词讼,责令弹压巡缉。"从之。六年二月,奏:"山西州县间有刑仵,代验生伤者,役贱人微,难保不轻重任情,殊非慎重人命之道。请饬部添议州县、轻令刑仵代验生伤处分专条。"下部议行,著为令。

五月,奏陕课摊入地丁,复形窒碍。请仿照河南招贩,兼行民运,略言:"陕省课归地丁,输纳不前,惟有仿照河南会兴镇章程,于河东、河西择地设立总局,委员稽查。过河截角后,各家自招民贩,随处散销,毋许留难需索。在陕不分引地,不定例价,与布帛菽粟同为流通。运无定人,自不能抬价。销无定地,自无可居奇。"允行。又奏言:"军兴以来,各军营用银出纳,官兵以银易钱买粮。果使岁丰银足,何便如之! 今用兵省分,赋税不全,仰给邻省。完善之区,正供不足,佐以捐输,皆非久计,而扰民之政,更不可行之多事之秋。本年安徽亢旱,江宁飞蝗,当此谷贵钱荒,以银易钱,以钱易粮,损折大半。往时兵饥,得银可饱,恐此后得银亦不可饱,况银且不可常继,非兼筹并运,何以济兵食而安军心? 若由州县碾动仓谷,解饷兼运制钱,舟楫可通,宜无不便。运钱运米虽似迂谈,而兵丁得米得钱,均沾实惠。"如所请行。

十一月,奏:"晋省前明三边烽火,达于太原,郡县率民筑堡自卫。一县十馀堡至百数十堡,星罗棋布,为他省所无。今惟云中、代、朔堡寨相连,省南各属则多残缺。不知无事时之堡寨,即有事时之坚壁。早为缮完,事半功倍。且晋俗有足嘉者,一堡一寨,必有社庙,社庙必有规约,董以绅耆,犹有三老、啬夫助官为治之意。拟告谕各属,劝修堡寨,定社规,责成绅耆董率;立义学,化导少壮游惰。合祭赛以联其情,相守望以齐其力。小村附入大村,大里带管小里,零户资粮,寄顿堡寨。有事则聚守,无事则散居,寓坚壁清野之法于无形。卫民之计,无便于此。"上韪之。又以河南南阳一带向多捻匪,复值上年旱蝗民饥,请谕该省发仓筹赈,俾饥民不为土匪勾胁,以救灾弭患。嗣捻匪游勇窜扰南阳府,陷内乡,围淅川,延及鲁山县,界连山西。庆云密陈边防机宜,省南沿边略分三路:东路以潞泽营参将总巡,泽州都司为之副;西路以蒲州副将总巡,运城都司为之副;中路平垣营游击驻茅津渡,北巡风门口,南巡会兴镇,使声势联络。"报闻。

七年六月，升四川总督。八月，入觐。十二月，贵州思南府教匪倡乱，府城失守，庆云檄候补直隶州知州李渐鸿、副将邹鸾章、防守酉、秀，堵扼龚滩，请饬驻兵贵州镇远之川北镇总兵蒋玉龙，绕出思南之北，规复郡城，联络酉、秀边境。八年正月，奏贵州桐梓匪徒窥伺川境，请撤回调赴湖北之云南宣威州兵，交重庆镇总兵皂陞管带，会同重庆府知府李庄防堵綦江南川一带，其酉、秀防务，责成李渐鸿、邹鸾章各就兵力所及，移会邻团以剿为防，勿使逼处窥伺。又奏："川省向多啯匪，盗劫案甲他省。现饬各属行保甲，禁包庇勒限，查拿逸犯。半载以来，擒斩徐捷元等九十一名，盗风渐戢。"四月，奏："酉阳州毗连黔、楚苗疆，省垣鞭长莫及。前署知州凌树棠因楚氛不靖，捐设屯田，仿照湖南凤凰厅成案，于城乡要隘，分设屯兵，计丁授田，农隙操演，其常操者给月饷。拣弁管带，建营房，置帜械，寓兵于农，分布城乡，与营汛分驻操防，屯弁兵丁归川东道统辖，免其征调境外。川省幅员辽阔，沿边州县如有能仿照举行者，均请量予奖叙。"七月，奏："川省差役，每于奉票缉案，传证起赃，辄纠多人持械搜掠，名曰'扫通'。甚有教贼诬扳，因而扫通者，其迹与强盗无殊，其情较强盗更重。拟请从严照强盗定律，凡得财者不分首从，皆斩；同行助恶之犯照强盗新章问拟，情节重者，加枭；兵丁有犯，照差役拟断。"均下部议行。

九月，以黔匪焚掠，渐近綦南，派防兵出境剿复层峦山，攻克各洞，进攻飞梯岩贼巢，救出难民妇女数百。会酉、秀防兵亦豫约黔兵出境夹击，酉、秀兵先遇贼，败之；穷追四十馀里，至胡家坪，贼势穷蹙，而黔兵迄未来会，李渐鸿、凌树棠遇伏阵亡。庆云檄绵州知州毛震寿往援,攻克胡家坪贼巢,擒贼首胡二黑,斩之。九年正月,奏:"川省驿站夫马不敷,借资民力,请禁伴送土司之员弁刁难需索。出师带兵官纵容所部行凶者,以军法从事。"允行。二月,兼署成都将军。四月,调两广总督,因病乞假一月。九月,行抵湖北汉阳府,以病剧,奏请开缺,允之。又奏言:"宋臣韩琦、范仲淹同上御戎四策,以和好为权宜,以战守为实事。臣思能战而后守可固,能守而后和可久。防备之具,弛之甚易,张之甚难。"上嘉其老谋成算,谕令病痊即行来京。十一年七月,以捐输京饷,下部优叙。十月,授都察院左都御史,命即来京供职。十二月,疏陈病体未痊,未能即时就道。旋擢工部尚书。同治元年正月,奏言:"洋烟流毒甚烈,官员士子武弁兵丁,所关尤重。请旨严禁,犯者予限一年戒革。"上嘉其切中窾要,如所议行。

三月,卒。遗疏入,谕曰:"工部尚书王庆云服官中外,懋著勤劳。由翰林荐升两广总督,因病开缺调理。嗣以求才孔亟,降旨征召,特授都察院左都御史,旋升工部尚书。方期迅速来京,重资倚畀。乃于起程之前一日,猝因痰疾溘逝,遗章披览,悼惜殊深!王庆云着照尚书例赐恤。任内一切处分,悉予开复。应得恤典,该衙门察例具奏。"寻赐祭葬,予谥文勤。三年,入祀山西名宦祠。

孙仁堪,光绪三年一甲一名进士,苏州府知府,循吏有传;仁东,举人,内阁中书,浙江候补同知。

清史列传卷四十七

大臣画一传档后编三

沈兆霖

沈兆霖,浙江钱塘人。道光十六年进士,改翰林院庶吉士。十八年,散馆,授编修。十九年二月,大考二等,赐文绮。五月,充云南乡试副考官。二十年五月,充四川乡试正考官。八月,提督陕甘学政。二十五年,升国子监司业。二十六年七月,升翰林院侍讲。八月,命在上书房行走,授惇郡王读。二十七年,大考翰詹,奉旨免试。五月,充日讲起居注官、咸安宫总裁。二十九年四月,升侍讲学士。闰四月,命在南书房行走。

咸丰元年六月,充江西乡试正考官,旋升詹事府詹事。十月,充顺天武乡试副考官。十二月,授内阁学士,兼礼部侍郎衔,充文渊阁直阁事。二年正月,稽察中书科事务。二月,充各直省乡试覆试阅卷大臣。三月,署兵部右侍郎,旋补吏部右侍郎。历

充考试试差散馆阅卷大臣、殿试读卷官。六月,充江南乡试正考
官。八月,提督江西学政。三年,广西会匪自湖北扰及江西九
江,遂扑南昌。六月,兆霖奏请速拨援兵,以保省会。上嘉之。
八月,遵旨查明贼匪滋扰情形,并请饬各路团练,保卫城池,略
言:"江西省垣虽可无虞,贼穷四窜,必扰外府,省兵势难兼顾。
分兵少仍不敷堵截,分兵多则根本空虚。外府团练众多,若肯齐
心协力,何藉分兵? 即如抚州各乡团不下数万,皆留保本村,不
肯守隘守城。官兵只三百,已经都司成善带赴省城;若团练再不
出力,贼至何以守御? 其故皆因坚壁清野旧议,只守本村,并不
出战。不知此次贼匪,与嘉庆年间川楚教匪不同,川楚之匪,劫
掠村庄,自以坚守堡寨为是。今贼专攻省会,郡县城池,若但保
本村,置城垣于不问,城既失,乡勇亦相与解散矣。抚州如此,各
府、各省亦必皆然。伏乞皇上通饬直省办团练之绅士,均须于练
勇中精选十之二三,联为乡兵,公举练达有位望之人分统。遇本
县有警,各相救援,不得株守本村,以防土匪为词。其外府、外县
仍不得调往战守,以免扰累。"疏入,得旨允行。

十二月,因病奏请开缺。五年四月,病痊。五月,署吏部左
侍郎,命仍在南书房行走。时皖南军需孔棘,兆霖奏言:"皖省在
江北者,安庆、庐州、凤阳、颖州四府,六安、滁、和、泗四州;在江
南者,池州、太平、徽州、宁国四府,广德一州;而安庆以省会居南
北之中,故能控制。今则江北之安、庐、和,江南之池、太,皆为贼
踞。皖抚驻营,尚在庐城东北。徽、宁、广三属,距抚臣驻扎之
所,中隔池、太、安、庐、和五属之地,文书往返,必经江苏、浙江两
省,动辄月馀。故徽、宁、广虽隶安徽,几为抚臣号令所不及。事

急则向浙江请饷,事平则泄沓如前,不加整顿。官吏之贤否,皖抚不及知;浙抚虽知之,而无黜陟之柄。兼之浙省派往兵勇,主客各存意见,不肯协力守御。本年杭州府知府徐荣战殁,实由于此。此所以旋收旋失,糜饷殃民而无已也。伏查徽、宁二府,地皆可守,山川险固,民亦健奋。徽属之歙、休二县,殷户尤多。果能抚驭得宜,与绅民联为一气,贼断不敢屡屡窥伺。以臣愚见,莫如于皖南设一大员,使之专辖四府一州,庶足以饬吏治而固民心。权有专属,令可必行,府县有所禀承,士民得所归向。内可度地险以设防,外可奋兵威以协剿。皖抚得以专心于江北,浙抚不至牵制于皖南。"疏入,下王大臣、吏、兵部集议。寻议改池太道为皖南道,准专折奏事,如福建台湾道例,从之。

七月,署工部右侍郎,兼管钱法堂事务。九月,兼署兵部右侍郎。十月,充顺天武乡试较射大臣。十二月,复充文渊阁直阁事。六年正月,补吏部右侍郎。四月,充会试覆试朝考阅卷大臣。五月,因倡率宝源局监督捐赀,修葺新旧两局,下部议叙。十月,调补工部右侍郎,兼管钱法堂事务。十一月,调补户部左侍郎,兼管三库事务。十二月,充经筵讲官。八年九月,顺天科场一案,上命偕尚书全庆等覆勘试卷,勘出应办应议者数卷,归案讯治。十一月,命往通州,会同仓场侍郎盘查通济库,查出咸丰三年冬至本年冬,共动借银二十五万六千一百两,皆系经纪长支,奏请照三年清查旧案,厅员分赔四成,经纪分赔六成;并筹议补救章程四条:一、兑漕银两,宜另款筹画;一、动借银两,宜奏明办理;一、奏销册存数,宜归核实;一、库中放款,宜候批发给。下所司议行。又准所请,照户部三库例,嗣后仓场侍郎加兼管通济库事务衔;通济库印钥,由该侍郎佩带,遇有放款,亲往监放。如遇必须长支,准该侍郎随时奏明,岁不过一万两,着为令。九年正月,遵查旧太仓霉变米石,拣出洁米一万一千八百馀石,尚堪食用;次米六千三百馀石,请作正开放;其不堪食用米四千五百馀石,责令花户赔补。从之。

　　二月,充会试副考官。五月,擢都察院左都御史。八月,充宗室举人覆试、考试孝廉方正阅卷大臣。九月,充武会试正考官。先是工部宝源局监督张仁政畏罪自尽,上命兆霖查办,究出监督等有得受炭商钱文情弊,奏请将旧监督瑞琇等,褫职,治罪如律。十一月,赐紫禁城骑马。十年三月,署户部尚书。四月,历充宗室会试覆试,散馆朝考阅卷大臣、殿试读卷官。七月,英吉利内犯,八月,兆霖奏云:“窃英人自八年抵天津后,叠次构衅,历年办理未协夷情。〔一〕至本年七月间,竟由天津内犯,大言恐吓,要求无已。皇上明降谕旨,历数数年来英人罪状,〔二〕大伸天讨。中外臣民,同声称快。惟英军虽不满万馀,而火器胜于中国,能及远而有准。然临阵者果能奋勇无前,毫无畏葸,即有所伤,而以我之众,乘彼之寡,亦不难于歼灭。惟现在火器难御之成见,先入为主,则气已稍挫。倘毫无把握,轻于一试,设一挠败,必至不能复振。故臣以为当今之计,宜以缓攻坚持为主,先饬直隶总督恒福并督办民团之焦祐瀛、张之万,以督标之兵、本地之勇,时时扰其海口之船;再饬天津府知府石赞清与焦祐瀛、张之万协办团练。石赞清胆识兼备,久得民心,团练必能奏效,或杀其酋,或焚其船,使之兼顾海口,不能骤进;即进亦必留劲卒守船,此所谓攻其所必救也。僧格林沁八里桥之兵,及瑞麟、胜保统带各队,须相隔前后一二十里,分作三处扎开,使紧相呼应,以为犄角之势。皆宜深沟高垒,勿轻与战,严为之备,使敌至不能骤拔。若奉调各路之兵陆续而来,亦饬令分择要地扎住,俾由通至津,处处能联络接应,而深林隈隐之处,又多设旌旗鼓角,使之动生疑畏,正兵厚集,其势持重养威,而以奇兵乘其敝,复以疑兵惑其心。彼种种牵掣,必将徘徊而不敢进。于是密拿奸细,以防其叵测;严断接济,以绝其饷源,与之相持一月有馀,而朔风大作,海口将冰,度其所带之饷亦将罄尽,自必急图遁归矣。昔周亚夫坚壁不战,人以为懦,而卒破七国,正此计也。臣又闻英人所倚为谋主者,惟巴夏里一人。前此掳去叶名琛,亦系此人之计,馀如额尔金、噶啰等,皆不能画策。今巴夏里就擒,敌已失其所恃,必将设法索回。据国法言之,自应即予诛磔,何烦再计?然敌之势本利在速战,若即行诛戮,恐奋兵深入,其势益锐,莫若暂且牢固监禁,有照会与彼,即告以英兵前进,先斩此人,使之系望生还而不敢锐举轻进。倘彼诡言放回此人,即便受抚,务祈乾断独伸,勿为浮议所惑。总须令其兵船全数退出海口,悉照八年所定各款,立定和约,一款不增,然后允予加恩释放。仍不准原船带回,改由陆路押解上海交还,方为稳妥。否则英人素以和议诱我,一为所诱,此人释回,仇我必甚,其设计必更毒于前矣。"又奏云:"臣思数年办理洋务诸臣,皆一味迁就,希图了事。英人不知圣恩宽大,以为我实惧彼,于是百计要求,得步进步,遂至不可收拾。今既声罪致讨,便当专讲守御之法,勿汲汲于言抚。忽讨忽抚,持议两端,而将士之心不坚,即议抚者亦无从措手矣。故持久以困之,多方以误之,为目前之至计,而抚之一说,勿再夹杂。现在英人暂留不进,必又将以抚诱我,实则懈我军心,而彼因得以肆其诡诈。臣愚以为此次办法,战宜缓,不可遽求幸胜;抚更宜缓,不必急图息事;而壁垒如何坚固,声援如何联络,如何先占地势,使彼不能锐进;如何豫防火器,使彼不能扑营:全在统兵大臣熟筹而速计之。总之,诏旨既下,英人必且震慑天威,而又获其谋事之人,只宜静以制之,缓以竢之,当有转机,顺其自然之势,而无惧无迫,弗使办法有一毫紊乱,则洋务不难大定矣。"

未几,又奏言:"窃自古驭外之道,皆务怀柔,不矜远略。诚以胜之不武,不肯疲中国而结怨四夷也。然偶尔犯顺,扰及边陲,挞伐膺惩,亦所不讳。本年三月,俄、美、英、法四国之船,驶至天津,要求多款,皇上圣度如天,专以安民辑兵为务。叠命大臣前往议抚,所请各条,奉恩允者已十之七八,中惟领事驻京、内江通商两事,关系最巨。驻京则入据腹心,朝政动多牵制;内江则夺我关隘,长江无可设防。议者欲抚事之速成,谓不妨依违应允,再图日后熟商。不知国家所以威服远人,首重诚信。与其责言于异日,不如慎诺于此时。且所许已多,当不至因此二条,遽至决裂,并求明降玺书,将此二条万难应允之故,反复晓谕,推至诚以宣示,杜非分之干求。彼等诵此皇言,自然信服,必不再以蒙蔽见疑;即使仍前狡诈,竟起争端,则衅自彼开,便当尽力歼除,俾知畏惧。虽胜负原难豫定,而权主客之势,彼军已入重地,审众寡之数,彼兵不过数千,且彼所长者炮耳,若絮屏藤牌,及屡伏屡进,皆避炮之良法,可使众军勤加演习,人人有恃无恐,胆气日壮,然后进而攻其所短。彼短于夜战,我即潜师以乘之于暗;彼短于技击,我即疾趋而迫之于近。齐之以军律,激之以忠义,励之以重赏,直前而义不反顾,小挫而气不少衰。如此而胜算在我,当亦无坚不摧矣。且夫兵不厌诈,取其克敌而已。闻此时津人各怀义愤,中有练勇二千人,皆敢死之士,屡请于官,愿效死力,官以恐挠抚局,频加禁遏。臣愚以为若竟用兵,则僧格林沁所统各军,自当进剿。一面密饬谭廷襄阴谕练勇,出其不意,进薄洋船,短兵截击,夺其船者,全船充赏,事后勇首给予议叙,各勇仍加赏赍,使英人跋前疐后,两面受敌,虽欲久留,不可得矣。从而议抚,抚亦易矣。若必过为顾虑,惧启兵戎,并驻京、内江二条暂时允许,恐夷欲无厌,〔三〕日后朝中之虚实尽知,江路之往来益熟,祸有不可胜言者。彼时之用兵,更难于今十倍,可不为之远虑哉?"

九月,补兵部尚书。时抚议成,上犹驻跸木兰,兆霖偕同官奏请回銮,得旨俟明年再降谕旨。十一月,复奏云:"窃本年八月,因洋务未定,皇上暂幸热河,以为集兵控制之计。在廷诸臣,皆知当时情势不得不然。九月中,英、法两国均已换约,二十七日联军退尽。廷臣合词奏请回銮,奉上谕:'本年天气渐届严寒,朕拟暂缓回銮,俟明岁再降谕旨,钦此。'又准军机大臣字寄,十一月初一日奉上谕:'此次外人称兵犯顺,恭亲王奕訢等与之议抚,虽已换约,然退兵后,各国尚有首领驻京者。且亲递国书一节,既未与彼等言明,难保不因朕回銮,再来饶舌。该王大臣奏请回銮,系为镇定人心起见,然反覆筹思,只顾目前之虚名,而贻无穷之后患。朕拟本年暂缓回銮,俟洋务大定,再将回銮一切事宜办理。本年回銮之举,该王大臣等不准再行渎请。等因钦此。'臣等跪读之下,仰见皇上计深虑远、筹及万全之至意,惟本年回銮何敢多渎,而统筹国势,有不忍缄默不言者。谨就臣管见所及详悉陈之,夫圣驾之暂幸热河,与暂缓回銮,皆因洋务未定起见,臣虽未与闻抚议,而换约时臣在城内,亲见其事。窃谓外兵虽众而强,其意不过藉以胁和,并无利我疆土之志也。八月二十九日,联军入城时,臣遣人往观,兵约万人,薄城而上,其氛甚恶。九月十一日,英国换约,自安定门至礼部门外,绵亘十馀里,步步为营,约万馀人,器甲精严,居民皆闭户不出,如有异志。则此二日已可占据都城,惟所欲为矣。〔四〕换约之时,臣细窥额尔金等面容,皆怀疑惧,知外人未必不畏我密谋,故严为设备,并非别有意计也。至十二日,法国换约,则便觉坦易,礼部门外至安定门并无一兵,惟礼部门内罗列千馀人,自卫而已。计开城至退兵,共十九日,彼军未伤一人,未毁一屋。故此次外人内扰,我国之虚实固为外人窥破,而外人之虚实亦为我国窥破。夫以万馀众入城,而仍换约而去,全城无恙,则彼等之专于牟利,并无他图,已可深信。其亲递国书一节,臣私心揣度,亦可姑允所请,抚慰数言,总期不损国体,不拂彼情,断无意外之患。窃思外人虽非我族类,果能示以诚信,尚易羁縻。且通商一层,本与中国两有利益,所虑者以通商为名,而志在土地人民耳。就今日之情势论之,危至于拥兵入城,尚不足虑,此后岂有再重于此者乎?彼处汉奸虽多,此时为彼设计,亦只在要求图利一边,臣愚窃以为外人不足虑也。至中外大计,则可虑者极多,京兵不可用,宜如何训练;粤、捻久未平,宜如何议剿;库藏空虚,宜如何豫备;南漕不继,宜如何采买。其事皆较洋务为巨,亦较洋务为难。热河距京不甚远,诚如圣谕与在京无异,而皇上不在城内,各署事件虽亦照常办理，不至旷误，久之亦恐敷衍具文，渐臻疲玩。盖进则无所禀承，而退则无所警畏也。况京师见闻尚确，邸报仍通，故城内幸俱安静，疑惧不生；若地稍远，则言论哤杂，传闻失实，民志不定，宵小必从而生心。当京城戒严时，畿南一带，在在皆有土匪，各属下忙钱粮，均迁延不肯即纳。闻此时尚严催罔应，若辈皆有业之民，尚复藉端观望；若素不安分之徒，且将造作谣言，乘机煽惑，河间土匪其已见者也。然此犹密迩畿辅者耳，至远省则闻乘舆未回；且谓都城危殆，粤、捻各匪益轻朝廷。济宁之围，幸即解散；倘再肆其鸱张，安保河北之不骚动乎？此皆臣之所谓可虑者也。臣窃数史册之纪巡幸者，惟唐为多。然寇急则暂幸旁郡，事定则即还旧京。故能人心系属，转危为安。诚以神京为四方所归，极可暂离，不可久旷也。又金、元两朝皆兴于朔漠。及其得中国也，俱入居于内地。夫岂不乐旧都之安习，而欲同车书、一声教，非居中土不可。元以开平府为上都，即今热河之地，每年一幸，夏往秋返。盖宅中图大，有国之常经也。况现值多事之秋，旷宫阙而弗居，局偏陬而久憩，虽万几无旷，庶事咸理，而使纲纪日渐废弛，人情各怀疑贰，匪徒遂萌北窜之谋，四夷有轻中国之意，甚非计也。现今正届严寒，已奉谕旨暂缓回銮，臣何敢渎请？惟求皇上内定于中，俟明岁春融，即启跸还京，以慰群臣之仰望，以释远迩之危疑。此事关系大局安危，其几甚微，而其理至显，全在宸衷独断，弗为众论所游移。则臣民幸甚！天下幸甚！"

十二月，调补户部尚书。十一年十月，偕大学士贾桢、周祖培，尚书赵光奏政权请操之自上，并皇太后召见臣工礼节，及一切办事章程,疏载桢传。寻命在军机大臣上行走。先是,甘肃番回之别种有撒回者,在西宁府属,夹黄河而居,性犷悍。乾隆年间,与土回办教滋事,几危省城,当时大兵讨平。迩年复因办教与土回争斗,扰及汉民,焚掠西宁村落。碾伯人惎之,团练自卫,遂与碾民为雠。提督成瑞率师往剿,恇怯不前,贼以愈肆。总督乐斌于成瑞既多回护,复轻信多慧,力主抚议,勒令民间撤团,撒回益骄,日出剽掠,且与西宁办事大臣多慧所陈善后事宜,及保举剿抚撒回人员,复多有不实;又信任成瑞及知府章桂文,于公事亦多瞻徇,为言官所纠。至是,命兆霖前赴陕西查办,讯鞫属实,乐斌发往新疆效力,成瑞、多慧逮部治罪。同治元年正月,命署陕甘总督剿办撒回。二月,京察届期,上以兆霖在军机处行走,实力劻勷,和衷共济,下部议叙。

三月,兆霖统领兵勇,由碾伯进剿,自四月至六月,四路围攻,先后焚毁回庄二十馀处,毙五千馀匪,回势穷蹙,悔罪投诚。兆霖察其情词恳切,委道员杨炳锃过山受降,撒回五千馀人哀吁求抚,并由番族百户加具保结,戎循一带肃清。事闻,上嘉其办理妥速,并奏善后章程,将西宁道、府二缺,变通调补,奖惩办理撒回各员,并请将已革游击赵东鉴等升擢,游击闵相儒等革职,都司陈华等议恤,均如所请,遂撤兵归伍。七月,自碾伯县起程,行至平番县属之三道岭沟地方,猝遇雨雹,山水涨发,将兆霖行轿并关防及随从兵役人等,概行冲没,该处文武员弁先后驰救无及。寻获兆霖遗躯,甘肃布政使恩麟以闻。谕曰:"沈兆霖忠清亮直,历练老成。由翰林荐陟清要,叠掌文衡。在上书房、南书房行走,蒙皇考文宗显皇帝擢授正卿。朕御极之初,复授为军机大臣,命往陕甘查办事件。旋命署理陕甘总督。该署督受任以来,即带兵出省,实力办理,已有成效。乃于途中猝遇山水涨发,遽尔身殒,悼惜殊深! 署陕甘总督、军机大臣、户部尚书沈兆霖着加恩晋赠太子太保衔,照尚书例赐恤。任内一切处分,悉予开复。应得恤典,该衙门察例具奏,并查照一品大员殁于王事例案,声明请旨。其灵柩由甘肃起程时,着沿途地方官妥为照料,准其入城治丧。伊子沈云骧,赏给举人,准其一体会试,以示笃念忠荩之至意。"又谕曰:"前因署陕甘总督沈兆霖途次出缺,业经降旨从优给与恤典。兹据甘肃布政使恩麟将该署督出缺详细情形入奏,并称该署督故后,阖省士民无不同声痛哭,且萧条行李,无异寒儒。念其为国宣勤,殁于王事,悼惜尤深! 沈兆霖着加恩入祀贤良祠,以彰忠荩。"寻赐恤如例,予谥文忠。光绪十五年正月,慈禧端佑康颐昭豫庄诚皇太后归政,以兆霖前充军机大臣,夙夜在公,襄成郅治,命赐祭一坛。

子云骧举人,一品荫生。孙宗蕃,顺天北路厅同知。

【校勘记】

〔一〕历年办理未协夷情　"夷"原作"彝"。今据沈兆霖传稿(之四一)改。

〔二〕历数数年来英人罪状　原脱"来"字。今据沈兆霖传稿(之四一)补。

〔三〕恐夷欲无厌　"夷"原作"其",殊不明确。今据沈兆霖传稿(之四一)改。

〔四〕惟所欲为矣　"惟"原误作"为"。今据沈兆霖传稿(之四一)改。

李棠阶

李棠阶,河南河内人。道光二年进士,改翰林院庶吉士。三年,散馆,授编修。五年,充四川乡试正考官,提督云南学政。十一年,充顺天乡试同考官。十三年,升国子监司业。十五年,擢詹事府右春坊右中允。寻丁父忧,十九年,补原官。二十年五月,迁翰林院侍讲。七月,充山西乡试正考官。八月,转侍读。二十一年,充署日讲起居注官。二十二年,提督广东学政。二十三年,授太常寺少卿,仍留学政任。会广东巡抚黄恩彤以年老武生符成梅奏请赏给职衔,上以其市恩邀誉,严旨切责,并将该武生六十以后违例送考各学政,交部严议。棠阶降三级调用。旋以患病在籍调理。

咸丰初,经侍郎曾国藩保奏,召来京,以病不赴。三年,金陵逆贼分股渡河,围攻怀庆各属,土匪响应,河北大扰。编修何桂珍、尚书周祖培等先后奏请敕棠阶筹办河北团练。得旨允行。棠阶力疾劝谕乡团,歼擒土匪,解散胁从,并督率民勇,击败渡河贼匪于温县。贼用是不能北窜。巡抚英桂上其功,赏给四品顶戴花翎。

同治元年,复召来京。棠阶疏言:"用人行政,先在治心;治心之要,先在克己。请于师傅匡弼之馀,豫杜左右近习之渐。并于暇时讲解御批通鉴辑览及大学衍义各书,以收物格意诚之效。"又言:"纪纲之饬,在乎严明赏罚。凡朝廷通谕各事宜,务令督抚实力奉行,不得虚应故事,庶中外情志可通,祸乱可弭。"上嘉纳之。擢大理寺卿。是年六月,升礼部右侍郎。七月,授都察院左都御史。八月,兼署户部尚书。闰八月,充军机大臣,棠阶疏辞,谕曰:"当此时事多艰,李棠阶受特达之知,不次超擢,自应竭尽悃忱,以资倚畀,其毋固辞!"寻赐紫禁城骑马。二年二月,充顺天乡试覆试阅卷大臣。授工部尚书,兼署礼部尚书,充实录馆总裁。三月,充会试正考官。四月,充覆试新贡士阅卷大臣。旋疏陈人材,保举前候补道王检心等,以备任使。诏如所请。七月,充拔贡朝考阅卷大臣。三年,京察届期,得旨议叙。四月,充考试试差阅卷大臣。

会江宁省城克复,赏加太子少保衔,并其子涪举人。先是,上御极之初,命南书房、上书房诸臣采择前史事迹,纂辑成书,进呈备览,赐名治平宝鉴。至是,命协办大学士吏部尚书瑞常等每日轮流进讲,棠阶与焉。并谕曰:"进讲之时,务须剀切敷陈,言必尽意,毋得稍有避忌,用副集思广益至意。"八月,充顺天乡试副考官。四年,卒。谕曰:"礼部尚书李棠阶植品端方,持躬清正。由道光年间翰林屡掌文衡,历升卿寺。朕御极以来,复加简任,荐擢正卿,令在军机大臣上行走。夙夜宣劳,克尽厥职。昨因微病,赏假调理。方冀速痊,长资倚畀。遽闻溘逝,悼惜殊深!着赏给陀罗经被,派郡王衔贝勒载治带领侍卫十员,即日前往奠醊,赏银二千两治丧,由广储司给发。加恩晋赠太子太保。照尚书例赐恤。任内一切处分,悉予开复。应得恤典,该衙门察例具奏。伊子李涪,着赏给郎中,俟服阕后,分部学习行走。伊孙李续午,着俟及岁时带领引见。其灵柩回籍时,仍着沿途地方官妥为照料,用示朕笃念耆臣至意。"寻赐祭葬,予谥文清。五年,文宗显皇帝实录、圣训告成,上以棠阶曾充总裁,赐祭一坛。光绪十五年正月,<u>慈禧端佑康颐昭豫庄诚皇太后</u>归政,以<u>棠阶</u>前充军机大臣,夙夜在公,襄成郅治。命赐祭一坛。

赵光

<u>赵光</u>,云南昆明人。<u>嘉庆</u>二十五年进士,改翰林院庶吉士。<u>道光</u>二年,散馆授编修。三年,丁母忧,六年,丁父忧,八年,服阕。十二年三月,充会试同考官。六月,充<u>陕西</u>乡试副考官。十一月,授<u>江南道</u>监察御史。十三年正月,抽查漕粮。四月,奏言:"本年<u>东</u>省漕粮到桥,节次查出潮湿搀杂粟米一万五千馀石。此次为数无多,已觉办理掣肘;若南粮跟接转运,即照例掣量,尚且日不暇给,再有潮湿搀杂,殊属滞碍难行。查漕粮积弊,不在沿闸而在外河,粮剥乃致弊之源,沿闸非作弊之所,故外河查验,石坝抽查,为杜弊切要关键。与其到桥探验,筹办诸致稽延,曷若在坝严查,转运自无朦混。应请旨饬下仓场侍郎严饬坐粮厅,务于外河认真查验。其分驻石坝,尤须逐细抽查,遇有弊端,立即从重严惩,庶足专责成而杜弊混。"又奏:"漕务积弊,莫甚于南漕之折色,北漕之剥船。请严禁漕粮折色,并妥立剥船章程。"均如所请行。九月,转掌<u>广西道</u>监察御史。十四年二月,以<u>通州</u>沿河一带,有奸商开设钱号,豫备杂物,搀和漕米,并勾结船户,偷买偷卖,囤积回漕等弊,奏请严惩。疏入,下所司议行。三月,迁户科给事中。四月,稽察旧太仓。

六月,充<u>江南</u>乡试副考官。八月,提督<u>河南</u>学政。十七年,迁光禄寺少卿,仍留学政任。十八年七月,升大理寺少卿。十二月,升光禄寺卿。十九年三月,稽察右翼觉罗学。十月,迁太常

寺卿。二十年三月，充会试知贡举。累迁大理寺卿、通政使司通政使。六月，充江西乡试正考官。二十一年，充考试汉中书阅卷大臣。二十二年八月，擢都察院左副都御史。十二月，以接纂大清一统志全书告成，下部议叙。二十三年五月，充考试试差阅卷大臣。九月，充乡试覆试阅卷大臣。十二月，升内阁学士，兼礼部侍郎衔、稽察中书科事务。二十四年四月，历充会试覆试阅卷大臣、朝考阅卷大臣。六月，署兵部左侍郎。九月，充知武举。十二月，充文渊阁直阁事。二十五年，以兵部堂官违例派署掌印，未能查明更正，光降三级留任。寻授兵部右侍郎，充朝考阅卷大臣。二十六年二月，署刑部左侍郎。八月，提督浙江学政。二十七年，转左侍郎。二十八年，调户部左侍郎，兼管三库事务，均留学政任。二十九年，调兵部右侍郎。

三十年三月，奏陈时务四条，略言："安民必先察吏，州县为亲民之官，以天下之大，分治于一千三百馀州县，秩分虽卑，责任綦重。近来积习相沿，风气日坏，加以捐例屡开，仕途益杂，罔识民事之艰难，但较缺分之肥瘠，幕友家丁，招摇滋事，书差胥吏，又复从中舞弊，联络把持，贿嘱情托，无所不至。委靡者怠玩因循，不知振作；贪酷者恣睢暴戾，惟事诛求。钱粮则任意侵亏，词讼则株连积压。及至众怨沸腾，舆情不洽。上司或有风闻，遇事参劾，辄敢挟嫌抵制，攻讦多端。大吏虑其噬脐，姑容不问，不特各州县毫无顾忌，即佐杂末吏亦且相率效尤。应请旨饬令各直省督抚司道，振作精神，力除积习。廉能者据实保举，恶劣者立即参黜。劝惩一秉大公，毋得瞻徇容隐。庶僚属各知儆畏，官方肃而民气和矣。国家岁糜粮饷，养育兵丁，将以收实用也。近日营伍废弛,将帅性耽安逸,养尊处优,备弁徒效趋承。行私媚上,以营卒为厮役,操演尽属虚文,以空名冒钱粮,克扣且以肥己。兵骄将惰,习气已深。加以军装器械敝坏不修,火炮抬枪练习不熟,陆路兵丁弓马技艺尚有可观,沿海水师兵弁于海洋风色沙线,多不谙习。出洋会哨,奉行故事,以致盗劫频闻,洋面不靖。闻从前英人滋事,水师不俟英船拢近,辄先施放枪炮,至英船渐近,则枪炮热炸,火药已罄,遂至束手无策。又闻兵心退缩,往往未见贼踪,闻风解散,因而兵器炮台,转资贼用。且军行毫无纪律,沿途恃众需索,扰害地方,动辄鼓噪喧哗,竟有本管将官叩头哀乞而后前行者。军令不振,一至于此! 夫练兵必先练将,迩来水陆将弁,求其材艺出众,忠勇有馀,缓急足恃,如昔年之总督杨遇春,已不可得;即如近年之提督尤渤、窦振彪,亦属寥寥。设有急需将帅之际,何以收指臂之效? 然则肃军政以励士卒,储将才固今日之急务也。应请饬令各直省将军、督、抚、提、镇,整饬营务,革除陋习,秉公甄核,鼓励人才,务使有勇知方,毋得因循疲玩,庶武备修而可收实效矣。诘奸除暴,以安良善,弭盗之方,莫如保甲。近来盗风愈炽,直隶、山东陆路行旅,往来多被抢劫。两湖、三江,连年水灾,盗贼日众。至如河南之捻匪,四川之啯匪,广东之土匪,贵州之苗匪,云南之回匪,又皆肆意横行,目无法纪,且到处均有邪教、会匪,各立名目,煽诱乡愚,胁从既众,蹂躏尤多。地方文武恐滋事端,苟且因循,惟务姑息。书差既豢贼纵容,兵弁复得规徇隐,州县之勤干者,有时查访严拿,则差役通风,武弁解体,夺犯戕官,往往酿成巨案;其愚懦者,平时既不以缉捕为务,至报劫频闻,恐干严议,辄复讳盗为窃,避重就轻,以至匪徒益无忌惮。若不急为整顿,则盗贼肆行,奸匪交接,其祸害有不可胜言者!应请敕令各直省督抚,严饬地方文武各官认真缉捕,奉行保甲,着有成效者,据实奖励;疲玩废弛,不知振作者,撤参重处,毋许稍为回护,庶捕务勤而盗贼敛迹矣。直省仓库钱粮,各有定额,州县官如果尽数征解,前后交代清楚,何至亏空盈千累万之多?其所以致亏空之由,厥有数端:或纨袴初登仕版,习尚奢华;或庸愚委任亲随,开销浮滥;或负累已深,以官项偿其私债;或交游太广,以正款供其应酬。及至寅支卯粮,东挪西掩,有漕者借口于帮丁之需索,解库者归咎于粮价之增昂。夫州县之赔累,原属有因,然使平素果能洁己奉公,量入为出,即受累亦不致过多,乃不善于经理,以致剜肉补疮,焦头烂额,道府即或查知,往往碍于情面,转为曲意弥缝。后任虑招众怨而不敢发,上司恐兴大狱而不敢参,即使查钞,终归无着。是以州县交代,有历数任而未算结者,有合数十州县而未盘查者,前者钦差大臣会同各督抚清查整理,严定章程,亏短各案,业已分别摊赔,第恐旧亏未完,新亏已续,若不实力整顿,其弊伊于胡底。至杜亏空之法,惟以清理交代为要。应请敕令各直省督抚,督同司道各官,于所属新旧交代之际,详细查明,交代未清者,不得委署升补;实有亏挪者,即行从严参办。庶州县慎重钱粮,款项不致虚悬,而征解皆归实用矣。"疏入,上优诏嘉纳焉。四月,充会试覆试阅卷大臣。

　　咸丰元年正月,偕署正蓝旗蒙古都统明训承修福陵工程。时盛京有盗伐山陵树株之事,命光与明训就近提讯。寻将知情故纵之总管全喜等鞫实,治如律。八月,转左侍郎。二年二月,充各省乡试补行覆试阅卷大臣。六月,署吏部右侍郎。八月,署户部右侍郎,兼管钱法堂事务。九月,历充顺天乡试覆试阅卷大臣,知武举。三年正月,以讯明私硝一案,奏请将吉林佐领依录等分别治罪。先是,吉林堂主事喜林达为其子德敏夤缘幸进,将军固庆放缺不公,挑甲不遵定制,复于依录查拿私硝,明知受贿,仍派会审;副都统琦忠随同标画,事隔数月,始行附参。上命光偕署吉林将军宗室恩华前往查办,至是,均鞫实褫职、发遣有差。三月,充会试知贡举。四月,命赴顺天府各属查勘矿山,旋拟定开采章程奏闻,下所司议行。十一月,充实录馆副总裁。十二月,擢工部尚书,以捐备军饷,下部议叙。四年正月,充经筵讲官。二月,充实录馆总裁。寻管理户部三库事务。五月,调刑部尚书。十月,赐紫禁城骑马。六年二月,充各省乡试补行覆试阅卷大臣。九月,充武会试正考官。十月,以宣宗成皇帝实录、圣训告成,加三级。八年四月,命偕吏部尚书周祖培等办理五城团防事宜。九月,署工部尚书。九年三月,充会试副考官。五月,充教习庶吉士。九月,充大考翰詹阅卷大臣。十一月,以刑部司员办案草率,未能查出,罚俸二年。十年正月,以办理秋审情实错误,及京察大典荐举不实,先后镌级留任。三月,署兵部尚书。闰三月,历充会试覆试阅卷大臣、各省乡试补行覆试阅卷大臣。十一年九月,偕大学士贾桢、周祖培,户部尚书沈兆霖奏政权请操之自上,并皇太后召见臣工礼节,及一切办事章程,疏载桢传。十月,充武会试正考官,署户部尚书。

　　同治二年,以云南回匪滋扰,奏请将昆明等处殉难绅民旌恤,允之。三年,署吏部尚书。四年,卒。谕曰:"刑部尚书赵光持躬恪慎,历练老成。由翰林荐陟正卿,历事四朝,叠司文柄。擢任刑部尚书十有馀年,勤劳懋著,倚畀方殷。昨因病乞假,当经赏假调理。遽闻溘逝,悼惜殊深!赵光着照尚书例赐恤。派郡王衔贝勒溥庄带领侍卫十员,即日前往奠醊。任内一切处分,悉予开复。应得恤典,该衙门察例具奏。"寻赐祭葬,予谥文恪。

许乃普

许乃普,浙江钱塘人。嘉庆十九年,由拔贡生朝考,以七品小京官用,分刑部。二十一年,丁父忧,二十四年,服阕。二十五年正月,充军机章京。五月,以一甲二名进士授翰林院编修。道光二年,充河南乡试副考官。三年二月,命在南书房行走。三月,充会试同考官。寻因仁宗睿皇帝实录、圣训告成,遇缺升用。四年,大考二等,记名遇缺题奏,并赐文绮。旋擢詹事府司经局洗马。五年六月,充湖北乡试正考官。旋提督贵州学政。十一月,升翰林院侍讲,仍留学政任。七年,偕云贵总督阮元等奏请添设郎岱厅学,酌定文武学额及贡廪增额缺,下部议行。

八年,任满回京,命仍在南书房行走。九年,转侍读。时上以南书房事简人多,命乃普暂回原衙门。十一年,充山东乡试正考官。十二年七月,仍命在南书房行走。八月,充顺天乡试同考官。九月,以京察一等覆带引见,记名以道府用。十三年,大考二等,升侍讲学士。旋提督江西学政。十六年,迁詹事府少詹事,仍留学政任。十七年,任满回京,命仍在南书房行走。旋升詹事。十八年二月,擢内阁学士,兼礼部侍郎衔。四月,署兵部右侍郎。五月,授刑部右侍郎,命毋庸入直南书房。十九年正月,署经筵讲官。三月,调吏部左侍郎,并署户部右侍郎,兼管钱法堂事务。时辅国公景纶等刑逼孙三供认放火一案,经刑部讯明平反,有旨将原审司员交吏、兵二部严议。七月,上以乃普等巧为开脱,所议未协,降四级留任。二十年正月,充经筵讲官。三月,兼署户部左侍郎。十一月,调户部左侍郎,兼管三库事务。二十一年闰三月,升兵部尚书。九月,以失察舆夫在武场滋事,降一级留任。十一月,赐紫禁城骑马。二十二年,偕兵部尚书裕诚等会议裁撤伊犁镇总兵缺,移置天津,并酌裁官弁兵丁,从之。先是,户部银库查有亏短情弊,历任管库查库王大臣,均议褫职,乃普蒙恩改为革职留任,其亏短银两仍令罚赔。二十三年闰七月,以完缴罚赔银两,开复革职留任处分。八月,充顺天乡试副考官。二十四年三月,兼署工部尚书。八月,命覆核朝审,偕大学士穆彰阿等奏称刑部拟以缓绞之阎四一犯,黑夜行凶,手刃三命,检查城坊初供,并无‘误伤’字样,应请改入情实,从之。二十五年正月,充经筵直讲。三月,充会试副考官。五月,因派候补主事署理掌印,并失察司员索诈吸烟书吏,降五级调用。寻又以失察刑部书吏积压文书,罚俸一年。十二月,补太常寺少卿。二十七年,擢光禄寺卿。二十九年,浙江大水,捐银备赈,下部优叙。

三十年三月,命仍在南书房行走。文宗显皇帝御极,诏求直言,乃普条陈五事:“一、方今先务莫急于正君心,培圣德。伏惟列祖列宗圣训,心法治法,先后同符。顾列朝各自为书,卷帙宏富,一时不易检寻。请敕下馆臣,合列朝圣训,依类分门,排日进呈,如当今之文治、武功、河防、漕运、盐政、钱法、海防、边防等,均应奉典谟训诰为宗主,而后辨群言之是非,察人心之邪正,审事几之利弊,定刑赏之权衡,纷至沓来,不淆定鉴,如宋臣苏轼所虑求治太急,听言太广,臣知其必无此弊矣。一、伏读恩诏,各直省保举孝廉方正,诚盛典也。顾地方官非仕优而学者,断不暇留意人才,其耳目不能不寄之儒学。自教官开捐纳之途,末学小生,比比而是。此辈品学既不能自信,安能以品学衡人?应请敕下各直省学政,将增附捐纳之教官,严加考核,或会同抚臣扃试,非文理较优,即令开缺候补,儒学得人,则所举庶几可恃。其有曾任京外官引退家居,果能敦睦宗族,约束子弟,身先齐民,首完国课。遇有地方义举,不吝解推,乡评具在,尤不难综核而知。应请一体敦遣来京引见,恭候钦定,庶不虚此盛典。一、刑部有所谓服制案者,罪人致死胞伯叔及胞兄之案,夹签声明,并非有心干犯,即得援照入册,幸逃显戮,其初由地方有司,溺于救生不救死之说,并以地方出有逆伦重案为讳,于是巧为开脱,豫为弥缝,避重就轻,相沿成习,而期亲尊长之沉冤,覆盆莫昭,于世道人心关系甚巨。应请敕下刑部,应如何斟情酌理,无枉无纵,俾伦常不斁,而刑罚以清。悉心定议,恭候御裁。一、各省偶有不靖,绿营弁兵,往往临阵畏葸,转恃乡勇为捍御,此皆不娴火器之故也。若于平时讲求抬炮、抬枪,及鸟枪长技,训练有素,施放有准,则胆气自壮,绿营何尝非劲旅哉?前时濒海将弁,往往不能燃炮,炮位每为敌人所夺。嗣经定有水师营弁引见时先令演炮之议,近来颇能娴习,其武职到京,似可于兵部验看时,兼看火枪,俾该武弁等知火器不娴,与骑射无准同罚,自当加意练习于平时矣。道光二十年上谕近山滨海地方,必应存留鸟枪守御者,报明地方官,于枪械上鋈刻姓名,编号立册存案,现在如甘肃之野番,四川之倮夷,湖南、贵州之红苗,与居民逼近处所。应由地方官示知民人,遵照圣谕存留鸟枪,庶可守望相助,有备无患。一、乾隆四十年敕撰医宗金鉴一书,康济民生,海内言医学者,奉为圭臬。现在内外大小臣工通知医学者,未必竟无其人。应请敕下内外大臣,就所知者随时保奏,其外省城市山泽有知医者,由地方官劝谕来京,仿宋时太平惠民和剂局,于京师设立医学。凡各旗民人等准令就诊,或授以兼太医院衔,或酌予以登进之阶,于仁寿斯民之意,未必无补。"得旨,下所司议奏。其服制案罪名,复申谕各直省督抚及刑部,务得实情,以昭平允。七月,命恭送宣宗成皇帝梓官。

咸丰二年五月,授内阁学士,兼礼部侍郎衔。七月,充山东乡试正考官。十月,署工部右侍郎,兼管钱法堂事务。旋疏陈军营奏报,类多欺饰。略曰:"自广西军兴以来,不曰杀贼多名,即曰歼除殆尽;[一]不曰贼势穷蹙,即曰指日荡平。乃贼匪自永安而桂林,而长沙,而岳州,今岁窜入汉阳,窥伺武昌。至阵亡兵丁练勇,每次奏报均无确数,显为冒销粮饷地步。应请设立行营御史数员,分驻进兵及防堵处所,遇有功罪不允,赏罚不明,及以少报多,以败为胜者,准其由驿单衔驰奏。"疏入,得旨,令各路统兵大臣及各督抚力除积习,认真稽察,其朦混掩饰者,据实严参。十二月,授兵部右侍郎。三年正月,户部举办在京商贾捐输,乃普奏言:"欲令商贾输将,必先令富绅倡率,盖富民与富绅同荷绯襻,而富绅之受恩尤重。其应捐输,一也。商贾志在谋利,尚且谊切同仇;富绅职在奉公,更宜情殷敌忾。其应捐输,二也。商

贾之子弟,或仅世其产业;富绅之子弟,莫不志在显荣。其应捐
输,三也。且满、汉富绅,昭昭在人耳目。皇上召见廷臣时,一问
可知,不似商贾散处闾阎,必待地方官展转查报。既恐上下其
手,亦且缓不济急。现今在京王公大臣及文武各员,虽经捐输在
案,但其中久著富名,广有田园产业者,尚不乏人,若仅照常捐
输,而商贾细民以铢积寸累之资,令其倾囊助饷,不生怨讟,已属
难能,尚望其输将踊跃乎?应请旨饬下部臣先议富绅捐输,其有
子弟家丁开设典当银号与各行铺,及广置市房出租者,无论在京
在外,皆令据实陈明,捐输助饷,为商贾之倡。"从之。

　　寻因安徽军务紧要,奏言:"自九江府城失守,皖省待援方
急,且陆路逆匪,距宿松甚近,急宜防剿。所有调往河南之黑龙
江官兵,素称劲旅,于陆路尤属相宜。倘俟行抵河南信阳一带,
再令折赴安徽,不特道途迂远,时日迁延,即沿路供支,亦多冗
费。现在黑龙江二起官兵甫过都门,其馀八起尚未抵京。应请
饬令由山东、江南驿路,径赴安徽,较为直捷,远可资江省之援,
近可固庐州之围。"二月,从上耕耤田,加一级。三月,兼署刑部
右侍郎,旋实授。五月,因要犯刘秋贵死于狱中,承审司员未能
审出实情,乃普坐失察,降一级留任。旋擢工部尚书,复调刑部
尚书。疏陈时务,略曰:"逆匪攻陷州县、辄开狱纵囚,充牌刀手。
应请将距贼较近之各府、州、县监犯,除情罪轻者毋庸议外,其强
抢重案,及火器杀人在狱缓决者,不必听候部覆,准其就地即行
正法。如由刑部查核行文,不特时日有稽,且该处距贼远近亦难
悬揣,应由该督抚随时随地,酌量缓急,檄各属妥速办理,一面正
法,一面具奏,断不可徇于流俗阴功之说,暂延一重囚之命,致荼

毒千百人之身家,亦豫除逆党之一策也。向来河工失事,均令在事人员分别摊赔,原以国家经费有常,此等失事人员漫不经心,虚糜帑项,若仅照例斥革,不足动其儆畏之心,转得遂其侵渔之计。嗣后奉命防剿之统兵大臣,及督抚司道,如果屡获胜仗,收复城池,或防剿严密,贼匪不能入境,准令开销经费;其防剿疏懈,致贼窜扰者,照例治罪,仍请解部监追,分成着赔。以前广西、湖南、湖北及九江、安庆、金陵、扬州等处失事各员,除已殉难者毋庸议外,其馀皆有防剿之责,或迁延贻误,或遇贼即逃,皆属糜帑殃民,罪无可逭,即应援照河工旧章,将用过防剿经费,责令分别罚赔。至如何分成勒限完缴之处,请敕部核议,恭候圣裁。"得旨,下部议奏。八月,疏言:"筹剿江南贼船,惟广东之快蟹船最为便捷,请敕广东督抚酌调水师官兵,派委镇将大员管带快蟹船,驶入长江助剿。"又奏:逆匪扰及豫省,防剿紧要情形,又奏参山西巡抚哈芬不能防贼,并奏保工部郎中冯志沂、头等侍卫赵延烺赴帮办军务胜保军营差委,允之。

先是,国子监司业崇福奏请将咸丰四年山西全省钱粮豫先借征,经军机大臣等会议推广,将陕西、四川两省钱粮一律借征,乃普偕侍郎何彤云奏言:"各省情形不一,应由各该督抚体察情形,除山西被贼各州县毋庸借征外,其地瘠民贫之陕西延安、榆林、绥德、兴安,四川之宁远,亦请概不借征。至畸零小户数亩或数十亩,仅资糊口,仍令照常完纳,庶不至重困民力。"又奏言:"时值严寒,兵丁尤当抚恤。闻通永镇步兵四百名去贼最近,而大半尚衣单夹,兼以行营地方食物本贵,无钱者往往攫取,以致市贩裹足,兵丁转不免饥寒。应如何抚恤之处,请敕带兵大员酌量办理。"

时江宁踞贼分股北窜,由山东高唐至直隶独流镇,官军攻剿两月未克。乃普奏言:"独流街市形如折扇,北为扇轴,南为扇面,其东西则扇之两旁也。东西面均有高堤,难以得手,北面地势甚狭,亦难用兵。须从南面进攻,且独流地势甚高,街中有楼,登楼眺望,我军动息,贼皆知之。似须乘夜进兵,攻其不备。"十二月,奏言:"江南糜饷老师,皆由琦善等意见不和。舒兴阿自陕赴皖,行走迟延,需索地方。若与江忠源会剿,不独难以和衷,且恐因之掣肘。"又奏:"饷需艰难,军务一日不蒇,即经费一日不敷。惟在粮台各员力求核实,尤在带兵大帅克日奏功。"是月,充实录馆总裁。

四年正月,充经筵讲官。二月,刑部主事王式言承审命案,听受请托,失入,绞罪。上命裕诚等会审,乃普以式言系门生,奏请回避,上不许。复有旨谕刑部将实情审出,宽其失察之罪,若故意开脱,必当加等治罪。嗣经裕诚等审出式言家人受贿确供,上责乃普回护门生,处处为开脱地步,命降补内阁学士,毋庸在南书房行走。四月,授礼部右侍郎,寻转左侍郎。六月,命偕吏部尚书柏葰谨勘昌陵工程。九月,调户部右侍郎,兼管钱法堂事务。十月,调吏部左侍郎,旋擢都察院左都御史。五年,稽察户部三库。六年三月,充会试副考官。十一月,升工部尚书。七年,命恭送孝静康慈皇后神牌还位。

八年四月,命偕吏部尚书周祖培等办理五城团防。五月,以浙江军务紧急,奏请饬前任兵部侍郎曾国藩由楚赴浙,与周天受等围剿。八月,恭送玉册、玉宝赴盛京,下部议叙。旋命偕刑部尚书赵光等勘估万年吉地。十二月，奏言："捻匪叠次北扰，由河南之归德、陈州窜至杞县，遂陷周家口，旋扰山东曹、单一带，宜令大员统带重兵屯于皖、豫交界地方，障河南以安东、直，兼卫京师。"又奏："河南南、汝、光一带与皖、楚毗连，捻匪、粤匪常存窥伺。邱联恩现驻光州，所带兵勇，为数无多，应请添派精兵，归其管带，以张犄角之势。"又保奏游击滕家胜联络乡团，声势极壮，可备干城之选。九年五月，调吏部尚书。八月，命覆核朝审。十年正月，充经筵讲官。二月，上以三旬庆辰，加恩在廷耆臣，赏乃普太子太保衔。旋参奏："办理安徽军务左副都御史张芾借口防堵，从未进剿，致贼叠陷徽、宁所属各县，径扑杭州。请明正张芾之罪，并将周天受不能扼截援应之罪，查明是否张芾调度无方，一并严议。"四月，以前任工部堂官时失察司员收受商人钱文，下部议处。六月，因浙江军务危急，偕都察院左都御史沈兆霖等奏保在籍绅士前任漕运总督邵灿、前任左副都御史王履谦等，办理浙江团练。又奏保杭州驻防协领杰纯、文举人成胜堪胜带练防剿，诏如所请。寻因滥保前任宝源局监督瑞琇京察一等，降二级留任。九月，因病陈请开缺，允之。

　　乃普自道光二年至咸丰九年，充殿试读卷官三次，武殿试读卷官一次，新贡士朝考阅卷大臣五次，并历充乡试覆试、会试覆试、宗室乡试会试覆试、[二]考试汉教习、庶吉士散馆、考试试差、大考翰詹、考试学正学录阅卷大臣。同治五年，卒。谕曰："前任吏部尚书许乃普学问优长，供职恪慎。嘉庆年间，由一甲二名进士，授职编修。道光初年，入直南书房，荐擢正卿，屡司文柄。咸丰年间，赏加太子太保衔。嗣因老病开缺调理，方冀颐养安和，遐龄克享。兹闻溘逝,悼惜殊深! 许乃普着加恩照尚书例赐恤。任内一切处分,悉予开复;应得恤典,该衙门察例具奏:以示笃念耆臣至意。"寻赐祭葬,予谥文恪。

子彭寿,内阁学士,兼礼部侍郎衔;钤身,福建按察使。孙之俊,恩赏举人。

【校勘记】

〔一〕不曰杀贼多名即曰歼除殆尽　原脱此两句凡十二字。今据许乃普传稿(之四一)补。

〔二〕宗室乡试会试覆试　原脱"覆试"二字。今据许乃普传稿(之四一)补。

曹毓瑛

曹毓瑛,江苏江阴人。道光十八年,由拔贡生朝考二等,以七品小京官用,分兵部。二十三年,中式举人。二十六年,充军机章京。咸丰二年二月,丁父忧,七月,丁母忧,五年六月,服阕,仍充军机章京。十一月,升主事。七年,升员外郎。九年,升郎中,寻记名以御史用。十年二月,擢鸿胪寺少卿。

时粤匪窜扰江南,苏州、常州相继陷。五月,毓瑛奏请急攻苏、常,分兵迅剿,以牵贼势而保大局。略言:"拯溺救焚,其事宜急而不宜缓;捣虚批亢,其事宜合而不宜分。臣前读都兴阿之奏,拟自英山由豫绕赴徐、宿以达江北;而曾国藩通筹方略,拟分三路进剿,俟八月大举。窃谓都兴阿由豫以抵江北,程途纡远,非两月不能到浙江。自萧翰庆阵亡,江长贵由平望退守,锐气尽销。以屡溃之兵而御剽悍之贼，待至八月，松、太各属，嘉、湖、杭州诸郡，势将瓦解，蔓延愈广，规复愈难。为今之计，都兴阿宜带兵自英、霍取道临、凤以抵江北，不过旬日可至；即由通、泰过江直抵江阴，进攻常州、无锡为一路，而以周沐润所募沙勇副之。镇江现有兵万馀，巴栋阿、冯子材、向奎进规丹阳为一路，薛焕在上海捐资，添募勇丁万人，由嘉定、太仓、昆山进攻苏州为一路，而以张玉良出嘉兴平望之师副之。曾国藩率楚兵由宁国取道广德，进攻嘉、湖为一路，以策应诸军，而令米兴朝攻宜兴、溧阳，周天受攻高淳、东坝，曾秉忠督长龙船入太湖以副之，攻贼所必救，据贼所必争。东南大局，尚可有为。然后俟曾国藩所募之勇到齐，分路进剿。庶于事有济，而江浙不至受困矣。"

十一年十月，命在军机大臣上学习行走。十二月，升顺天府府丞。同治元年正月，京察届期，下部议叙。寻升大理寺少卿。二月，兼署宗人府府丞。八月，升大理寺卿。十月，命在军机大臣上行走。二年正月，升工部左侍郎。二月，调兵部右侍郎。十月，赐紫禁城骑马。三年正月，京察届期，复下部议叙。六月，江宁克复，赏头品顶戴，并赏戴花翎。是月，署吏部右侍郎。八月，署兵部尚书。四年二月，迁都察院左都御史。十一月，擢兵部尚书。

五年，卒。谕曰："兵部尚书曹毓瑛居心诚悫，立品端方。道光年间，由部曹充军机章京。咸丰十年，升鸿胪寺少卿。朕御极后，复加简任，令其在军机大臣上行走，荐擢正卿。数载以来，矢勤矢慎，克称厥职。昨因微疾，赏假调理，方冀速瘳，长资倚畀。遽闻溘逝，悼惜殊深！业经赏给陀罗经被，着派惠郡王奕详带领侍卫十员,前往奠醊,赏银二千两治丧,并加恩晋赠太子少保衔,照尚书例赐恤。任内一切处分,悉予开复。应得恤典,该衙门察例具奏。伊子曹钟彝,着赏给员外郎,俟服阕后,分部学习;钧彝,着赏给举人俟,服阕后,准其一体会试;锦彝、钰彝,着俟及岁时,由部带领引见。其灵柩回籍,着沿途地方官妥为照料,用示笃念尽臣至意。"寻赐祭葬,予谥恭悫。光绪十五年正月,慈禧端佑康颐昭豫庄诚皇太后归政,以毓瑛前充军机大臣,夙夜在公,襄成郅治,命赐祭一坛。

谭廷襄

谭廷襄,浙江山阴人。道光十三年进士,改翰林院庶吉士。十五年,散馆,以主事用,分刑部。二十三年,补官。二十四年二月,升员外郎。五月,升郎中。二十六年,记名以繁缺知府用。二十七年二月,授直隶永平府知府。十月,调补保定府知府。二十九年,署通永道,旋实授。三十年,调补清河道。咸丰二年,以帮办海运出力,并捐备军饷,下部优叙。三年正月,署直隶按察使。十二月,升两淮盐运使,四年正月,直隶总督桂良奏留筹办巡防事宜。三月,擢山东按察使,仍留直隶办理海运。六月,授顺天府府尹。十月,稽察左翼觉罗学。五年二月,命赴天津验收海运米石。五月,擢刑部左侍郎,仍兼署顺天府府尹。九月,充武乡试监临,并较射官。六年正月,复偕仓场侍郎阿彦达赴津验收米石。六月,倡捐海运馀米,下部议叙。寻以验收海运完竣,赏戴花翎。八月,授陕西巡抚。

十二月,署直隶总督。七年正月,湖北襄、樊匪徒窜扰,毗连陕境。廷襄檄派将弁会同湖北官兵,叠破贼垒,进攻竹山县,克之。是时各省采买米石,运交京仓。廷襄奏称:"陕西至京,运道难通,且产稻无多。现拟筹银解京,由部酌买。"允之。旋赴直隶总督任。五月,奏言:"东明县城被水冲塌,现拟筹款堵御,并抚恤居民。"如所请行。又以直隶盐枭充斥,奏请从严惩办,得旨:"嗣后商巡随同兵役缉匪,[一]准其携带鸟枪。如遇大夥枭贩拒捕,格杀弗论。至地方官查拿枭贩,遇匪徒数十人以上,横行抢劫,即照拿办土匪之例,审明后即行正法。"六月,永定河水漫溢,廷襄奏将防护不力各员惩处,并自请议处。

　　八年三月,实授直隶总督。时天津海口有外国兵船驶入,廷襄遵旨赴天津,偕仓场侍郎崇纶密陈海口情形,疏言"俄与英、法、美三国情形虽殊,其心则同一叵测。现时俄人意极迫切,自当因势利导,剀切晓谕,以冀渐次驯伏诸国。"嗣谕廷襄与崇纶一同接见各使,复奏言:"臣廷襄抵大沽驻扎,有俄人通事投递公文,臣等接见该俄使普提雅廷,词色颇属恭顺,惟求将分界、通商二事代为奏办。臣等查分界一事,上年业已奉旨准将从前未曾分界之乌特河一处,会同覆勘,其馀以兴安岭为界,山南为中国,山阴为俄国,自有一定疆土,会勘自可分晓。该使又称黑龙江左界有满洲人生聚,意欲移于江右,所费约银十万两,该国情愿助给。臣等以大皇帝抚驭中外,普天之下,莫非王土,旗人生聚之所,岂能给费迁移? 此等不情之请,不敢具奏。该使亦即语塞。又通商一节,该使总以别国通商口岸,须准一体通商。臣等告以伊国通商现有三江口岸,如欲仰乞恩施,量为加增,须俟奏明请旨。"寻又偕崇纶等接见美使,奏称:"臣等到口,以礼接待。当谕以'大皇帝以尔国在粤,〔二〕不肯帮助英、法,深为嘉许。今与英、法同至,究因何故?'据云:'广东之事,与伊无干。伊与俄国拟相说合,〔三〕故来请见。'又云伊曾有国书于咸丰六年在浙、闽呈进代奏,不料原封拆动后,仍复交还,恳请再为代奏。当即捧书送阅,并称必求大皇帝玺书赐覆,方见两国和好。臣等答以'国书与公文不同,未便冒昧接收,应俟请旨遵办'等语。至英、法两国应俟俄、美两国评理后,方可接见。"寻奏言:"连日体察其情不一,英、法悖理,俄、美输情,而其欲餍所求,则彼此并无二致。臣等明知一经交仗,海运立时梗阻,津郡骚然,种种可虑。惟事势所迫,此等无礼之人,断不能空言驯伏,听我指挥。若不据实直陈,则获咎滋大。伏乞皇上就臣等前奏各款,俯加采择,先将俄使量予恩施。"疏入,上命奕山于黑龙江会同俄国公使秉公勘办分界事宜,仍谕廷襄将俄使所请五口通商,酌量允许;并准美使于五口外闽、粤附近处所,添二小口。廷襄疏言:"臣等接到寄谕,即照覆俄使。彼乃复举已驳旧说,欲以黑龙江、乌苏里河、绥芬河为界,不肯以兴安岭为界。反覆无常,情殊可恶。嗣据美使复来接见,臣等将所请各款,已与剀切分剖,语尚近理。其通商口岸一节,臣等尚未肯遽允增添。赔补一条,请以将来税课扣抵,臣等亦极言驳斥。"

旋因英船闯入内河,轰伤兵勇,炮台被占。廷襄自请治罪,上以其调度无方,命褫职留任,拔去花翎。四月,奏称:"英船退回三岔河待抚,并探闻英船内暗带潮勇,且有步队。近日又有续到船只,臣等派员告以钦派大学士桂良等日内即可到津,饬令等候。"又附片密陈:"天津郡城无一日之水,无隔宿之粮,城外廛肆毗连,河路错杂,战守两难。不得已仍行议抚,但使津郡能羁縻一日,则京师可筹备一日。伏愿皇上密饬僧格林沁严防陆路北窜,并令各旗整饬劲旅,以备非常。臣与津存亡,自誓已久,非敢以言抚为退缩求生地步。"奏入,谕曰:"汝节制全省,岂止守一津郡耶?[四]若如是自誓,实为有负委任,如大局何!"寻奏言:"臣蒙训词严切,何敢以一死塞责,致误大局?惟恐外兵一经登岸,立即不可收拾,随即遣员与之理说,先以不准登岸入城相约;又恐其以购买什物为由,诱惑愚民,因令团总张锦文等设一公局,经理其事,凡洋船日用,准为代买,不准与民间交接。所可虑者,津郡向多匪数,一与广勇、潮勇联合,为患匪细。臣令团总等加意整饬,且各门各路皆有兵勇分管地段,联络守御。"五月,奏言:"遵旨严密布置,防其北窜,并急筹攻战,以卫地方。"

嗣因海口炮台失守,为钦差大臣僧格林沁所劾,上责其恇怯无能,命革职来京,听候查办。寻遣戍军台。九年九月,释回,赏五品顶戴,赴直隶大、顺、广一带帮办团练事宜。寻以捐输银两,加四品顶戴。十月,赏三品顶戴,署陕西巡抚。十年三月,奏请出粜各属常平仓谷,以济军饷。先是,御史李培祜奏参前任陕西巡抚曾望颜任性妄为,声名狼藉等款,上命廷襄查办。至是覆奏望颜举劾属员,粗率错谬,又令伊子干预公事,请下部严议。六月,命督办陕西团练,寻奏:"西安、汉中、延、榆、绥各镇,向归陕甘总督统辖,惟总督在甘肃,距各镇甚远,有鞭长莫及之势。可否准令巡抚统率,以便整饬营伍。"奏入,谕令俟陕甘总督乐斌到陕,妥为商酌。八月,廷襄遵旨密查天主教,疏言:"天主教流入中国有年,愚民被惑入教者,所在多有。惟现在洋务未定,若令到处穷搜,转滋疑惑。惟有密饬地方官,于稽察保甲时留心访察,如有习天主教之人,另册密记,以便随后设法开导,或冀渐启愚蒙。"上韪之。又奏筹济饷需,请酌照京局章程劝捐,以佐经费,下部议行。时外夷抚局未定,中外臣工有建言请西巡者,谕令廷襄偕乐斌会议,疏陈三便三难,议旋寝。十二月,偕乐斌奏请将陕西绿营兵额裁马改步,如所议行。

十一年正月,赏二品顶戴,补授山东巡抚。时曹州土匪勾结东昌匪党滋事。四月,带兵驰赴茌平,督剿东昌、临清贼股,连战胜之。五月,克东昌府河西贼巢,六月,克张秋镇,八月,复濮州。适捻匪抢渡运河,逼省城,廷襄督营总乌尔贡扎布率队绕出贼前迎剿,大破之,贼东窜,省城解严。九月,命督办山东团练,请于山、湖两路扼要严防,以御外侮而靖内忧。[五]上可其奏。十一月,御史曹登庸劾廷襄滥保属员,上命僧格林沁查奏,以委用非人,下部议,降三级留任。是时山东州县积年亏空,至七十一万有奇。廷襄请饬查清理,得旨允行。同治元年三月,匪首马传山窜踞南泉民围,饬游击范正坦等击破之。六月,以山东军务稍定,奏请举行壬戌恩科,并补行辛酉正科乡试,诏如所请。七月,兼署河东河道总督。八月,以兖州各属被贼,济宁各属被旱、被水,请将新旧钱粮分别酌缓,允之。二年,截剿河西窜匪,生擒戕官要犯张全堂及匪首杨蓬山等,悉置之法。三年七月,授刑部右侍郎。十一月,来京。四年三月,充会试副考官。六月,署管理户部三库事务。十一月,命在总理各国事务衙门行走,调补工部右侍郎,兼管钱法堂事务。五年三月,迁户部左侍郎,兼管三库事务。

　　九月，湖北巡抚曾国荃奏参总督官文贪婪欺罔各款，命偕刑部尚书绵森前往查办。十月，赐紫禁城骑马。十二月，命撤官文任，以廷襄署理湖广总督。六年正月，偕绵森查明官文原参各款覆奏，请下部严议，从之。五月，御史佛尔国春奏参曾国荃动用竹木税银，修理衙署，廷襄等遵旨查奏，并无其事。寻佛尔国春又奏："廷襄所奏湖北省督、抚、司、道动用竹木税银，馈送各员，业已着赔等语，惟咨部清单未经分晰，请旨饬查，以杜朦蔽。"上命廷襄等明白回奏。寻偕绵森覆奏，略言："湖北省自三次失陷以来，办公草创，不循例案，如酬应等类，居然动用官款。今因滥支竹木商捐，而责令分赔，加以处分，亦足以示警矣；若因而罪及所受之人，甚至路远给资，亲丧受赇，一概令置吏议，似非王道本乎人情之义。且此案咎在滥支之人，不在收受之人。今既将官文等议处着赔，所有收受各员，应请仍照原案，概免置议。"疏入，允之。八月，署吏部右侍郎。十一月，升都察院左都御史。十二月，擢刑部尚书。七年三月，兼署吏部尚书。闰四月，充朝考阅卷大臣。八月，兼署都察院左都御史。九月，充武殿试读卷官。八年三月，复兼都察院左都御史。

　　九年四月，因病请假，旋卒。谕曰："刑部尚书谭廷襄持躬端谨，练达老成。由翰林院庶吉士，改授部曹，历任监司，叠膺疆寄。旋以侍郎荐擢尚书，并令在总理各国事务衙门行走。扬历中外，宣力有年，均能恪尽厥职。昨因患病赏假，方冀调理就痊，长资倚畀。遽闻溘逝，悼惜殊深！着加恩追赠太子少保衔，赏给陀罗经被，派贝勒奕劻带领侍卫十员，即日前往奠醊。照尚书例赐恤。任内一切处分，悉予开复。应得恤典，该衙门察例具奏。

伊子户部候补主事谭宝琛,着俟服阕后,以本部员外郎补用;谭宝璪着赏给举人,俟服阕后,准其一体会试。其灵柩回籍时,着沿途地方官妥为照料,用示笃念耆臣至意。"寻赐祭葬,予谥端恪。

子宝琛,户部郎中;宝瑛,兵部郎中;宝珖,二品荫生,刑部主事;宝璪,恩赏举人,内阁中书。

【校勘记】

〔一〕嗣后商巡随同兵役缉匪　原脱"随同兵役"四字。今据显录卷二三〇叶一二下补。

〔二〕大皇帝以尔国在粤　原脱"国"字。今据谭廷襄传稿(之四一)补。

〔三〕伊与俄国拟相说合　"相"原误作"向"。今据谭廷襄传稿(之四一)改。

〔四〕岂止守一津郡耶　原脱"津"字。今据谭廷襄传稿(之四一)补。

〔五〕以御外侮而靖内忧　原脱"而靖内忧"四字。今据谭廷襄传稿(之四一)补。

罗惇衍

罗惇衍,广东顺德人。道光十五年进士,改翰林院庶吉士。十六年,散馆,授编修。十七年,提督四川学政。寻召对,上以惇衍年少,恐于事务未能周悉,命仍留京供职。二十年五月,充四川乡试副考官。十二月,充文渊阁校理。二十三年三月,大考一等,升翰林院侍讲。六月,充日讲起居注官。闰七月,充山东乡试正考官。十一月,转侍读。二十四年,擢侍讲学士。二十五年三月,充会试同考官。五月,迁通政使司副使。九月,升太仆寺卿。二十六年,提督安徽学政。二十九年六月,以衙署被水,册籍散失,自请议处,上加恩宽免。九月,迁通政使司通政使。

三十年三月,陈端本善俗疏,略言:"古帝王立纲陈纪,根源只在一心。检摄此心,莫先于居敬穷理;居敬穷理,莫先于勤省察;勤省察,莫先于观览载籍。圣祖仁皇帝御纂性理精义一书,其总论为学之方,立志之要,由存养省察,致知力行,以及人伦性命,皆有程途可按,阶级可循。至于论君道、用人、田赋、学校、礼乐、兵政等类,尤足以端主极而肃官方。惟在皇上万几之馀,讲习讨论,身体力行之耳。世宗宪皇帝朱批谕旨所载臣工奏折,凡二百二十三人,皆恭录批签,使其知所陈之得失,明见万里,自古所无。皇上于揆几之暇,并将此书日阅一二事。凡督抚所奏,有能深谋远虑,措置得宜者,固蒙褒答;若不实不尽及饰诈怀私者,亦一一为之指示周详,庶大吏皆知所警戒。他若御纂资政要览、庭训格言诸书,皆本心法、治法而一以贯之。伏愿皇上本法祖之意以修己,推而知人安民,皆得其道,天下有不荡平正直者哉?"又请谕令部院大臣各举所知,以备京卿及讲读之任,无论京外及家居之员,皆得胪列其平日实行,登诸荐牍;又请敕直省督、抚、提、镇、学政,皆得犯颜直谏,指陈天下利病,无所忌讳,即藩、臬中有能披沥肝胆,畅所欲言者,亦许自行密封,令督、抚代为呈递。疏入,上嘉其爱君之诚,并饬谕中外大臣实力奉行。

咸丰元年,奏请崇俭禁奢,略言:"嘉庆以前,物力丰阜,人知侈靡为无益,故好尚正而异物不能迁。今则汰侈是从,遇有婚嫁、丧葬等事,动辄费千馀金,或数百金,无者多方称贷以取办。
问其度日之费,往往朝不谋夕,岂不昏愚可悯? 又京外各官,寻
常宴会,动至一席费五六金,外官款宴上司,竟有一日而费百金
者! 此类糜耗,不一而足。三十年中,日甚一日,乃至婢妾幼稚,
亦复被华采而饰珠玉。岂惟暴殄,尤属僭逾! 又其甚者,患婚嫁
之费,而至于溺女不举,是不慈也! 因窀穸之费,而至停棺不葬,
是不孝也! 不慈不孝,岂非人心风俗之大害乎? 查道光八年,曾
查照会典,刊刻简明规条,有司未能奉行。故凡典礼之切于日用
伦常者,皆无以率循不越。应请饬下礼部,就会典、通礼二书撮
其简约常行者,以为条教之式,俾海内臣庶皆可家喻户晓,必期
革奢而返俭,是诚今日救时之急务也。"从之。五月,充福建乡试
正考官。二年三月,充会试知贡举。八月,署吏部右侍郎。

十一月,日食,惇衍以顺治元年至乾隆五十年,日食四十有
八,逾九分者止七次,而本年几于食既,正值冬至以前,为剥尽纯
阴之候;又值望日月食,与寻常灾异不同。请饬廷臣修省,略言:
"皇上御极以来,孜孜图治,求言求才之诏屡下,而盗贼未平,干
戈未息,国用未足,民困未苏,在廷诸臣非不循分供职,而迟回慎
重之意多,奋发振兴之意少。因而莅官行政,卤莽粗疏之弊少,
游移迁就之弊多。执持不定,则号令之颁,忽行而忽止;担当不
足,则补救之术,愈合而愈离。行一事,牵制而不前;发一议,观
望而不决。廷臣首尾两端,疆臣亦互相推诿。大员委蛇容悦,属
员亦专务趋承。敬请我皇上因日食修省,严饬廷臣,将平日取巧
之积习,一旦悚然改悔,事可行则行,勿泥成例;费可节则节,勿
避众怨;人可举则举,勿限资序;法可改则改,勿惮更张。总期合

力振作，[一]锐意奋兴，略浮华而一本肫诚，破情面而大彰公道，深究利害，确定是非，人人有实心，斯事事有实效，而天灾可弭矣。更有请者，天之示谴，正所以仁爱人君，而诸臣之振兴，尤赖皇躬之率作。圣祖仁皇帝亲政，即以藩镇、河工、漕运三事大书于宫中楹柱，出入观览。康熙二十五年以前，无日不命儒臣进讲，单日讲经，双日讲史，无稍间断。逐日御门听政，与内阁、六部商榷政事，每逾午刻，是以能定乱致治。臣愿皇上勤政亲贤，上法圣祖；恭敬撙节，近法宣宗。道光三十年间，停土木，裁贡献，撤三山陈设，罢一切游观，广储司积有盈馀，内务府绝无兴作，诚以润色铺张之举，甚不可也。且人情偶有所偏，即有所溺，逸欲之萌，初不在大。魏徵之论十思，苏轼之陈三事，皆防微杜渐，意至深远。愿皇上动心忍性，居安思危，戒游观，却玩好。有以宴安逸乐之说进者，立斥其人而暴其罪，而后延访群臣，勤恤国事，事之大者，必经圣心确加考察，洞悉其中曲折，而后与二三大臣审定而断行之。若仓猝裁决，取必立谈之间，则不能无率误者，势也。至用人黜陟之权，操之自上。贤否忠佞之分途，辨之不可不早，断之不可不速。知其忠矣，必显任之，使得行其志；知其佞矣，必显斥之，使不得售其欺。并容姑置，一旦受其欺而不觉，未有不伸彼而绌此者矣。因武备之不修，而留意戎行，不可使人见有重武轻文之意；因臣下之多蔽而别寄耳目，不可使人售其逢迎揣测之私。辅相之职，当助人主出谋发虑，故须委任责成，使得展布，尽其心力，而后责其效与不效，否则大臣以箝口结舌为得计，转可诿过于君，而其后将有丛脞之患，尤不可不切戒也。又闻帝王之学，不类儒生，风云月露之词，书画艺能之末，皆非为治之先,愿皇上恭览实录之馀,多读有益之书。如上年儒臣所录朱子全书,系故大学士李光地承修,经圣祖仁皇帝逐条斟酌,内圣外王,理无不贯,必须息心静观,切己体察,方为有益。并闻故大学士杜受田曾为皇上讲解资治通鉴,首尾二周,此书尤切于实用,凡治乱兴衰之故,贤奸忠佞之情,无微不照。伏见我皇上眷怀旧学,于杜受田身后饰终之典,有加无已。必于杜受田生前启沃之言,紬绎不忘,但使圣学日进于高明,则治亦日臻上理矣。"上嘉纳之。

寻迁都察院左副都御史。十二月,以捐输军饷,下部优叙。三年二月,升刑部左侍郎。四月,惇衍奏:"丰工决口后,小民流离失所,江苏之清河、宿迁、邳州,山东之滕县、鱼台、嘉祥等处,所在民多饿莩,尸骸遍野。请饬两河总督、江苏巡抚分饬地方官,督同绅士耆老,广置义冢殡埋;并被贼滋扰地方,惨遭屠戮,亦请饬属掩骼。"得旨,允行。又奏闽、粤商贾,运米至津,请豫定价值以广招徕,并请将各省援例报捐,均归并捐输核算,援照山西等省酌加学额中额。下部议行。寻奏保广东在籍兵科给事中苏廷魁等数员,堪任筹办军饷事宜,宜令其各举所知,互相敦劝,仍饬地方官各于所属,延访公正绅耆,就近督同劝谕。诏如所请。五月,以特旨交审之要犯刘秋贵受刑后,因病身死,郎中陈鲁等未能审出实情,嘱令提牢捏报日期。事发,惇衍坐失察,降一级留任。

时发逆鸱张,长江一带,尽为所据。湖北按察使江忠源失利于石镇,惇衍奏南方大股贼匪,以水路为巢穴,必思所以御之之法,然后可直捣中坚,请饬曾国藩再练楚勇数千,就近由湖南移

扎武昌,为江忠源声援,以杜贼匪窥伺荆、襄之意。又贼窜江西,
界连广东,请饬掌工科给事中苏廷魁在籍召募粤勇,进援江西。
安徽与河南接壤,河南与湖北接壤,势均扼要,请命帮办安徽军
务袁甲三就近回河南原省劝谕捐输,以防捻匪,并会同已革两广
总督徐广缙办理召募事宜,仍令袁甲三往来堵剿于凤、颍之间,
以遏贼北窜,并将苏廷魁、袁甲三两员上请温谕褒勉,或赏加卿
衔,令其便宜从事。报闻。六月,充考试汉教习阅卷大臣。九
月,充磨勘默写武经大臣。寻命随同惠亲王办理巡防事宜。十
一月,调户部左侍郎,兼管三库事务,命赴通州会同户部左侍郎
全庆等清查通济库款。旋充实录馆副总裁。又以户部奏收京城
房租,惇衍奏请停止,允之。五年四月,山东茌平冯官屯踞匪荡
平,直境肃清。惇衍以巡防宣力,下部优叙。七月,丁父忧,回
籍。七年,英人背约,陷广东省城,并劫总督叶名琛以去。命偕
在籍太常寺卿龙元僖、给事中苏廷魁集团剿办。八年,惇衍等移
扎花县,密筹布置。十年,英事议和。十一年,命来京听候简用。

　　旋擢都察院左都御史。同治元年,以广东巡抚耆龄、御史华
祝三等先后疏劾两广总督劳崇光任用非人、调度乖方各款,命偕
广州将军穆克德讷密查。三月,惇衍等查实奏覆,劳崇光下部严
议。七月,到京,旋升户部尚书。八月,充顺天乡试副考官。闰
八月,疏请京外一体荐举人才,略言:"皇上求贤若渴,半载有馀,
应诏者甚属寥寥,即有登诸荐牍者,或由他省督抚保举,必待本
省给咨,始能赴部,非所以示虚怀延揽之道也。且但令封疆大吏
保举,而未及京卿,恐驯致外重内轻,不可不防其渐。内阁、六
部、九卿等官,皆皇上简用重臣,素所亲信,必俾其各举所知,将

来众正盈廷,然后可反危为安,转乱为治。请不必限以时日,拘以人数,但有操守廉洁、才猷卓越者,即许随时专折特保;倘所荐之人将来或犯有贪污劣迹,必惟举主是问。"奏入,上是之。又奏库银支绌,支放不敷,各省欠款累累,请择其稍为完善之区,严定数目,赶紧解京,以杜推诿;并明定膜视京饷处分,倘任意迟延,即从严参办。如所请行。旋因安徽巡抚李续宜丁忧回籍,皖省军情紧要,请谕令赴任视事,从之。十月,奏近畿米粮短绌,请饬下各省督抚,劝谕商民自行采买,由海运津,听其销售,并加恩普免税课,无论产米及赍赴处所,一律无庸捐厘。下部议行。寻赐紫禁城骑马。十二月,充经筵讲官。二年二月,举郎中王家璧、云南盐法道吴惠元等,请交直隶差委,诏吏部调取引见。三月,兼署都察院左都御史。三年正月,请疆吏加意仓储,仓谷非赈饥不能出粜,无论官仓民仓,未动之谷,不得变价提用;至仓谷已缺,绅民捐资弥补者,尤应加意保全。下所司议行。二月,命查东陵、西陵工程。八月,充顺天乡试副考官。四年四月,署翰林院掌院学士。

闰五月,因伊犁参赞大臣联捷、御史陈廷经先后疏劾陕西布政使林寿图燕处衙斋,沉湎于酒;巡抚刘蓉初任封疆,未谙公事,举劾半听林寿图,以致物议沸腾。命偕协办大学士瑞常赴陕查办。八月,惇衍等遵查参劾各款,均无确据,惟于属员赴任撤任各节,多未允协,奏覆。部议林寿图镌级,刘蓉夺职留任。寻陕甘总督杨岳斌奏陕西绅士雷致福等禀称刘蓉自到任以来,叠遇贼匪窜近省垣,派兵剿办,地方得以安堵,并林寿图实心任事各情,奏入,复命偕瑞常将刘蓉、林寿图品行才具,及平日居官声名、办理军务吏治各事宜,据实覆奏。十月,奏言:"刘蓉秉性朴直,办理甘省溃勇,不动声色,悉臻妥善。陕省逼近甘肃,回逆屡经窜扰,赖有练勇数千,分布要隘,居民恃以无恐。林寿图身任藩司,任劳任怨,其日行公事,俱系亲自标判,极为勤奋。惟参劾属员考语,间有轻重失当,以致谤毁;而其廉洁之操,究不能稍加訾议。"得旨:"刘蓉着仍带革职留任处分,署理陕西巡抚;降调陕西布政使林寿图着来京,另候简用?"

十一月,奏请慰留四川总督骆秉章,略言:"骆秉章德威昭著,远迩畏怀。其能用贤也,则左宗棠、黄倬、刘蓉、朱孙诒等,咸出幕中;其能灭贼也,则以石达开之骁悍凶狡,不动声色,歼剿无馀;及飞章告捷,复不铺张扬厉,以自伐其功,伟量虚怀,尤非当世豪杰所及。况湘勇之驻川者不少,该督恩泽,被楚实深,虽因经费支绌,不能给饷,湘勇毫无怨言。在他人名望稍轻者,岂能镇压?若该督坚持前议,以疾为解,请仍降恩旨,或再给假,或即起复,以顺舆情而洽士论。倘万不能留,该省军务未竣、胜任愉快者,颇难其人,或前任江西巡抚沈葆桢可令墨绖从戎。至大江南北善后事宜,有曾国藩提纲挈领,则湖南巡抚李瀚章、广西按察使严树森才猷卓著,均可擢迁斯土。江苏巡抚李鸿章密迩本籍,怨讟颇滋。宜令统带淮勇,追捣捻匪。至署理广东巡抚郭嵩焘在任数年,自知才力不逮,始行疏辞,自与京职相宜。"又奏:"人才不可终弃,因胪举候补四五品京堂汪承元、前任太常寺卿汤修、已革侍郎杜翰、已革陕西按察使张集馨、前任浙江盐运使朱诒孙、已革侍郎成琦、已革将军国瑞、已革奉天府府尹德椿、已革侍郎匡源、降调庶子袁保恒、已革道员吴惠元等员,请弃瑕甄录。"谕曰:"罗惇衍于以上各员,毫无拣择,胪列满纸,率行陈奏,殊属冒昧,不知体要。着传旨申饬。"惇衍又以州县各官妄设刑械、私立班馆等弊,例有明禁,近来获犯到案,往往肆意酷虐,请饬严禁,允之。

五年,奏言:"军兴以来,劳绩与捐输竞进,流品稍杂,自非大吏加意提倡,抑奔竞,进敦厚,择保一二员破格升用,以励其馀,未易使膏泽下于民也。守令宜取忠信之长、慈惠之师,不以苛刻辩捷为能。凋敝之区,尤宜认真抚字,劝农兴学,俾民食渐足,士习渐纯。凡好惰、好奢、好讼、好斗诸弊,皆因地制宜,悉使改革。守令得人,胥由大吏鼓舞而振兴之耳。请旨饬下直省督、抚、府尹,于州县中择其循声卓著者,出具切实考语,送部引见,察其材具以备简用。"如所请行。六年,兼署工部尚书、翰林院掌院学士。七年正月,充武英殿总裁。二月,命赴天津查验海运漕米,寻丁母忧,回籍。十三年,卒。遗疏入,〔二〕谕曰:"前任户部尚书罗惇衍学问优长,持躬恪慎。由翰林荐擢正卿,屡司文柄。嗣因丁忧回籍,兹闻溘逝,悼惜殊深! 罗惇衍着加恩照尚书例赐恤。任内一切处分,悉予开复;应得恤典,该衙门察例具奏:以示笃念耆臣至意。"寻赐祭葬,予谥文恪。

子棻,举人。

【校勘记】

〔一〕总期合力振作　"作"原误作"行"。今据罗惇衍传稿(之四一)改。

〔二〕遗疏入　原脱"遗"字。今据罗惇衍传稿(之四一)补。

宗室肃顺

宗室肃顺,镶蓝旗人,郑亲王乌尔恭阿第六子也。由应封宗室于道光十六年授三等辅国将军、委散秩大臣。十九年,充前引大臣。二十四年,命在乾清门行走。二十八年,署銮仪卫銮仪使。二十九年,授奉宸苑卿。三十年,迁内阁学士,兼礼部侍郎衔。咸丰二年,以捐助军需,下部优叙。三年正月,授正黄旗蒙古副都统。二月,授銮仪卫銮仪使。九月,署正红旗护军统领,充对引大臣,稽察内七仓。十二月,复以捐助军需,下部优叙。旋充考试笔帖式阅卷大臣。四年三月,授御前侍卫。四月,署正红旗满洲副都统,升工部左侍郎。闰七月,调正蓝旗满洲副都统。十月,调礼部左侍郎。十二月,署镶白旗护军统领。五年正月,以拣选正蓝旗云骑尉遗缺,呈进袭官家谱错误,降二级留任。二月,管理向导处事务,充左翼监督。四月,授左翼前锋统领。五月,以筹办巡防,下部议叙。十月,护送孝德显皇后梓宫礼成,赏戴花翎。十一月,以恭勘慕陵工程,并恭送孝静康慈皇后梓宫,奉移暂安礼成,加一级。寻调户部左侍郎,兼管三库事务。十二月,调正白旗满洲副都统。

六年,署都察院左都御史,七年正月,实授。寻署正白旗蒙古都统。四月,历署正红旗汉军都统、兵部尚书。七月,授正白旗汉军都统。八月,升理藩院尚书。十月,充大考翻译翰詹阅卷大臣。十一月,赐紫禁城骑马。十二月,充经筵讲官。八年二月,历充查城大臣、崇文门副监督。时顺贞门不戒于火,肃顺以扑救出力,加一级。四月,署工部尚书。五月,前大学士耆英在天津督办洋务,私自回京,下王大臣议罪,议以绞监候。肃顺辄单衔奏请正法,上以肃顺所奏亦未为是,令耆英自尽。五月,授内大臣。七月,充经筵讲官。九月,调礼部尚书,管理理藩院事务。十月,充武乡试监射大臣。十二月,调户部尚书。

九年二月,充考试翻译助教阅卷大臣。以各卷字画未工,奏请另试,并请初次各员不准与考,允之。先是,大学士柏葰充顺天乡试正考官,失查家人靳祥舞弊,上褫柏葰职,命肃顺会同刑部审讯。至是靳祥已病死,肃顺遽就各供情节条上之,奏请将柏葰斩决,上以情虽可原,法难宽宥,乃如所请。四月,署正白旗领侍卫内大臣。七月,充考试翻译助教阅卷大臣。八月,以钱局裁炉减卯,致铁钱壅滞,交部议处。九月,充翻译乡试正考官。十月,充稽察沟渠河道大臣。命在御前大臣上学习行走。先是,户部奏定设立‘乾’字官号四处,与‘五宇’字官号经管收发兵饷等款。嗣派员核对宝钞处‘五宇’欠款,与官钱总局所立存稿不符,肃顺奏请查办。至是复奏参清结‘五宇’官号司员朦混办稿,将官款化为私欠,请将司员台斐音、王正谊、李守愚、荣溥、吴廷溥、李寿蓉、凤山、贾铭慎等褫职,商人张兆麟等革职严讯,一时司员、商户等被钞没者数十家,并请严究失察之户部各堂官,肃顺自以未经画稿,独邀免议焉。旋充后扈大臣。十一月,管理三库事务,充考试笔帖式阅卷大臣。十二月,充八旗值年大臣。

十年正月,授御前大臣,充经筵直讲。先是,直隶各州县烧锅税银,由各州县呈交,汇齐解部。嗣因延不报解,经户部奏定,令各商户在部交银。二月,肃顺奏言:“商户等业经在部交课,而各州县仍复纵容差役,任意需索,请饬下直隶总督、顺天府尹,确切查明参办,允之。闰三月,署领侍卫内大臣,旋奏参官票所官吏交通,请褫关防员外郎景雯等职,并查钞各官吏家产备抵。四月,命修理户部衙署。先是,户部不戒于火,延烧北档房、司务厅、俸饷处、八旗司,肃顺疑人役纵火,逮书吏王载锡等五人,下部严讯,并奏参司务厅掌印员外郎舒度等,解任候质,均从之。五月,充总管内务府大臣。七月,管理上驷院,署镶红旗汉军都统,寻调镶黄旗汉军都统。八月,扈驾幸木兰。十二月,命以户部尚书协办大学士。十一年二月,户部郎中吕赓南被参后,乞内阁私撤参折,经留京王大臣奏,请将中书文林照例议处。肃顺以仅与议处,不足以昭炯戒,请褫文林职,侍读文纲等毫无觉察,一并下部严议,从之。六月,佩带内务府印钥。七月,署领侍卫内大臣。

是月,文宗显皇帝升遐,穆宗毅皇帝即位,命恭理丧仪。初,文宗显皇帝感患暑泻,疾大渐,召见载垣、端华、肃顺诸人,承写朱谕立皇太子。及上即位,肃顺遂以赞襄政务自居,事多专擅。御史董元醇奏请皇太后垂帘听政,肃顺梗其议,并屡阻回銮,及交结太监杜双奎、袁添喜诸不法事。九月,上回京。谕曰:“上年海疆不靖,京师戒严。总由在事王大臣等筹画乖方所致。载垣等复不能尽心和议,〔一〕徒以诱获英国使臣塞责,以致失信于各国,淀园被扰。我皇考巡幸热河,圣心万不得已之苦衷也。嗣经总理各国事务衙门王大臣等将各国应办事宜妥为经理,都城内外静谧如常。皇考屡召王大臣议拟回銮之旨,〔二〕而载垣、端华、肃顺朋比为奸,总以外国情形反覆,力排众论。皇考宵旰焦劳,更兼感受口外严寒,圣体违和,竟于本年七月十七日龙驭上宾。

朕呼天抢地,五内如焚! 追思肃顺等蒙蔽欺罔之罪,非朕一人痛恨,实天下臣民所痛恨者也。〔三〕朕御极之初,即欲重治其罪,惟思伊等系顾命之臣,故暂行宽免,以观后效。孰意八月十一日,朕召对载垣、肃顺等八人,适有御史董元醇敬陈管见一折,内称请皇太后暂时权理朝政,〔四〕又请于亲王中简派一二人令其辅弼,于大臣中简派一二人充朕师傅。以上三端,深合朕意。虽我朝向无皇太后垂帘之仪,但朕受皇考大行皇帝付托之重,惟以国计民生为念,岂能拘守常仪? 特面谕载垣等,着照所请传旨。该王大臣等奏对时哓哓置辩,已无人臣之礼,拟旨时又阳奉阴违,擅自改写,作为朕旨颁行,是诚何心? 载垣等每以不敢擅专为词,此非专擅之实迹乎? 总因朕在冲龄,皇太后不能深悉国事,伊等任意欺朦,能尽欺天下乎? 伊等辜负皇考深恩,朕若再事姑容,何以仰对在天之灵? 又何以服天下公论? 载垣、端华、肃顺着即解任,景寿、穆荫、匡源、杜翰、〔五〕焦祐瀛着即退出军机处,派恭亲王会同大学士、六部、九卿、翰詹、科道,将伊等应得罪名,分别轻重,按律秉公具奏。〔六〕至应如何垂帘之仪,一并会议具奏。"

　　寻命睿亲王仁寿、醇郡王奕譞将肃顺拿问交宗人府议罪。谕曰:"前因载垣、端华、肃顺等三人,种种跋扈不臣,朕于热河行宫,命醇郡王奕譞缮就谕旨,将载垣等三人解任。兹于本日特旨召见恭亲王奕訢,带同大学士桂良、周祖培,军机大臣、户部侍郎文祥。乃载垣等肆言不应召见外臣,擅行拦阻。其肆无忌惮,何所底止? 前旨仅予革职,实不足以蔽辜! 着恭亲王奕訢、桂良、周祖培、文祥即行传旨,将载垣、端华、肃顺革去爵职,拿问,交宗人府会同大学士、六部、九卿、翰詹、科道严行议罪。”肃顺奉到谕旨,咆哮不服,并沿途私带眷属。事闻,谕曰:“前因肃顺跋扈不臣,招权纳贿,种种悖逆,当经降旨将肃顺革职,派睿亲王仁寿醇郡王奕謩即将该员拿交宗人府议罪。乃该革员于接奉谕旨之后,咆哮狂肆,目无君上。悖逆情形,实堪发指!且该革员恭送梓宫由热河回京,辄敢私带眷属行走,尤法纪所不容。所有肃顺家产,除热河私寓,令春佑严密查钞外,其在京家产,着即派熙拉布前往查钞,毋令稍有隐匿。”是月,王大臣等议上,谕曰:“宗人府会同大学士、六部、九卿、翰詹、科道,定拟载垣等罪名,请将载垣、端华、肃顺照大逆律凌迟处死等因一折,〔七〕载垣等朋比为奸,专擅跋扈,种种情形,均经明降谕旨,示知中外。载垣、端华、肃顺于七月十七日皇考升遐,即以赞襄政务王大臣自居,实则我皇考弥留之际,但面谕载垣等立朕为皇太子,并无令其赞襄政务之谕。伊等乃造作赞襄名目,诸事并不请旨,擅自主持;即两宫皇太后面谕之事,亦敢违阻不行。御史董元醇条奏皇太后垂帘事宜,载垣非独擅改谕旨,并于召对时,有伊等赞襄朕躬,安能听命于皇太后;伊等请皇太后看折,亦系多馀之语。当面咆哮,目无君上情形,不一而足。且每言亲王等不可召见,意存离间,此载垣、端华、肃顺之罪状也。肃顺擅坐御位,进内廷出入自由,目无法纪,擅用行宫内御用器物,于传取应用物件,抗违不遵,并自请分见两宫皇太后,于召对时,〔八〕词气之间,互有抑扬,意在构衅。此又肃顺之罪状也。一切罪状,均经母后皇太后、圣母皇太后面谕议政王、军机大臣逐款开列,传知会议王大臣等知悉。兹据王大臣等按律拟罪,将载垣、端华、肃顺凌迟处死,当即召见诸王大臣，询以载垣等罪名，有无一线可原，佥称载垣、端华、肃顺跋扈不臣，均属罪大恶极，于国法无可宽宥，并无异词。朕念载垣等谊属宗支，身罹重罪，均应弃市，能无下泪！且载垣等前后一切情形，显属欲危社稷，是皆列祖列宗之罪人，非独欺陵朕躬为有罪也。在伊等自恃系顾命大臣，纵作恶多端，定邀宽宥，岂知赞襄政务，皇考并无此谕。若不重治其罪，何以仰副皇考付托之心？亦何以饬法纪而示万世？即照该王大臣所拟，均即凌迟处死，亦属情真罪当。惟国家本有议亲议贵之条，尚可量从末减，姑于万无可贷之中，免其肆市。载垣、端华着加恩赐令自尽，即派肃亲王华丰、刑部尚书绵森迅即前往宗人府空室，传旨令其自尽。此为国体起见，非朕之有私于载垣、〔九〕端华也。至肃顺悖逆狂谬，较载垣等尤甚，本应凌迟处死，以伸国法而快人心，惟朕心究有所未忍，着加恩改为斩立决，即着睿亲王仁寿、刑部右侍郎载龄前往监视行刑，以为大逆不道者戒！”肃顺遂弃市。

是月，复谕曰：“前因太监杜双奎有与肃顺交结情事，交慎刑司审讯。兹据总管内务府大臣督饬该司员等审明定拟，并究出太监袁添喜等均有与肃顺来往之事。肃顺结交近侍，心存叵测。该太监等迫于威焰，意存迎合，均属罪由自取。现已将杜双奎等从重惩办，此外自无庸再事株求，以昭宽大。”

同治四年五月，都察院奏耆英之子已革马兰镇总兵庆锡等为父鸣冤，得旨：“耆英因桂良等奏请，令该员回京，乃不候谕旨擅自折回，冒昧糊涂，实属自速其死。所有庆锡等呈请代为鸣冤、恳恩昭雪之处，着毋庸议。惟肃顺因意见不合，单衔奏请即行正法，原奏内称‘苟延年月，倘以病亡，获保首领’等语，措词不伦。在肃顺当时，无非欲借此揽权立威，使朝臣莫敢谁何，以遂其罔上行私之计。业经钦奉朱谕驳斥，肃顺亦因另案正法。肃顺之子着不准其出仕，以昭炯戒。"

【校勘记】

〔一〕载垣等复不能尽心和议　"和议"原误作"国事"。今据毅录卷五叶二六下改。

〔二〕皇考屡召王大臣议拟回銮之旨　"召"原误作"诏"。今据毅录卷五叶二六下改。

〔三〕追思肃顺等蒙蔽欺罔之罪非朕一人痛恨实天下臣民所痛恨者也　"追"原误作"回"，又脱"非朕一人痛恨"六字，"臣"误作"人"。今据毅录卷五叶二七上改补。

〔四〕适有御史董元醇敬陈管见一折内称皇太后暂时权理朝政　原脱"敬陈管见"与"暂时"共六字，又"朝"误作"国"。今据毅录卷五叶二七下补改。

〔五〕杜翰　原脱此二字。今据毅录卷五叶二八下补。

〔六〕按律秉公具奏　"律"原误作"例"。今据毅录卷五叶二八下改。

〔七〕肃顺照大逆律凌迟处死等因一折　原脱"等因"二字。今据毅录卷六叶一五上补。

〔八〕于召对时　原脱"于"与"时"二字。今据毅录卷六叶一六下补。

〔九〕非朕之有私于载垣　原脱"朕之"二字。今据毅录卷六叶一八上补。

陈孚恩

陈孚恩，江西新城人。由拔贡生于道光六年朝考一等，以七品小京官用,分吏部。十二年,升额外主事。十三年,充军机章京。十七年,补主事。十八年,升员外郎。二十年四月,升郎中。五月,奉旨以四品京堂用。六月,擢太仆寺少卿。二十二年三月,授通政使司副使。四月,升太仆寺卿。均留军机章京行走。十月,迁大理寺卿,二十三年,兼署顺天府府尹。二十四年,授都察院左副都御史。二十五年九月,充武殿试读卷官。十二月,署工部右侍郎,兼管钱法堂事务。二十六年九月,署仓场侍郎,十二月,实授。

二十七年五月,命署兵部左侍郎,并在军机大臣上行走。十一月,以御史毛鸿宾奏山东库款亏短,命偕户部左侍郎柏葰前往查访。旋覆奏将库款核实封存,又以御史陈坛等奏山东盗贼公行,捕务废弛,仍命与柏葰严密查办。寻查出抢案与原参相符者共十六件,奏闻,命暂署山东巡抚,旋授刑部右侍郎。十二月,回京。二十八年,谕曰:"陈孚恩前在署山东巡抚任内,于公费等项,一概不收,清正可嘉之至! 着赏给头品顶戴,并着在紫禁城骑马。"复赐"清正良臣"匾额。二十九年正月,京察,下部议叙。闰四月,命偕户部右侍郎福济赴山西查办事件。六月,奏讯明巡抚王兆琛收受节礼属实,论如律。七月,调工部左侍郎。八月,署户部左侍郎,兼管三库事务。十一月,署刑部尚书,十二月,实授。

三十年正月,宣宗成皇帝升遐,二月,会议升配、升祔典礼。怡亲王载垣等奏言:"召对时与陈孚恩语言辩论,举措失仪,自请严议。"谕曰:"尔等虽失小节,究属忠悃之诚,而陈孚恩虽为广言起见,于大体实属乖谬。均着交各该衙门议处。"寻部议孚恩革职留任。五月,以亲老多病,奏请开缺回籍侍养,允之。咸丰二年七月,以捐助军饷,下部议叙。九月,粤逆窜扰江西,命孚恩帮办团防事务。三年正月,贼陷九江郡城,巡抚张芾前往剿办,复命孚恩与司道等守护省城。时逆匪窜扰安徽滁州一带,官军分路截击,上虑该逆回窜上游,命孚恩与张芾等各就地方情形,择要布置。六月,逆匪回窜江西省城,孚恩与张芾等督兵迎击,毙贼甚众。翼日,贼攻德胜门,轰塌城墙,蜂拥而上,官军力夺缺口,贼败走。上嘉奖之。七月,贼复攻城,调派总兵马济美等下城兜剿,毁其垒;贼复以大股扑营,济美阵亡。孚恩率勇抵御,败之。寻画水陆夹攻之策,贼大窘,遂遁。捷入,赏戴花翎。四月,逆匪复围省城,孚恩等竭力堵剿,解其围。五年,丁母忧。七年,服阕,到京。

八年三月,御史钱桂森奏言:"陈孚恩才具练达,识见明通。迩来在外数年,多所阅历,尤能洞悉外间情弊。比者粤寇未平,海疆多扰,倘仍命其入直枢廷,必能剖决机宜;否则授为钦使,俾其专办洋务,亦必能揆时度势,刚柔交济。"疏入,上以桂森朋比党援,不胜御史之任,着回原衙门行走。七月,命以头品顶带署兵部右侍郎,八月,调署左侍郎。九月,署礼部尚书,旋授兵部尚书。十一月,以顺天乡试关节案发,上派孚恩会同审讯。嗣因案内牵涉伊子陈景彦递送条子,严诘得实,自请严议,并请回避。得旨:"刑部员外郎陈景彦着即革职,陈孚恩并不知情,着改为交部议处。此案关涉陈景彦之处,陈孚恩着照例回避。馀仍秉公会审,无庸回避全案。"旋经部议,降一级调用,准抵销。九年三月,兼署刑部尚书,八月,兼署户部尚书,十二月,管理三库事务。

十年八月,上巡幸热河。九月,调吏部尚书。

　　十一年,文宗显皇帝升遐,穆宗毅皇帝御极,载垣等矫诏,令孚恩赴行在。寻载垣等获罪,詹事府少詹事许彭寿以孚恩为载垣等党援形迹最著,奏请查办。谕曰:"陈孚恩于上年七月大行皇帝发下朱笔,命诸臣会议巡幸热河,是否可行,陈孚恩即有'窃负而逃、遵海滨而处'之语。其意在迎合载垣等,当时会议诸臣,无不共闻。大行皇帝龙驭上宾,满、汉大臣中惟令陈孚恩一人先赴行在,是该尚书为载垣之心腹,即此可见。声名如此狼藉!品行如此卑污!若任其滥厕卿贰,何以表率僚属?着革职永不叙用。"初,睿亲王仁寿等会议郊坛配位典礼,孚恩声称道光三十年大行皇帝以三祖五宗为定之旨,系大学士杜受田所拟,仍请以大行皇帝配祀。至是许彭寿等引据大行皇帝圣制诗,有"以后无须再变更"之句,请饬王大臣再议。寻议不配祀。仁寿等以前主配祀之议,系受孚恩语言朦混入奏。谕曰:"郊坛配位,大典攸关。为臣下者,宜如何援据礼经,敬谨详拟,乃陈孚恩以荒诞无据之词,冀耸众听。揣其意不过掇合仁寿等一同列衔,以便其谄媚载垣等之计。谬妄卑污,至于此极!又查钞肃顺家产内陈孚恩亲笔书函,有暗昧不明之语。朕新政颁行,务从宽大,唯其与载垣、肃顺交往密切,已属确有证据,若不从严惩办,何以儆示将来?着派瑞常、麟魁前往,将陈孚恩拿交刑部,即将该革员寓所资财严密查钞。着派大学士周祖培、军机大臣文祥定拟罪名具奏。所有前经御赏匾额,着即恭缴。"寻发往新疆效力赎罪。

　　同治元年,到戍。三年,伊犁将军常清以孚恩当差奋勉,未便没其微劳,入奏。上以孚恩获罪深重,毋庸给予奖励。四年,伊犁被围,常清会同新任将军明绪奏言:"孚恩筹饷筹兵,不遗馀力,恳请释回。"谕曰:"革员陈孚恩既在伊犁尚能出力,着加恩准其释回。仍着留于伊犁帮同办理一切兵饷事宜。但能始终出力,并准明绪等酌量保奏。"五年,伊犁城陷,孚恩偕其妾黄氏、子景和、媳徐氏、孙小连,同时殉难。事闻,得旨:"陈孚恩毋庸给予恤典,孚恩之妾黄氏等,均下部议恤。"

穆荫

穆荫,托和洛氏,满洲正白旗人。由官学生考取内阁中书,在内阁学习。道光十六年、充军机章京,寻补官。二十五年,擢侍读。三十年,京察一等,覆带引见,记名以道府用。咸丰元年三月,命以五品京堂候补,在军机大臣上学习行走。十二月,授国子监祭酒,部臣以穆荫非科甲出身,于例不合申请,特旨仍予补授。二年二月,迁光禄寺卿。八月,擢内阁学士,兼礼部侍郎衔。十一月,授正蓝旗汉军副都统。三年二月,调镶白旗满洲副都统。三月,稽察中书科事务。四月,署工部右侍郎,兼管钱法堂事务。五月,充管理圆明园八旗、包衣三旗官兵,并鸟枪营事务大臣。

时粤匪分扰河南各郡,畿辅戒严。上以京师根本重地,命穆荫偕科尔沁郡王僧格林沁、左都御史花沙纳、都统达洪阿办理京旗各营巡防。旋以钱价太昂,偕僧格林沁等奏请将兵丁月饷,以钱四千抵银一两,从之。六月,充国史馆清文总校。八月,管理火药局事务。九月,授礼部左侍郎,署右翼总兵。十月,命在军机大臣上行走,并赐紫禁城骑马。十一月,充国史馆副总裁。十二月，充经筵讲官。寻偕步军统领联顺等奏言："绿营兵丁应关春夏两季米石，经户部饬太平仓开放，迄今半年之久，始据片传领米，且均系累年齡朽，万难食用。恐仓储显有弊端，亟宜察核。"如所议行。四年，兼右翼总兵。八月，充崇文门副监督。十月，调吏部右侍郎，旋充实录馆副总裁。五年，刑部以工部右侍郎崇实家人朱二设局骗诈一案，请派大员承审，命偕协办大学士贾桢覆鞫，得实奏闻，崇实坐徇庇镌级，朱二治如律。六年五月，偕协办大学士彭蕴章等奏言："自粤匪窜扰长江，即经举行团练。数年以来，实无大效。必以官率绅，以绅劝民，而后如指臂之一气。请仿唐时刺史带团练使之例，以专责成。"下各督抚议行。十月，命毋庸管理火药局。七年，授镶蓝旗护军统领。

八年五月，管理光禄寺事务。十二月，擢理藩院尚书。时御史王德固、河南巡抚瑛棨先后奏言："河南当皖、鄂之冲，以归德为藩篱，信阳为门户。请增置总兵。"穆荫及大学士彭蕴章等亦以今昔不同，请变通旧制，用资控扼。上韪之，增设归德镇总兵一员。九年二月，充国史馆总裁。旋授正白旗蒙古都统。三月，署兵部尚书。适钦差大臣胜保等奏推广捐例八条，部臣会议以闻，命偕惠亲王等覆核。寻奏言："吏部议准者：一、候补班人员，准捐候补班先用，保举人员，准捐候补班；一、军务省分人员，准于邻省用兵省分捐升改捐；一、军营人员，准捐免赴部投供，悉心酌核，并无妨碍。至所奏记名道府不在捐例之内，如有报效逾万者，俟奏明候旨，加恩以昭慎重。"如所议行。

十月，以英人衅犯内地，穆荫偕彭蕴章等奏言："防夷之策，[一]在筑炮台，以利轰击；尤在泄水势，以遏往来。南运河沧州南二十五里，有向东大石闸一座，闸之东现有河形，若挑淤滨塞，导之入海。再于天津城西芥园上下，开引河一道，令水由城西入南洼，则南运河之水可减矣。北运河杨村筐儿港闸口基址尚在，若一律挑通，水由东淀入海，而北运河之水可减矣。南北运河之水既泄，而大小西河之水于天津城北西沽地方汇入北运河，每遇盛涨，水势浩淼，亦须设法旁泄。城东稍北，旧有减水河名贾家口，通陈家沟入东淀，略为挑浚，导之东流，则西河之水可减矣。郡城东南马家口以下，亦可开通引河，引水入南洼，白塘口以下旧有古闸，亦宜开浚，则海河之水可减矣。以上各口，或修理旧闸，或建造水坝，无事则闭，有事则启。来源分则下游浅，海潮长落有时，〔二〕英船断不能贸然直入，而故道复通，闸坝以时启闭，兼可以弭水患，诚为一举两得。"奏入，报闻。十二月，调补兵部尚书，稽察会同四译馆。

十年正月，以上三旬万寿，赏戴花翎。三月，署吏部尚书。旋署步军统领。初，山东巡抚文煜以馀兵口粮，请于正项内支给。上以库款支绌，饬详查缺额，即以馀兵补足，毋庸例外开支。文煜复以正兵奉调，名粮例不开除，无可移抵为言。上命速议，穆荫偕彭蕴章疏言："该省邻氛未靖，尚须分兵设防。若再责令另筹饷项，辗转迁延，设因此贻误，转得有所借口。请准于正项内开支，仍于优赡兵食之中，稍示撙节。照常年减成章程核减，以七钱二分放给。"如所请行。七月，大学士桂良等办理抚英获咎，命穆荫为钦差大臣，偕怡亲王载垣至津筹办。时英情坚狡，谕曰："巴夏礼、威妥马系英人谋主，闻明常亦暗随在内。即着将各该领羁留在通，毋令折回，以杜奸计。并着该大臣毋庸接见，以崇体制。"八月,穆荫等至通,与该领定约,该领坚欲亲递国书。奏入,上震怒,命擒额尔金等至京,该领等驰归,僧格林沁大军邀获之,逮至都。寻以穆荫等办理不善,撤去钦差大臣。

九月,以随扈热河,昕夕在公,赏穿黄马褂。旋丁父忧,上以军机处事务较繁,给假十四日,经理丧事,回京后补行穿孝。十一年七月,穆宗毅皇帝御极,以怡亲王载垣等窃夺政柄,穆荫不能力争,命退出军机,交王大臣等议罪。十月,议上,谕曰:"穆荫等于载垣等窃夺政柄,不能力争,均属辜恩溺职。穆荫在军机大臣上行走最久,班次在前,情节尤重。王大臣等拟将穆荫革职,发往新疆效力赎罪,咎有应得。惟以载垣等凶焰方张,受其箝制,均有难与争衡之势;其不能振作,尚有可原。兵部尚书穆荫着即革职,加恩改为发往军台效力赎罪。"同治二年十一月,穆荫缴清台费,兵部以闻,命俟扣满三年释回。十年,故。

子齐芬,户部笔帖式;齐兰,掌京畿道监察御史。

【校勘记】

〔一〕防夷之策　"夷"原作"外"。今据穆荫传稿(之三八)改。

〔二〕海潮长落有时　"有"原误作"长"。今据穆荫传稿(之三八)改。

恒祺

恒祺,伊尔根觉罗氏,内务府满洲正白旗人。由官学生于道光五年挑补奉宸苑拜唐阿。七年,委署苑副。十三年,授苑副。十八年,升苑丞。十九年,升六品苑丞。二十一年,升员外郎。二十二年,擢郎中。二十六年,迁骁骑参领。三十年五月,署奉宸苑卿。十二月,充管理沟渠河道大臣。咸丰二年,京察一等,记名。三年,捐修南苑围墙,赏戴花翎。四年,充粤海关监督。自三年至五年,历次捐助军饷,先后下部优叙。

寻命接管粤海关税务。六年,捐输红单船经费,并捐办硝磺,赏加布政使衔。七年,英人窜入广东省城,偕广州将军穆克德讷等奏闻。谕曰:"粤海关监督恒祺等虽均有疏防之咎,惟该督等未与会商,尚有可原。所请严加治罪之处,着加恩改为交部议处。"八年,以先后在广东、天津捐输军饷,命开郎中缺,以三苑卿候补,并赏给内务府大臣衔。六年至是年,叠命接管粤海关税务。九年,差竣,诏暂留广东,会同巡抚劳崇光办理通商事宜。十年二月,补武备院卿。五月,差满,旋京,召见二次。九月,命办理海口通商事宜。十一月,以办理换约事宜出力,赏给头品顶带。十一年三月,命帮办总理各国衙门事务。十月,擢内阁学士,兼礼部侍郎衔,赐紫禁城骑马。十一月,补镶红旗蒙古副都统。

同治元年二月,署镶黄旗蒙古副都统。四月,署镶白旗护军统领。六月,升理藩院右侍郎。闰八月,调刑部右侍郎。九月,暂署管户部三库事务。十一月,转工部左侍郎。二年,充右翼监督。三年八月,兼署理藩院右侍郎。九月,署镶白旗满洲副都统。十一月,充勘估东陵、西陵岁修工程大臣。十二月,授右翼总兵。寻以右翼监督任内盈馀银两未能足额,部议罚俸,上以恒祺收额内盈馀银数在一分以上,免其置议。四年七月,充崇文门副监督。九月,充前引大臣。旋调镶白旗满洲副都统。文宗显皇帝、孝德显皇后奉安定陵礼成,赏加二级,并赏其子乐昌主事。

十月,充管八旗新旧营房大臣。十一月,管火药局,并充八旗值年大臣。旋因火药局不戒于火,轰塌房屋,恒祺以失察,下部议处。

五年,命往东陵、西陵勘估工程,旋卒。遗疏入,谕曰:"头品顶戴工部左侍郎恒祺,办事勤奋,由司员荐升卿贰,宣力有年,方冀长资倚畀,兹闻溘逝,轸惜殊深!加恩着照尚书例赐恤。任内一切处分,悉予开复。应得恤典,该衙门察例具奏。其崇文门任内应赔银两,着加恩豁免。伊子主事乐昌,着加恩赏给员外郎,俟及岁时,分部学习行走。"寻赐祭葬。

基溥

基溥,李氏,内务府汉军正白旗人。嘉庆二十一年,补笔帖式。道光六年,委署主事。十二年,授六品库掌。十四年,升员外郎。十八年,升郎中。旋授骁骑参领。十九年,充苏州织造。二十年,差竣,回京。二十一年,补郎中,授骁骑参领。二十二年,升坐办堂郎中。二十六年二月,京察一等,复带引见,记名以关差道府用。闰五月,擢奉宸苑卿。六月,充粤海关监督。时华、洋各商亏缺资本,货物壅滞,粤关所收税银,较前短少四十万两零。基溥与两广总督徐广缙据实奏闻。二十九年,差竣,回京。三十年二月,恭办昌西陵工程。五月,升总管内务府大臣。七月,授正蓝旗汉军副都统。

咸丰元年正月,署正蓝旗护军统领。二月,授镶白旗蒙古副都统。十月,署正蓝旗汉军副都统。二年正月,赐紫禁城骑马,旋署刑部右侍郎。三月,宣宗成皇帝奉安礼成,以基溥在事恪恭敬慎,赏加二级。四月,署镶黄旗护军统领。十月,以捐备军需,命交军机处存记。十二月,充八旗值年大臣,署镶红旗满洲副都统。三年三月,以孝和睿皇后奉安礼成,基溥在事恪恭敬慎,赏加二级。六月,续捐军需,九月,授正白旗满洲副都统,署刑部左侍郎,兼署正蓝旗护军统领。十月,充查收河工大臣。十二月,以捐备军需,下部议叙。旋充管理沟渠河道大臣。复以历次捐备军需,下部优叙。四年二月,以承审刑部主事王式言听嘱妄断一案,未能从重定议,含混入奏,下部议处。三月,命偕李钧等采买米石,旋查明北新仓开放米石,有搀和情弊,请将花户薛起祥等交部严讯。寻补刑部右侍郎。四月,充紫禁城值年大臣。闰七月,授正蓝旗护军统领。十二月,以值班疏忽,致令不知姓名人犯混入宫禁,自请从重治罪。得旨切责,革去刑部右侍郎、总管内务府大臣、正蓝旗护军统领、正白旗满洲副都统,一切差使并着全行革退。[一]五年二月,授太仆寺卿。三月,升都察院左副都御史。四月,署户部左侍郎,兼管三库事务。六月,升工部右侍郎,兼管钱法堂事务。七月,授镶红旗蒙古副都统。十一月,赐紫禁城骑马。六年三月,署理都察院左都御史。五月,以倡率监督等官,捐资修筑钱法堂、宝源新旧两局,下部议叙。六月,以站班迟误,罚俸半年。十月,管理火药局事务。七年正月,调户部左侍郎,兼管三库事务。四月,以办理孝静康慈皇后奉安礼成,赏加二级。复署正蓝旗护军统领,并管理新旧营房。闰五月,署左翼前锋统领。八年四月,署正蓝旗护军统领。六月,授镶白旗护军统领。九月,上阅看八旗枪操,以基溥训练认真,传旨优奖,并下部议叙。九年,以办理清结"五字"奏稿,将革商亏短应追官款作为私欠,基溥于画稿时未能查出,下部议处。寻调兵部右侍郎。十年,调吏部右侍郎,复授正红旗满洲副都统。十一年,充左翼监督。

同治元年三月,以带领引见,到班迟误,命交都察院照例议处。闰八月,转补吏部左侍郎。十二月,充经筵讲官。三年六月,署镶白旗蒙古副都统。八月,署正蓝旗满洲副都统。十月,充各省翻译乡试阅卷大臣。十一月,署正黄旗汉军副都统。四年八月,充监试武举覆试大臣。九月,文宗显皇帝奉安礼成,基溥在工敬慎将事,赏给头品顶带,并赏戴花翎。五年,复充紫禁城值年大臣。六年,卒。遗疏入,谕曰:“吏部左侍郎基溥,由司员荐升卿贰,办事妥协,克勤厥职。兹闻溘逝,殊深轸惜!加恩着照侍郎例赐恤。任内一切处分,悉予开复。应得恤典,该衙门察例具奏。”寻赐祭葬。

子钟文,山东候补道;继芳,户部主事。

【校勘记】

〔一〕一切差使并着全行革退　原脱“并着”二字。今据显录卷一五四叶六上补。

明善

明善,索氏,内务府汉军正黄旗人。道光三年由监生,补内务府笔帖式。十八年五月,补委署主事。六月,升堂主事。十一月,升员外郎。二十二年,擢郎中。二十五年,充苏州织造。二十八年二月,补骁骑参领。十二月,充粤海关监督。

　　咸丰二年五月,调坐办堂郎中。十二月,捐备军饷,赏戴花翎。三年,续捐军饷,并随同内务府大臣基溥等捐赀办理内城各堆拨守御器械,下部议叙。四年,升武备院卿。六年,赏二品顶带。八年,顺贞门内及景运门内五间房先后不戒于火,明善以扑救出力,加二级。十年二月,授总管内务府大臣。三月,敕办理万年吉地工程。闰三月,授正白旗汉军副都统。五月,管理精捷营、乐部事务,署正蓝旗满洲副都统。六月,管理宁寿宫、武英殿事务,署镶红旗满洲副都统。十一年,调镶蓝旗满洲副都统。

　　同治元年十月,赐紫禁城骑马。十二月,充八旗值年大臣。二年二月,充紫禁城内值年大臣。七月,因呼伦贝尔总管员缺,拣选应升人员,奏办迟延,下部议处。八月,署武备院印钥。十一月,充左翼监督。三年,署镶黄旗护军统领。四年四月,管理茶膳房事务。五月,调正蓝旗满洲副都统。九月,文宗显皇帝、孝德显皇后永远奉安定陵礼成,赏头品顶带,并其孙增荣主事。五年,充崇文门副监督。六年,敬事房不戒于火,明善扑救出力,加三级。七年,授工部右侍郎,兼管钱法堂事务。八年六月,武英殿不戒于火,上以明善失于防范,降二级留任。十月,偕署右侍郎于凌辰查出宝源局炉头孙凤起有私铸情弊,请下部治罪,允之。九年三月,充管理沟渠河道大臣。六月,充紫禁城内值年大臣。十年,转左侍郎。十一年七月,以内务府请拨户部银两不敷用款,未经奏明添拨,司员英绶等即出具印领文稿,意存朦混,遽行呈堂标画。事觉,经总管内务府大臣崇纶等明白回奏。谕曰:"明善于英绶等咨行户部请领银两,不加查察,随同标画,亦属疏忽,着交部察议。"九月,上以大婚礼成,赏加太子少保衔。十一月,以疾请开茶膳房等差使,允之。十二月,复充管理沟渠河道大臣。

十二年,上谒东陵,明善随扈,充带豹尾枪大臣,以车辆差使未能妥为照料,且有挨越豹尾枪行走之处。上责其疏忽,下部议处。寻命办理菩陀峪万年吉地工程。十三年七月,御史陈彝奏内务府大臣办事欺朦,请予处分。谕曰:"革员李光昭报效木植,种种欺罔。总管内务府大臣于该革员先后具呈时,并不详查驳诘,遽为陈奏,实属办事欺朦,咎有应得。明善着交部议处。"部议褫职,上加恩改为革职留任。八月,署正黄旗满洲副都统。十二月,卒。遗疏入,谕曰:"工部左侍郎明善由内务府司员荐升卿贰,补授总管内务府大臣。办事熟练,克勤厥职。兹闻溘逝,轸惜殊深!着加恩赏给陀罗经被,晋赠太子太保衔,照尚书例赐恤。任内一切处分,悉予开复。应得恤典,该衙门察例具奏。"寻赐祭葬。

子文锡,前任总管内务府大臣。孙增崇、增德,均内务府候补郎中;增荣,主事。

胜保

胜保,苏完瓜尔佳氏,满洲镶白旗人。由官学生考取恩监生。道光二十年,举人。二十二年,考取顺天府儒学教授。二十三年,迁詹事府左春坊左赞善。二十七年五月,大考二等,升翰林院侍讲,寻转侍读。十二月,擢国子监祭酒。三十年,胪陈时事五条:一、重河务,详求疏导之法;二、严海防,申明鸦片之禁;三、整水师,讲肄训练之策;四、察吏治,痛戒因循之弊;五、正风俗,严杜奢侈之习。下部议行。

咸丰元年,授光禄寺卿。二年二月,升内阁学士,兼礼部侍郎衔。三月,复胪陈时事,略曰:"自古帝王,莫不谨天戒而懔天威。今默观天意,一若重有所警者。前年地震川西,去岁河决丰口。闻本年冬月,又有日食之异。夫日者,君象也。易曰:'坤为地。'水附于地,阴数也。天或者警溺职而戒侵官乎?[一]今春雨泽愆期,自奉安大礼告成后,风霾特甚,安知非成皇帝在天之灵,昭示我皇上乎?伏愿皇上懔旦明以承笃眷。今天下急欲求治,必先求致治之人。广西贼匪起事以来,未尝挫衄,视官兵如儿戏。自出永安,猖獗尤甚。桂、梧、平、浔,在在堪虞。此广西之忧也。贼伏永安数月,必有注意之所。梧州一府,为两省咽喉。若贼据梧州,分掠桂平等处,潜结东粤奸徒,直犯肇、广,旁煽南赣,远结漳、泉,近纠海口。自岭以东,将不可问。此广东之忧也。桂林接壤湖南,平日奸徒,本通消息,若扰桂林,浮湘而下,盗衡、永,犯长沙。此湖南之忧也。河决未复,数千万赴工之人,皆游手无赖。入春以来,以工代赈。今工歇而田庐依然巨浸,穷无所归,岂能待毙?兼之粮帮水手,素非善良。今岁南粮,半由海运,半阻河干。此辈资生无策,不免冒犯科条。此淮徐之忧也。海盗去年窥伺山东,逍遥闽、浙。沿海兵将,未能扼其吭而麋其势,招抚之局,半属羁縻,能保不幡然易辙乎?此海疆之忧也。直隶、山东等省,春雨不时,粮价顿长,抢掠频仍,甚至都城内外,公然械劫。此畿辅之忧也。各省大小官吏,泄沓如故,堵御抚循,均无可恃。伏愿皇上严责成以弭祸患。夫予夺者,人主之大柄也;宽猛者,驭世之大权也。今以赛尚阿久任京秩,处之揆席,足以仪型;至将略本非所长,致师久无功,溃围失利。然既使之典兵,似不宜废军纪,如祖宗朝处置明珠、勒保、阿桂、岳钟琪诸人,成法具在,庶失律之军,咸惕然于朝廷之法制而不敢轻。上年河决,特宽河员之罪,乃至再误事机,尚复饰词诿过,该督并不自请治罪。伏愿皇上明赏罚以振纪纲。窃观刑曹鞫狱,往往故为轻纵,以博宽厚之名。即上年曹七一案,应照光棍例拟决,而仅照棍徒拟军,光棍之例遂废。至抢劫重案,首从均应大辟。近来仅坐为首一二人,馀皆以接赃开脱。盗风日炽,由于法网日疏。伏愿皇上明敕法以肃典常。又窃见皇上于臣工奏折,时或留中,或存以备览,或徐俟施行。但此中流弊,有不可不防者,进言之人,岂皆公忠。若逆知必留,则报私怨而中伤,沽直声而攻讦,意见已有偏私,毁誉岂无真伪?揣摩徼幸之风,每由此起。又见一切事务,似朱批多而谕旨少。夫果事关机密,自不可豫为传播。若寻常训诫之词,似不妨明白宣示,以息猜疑而杜私揣。伏愿皇上布诚信以服中外。夫处高而能卑者,天也;至愚而难欺者,民也。往往宫闱深秘,搢绅所未及知,里巷已播之齿颊。近日市井细民,时或私论圣德,亦知言出无稽。然人言如此,亦足见为君之难,而防川之不易也。”奏入,上命军机大臣传旨指示折内两端,再直陈无隐。

胜保复奏,略曰:“前折所谓朱批多而谕旨少者,以朱批因事垂训。中外臣工奉到朱批,不过敬谨遵行,他人不得与闻,非若谕旨颁示天下,中外传诵者比。即如近日诸臣条奏,奉旨依议,原奏之人尚不得知;其奉旨交部重案,覆奏依议,外人并不知作何发落。古者象魏悬书,俾众人咸得属目,似宜通行宣示,以昭朝廷之令甲，而杜胥吏之蔽欺。至愚贱私论圣德一节，或谓皇上励精之心不如初政，或谓勤俭之德不及先皇。今游观之所，焕然一新，释服之后，必将有陶情适性之事。现在内府已有采办梨园服饰，以备进御者。夫鼓乐田猎，何损圣德？然自古帝王，必先天下之忧而忧，后天下之乐而乐。书曰：'无于水监，当于民监。'诚不可以不察也。"奏入，谕曰："胜保奏陈时事各条，朕详加披阅，所论军务、河工，明赏罚以振纪纲等语，与给事中陈坛所奏大略相同。其所称近日朱批多而谕旨少，此言未谙政体。向来各部院奏事，着依所议行者，即不另降谕旨，此系列圣成宪。若每事必降谕旨，无论势不能行，亦日不暇给矣。其所称游观之所，焕然一新，不为无因，现在重华宫小有兴作；若采梨园服饰以备进奉，更无其事。念其意存讽谏，于朕修身砥行，不为无补，即不必加以妄言之罪。胜保着免其置议。"四月，因前递封奏自行撤回，经部议降三级调用。

时发逆窜湖北，武、汉告警。胜保奏筹办贼大局，略云："汉阳、武昌，四面受敌，长江环之，备御难周，势必不守。揆贼所向，首在金陵，次则荆、蜀。荆、蜀之患浅而迟，金陵之患速而大。若不豫为筹画，万一金陵有警，则江、浙数千里莫不震动，且粮运梗阻，所系非浅鲜也。况江、淮等处，饥民数十万，多系不逞之徒，倘暗相勾结，将滋蔓之势成，而江、淮之祸亟矣。京口向设水师，承平日久，军政日坏。今宜精选而勤练之，凡水师及调到陆路各营，一体教演，于沿江两岸上游，相度地势扼要之处，设立炮台，复以防江竹木铁器，横亘中流，以遏贼之东下。然非得其人以策驭之，则士气不能振。南人怯懦，闻警即逃。今宜无论城市，广为劝谕,令其实行团练,互相守望。择绅士之有德望者董之,但令自保身家,官吏勿轻调遣。事定之后,量予奖叙。然非得其人以团结之,则民志不能坚。查江南省城及扬、镇、苏、松各郡,官绅富户居多,沐浴膏泽,二百馀年,谁无急公好义之悃? 只以不肖州县假公营私,威勒而逼取之,以致情意乖隔。若能开诚布公,激发忠义,踊跃输将之数,必有大异从前者。然非上之人诚意以感孚之,则于事不能济。淮、徐土匪公然剽劫,此外盐枭水手类多奸徒,地方官畏其党众,多方消弭。若俟其纠结已成,根株已固,办理较难为力。现在粤贼即前车之鉴也。应以防堵馀力,兼办境内伏莽,务令不留馀孽而后已。然非上之人实力以安戢之,则其患不能消。况金陵一带,为南北咽喉,势更重于武昌,若仅责成该省文武等,恐守御未足深恃。愿我皇上速简大员,驰往督办,庶可弭患于未然也。”奏入,上命驰往河南交钦差大臣琦善差遣委用。

三年二月,帅兵援楚,复由楚入皖。适安庆失守,江防吃紧,复命偕直隶提督陈金绶驰赴江宁,与钦差大臣湖北提督向荣合力援应。江宁陷,遂驻扎浦口,杜贼北窜。寻命以内阁学士兼礼部侍郎衔帮办军务,并谕偕琦善、陈金绶同心戮力,迅扫贼氛,无论江南、江北何处紧要,即便宜办理。嗣以扬州失守,命偕陈金绶绕出贼前,力遏北窜之路。三月,会合琦善进剿,琦善移营保山,胜保偕陈金绶移营司徒庙,督兵由都天庙直扑镇海寺南。贼列队相抵,官军击走之,立将贼营炮台踏毁,直薄城下。捷入,赏戴花翎。四月,贼偷搭浮桥,由天宁、广储二门突出,官军奋力迎击,歼贼千馀;贼反走,争渡,挤折浮桥,坠河死者无算。先是,亳州失守,上命胜保带兵赴皖。至是贼复由楚窜豫,上命改赴河南,会同巡抚陆应毂攻剿。六月,抵河南境,会怀庆告急,胜保偕钦差大臣直隶总督讷尔经额及江宁将军托明阿、贵州提督善禄、已革都统西凌阿等,会合进援。托明阿等军其东,胜保军其南,贼分股来扑,官军枪炮齐施,毙贼二千馀,贼败退。旋命帮办河北军务。七月,复分兵三路进攻,贼拥众抗拒。胜保令纵火贼垒,阻其救援,并用土草填压濠沟,挥兵直入,贼大溃,歼三千馀名、擒黄衣贼目一名从匪数十馀名。〔二〕怀庆围解。赏加都统衔,并赏穿黄马褂,予霍銮巴图鲁名号。

　　八月,贼窜山西,陷平阳,胜保与善禄、西凌阿等跟踪追剿。讷尔经额请驰回正定,严防各路要隘。旋命胜保为钦差大臣,理藩院尚书宗室恩华、托明阿帮办军务。谕曰:"昨命胜保为钦差大臣,各路官兵统归节制。惟军律首贵严明,将士方能用命。胜保特膺重任,总统师干,并颁给康熙年间安亲王所进神雀刀,由恒春赍往山西,交胜保祗领。如有不遵调遣,任意迁延,甚至临阵退缩,贻误军情者,提镇以上,据实参奏;副将以下各员弁,即着一面正法,一面奏闻,以肃军令。"

　　九月,贼复东窜,窥入直隶境,〔三〕胜保由井陉一路迎截。贼旋扰永年之临洺关及正定一带,上以胜保督追不力,降二级留任。贼由晋州、深州越献县,窜近天津,胜保跟踪追剿,至静海县;贼由独流分踞杨柳青地方,经官军节次钞击,遂全数窜踞静海、独流两处。胜保带兵直抵独流,贼倾巢出扑,官军分东西两岸冲杀,贼众披靡。胜保旋赴下西河一带,相度地势,贼乘隙分股来扑,副都统佟鉴、知县谢子澄均战殁。上以胜保身为统帅,何以离营半日？即至将士不遵调度,轻率进兵,所称号令严明者安在？着降四级留任,拔去花翎。十二月,官军增筑炮台,逼近贼营。贼拥出二三千人来扑,官军分两翼迎击,大败之。贼旋复倾巢冲出,胜保督大队直出阵前,各兵勇争先冲杀,又败之。时钦差参赞大臣科尔沁郡王僧格林沁驻兵永清王庆坨,上命移营前进,与胜保合为一军,并力进剿。四年正月,进攻独流,毙匪无算。馀匪旋窜至束城村一带,〔四〕复窜入献县及阜城县城,节经官军剿洗,毙匪三四千名,并射杀逆首吉文光等。皖省另股贼匪寻由丰工偷渡黄河,扰山东金乡等处,上命胜保星速统兵进剿。贼寻窜入临清,上以胜保督率无方,褫其职,令带罪自效。既,复分军为三,同时并进,亲督马队,列阵以待,并密遣练勇潜行过河,向贼巢抛放火弹,城中贼众惊乱,官军乘势扑入,遂复临清。命开复原官。馀贼仍踞丰县,胜保督队分攻,贼乘夜窜出,我兵追至黄河漫口,骑马贼多陷泥淖中,生擒伪丞相陈世保等。赏太子少保衔,并赐珍物。

　　时阜城踞匪窜至东光之连镇,复分股窜扰高唐,胜保移师攻之,将城外木栅烧毁,贼窜入城。七月,以围攻高唐,不克。拔去花翎,严旨申饬。闰七月,革职,仍令迅图收复。五年正月,谕曰:“胜保剿办高唐逆匪,日久无功,前经拔去花翎,并降旨革职,责令迅图克复。乃数月以来,仍复迁延观望,以致数百馀匪日久稽诛,糜饷劳师,厥罪甚重。着即拿问,交刑部治罪。”二月,到京,发往新疆效力。十一月,赏蓝翎侍卫,充伊犁领队大臣。

　　六年六月,召来京。十一月,发往安徽军营,交福济差遣。七年正月,赏副都统衔,帮同英桂督办河南剿匪事宜。二月,攻剿方家集捻匪，擒捻首钱万荣等三十馀名；又进攻乌龙集贼巢，克之。四月，攻剿柳沟集贼匪，毁其营，贼窜安徽之颍上县，官军驰援，贼夜遁；遂进攻三河尖之黄冈、中心冈等处，毙贼无算，并毁方家集、王家坝、小曹集、车家集各贼垒，并三河尖老巢，阜阳一带渐就肃清。赏还花翎。闰五月，军于颍上，直捣河关，克之。七月，毁正阳关附近贼巢，并板桥集、枸杞集、刘帝城等处贼营，克复霍丘县城。九月，进攻正阳关，又克之，戮捻首魏蓝奇等。赏头品顶带。八年正月，扫平鄣家集、乔家庙、赵屯、鄣家墟等处各老巢。二月，粤匪围攻河南之固始，偷挖地道，轰塌城垣数十丈；我兵并力抢护，匪分股来扑，官军击退之，歼匪万馀，擒斩伪显天侯卜占魁等。固始围解。谕曰："此股贼匪数以万计，围城两月有馀。经胜保督兵援剿，屡获大胜，遂解城围，实属谋勇兼备，调度有方。胜保着加恩遇有都统缺出题奏，并赏还黄马褂及霍銮巴图鲁名号。"先是，胜保之弟廉保，因擅用官项案内遣戍。至是，胜保奏请注销升阶，代弟赎罪。上加恩着毋庸注销，特免廉保发遣。

　　四月，贼入安徽，踞六安州。胜保督马队分路钞击，贼率大股抢过河西，分扑凤凰桥等处营盘，督兵击退之。五月，授镶黄旗蒙古都统。时凤阳府、县均陷贼，上命会同督办三省剿匪事宜太仆寺卿袁甲三迅图克复。六月，进攻怀远，毁城外贼垒。七月，复授钦差大臣，督办安徽军务，皖省各军均归节制。八月，庐州踞匪窜至定远，复暗袭池河，官军连败之。胜保奏请留兵防剿，并派大员督率，上命徐广缙统带随同办理。九月，匪窜踞天长，图北窜，并分股扑三河集，胜保派兵驰至高桥，遇贼接仗；复督亲军直抵三河,匪悉数南遁。三河集地方肃清。十月,进攻天长,分三路直抵城下,约投诚之李昭寿为内应,遂克之;复以李昭寿献滁州功,奏请奖励。得旨:"李昭寿着更名李世忠,以参将补用。"又奏皖省军务较繁,请添派带兵大员帮办,上命李续宾帮同督办。又奏投诚人众,宜分别留营遣散,请量为安置,允之。

九年二月,奏请饬部剔除恤典积弊,略曰:"军兴以来,凡疆场死事之臣,无论大小文武员弁,以及绅民士庶,一经统兵大员或地方大吏奏到,罔不立荷恩纶,优予恤典,恩至渥也。无如内外大小衙门,胥吏舞弊,需索重费,或经部议行查本籍,而孤寒无费可图,司道延不上报;或家属自行呈请到部,而费用未餍所欲,书吏遂藉以居奇。是赐恤之恩施,几同捐纳;捐躯之忠荩,竟等鸿毛。惟有请旨饬部妥议章程,严定查办限期,定予迟延处分。凡遇有仍前索费舞弊者,准阵亡家属指名控告,重治其罪,庶可除积弊而慰忠魂。"下部议行。

三月,贼纠集安庆悍党,围护城营盘,胜保亲督大队驰救,护城营内官军同时并出,内外夹击,歼贼无算,立解重围。遂移营殷家桥,怀远逆首龚得纠众来扑,官军分路迎击,大败之。四月,进剿六安,尽毁附城贼卡,乘夜环攻,填濠直上,克之。捻首张元龙率众乞降,献凤阳府、县两城,并收复临淮关,胜保奏请优加奖励,以为自拔来归者劝。得旨:"张元龙免其治罪,并赏给三品顶带、花翎,以都司即补。"自六安克复后,败匪纷窜,官军跟踪追击,直抵霍山北面,随收复霍山,乘胜攻克浍南贼墟,及介沟贼墟十馀处。六月,以贼窜盱眙,自请严议,上加恩改为交部议处。遂进攻盱眙,克之。九月,丁母忧,命俟军务完竣,再行回京穿孝。贼沿淮下窜,官军击败于清水镇,斩首逆吴如孝等,贼披靡南遁。官军仍还剿怀远,令水师直薄城关,复怀远县城。十一月,复奏恳回京穿孝,允之。十年正月,以未能克复庐定,致匪蔓延,撤钦差大臣,命驰往河南,督办剿匪事宜。复经御史林之望参劾,降为副都统,二月,授镶蓝旗汉军副都统。时捻匪窜禹州,另股窜西平等县。五月,谕曰:"胜保督办河南剿匪事宜,本年春间皖匪扰及豫省,未能出省防堵任,令匪踪深入,近省各属多被蹂躏。迨逆众回巢,始赴归、陈防堵,实属畏葸无能,有负委任。着即来京,以三品京堂候补。"七月,到京,八月,授光禄寺卿。十一月,管理圆明园八旗、内务府包衣三旗事务。十一年正月,授兵部右侍郎。

　　三月,逆捻窜扰山东,命驰赴直隶景州、山东德州一带,督办防剿事宜。五月,进攻邱县贼巢,并濮头老巢,匪出大股来援,击败之;乘胜攻克馆陶县城,并毁清水镇老巢。馀匪退踞冠县各村,官军进攻,毁七里村并附近各贼垒,遂复冠县城,进捣莘县,并克之。逆首宋景诗率众投诚,胜保责令随同大军进攻,连克朝城、观城两县。六月,命督办河南、安徽剿匪事宜,陆续拿获结会谋逆各匪首,并解散山东范县各匪。河北一律肃清,得旨优叙。七月,穆宗毅皇帝登极。十月,胜保疏言:"朝廷政柄,操之自上,非臣下所得专。自文宗显皇帝龙驭上升,皇上嗣位,聪明天亶,尚在冲龄,全在辅政得人,方足以资佐理。如怡亲王载垣、郑亲王端华非不宣力有年,然而赫赫师尹,民具尔瞻。今竟以当秉政巨任,揽君国大权。以臣仆而代纶音,挟至尊而令天下,实无以副寄托之望,而餍四海之心。在该王等不过以承写朱谕为辞,居之不疑。不知我皇上缵承大统,天与人归,原不以朱谕之有无为重。至赞襄政务一节,则当以亲亲尊贤为断,不当专以承写为凭。何也?先皇帝弥留之际,近支亲王多不在侧,仰窥顾命苦衷,所以未留亲笔朱谕者,未必非以辅政之难得其人,以待我皇上自择而任之,以成未竟之志也。今嗣圣既未亲政,皇太后又不临朝,是政柄尽付之该王等数人,其托诸掣签简放请钤用符信图章,在该王等原欲以此取信于人,无如人皆不信。民嵒可畏,天下难欺!近如御史董元醇条陈四事,极有关系,应准应驳,惟当断自圣裁,广集廷议,以定行止。乃径行拟旨驳斥,已开矫窃之端,大失臣民之望。命下之日,中外哗然。政柄下移,群疑莫释。道路之人,见诏旨皆曰:‘此非吾君之言也。非母后圣母之意也。’一切发号施令,真伪难分。众情汹汹,咸怀不服。夫天下者宣宗成皇帝之天下,传之文宗显皇帝,以付之我皇上践阼者也。昔我文皇后当国,虽无垂帘之明文,而有听政之实用。为今之计,非皇太后亲理万几,召对群臣,无以通下情而正国体;非特简近支亲王,佐理庶政,尽心匡弼,无以振纲纪而顺人心。惟有吁恳皇上俯察刍荛,即奉皇太后权宜听政,二圣并崇,而于近支亲王中择贤而任,仍秉命而行,以成郅治。宗社幸甚!臣民幸甚!”奏上,上命王大臣等会议。十一月,授镶黄旗满洲都统,转左侍郎,进剿教匪杨福凌等,攻破延家营老巢,生擒逆首延轮等,教匪刘吕老等穷蹙乞降。十二月,督军截剿窜豫逆捻。同治元年正月,兼正蓝旗护军统领。二月,逆匪陈大喜纠合各路逆捻,来扑官军前营,旋击退之,以投诚勇目宋景诗率众逃遁,不即行奏报,上责其意存回护,革职留任。三月,督军进援颍州,围立解。上嘉其调度有方,加兵部尚书衔,并赐珍物。四月,攻克庐州府城,首逆陈玉成逃窜寿州,胜保开城诱贼,遂生擒陈玉成及伪王、伪官等二十馀人。

时陕西回匪滋事,围省城。六月,授钦差大臣,督办陕西军务。八月,由临潼抵斜口,匪分股来迎,胜保命更番轮战,贼溃;灞桥一带贼匪,亦望风逃遁。官军直抵西安,城围立解。上命妥办甘肃毗连陕西一带防剿事宜。闰八月,剿办咸阳回匪,击败窜扑子午谷口川匪。时光禄寺卿潘祖荫,顺天府府丞卞宝第,御史丁绍周、华祝三先后奏参胜保冒饷纳贿、拥兵纵寇各款,河南巡抚严树森复叠次奏参其欺罔贻误,上命钦差大臣科尔沁亲王僧格林沁将被参各款查明入奏。嗣山西巡抚英桂、西安副都统德兴阿查复入奏,谕曰:"胜保前在皖、豫督兵时,节经严树森、袁甲三叠次奏劾其荒淫贪纵。朝廷以军务方殷,暂缓查办,且擢任统帅,宜如何感激奋勉,力图报效。乃任性骄纵,滥耗军饷,粮台设立杂支局,糜费浮于正项,收受劣员金安清贿赂,军营保举各员,俱令拜认门生,馈送贽敬,并挈带妻妾赴皖,〔五〕到处携妓随营,纵容家人丁祥捐纳道员,委用私人张仙保等在周家口设局抽厘,〔六〕便于肥己。由河南赴陕时,需索地方多金,并讳败为胜,捏报大捷多次,任用劣员戴鸾翔、窦型等,收受奉旨拿问之营员施鹏等馈送,剟给差使,将拿获从逆之马承恩索银释罪,又于营中杂蓄优伶,收留回妇及民间妇女,其尤甚者,认逆首张隆之妻为义女,并收纳逆首陈玉成之妻为妾,陈玉成之弟二人因馈送银两,擅将伊免死留营,〔七〕优伶冒充亲军,按月提银三千两,以致各营兵勇枵腹荷戈,叠经挫失。〔八〕种种胆大妄为,实出情理之外。着传旨革职拿问，交刑部治罪，并将该革员京寓赀财查钞。其陕西军营侵吞饷项，即着多隆阿严密查钞，家人丁祥着一并提讯究办。二年正月，西安将军安穆腾阿、陕西巡抚瑛棨奏请派胜保剿办直隶军务，上怒其朋比，切责之。三月，御史吴台寿又奏称："胜保有克敌御侮之功，无失地丧师之罪。"上责其荒谬诞妄，褫台寿职。

御史赵树吉寻参其罪状昭著，虽置重典，无以蔽辜，请特申宸断，以正刑章。上命派审王大臣切实根究，质证明确，按律定拟。寻谕曰："前因中外诸臣奏参胜保贪污欺罔各款，复派议政王、军机大臣、大学士会同刑部审讯。经王大臣等将胜保亲供呈览，于被参各款恃无质证，一味狡展，而于携带姬妾随营，则业已承认不讳。本日复据王大臣等陈奏，胜保所递亲供及诉呈各一纸，更堪诧异。胜保于督兵入陕之初，人言藉藉，朝廷不惜谆切训诲，至再至三。乃入陕以后，仍复肆无忌惮，怙恶不悛，即其所自认携带姬妾一节，已属大干例禁，苗沛霖性情阴鸷，胜保极口保其无他，且擅调其练众入陕。今苗沛霖已戕官踞城，肆行背叛；宋景诗以反覆降匪，经胜保代为捏报战功，保至参将，后又在陕拥众背叛。是今日苗、宋二逆之糜饷劳师，皆胜保养痈贻患所致；而胜保之党护苗、宋二逆，不得谓无挟制朝廷之意。至其馀被参各款，前经僧格林沁覆奏派员查访，并咨询地方所称情形，大略相同。是胜保贪污欺罔，实天下所共知，岂能凭其自行回护之词，信为绝无其事？乃据胜保本日所递诉呈内，博引律例，妄欲将原参各员治以诬告之罪，尤属饰非乱是，胆大妄为，即立正刑诛，亦属咎所应得。特念其从前剿办发、捻有年，尚有战功足录,胜保着从宽赐令自尽。所有案内人犯,着刑部分别提审,讯明奏结,以清积牍。"

【校勘记】

〔一〕天或者警溺职而戒侵官乎　原脱"戒"字。今据胜保传稿(之三六)补。

〔二〕擒黄衣贼目一名从匪数十馀名　原脱"擒"与"一名从匪"共五字,又"数"误作"八"。今据显录卷一〇二叶一五上补改。

〔三〕窥入直隶境　"窥"原误作"规"。今据胜保传稿(之三六)改。

〔四〕馀匪旋窜至束城村一带　"束"原误作"舒"。今据显录卷一二〇叶一〇下改。

〔五〕并挈带妻妾赴皖　"挈"原误作"携",又"皖"误作"陕"。今据毅录卷四九叶四三下改。

〔六〕委用私人张仙保等在周家口设局抽釐　原脱"设局"二字。今据毅录卷四九叶四三下补。

〔七〕擅将伊免死留营　原脱"留营"二字。今据毅录卷四九叶四四下补。

〔八〕叠经挫失　"挫"原误作"损"。今据胜保传稿(之三六)改。按显录卷四九叶四四下不误。

清史列传卷四十八

大臣画一传档后编四

黄宗汉

黄宗汉,福建晋江人。道光十五年进士,改翰林院庶吉士。十六年,散馆,改兵部主事。十九年,充军机章京。二十年六月,补官。七月,升员外郎。十一月,记名以御史用。二十一年,升郎中。二十二年五月,升山东道监察御史,巡视中城。十一月,迁户科给事中。二十五年,掌工科给事中。寻授广东督粮道。二十六年,两广总督耆英奏举办保甲及会哨事宜,请以宗汉督其事,得旨允行。二十七年,调雷琼道。二十八年,升山东按察使。二十九年,调浙江按察使。

三十年,巡抚吴文镕疏荐宗汉可膺重寄,命来京陛见。咸丰元年正月,到京,召见六次。八月,擢甘肃布政使。二年二月,授云南巡抚,旋调浙江巡抚。十月,以筹议新漕,疏请试行海运,得旨允行。十一月,覆奏海运章程,分催提银米、雇备船只,两次接运,委员分办;天津拨船多为豫备,巡哨防护,宜加周密各条:均如所议行。又疏言:"浙江新漕试行海运,系属创始,其不敷船只,应由江苏上海添雇,请由两江总督、江苏巡抚派委妥员帮同办理。"得旨:"江苏、浙江海运事宜,着该督责成江苏按察使倪良耀总司其事,不分畛域,妥速筹办。"寻捐备军需银一万两。先是,浙江布政使椿寿因钱粮支绌,在署自缢,命宗汉详细考察,是否另有别情,据实具奏。至是奏言:"该司因署抚任内,湖属八帮漕船,水浅未能开行,留浙变价,部定每石价银二两,市价每石仅得七八钱,计短银三十馀万两。该司无力分赔,焦灼自尽,并无别情。"寻奏请将原米随新漕挽运入京,报闻。又以署宁波府知府毕承昭卓著循声,请破格补授实缺,允之。三年二月,以浙省当灾歉之后,又值长江有警,商贩鲜通,民间乏食,请将商贩米船免其纳税,得旨允行。

时粤逆东下,直逼江宁省城,漕运总督杨殿邦驻扎瓜洲,江苏巡抚杨文定驻扎常州,均以兵力不敷,咨调浙兵二千名前往防堵。宗汉疏言:"浙省兵丁,除省城暨水师各营不便征调外,其省外陆路各营,〔一〕曾于上年调赴江西、安徽三千名,并经挑选一千名,赴省设局操练。嗣准江苏藩、臬两司请豫调浙兵为该省策应,又经飞饬各营豫备二千馀名,以资调防,均经奏明在案。此外未调之兵为数无多,不敷两省分派。现于绍兴、海宁两协营再抽调五百名,合之前次调省操练,暨饬调豫备之兵均匀酌派,调赴漕臣、江苏抚臣各八百名,本省嘉、湖二府各给八百名,并令官绅速募义勇,以补兵力之不足。"报闻。旋因江宁城陷,贼船四出审扰。宗汉闻贼至芜湖,虑其窥浙,饬藩司麟桂驰赴上海,募广艇以备防剿。奏入,上嘉之。寻命宗汉即饬麟桂将所备船只亲为统带,前赴镇江等处,听候向荣调度。

四月,宗汉与将军宗室有凤等驰奏:"浙省防务吃紧,咨会钦差大臣琦善、向荣等迅速进剿,堵贼下窜;并驰赴嘉、湖,扼要抵御,遏其入浙之路。"报闻。六月,宗汉由嘉兴至吴江,复由湖州至泗安察看形势,直抵安徽广德州界,查其中分两路:一为界牌汛,一为东亭湖汛,皆广德入浙要路。而东亭湖汛,〔二〕毗连长兴、安吉为尤要。即饬副将都隆阿带兵驻扎,以防间道窜入。宗汉仍回省城居中调度。奏入,奉朱谕:"浙省防堵,不容稍懈,若果有粤匪闯入,尤应赴境迎剿,不可先示以弱,致滋蔓延。"宗汉复疏言:"防堵之法,不可仅于本境画疆而守。因檄副将王枞、〔三〕都隆阿带兵赴镇江、常州协防,其由苏至嘉兴水路,扼要在平望,以副将叶万清守之;由苏至湖州水路,扼要在太湖,以游击孙国安守之;由安徽至湖州旱路,扼要在泗安、广德,以知府常恩守之。外分三路设防,仍檄副将田大有于嘉、湖二府居中策应。又委臬司黄乐之带兵履勘,扼要设伏。至省垣添炮安营,严兵守卫,所需经费,均请动拨帑项。"得旨:"布置尚属妥协,省垣要地,分拨兵勇守卫,并安设炮台调水师之处,均着照所议办理。"

时倪良耀总司海运事宜,所报海运米石与浙省起运之米数不符,宗汉劾之,并劾其眷属迁徙,以致官兵惶惑,请下部严议,允之。又以海运事属创始,知府晏端书、同知缪梓出力为最,疏荐之,命俟海运事竣,再行声明请奖。七月,得旨:"此次海运事属创始,经巡抚黄宗汉督同司道参酌成案,经理得宜,不及四月,即以全数起运,交兑完竣,办理实属妥速,自应量予恩施,以示鼓励。黄宗汉着赏戴花翎,馀各交部议叙。"时浙江灾歉频仍,贼氛密迩,匪徒多借端倡乱,纠众抗粮之案层见叠出。宗汉先后派委员弁查拿惩办,解散胁从,地方获臻安谧,请将未能预防各员分别治罪,并自请严议。寻下部议处,降二级留任。先是,上以吏治民风相为维系,谕直省各督抚于府、厅、州、县,慎简贤员,政成报最后,必当破格施恩,超擢不次,经给事中吴若准奏浙江州县中如段光清等,皆系循声卓著之员,命宗汉悉心察看。至是宗汉以段光清素洽舆情,请破格录用。得旨:"段光清补授宁波府知府,以为地方官能得民心者劝。"寻以捐备浙省军费,并率同子贻棋,捐闽省军饷一万馀两,得旨:"黄宗汉子黄贻棋,着赏给举人,准其一体会试。"

十一月,苏省匪徒啸聚,陷上海。宗汉请将来岁新漕,另筹起运海口,并酌拟改运章程入奏,下部议覆,奉旨:"浙江海运改由刘河口受兑放洋,一切事宜,经黄宗汉派员妥办,惟该处海口系江苏所辖,若转令浙江委员催办,尚恐呼应不灵,着怡良、许乃钊立即派委大员,并熟谙海运之员,驻扎刘河口,会同筹办,不得稍分畛域。海船抵津以后,应用拨船,着桂良督饬天津道、府宽为筹备。"时安徽庐州失守,巡抚江忠源阵亡,命宗汉筹拨银六七万两,迅解和春军营;又因江南大营饷需支绌,命向荣随时咨商怡良、黄宗汉妥筹办理。宗汉以书致向荣曰:"逆氛未靖,大营军饷告匮,岂敢置之度外? 本省筹防,即万分支绌,亦当勉效汛舟之役。惟所需甚巨,计日尚长,纵使竭尽心血,力为图维,杯水车

薪,既虑无济,况一省之精华易竭,而通盘之筹算宜先,似应统计
大营兵饷每月实需若干,〔四〕请于江苏、浙江、江西三省确定额
数,每省应解若干,按月起解,何省贻误,指参何省,而大营亦得
以额定之数,宣示众兵,不致缺乏。自今以后,军威之不振,责在
将帅;粮饷之不时,责在地方。如此划清界限,则事有专司,责无
旁贷,不难指日荡平。"向荣据其书入奏,上韪之。

　　四年正月,查明仁和等州、县、卫灾歉地亩,分别蠲缓以闻。
又奏保海运出力各员,奖叙有差。二月,宗汉以浙省有漕州县,
多被灾歉,其成熟田地虽获有收,因风雨虫伤,米质未能一律圆
洁,所有应征漕粮,请援照成案,红白兼收,籼粳并纳,俾小民便
于输将。如所请行。旋谕曰:"浙江巡抚黄宗汉自简任以来,办
理各路防堵,不动声色,措置裕如;督办漕粮海运,亦极认真。上
年剿捕台州及杭州之昌化、于潜,并宁波各处匪徒,与现在嘉、湖
两属聚众抗粮匪徒,均能立时擒获。办理甚属妥速,地方悉臻安
静。历览该抚奏报,精详之至,毫无瞻顾,深堪嘉尚! 着发去朕
书'忠勤正直'匾额一面,赏给黄宗汉。该抚领朕所赐御书,不
必作奖励观,作纪实观,尤愿汝慎终如始,以成一代之名臣!"

　　三月,江苏巡抚许乃钊奏请饬宗汉酌拨精兵五六百名,助剿
上海。宗汉遵旨派知府石景芬、副将庆祺带勇前往。时江宁股
匪攻陷徽州之祁门、黟县,有由徽入浙之谣。宗汉以严、衢皆与
徽郡接壤,必须门户严密,即募勇调兵协筹防剿。会宁波府属之
奉化地方,有逆匪洪世贤以妖术惑众,乘徽州之警,谋与安庆、上
海之匪勾结应援。宗汉委道员段光清侦知其实,易服密拿,生擒
洪世贤及伪军师、〔五〕丞相董铨冈、董得彰等,讯明枭示。被胁之

众,一概免究。奏入,得旨嘉奖。四月,宗汉以海运粮船将次受兑放洋,飞饬各属上紧剥运至刘河口,并饬粮道周起滨等赶紧择日放洋赴天津交兑,先将办理情形驰奏,报闻。七月,以海宁、仁和等州县潮势甚旺,东中西三塘各工日形塌损,奏请动款修筑,如所请行。

复以徽防紧急,添派杭州府知府徐荣带兵前往防堵。九月,谕曰:"昨据向荣奏,闰七月间,据黄宗汉以贼窜祁门,将抵徽郡,浙省危急,乞师援救,当经调川兵一千名前往。嗣因贼匪退出,拟将川兵移拨太平、芜湖,乃为徽、宁官民苦留等语。已谕令向荣将详细情形知会黄宗汉妥筹办理。但未据黄宗汉奏闻,不知徽郡境内匪踪果否全行击退,抑有未能净尽尚烦兵力之处?江西屡获大胜,不能不虑及该逆旁窜,徽、宁腹地固须防堵,而芜湖为进口扼要之区,尤为吃紧。着黄宗汉与向荣熟筹兼顾,总以不令贼船驶入内河为要。因思黄宗汉自六月初五日报到海运漕米全数放洋等折,以后未据续有奏报。此数月内,浙省折报并未到京,是否在途耽误,抑该抚竟未暇拜发?殊深系念!且粤东全省骚动,各路文报不通,前此叶名琛等奏报即从宁波收口,由浙驰递。此时浙江既久无折到,粤东消息更不知若何,着黄宗汉查明前此具奏事件有无遗失,并探明广东如有由浙驰递之件,饬属赶紧转递,不得稍有迟延。仍将两月来浙省布置事宜,迅速具奏。"旋授四川总督,给事中张修育奏:"宗汉在浙已久,布置合宜,未便更易。"得旨:"朕简任封疆大吏,无不为地择人,权衡至当。若纷纷请奏未便更易,尚复成何政体?张修育着传旨申饬。"

十月,宗汉以病咨请军机处代奏,谕曰:"前因黄宗汉数月未经奏事,连次降旨询问。昨据黄宗汉咨呈军机处公文,内称自七月起调兵筹饷,抢办海塘,积劳成病,阅四月以来,未及拜发奏报,咨请军机王大臣先为面奏等语。各督抚应奏事件,从无积压数月之理。黄宗汉平日办事尚属认真,虽因调兵筹饷,公事丛集,而海塘冲坍,关系民生,即当迅速奏闻。况学政丁忧,臬司出缺,应行由驿驰奏之案,何竟愦愦若此! 经朕垂询后,尚不具折陈奏,竟咨呈军机处恳请代奏,尤属非是。有此办理咨稿之暇,何不即行缮折入奏? 况云浙境现获敉安,该督病已渐愈,亦不至刻无暇晷。乃以迟延之咎,自行请罪为词,情节尤属支离,殊不可解! 黄宗汉着先行交部议处。"寻部议宗汉折报稽延,应降三级调用,不准抵销。得旨:"黄宗汉着加恩降为二品顶带,仍留四川总督之任。"

十二月,宗汉疏言:"此数月中,始则因军务紧急,不暇拜发;继则因身体患病,不能陈奏。糊涂之见,谓宁蹈迟延之咎,不敢以病假渎陈。惟请严加谴责。"奏入,谕曰:"海塘决口,关系民生,虽经该督设法抢护,堵筑平稳,究属未能先事豫防。至该省折报稽延已久,该督既已病痊,即应赶紧入奏。乃自上月具文咨报军机后,又复迟至一月有馀,亦属咎有应得。姑念该督在浙,平日办事本属认真,此次奏报虽迟,于地方公事尚无贻误。业经降为二品顶带,以示薄惩,所有自请交部严议之处,着加恩改为议处。"寻经部议降二级留任,不准抵销。五年正月,克复上海县城,宗汉下部优叙。

时荆、襄告警,宗汉遵旨调派川兵赴楚协剿。三月,宗汉行抵川省,疏报到任。奉朱谕:"汝在浙尚恐汝过于亟速,今在蜀不患失之于严,惟患失之于缓。汝之才力,朕保汝实称川督,更望汝倚仗群材,自易见效。"五月,宗汉疏言:"黔省馀匪窜扰川省之秀山县,经官兵练勇击退。所有出力文武,请酌保数员。"又奏:"大宁县知县李肇金捐修城垣,募置练勇,恳请优叙。"均如所请行。七月,疏言:"贩运黑铅,有关军火。请照私贩硝磺例,加等科罪。"又奏:"四川绅民捐输助饷,乡试广额,请改为永远定额。"八月,以遵旨讯明南溪县廪生万石铦等被控谋逆,委无其事;告病永宁道汪墍自认办理错误,请予革职:均从之。会湖南巡抚骆秉章、湖广总督官文先后疏请借拨川饷,命宗汉迅速筹解。九月,粤逆复陷湖北汉川,荆州吃紧,命宗汉饬署松潘镇总兵德恩带夔巫防兵二千名,赴荆协剿。时四川马边地方夷匪为患,窥伺沿山汉地,搭盖夷棚,乡民屡受其害。宗汉委文武绅团节次进剿,共毙贼千馀名,毁夷棚三千馀间。匪酋就戮,各夷震慑投诚。马边一律肃清。奏入,上嘉其办理妥速。十月,贵州巡抚蒋霨远奏调川兵四千名,协剿苗匪,并请拨银十万两,两湖、江、皖等省亦以军饷支绌,均疏请由川协济,上命宗汉悉心筹拨。十二月,宗汉疏言:"川省库藏,岁入不供岁出。近年勉力支持,实赖津贴,其数亦不过五十万两。此外捐输寥寥,拮据情形,殊难言状。然于各路饷需,断不敢稍有延误。应请于咸丰六年再办按粮津贴,此系万不得已之举,一俟军务稍平,即行停止,并严禁需索浮收情弊。"得旨,悉心妥办。

　　六年正月,命查阅四川营伍,宗汉仅将成都省标会同春操查阅,复久无奏报。八月,奉谕曰:"前因黄宗汉久未奏事,谕令明白回奏,并谕乐斌查明具奏。兹据该将军奏称,该督素有痰郁之疾,今春感受时气,以致旧疾复发。现在赶办积压案件,精力尚能勉支等语。黄宗汉平日办事尚属认真,乃半年以来,于地方应奏事宜,并关涉军务要件,延搁不奏。迨降旨令其回奏,又不具实陈明,虽经乐斌查明该督素有痰疾,现在赶办案件,尚非有心积压,而封疆重任,岂容以病躯久恋,致令公务废弛?黄宗汉着交部议处,即行来京,另候简用。"十二月,到京,得旨:"前任总督黄宗汉前经部议以降三级调用,着加恩改为降二级,以内阁学士候补。"寻补内阁学士,兼礼部侍郎衔,署刑部右侍郎。旋署顺天府府尹。七年六月,宗汉以顺天府采买米石平粜,陆续捐输,请交部议移奖各该员子弟。七月,充玉牒馆副总裁。

十一月,英兵攻击广东省城,两广总督叶名琛被绐入英船,经巡抚柏贵奏闻。十二月,命宗汉为两广总督,授钦差大臣关防,办理洋务。召对十一次,并命前安徽布政使毕承昭随宗汉赴广东差委。八年四月,宗汉到粤,暂驻惠州府,以各衙门案卷多被英人焚毁,奏请将命盗等案题咨事件展缓办理;又请将两广应行引见文武人员暂缓给咨,其升补人员仍请先给署劄:俱从之。五月,疏言:"广东自咸丰四年土匪滋事,攻扑省垣,并蔓延数十州县,经各该处绅民捐赀练勇,随同官军相机剿办,深明大义。惟未据叶名琛声请奖叙,应饬各地方文武检查从前拟定原案申报,查明保奏,以奖忠勇而资观感。"诏如所请。十一月,请将前广东雷琼道蔡徵藩、浙江候补道邱景湘留广东补用;又以广西省频年被扰,各埠盐难运销,请将引饷展缓,分限搭销;又疏劾捕务废弛之广东游击吴铨光褫职:均得旨允行。时广西贼匪窜入德庆州属,宗汉调拨兵勇击退之。

　　九年四月,调补四川总督,命俟署两广总督劳崇光到任后,再行来京陛见。时江西信丰大股贼匪窜扰惠、韶二郡,宗汉驻军龙川,饬已革按察使张敬修、署惠州府知府海廷琛督兵大破之,复亲督大军分股追剿,先后毙贼万馀。惠、韶地方一律肃清。得旨嘉奖。十一月,来京,命以侍郎候补。先是,宗汉等奏广东清远各州县缓征银米一折,迟至经年始行奏到。上命宗汉明白回奏,宗汉覆奏系由巡抚主稿,不知因何处延搁,请饬由广东查明。十年三月,命署吏部右侍郎,九月,实授。十月,四川在京主事叶毓桐等公举宗汉督办四川团练,由都察院代奏。得旨:“四川省督办团练,前已简派有人,黄宗汉既非四川绅士,亦非该省现任之员,叶毓桐等所请饬令督办团练之处,着不准行。”

　　十一年九月,兼署兵部右侍郎。十月,会议文宗显皇帝升配大典,宗汉另疏奏请缓行定议,上命王大臣等敬谨详议,寝其奏。先是,詹事府少詹事许彭寿于拿问载垣、端华、肃顺时,敬陈管见折内有“查办党援”之语,[六] 经议政王、军机大臣传旨令其指出党援诸人实迹。至是许彭寿明白回奏:“形迹最著,莫如吏部尚书陈孚恩;踪迹最密,莫如侍郎刘崐、黄宗汉:外间啧有烦言。”谕曰:“黄宗汉于本年春间前赴热河,蒙皇考召见,即以危词力阻回銮。迨闻皇考梓宫有回京之信,该侍郎又以京城情形可虑,遍告于人,希冀阻止。其为意存迎合载垣等,众所共知。声名如此狼藉,品行如此卑污,若任其滥厕卿贰,何以表率属僚? 黄宗汉着革职,永不叙用,以为大僚软媚者戒!”又谕曰:“已革吏部右侍郎黄宗汉前在浙江巡抚任内,经皇考大行皇帝赏给御书‘忠勤正直’匾额,现在黄宗汉已革职永不叙用,所有前经御赏匾额,着即行恭缴。"同治三年,故。

子贻榖,同治十三年一甲三名进士,改刑部主事。

【校勘记】

〔一〕其省外陆路各营　原脱"陆路"二字。今据黄宗汉传稿(之三七)补。

〔二〕皆广德入浙要路而东亭湖汛　原脱此两句凡十二字。今据黄宗汉传稿(之三七)补。

〔三〕因檄副将王槑　"槑"原误作"懋"。今据黄宗汉传稿(之三七)改。

〔四〕似应统计大营兵饷每月实需若干　"兵"原误作"共"。今据黄宗汉传稿(之三七)改。

〔五〕生擒洪世贤及伪军师　原脱"洪"字。今据黄宗汉传稿(之三七)补。

〔六〕敬陈管见折内有查办党援之语　"之"原误作"等"。今据黄宗汉传稿(之三七)改。

　　杜翰

　　杜翰,山东滨州人。祖堮,礼部左侍郎;本生父受田,工部尚书、协办大学士:自有传。翰,道光二十四年进士,改翰林院庶吉士。二十五年,散馆,授检讨。二十九年,提督湖北学政。咸丰二年七月,翰本生父受田卒于江南差次,谕曰:"协办大学士杜受田,前因丰工尚未堵合,江南、山东两省穷黎急需赈恤,特派前往查办,竟以感受暑湿,触发旧患肝疾,于本月初九日遽至不起。伊子杜翰,着俟服阕后,加恩以庶子用。"复谕翰由湖北驰赴清江

浦,扶柩回京。三年八月,服阕,十一月,补詹事府右春坊右庶
子。十二月,擢内阁学士,兼礼部侍郎衔。寻命办理巡防事宜,
稽察中书科事务,并充文渊阁直阁事。迁工部左侍郎,命军机大
臣上行走。

　　四年二月,谕往通州查米,奏言:"查得大通桥挑晾米豆,均
属不堪食用。请分别着赔,以归核实。"允之。四月,兼署工部右
侍郎,兼管钱法堂事务。是月,以工部右侍郎宗室国瑞奏参宝源
局监督桂荣、[一]王溥办事含混,任听派头克扣匠役工银,翰不肯
会衔,又未单衔具奏,上敕明白回奏。翰奏言:"所参该监督各
款,皆系国瑞未到任以前,回明办理之事,以与国瑞意见不合,故
未会衔。"疏入,命大学士贾桢、工部尚书全庆查办具奏。寻奏
覆,谕曰:"宝源局监督桂荣、王溥既据贾桢等查明,办公并无含
混,亦无任听派头克扣匠役工银等弊,杜翰覆奏各情,亦无回护,
着毋庸置议。"旋赐紫禁城骑马。五年正月,京察届期,下部议
叙。二月,会议改票用钞之法,如所议行。四月,复以山东茌平
冯官屯逆匪荡平,[二]交部从优议叙。

　　六月,会议署吏部左侍郎沈兆霖请暂设皖南巡抚,疏言:"皖
南原有安徽宁池太广道一员,暂改为皖南道,专辖徽州、宁国、池
州、太平、广德五属,仿台湾道例,加按察使衔,并添设皖南总兵
一员,以资镇守。"从之。六年四月,充殿试读卷官。十二月,充
经筵讲官。七年正月,充经筵直讲。十月,查东陵、西陵岁修工
程。八年正月,京察届期,复交部议叙。四月,谕同惠亲王等专
办京城各旗营巡防事宜。八月,兼户部右侍郎,兼管钱法堂事
务。九月,丁本生母忧,赏银四百两治丧。九年十月,服阕,署吏

部右侍郎,仍在军机大臣上行走。十年正月,上以三旬万寿恩赉廷臣,翰加三级。三月,充会试副考官。九月,上以翰随扈以来,昕夕在公,巨细无误,赏戴花翎。寻署礼部右侍郎。十一年四月,兼署吏部左侍郎。七月,文宗显皇帝升遐,穆宗毅皇帝御极,命恭理丧仪。九月,以怡亲王载垣等窃夺政柄,翰不能力争,命退出军机,交王大臣等议罪。十月,议上,请将翰革职,发往新疆效力赎罪,上原之,特谕革职,免其发遣。同治五年,卒。

子庭珏,正三品荫生,恩赏举人;庭璞,刑部主事。

【校勘记】

〔一〕以工部右侍郎宗室国瑞奏参宝源局监督桂荣　"源"原误作"泉"。今据杜翰传稿(之三七)改。

〔二〕复以山东茌平冯官屯逆匪荡平　"冯"原误作"马"。今据杜翰传稿(之三七)改。

颜伯焘

颜伯焘,广东连平州人。祖希深,兵部左侍郎;父检,漕运总督。伯焘,嘉庆十九年进士,改翰林院庶吉士。二十二年,散馆,授编修。二十三年,充四川乡试副考官。道光二年,京察一等,记名以道府用。七月,授陕西延榆绥道。六年正月,调补督粮道。三月,升按察使。八月,署布政使。七年五月,擢甘肃布政使。自大军剿逆回张格尔,军需由兰州、肃州设局转运,伯焘在事出力,叙功,赏戴花翎。八年,命督办兰、肃两局报销,伯焘依次具奏,下部优叙。四月,调直隶布政使。十年七月,磁州等州县地震成灾,伯焘筹赈迅速,上嘉其深知政体,敕部议叙。九月,署陕西巡抚。时再定回疆,大兵凯撤入关,命驰驻肃州办理军需。十一年,事竣,命仍回直隶布政使任。十月,以前署陕西布政使失察西安府同知衙门投充吏役错误,部议降调,特旨改为降三级留任。十二年,丁父忧。十六年,起复,〔一〕授直隶布政使。

十七年,升云南巡抚。十八年闰四月,御史蔡琼奏言:"云南临安府属阿迷蒙自与开化府属文山等处流民啸聚,抢劫为患,谕总督伊里布偕伯焘认真查办。六月,会奏垦荒保甲章程,得旨如议行。省城西南滇池汇昆明县六河之水,〔二〕入昆阳州海口下游,凡有疏浚,必于上游筑土坝截水,始克施工。事成,坝亦随毁。伯焘念工艰费巨,乃改建石闸,以时启闭,农民赖之。十九年,疏请禁种罂粟,从之。十二月,兼署云贵总督。二十年六月,御史陆应榖条陈开化、临安、广西各要隘,宜移营添汛,奉旨饬查,伯焘议于开化府文山县石榴江、〔三〕临安府蒙自县均改汛为营,双水塘改千总大汛,邱北县属添把总一汛,均如所请。九月,议覆鸿胪寺少卿叶绍本捕盗章程:一、盗案初限,速移邻封协捕,毋令赃销盗遁,弋获无期;一、盗窃之案,严惩牌保,如徇情容隐,从严究办,即失于觉察,不行首报,亦提案责惩;一、居民守望相助,凡城乡村寨,均十家一牌,轮夜支更,互相巡警,遇贼并力追捕,送官分别奖赏;一、审鞫毋苦累事主,如必须传质,亦当详明审办,不得勒令改强为窃,并删减原赃。疏入,敕切实遵办。

时英吉利构衅广东,陷浙江定海,伯焘擢闽浙总督。十二月,奉命驰驿赴任,毋庸来京,至即劾水师提督陈阶平于上年英攻厦门时,告病规避,钦差大臣琦善主款偾事,并陈明前两广总督林则徐守粤功罪,上嘉纳之。二十一年二月,收复定海,因奏言:"用守而不用攻,则贼逸我劳,贼省我费。大炮止可施诸岸上,不能载之水中;小舟止可行诸内港,不能施诸大洋。遂请饷银二百万,拟造战舰五十艘,募新兵数千、水勇八千,欲与出洋驰逐。"得俞旨。六月,复密陈广东情形,略曰:"闽、粤互为唇齿,呼吸相通。自正月虎门不守,粤事几不堪问。至四月内,英船驶泊省西泥城,防勇望风溃遁,兵船被烧六十馀艘。四方炮台旋亦弃去。当事者以六百万金,令知府余保纯重啖英人,始允罢战,犹报胜仗,指为就抚,以欺朝廷。夫英人非不可抚,然必痛剿之后,歼厥渠魁,缴其军械,始能帖服。今其势方张,资之以库藏,何不以养士卒?如谓商民号求息兵,曲徇所请,何不于誓师之始,申效死之义,与之固守?且粤东民情非不可用,前有萧冈、三元里等乡数千人,围困英酋义律,功在垂成,乃余保纯得义律私书,出城弹压,乡人始渐解去。在该府以议抚之后,不应妄生枝节,是谓六百万之资,可以求安也。闻钦差大臣奕山、参赞大臣隆文已退避距城六十里之小金山,参赞大臣杨芳、齐慎亦退入城内。查奕山、隆文等阅历未深,杨芳年老耳聋,皆不足当此重任。斯时惟有特简亲信重臣,激厉人心,督造船炮,用本省之人,作本省之兵,复悬之以重赏,未有不堪一战者。孙子云:'用财欲泰。'诚至论也。臣移驻厦门,督修战具,但使船炮稍备,足以捍敌,即当奋力攻击,大张圣朝挞伐之威,断不敢老师糜饷,以取咎戾。"

又奏:"钦差大臣裕谦驻浙,防堵颇为严密。粤东事急,如特简裕谦移粤,或可补救万一。降调四品卿衔林则徐前命督办粤东海口事宜,因操切获谴。近以粤民誓词揆之,知其素得民心,亦有威望。伏恳圣恩弃瑕录用,使为裕谦之副,当能得力。"疏入,上命林则徐以四品京堂驰赴浙江会办军务。福建武备废弛,伯焘按营抽查,先后劾同安营参将魏廷寅、署守备高上台、署闽安协副将谢国标,均得旨罢斥。

七月,英人乘水师提督窦振彪出巡外洋,内备单弱,率兵轮船三十馀艘,投书索厦门为外埠,俟款议定缴还。旋即驶进,我兵三面环击,沉轮舟一、兵船五,敌遂以二三艘并力攻一炮台,破;再攻一台,总兵江继芸、游击凌志、都司张然、守备王世俊等,皆死之。先是,伯焘募水勇八千人,及闻广东议款,奉旨撤兵省费,遽行遣散,未筹安置。至是,众于岸上呼噪应敌,伯焘偕道员刘耀春同时奔避,敌遂登岸,掠台上大炮反轰厦门,一昼夜,官署街市皆毁。伯焘退保同安,厦门遂为英人所踞。事闻,严旨责令迅速克复,英人得厦门亦不守,不数日,全队驶赴浙江,惟留数艘泊鼓浪屿。八月,伯焘以收复厦门入告,奉上谕:"英人沿海滋扰,厦门尤其垂涎之地。屡经谕知颜伯焘等严密防范,该督驻扎厦门半年之久,不能事先豫防,致仓猝失事,本属咎无可辞,姑念敌兵豕突而来,弁兵奋不顾身,击沉英船六艘,此时厦门亦收回。着从宽免其治罪,仍交部严加议处。"又谕曰:"前经降旨将颜伯焘宽免治罪,仍交部严加议处。兹据部议革职,已属从宽,姑念厦门业已收回,商民均安居复业。着加恩降为三品顶带,革职留任。"

同日,命伯焘会同钦差大臣怡良办理军务。寻遣侍郎端华赴福建勘实以闻。十一月,伯焘奏:"厦门猝遭蹂躏,招集流亡,疮痍满目,各乡团练又皆自备器械,不支口粮,请停征本年赋税,藉纾民困。"允之。十二月,谕曰:"前据颜伯焘奏厦门失守情形,恐有不实不尽,面谕端华前往密查。兹据覆奏,大致相符,即兵勇数目,亦不甚悬殊。惟以总督大员驻扎厦门,专办防堵事宜,已阅半年之久,一经敌兵突至厦门,登时不守,辄即退保同安、泉郡,庸懦无能,罪无可逭。嗣因厦门收回,从宽免其治罪,降为三品顶带,革职留任。原冀其愧奋图功,借资补救。近阅历次奏报,无非虚词搪塞,全无实际。现应如何设法攻剿之处,概未筹及。种种荒谬,实属辜恩溺职。颜伯焘着即行革任。"咸丰三年,在籍赴召,行次赣州,道梗折回。四年,改道苏州,因病流寓就医。五年十一月,卒。

【校勘记】

〔一〕起复 "复"原误作"服"。今据颜伯焘传稿(之三七)改。

〔二〕省城西南滇池汇昆明县六河之水 "河"原误作"月"。今据颜伯焘传稿(之三七)改。

〔三〕伯焘议于开化府文山县石榴江 "榴"原误作"溜"。今据颜伯焘传稿(之三七)改。

徐广缙

徐广缙,河南鹿邑人,祖籍安徽。嘉庆二十五年进士,改翰林院庶吉士。道光二年,散馆授编修。四年,大考二等,记名遇缺题奏。六年,充会试同考官。七年,记名以御史用。十年,补山东道监察御史,寻转掌湖广道监察御史。奏劾兵马司吏目单贞善通同揽捐,私卖假照,请饬严讯。寻论罪如律。十一年三月,奏请将礼、工两部事务较繁司分选缺主事,照吏、户、兵三部额设题缺之例,酌改一二题缺,遇有缺出,准将本衙门行走多年合例人员,挨次题补,下部议行。五月,充广西乡试正考官。十三年二月,截取引见,记名以繁缺知府用。三月,充会试同考官。四月,授陕西榆林府知府。十六年,擢安徽徽宁池太广道,以祖籍回避,调补江西督粮道。二十年九月,升福建按察使。十二月,擢顺天府府尹。二十一年,迁四川布政使,寻命暂署顺天府府尹。二十二年,丁母忧,二十五年,服阕,授江宁布政使。二十六年,擢云南巡抚,寻调广东巡抚。二十七年,捐廉银一万两,解赴河南备赈,下部优叙。

　　二十八年,擢两广总督,并授钦差大臣,接办洋务。二十九年,英人屡申入城之请,广缙奏:“英人屡请入城,臣与其再三申辩。昨接据文酉照覆,已属无可置辞。复据香港探事禀报,文酉本欲定进城之议。嗣因探明省城官民齐心保卫,防御森严,加以众绅士公启劝导,深知众怒难犯,遂尔畏葸中止。现有英示张贴公司行,布告各国商人罢议进城,大家安心贸易。自因各国前曾交存货物,各有损失,责其赔偿,势将内溃。是以急张此示,以安抚众洋商之心,并据委办洋务之在籍候选道许祥光、候补郎中伍崇曜来署,面禀英人举动无论大小事件,总以新闻纸为确据。不但本国取信,永以为凭;抑且各国通知,不能更议。今英人将新闻纸遍告各国,罢议进城,仍求照旧通商,是其计已决,无可疑虑。臣查英人之所系恋者惟在贸易,则所以钤制之者亦惟在贸易。英人骄纵频年,从未稍受裁抑,今既力穷而思所变计,自当乘势而予以转关,当嘱委办洋务之绅士等,密令众商与之申明约束,既不进城,自可通商,何时反覆,即行停止。于羁縻之中,仍寓裁制之意。"奏入,奉朱批:"所办可嘉之至,朕心深慰。如此棘手之事,卿不动声色,使彼自屈,较之军功尤堪嘉尚。"

又疏曰:"昨据文酋照覆,现经议定,以后再不辩论进城之事,现在贸易如常,中外均颇安静。臣窃以进城之议,万不可行,有不待今日始知者。溯查二十五年官员议许进城,尚无定期,即有焚烧广州府衙署之事。二十六年二月,有英人四名溷入靖海门,即被驱殴,瓦石交下,将其逐出。六月又有英人数名溷入太平门,被状元坊通街铺民将其赶回。八月复有黑台英人两名溷入太平门内壕畔街,被民人数百逐至高第街,痛加捶楚,身受重伤,逃至广州协署前,殴者愈众。虽经署内之兵齐出劝阻,两黑人乘间而逸,旋即因伤身死。英人亦哑忍讳言。自经此惩创之后,始不敢溷行入城。众怒难犯,该英人岂尚不知?所以屡次要求者,无非挟制地方官,逼勒百姓,迨至众畔亲离,文武皆成孤立,伊等始可长驱直入。广东既得,则江浙柔脆之地,更可为所欲为。将来得陇望蜀,正不独广东,可为寒心也。再查二十七年德酋扬帆径入省河,已据全胜之势,如可进城,何必又以两年为期?况甫经定议,何以旋即驶回?实因裙带路匪徒,跃跃欲动,香港一日数惊,是以星夜速回,保其巢穴。今则该处匪徒与英人结怨更深,伺隙倍密,文酋瞻前顾后,既怵于官民保卫之严,复苦于匪徒牵制之众。此所以知难而退,不敢轻出香港一步也。且英人之称公使,妄拟中国官制,其实为众商公举,不过如内地盐当店司事之流,不但不能统辖英商,且须仰其资助。即如二十七年德酉无故驶入省河后，〔一〕遂至生意冷淡，其商人怨之甚深。上诉国王，将其撤回，代以文翰。今文酉复议进城，以至华商停贸，洋商怨咨，深恐其商人复为故辙之循，则德酉即其前车之鉴。臣备文照会，宣布皇仁，外国商人一体保护。感洋商之心，正所以寒文酉之胆。是以照会未来，彼示先出，罢议进城，止求通商，其急于安抚彼商，惟恐内溃者历历如绘。即连年以来英人反覆无常，总不敢遽行决裂者，亦职此之由也。"疏入，奉朱批："可嘉之处，笔实难宣。"

寻谕曰："洋务之兴，将十年矣。沿海扰累，靡饷劳师。近年虽略臻静谧，而驭之之法，刚柔不得其平，流弊愈出愈奇。朕深恐沿海居民有蹂躏之虞，故一切隐忍待之。盖小屈必有大伸，理固然也。昨因英人复申入城之请，督臣徐广缙等连次奏报，办理悉合机宜。本日又由驿驰奏该处商民深明大义，捐资御侮，入城之议已寝。该英人照旧通商，中外绥靖，不折一兵，不烦一矢，该督安内抚外，处处皆抉根源。今英人驯服，无丝毫勉强，可以历久相安。朕嘉悦之忱，难以尽述。允宜懋赏，以奖殊勋。徐广缙着加恩赏给子爵，准其世袭，并赏戴双眼花翎，以昭优眷。发去花翎一支，交徐广缙祗领。至我粤东百姓，素称骁勇，乃近年深明大义，有勇知方，固由化导之神，亦系天性之厚，难得十万之众，利不夺而势不移。朕念其翊戴之功，能无恻然有动于中乎？着徐广缙宣布朕言，俾家喻户晓，益励急公向上之心，共享乐业安居之福，其应如何奖励，并分别给予匾额之处，着徐广缙第其劳勚，锡以光荣，毋稍屯膏，以慰朕志。"

时新宁、阳山、英德各县匪徒滋事，广缙饬属陆续擒获。事平,叙员弁功,并劾副将马玉麟办理洋务诸多粉饰,各升降有差。三十年二月,奏请建修虎门、广海新旧各城寨及炮台,并改造巡洋拖罟船五十只,如所议行。时英人有驶往天津之说,谕令徐广缙查覆。旋疏言:"英人桀骜性成,臣上年激劝商民,互相保卫,力阻进城,未尝不虑其出没他处,藉图挟制。惟念良民愤激,土匪狙伺,彼时倘有游移,必至祸且不测。况夷情狡黠,若虑其驶往他处,极力拦阻,则彼转谓示之以弱,势必要挟愈甚。检查前数年旧案,英人动辄借事生波,稍不遂其所欲,即以驶往天津为词,肆情狂吠,深为愤懑。臣忝膺疆寄,固不得以外人目前绥靖,遽忘警备之心;更不敢因沿海分任筹维,稍萌畛域之见。惟有设法羁縻,相机妥办,以期仰副圣主怀远绥疆之至意。"疏入,报闻。

七月,广西上思州匪徒李士奎等作乱,广缙督饬员弁剿击,首逆就擒。九月,上以广西贼氛甚炽,命广缙驰往剿办。寻谕令俟林则徐到后,会筹周妥,再回广东,专办该省游匪。十月,遵旨查覆广西致乱缘由,以巡抚郑祖琛慈柔粉饰,酿成巨患,奏闻。十一月,督剿南、韶一带匪徒,叠败之于翁源县境及佛冈厅之二度水地方,复谕乡团诱擒广西匪首苏三,轰毙匪首陶安仁,毁其巢。咸丰元年三月,派员进击灵山县土匪,平之。四月,广西逆匪窜扰两粤交界,上命广缙会剿。寻命广东副都统乌兰泰前往广西帮办军务,并谕令广缙选兵募勇,交乌兰泰调遣。六月,广西贺县股匪窜至广宁、高要等县,广缙派兵攻却之。

七月,上命广缙专办广东剿捕事宜,至广西交涉事件,着与赛尚阿互相知会。闰八月,广缙出驻高州,时股匪凌十八、陈二、吴三及何茗科等,窜踞罗镜圩及信宜县,广缙分兵击败凌、陈二匪，歼除吴三一股，何茗科败窜广西，调派游击刘开泰等，擒之于贵县，复饬署雷琼道江国霖、琼州镇总兵吴元猷会剿儋州，擒斩戕官首犯刘文楷，并移军围攻廉州匪徒颜品瑶，败之。二年正月，谕曰："徐广缙慎密有为，操纵合宜，虽所辖两省地方未靖，而平日办理一切，朕甚嘉悦。着交部议叙。"初，凌逆与金田逆酋洪秀全联为死党，自窜踞罗镜圩以来，负嵎拒守。至是，经广缙环攻获胜，并擒匪党颜品喜、颜三于新铺，逆势遂蹙。广西梧州毗连罗镜，匪船乘机肆扰，广缙分军剿办，艇匪亦渐次敛迹。复捐廉银一万两，备广西军需，下部优叙。四月，命驰往广西，会同赛尚阿办理军务，并谕令饬文武于交界处所，严防窜贼。五月，贼首李士青等屯踞廉州大寺地方，广缙饬官军驰击，阵斩悍党张国荣。贼遁，我军跟踪追剿，李士青等就擒。馀匪搜捕殆尽。乘胜进攻罗镜圩，擒凌逆，斩之。捷闻，谕曰："此股匪徒与洪秀全会匪声势相倚，曾在金田入会，党众心坚，扰及两省，抗拒一年之久，实属罪大恶极。经此次先后筹剿，不遗馀力，得以扫除歼擒，洵足申国法而快人心。徐广缙督办最久，叠加痛剿，挖筑壕基，先将吴三、陈二两股全行殄灭，俾凌逆不能逃窜，厥功甚伟。着加恩赏加太子太保衔，仍交部从优议叙。"寻命驰抵梧州，接办广东军务。

时洪秀全大股窜入湖南，道州、嘉禾、桂阳、郴州先后被陷。上以广东罗镜及广西艇匪均已歼除净尽，着徐广缙统带将弁兵勇，迅速驰赴湖南衡州，会同剿办。九月，授钦差大臣，署理湖广总督，并谕将赛尚阿所带文武各员，察看酌量，分别留去。十月，广缙至衡州，时贼攻长沙甚急，巡抚骆秉章及知府江忠源等力保危城,屡挫逆锋,贼始解围,下窜岳州。谕曰:"自贼窜长沙,叠经降旨,令于岳州、荆州各要隘,严密堵剿,该地方官应如何认真防守,乃贼于窜至岳州之前,该郡官员先出城外,以致官兵溃散,贼匪得以窜入府城。是进不能战,退不能守,平日毫无准备,遇变即弃城而逃。似此昧良丧心,实出情理之外。着徐广缙严行查办。此等贻误员弁,若不择其尤者正法数人,何以挽回积习?昨因该大臣等奏报迟延,已降旨交部议处。兹据徐广缙具折请罪,当此军务紧急,调度乖方,身为统帅,咎岂能辞?徐广缙着革职。"旋改为革职留任。

十二月,贼陷汉阳,寻陷武昌。事闻,谕曰:"徐广缙前次奏报,尚云武昌自可解围,乃数日之间,遽报失陷。岂军情缓急,但凭禀报,如在梦中耶?徐广缙自长沙前赴湖北,本已迟延,罪无可逭。现值剿办吃紧之际,若即重治其罪,转得置身事外。徐广缙着革去两广总督,拔去双眼花翎,仍以钦差大臣暂署湖广总督。"寻谕曰:"前因逆匪窜湖南,赛尚阿师久无功,特命徐广缙为钦差大臣,接受关防,就近督办。乃由梧州抵衡州军营,业已迁延多日,长沙被围两月有馀,若非向荣及地方文武竭力守御,几至失事。及解围后,徐广缙始抵长沙省城,而逆匪已乘虚窜陷岳州,长驱北窜,直抵武昌。徐广缙调度失机,罪已难逭。朕犹冀其带罪图功,仅予薄惩。叠经严谕,令其督兵兼程赴援,乃藉词土匪牵制,耽延不进,至今株守岳州,一筹莫展。惟向荣及诸将先后赶到武昌,与贼匪接仗,虽屡次获胜,而主将远隔数百里之外,兵机紧急,何所禀承?汉阳既已失守,武昌省城又复沦陷。文武官员人等数万生灵,惨遭荼毒。朕引咎自责,寝馈难安!昨据徐广缙奏报,仍以防贼回窜为词,竟拟驻扎岳州,所有江面上下游及汉阳北路一带,全未筹及,并直以岳郡为藏身之固,拥重兵为自卫之谋,甘心失机,大负委任。已革两广总督暂署湖广总督徐广缙,着革去署任,即行拿问,由张亮基派员解交刑部治罪,并缴回所赐之遏必隆刀。"

三年二月,奉旨,将广缙原籍家产及任所资财,一并查钞备抵。三月,拿解到京,交刑部审讯。寻得旨着照部议,按律定为斩监候,秋后处决。五月,谕曰:"前有旨将徐广缙按律定为斩监候,秋后处决。因思贼匪现已由安徽窜入豫省归德,各路带兵大员奉命征调,星速赴剿,而该革员以失机羁囚,置身事外,值此军务紧急,岂容安坐待毙耶?徐广缙着发往河南交陆应毂差遣委用,责令带罪自效。该革员具有天良,宜如何感愧,力图报效;倘再不奋勉,或有贻误,朕惟有执法从事,决不宽贷也。"八月,广缙带兵至归德,捻匪渐次解散,得旨嘉奖。谕令相机防剿,与各属办理团练绅民并力严防,以扼楚匪北窜之路。又谕令广缙督带兵勇进驻蒙、亳剿办土匪。寻河南巡抚英桂,奏言:"商丘、永城、虞城、夏邑等处,捻匪四起,经广缙专驻剿办,虽稍知敛迹,而潜伏尚多,势难遽行撤调。且广缙素为乡里推服,随处劝捐,粗有头绪,即防兵亦再难抽拨。"疏入,得旨:"徐广缙着暂留归德,以资防剿,一俟该处土匪稍清,或南阳、信阳等处情形稍宽,即仍遵前旨赴皖。"四年,捻匪纠合发逆窜陷庐州,命广缙酌带兵勇越境掩捕,上又以归、陈、光、固与皖、楚交界各处,为捻匪出没之区,并谕令督饬各属练勇,认真堵截。

旋因肝郁气逆,委顿难支,赏假调理。五年,大学士卓秉恬奏请调赴东河,以供差遣。八年六月,钦差大臣胜保奏请饬赴军营,帮同剿办。得旨,赏给五品顶带,在营随同办事。八月,谕曰:"胜保奏留兵剿匪,请派员督率等语,徐广缙着赏四品卿衔,留于怀、凤,暂行统带胜保所留官兵,随同袁甲三办理剿办事宜。"十月,以病势增剧,胜保代请赏假,得旨:"准其在颍州一带就医,病痊后,仍着饬赴军营,毋许逗遛。"寻卒。

【校勘记】

〔一〕即如二十七年德酋无故驶入省河后　原脱"河"字。今据徐广缙传稿(之三七)补。

牛鉴

牛鉴,甘肃武威人。嘉庆十九年进士,改翰林院庶吉士。二十四年,散馆,授编修。旋充国史馆协修。道光二年,充山东乡试副考官。三年,丁母忧,六年,服阕。七年,转山东道监察御史。寻转掌广西道。八年,充湖南乡试副考官。九年,转掌京畿道。奏言:"各省乡试房官,例以实缺科甲人员充补,不无迁就。请嗣后遴选房官,如实缺人员不敷,准以候补正途人员充补。"允之。十年,升吏科给事中。十一年二月,转掌刑科京察一等,记名以道府用。五月,授云南粮储道。十三年,擢山东按察使。十四年,升顺天府府尹。十五年,迁陕西布政使。十七年,乞病归。十八年,起为江苏布政使。

十九年,署江苏巡抚,旋升河南巡抚。以御史焦友麟奏请广敷教化,整顿风俗,酌派教职襄办,鉴偕学政钱福昌等遵旨会议,略言:"教官职在司铎,与民不相联属。仍请申明定例,专饬州县劝谕乡民。"二十一年,黄河漫口,倒灌省城,势甚岌岌。鉴以未能事先豫防,部议降三级调用,上加恩改为革职留任。时鉴力卫省城,于城外开沟泄水,并捐赈抚辑灾民,买粮食,备船只,先于附近村聚,分段布置。疏入,谕曰:"省城固为紧要,亦不可顾此失彼。着牛鉴多集人夫料物,设法分疏溜水,抢护堤工缺口。现在正河趋往何处,一并查明具奏。"寻奏,黄水已成河形,分为两股:一绕省城西南,一由东南而行,均注归德、陈州,入江南境。旋以正河业经断流,护堤缺口,势难抢筑。鉴议专卫省城,兴筑水坝,以资抵御。时河道总督文冲以省城卑湿,奏请另择善地,早为迁徙。上命大学士王鼎、兵部右侍郎慧成前往河南查勘。谕曰:"省城建置有年,文冲所请择地迁移,关系重大。并着会同牛鉴详勘妥议。"既以巨溜日增,上念省城百万生灵,不忍听其沉没,爰拨库银,为迁徙赈恤之用。嗣城西北隅啮于水,冲塌百馀丈,奇险叠出,竭力抢护,城赖以完。寻鉴奏:"省城被水,所以幸保无虞者,实绅民协助,相与维系之故。若一闻迁徙,众心涣散,孤城谁与保守? 实有万难议迁之势。"疏入,命即详查具奏。嗣偕王鼎等会议:"省城可守不可迁,决口可堵不可漫。现在水势松缓,民情静谧。"谕曰:"水势日平,西坝裹头。着督饬工员迅速筹办。"

　九月,擢两江总督。时英人入寇,扰及浙江。鉴以江、浙毗连,奏请防海。谕曰:"江苏各海口防堵事宜,亟须筹办,务使处处有备,不致临时周章。"寻又谕曰:"英人诡计多端,往往贿买汉奸,为其所用。须严饬海口员弁,详细盘查验放。"十一月,英人将犯上海，鉴率官兵前往迎剿。奏言："吴淞、宝山海口，为江南第一要隘。该处沿海两岸，筑有土塘，向设防兵守御。拟于两岸适中地方，屯扎大营，以防英人乘间滋扰。"时上海县口日久封闭，鉴以商船守候多时，奏请开港。谕曰："上海县口准其开港。着牛鉴等严饬各口文武员弁，密查出入船只，毋稍疏虞。"二十二年四月，以疏防火药被焚，伤毙防护员弁，革职留任。时英船多艘，驶至乍浦洋面，上命鉴等督率文武认真防范，并于海口加筑土塘。寻乍浦失守，鉴檄官兵于吴淞扼要设伏。英艘泊金山筱馆墩外洋，对墩开炮，遂向东南驶去。旋又折回招宝山，〔一〕提督陈化成据塘轰击，沉其三艘。英人以大炮轰裂土塘，化成死之。宝山遂陷。奏入，命专驻上海，督办防剿福山等处。时黄家湾、小羊山等处，〔二〕均有英船驶泊，鉴督兵严备。谕曰："英人杉板船只，较大船更为便捷。每当枪炮轰发，辄乘势拢扑，使我兵仓猝不能辨认。及至近岸，已有措手不及之势。总俟英船驶近，度量炮力可及，然后奋力轰击。"会英人三桅火轮等船停泊吴淞口外，开放大炮。鉴饬备战船，搭排口岸，设伏炮台，伺其驶近，以连环大炮击之。英船遁。未几，竟入吴淞，登岸袭上海，越日仍退至泊船所。总兵尤渤击败之，轰毁数艘，馀船驶赴北路。六月，复至吴淞，分泊崇明、刘河等处。鉴赴京口，布置扬子江一带水师，并力巡防。上命广州将军耆英留于江苏，会同牛鉴等商办防剿事宜。英人寻入江口，至福山，进迫圌山关。鉴退保江宁，英兵突至焦山。上以省城尤为吃紧，命鉴等酌移城内，择要设防。

嗣以英人声言不愿得罪中国，鉴即设法抚绥。得旨："耆英已抵省垣，着与副都统伊里布、牛鉴公同熟商。如果就我范围，即可筹定大局。”鉴以现虽议抚，一时军务未竣，奏请拨铜铸炮，筹备军饷。英人正在要求各款，闻调兵防剿，遂换旗安炮，势将复战。士民号呼吁求，鉴与耆英等始允所请。谕曰：“览奏，不胜愤恨！随念江南数百万生灵，一经开炮，安危难保。既经该大臣等权宜应允，朕亦以民命为重，先交洋钱六百万元，香港准其赁借，厦门、宁波、上海等处亦可准其贸易。”旋以法兰西领事则济勒劝和，鉴等派员接见，并亲往英船妥为招抚。八月，议定和约，列款陈奏，上命牛鉴与耆英向该英人反覆开导，应添注约内者，必须明白简当，力杜后患。

嗣奏英人已就驯服，其船陆续退出。九月，奏言：“议和条约，英人与内地民人交涉讼狱，只准官为追取，不能代偿；并于广州五处通商，不准干预他处。彼覆文业已遵照。至法兰西此次前来，屡向该领玛理逊询问，据云不过察看此事，委无别情。现在英船全驶草鞋峡一带，江面肃清。谨备黄纸，恭候钤用御宝，捧赴粤东，添注和约之内。”疏入，谕曰：“英人滋扰沿海省分，已及年馀。牛鉴身任封疆，早已知悉。自升任两江总督以来，宜如何加意防维，捍卫疆圉，乃屡经朕饬谕小心防范，不可稍涉大意。该督一味自恃，只知严防吴淞海口。迨英船驶入，又不能守，以致英人直犯长江，进逼江宁省垣。是数月工夫，毫无准备，糜饷劳师，令人愤恨！现在英人业经就抚，船只全数出江入海。朕轸念黎民涂炭，不得不勉从所请，准令英人通商。俾吾民乐业安居，免罹锋镝，而追维前事，咎有攸归。牛鉴以一品大员，膺封圻重寄，辜恩溺职，有伤国体。若不严加惩办，何以昭国法而励官常？牛鉴着即革职拿问,由耆英派员解京,交刑部治罪。"寻又谕曰:"已革两江总督牛鉴身任封圻,不能固守吴淞海口,又不能严防长江,以致宝山等县及镇江府城相继失陷,犯及省垣。实属防堵不密,贻误机宜。着照例定为斩监候,秋后处决。"

二十四年,得旨释放,发交河南巡抚鄂顺安差委。旋以中牟金门漫口,在工襄事。二十五年正月,合龙,赏七品顶带。四月,以办理捐输出力,命回京,以六部主事用。寻请回籍设措赔项。咸丰三年五月,诏赴河南交巡抚陆应毂差委。八月,赏五品顶带,署河南按察使。十一月,命交卸按察使,驰赴陈州等处,与已革两广总督徐广缙剿捕捻匪。四年正月,庐州失陷。二月,贼窜颍上、蒙城。四月,捻首沈项以千馀人肆扰陈州。五月,剿贼至安徽之阜阳,鉴屡战获胜,毙贼甚夥。河南巡抚英桂上其功,加按察使衔。闰七月,光州、固始不靖,上以陈州军务稍缓,令移兵往剿。十一月,命往正阳关扼守要隘。十二月,偕副将希拉布等围攻安徽庐、舒等处。五年六月,霍丘捻首师小纠众进踞三河尖,鉴拨队剿捕,毙匪甚多。八月,因患病请回籍调理,允之。六年,以劝捐出力,赏二品顶带。八年,卒。

【校勘记】

〔一〕旋又折回招宝山　原脱"招"字。今据牛鉴传稿(之三七)补。

〔二〕小羊山等处　"羊"原作"洋",音同而误。今据牛鉴传稿(之三七)改。

恒福

恒福,额勒德特氏,蒙古镶黄旗人。父璧昌,福州将军。恒福由荫生于道光七年引见,奉旨以理藩院员外郎用。九年,补官。二十年,升郎中。京察一等,记名以道府用。二十二年,授直隶口北道。二十八年三月,俸满引见,仍回本任。十二月,升按察使。二十九年四月,以捐修开州城,并办天津赈务出力,经总督讷尔经额奏闻,下部议叙。十二月,署布政使。咸丰元年七月,升湖南布政使。二年四月,授太常寺卿。十二月,命驰赴河南军营,交钦差大臣琦善差遣。三年五月,迁大理寺卿。十月,以前在湖南布政使任内,于道州、江华等州县及岳州府城失陷,未能先事豫防,部议褫职,先经琦善以恒福在营办理文案,甚为细心,〔一〕奏明令充翼长。至是,请仍以翼长留营,允之。四年四月,丁父忧,命回京穿孝。六月,赏三品顶带,署山西布政使。十二月,因捐备军饷,下部优叙。六年正月,赏二品顶带。七月,服阕。十二月,实授布政使。

七年六月,擢巡抚。七月,以倡捐银两,筹备京仓采买,下部议叙。八年二月,御史李培祜以临汾县知县王应昌杖毙良民、该省上司意存消弭参奏,上命绥远城将军宗室成凯会同恒福查讯。寻,偕成凯讯明按律定拟,上以承审各员日久讯未得实,恒福未能查察,下部议处。五月,以前在山西布政使任内失察属吏捕蝗不实,夺俸。七月,疏言:增附贡生,报捐教职,虽系暂为变通,究不足以示矜式,奏请停止,允之。八月,调河南巡抚。九月,以御史朱文江奏潞盐畅销,请暂加添印票,遵旨筹议。略言:“前因筹裕军饷,拟于陕、豫二省体察疏销情形,加用印票,将陕盐截存六百六十馀石,于戊、己两年行销。此项加销盐课,以六成报拨,存留四成,归补晋省防堵之需,业经咨部核议。现在淮盐阻隔,而豫盐畅滞情形亦难豫定,若仅在会兴镇口岸试办,发票至五百石之多,势难依限销售,更恐有碍额引。今拟将该省截存盐斤,招贩领票,于陕、豫两省分销,以赶来年奏销期限,未便遽行增添。俟截存陕盐分销完竣之后,按时体察三河口、会兴镇两局情形,如何加添,亦不必拘定数目。每届七八月间,由河东道酌定票额多寡,自庚申纲以后,加票课银,尽报部候拨。其缴收残票,即同试引按年解部查销。"报闻。

十一月,皖捻窜扰河南柘城、杞县及太康、通许等处,上命恒福督兵往剿,贼窜周家口之爬子街。恒福率官军会同团勇夹攻,贼溃;追杀至沘河,歼之。复饬总兵邱联恩带兵追至皖境高王庙,共毙二千馀匪。豫境肃清。十二月,贼复扰虞城李新集等处,恒福饬营巡苏克金等带队会剿,[二]败之;贼窜至大阳集,又败之。先后奏入,报闻。又奏请酌裁山西大同镇标马步守兵一千五百名,即于河南省如数挑募,归入归德镇标。上命体察情形办理。九年二月,以皖捻逼近豫境,亲赴鹿邑防剿,饬属举办坚壁清野,并赴归德劝谕绅耆,旬日间睢州等处兴筑堡寨数十处,并责成各道府联络声势,一律举行。疏入,上嘉其所办甚合机宜。旋擢直隶总督。先是,逆捻窜至永城之陈家集一带,并在亳州迤东、颍上南路等处盘踞,恒福饬邱联恩、知府张曜等分路进剿,贼墟一律平毁。其窜扰归德之贼,复饬知府孙鸣珂等堵剿,匪众寻窜入宁陵县城,援兵奋勇冲杀,即将县城收复。至是三月,贼复由东路直扑睢州,大股麇至,于城西北坍塌处所阑入,恒福饬邱联恩督兵驰抵城下,歼贼七八百名,俘六十馀名,立将州城收复。先后奏入,并自请议处。上以恒福虽于所属地方失守两邑，均系即时收复，从宽免议。七月，<u>永定河</u>水漫溢，上以<u>恒福</u>防护无方，下部议处。

十年正月，恭逢万寿圣节庆典，赏戴花翎。三月，奏言："<u>山海关</u>为<u>东三省</u>往来要道，商贾络绎，请照<u>奉天法库门</u>章程试办抽捐。"如所议行。七月，授为钦差大臣。十二月，裁<u>长芦</u>盐政归<u>直隶</u>总督管理，谕令<u>恒福</u>会同盐政<u>崇厚</u>将各款逐细盘查交代，其未尽事宜，着详细妥议具奏。十一年，以前经倡捐海防经费，并捐备京饷，下部奖叙。二月，因病奏请开缺，命回旗调理。<u>同治</u>元年，卒。谕曰："原任<u>直隶</u>总督<u>恒福</u>，由部曹荐擢封圻。前因患病，准予开缺，俾得安心调理。方期迅速就痊，藉资倚畀。兹闻溘逝，悼惜殊深！<u>恒福</u>着照总督例赐恤。任内一切处分，悉予开复。应得恤典，该衙门察例具奏。"寻赐祭葬，予谥恭勤。

子<u>锡佩</u>，<u>四川重庆府</u>知府；<u>锡璋</u>，理藩院员外郎。

【校勘记】

〔一〕甚为细心　"细心"原误作"精细"。今据<u>恒福传</u>稿（之一七）改。

〔二〕<u>恒福</u>饬营巡<u>苏克金</u>等带队会剿　"巡"原误作"总"。今据<u>恒福传</u>稿（之一七）改。

<u>潘铎</u>

<u>潘铎</u>，<u>江苏江宁</u>人。<u>道光</u>十二年进士，改翰林院庶吉士。十三年，散馆，改兵部主事。十四年，充军机章京。十六年，补官。十七年四月，升员外郎。六月，升郎中。十八年，记名以御史用。十九年五月，充<u>广东</u>乡试副考官。十二月，郎中俸满引见，得旨

以繁缺知府记名简放。二十年三月，充会试同考官。七月，补河南道监察御史。旋授湖北荆州府知府。九月，升江西督粮道。二十二年四月，升广东盐运使。五月，以前在粮道任内催趱漕船出力，下部议叙。七月，升四川按察使。二十五年二月，以捐输江苏萧工经费银五千两，经江南河道总督潘锡恩奏闻，[一]赏加五级，并赏戴花翎。四月，升山西布政使。

二十六年，署巡抚。二十八年八月，升河南巡抚。十一月，以江南被水成灾捐银五千两，请交藩库以备赈需。上以潘铎情殷桑梓，踊跃输将，下部优叙。二十九年二月，奏言："漕粮为天庾正供，最关紧要。现奉谕旨，饬令酌改折色，原属因时制宜，总期无匮于仓储，有裨于经费，方为妥善。查河南漕粮，每年额征粟、米、麦豆三项，除荒地停征外，共计额征二十二万馀石，而旧缓带征皆照奏定数目依次带征，统核每年带征，多则不过一二万石，少则仅止数千馀石。内有黑豆一项，系喂养马匹之用，断乎不能缺短。上年给事中陈坛奏河南米贱，请令采买，搭运京仓。现在部议亦有南漕折色价银，交解河南等省采买之议，是外省尚须从河南采买，若将额征米石分别改征折色，于政体既属两歧，于仓储有损无益；且豫省历年办运，民情颇为踊跃，一经改征，转滋流弊，莫如循照旧章，较为顺手。"疏入，下部议行。

又奏贾鲁河今昔情形，并筹议赔修旧河，以复朱仙镇旧规，略曰："贾鲁河发源荥密山中，夹黄河而下，至郑州中牟两城河，由中牟而东南七十里，为祥符县之朱仙镇；又南六十里，为尉氏县之张市；又南六十里，为扶沟县之吕潭。此河上游则宣泄山水，以利民田；下游则远接淮流，以资舟楫；其中舟楫云集之处，以朱仙镇为最巨。未经黄河冲漫以前,居民万馀家,商贾千百户,南来货船卸载者,岁有万馀只。至道光二十三年,中牟河身淤成平陆,河身以上又淤高丈许。二十五年经前抚臣鄂顺安奏请兴挑修复,乃旋修旋淤,迄无成效。二十七年将朱仙镇七十里河身改道避河,宣泄山水,由朱仙镇之西,绕出朱仙镇之南,与旧河合;而朱仙镇以下之河身,又以适值荒旱,不能及时挑疏,遂至南来之船,仍不能住泊于朱仙镇之南北两桥,货仍不能卸载于朱仙镇之东西两岸,商民失望,百货增昂。众论繁兴,职此之故。现与司道博采舆论,悉心筹画,以复朱仙镇之旧规,为修贾鲁河之关键。河淤而镇废,则气脉不通;河治而镇兴,则商民皆愿。惟朱仙镇之街,内外南北,有应改道避河者,有须镶埽护崖者,为费实属不赀,统计全河修旧改道各工,核实估算,需银十三万两零。自应分别赔修,斟酌办理,朱仙镇以南之河身,为南来货船,赴朱仙镇之要道,系钦差奏明应赔之工,需银八万两有零,责成委员赔修。其朱仙镇街内及街南北之河道,淤垫最甚。现议添办柴稭埽工,以便商船住泊,勘估经费,需银五万两有零。此系钦差未经履勘之工,未便令该革员赔修,由臣等率属捐廉办理。"

　　三月,以山东泉河通判、河南归河通判,守备各缺,所管工务较简,奏请裁撤。奏入,均允之。五月,请以宋儒谢良佐从祀文庙,得旨下部议行。又遵旨核议捕务,略曰:"设兵原以卫民,营制首重巡防。地方遇有盗劫案件,文武员弁均应照例参处,并非专责州县,偏略营汛,其有案情较重,或撤任留缉,或摘顶勒限,亦系文武并参。惟是兵丁各守汛地,寻常不准远离,非若捕役执有印票,城乡皆可侦缉。疏防则文武并严,捕贼则兵役情形微异。且河南省西民情循良,聚众结党,尚不多见,惟南阳、光州等属为红胡、捻匪出没之区,防缉素为严密。至与湖北、直隶接壤之处,曩由南阳镇荆子关副将、河北镇总兵与邻省会哨,并有议定缉捕章程,应请仍照旧章,毋庸另行筹议。"疏入,从之。六月,以武涉县沁河运道攸关,农田更为紧要,现在两岸民堤,卑薄残缺,亟应择要增培,以资捍御。奏入,如所请行。

咸丰元年八月,以陈州府知府黄庆安被控,事涉赃私,奏请解任质讯,鞫实,上以黄庆安系潘铎保举之员,下部议处,寻议降二级调用,补山西按察使。二年四月,升湖南布政使,十二月,署巡抚。旋命驰赴岳州督办防剿事宜,叠奉谕旨令会同在籍侍郎曾国藩,于湖南募勇拨兵,帮办团练,查缉土匪各事宜,悉心筹画。三年三月,奏言:"湖南盗匪充斥,此拿彼窜,叠经饬属严拿。现在地方一律安静。"疏入,报闻。寻因病奏请开缺,允之。八月,直隶总督讷尔经额奏请协同办理山西防务,得旨着即驰赴太原省城,会同文武各官,办理防剿事宜。十月,以前在湖南布政使任内,岳州府等城先后失守,部议补官日降二级调用。

十一年,赏给二品顶带,署云贵总督。先是,云南副将何有保横恣不法,遣其党戕害升任陕西巡抚邓尔恒于曲靖,伪以盗闻,官吏莫敢诘。铎至滇,廉得其实,尽捕各犯诛之。具疏,报闻。同治二年,逆回马荣等袭陷省城,纵练抢掳,潘铎在南门弹压,复亲赴五华书院谕令解散。该逆猝然鼓噪,潘铎身受六伤,登时遇害。经四川总督骆秉章、署贵州巡抚韩超、前云贵总督徐之铭先后奏闻,谕曰:"署云贵总督潘铎万里赴滇,不辞艰险,卒能见危授命,大节凛然,实堪痛惜!着加恩照总督阵亡例从优赐恤,并入祀<u>云南</u>省城昭忠祠。其灵柩由<u>云南</u>回京时,着沿途地方官妥为照料。伊子四人,着俟服阕后由吏部带领引见。"寻赐恤如例,予谥忠毅,赠太子太保衔,赏骑都尉兼云骑尉世职。袭次完时,以恩骑尉世袭罔替。五年,经<u>云贵</u>总督<u>劳崇光</u>奏请于<u>云南</u>省城建立专祠,允之。<u>光绪十五年,慈禧端佑康颐昭豫庄诚皇太后</u>归政,悯念亮节孤忠诸臣,各赐祭一坛,<u>铎</u>与焉。

子<u>敦俨</u>等服阕引见,得旨,<u>潘敦俨</u>以郎中用;<u>潘敦仁</u>以员外郎用;<u>潘敦伟</u>、<u>潘敦杰</u>以主事用。

【校勘记】

〔一〕经江南河道总督潘锡恩奏闻　"江"原误作"河"。今据<u>清史稿</u>(一九七六年<u>中华书局</u>版)册二四页七三六四<u>疆臣年表</u>三改。

易棠

<u>易棠</u>,<u>湖南善化</u>人,原籍<u>浙江</u>。<u>道光</u>九年进士,以主事用,分刑部。十六年,随吏部尚书<u>朱士彦</u>驰赴<u>广东</u>查办事件。二十年,补官,旋升员外郎。二十三年,迁郎中。二十五年,俸满引见,记名以繁缺知府用。二十六年,京察一等,记名以道府用。旋随户部尚书<u>赛尚阿</u>往<u>江南</u>等省查办事件。二十七年,授<u>广东广州府</u>遗缺知府。二十八年,补<u>广州府</u>。二十九年,署督粮道。拿获<u>英德县</u>匪徒<u>邓亚保</u>、<u>刘亚才</u>、<u>袁扬佑</u>等,讯治如律,得旨嘉奖。

<u>咸丰</u>元年二月,擢<u>陕西</u>按察使。十月,调署<u>甘肃</u>按察使。二年五月,升布政使。十一月,以<u>甘肃</u>通省绿营来岁应需兵粮九万三千馀石,附近无粮可拨,奏请采买备用,所需价银十八万一千

馀两,由司库筹款垫发,即于邻近省分拨银解甘归款,下部议行。寻以捐备军饷,优叙。十二月,擢山西巡抚,仍暂留甘肃布政使任。三年四月,西宁所属野番纠众滋事,棠派兵驰往追捕,毙贼多名。番匪连次出巢肆扰,均经击退。五月,署陕甘总督。八月,率属倡捐军饷,赏戴花翎。十月,会宁县土匪滋事,派知县春寿、署城守营把总王允禄等督率兵勇,格毙多匪,首逆就戮。时户部议行官票,加铸大钱,命各省督抚妥议。棠奏言:"甘肃地方素不产铜,历无官铸钱局,亦无开采铜矿之案。乾隆年间,由陕拨钱至甘,搭放兵饷。嗣因银贵钱贱停止。现在尚有未经搭放钱七千九百馀串,又司库现存摊款,及各属亏短粮价,共钱二十馀万串。当与藩司段大章悉心商酌,先于省城设官钱局,并于宁夏府城添设分局,招商承办,仍收买铜斤,并访查有无可采铜矿,咨调陕省钱局工匠来甘,鼓铸大钱,以济制钱之不足。"报闻。十一月,以宁朔、宁夏、灵州、平罗、中卫等州县水灾较重,命棠驰往督同道府会勘。旋查明宁朔县属玉泉、凝化、张滕等十九堡被灾田一千七百十二顷,奏请将本年应征钱粮及带征银两,分别蠲缓,淹毙男女捐棺瘗埋,被灾贫民十一万一千馀口,率属倡捐,筑渠泄水,以工代赈。工竣,复设饭厂加赈,并捐给棉衣,冲塌民房,酌给修理之费,俾民复业。疏入,报闻。时甘肃藩库各款,三十馀年,未经清厘。棠派员设局稽核,查明借动亏短银共三百馀万两,其中有已经豁免,未及题销,仍留款目者,有咨追原发之藩司,及承领各员完缴者,亦有悬案未结者,奏请将应行作正开销者就案划除,其应拨解还款及追赔弥补之项,均逐案厘定,以清库款而免牵混。上韪之。

　　四年正月,擢陕甘总督。时甘肃地方番贼连年扰犯,严饬各属筹办团练,以资防御。二月,贵德拉安番族饰词投诚,请在河北地方住牧,西宁办事大臣吴必淳允其请,河南番族亦效尤偷渡。棠察其诈,驰往督饬官弁押令回巢。三月,以捐备军饷,下部优叙。五月,奏请招募猎户,堵御番贼,并试采金沙以资口食,均下所司议行。时陇西县匪徒石元应等,聚众谋逆,占据山堡,创立伪号。在籍四川知县祁嗣唐前往晓谕被戕,棠派游击马成等带兵剿捕。嗣唐之弟候补同知祁兑亦募勇随剿,攻破堡墙,生擒首逆石元应等九名,馀匪歼毙无遗。奏请将祁嗣唐、祁兑恤奖有差。又因阿拉善蒙古地界产有银矿,奏请开采,旋经阿拉善扎萨克亲王贡桑珠尔默特呈请自备资斧办理,由理藩院代奏。得旨,令棠遴委大员会同确查具奏。寻勘明开矿煎炼,请由内地委员协同办理,所募工匠夫役,归蒙古自行管束;所采矿沙,由蒙古解交宁夏道库,并拟章程六条奏闻,下军机大臣会同户部分别议行。

　　闰七月,因边饷浩繁,遵旨筹议新疆变通事宜,略曰:"生财之道,莫先开垦。甘省地土硗瘠,计升科地二千馀万亩。新疆延亘万里,所垦地仅及甘肃十分之一,地利未尽,似可招募民、回,广为垦种;其内地民人赴口外谋生者,宜弛出边之禁,悉准携带眷属,日久生聚,可借资开垦。然此非可期效目前,而欲暂节其流,则非裁减兵额,无裨实济。查新疆各城宿兵数万,每岁所需,约一百七八十万两。底定之初,以壮兵威,严边备为重。今则度支竭蹶,多一兵即多一兵之费,宜酌量成数,将应裁兵额核定,不必遽裁其人,遇有缺出,停其募补,则兵不失业,饷不多糜。虽目前所省无多,数年后不无裨益。至新疆一切杂费,如农具、纸劄等项,向皆在内地采买,岁需银七千馀两,若由本地购买,或官自备办,亦可少资节省。他如博采矿沙,以收地利;广铸钱文,以资饷项:皆于经费有益。"疏入,下部议行。九月,署西宁办事大臣。

五年正月,上命查阅甘肃营伍,旋请裁甘肃各营孳生马厂,变价充饷,以节经费。略言:"甘省西路一带,自乾隆年间设立马厂,分拨甘州提标及凉州、永固各镇协牧放。每届三年均齐一次,每三匹取一驹,以备营马之缺。现除骟割候拨出群马九百八十馀匹,实存儿骡马一万一千六百六十馀匹。近因牧厂迁移,孳生毫无起色。请将牧厂裁撤,孳马按照时值变价,每匹可得制钱八千文,计共变钱九万三千三百馀串。以钱抵银,搭放本处兵饷。所有各厂牧兵,岁需饷银八千八百馀两,应即裁汰,以节糜费。"疏入,下军机大臣会同兵部议奏。寻以窒碍难行,寝之。三月,肃州镇属金佛寺堡有番贼突出抢掠,署总兵扎拉杭阿剿捕不力,兵弁多伤毙者,棠劾罢之。五月,以历年奉拨甘饷,不敷分拨,请筹拨新疆各城俸饷经费,十月。番贼窜至西宁镇卡外,抢夺牲畜。棠派署大通营游击庆奎、署永安营游击赵维杰等击退之。

六年二月,以陕甘军营逃兵甚多,命棠严查惩办。五月,以病乞假,七月,因病未痊,奏恳续假两月,允之。时循化厅撒拉回匪聚众滋扰,巴燕戎格厅属回逆亦相结煽乱,棠派兵驰往分路进攻,歼毙首逆沙乙的、五十八等三十馀名,及贼党五十馀人,馀匪悔罪投诚,各将首犯捆献,讯明正法,地方肃清。奏入,得旨褒奖。嗣因拉布族黑番纠结四川果洛克等番占据青海蒙古游牧,并窜至嘉峪关外抢劫饷鞘,棠偕提督索文、西宁办事大臣东纯直抵番族之雪山,并力奋击,歼毙甚多。复分兵绕至山后,直捣贼巢,生擒贼目达洛尖齐等二十三名,毙贼党千馀人,夺获牲畜、器械无算,将番贼剿除净尽。奏入,索文、东纯均下部议叙。先是,五年冬,甘肃藩库匮乏,始议以粮抵饷,西宁、宁夏等处标兵抗不领粮,于兰州省城聚众哄闹,经弹压始散。寻奉廷寄询问。八月,棠疏言:"近年兵丁甚苦,恐操之过急,必致激成事端,必须发银以安众心,然后督饬镇将,随时整顿。现在各兵丁尚皆安分。"九月,因久病奏请开缺,允之。十一月,以节次捐备军饷,请广本籍善化县文武学额一名。十年,署湖南巡抚翟诰奏请棠帮办本省团练事宜,复以捐输京饷,下部优叙。

同治二年,卒。遗疏入,谕曰:"前任陕甘总督易棠由部曹升任知府,荐擢总督,恪恭奉职,素著勤能。咸丰六年,因病开缺,方期医治就痊,再加委任。兹闻溘逝,悼惜殊深!易棠着加恩照总督例赐恤。任内一切处分,悉予开复。应得恤典,该衙门察例具奏。"寻赐祭葬。

子心炳,光禄寺署正。

慧成

慧成,戴佳氏,满洲镶黄旗人。道光十六年进士,改翰林院庶吉士。十八年,散馆,授检讨。十九年二月,大考二等,升詹事府左春坊左赞善。三月,升翰林院侍讲。四月,转侍读。旋充日讲起居注官。五月,擢侍讲学士。七月,充山西乡试正考官。二十年二月,稽察右翼觉罗学。三月,升詹事府詹事。五月,充福建乡试正考官。八月,迁通政使司通政使。十二月,署理藩院左侍郎。二十一年三月,充会试知贡举。四月,充殿试读卷官。

七月,河南祥符决口,命慧成偕大学士王鼎前往查办。旋擢兵部右侍郎。时新任河道总督朱襄尚未到任,上命将应估各工物料与河南巡抚牛鉴赶紧兴办。九月,安徽监生刘楹在都察院呈控安庆府知府徐思庄勒派滥押,上令慧成前往讯办。寻查明徐思庄并无勒捐分肥等情,刘楹因有他案未结,交县看管,并非无故滥押,惟于姚祥庆讦告刘瀚事不干己之案,业经县讯批示,照例立案不行,徐思庄辄复批准严讯,以致姚祥庆挟嫌叠控,殊属不合,奏请将徐思庄下部议处,从之。十一月,授镶蓝旗蒙古副都统。先是,慧成前往安徽审案时,御史张庭桦奏湖南保举人员被控,上命慧成于讯结刘楹控案后,驰往湖南查办。至是,查明郴州知州王景章被控各款,并无实据,征收钱粮,亦无浮收滥派情弊,惟不循照旧价折钱,致士民借口滋讼,请将王景章下部议处。湖广总督裕泰因王景章平日办事勤能,列入保举,尚无不合,湖南巡抚吴其濬以王景章堵缉矿匪吃紧,未便更易生手,被控后请暂缓解任,亦系为慎重地方起见,裕泰、吴其濬请免置议,均从之。

二十二年二月,以祥符河工被风蛰失埽段,革职留任。旋以大工合龙,开复处分,仍下部优叙。九月,署东河河道总督,十一月,实授。寻奏添补各厅四成防料、六成碎石,请将河南防料银两,酌量改办砖石,以适工用,并查明用存稭垛,扣银还司,以归撙节。又奏勘估运河淤浅工段,确核土工银数,及南北两岸抢办砖埽挑沟各工,动拨司库银款,均如所请。二十三年二月,奏东省运迦河闸桥埽坝，并引渠泉河，分别挑修，以资利济。七月，奏请暂开捐输议叙例，以裕工需。皆从之。旋因中河厅九堡堤顶过水，塌陷一百馀丈，夺溜南趋，革职留任。闰七月，谕曰："慧成身任河道总督，河务是其专责。乃并不先事豫防，致有漫口。前已降旨革职，暂行留任。现在口门塌宽至三百六十馀丈，[一]较上次祥符漫口情形更为宽广，糜帑殃民，厥咎甚重。着即革任，枷号河干，以示惩儆。"九月，又谕曰："慧成到任甫及数月，与文冲之经历三汛者，究有不同。着疏枷留于河工效力赎罪，即交麟魁等差遣委用。"二十五年，大工合龙。上以慧成在工差委，着有勤劳，以六部员外郎用。二十六年，补户部员外郎。二十八年，赏二等侍卫，充科布多参赞大臣。三十年，谕令来京。

咸丰元年正月，疏言："恭阅邸钞，敬悉皇上纳谏求贤数大端，实深庆幸。伏思皇上飞龙纪元之始，恐中外臣工，或侈陈祥瑞，以粉饰太平。自古以来，未有不君臣警惕而能致隆盛者。请敕下大小臣工，禁止陈奏祥瑞，庶可上下交儆，以迓休和。"又言："吏治之坏，于今已极。今诸臣应诏敷陈，固已详悉周备。但新章之更定，既已善其变通；而旧典之详明，尤宜昭其恪守。请申明旧例，乾纲独断，凡中外大吏，圣心默加遴选。将见人人争自摩厉，以献其能矣。"疏入，诏嘉纳之。八月，因病奏请开缺，命候伊昌阿到任后，即行回京。二年三月，病痊。六月，授东河河道总督。九月，以捐备军需，赏戴花翎。

十二月，署四川总督。三年二月，粤匪窜扰江南。时慧成将赴四川，行抵陕西。谕令折回，驰赴江南淮、扬一带，会同漕运总督杨殿邦办理防剿，并于陕西现调赴防官兵内，酌带数千，与先调之吉林、黑龙江精兵，驰往江北扼要之处，以资调遣。旋奏徐州镇总兵聂金镛玩视军务，请予严议。又奏调已革知府步际桐及例应回避之河库道德良来营差委。均如所请。四月，督兵进攻江南扬州府。粤匪方偷搭浮桥，由天宁、广储两门地道突出，慧成等先期拿获奸细，侦知贼情，密约钦差大臣琦善等并力攻击，大败之。东关城上亦有贼多人蜂拥而来，慧成率其子翰林院侍讲学士晋康及已革江苏按察使查文经等，施放枪炮、火箭，烧毁望楼。旋派劲兵扼贼窜路，并增筑炮台，临城俯击，贼屡出窥伺，均经慧成等击退，先后杀贼无算。八月，授闽浙总督。九月，以捐助军需，下部优叙。十二月，贼全股窜至瓜洲，慧成所部兵勇被贼钞袭，未能堵御，命褫职带罪自效。同治三年，卒。

子晋康，六品顶带，前翰林院侍讲学士；晋翼，户部郎中；晋度，户部笔帖式。

【校勘记】

〔一〕现在口门塌宽至三百六十馀丈　原脱"宽"字。今据成录卷三九五叶一七上补。

熙　麟

熙麟，富察氏，满洲镶黄旗人。父福祥，杭州将军。熙麟，由二品荫生中式道光十八年进士，以主事用，分户部。二十一年，补官。二十四年，升员外郎。二十九年，擢郎中。咸丰二年二月，京察一等，记名以道府用。七月，充宝泉局监督。三年六月，因病请假开缺。九月，粤匪窜入直境，经钦命巡防王大臣派办粮台事务。十一月，病痊。十二月，以巡防出力，下部议叙。四年七月，超擢内阁学士，兼礼部侍郎衔。旋署户部右侍郎，兼管钱法堂事务，闰七月，实授。十一月，补镶黄旗汉军副都统。五年二月，复以粮台出力，赏戴花翎。旋署正蓝旗护军统领。四月，充考试试差阅卷大臣。九月，管理铁钱局事务。十月，管理新旧营房事务，充八旗值年大臣。十二月，试铸铁钱成，下部议叙。六年，充进士朝考阅卷大臣。七年，赏给副都统衔，授科布多帮办大臣。八年，因病奏请开缺，回籍调理，允之。九年九月，赏给头等侍卫，复授科布多帮办大臣。旋以户部侍郎任内官钱铺商人亏空牵涉，籍其家，革职待讯。十一月，经王大臣等查无赃私，奏准开复原官，并给还籍产。十一年，授马兰镇总兵，兼管内务府大臣。同治元年正月，复授户部右侍郎，兼管钱法堂事务。二月，补正白旗汉军副都统。三月，充会试副考官。

　　七月，授陕甘总督。时陕西回匪滋事，窜扰甘境。二年四月，犯平凉府城，熙麟派游击马天祥等击走之。七月，贼困官军于古城，接仗失利。八月，贼陷平凉府城，熙麟下部议处。九月，遣游击余万明等进攻铜城及丈八寺贼巢，悉破之。十二月，攻破王村及花所镇贼巢，斩获甚众。熙麟先后奏入，报闻。贼复分踞安化、环县之孟坝寺等处。三年三月，熙麟檄马天祥等督兵进攻，先将大方山、黑水河之贼击退，复由佛寺、崞等处搜杀贼伏，前后夹击，毙贼无算；乘胜攻破孟坝等处贼巢。庆阳境内肃清。四月，沥陈衰病日增，恳请休致，奉旨准其开缺，回旗调理。五月，官军克复平凉府城。六月，疏言："甘民畏葸悭吝，无与贼抗。惟镇原县四乡设立义团，自元年十二月至三年五月，前后与贼接仗二十四次,杀贼甚众。所费银粮,胥出捐办。其忠勇义烈,实为陕、甘两省州县所无。现在贼匪潜踪,不敢偷窥县境。请将团首李天章等特旨优奖。"从之。

十月,卒。谕曰:"前任陕甘总督熙麟性情忠直,办事勤能,由荫生中式进士,观政农曹。蒙文宗显皇帝特恩,由郎中擢内阁学士,兼礼部侍郎衔,旋授户部侍郎。同治元年,简放陕甘总督,两载以来,办理防剿,筹画饷需,诸臻妥协。本年四月,因病请休,当降旨准其开缺,回旗调理。方冀医治就痊,长资倚畀。兹闻溘逝,悼惜殊深!着赏给陀罗经被,派贝勒伯彦讷谟祜即日带领侍卫十员前往奠醊,并加恩照总督例赐恤。任内一切处分,悉予开复。应得恤典,该衙门察例具奏。伊子举人笔帖式德元、孙绪曾俟百日孝满后,由该旗带领引见,用示笃念荩臣至意。"寻赐祭葬,予谥忠勤。

子德元,同治四年引见,以主事用,分刑部。

刘韵珂

刘韵珂,山东汶上人。拔贡生。嘉庆十九年,朝考一等,以七品小京官用,分刑部。期满,升额外主事。道光六年,补官。七年,升员外郎。八年,京察一等,记名以道府用。十一月,升郎中。旋授安徽徽州府知府。十年,调安庆府。十二年,升云南盐法道。十三年,擢浙江按察使。十五年正月,署布政使。二月,丁父忧,十八年五月,服阕。六月,授广西按察使。七月,升四川布政使。

二十年,擢浙江巡抚。先是,英人陷定海,上褫巡抚乌尔恭额职,以韵珂代之。奏请筹款设局宁波府城,抚恤难民;添铸杭、嘉、绍、台、温各府滨海口岸炮位:均从之。二十一年,定海再陷,上以韵珂专在省城筹防,未能兼顾,与乌尔恭额尚属有间,下部议处,坐镌级留任。二十二年二月,劾金华府知府崇福等监造军器未能合法,并自请议处,坐降一级留任。时海疆未靖,命韵珂会同钦差大臣耆英,筹办防堵。四月,乍浦失守,下部严议革职,加恩改革职留任。八月,上以军兴费繁,谕直省督抚熟筹良法。韵珂奏言:“每届采办杭绸绣线等物料,例价银四十馀万两。请暂停解,撙节巨款。”会大学士穆彰阿因办河工请增盐价,韵珂具陈浙纲壅滞,乞恩免加。均诏如所议行。九月,以英人受抚,奏请分别疏通水道,裁撤船勇,并请抚恤乍浦一十五庄难民,修盖满营兵房,允之。十月,遵旨查覆被兵之慈溪等县应纳新赋,分别蠲减。十一月,以运道通行浙漕,请仍征本色。十二月,请酌免松浙各场积欠灶课,先后下部议行。二十三年四月,兼署杭州织造。五月,以温州府经历周得镶署永嘉县与例不符,部议降一级调用,上改为降三级留任。

　　六月,擢闽浙总督。时定海洋面有英船泊岸,起造房屋,与民互市。韵珂奏言:“浙江向未与夷人交易。现在通商,须于开市之先,料理妥协。其有浙、粤情形不同者,应于钦差大臣耆英等定章之外,稍加变通,先申要约,俾免胶执贻误。”报闻。又条奏:“会筹海疆善后事宜二十四则:一、提标左营兵丁改为外海水师;一、镇海营改隶提督管辖;一、昌石营都司移驻石浦,酌添兵丁;一、乍浦营参将升为副将,酌增兵数;一、海盐之澉浦,请设外海水师;一、海宁州添设内河水师;一、现拟添设之员弁兵丁,即在本省各营裁拨；一、大荆营都司移驻瓯浦，营务并归守备办理；处州镇属丽水营都司移驻海宁，营务处并归处州镇中营游击兼管，安吉营及杭嘉湖道所辖之海防营，各裁千总一员；嘉兴协之枫岭营、太平营各裁把总一员，拨赴海宁、瓯浦分驻；其大荆、丽水两都司既改为外海内河水师，应作为水师题缺，由外拣补；一、陆路兵丁应选十之三，专习火器；一、乍浦驻防旗兵，应习陆战；一、水师应令以巡缉为操练；一、水师各镇照例出洋统巡，并按期会哨；一、提督每年亲赴沿海各营校阅；一、巡抚每年亲赴乍浦等处校阅；一、水师额设战船，俟同安梭船造成试验后，按营分别安设，钱塘江内添设相宜船只，练习水战；一、水师应招募善泅之人，教习各兵；一、海口之招宝、金鸡两山及乍浦等处炮台，照旧修复，并择要添筑；一、镇海、乍浦之后路，均添炮台，并将海宁州凤凰山原建炮台，移置山下；一、陆路海盐、海宁交界之谈仙镇，建筑石寨，内修炮台；一、沿海城寨，择要修复，备藏兵船；一、浙江非水田即山路，不宜骑战，酌裁马兵，所省经费，作为练兵赏需；一、选练枪炮，所需火药铅丸，分别添制；一、各处炮台及战船内应配炮位，分别添铸，各营遗失器械，并饬如数补制；一、修建各炮台及城垣衙署兵房工程，分别动款兴办，并劝谕捐输接济。”得旨，各下所司分别议行。

二十四年三月，奏言：“各国开市厦门，极为静谧，惟地势僻远，商货未能全销，请将报验起卸之货，按则征输，其未验未卸者，免其纳税，准赴他口销售。又洋商因厦门民居稠密，屡有火患，请即在鼓浪屿居住。查鼓浪屿现虽为洋人所占，乙巳年即须缴还，若准其在彼栖止，恐将来久假不归，即经咨请耆英谕禁。

至豫杜偷漏之法,稽查夷众之方,〔一〕亦经列具条款,与该领事逐事面约,似税课已无虞走漏,地方亦可冀敉安。福州一口如将来通商,并当循照厦门现定各条参酌办理。"从之。十二月,以保送学习水师云骑尉杨长耀赴部考验枪炮,不谙施放,部议韵珂原保,应降二级调用,上改为降二级留任。

二十五年八月,奏英人移寓厦门新馆,鼓浪屿全境收复,报闻。十二月,奏委员稽查天主教流弊,略曰:"查法兰西国之天主教与英吉利等国之耶稣教无异。英国重贸易而轻传教,法国则重传教而轻贸易。查天主教原以劝善为主,亦不过礼拜诵经、供奉图像,与别项邪教不同。是以耆英奏请凡内地民人入教者,果止循守教规,真心向善,亦从其便。特是近来人情变幻,或犯罪而投入教中,或窝匪而冀逃网外,迨官役查拿,又将藉词习教,肆行抗违。设外人不知习教者正多为匪,一闻查拿,必以违约为辞;甚或明知为匪,而多方袒护,如本年江西、湖北等省拿办邪教,外人闻知,以违约相难,啧啧饶舌,即系前车。是查办稍有未善,不特地方难期静谧,并足酿构边衅,其流弊已不可胜言。矧闽中地处边陲,俗尚刁悍,若有藉习教为匪之事,断非地方官耳目所能遍及。自应派委妥员,分段先事稽查,总期习教之人止于为善,传教之地不致藏奸,方为良策。如有藉端滋事之徒,一经访获,即向传教之人理谕明白,止据其滋事实迹惩办,于习教名目毫不牵及,使外人无所藉口。"疏入,上是之。

二十六年,奏请将台湾凤山县城移建埤头。二十八年,奏请将金华协右营守备,移驻丽水。均下部议行。三十年,因病请假。谕曰:"闽浙海疆紧要,刘韵珂既系久病增剧,毋庸赏假。着即开缺回籍调理。初,韵珂谕劾泉州府经历何士邠赃私,拟戍军台。寻在押脱逃。咸丰二年,上以韵珂市恩宽纵,有旨革职。三年,以捐助军饷,赏六品顶带,复以先后捐输团练经费,赏四品卿衔。同治元年,召来京。二年,引见,以三品京堂候补,因病未痊,赏假回籍调理。三年,卒。

子步墀,河南通判。孙廷选,一品荫生。

【校勘记】

〔一〕稽查夷众之方　"夷众"原作"洋人"。今据刘韵珂传稿(之三七)改。

刘源灏

刘源灏,顺天永清人。道光三年进士,改翰林院庶吉士。六年,散馆,授编修。十三年,充武英殿提调官。十四年三月,京察一等,记名以道府用。七月,充山西乡试正考官。十五年,授江苏扬州府知府。十六年,升陕西督粮道。二十一年,调潼商道。二十五年二月,署按察使,五月,署布政使。十一月,大计卓异。二十六年七月,升山东盐运使,十一月,署按察使。二十七年四月,升山西按察使。十月,调山东按察使,十一月,署布政使,二十八年六月,升布政使,七月,兼署盐运使,二十九年至咸丰元年,累署巡抚。

二年二月,复署巡抚。以江南省丰工漫口,淹及山东济宁等处,奏请展赈一月。四月,以豫筹东省灾赈防捕各事宜入奏,谕曰:"江南省丰北河工业经暂停堵筑,山东济宁等各州县漫水未消,自应亟筹接济。已降旨拨给江广帮漕米三十万石,以备赈需。惟此项米石到东,尚需时日,着择其老弱不能佣作之人,酌动捐款,先为收恤。俟赈米到时,再行广为散放。其兖、沂等属捻、幅各匪及运河一带无业游民,着严饬地方官实力巡查,扼要堵截,勿致藉端滋事以靖地方。[一]"五月,协办大学士杜受田奏称:"山东布政使刘源灏居心公正,干练有为,在山东年久,人心悦服。饬令该员办理该处赈务,必能实惠及民。"上纳之。十月,捐备军需银一万两,赏戴花翎。三年五月,奉谕:"山东布政使刘源灏,着来京交吏部带领引见。"七月,得旨留于山东办理团练。四年三月,命署山东按察使,旋代理布政使。是月,以捐输兵饷,下部议叙。闰七月,钦差大臣胜保以源灏拨饷迁延奏参,命先行摘去顶带,仍令迅速筹款拨解。寻遵前旨来京引见,命以五品京堂用。五年,补光禄寺少卿。七年正月,授湖南按察使。六月,升云南布政使。

十年二月,升贵州巡抚。六月,粤匪窜入贵州境内,连扰兴义等州县,直扑广顺,阑入州城。经古州镇总兵巴扬阿等分路进攻,旋将州城收复。又另股贼匪窜陷永宁州城,附近苗、教各匪乘机攻扑水田坝军营。源灏奏入,命督官军堵剿,毋任滋蔓。源灏急饬署安顺府知府周夔、署提标参将全兴等督兵由关岭进剿,克复州城;随进攻归化厅踞贼,因贼众兵单,周夔、全兴被贼裹入重围,战殁。苗、教各匪遂乘势窜陷修文县城。七月,源灏饬调候补副将赵德昌等带兵节节进剿,复派千总赵德光由落刀井进攻,将县城克复。九月,粤匪扑陷独山州城,其占踞归化厅之贼,经巴扬阿击走,复窜陷定番州城。上以源灏未能先事豫防,交部议处,寻议降二级留任。

十月,升云贵总督。十一年正月,进攻<u>独山州</u>,饬代理知州<u>鲁祖康</u>密派兵勇攻破贼栅,遂复州城。其<u>扛寨</u>、<u>羊场</u>、<u>清水江</u>内一带之贼,<u>源灏</u>复派总兵<u>赵德昌</u>、游击<u>赵德新</u>率兵勇将贼营全行烧毁,<u>喇哑巴乡</u>各处贼匪震惧,捆献贼首<u>宋三元</u>等一百二十三名,均讯明正法。<u>扛寨</u>、<u>羊场</u>及<u>清水江</u>内一律肃清。又思南<u>府</u>属河东<u>平顶山</u>等处踞贼,以<u>大寺顶</u>为藩篱,负嵎日久,知府<u>徐河清</u>调集兵团并力围攻,乘贼不备,立破贼巢,招抚被胁者万人。奏入,命乘胜进剿。旋下部议叙。七月,命来<u>京</u>另候简用。<u>同治</u>元年,沥陈衰病情形,恳请休致,允之。四年,卒。

子<u>祖栻</u>,举人;<u>祖棨</u>,刑部候补员外郎。

【校勘记】

〔一〕勿致藉端滋事以靖地方　原脱"以靖地方"四字。今据<u>显</u>录卷六〇叶一七下补。

毛鸿宾

<u>毛鸿宾</u>,<u>山东</u><u>历城</u>人。<u>道光</u>十八年进士,改翰林院庶吉士。二十年,散馆,授编修。二十三年,充<u>顺天</u>乡试同考官。二十七年,充会试同考官。大考二等,赐文绮。寻转<u>江南道</u>监察御史。二十九年二月,升礼科给事中。四月,疏请严禁各省流摊名目,略曰:"近来外省亏空多案,其弊莫甚于流摊。流摊者,擅挪正款,假托因公,分任分年,以次摊赔者也。如修理工程、承办差使之类,率称例价不敷,独力难办,每详请府州立案,豫为分摊地

步。交卸之日,又商同监盘说合,私立议单,有浮开数倍以为摊者;有并无垫项,捏造款目以为摊者,有亏空太多,恐干重咎,提出数条归入交盘以为摊者;彼接任人员或慑于上官之抑勒,碍于同事之调停,遂亦甘心接受。应摊之款,未能交出分毫;续至之亏,又复踵而增益。为大吏者,初意其人官声尚好,曲示矜全;或为其赔累有因,亟思调剂;而不肖者转援为口实,展转效尤,遂致不可收拾。斯时欲惩治,则罹法者众;欲消弭,则受病已深。不得已姑以有故去任之员,一参塞责,而亿万帑金,胥归无着。臣以为流摊一日不除,亏空一日不止。应请敕下各省督抚认真查核,务将流摊名目永远禁革,以重帑项而杜弊源。"疏入,下部议行。六月,丁母忧。

咸丰二年,服阕。五月,补兵科给事中。疏言:"纪纲之存,必赖乎宪典。自古未有宪典不明,刑威不振,尚可以立国者,而当军兴之时为尤甚。查贼匪肆逆,始止窜扰偏隅,继遂深入腹地,今则纷扰已半天下。皇上特简重臣,筹办防剿,备饷不为不厚,调兵不为不多。乃钦差大臣拥兵纵寇,观望周章;而封疆大吏又毫无先期之布置,贼未至则送眷先逃,贼甫至则闻风疾遁。自上年至今,彼曰防堵,此曰截击,及至临时,除开门延敌之外,一无所能。彼之所以敢如此者,不过深知皇上之仁慈,即予谴责,轻则褫职,重则拿问而已。及至押解刑部,而供应如故也,迎送如故也。名曰监禁,而饮食寝处如故也,交接馈遗如故也。即拟以大辟,犹冀不入情实,减等发配。是时事之艰虞,可以付之膜外;而朝廷之宽宥,转已堕其术中。为今之计,不患盗贼之不平,而患纪纲之不振。伏望即降严旨,择其退避之尤者,迅于该处明正典刑。则官吏将士晓然知法,与其死于刑而贻子孙之辱,曷若死于贼而邀褒恤之荣。书曰:'威克厥爱允济。'正今日之谓也。"八月,转掌礼科给事中。

时粤匪窜入湖南,鸿宾疏请严赏罚,娴纪律,简军实,绝奸细,驭壮勇,解胁从。又以贼犯长沙,钦差大臣赛尚阿驻衡州,在贼之南,北路空虚,请谕令两广总督徐广缙绕至北路攻剿,并简派重臣坐镇武昌,襄阳一带亦以大员驻守,训练精兵,严密防堵,以固北面藩篱。疏入,上韪之。三年,以户部尚书孙瑞珍保奏,敕令暂行回籍办理团练。四年,发逆窜山东,时胜保为钦差大臣,玩寇糜饷,鸿宾疏劾其罪,请严旨查办。五年,以办团出力,命记名以道员简放。寻授湖北荆宜施道。六年,调安襄郧荆道。九年,以办理军务,调度合宜,赏戴花翎。十年五月,擢安徽按察使。六月,特命迅赴安徽上游行营总理营务。九月,擢江苏布政使。

十一年二月,署湖南巡抚。七月,疏言:"湖南地居偏远,向非富强。粤逆石达开率数十万之众,窥伺湖湘,然犹外攘内安,屹然为上游重镇。所以能若此者,皆由前抚臣张亮基、骆秉章等于吏治民风,实力讲求,殚精补救,用能削平寇盗,重整规模,则用人之效有明征矣。臣以得名将,不过收战阵之功;得贤督抚,斯能造封疆之福,即地方人才亦必闻风思奋。如左宗棠识略过人,其才力不在曾国藩、胡林翼之下,断非臣所能企及。今但使之带勇,殊不足以尽其才,倘畀以封疆重任,必能保境安民,兼顾大局。又前任云贵总督张亮基果决有为,云南壤接边陲,汉、回杂处,饷糈不给,仇衅相寻,即令经营尽善,亦仅有益于一隅。似不若任以要地,俾展所长。但使东南日有转机,则云贵游氛无难迅扫。此轻重之机宜审者也。”疏入,上嘉纳之。寻实授湖南巡抚。九月,劾署长沅永靖道陆传应品行卑污,请降为通判,仍留湖南酌补,允之。十一月,疏陈招勇流弊,请慎选将领,以收实效。谕曰:“募勇章程,首以择将为重。所募之勇,又皆有籍可稽。是以无事能谨守营规,有事能恪遵军令。嗣后各省如有前赴湖南募勇之员,着毛鸿宾随时察看,酌量妥办。其所募之勇,按照湖南省章程挑选,不准以游手无籍之人,滥竽充数。”

十二月,逆酋石达开窜湖北,犯会同,鸿宾遣知府席宝田、副将周达武等击破之。会同围解。得旨嘉奖。石逆由间道扑黔阳,鸿宾复檄总兵赵福元驰援,解其围;并攻山门坚垒,拔之。贼惧,宵遁。命仍饬在事员弁实力搜剿。同治元年二月,石逆率悍党犯红岩泾,我军踏平贼营一、贼馆五。贼败匿猫儿洞、鸿宾饬赵福元剿败之。贼遂窜湖北,陷来凤,赵福元等督军由白杨坡进攻,复其城。

初,鸿宾疏请将历拨协饷并军需借用银两,[一]作正开销,下部议奏。至是议上,谓:“各省历拨银款,奏明不准擅动,湖南捐监漕折等项,节经该抚奏留四川等省拨饷,已属有盈无绌,另有本省防堵勇粮,及所收厘金,何得再将拨用银两作正开销?[二]况援江需用至八年八月截止,剿捕石逆又在九年,何以预借隔年新收之款?”上以鸿宾语多矛盾,下部议处。七月,疏言:“军兴以来,招募勇丁不下数万。其志切同仇、杀贼立功者,固不乏人;亦有曾充匪类,为乡党所不齿。一经报效,渐保官阶,恃有护符,告假回家,俨然以职官自命,不受地方官约束;甚至复萌故态,地方官无可稽考。各团绅虽有闻见，亦且畏势而不敢言。党与既多，扰害乡里，急宜严行稽察，以杜乱萌。"谕曰："嗣后勇丁，无论保至何项官阶，凡回籍者均给与执照，将事由限期开载明白，一面行文各地方官，以备查核。如有倚势作威、藐法横行情事，即与齐民一体查办，毋得稍示优容。其有私行回籍者，既无执照，又无各营咨会，即照逃勇例从重惩治。"

　　时署礼部左侍郎薛焕疏请直隶添设四镇，每镇练兵一万，并将神机营兵丁酌添二万，亦分四处教练。此项饷需，责成十八省督抚通力合筹。上命各省疆吏筹议，鸿宾疏言："用兵之道，选将为先，统率万人，非智勇兼全，不足以资控驭。且勇丁来自田间，军律未娴，野性难制。人少则精神尚易贯注，人多则照料未易周详，苟约束失宜，即事端从此而纷起。今不先议选将，而侈言增兵，此管带之难也。欲集四万之众于一时，势不能不广收博采，美恶杂糅，贤愚错处，龃龉不合，争斗相寻。图始既费周章，收效亦难豫必，此召募之难也。直隶旗、绿营兵，往时皆号雄师，果能就原额兵丁加以整顿，岂不能挽回积习？今议于营兵之外另设四镇，必直隶有贼可剿，乃可责其成功。当夫全境无事，萃此易聚难散之徒于不战之地，结党成群，滋为骚扰，此约束之难也。臣所身历，如湖南北尚称完善，而湖南各营欠饷六月有馀，湖北欠饷至二百馀万之多。四万新兵岁需饷银约二百四十馀万，是京饷之外平添二百数十万之多。额内无从再筹，额外不敢另取，无米之炊，终成束手、此饷糈之难也。臣以为目前之计，当求有备无患，于直隶督臣刘长佑新募之勇，略增其数，旁求将才，训练绿、旗营兵，即足以资捍御。若更议立四镇，则额设兵丁，转得卸其操防之责,营务益形废弛,新勇难保不从而效尤。此又流弊所极,不可不筹虑及之者也。"

焕议寝。[三]寻疏劾贵州提督署巡抚田兴恕捏报军情、信用劣员各款,上命四川总督骆秉章等查办,寻得实,褫兴恕职,逮问。闰八月,鸿宾派兵赴境剿贵州逆匪,复天柱县城,优诏褒勉。寻奏言:"湖南桂阳州峰洞坳等处出产磺砂,前抚臣陆费瑔奏明开采,存局备用。嗣后存磺充裕,复奏明封禁。近年湖南办理防剿,并邻省领买,在在需磺,省局存磺渐少。查磺斤为军火要需,桂阳州现已肃清,自应令领买官磺,以免影射。请于产磺各山场陆续开采,官为收买,解交省局,以备支用。惟磺斤关系綦重,当责成该州实心经理,并令衡永道就近稽查,毋许偷漏滋弊。一俟存磺充裕,仍当奏明封禁。"报闻。先是,已革江蓝厅同知椿龄指称团绅汪际唐为土匪禀请惩办,经署巡抚翟诰派同知杨鼎勋等查无确据。既,鸿宾访闻椿龄有酷刑逼供情事,并于署巴陵任内声名狼藉,奏请革职。椿龄遂控杨鼎勋等招摇陷害,并牵涉鸿宾借贷不遂,致登白简,及在任所娶妾各情。鸿宾奏请简派大员赴湖南查办,以期核实。谕曰:"参员讦告上司,例应立案不行。惟所控之杨鼎勋等,即系查办汪际唐一案之员,是否实有错谬,抑系借端反噬。着官文、严树森秉公严讯,务得确情,以成信谳。"寻湖广总督官文等覆奏,事得白。九月,广西贼酋张高友踞修仁县城,鸿宾派兵攻拔之。时贵州张家寨股匪恃险抗拒,鸿宾调知府杨逢新等往剿,贼目萧文魁率众降,遂进攻大小青两坉,克之。思州、铜仁股匪悉平。

二年五月,升两广总督。寻檄按察使赵焕联等剿平宝庆土匪,擒首逆唐洪山。九月,抵两广总督任。十一月,奏言:"广东劫盗重案,日常数起,而弋获甚少。其申报获犯者,往往声明带病,旋即报故。总由地方官捕务久弛,规避处分,转致凶恶之犯幸逃显戮。急应量予变通,以除积习。"谕曰:"嗣后除广州府及佛冈直隶同知拿获匪逆盗犯,仍行解省外,其距省较远之各府、厅、州、县所获罪应斩枭各犯,由州县审实后,即解送该管道府覆勘,录供具详,该督抚核明情节确实,案无遁饰,即就地正法。一俟军务完竣,盗匪敛迹,再行照章办理。"三年二月,连、阳一带逆匪邓二尺七等纠众肆扰,[四]鸿宾派按察使张运兰督军剿破之,邓二尺七等就擒,伏诛。五月,偕巡抚郭嵩焘疏请变通缉捕章程,其有举发巨案,拿获著名大盗者,应量予优擢。适给事中王宪成奏请拿获劫盗,分首从科罪。鸿宾言:"盗贼纠众行劫,同恶相济,即悉照不分首从问拟。地方官犹狃于积习,意存开脱。宪成所请多窒碍,请敕部另议。"从之。

是时江南省城已复,惟浙江湖州及江西馀氛未靖,鸿宾疏言:"江西一省迤东、迤北、迤西皆无可虞,独南路之防,犹有未备;闽、粤交界之处,均无防兵;福建山川阻深,地瘠民贫,贼屡次入闽,未尝久驻。故以大势论之,湖州各城以次克复,贼必悉众上窜,以粤东为尾闾之泄。欲制此贼,必以控制赣南为第一义。查从前贼之初起,本在广西永安,官兵围攻,独开北面使窜桂林。其后踞道州,又开东北一路使窜长沙;至长沙,复开西路使窜岳州。今若复使窜粤,为患曷可胜言?江西当四冲之地,川原平衍,据守则不足,围剿则有馀。合数省之兵力,乘大捷之馀威,不于此时聚而歼旃,尚复何待?现已咨曾国藩等调拨劲旅,绕越宁郡、石城一带扼贼南窜之路。臣亦派一军于闽、粤交界之处,会同大军进剿。并请敕下曾国藩等兼守南赣,俾无窜越,庶可一鼓荡平。"疏入,上韪之。九月,以率属捐廉助饷,下部优叙。寻鸿宾偕郭嵩焘请将所得优叙移奖子弟,上责其所见卑陋,命发还银两,撤销议叙,仍交部议处。寻议降三级调用,上改为留任。十二月,发逆戴杵贵扰高要、东安、高明、鹤山一带,鸿宾饬总兵卓兴督军进剿,擒之。四年二月,饬游击何云章援剿福建云霄厅踞贼,复大败之。

先是,御史贾铎奏参湖南巡抚恽世临倚任道员胡镛等款,并及鸿宾,上命大理寺卿胡家玉、给事中张晋祺查办。至是,查明覆奏,鸿宾坐湖南巡抚任内失察,并于胡镛请咨赴部引见时,鸿宾令缴回原籍咨文,委署道缺。上以其办理舛谬,下部议,革职。六年,卒。

【校勘记】

〔一〕鸿宾疏请将历拨协饷并军需借用银两　"用"原误作"田"。今据毛鸿宾传稿(之三二)改。

〔二〕何得再将拨用银两作正开销　"用"原误作"册"。今据毛鸿宾传稿(之三二)改。

〔三〕焕议寝　原脱此三字。今据毛鸿宾传稿(之三二)补。

〔四〕连阳一带逆匪邓二尺七等纠众肆扰　"连阳一带"原误作"英德县"。今据毅录卷九四叶二下改。

劳崇光

劳崇光,湖南善化人。道光十二年进士,改翰林院庶吉士。

十三年四月，散馆，授编修。七月，大考二等。十四年，丁母忧，十七年，服阕。十九年三月，因病乞假，旋补。大考附二等，赐文绮。七月，充河南乡试副考官。二十年，充湖北乡试正考官。寻以京察一等，记名以道府用。二十一年，授山西平阳府知府。二十二年，调太原府知府。旋署冀宁道，二十六年，实授。二十八年，擢广西按察使。十一月，充册封越南国使。二十九年三月，以失察监犯放火脱逃，降三级留任。十月，升湖北布政使，仍暂留广西。十一月，西隆迁江土司境内盗匪滋事，崇光偕左江道陈启迈剿平之。三十年，湖南匪首李沅发倡乱，窜广西界。崇光督兵会剿，李沅发就擒。叙功，赏戴花翎。八月，调广西布政使。

　　时广西各属盗起，扰及修仁、荔浦，庆远土匪复分股窜武缘、宾州。崇光偕提督向荣会剿，获首逆陈胜等。其窜上林、迁江之贼，复饬知县严正圻等剿平之。十一月，署巡抚。值桂平会匪屯聚金田，副将伊克坦布阵亡。崇光檄总兵周凤岐往援。时上命李星沅为钦差大臣，周天爵以广西巡抚专办军务。崇光仍署巡抚，谕令会同剿办。咸丰元年，户部以广西剿贼军饷浩繁，请于广东设立捐局，崇光偕李星沅奏："广西绅民捐助，必令赴广东报捐，恐增周折。请于广西省城设立分局，就近收捐。"又以军行首重惟米，偕周天爵奏请开设米捐，并请于附近各省筹拨，以资接济。均允行。二月，贼窜柳城、来宾各境，崇光檄将弁进剿，斩其渠黄天应、曾建福等。时廷臣以广西万山络绎，请增险严守，先将小股歼除，然后搜剿金田贼巢，并行坚壁清野之法。诏下崇光暨李星沅等实力奉行。三月，招降贼目张钊等。谕曰："张钊等并前次所降张家祥，是否实能杀贼，随时具奏。"并谕以留心控驭,恩威并用,庶不堕其术中。四月,贼窜掠西林、博白等县。崇光督同知孙蒙等分路进剿,擒贼目陈三,散胁从三千馀人。怀集贼目温大等纠合广东匪徒窜踞南坪,复剿平之。奏入,均得旨嘉奖。

是月,大学士赛尚阿以钦差大臣赴广西督办军务,邹鸣鹤为广西巡抚,仍命崇光会办。八月,匪首颜品瑶纠党万馀,肆扰南宁、太平,崇光驻兵南邕,屡战皆捷,颜品瑶就歼,馀党溃散。旋剿平贵县贼麦二等于云表墟,下部优叙。思恩贼凌亚东纠合贼首万利中滋扰白山,土知州黄为锦被戕。崇光与左江镇总兵谷辐灿合兵攻剿,即时扑灭。其窜那栋、大塘之贼亦诱斩殆尽。遂举行南、太、泗、镇四府团练,择绅董经理之。移师剿颜品瑶馀党于灵山县之那勤、新铺。时贼犄角为巢,我兵分攻不利。崇光密令生员梁锦常等购土人入那勤,离间其党。突于除夜冒雨进攻,贼惊溃,毁其巢,斩获多名,招抚贼目潘其泰等;乘胜进攻新铺,拔之,擒斩匪首颜品喜等。另股苏凝三亦就擒。南、太悉平。赛尚阿以闻,上嘉崇光调度有方,赏头品顶带。二年二月,波山艇匪由广东窜入梧、浔二府,沿江掳掠。命崇光移兵梧州,与广东会剿。遂率左江道杨彤如等击沉贼船,并分剿隆安、马平、西隆各土匪,斩匪首谢江甸、黄卜同等。寻以金田贼上窜,省城被围,奉命回援。崇光于途次先分兵由永福驰扼省城西门,自率游击张国樑等继进。适贼解围北窜,连陷兴安、全州,崇光与总兵和春等追剿,败之于蓑衣渡,毙伪西王萧朝贵,直抵湖南永州。云贵总督吴文镕疏称:“崇光有胆略血性,办理军务两年,各处贼匪歼除略尽。倘重其事权,可收实效。”

四月,升巡抚。命帮同赛尚阿筹画一切。时贼越永州窜踞道州,州城毗连广西,崇光密为布置,于灌阳、贺县、恭城、富川均设兵防堵。五月,疏言:"桂林省城虽经解围,而贼氛不远,群情尚复惊疑。若添建炮台碉楼,增置防兵,均非仓卒所能定议。惟有就现在兵勇妥为布置。将派赴各处之省标官兵次第撤回,于省城内外择要分扎,并选各乡团精壮练丁,分驻城外稍远各要隘,严密防范。一面剀切出示,以定人心;激励团练,以作民气;招抚流亡,以复民业;训练兵勇,以肃兵纪;搜缉土匪,以靖内奸。至各属游匪、土匪,不时蠢动,纷纷请兵。无如本省兵额只有此数,实难分拨,惟令多雇壮勇,鼓舞团练,以资捍卫而备援剿。"上韪其奏。

六月,命接办广西军务,并谕以两广总督徐广缙现驰抵梧州,所有堵御事宜,即着会同妥办。七月,马平土匪滋事,知县李灿被戕,檄副将奚应龙等讨平之;并分兵与广东道员沈棣辉等夹攻波山艇匪于浔州,焚贼船百馀只,馀党悉就歼除。八月,兼署广西提督。适土匪黄东桂等由桂平窜郁林州,檄知州刘体舒击走之。十月,剿平南宁等处土匪。十一月,上以逆匪叠扰湖南北,虽窜出粤境,而首要各匪总以粤西为巢穴,难保无渠魁踞巢,为党与归窜地步。命崇光偕署两广总督叶名琛合力搜捕。三年正月,崇光奏言:"搜捕从前逆巢,并无藏匿踪迹。桂平、武宣、象州、永安及界连楚省各属,侦缉亦无端倪。但下游大兵云集,一经攻剿,恐回窜旧巢,并分遣党伙勾结。惟有编查严防,相机办理。"嗣广西学政孙锵鸣以沿途土匪滋事情形入奏,诏崇光确查剿办,因疏陈宣化土匪,已派员筹办永淳、横州僮客仇杀之案,已将主谋肇衅各犯拿获,并剀切化导,务使永息争端。庆远、思恩、柳州素多贼巢,已饬地方汉、土各官巡哨查拿;融县、怀远交界之古宜、长安,叠经搜捕,渐就肃清。二月,兴安会匪杨三通等纠众谋逆,擒治如律;并擒庆远攻城巨贼唐元修、万利中等,诛之。广西向有匪徒捉人勒赎之案,军兴以来,此风弥甚。崇光奏请照广东例从严惩办,以戢其奸。四月,以捐备军饷,下部优叙。

初,粤匪下窜湖南,原调兵勇出省跟追,支应事宜仍归广西粮台承办。至是,崇光奏请撤之,所调湖南游击瞿腾龙援广西之兵,亦因湖南吃紧,遣撤回援。五月,兴业土匪谢开八等攻陷迁江,崇光调军急捕,首从就擒。迁江、来宾悉平。七月,兴安会匪窜陷灵川,分股由海洋坪间道直扑省城。崇光以未能豫防,镌二级留任。随檄按察使许祥光剿败之,乘胜进击,遂复灵川、兴安,获其悍目石生芒、王徇晚等。其扑全州及纠合湖南东安援匪,亦先后击斩无遗,首逆蒋得志等伏诛。捷入,上嘉之。八月,恭城贼入城劫狱,檄守备万明魁往捕,贼窜平乐,偕署平乐知府向培芳剿平之。时修仁、荔浦、武宣、象州伏莽不靖,修仁之贼更踞险拒守,檄明魁等移剿,攻复修仁、荔浦二县,地方一律肃清。谕曰:"广西伏莽未清,现虽饷绌兵单,办理不易。总宜随事随地相机筹度,降一股即少一方之害。前经颁给明亮等疏议与乡守辑要一书,务宜通筹大局,拣选文武分头兜击,一面晓谕绅民,举行团练,自卫乡间。其能捐资助饷,杀贼立功者,着即随时从优保奏。"

时广西连年被扰,耕作失时,民力困敝。崇光奏请将各州县地丁兵米分别蠲免,并以兵米不敷,请于常平仓谷碾动支给。迁江、来宾、象州、武缘、武宣民困尤甚,请碾动仓谷,酌量赈恤。均从之。复因各属历年办团绅民捐资出力捍卫地方,奏请优奖,并请优恤剿贼阵亡之举贡生监等,均如所请。十二月,奏群匪未平,剿捕抚恤,用项滋繁。钱粮关税捐输,开采支借,均不能敷,亦多不可行,请照楚岸抽税章程,试行抽收盐税,下部议行。四年正月,以永平州土匪劫狱一案,误将巡检张秉彦参革,下部察议。

时贼首萧亚楔窜融县,经试用知县江载愔击败,崇光以载愔甫经释褐,即能奋勇立功,奏请优奖;并奏留江西九江知府李孟群督办捕务;又以军务需人,请留丁忧知县姚近泰、张凯嵩、苏凤文、陈庆桂:俱允之。四月,游匪窜扑永福县,檄知府游长龄剿之。八月,游匪复窜扰荔浦、阳朔,檄游击王海清等进攻,获首逆古之胜、周亚胜等,磔以徇。先是,粤贼窜踞江南江宁府,复时遣匪党潜回广西勾结。至是,匪徒同时窃发,广东之惠来、肇庆相继失守;广西梧、浔各属毗连之境,亦群盗蜂起。上命崇光会合广东之兵堵剿。于是武缘、象州、怀远、恭城、灌阳、怀集之贼,经崇光先后分兵剿捕,旋扑旋萌,遂拟亲驻梧州以扼其冲。适临桂所属大墟土匪聚众数万,突至近省之铁沙墟,窥伺省垣。九月,崇光督兵出战,贼并力抗拒,守备韩凤等奋击,贼溃败;都司祥瑛复于界牌、全村一带搜捕馀党,其窜屯三江墟之贼亦为我兵击败,擒斩三千馀,焚溺死者无数,擒贼目刘取太等。省城解严。

十一月,复檄右江道张敬修剿平梧、浔及全州、兴安各匪。疏入,谕以"省垣重地,尤资镇抚,劳崇光毋庸出省,其梧州与肇庆接壤之所,着惠庆剿办。"五年三月,艇匪攻扑梧州,分股窜陷藤县,崇光拨兵击退其众,复藤县城;另股黄定远等由广东纠党水陆来犯,檄总兵蒋福长击败之。七月,匪党进逼省城,崇光督兵围剿,毙其首从各逆,馀党败遁。上以广西土匪丛起,四处蔓延,所拨各处兵数均不盈千,此剿彼窜,恐难得力,谕令设法添调。寻以艇匪窜陷浔州,并陷南平、北流,自请严议,上加恩降二级留任。十二月,武宣、兴安、贵县匪股悉平,并击败浔州艇匪。六年三月,张敬修进攻浔州之贼,贼党分三路由水陆合援,败之;乘胜遂逼贼巢,饬游击韩凤遏其分窜柳城之贼,复击败之。七月,以龙胜厅苗勇张应高兵丁杨上楫滋事,镌一级留任。八月,剿败贵县艇匪,复其城,剿扑上思州土匪,悉就擒。九月,奏劾督剿不力之道员孙蒙等,并请恤力竭殉城之知县李载文,均从之。十月,右江革弁李观光结党倡乱,戕官攻城,檄知县陶兆恩捕得之,破其巢。

　　七年三月,以柳州失守,艇匪益炽,降二级留任。四月,游匪窜踞灵州,并分股窜扰义宁,檄韩凤进剿,失利,凤战死。贼遂由北路进逼省城,义宁之贼亦由西路来犯,乃一面督民固守,一面遣兵出击,连战于庙头圩、乌石街等处。贼少却,更激励兵练奋击,贼溃遁。五月,土田州匪徒窜扑凌云县,檄兵团剿败之,擒首逆欧阳武等。寻以艇匪攻陷梧州,并陷南宁,镌二级留任。八年四月,奏留候选道蒋益澧在广西剿贼,允之。五月,艇匪窜平乐县,檄蒋益澧迎击于令公渡,又败之于五塘;其窜至近省苏桥之贼,饬团绅唐启荫击走之。是役,斩馘万馀,艇贼自是遂衰。八月,攻宾州,获首逆谢秉寻、贼目朱承孔等枭之,并剿平上林之贼。檄右江道张凯嵩剿柳州窜匪,复庆远府。由是象州、桂、融各城相继收复。十一月,广东股匪窜入贺县,知府潘家馥援剿不力,劾褫其职。时各属莠民多接济贼粮,并为贼谍,马平县通贼村庄,复约艇匪上犯。十二月,道员朱孙诒等捕获首犯百馀,斩之,释其胁从。九年三月,檄蒋益澧进攻柳州艇匪,水陆夹击,破其众。

四月,调广东巡抚,兼署两广总督。旋命会同海关监督恒祺办理通商事务。先是,广西怀集县被匪窜陷,连陷广东开建扼险踞守,并分扰广宁等县。至是饬知县沙翊清攻狮子嘴贼巢,破之;乘胜复怀集县,知府刘式恕等亦攻复开建。九月,擢两广总督。十一月,遣参将彭声发等剿败江北贼匪。十年正月,贼窜合浦、兴宁,军犯马四倪等击走之,崇光奏免其罪。二月,查拿滋事都司陈定安,治如律。时逆首石达开分股由富川窜入连山厅,攻扑三江寨城,副将恒通击走之。贼复由湖南蓝山窜扰乐昌、仁化、始兴,击走之,副将哈芬布等又击之于南雄州,贼遁去。四月,奏被贼州县钱粮,请暂缓报销,从之。五月,四会积匪侯陈带等十馀股围扑县城,檄游击卓兴援剿,遂解城围。六月,贼踞清远,都司方耀等攻克之。十一年正月,江西败匪窜平远县,遣兵分道围捕,歼除殆尽,境内以平。复檄刘式恕会合广西之兵剿梧州下郢踞匪,毁其石塘洲、三水各处老巢,逆首罗华观伏诛。二月,以给事中何璟疏陈广东旌恤诸典,素为胥吏抑勒把持,率不得达,命崇光从严查办,悉惩治如律。四月,逆匪陈金缸攻犯信宜,檄总兵讷苏肯援剿,力战却之。

时两广盐务,私贩充斥,崇光因请于各隘口设立排船查缉,以防偷漏,下部议行。六月,兼管粤海关监督。七月,会合广西兵勇击败艇匪,克复浔州。先是,帮办军务江南提督张国樑在江南立功殉节,国梁原名家祥,崇光任广西按察使时所招抚者。至是,优诏奖其知人焉。十月,以采买洋米延缓,降四级留任。同治元年正月,兼署巡抚。檄绅士知府康国器攻破蓝山贼巢,生擒贼目梁星保、梁神通等。二月,匪首侯陈带就抚,令率所部克复蓝山县。奏入,上嘉之。三月,以潮桥埠盐引所行之地,屡被贼扰,请将造报展限;又以近省各属骤遭飓风,漂没田庐、人口,奏请抚恤:均允之。五月,贼分股犯高州,檄卓兴进剿,败之;其分窜化州、罗定匪党,亦经大兵击败,并饬知州郝有金等剿败西宁土匪。时江西信丰之贼突入和平、龙州,崇光分兵进剿,贼败退。惠州、韶州一律肃清。六月,获倡乱会匪黄金宠等,置之法;并剿平开建、封川土匪,擒斩匪首李植槐、侯以贞等。七月,奏保官声最优之道员吴昌寿、知府李福泰、同知罗瀚隆等。八月,以失察所保都司陶昌培、知县许庆瑢营私纳贿,经给事中吴焯劾奏,降三级调用。旋命以头品顶带,驰往贵州查办事件。初,前任广东巡抚耆龄、御史华祝三先后奏参崇光任用非人,调度乖方。上命崇光自陈,并饬署两广总督晏端书、提督昆寿查办。二年正月,奏入,谕曰:“劳崇光被参自陈各款,既据晏端书等查明,并无支饰。该前督已经降调,即着免其再议。”

　　四月,授云贵总督。崇光取道四川入贵州,行抵绥阳。值逆首石达开馀党万人窜陷县城,崇光驰扼旺草汛民寨,部勒乡团,并调总兵沈宏富等驰赴会剿,追杀二十馀里,先后毙贼五千,生擒六百馀。捷入,上嘉其剿办得手,优诏奖之。五月,以镇安州官贪役肆,弁勇妄杀,致激民变。奏劾知州陈铸、李中咸,副将龙再福等。又以总兵刘义方、游击周宗清剿办思南土匪不力，并向官绅索扰，抗不赴调，劾褫其职。八月，檄副将全祖凯攻克鼎山贼巢，阵斩贼目何元翼等。桐梓县境悉平。复剿平黔西州匪徒，生擒首逆何润科，斩之。十月，檄总兵赵德昌、金泰文攻复旧县汛城，进剿铜仁逆匪，攻破大青山张家寨贼巢，擒斩首逆萧汲魁等，并剿破婺川之贼，将楠木园等处踞匪击散，歼贼千馀，招抚胁从万人。十一月，攻复册亨州同城，檄总兵周洪印剿松桃厅逆匪，复石岘卫城，并将观音山贼巢焚毁，生擒贼目梁忠庭等。三年正月，尚大坪逆匪约坝芒匪徒由小关、茶店一带径扑省城，崇光偕贵州巡抚张亮基勒兵固守，遣沈宏富、副将何显仕各率所部驻军城外，往来策应，屡击败之。贼旋分股攻陷修文，复招聚苗匪来犯，宏富等奋力夹击，遂复修文县，并败围攻清镇之贼，龙里、兴义亦次第收复。三月，奏请减免被扰及未经收复各属地丁秋粮，从之。

　　五月，逆匪何二及黄、白号匪纠众数万，分扰湄潭、清镇、桐梓、龙泉各县，檄总兵赵德光等剿平之。九月，分剿开州、修文等处踞匪，复镇西卫城，团绅王光明等复合军剿平各处贼寨，首从各逆就擒，省城东路渐就底定。十月，檄知府陈昌运等进剿铜仁巨匪包茅仙，斩之；分兵击败黄平苗、教各匪，攻剿金坑等处贼巢。十一月，攻复兴义府，击走云南逆回马联升，殄其众二千馀。四年正月，贼首潘明杰窜陷定番州，总兵林自清击走之，遂复州城。二月，檄参将冯世兴与云南候补道岑毓英、总兵马如龙等攻复曲靖府，擒回首马联升、马荣等，斩以徇，遂收复马龙。寻甸迤东一带肃清。捷入，得旨嘉奖。五月，檄提督赵德光等击退省南宧匪,先后剿平江外贼巢数十座,遂复广顺。德光偕同知黄兆兰攻复黔西州石阡府号匪由黔西败宧,陷大定府。德光等乘胜进攻。崇光复檄知府邓尔巽助剿,屡战皆捷,遂复大定。闰五月,黎平匪首陈辉良悔罪投诚,缚送巨贼罗天成等。五年二月,攻复云南普洱府及思茅厅。

六年二月,卒。谕曰:"云贵总督劳崇光老成练达,沉毅有为。由翰林荐擢封疆,宣力广东、广西、云、贵等省,均能不避艰险,使地方日有起色。方冀长资倚畀,兹闻溘逝,悼惜殊深!着加恩赏加太子太保衔,照总督例赐恤。任内一切处分,悉予开复。应得恤典,该衙门察例具奏。其灵柩回籍时,沿途地方官妥为照料。伊子孙着吏部查明,俟服阕时,由部带领引见,以示笃念荩臣至意。"寻赐祭葬,予谥文毅。

子文翙,陕西候补道;文嚣,江西候补知府;文翻,四川候补道。

吴振棫

吴振棫,浙江钱塘人。嘉庆十九年进士,改翰林院庶吉士。二十二年,散馆,授编修。二十四年,充贵州乡试副考官。道光二年二月,京察一等,记名以道府用。七月,授云南云南府遗缺知府。十月,补大理府知府。四年,丁父忧,六年,服阕,七年六月,授山东登州府知府。十月,调沂州府。八年,授济南府。十月,以委审案件出力,经山东巡抚讷尔经额保奏,记名以道员用。旋丁母忧,十二年,服阕。十三年六月,授安徽凤阳府知府。十月,升山东登莱青道。十七年,署按察使。寻以失察潍县教匪马刚滋事,降一级调用。十九年,再授凤阳府知府,兼署庐颍道。二十年,调安庆府。二十一年,升贵州粮储道。二十三年,擢按察使。二十八年,升山西布政使,旋调四川布政使。二十九年,以捐备本籍赈需,下部优叙。咸丰二年三月,以捐备广西军需,赏戴花翎。

五月,擢云南巡抚。时军兴度支告绌,云南铜本,部议停拨。三年三月,振棫偕云贵总督吴文镕奏:"铜厂沙丁失业,恐生事端,拟变通办理,于省局及东川府局增炉加铸,以采出之铜铸钱,即以铸出之钱发作工本,辗轳周转,俾民无失所。"上韪之。四月,以率属捐备军饷,下部优叙。六月,回匪马二花扰寻甸州属鲁冲村、花香箐等处,[一]振棫檄署威宁镇总兵常存、护昭通镇总兵王国才进剿,大败之。九月,回匪复盘踞东川之翠云寺、小雪山等处,振棫饬王国才进剿,逆渠马二花就获。东川地方一律肃清。疏入,得旨嘉奖。时粤西逆匪倡乱,云南开化、广南二府境与毗连,节经设防堵御。四年正月,贼潜入广南府之土富州,抢劫沿边村寨,振棫饬署开化镇总兵丰绅剿败之,贼复纠众分股上窜,势张甚。振棫檄普洱镇总兵桂林及迤东道潘楷会剿。贼先以一股劫里达边寨,经千总李经魁等击退。适已革知府桂文奎、游击陈得功各带兵练赶至,两面合击,歼贼百数十名,贼滚崖败遁。另股窜至上野,扑官军营盘,临元镇守备褚克昌从西面钞出,毙悍贼百馀,贼穷窜,桂文奎等与褚克昌合队追剿,擒贼目马广发等十八名,并获奸细及馀匪百馀名,悉置诸法。

十一月,调陕西巡抚,未赴任,旋命署云贵总督。时东川贼匪甫戢,而贵州之兴义、普安各属土匪蜂起,土匪涂令恒等分扰

新城等处,陷安南、普安两县,经官军收复。贼复扑兴义府,振械
檄署安义镇总兵金刚保进援,顺道剿新城踞匪,克之。贼攻兴义
益急,知府张镆率绅民兵练,登陴固守,偕中营游击汪光瑞合力
夹击,毙贼千馀,斩涂令恒及贼目王丙等于阵。馀匪窜卡戛寨,
复焚其寨;另股土匪攻扑贞丰州,振械檄知州蒋时醇击退之,并
于安南县之者腊,生擒匪首涂令言等九名,先后均置诸法。振械
奏保固守兴义、贞丰各员弁,量予奖励,允之。五年正月,贵州桐
梓县匪首杨凤等连陷桐梓、仁怀两县,围逼遵义府,振械饬云南
盐法道王成璐、贵州贵东道承龄赴剿。时署布政使炳纲已先至
军,遵义县义民雷昭然、仁怀县武生杨腾芳等各集乡团助战,合
攻雷台山贼巢,破之,乘胜克复仁怀县,斩伪知县杨金,提督万福
亦攻复桐梓县。而黔西州贼势方张,州属安底地方又有匪首王
扎巴聚众倡乱,振械饬委员赴桐仁绥辑流离,复檄王成璐偕云南
楚雄镇副将白人鹏由鸭溪口渡河,进攻安底,定广协副将特克慎
等为前队,提督赵万春由打鼓新场分路前进,会同贵西道福连直
捣贼巢,贼溃败,追至三重堰,擒斩伪粮道陈占魁,移营黔西州属
茶林坝。王成璐等分五路进兵,阵斩伪将军小霸王等。先是,王
扎巴分踞黔西州南路烂泥沟、大小关,欲渡清镇县之鸭池河,由
镇西街直逼省垣。振械檄即用知县徐河清、古州营游击博权等
隔河扼守,贼不敢渡。千总夏登元等复大小关,练首贾玉美攻破
烂泥沟贼巢。黔西州近城一带遂无贼踪。疏入,得旨嘉奖。时
贼首杨凤等败窜永宁州之坡贡,与王扎巴合。振械檄丹江营参
将乌尔滚珠等进剿,至丫口关,阵斩王扎巴,馀贼窜顶营司,永宁
州南工河、打记山等处均经官军截击,旋由都匀、独山等州县扑

麻哈州，贵东道鹿丕宗等夹攻，败之。贼由平越瓮安窜馀庆县之龙溪场，官军追至石阡府之葛庄司河边。杨凤先已渡河，兵练凫水追及，斩之，毙贼三百馀，落水死者无数。馀党解散，地方肃清。振棫奏请将出力员弁分别奖励，诏从其请。

七月，抵陕西巡抚任。先是，匪首陈通明投入贼营，受粤匪指挥，赴陕西潼关一带纠众。振棫檄参将施鹏等计擒陈通明，并获贼党张顺、罗吉祥等，先后置诸法。疏入，上嘉其办理妥速。时陕省盐课摊归地丁并征，数倍于昔，民颇苦之。振棫奏言："课归地丁，则俎侩得卖无课之盐，穷民倍纳无盐之课，大不便于民。请照河南盐课，改行河东招贩先课后盐之法，变通办理。"得旨允行。

八月，擢四川总督。七年三月，石砫厅匪首马锦明纠结鹤游坪匪首刘文礼，同时构乱，涪州州同昆秀死之。川东大震。振棫督兵会民团驰剿，檄涪州知州朱百城等剿平鹤游坪贼巢，其窜扰长寿、垫江等县之贼，分饬各地方官剿办。石砫厅同知孙家醇等擒马锦明，置诸法。馀匪搜捕殆尽。疏入，上嘉之。六月，调云贵总督。时云南汉、回互斗，积衅成仇，啸聚焚掠，省城戒严。上命振棫带川兵二千驰赴云南，持平查办；并调前山东巡抚张亮基赴云南帮办军务。谕曰："吴振棫于云南情形颇能熟悉，务即先行出示，剀切晓谕，但分良莠，不分汉、回，俾先声夺人，解散党与。到滇后，恩威并用，示以通权达变之方，不为浮言所惑，方能帖服人心，挽回大局。该督阅历已深，办事素有把握。此中操纵机宜，着即悉心筹办。"八月，督兵入云南境，驻宣威州。十月，抵曲靖府，振棫先派汉、回委员赴省城晓谕，并上疏言："滇回滋事，先剿后抚,其势顺而易,不待智者而后知之。兵力壮盛,饷需充足,必应如此办理。前督臣林则徐督办永昌回匪,所调兵练万馀,本省有饷可筹,未求济于他省。数月之后,于弥渡获胜仗,回匪旋受抚。其地只迤西一隅中之一隅也。此次回匪群起,几遍三迤,情形迥不相同,断非数千之兵、十数万之饷所能蒇事。若率意径行,深惧徒损国威,于事无补。臣甫经到滇,于汉、回两无嫌怨,惟凭借兵威,结以恩信,有所申诉,处以公平。省城为根本重地,省回解散,此外亦易渐次筹办。其负嵎抗拒者,仍当并力攻剿,则匪势孤而无援,较易得手。否则不自量度而急乘之,此后更无转圜地步,而祸更烈矣。现在兵无可调,饷无可筹,宵旰焦劳,事非一省。臣受恩深重,不但当为云南全省计,并当为天下全局计。岂容再有贻误,致令征调无休,故未言剿先言抚,实有万不得已之势,不求人谅者。虽利钝得失,难以逆料,而舍此亦别无良策也。"疏入,上嘉纳之。十一月,疏请开复铅禁,以杜穷民之去而为盗者;又请发泸店存铜,铸钱济急:均先行。

　　寻回匪由梭草塘扰及宣威州,振棫偕张亮基督兵击走之。八年正月,回匪复裹胁汉、夷各匪,攻扑宣威州。振棫偕张亮基派兵迎剿,毙贼三百馀,夺获器械无算。寻败威宁土匪于镇雄州,匪首李广元歼焉。四月,省城围解。奏入,谕曰:"省回业已就抚,即是良民。练匪逞凶,必当严办。未获逸犯,仍着吴振棫查拿,重治其罪。"先是,大理回匪蔡七二等攻扑顺宁府,勾结城中回匪为内应,城遂陷,署知府吴人彦死之。振棫莅任后,即饬提督文祥督永昌右甸各军就近应援,并饬知县汪堃拣派土司夷练助战,复顺宁府。李广元馀党复分窜镇雄州属鸡心寨一带。

振棫督参将彭阳春等四面兜剿，〔二〕轰毙贼首萧四于麻柳湾，生擒贼目李宏发等二十一名，追至高石坎、大河边等处，毙贼一百五十馀，生擒曹正川等二十四名，遂克鸡心寨。又于黄木块等处搜获匪党许池昆等六名，均置诸法。旋抵省城，与张亮基筹办迤西军务。会临安府回匪以报汉民为词，聚众直扑府城，并于沙拉河纵火，经兵练击退，贼仍屯聚于周家营等处，图阻官军粮路。六月，贼于北山向府城开炮，官绅登陴守御，并派兵迎至黑窑剿击，守备陈文元由沙拉河钞截，参将谢芳兰直捣贼巢，均败之。贼窜扰阿迷州，纠游匪数千于南门外连营十馀里。九月，贼乘夜扑城，振棫檄总兵申有谋驰往剿击，贼败退。十月，城内派兵出击，汉绅带练踵至，前后夹攻，破黑窑贼营，并击退应援之贼，逆垒尽毁，馀贼奔溃，遂解城围。其围攻河西县之贼，叠经署知县谭元照等击却，知府李鸿畴等复解散木马口等处贼党，河西之围亦解。

　　旋因病，赏假调理。十一月，疏陈病难速瘥，恳请开缺，允之。同治元年，命赴山西，会同巡抚英桂办理河防，遏贼北窜。旋命赴陕西，会同巡抚瑛棨办理军务。十年，卒。遗疏入，谕曰：“前任云贵总督吴振棫由编修历任封圻，勤劳素著。前因患病，准予开缺，俾得安心调理。兹闻溘逝，悼惜殊深！吴振棫着照总督例赐恤。任内一切处分，悉予开复。应得恤典，该衙门察例具奏。”寻赐祭葬。

　　子春杰，荫生，署山西雁平道。孙文塕，工部员外郎；庆坻，翰林院编修。曾孙士鉴，光绪十八年一甲第二名进士，官编修。

【校勘记】

〔一〕花香箐等处　“箐”原误作“菁”。今据吴振棫传稿（之三六）改。

〔二〕振棫督参将彭阳春等四面兜剿　“督”原误作“饬”。今据吴振棫

　　传稿（之三六）改。

　　怡良

　　怡良,瓜尔佳氏,满洲正红旗人。嘉庆二十一年,由监生补
刑部笔帖式。道光二年,升主事。五年,升员外郎。八年二月,
京察一等,记名以道府用。六月,授广东广州府遗缺知府。十二
月,补高州府知府。十一年六月,以回避布政使桂良,调补广西
南宁府知府。十月,擢云南盐法道。十二年七月,授山东盐运
使。九月,擢安徽按察使。十三年正月,调江苏按察使。十月,
丁母忧,十四年二月,百日孝满,署江苏按察使。七月,署江西布
政使。十六年二月,服阕,调署江苏布政使,八月,实授,兼护理
巡抚。十月,粮船水手纠众行劫,饬属缉获,奏明惩办。十七年,
奏请缓征江、淮各属旧欠,允之。

　　十八年二月,擢广东巡抚。十一月,闽浙总督钟祥以福建额
存火药不敷,奏请赴粤采买硝黄。怡良奏言:“广东山海交错,捕
盗防夷,皆恃枪炮,不得不配留硝斤以备缓急。请准令采办粤硝
八万斤,分四年买运,毋再议加。”又以御史黄乐之奏广东、湖南
交界沿河地面,屡有抢劫巨案,请筹议巡防,命怡良饬属勘明。
寻奏言:“乐昌、乳源、宜章三县交界,山木丛杂,河道险僻,匪徒
出没。请将三巩桥原增协防外委,改驻清水江口,三巩桥仍设卡
三座,以资防守。”又于乐昌界之神头岭,乳源界之古松亭,各添

卡二座,协同巡防。并责成罗渡司巡检及两地营弁,分督巡查。
下部议行。

初,上以广东水陆口岸为鸦片烟贩出没之区,屡经严饬怡良
率属拿办。至是,怡良奏派水师各协将弁巡缉。十二月,报获纹
银鸦片共一百四十一起,烟膏烟泥万馀斤,获烟枪烟具及自行呈
缴者亦以万计。上嘉其查缉认真,下部议叙。十九年正月,以虎
门海口为粤海中路咽喉,通商番船络绎往来,偕总督邓廷桢、提
督关天培周览形势,请于横档山前海面较狭处,设铁炼木排,并
于威远炮台之西添建炮台一座,从之。二月,英船驶泊南澳洋
面,总兵沈镇邦调集舟师逐之,惠、潮各属亦报获烟泥万馀两。
怡良以英船意图销私,缉捕虽严,夷情变诈,欲售其奸,宜益奋勉
奉办,庶奸犯既绝其勾通,英人即无所希冀。疏入,报闻。

先是,上命湖广总督林则徐为钦差大臣,驰赴广东查办海口
事宜。三月,奏虎门英吉利趸船已将鸦片尽数呈缴,上以怡良协
同查办,下部议叙。时查缉鸦片法纪綦严,豪猾贪重利,怨言寖
兴。甚至编为歌谣,肆行诋毁。邓廷桢以闻。上以则徐、廷桢、
怡良皆亲信大臣,不得因群言淆惑,稍形懈弛,谕令密访编造歌
谣之人,拿讯重治。二十年正月,以御史骆秉章奏陈:"整饬洋务
五条:一、慎选洋商,以专责成;一、严禁孖毡,以防勾串;一、严禁
洋人久住省馆,以绝弊端;一、禁止洋船湾泊省河,以防偷漏;一、
内地洋银纹银,一律严禁出洋。"怡良遵旨偕林则徐将已办及现
定章程分晰覆奏,下军机大臣议行。三月,奏烧毁外洋匪艇篷
簝,拿获伪扮洋人兑买鸦片之汉奸,及接济匪徒,得旨嘉奖。

十二月,署粤海关监督。二十一年正月,英人既陷定海,复

回粤攻陷炮台,上命靖逆将军奕山调兵致讨,钦差大臣署两广总督琦善奏请暂示羁縻,怡良与广州将军阿精阿不肯会衔,上知琦善怯懦,所奏不实,命严加议处,仍令督剿;而琦善到粤后,自称专办洋务,不令怡良等与闻。先是,琦善尝奏香港地方紧要,若以资敌,必至屯兵聚粮,建台设炮,觊觎广东。至是复请准其于广东通商,并给以香港泊舟寄居,未及奉允,即任英人占据。怡良上其状,上震怒,褫琦善职,拿问,以怡良兼署总督。二月,英人陷虎门炮台,提督关天培等死之。命怡良会同参赞大臣杨芳进剿。三月,怡良奏请准令英人所属之港脚商船,在粤贸易,上以各省调兵已有七千馀,尚不及时进剿,有意阻挠,怠慢军心,下部严议,革职留任。

九月,命为钦差大臣,赴福建会办军务。十二月,署闽浙总督,二十二年正月,实授。三月,奏台湾夷氛未靖,商贩不前,应解兵米谷石,配运维艰,请改为一半折色。九月,英人就抚,上命怡良及巡抚刘鸿翱等妥议福建善后事宜,并咨商两江总督耆英妥定通商章程。旋署福州将军。二十三年三月,因违例奏请将同知仝卜年开复留任,部议降一级调用,上加恩改为降二级留任。初,台湾镇总兵达洪阿、台湾道姚莹奏报叠次于港口击沉英船,擒斩多名;及英人就抚后,投文诉称前在台洋遭风,达洪阿等朦奏邀功,上命怡良渡台查办。怡良亦如英人所诉入奏,褫达洪阿、姚莹职。五月,因病奏请开缺,得旨准开缺,回旗调理。

咸丰二年四月,授福州将军,旋命偕协办大学士杜受田查山东赈务;又遵查邳州知州马轶群勒捐酷刑,任性妄为,请旨革职。八月,遵议河员处分,偕杜受田奏:"河道总督处分,前经王大臣等悉心会议,改为降级留任,奉旨允准。今若复改重,恐仍启厅员从中挟制等弊,转非慎重河防之道。且历查河工失事旧案,总视大吏之勤惰,不尽关处分之重轻。请勿庸议改。"报闻。三年正月,检讨沈大谟条陈海防,宜用渔船以助水师,其利有六,上命沿海诸省督抚各按地方情形悉心体察。怡良奏言:"闽省沿海渔船,大小不一,不能安设炮位,配坐多人,无以制胜。且水师二十馀营,每营选配三十船,需船六七百只,若按船给租,则每岁非数十万金不可,非惟无补水师,兼亦虚糜帑项。惟闽省水师,巡洋捕盗,每就近雇募渔船,近海扼要设伏,或以侦探贼踪,或令诱敌,或令随防。请申明旧章,将所属渔船,编号设簿,核实点验,如或有事雇用,即可酌量选配。庶平时无丝毫之费,临事得指臂之助。"下分议行。

二月,授两江总督。时发逆陷江宁,命迅赴新任,并将前调福建精兵二千名,催赴江南防剿。寻以捐输军饷,赏戴花翎。五月,带兵驻常州防堵。九月,收复川沙厅城,擒诛从逆要犯。十月,奏剿上海逆匪获胜,并获乍浦贼艇,绝其外援。十一月,钦差大臣向荣奏调署江南提督和春赴徐州,怡良以镇江军务紧要,请仍留和春办理,允之。十二月,奏河运水涸难行,海运必由扬州各途出江,逆氛尚炽,未敢冒险尝试,拟查照江广易米解银之议,下部核议。四年正月,奏陈上海洋人情形,略言:"上海通商已逾十年,传教更久,莫可挽救。必须设法制驭洋人,绝其幸灾之心,俾不能从中取利。计惟以保护客商为名,密咨闽、浙、江西等省,通饬贩运湖丝茶叶商人,如有运赴上海销售者,均行停止。俟克复后,方准照旧运买,则彼失其自然之利,必愿迅速克复,自能严为查察,济贼奸民定可敛迹。"时户部筹议浙江海运章程,改由刘河口受兑放洋。上以刘河口为江苏所辖,恐江、浙委员呼应不灵,命怡良派委大员设局妥速筹办。二月,户部奏参江苏海运办理迟延,下部议处。寻奏言:"江苏各厅、州、县,向有摊补官垫民欠,及兵差不敷等款,皆系现任各官以征收钱粮之羡馀,弥补前官之欠项。该州县恃有奏明派拟之案,即明目张胆,暴敛横征。究之所补无几,而小民之脂膏,朘削殆尽,以致民欠日多,不得已而办歉收。恳恩缓征,递年推展,徒有摊补库项之虚名,转致短收正供之大弊,于政体国计,两无裨益。本年新漕既经蠲减缓征,又将向年积弊一概扫除,各州县已无羡馀可得。恳将此款暂行停摊,俟军务告竣,察看情形办理。"得旨允行。

三月,官军攻上海,不克,兵溃。怡良奏言:"英人包藏祸心,已非一日。此次忽有烧营之事,兵勇临时惊溃,实堪愤懑!但人数众多,势难概绳以法,惟有速为招集,责令仍赴军前,克期攻复沪城自赎。"旋又密陈:"夷情渐就安帖,现已暗备攻城之法。查夷情诡谲,貌虽逊顺,中怀叵测,仍密饬带兵官时加防范。"四月,率属捐输,下部优叙。时侦知俄国兵船来沪,有尽取英吉利、美利坚、法兰西三国货船之说,虑其别有要求,密疏奏陈。上命速行探明具奏。又奏:"美利坚公使亲赍国书到沪,称两广总督以公忙支吾,因欲亲到焦山,求见两江总督,请为代进。附片密陈夷酋以叶名琛公忙支吾为词,原不足信。然绝之已甚,转使得以借口。设或径赴天津,现当直隶用兵,且海运赴津之际,诸多窒碍。况此次批驳之后,倘再四求见,仍不准行。彼将谓惮于一晤,殊觉非礼。惟有钦遵前旨,示以大方,相机办理。若接见后,于商税事宜轻议更张，或别有要求，则惟有仗义执言，仍令赴粤。"上谕随时妥为办理，不准迁就了事，示之以柔。

六月，偕江西巡抚陈启迈奏言："吉安府属之莲花厅，界接湖南茶陵州。楚省土匪冲突堪虞，原设弁兵不敷防范。请将永新营都司移驻莲花厅，以莲花厅把总改驻永新。又查从湖南至莲花厅，必经富溪村，地连三州，藏奸尤易。请将黄陂司巡检移驻富溪村，以资缉捕。"下部议行。先是，怡良尝奏淮北引盐滞销，贩情拮据，请将代纳淮南悬课，暂行停纳。寻副都御史袁甲三奏请就在坝积盐，筹运济饷，部议如甲三奏。闰七月，怡良奏筹运济饷之议，窒碍难行，其代纳淮南悬引一款，仍请暂停。上以怡良既称可以维系新纲，又无伤于鹾局，自必确有把握，命会同河道总督杨以增设法办理，袁甲三无庸会办。九月，袁甲三条陈淮北盐务，并参署盐运使郭沛霖、运判许惇诗营私捏详，朦吓怡良。上命怡良派员严究。十月，密陈美使到口日期及接见情形，上谕以事事镇定，勿任其要求。五年正月，覆奏查明郭沛霖、许惇诗尚无挟私舞弊，惟惇诗于袁甲三批驳各条，延不禀复。得旨，许惇诗交部议处，所有淮北开纲征课及筹补减免悬引事宜，责成怡良认真整顿。并谕袁甲三带兵皖省，无庸兼办盐务，其淮北一带疏通销路，命安徽巡抚福济协同怡良督销。

初，怡良奏淮南引地梗阻，灶丁失业，拟请试行就场抽税之法，经户部将附场食盐抽税议覆准行，其出江岸盐，仍令照就场征课科则。至是，奏言："东坝以上，江路不通，销盐无路，灶户煎丁颠连困苦。照三百文抽纳，贩情尚未踊跃。若更议加增，窃恐有名无实。不得不权宜变通，请将东坝出江岸盐，仍照原奏办理。"下部议行。三月,淮北盐纲行销皖、豫,日形壅滞。怡良奏言:"因各贩运盐,径由阜阳、霍丘、固始县界,所有船户等肆行舞弊,致亏客本,又信阳、罗山二处,为行销最畅之区,光山系必由之路,近亦私设盐卡,盘踞需索,以致客贩畏葸不前。"得旨,令巡抚英桂、福济各饬所属于淮盐经过处,拿禁船户人等私卖挽和等弊。六月,山东洋面盗匪滋事,怡良檄总兵叶万清率兵护送漕船,并饬游击张凤翔管带师船随漕,至石岛交替。上因山东巡抚崇恩奏匪势猖獗,宜厚集兵力,以资攻剿,命怡良再选战船,委员赴山东合击。怡良饬都司周建勋等带罾船、艇船,驰赴会剿。

七月,英人欲令兵船赴北洋帮捕海盗,怡良饬署苏松太道吴健彰,谕令毋庸前往。嗣崇恩奏英人驾大轮船驶至之罘岛海口,自称为上海、宁波公雇而来,并呈出船票,及苏松太道谕帖,旋赴奉天。谕曰:"山东、奉天洋面皆非英人应到之地,火轮船虽由商雇,究属英船,岂可听其驾驶北行? 此端一开,彼将任意游行,何所底止! 且内洋盗匪,自有师船、勇船剿捕,何必借助外人? 致令将来借口。"命怡良饬调拖罾各船迅速北上,与奉天、山东合力剿办,严谕商民不准借用彼力,并将苏松太道谕帖原委查明具奏。十一月,奏:"淮北销盐未畅,未便将盐钞杂款责令坝贩加带,致误正课。所有外支经费,协贴淮南,尚虑不敷,实难再增。盐钞一款,淮南引地连遭贼扰,至今片引不行。现办设厂抽税,正项钱粮尚且减征。此项盐钞,尤属无从筹款。请俟口路肃清,淮商开办新纲,再行通盘筹办。"命下所司议行。又奏:"遵旨严讯吴健彰被参各款,虽无通外养贼、侵吞关税实据,惟以职官与洋行商伙往来,不知引嫌。至贼匪攻陷上海,既不能堵御,乃避居洋行,捏报公出,情节较重,拟发新疆效力。"从之。

十二月,以潮勇在苏州滋扰,抢夺行李,请禁私船出海。上命沿海督抚各饬所属,于海船出洋时,悉遵旧制,不准私造船只渡载人口货物。初,袁甲三为和春、福济奏参革职,寻赴都察院呈诉冤抑,上命怡良秉公查办。怡良奏言:"袁甲三前驻临淮,所发勇粮,皆照军营奏定章程支给;其节省之项,亦充公拨用,并无冒销肥己,及油篓藏银寄回原籍之事。所参强勒捐输,民间怨恨,亦无确据。"旋奏皖、豫捻匪猖獗,请饬袁甲三帮办防剿事务。上以甲三前在临淮防堵办理不善,致招物议,再赴徐州恐亦未能得力,未允。六年正月,偕江苏巡抚吉尔杭阿、漕运总督邵灿会议海运章程十条:[一]一、派员设局督办,查兑赴津;一、熟田漕白正耗,仍应就数起运,并将支剩给丁馀耗,一律起运交仓;一、津通经费,照案筹备支放;一、蠲减缓缺南粮,应先筹补备放;一、米船放洋,雇募船勇巡护,并责成沿海水师防护;一、剥船食耗等米,仍备带本色作正开销;一、天津交米之后,循旧责成经纪;一、沙船领运漕粮,悉遵成案;一、米船抵津,及州县剥兑,应分定限期;一、停运旗丁,分别调剂。又奏皖、豫捻匪猖獗,徐州戒严,请敕漕运总督邵灿驰赴清江督办江北防剿。

三月,侦知逆匪分股内犯,添调本省营兵二千名,赴金陵大营随钦差大臣向荣协剿。初,湖南巡抚骆秉章奏采买淮盐,以济民食;并淮、楚分岸纳课,以济军需。上以湖南需盐甚亟,命怡良备十万引迅速解往。至是,怡良奏言:"淮南引地梗塞,三年于兹,正拟借道浙河,运往江西,招商接办;而临江等府,贼氛忽炽,道路中梗。请俟江西运道肃清后,再行筹办。"从之。又遵旨查江苏办理歉缓情形,覆称布政使杨能格实无偏护属员捏报荒灾之弊。七月,命暂署钦差大臣,督办江南军务。八月,以旧疾复发,请简钦差大臣,上命和春驰赴接办。时淮北通、泰所属各场被旱,怡良奏:"灶丁困苦异常,若不亟筹抚恤,恐致流而为盗。请留折银及协贴银万两,备抚恤灶丁之用。"得旨,准其动用。又查参总兵虎嵩林赴援金坛,迁延不进,致逆匪环城筑垒,复任听兵勇退至丹阳县之珥陵,几至贻误事机,请革职暂行留任,允之。时贼匪环攻金坛县城,官军击一面,则三面来援。怡良与西安将军福兴、福建漳州镇总兵张国樑商由丹阳大营抽拨兵勇前往堵剿,又虑贼情诡谲,势蔓他窜,迅催张国樑速将金坛贼股克日剿灭。国梁督师连战皆胜,贼宵遁,金坛围解。怡良调派徐州镇总兵傅振邦带同参将李定泰驰赴溧阳探剿匪匪,以杜旁窜;又檄虎嵩林折回金坛相继防堵,总兵李志和带勇驻扎珥陵,以防回窜丹阳。仍严饬各镇互相联络,以固苏常门户。嗣探知金坛败匪窃踞宝堰为巢穴,怡良派副将王浚等赴陶家巷铺筑营,与参将李若珠等严堵内犯之路。适张国樑已攻克东坝贼垒,带队驰到,督令移营进逼,贼败溃,逃回句容。傅振邦乘胜攻复高淳县城,遂约虎嵩林合兵进取溧水,怡良以东坝为江、浙、安徽门户,宜以劲兵扼要,因檄湖北提督德安驻扎严守,并为傅振邦、虎嵩林接应,上虑福兴、张国樑不能和衷,谕怡良密查。怡良奏言:"二人并无不和情事,惟张国樑与士卒同甘苦,每战必亲临阵,将士之优劣,皆了然于胸,故所向有功,能得士心。福兴则颖敏明白,虑远思深,而勇往不及张国樑,兵民无知,不免有重张轻福之心,因之或有芥蒂。今虽未形诸外,恐久之必有龃龉。如能俟和春到营后,将福兴调离江南,必能有所展布。"疏入,旋命福兴赴江西剿贼。

又奏:"上海通商各国,应交江海关税银,因上年匪徒滋事,贸易未能照常。前查明美利坚积欠税钞银三十五万馀两,其使臣情愿缴八万一千五百馀两;又从前已纳税银二万七千六百馀两,其未缴银两,为数尚巨。"上念洋商拮据,系属实情,命将咸丰四年六月十八日以前欠交税银豁免。又偕江苏巡抚赵德辙奏言:"广东潮州等处,莠民以投壮勇为名,散处苏州城外,犷悍不法,持械行劫,盗案叠出。密饬员弁带领兵勇,于阊门外分路截拿一百九十馀名,获器械赃物无算。"治如律。十一月,复以久病,先后请假调理,得旨赏假两月。七年正月,率属倡捐军饷,上命查明怡良子弟给予奖叙;复奏江苏上年旱蝗成灾,米缺价昂,饷需无出,请留起运交仓漕粮二十五万石,以充军饷,如所请行。四月,奏病难速痊,请开缺回旗,允之。

同治二年,卒。

【校勘记】

〔一〕漕运总督邵灿会议海运章程十条　"灿"原误作"经"。今据怡良传稿(之三八)改。

清史列传卷四十九

大臣画一传档后编五

马新贻

马新贻,山东菏泽人。道光二十七年进士,以知县分发安徽即用。咸丰二年,补建平县知县。寻署合肥县知县。五年三月,官军围攻庐州踞逆,[一]焦湖贼众来援,新贻击走之。旋败贼于盛家桥、三河镇。叙功,以知州升用,先换顶带。九月,复叙柘皋节次剿匪功,开缺以直隶州知州补用。十一月,庐州复,赏戴花翎。六年十一月,以巡抚福济保奏,命记名遇有安徽知府缺出,请旨简放。十二月,补安庆府知府。七年七月,调庐州府。十月,捻匪纠合粤匪窜陷桃镇,分扰上中派河,新贻击之,败贼舒城。捷入,命交军机处记名以道员用。八年,署按察使。贼犯庐州,新贻督练勇出城迎击,贼间道入城,新贻军溃,遗失印信。事闻,得旨着革职留任。九年,丁母忧,巡抚<u>翁同书</u>奏请暂留署任,报可。

十年,钦差大臣<u>袁甲三</u>奏<u>新贻</u>督练助剿,著有微劳,请开复革职留任处分。十一年二月,<u>翁同书</u>复奏<u>新贻</u>声名出众,请开<u>庐州府</u>知府缺以道员候补,均从之。三月,丁父忧,<u>袁甲三</u>奏:"<u>新贻</u>办理营务,屡次亲自督队,熟谙戎机,调和将士,训练兵勇,实属军营中不可多得之员。已檄令穿孝百日后,仍来营当差,以资臂助。"报闻。寻留本籍办团。<u>同治</u>元年,赴<u>安徽</u>军营,随大军复<u>庐州</u>,追剿窜贼,大捷于<u>寿州</u>之<u>吴山庙</u>,赏加按察使衔。寻署布政使。时叛练<u>苗沛霖</u>作乱,<u>新贻</u>随署巡抚<u>唐训方</u>防守<u>蒙城</u>、<u>临淮</u>等处,叠著战功。二年三月,擢按察使。九月,迁布政使。

三年,升<u>浙江</u>巡抚。<u>新贻</u>奏言:"<u>浙</u>省甫经底定,百度维新。所有海塘工程、农田水利,及整饬海滨水师,惩治<u>台</u>属豪恶各事宜,均关紧急。前经督臣<u>左宗棠</u>、护理抚臣<u>蒋益澧</u>办有端绪,自当遵奉谕旨妥筹办理,实力踵行。"得旨嘉奖。四年五月,奏请裁减各府浮收钱漕,诏如所请,并着<u>马新贻</u>明白晓示,勒石永禁浮收。至漕粮概完本色有愿完折色者,按照市价收纳,悉听民便。其<u>杭</u>属之<u>新城</u>、<u>于潜</u>等县向收折色,官为办运,仍旧办理。傥有不肖州县,敢蹈从前勒折浮收积习,即着严参治罪。至绅士等恃势把持,仍前包揽短交,着一并从严参办。闰五月,奏调翰林院编修<u>王凯泰</u>、补用道<u>袁保庆</u>等,允之。时<u>绍兴</u>、<u>萧山</u>、<u>严州</u>等郡县均被水灾,上命<u>新贻</u>派员查勘,速筹抚恤。寻奏请将应征本年新旧钱粮分别蠲缓。九月,奏言:"<u>台州府</u>属民情强悍,聚众械斗等案,层见叠出,地方官因吏议綦严,不免瞻顾消弭之弊。拟请嗣后台州府属各员遇此等案,如有知情故纵,及讳匿不报者,仍照例参处。如仅止失于觉察,准其宽免处分,认真搜捕。至仇杀谋杀致毙多命之案,照寻常命案开参,准免扣限四个月查参革职留缉处分。"得旨,下部议行。

初,浙江象山、宁海交界之南田地方数百里,四面环海,山木丛茂。国初以来,永为禁地。自粤匪扰浙后,有匪犯邱财青等盘据其中,出洋肆劫,并分筑石垒,图抗官军。新贻饬官军围攻,生擒邱财青于阵,贼遂平。十一月,黄岩镇总兵刚安泰管带巡船,出洋缉捕,艇匪突至,众寡不敌,安泰遇害。新贻檄副将张其光等驰击,擒斩首逆等五十馀名。事闻,上以新贻未能先事预防,下部议处。五年二月,疏陈海塘工程未能迅速集事各情形,谕曰:"海塘为民命所关,着马新贻督同司道,严饬各厅弁设法筹款,多购物料,将土塘埽工认真保护,未堵决口,赶紧修筑。"七月,奏言:"台州府属临海县所辖之北岸,黄岩县所辖之岐田、乌岩,宁海县所辖之海游、亭傍等处,地居山僻,俗悍民强。请将三县县丞移改分防,藉资安戢。"下部议行。六年,奏保杭州府知府谭钟麟洁己率属、才猷卓著,署台州府同知李寿臻,署绍兴府任内,殚心民事、舆论翕然,海宁州知州靳芝亭守洁才明、实心任事,钱塘县知县萧书,江山县知县陶鸿勋清操自励、诚心爱民,命均着送部引见,上嘉其留意人材。初,新贻以嘉兴、湖州两府界连苏省,时有枪匪聚众掳劫,为间阎害,奏请亲赴嘉、湖巡视。至是,会同江苏巡抚郭柏荫调派员弁,将首犯及悍党数十名,一并拿获,枪匪悉平。

寻擢闽浙总督。七年七月,调补两江总督。八月,命充办理通商事务大臣。十月，奏调候选道孙衣言、山东候补道袁保庆、安徽候补知县桂中行前赴两江备差委，得旨俞允。十一月，宿迁商民呈诉水旱两关扰累，蒋坝商民又呈诉淮关差役需索。新贻奏言："蒋坝地属安徽之盱眙，本为凤阳关辖境，淮关远隔洪湖，不应设为子口。惟查旧例，乾隆十八年始为淮关，差役在蒋坝专查黄豆等六则，此外无论何项货物，淮关巡役概不得过问。当令淮关监督申明旧例，严禁需索，至宿迁旱关，系同治元年添设，试行之初，每年尚征银千馀两。近则不过数百两，既非旧例，为数又微，应请裁撤，照旧例专收水关，以顺舆情。"从之。十二月，幅匪高归等在山东、江苏交界处纠众占踞民圩，肆行劫掠。新贻派员擒获首逆正法。

九年七月，新贻赴箭道阅兵，事竣回署，突遇人刺伤胁肋。次日，卒。凶犯被获，讯据称河南人张文祥，而行刺缘由，供词闪烁。江宁将军魁玉奏入，上命魁玉督同司道各官赶紧严讯，务得确情，尽法惩办。又谕曰："马新贻持躬清慎，办事公勤，由进士即用知县，历任繁剧。咸丰年间，随营剿贼，叠克坚城。自简任两江总督，于地方一切事宜，办理均臻妥协。方冀长承恩眷，倚畀优隆，兹因被刺遇害，披览遗章，实深悼惜！马新贻着赏加太子太保衔，照总督例赐恤，并入祀贤良祠。任内一切处分，悉予开复。伊子马毓桢，着加恩赏给主事，分部行走。该督灵柩回籍时，着地方官妥为照料。应得恤典，该衙门察例具奏，用示悯念疆臣至意。"八月，安徽巡抚英翰胪陈新贻功绩，奏请予谥建祠，并将事迹宣付史馆。谕曰："本日据礼部奏请业经予谥，惟念马新贻服官安徽最久，当发、捻交乘之际，力保临淮，坚守蒙城，厥功甚伟。迨擢任浙江巡抚、两江总督，所在有声。此次猝被凶徒戕害，追念勋勤，深堪嘉恻！马新贻着再加恩准其于安徽立功地方建祠，事迹宣付史馆，用示褒奖荩臣至意。"

旋据给事中王书瑞奏言："张文祥供词闪烁，恐事关行刺，或其中有牵制窒碍之处，难以缕晰推详。请旨添派亲信大臣澈底根究。"疏入，复命漕运总督张之万会同江宁将军署两江总督魁玉严讯。十月，张之万等奏言："审明张文祥曾从发逆，复通海盗，因马新贻前在浙抚任内，剿办南田海盗，戮伊伙盗甚多；又因伊妻罗氏为吴炳燮诱逃，曾于马新贻阅边至宁波时拦舆呈控，未准审理，该犯心怀忿恨，适在逃海盗龙启云等指使张文祥为同伙报仇，即为自己泄恨。张文祥被激允许。旋至新市镇私开小押，适当马新贻出示禁止之时，遂本利俱亏，追念前仇，杀机愈决。同治七、八等年屡至杭州、江宁欲乘隙行刺，未能下手，于七月二十六日，随众混进督署，突出行凶。再三质讯，矢口不移，供无另有主使各情等语。"入奏，并请比照大逆问拟，谕曰："马新贻以总督重臣，突遇此变，案情重大，张文祥所供各情，恐尚有不实不尽，若遽照所拟即正典刑，不足以成信谳。前已有旨令曾国藩抵任后会同严讯，务得实情，着再派郑敦谨驰驿前往江宁，会同曾国藩将全案人证详细研鞫，究出实在情形，从严惩办。"

十年二月，钦差大臣刑部尚书郑敦谨等以覆审凶犯行刺缘由，并无另有主使之人，验明凶器，亦并无毒药，请仍照原拟罪名，比照谋反叛逆凌迟处死，并摘心致祭该故督等语奏入，谕曰："张文祥以漏网发逆，复通浙江南田海盗等匪，竟敢乘间刺害总督大员，实属罪大恶极。既据郑敦谨等审讯确实，着即将张文祥凌迟处死,并于马新贻枢前摘心致祭,以彰国法而慰忠魂。逆子张长福着照所拟按律惩办。"又谕曰:"马新贻公忠体国,历次剿办海寇,殄除积年匪首,地方赖以安靖。讵以匪盗馀孽,挟仇逞凶,仓卒殒命,实堪悼惜!着再加恩照阵亡例赐恤,并于江宁省城建立专祠。"

三月,两江总督曾国藩奏称:"新贻以县令荐升安徽布政使,当其驻军安庆,每遇商榷政事,沉几内断,言必中理。厥后每莅一任,从不轻事更张,而卒能遇事变通,其在总督任内,于用人行政、筹饷练兵,反覆推究,昼夜孜孜,遍访官绅士民,佥无间言。兹因山东绅士刘毓敏等呈称新贻于丁忧回籍时,适值南捻北窜,新贻办团筑圩,不避艰险,卒能却退悍贼,菏泽获安,洵属有功桑梓,恳请代奏,准其于山东菏泽县建立专祠。"七月,浙江巡抚杨昌濬疏言:"新贻在浙江巡抚任内,正值地方新复,加意抚绥,办理善后事宜,诸臻妥协,并将海塘工程督修完固,民赖以安。兹据绅士陆齐寿等呈恳代奏,请于浙江沿塘处所建立专祠。"并允之。寻赐恤如例,予谥端敏。赏骑都尉兼一云骑尉世职,袭次完时,以恩骑尉世袭罔替。

子毓桢袭。

【校勘记】

〔一〕官军围攻庐州踞逆　"踞逆"原误作"盘踞"。今据马新贻传稿(之三八)改。

曾望颜

曾望颜,广东香山人。道光二年进士,改翰林院庶吉士。三年,散馆,授编修。十三年,转江西道监察御史。十四年,转掌江南道监察御史。十五年五月,奏整顿科场事宜,凡十四条,如所请行。六月,迁刑科给事中。八月,迁光禄寺少卿。谕曰:"曾望颜平日遇事敢言,间有指陈,亦皆明白晓事。其有关系国事,切中时宜者,无不量加采纳,立见施行,是以将该员擢任京卿。该员自当仰体朕意,遇事敢言。一切毁誉荣辱之念,俱不应存于中。"十二月,迁太常寺少卿。旋奏请禁止广东学政陋规,允之。十六年,擢顺天府府尹。二十年,授福建布政使。二十三年,银库亏短案发,望颜曾充查库御史,部议褫职,寻于限内将库项赔完,以主事用。

咸丰三年,引见,以五品京堂候补。五年,补通政使司参议。六年七月,复擢顺天府府尹。十二月,授陕西巡抚。七年,粤匪窜踞湖北竹山县,分扰陕西平利县境。望颜派河州镇游击常有等进剿,协同楚军克复竹山县城;其襄樊馀匪窜距均州之武当山,望颜复饬延绥镇总兵龙泽厚会同湖北候补道唐训方歼除净尽。八年,以推广捐输,望颜奏请无论原籍何省,准照原例银再加四成,报捐贡监生,在上兑省分就近乡试,应试之时仍照顺天乡试例由同乡印官出结,印卷备文,赍送学臣录科,免其回籍起文,中式者由各省就近咨送礼部,归入原籍,一体会试,诏不准行。旋以粤匪阑入雒南县属之鸡头关,分扰商南,望颜拨兵击退之。九年十月,署四川总督。

时粤逆窜扰川省,围扑叙州府城,望颜督带陕兵,赴川助剿。十二月,滇匪窜入川境,叙州土匪勾结肆扰,望颜檄屏山县知县黄汉章等进攻,毙贼甚众,阵斩伪元帅李祖资等。十年正月,婺匪王带周作乱,望颜叠饬提督孔广顺等剿抚兼施,随将大岩尖山八寨贼众解散,擒王带周于五龙寨、花盘洞,婺匪一律肃清。先是,滇匪上窜,进扑犍为县城,望颜饬提督皂陞,严防要隘。至是,贼自箭板场窜至河口,欲扎筏渡河。官军水陆夹击,毙贼甚多,复恐渡河贼匪肆扰嘉定,望颜饬总兵占泰等督兵截击,贼据观音场,官军由黄阁寺前进,战于罗城铺,败之。贼窜踞贡井为巢,并于天池寺等处,扎营数十座,分途抗御。望颜饬占泰等督勇进剿,屡有斩获。黔匪李志高等据长阡坝等寨,经都司吴毓光攻剿,官军乘隙杀入,毁长阡坝,斩获多名。捷入,上命望颜饬令在事文武,乘此声威,分投围剿。时总兵虎嵩林由程家场进剿贡井贼匪,望颜分遣劲旅截击,先后擒伪先锋蓝兴盛,斩伪元帅穆老五,将打狗荡炮台数座及贼巢一律平毁。三月,婺匪屯聚濯水等处,望颜派游击刘兴荣等进攻,贼众滚崖坠毙者甚多,生擒贼首贺世愚等,馀党悉平。

　　闰三月,滇匪蓝大顺阑入青神等县,被官军击退,窜邛州,望颜檄占泰驰往,迎头截剿;复饬署重庆镇总兵傅崑力防回窜。旋以逆首李短搭搭攻扑嘉定府城,省城戒严。上以望颜未能先事防范,下部议处。贼寻陷名山县城,据之。望颜复下部议处。四月,给事中李培祜奏劾望颜滥保军功,朦混报销,知情徇隐,纵子干预,沿途纳贿,委员滋扰,徇庇劣员,私开例禁,纵容勒派,抑勒检举,误参属员,徇私保荐等款,上命陕甘总督乐斌偕署陕西巡抚谭廷襄查明覆奏。疏入,谕曰:“给事中李培祜以曾望颜任性妄为,声名狼藉参劾,经乐斌会同谭廷襄查明各款,虽讯无赃私重情,惟举劾属员,多有粗率错谬,且明知其误,不行检举,又令伊子查街拿赌,干预公事,致招物议,实属不知检束。着交部严加议处。"寻议革职,暂留署任。会官军进剿名山贼匪,夺获隘口,并嘉定官兵剿办牛华溪等处贼巢,屡战获胜,其酉秀黔防官军会合黔省各营,连拔茶溪老巢及红岩坪险寨,望颜复严饬各将弁,迅图进取。寻攻夺金鸡关,并将围扑雅州贼匪击退,毁嘉定贼营。旋以蓝逆窜陷荣经县城,随即克复。望颜下部议处。

五月,以知府翁祖烈讦告,谕曰:"撤任知府翁祖烈讦告上司各款,经崇实查明,虽有不实,而事多不合。曾望颜身任总督大员,未能整躬率属,种种荒谬,又听信伊子曾捷魁,不能严加防范,因而家人藉势招摇,致招物议,实属咎无可辞,仍行革任,[一]留于四川听候另案查办。"六月,蓝逆由荣经县犯天全州,陷之。望颜未能豫防,复下部议处。七月,李短搭搭在五里浩地方筑垒,分窜富顺、宜宾等州县,楚军追之,贼窜怀德镇。望颜饬永宁道音德布击退之,馀匪遁荣昌,复橄川、楚各军合力进剿,败贼于马鞭山,毙贼多名。寻逆首马源盛悔罪投诚,抗拒者以次诛灭。馀党解散,川滇边界肃清。十一年,敕望颜回籍。同治元年,命来京候旨录用,寻以四品京堂候补。五年,授内阁侍读学士。九年,卒。

【校勘记】

[一]仍行革任　"任"原误作"职"。今据曾望颜传稿(之三八)改。

　　张亮基

　　张亮基,江苏铜山人。道光十四年举人,捐内阁中书。十七年,补官。二十年,充文渊阁校阅。二十一年,随大学士王鼎赴河南查办事件。二十二年,以大工合龙出力,诏加侍读衔,并赏戴花翎。二十五年,升侍读。二十六年,京察一等,记名以道府用。寻授云南云南府遗缺知府。二十七年,补临安府知府。二十八年,调永昌府。二十九年五月,以腾越厅卡外野夷滋扰,亮基筹商军务,督率有方,下部优叙。七月,擢按察使。三十年三月,升布政使。

八月,迁巡抚。十二月,兼署云贵总督。咸丰二年二月,以捐备江苏赈银,下部优叙。五月,调湖南巡抚。八月,由滇之任。时粤匪窜入湖南,亮基行及常德,闻长沙被围,疏请防守常德,有旨饬速进兵,迅解省城之围。亮基乃驰入长沙。寻又谕曰:"闻逆首洪秀全、杨秀清等仍在郴州城内,并分踞永兴县城,其分股扑省,安知非牵率官兵大队驰救省城,阴图窜扰他处,为声东击西之计。现在各路援兵到省,务将扑城股匪全数歼除,毋任旁窜。"嗣郴州大股贼匪由小路北窜,而长沙城外之贼踞妙高峰负嵎抗拒,屡攻未克。九月,亮基等饬副将邓绍良选敢死士潜由城边决挖地道,突出,焚其垒,毙贼多名。既而贼亦穿地道,以火药轰陷南城数丈,蜂拥而上。亮基饬副将瞿腾龙等堵击之,贼退,乘势追剿,遂夜遁。长沙解围。捷入,谕曰:"此次省城防守八十馀日,该抚等统兵昼夜严防,内外夹攻,叠挫贼锋,保卫省垣,办理尚无贻误。张亮基着交部议叙。"十月,以岳州府城失守,下部议降四级留任,有旨改降二级留任。十一月,以长沙、宝庆、辰州等府土匪叠起劫掠,疏请假以便宜从事,允之。

十二月,贼由岳州窜入湖北,汉阳、武昌相继陷,上褫湖广总督徐广缙职,以亮基署湖广总督。寻命派委总兵音德布等,于长沙多雇船只,再挑防城楚兵千名,并令邓绍良于岳州洞庭湖一带,招募水勇二三百名,驰赴汉口,为进剿计。亮基以防贼回窜为辞,意在专顾湖南。谕曰:"贼陷岳州,弃而不守,合股窜踞汉阳、武昌,其将顺流东窜,已属无疑。我兵必须于上游多觅船只,豫备火具,乘流驶下,防剿方可得手。岂可再将有用之兵,置之无用之地?虽湖南各处土匪亦应剿办,只须本省防兵,自可保卫。张亮基有统辖两省之责,岂可置湖北于不问?着仍遵前旨,饬令音德布等速带船只赴湖北听调。"三年正月,浏阳县匪徒周国愚等作乱,檄知府江忠源剿灭之。二月,疏陈筹办收复抚恤各事宜。三月,檄江忠源等剿通城、崇阳、嘉鱼、广济各土匪,先后平定。

　　时礼部尚书宗室奕湘疏称湖北、江西遍山产木,可随时砍伐,编造木簰,上安炮位,上命亮基议办。亮基设三难,奏寝其议。五月,下游踞匪分股还窜江西彭泽,亮基遵旨驻军道士洑、黄石港一带,并于漫流设簰,岸上结垒,力遏凶锋。六月,疏陈择要防剿,并分兵援江西省城,略言:"察看地势,道士洑江面过宽,难以控制。黄石港江面七八里,无险可扼。且两处相距甚近,设防于此,下游之黄梅、广济、兴国等处,不能兼顾,惟广济之田家镇地方,对面为半壁山,壁立江心,江面最狭,稍上为沙村,对岸为牛关矶。江流驶急,舟行逆水,颇形艰阻。兹拟于田家镇洲尾,安设木簰,环列竹篓,实以沙土,以御铳炮。沙篓中豫留炮眼,簰上驻兵勇数百名,安大炮,遇有贼船上驶,看准轰击。系簰于洲,洲上扎营,深沟固垒,以护木簰,防贼由陆钞袭之路。大营安于沙村,以便策应。南岸可以兼顾兴国陆路,北岸可以兼顾广济陆路,相距俱不过数十里。两路有警,即便分兵就近堵截。且广济甫定,兴国民情浮动,有此重兵弹压,亦建威销萌之道。逆船进薄江西省城,亟请分兵驰援,而湖北据长江上游,此时贼踪较近,现在已到防所兵勇计三千馀名,一面分拨精壮兵勇,驰赴江西,听候调遣。”

　　七月,兼署湖北提督。寻以逆匪分窜河南,回省筹办北路防堵事宜。疏言:“楚省北境与河南毗连,向为捻匪出没之所。现饬应山、孝感等州县迅速整饬团练,加意防范。适闻各匪有取道西平,直逼信阳之耗,信阳为楚豫驿递冲途。信阳有警,则孝感、应山处处宜防,而应山之黄土、平靖、武胜三关为自古南北有事必争之地,孝感之九里关等处与三关皆有险可凭,为全楚门户。贼踪虽在豫省,全楚之戒备宜严。”疏入,报闻。寻河南窜匪由罗山入湖北黄安、麻城境,亮基督兵水陆夹击,歼除殆尽。八月,调山东巡抚,命俟新任总督吴文镕到鄂,再赴新任。寻以提督任务势难兼顾,疏请简员署理,从之。九月,江西南昌解严,贼下窜安庆。寻由湖口上窜,陷九江,逼近田家镇防所。亮基饬督粮道徐丰玉等御之。既而贼船直犯田家镇,陆路贼由彭塘分扑岸上营盘,并陷兴国州等处。徐丰玉失利阵亡,亮基降四级留任。

　　会赴山东巡抚之任,上以豫省南路兵勇空虚,捻匪出没无定,深恐窜楚之匪与之勾结,命亮基由豫入东遇贼北窜,即行剿办。时粤匪窜入直隶,陷静海,大军三面扼守,东边近海处独缺。亮基抵山东德州一带督防,扼其沿海要路。十一月,请以布政使崇恩等在武定、德州办理防剿事,自回省城。上切责之,命仍赴德州，扼要防堵。十二月，以江南贼势猖獗，东省兖、沂、曹三府逼近淮徐，饬按察使厉恩官分兵驻扎宿迁迤北。四年正月，疏调已革布政使王简带兵驻防，如所请行。三月，江南贼阑入东境，陷金乡及巨野。亮基以该逆渡河而北，志在救援北贼，必图迅入直境，遂驰扼济宁，以防间道北窜之路。旋以逆贼攻陷郓城，欲扑范县、寿张、东平等处，乃复趋东平绕出贼前，迎头截剿。寻击贼于临清州之黑家庄，斩馘甚多，夺其炮台，并毁木城。旋以失守属境城池，自请严议，得旨加恩交部议处。

旋以帮办军务大臣胜保劾亮基玩视军务，观望逗遛，并欺饰冒功。谕曰："张亮基由云南巡抚调任湖南，适闻贼窜长沙，即奏请防守常德，拥兵折回，并截留长沙军饷，举动乖方，不知时势缓急。嗣经严饬赴省，防守城池，并办理湖北、湖南善后事宜，尚有头绪，是以调令巡抚山东。该员交卸时，贼氛将近武昌，并不将以前有无布置、如何守御情形，详细向吴文镕告知，辄即赶紧渡江，专为自全之计，未及奏报起程。迨抵河南，即以山东军饷匮乏等词入奏，豫占地步。朕已知其居心狡诈，当经朱批训饬，该员应如何愧奋，固守疆圻。乃贼匪窜入东境，叠陷城池，以致临清被围，重烦兵力，犹不知赶赴城下，与崇恩等内外夹击，由德州纡折回省，绕道东平，迁延不进。至临清后，扎营八里庄地方，距贼遥远。经胜保咨商，仍不移营前进，并不肯分拨练勇为崇恩守御之助，推诿取巧，已堪痛恨！复向黑家庄无贼地方空放枪炮，纵火焚烧闲房，捏报杀贼多名，冒功陈奏。经该大臣查明该处并无杀贼痕迹。不知张亮基是何肺腑，敢肆欺罔！若将其于军前正法，亦属罪所应得，姑念其平日尚能办理地方公事，张亮基着即革职,发往军台效力赎罪,不必再留军营。俾军务告竣后,转得希冀邀恩也。"

五年五月,奉诏释回,发往湖北军营,交钦差大臣西凌阿差遣委用。六月,改发东河交东河河道总督李钧差委。时给事中毛鸿宾劾胜保临清之役,祖护提督善禄,妄参亮基,上遂褫胜保职。御史宗稷辰疏保人才,言:"亮基有勇,肯任事而未尽其用,以罪罢去,臣甚惜之!"寻命往安徽随同巡抚福济办理军务。七年六月,赏五品顶带,命赴云南帮同云贵总督吴振棫办理剿匪事宜。十二月,云南梭草塘地方汉回互斗,回匪肆行焚杀,扰及宣威州城,〔一〕亮基督兵击败之。八年正月,又败之于袁家屯,杀贼数百人,立解其党,馀匪就抚。捷入,上嘉奖之。

六月,授云南巡抚。十一月,擢云贵总督。时临安回匪以报复汉民为词,聚众攻城,并分扰阿迷州等处。亮基派兵次第剿平。疏入,上嘉其办理得手。九年正月,檄守备何占标剿灭平彝县马头山奸匪。二月,擒丘北县匪党瞿腾霄,戮之。先是,云南省城回众就抚后,时聚悍回于南城外,劫夺不法,并立营于碧鸡关。亮基檄署安宁州知州庆安招集练目,与各乡团叠次分剿,歼毙甚多。至是,回势穷蹙,各散归籍。又榆城、顺宁逆回分股犯缅宁者,我兵击毁其营六十馀座,擒斩甚众。缅境悉平。十月,迤西逆回潜入楚雄、镇南,勾结夷匪滋事,势张甚。亮基委署楚雄县知县积寿等往剿,胜之;复派都司高天泽等同往会剿,破其营,追杀十馀里。楚镇肃清。又檄都司何自清攻嵩明州回逆,复其城。其夷匪窜踞武定州及罗次、富民、禄丰、禄劝等县者,经各州县员弁先后克复。十二月,击匪犯朱开甲等于锅底嶍,大败之,生擒要犯诸有佩等,置诸法。寻又檄守备段定邦剿大关乡贼,斩首从千馀人。

十年三月,护理巡抚徐之铭疏保亮基之子陕西候补知府张向宸随营剿贼,叠著战功,请加奖叙。亮基以军营出力将士未邀保奖者尚多,具疏辞之。先是,逆回勾结黑、元永等并夷民滋事,众至万馀,分踞羊毛关、新哨等处,亮基派兵分路进剿。至是,并地悉平。四月,回匪马合等围攻晋宁州城,檄游击何自清等援剿,诛马合。十月,因病疏恳开缺,许之。嗣以回、夷勾结,同时滋扰。亮基未能先事豫防,各郡县相继失守,坐降二级留任。寻因徐之铭之请,命亮基暂留本任,督办云南军务,俟新任总督浏源灏到滇,再行交卸。

同治元年七月,兼署云南提督。十一月,命以总督衔署理贵州巡抚,并署贵州提督。亮基自滇赴黔,道经四川叙州府,适发逆石达开大股由横江来,逼近郡城,川军一时未能遽集。亮基与署知府孙濂等布置城防,饬随营副将杨发贵带队迎击,数战皆捷,郡城转危为安。二年三月,抵任。时黔乱正炽,黄、白号匪及苗、教各匪窜扰遵义府、桐梓等县,踞螺蛳堰。亮基檄总兵沈宏富等带队击之,拔螺蛳堰,招安屯寨居民四十馀处,歼馀逆于上稽场。寻思南教匪又起,扰府城,并分扑印江,亮基檄总兵刘义方等分投进剿。五月,事平,并复普安、安南二县。七月,督饬官军克古州下江。八月,遣将击号匪于桐梓之鼎山城,[二]击苗匪于水城厅之马龙胯,皆全胜。又以黄、白号匪勾结黔西州匪徒,四出扰掠,亮基督派兵弁驰剿,擒匪首何润科等,枭之,馀党投诚者万人。黔西肃清。

　　三年正月，湖南败匪合伙党包茅仙窜松桃厅境，陷石岘卫汛城。亮基檄总兵周洪印等驰援，立克之。嗣尚大坪逆匪约党径扑省垣，亮基督同藩司龚自闳等率兵登陴，饬沈宏富等军于城外，往来冲击，毙贼千计，生擒贼目百馀名，馀贼遁去，收复修文县城，省城遂安。先后疏保出力将弁，均得旨升赏有差。三月，因病疏请开缺，有旨赏假一月调理。时贼窜扰清镇县，袭陷龙里县城，檄总兵林自清、赵德昌等攻拔之。四月，以兴义府、县各城久被贼踞，派知县陈聘儒等带兵进剿，复县城。五月，逆首何二等纠众二万馀人，复攻清镇，并分陷定番、广顺、长寨各城，牵制援兵。林自清等时出奇兵奋击，贼大溃，清镇解严。其定番等城亦经赵德昌先后收复。奏入，上嘉勉之。又饬知县邵维新等剿龙泉、湄潭二县贼，其所属之申岑等处为黄、白号匪老巢，次第剿洗。九月，克滇西卫城。十一月，复兴义府城。

　　四年四月，复以病体难支，续请开缺，得旨赏假两月。五月，遣兵击贼于尚大坪，焚其巢。闰五月，黎平发、苗各匪被剿穷蹙，匪首陈辉良率党乞降，六月，克黔西州城。[三]七月，石阡府城失守，旋克复之。五年，克永宁州城及荔波县城。六年，以捐助饷银，下部优叙。先是，翰林院侍读学士景其濬劾亮基玩兵侵饷，纵暴殃民，上命布政使严树森查办。至是，查明入告。谕曰："张亮基以封疆大吏，不知振作，竟有办事粗率、袒护劣员、纵容子弟、滥保家丁等情，着交部严议。"寻褫职。十年，卒。

　　十一年，湖南巡抚王文韶疏陈亮基功，略言："咸丰二年，粤逆扑犯湖南，亮基由湘春门梯城而入，激励将士，昼夜巡视城防，立持危局，克解城围。其后浏阳土匪周国愚等聚徒乘间窃发，距省只一日程,朝暮不能自保。亮基派兵赴剿,出贼不意,一鼓平之。至今绅民感德不衰。请于湖南省城建立专祠。"光绪元年,贵州巡抚曾璧光疏言:"亮基于同治二年三月到任,正值军务吃紧,上下游遍地皆贼,饷糈奇绌,军饥民困,全省岌岌可危。亮基筹剿设防,心力交瘁,时或兵勇索饷鼓噪,必多方抚慰,激以大义,自将领以下,无不知感知奋,合力御敌。省垣恃之无恐,地方赖以粗安。嗣因案被议,罢职去黔。臣以菲材,接任抚篆,幸得扫除群丑,底定全疆,而措置一切,实本亮基规画为多。兹亮基已身故,考其在黔政绩,清廉慈惠,民间被其德泽者,至今称道弗衰。请开复原衔,并于贵州建立专祠。"先后得旨如所请行。

　　子向宸,按察使衔候补道;光宸,三品衔候选道;翊宸,工部郎中;拱宸,知府衔东河候补同知。

【校勘记】

〔一〕扰及宣威州城　原脱"州"字。今据中国历史地图集第八册第三六图补。按张亮基传稿(之三八)亦脱。

〔二〕遣将击号匪于桐梓之鼎山城　原脱"山"字。今据毅录卷七七叶二一上下补。按张亮基传稿(之三八)亦脱。

〔三〕克黔西州城　原脱"城"字。今据毅录卷一四五叶二〇下,卷一四七叶二二下及叶二九上补。下文石阡府、永宁州、荔波县下均补"城"字。按张亮基传稿(之三八)均脱。

何桂清

何桂清,云南昆明人。道光十五年进士,改翰林院庶吉士。

十六年,散馆,授编修。十七年,充河南乡试副考官。十九年二月,大考二等。五月,充贵州乡试正考官。二十二年正月,升詹事府右春坊右赞善。五月,命在南书房行走,旋转左赞善。十一月,擢司经局洗马。十二月,充日讲起居注官。二十三年二月,京察一等,记名以道府用。三月,大考二等。十二月,迁翰林院侍讲。二十四年三月,充会试同考官。五月,充广东乡试正考官。六月,升太仆寺少卿。二十五年九月,擢光禄寺卿。十二月,迁太常寺卿。二十六年,提督山东学政。二十七年,升内阁学士,兼礼部侍郎衔,仍留学政任。二十八年,擢兵部右侍郎。七月,丁继母忧,咸丰元年五月,服阕,署吏部右侍郎,命仍在南书房行走,充实录馆副总裁。八月,复补兵部右侍郎。闰八月,充顺天乡试覆试阅卷大臣。十月,充顺天武乡试较射大臣。十二月,署户部左侍郎,兼管三库事务,旋调户部右侍郎,兼管钱法堂事务。二年三月,充会试副考官,旋充覆试阅卷大臣。

四月,偕尚书祁寯藻等议覆户部左侍郎王庆云会同山西巡抚兆那苏图酌议河东盐务,留商改票先课后盐各节,疏请通筹全局设法妥办;又议覆御史黎吉云奏请行钞,并呈递江苏候补道胡调元刊刻禀稿各款,谓:“该道所论钞法,与原议大略相同。惟钞上银两数目,统限一两为准,未免过于畸零,不如整散兼制,行用较为利便。其议发钞并议收钞,尤为现在试行第一关键。请自京师为始,所有应放各项,酌核情形,分别以钞搭放。其京中官民所交常捐、大捐,并一切交官等项,亦酌核情形,分别以钞搭收,总期章程画一,上下均平,俾用者毫无疑虑。”又议覆左副都御史文瑞等奏请变通钞法各条,谓:“变通旧法,易银钞为钱票,其论钱票之利用,切中事情,而条款节目,尚须酌量熟筹,方归完善。请就京城适中之地,设立官钱总局,即将宝源、宝泉二局每月鼓铸卯钱,全数运解,作为票本,并由部库应放款项内酌提现银,藉资转运。凡官俸、兵饷,以及各衙门支用杂款,分成搭放。"奏入,均得旨依议。

　　寻以前署兵部侍郎任内失察副都统容照服阕,漏未调取,引见,部议罚俸六个月。五月,历充大考翰詹阅卷大臣、考试荫生阅卷大臣。七月,充署经筵讲官。寻议覆御史富兴阿奏筹库款仓储各条,疏言:"库款捐输,向俱收银,而部库每月搭放钱文。此后捐输,应请交纳银钱各从其便。至蓝甲米石,原以养赡王府包衣,及津贴分府宗室之用,若将应领米石骤议裁减,未免有妨生计。应毋庸议。"诏如所请。八月,提督江苏学政。三年正月,捐输军饷,交部议叙。时粤匪窜据江宁,江南府、州各属多被蹂躏,势难照常分试。桂清奏请就能考之处,援因灾岁科连考成案,变通考试,如所请行。十一月,调礼部右侍郎,旋调吏部右侍郎,均留学政任。四年四月,以江苏捐输,奉旨奖叙。寻调仓场侍郎,命驰驿即赴新任。闰七月,海运完竣,奏请鼓励转运各员,并请开复愧奋自效之监督阿灵阿等,均得旨俞允。

　　九月,授浙江巡抚。时贼据金陵,扼长江之险,江皖各属戒严。徽、宁为苏浙屏蔽,筹兵运饷,皆归浙江办理。桂清抵任,即派兵密布要隘,且以黄池当芜湖、江口之内,为苏浙咽喉,急檄都司江长贵带兵驻庙埠、高淳一路,以扼其冲;并派兵驰赴黄池,助参将杨瑞乾防剿。饬知县曾承禧带兵驻湾沚,同知裕英等带兵驻徽州,又调江苏得胜军会防宁国各隘。十二月,贼大股犯黄池,各军会合提督邓绍良兵击走之,斩馘千馀。乐清匪徒瞿镇海等纠党哄入县城,副将姚武成等被戕,桂清拨兵进剿,并檄知府瑞春等会兵内外夹攻,克之,生擒瞿镇海正法,馀党击毙殆尽。五年正月,贼大队犯石埭之琉璃岭,游击周天受战不利,岭隘尽失。贼遂由羊栈岭窜扰黟县,桂清调道员徐荣带兵迎剿,屡战皆捷;进至渔亭,贼众大至,徽勇先溃,徐荣督军力战,众寡不敌,死之。适所派江长贵继至,击斩千馀,贼始退去。桂清为徐荣请恤建祠,并上言:"徽郡与浙省毗连,先后派往兵勇数千。是为之谋者已不遗馀力,但必主客同心,相为表里,方能济事。乃闻该郡民团不甚可靠,且黟县之警,徽勇先溃,逆匪与土匪即乘机勾结而入。虽前经举行团练,而苦于经费不足,地方官不为接济,甚至兵饷亦不豫筹。游击周天受一军,竟有七日绝粮者。该郡官绅如此,虽有客兵,安能代守?"疏入,谕曰:"徽州练勇筹饷事宜,已谕怡良等严饬府县实心办理,何桂清仍当不分畛域,力图援应,以固浙防。"

方徐荣之挫也,周天受等各军相继饥溃,徽州被陷,所属州县亦多失守。二月,桂清檄知府石景芬及副将魁龄等带勇分路进攻,并调炮船水师协剿,石景芬等从紫阳桥一带进兵,连战皆捷,遂将徽州府城克复。三月,复休宁县城,贼分股四窜。桂清饬副将阿麟保驻昌化之昱岭关,知县汤成烈驻於潜之千秋关,以扼由徽至杭之路;檄知府张玉藻驻淳安之威平,副将豫祺等带兵轮巡,以扼由徽至严之路;并令金衢严道刘成万驻严州应援之。威平而下,桐庐之七里泷为由严至省要冲,派职员黄一清等率水师防之;由徽至衢,以开化、常山为门户,檄总兵富勒兴阿驻常山,都司封九贵驻开化,兼防徽、饶两路之贼。时休宁败贼纠党万馀,窜陷婺源,桂清急饬总兵邓绍良与知府石景芬等会兵追剿,生擒伪司马、伪将军等二十馀名,馀匪窜江西,遂复婺源。捷入,上嘉奖之。四月,桂清以浙省防剿孔亟,奏留学政万青藜督办防务,并请在籍前任河督潘锡恩、前任盐运使陶士霖等办理粮台;又以前任浙江粮道胡元博总办局务出力,请开复原官,已革守备薛举奏留募勇。先后均得旨俞允。

时安庆省城被陷,皖抚移驻庐州,徽、宁两郡远隔江南,一切迁调防剿之事,诸多不便。御史王茂荫暨安徽学政帮办军务沈祖懋,先后奏请暂将徽、宁改归浙抚管辖,桂清将碍难统辖各节奏复。上命桂清仍兼理徽、宁两郡事宜,并谕曰:“徽、宁两府,何桂清自应通盘筹画,应如何派拨兵勇,扼守要隘之处,即着妥为布置。至逆匪之得以肆扰,总由土匪潜为勾结此等不法匪徒,亟应严密搜捕,以绝根株。并着何桂清谕令该处绅士办理团练,杜绝内外勾结之萌。一切善后章程,均着设法办理,以期周密。江西贼匪由乐平、德兴窜入弋阳,浙江衢州更形吃重。该抚务宜实力防堵、以杜内窜。至衢、严与江西处处毗连,闽浙总督王懿德已派总兵饶廷选等扼援严州。此际何处吃紧,即从何处进兵,勿得株守一隅。着何桂清斟酌情形,妥为调遣。”寻以江西贼股窜陷广信、玉山郡县,遂犯浙境,攻陷开化,进犯遂安。桂清急调邓绍良等合力兜剿,并饬都司马永清扼之航头,贼退去,复窜陷休宁,桂清复饬周天受、石景芬等力剿,复其城,旋克复黟县、石埭两城。徽州一律肃清。桂清遂饬周天受、马永清各军分扎渔亭、崇觉寺等处扼守,以固徽郡门户。奏入,上嘉其剿办妥速,优诏奖之。

时皖南近与贼邻,防剿善后各务,在在需人,桂清奏请添改镇道各员,以专责成。上遂命石景芬为徽宁池太广道,加按察使衔,得以专责奏事;添设总兵,专司防剿,以副将豫祺升任之;兼命前侍郎张芾经理团防。并谕曰:"皖南既设镇道,需兵需饷,仍恃浙江、金陵不分畛域,互相联络,使可战可守,则地方日有起色。该抚如有所见,仍当随时奏报。"旋以石景芬率行奏请统辖全局,并请带兵协剿芜湖,桂清劾其私心自逞,有意邀功,并前招募不实各款,褫其职;总兵豫祺亦以人地生疏,难胜重任,桂清奏罢之,请以游击江长贵调署;又请留张芾督办徽、宁防务;奏留在籍知府何国琛等,办理浙江盐务;并以本年杭、嘉、湖所属灾歉,米质未能一律纯洁,奏请红白兼收,籼粳并纳,且请鼓励海运船商人等。先后奏入,均允之。十一月,以率属倡捐米石,得旨下部奖叙。

先是,安徽亳州、蒙城一带,时有捻匪出没,经副都御史袁甲三督师剿办,匪徒敛迹。自甲三缘案革职查办,捻势复炽,江苏、河南两省均被窜扰。桂清上言:"捻匪蔓延三省,万一与江南逆匪、河北饥民互相勾结,必益鸱张。亟宜设法剪除,毋贻后患。现虽蒙特派都统容照往办,而该匪东窜西奔,势恐难于兼顾。查亳、颍各境,惟袁甲三最为熟悉。闻该革员现在常州听候查办,如果有应得之罪,固不可量从末减;若罪止革职,其才尚为有用,且人地实属相需,应请敕令袁甲三驰往该处,协同官绅剿办,当可得力。"奏入,上以袁甲三前在临淮办理不善,着不准行。旋命开复袁甲三原官,督师援剿。十二月,查覆侍郎王茂荫奏参前任歙县知县刘毓敏隐存捐款,并安徽学政沈祖懋信任练首潘炳照麇饷纵练,尚无其事,惟刘毓敏、潘炳照办理均有不合,请分别褫拿核追。奏入,诏如所请。

时粤贼大股窜扰江西各属,严、衢与江西接界,兵力单薄,桂清奏请饬令金衢严道罗泽南急赴江浙之交,扼要剿办。上以罗泽南襄办武汉,正在得力,不便调回,乃命张芾总理徽、婺、衢、严事宜,仍与桂清会同筹办。先是,湖南巡抚骆秉章奏拨淮盐十万引由浙江运赴湖南。六年正月,桂清以淮盐运楚,必须藉资商力,私贩仍难尽杜,且恐停滞浙河,随处售卖;又与浙省饷盐同途并运,亦有拥挤之虞,事多窒碍,请停办运。从之。四月,桂清檄提督邓绍良出建平剿办宁国踞贼,添派总兵秦如虎等由孙家埠、汪家山进剿,复经副将都隆阿等分路夹击,遂直逼宁国府城。桂清又以浙省额兵不经战阵,多难倚用,奏请裁撤,而以军营出力保升将弁酌留间补,并请以浙营壮勇陆续挑补兵额,得旨下部议行。

时江西宁都会匪勾结粤匪窜扰广信,八月,桂清调总兵饶廷选击退之。贼乘虚窜袭太平,桂清檄署皖南镇总兵江长贵剿败之;贼复由焦村、羊栈岭一带扑踞祁门县城,江长贵追蹑之,围逼城下,贼遁去。九月,江西贼由德安窜陷安徽婺源,并结各路匪徒攻踞休宁。桂清移咨张芾派兵夹击,遂将休宁克复。十月,以积劳成疾,吁请开缺调理,得旨赏假两月,安心调理,俟简放有人,再行开缺交卸。十一月,皖南各军连获大捷,克复宁国府城。桂清疏入,上嘉其不分畛域,调度有方,赏戴花翎。

七年二月,诏以二品顶戴署理两江总督,即赴新任。时江宁久为贼踞，大江南北郡县多被沦陷。将军和春等驻师钟阜，为规复江宁之计。桂清驻常州，筹济饷项。因淮北盐纲道梗停运，正阳关等处虽已肃清，而馀匪尚多，商贩未能通行，奏请乙卯新纲，先行派办额引，认运到坝；俟河南通行，再接续配运。又以宝山属之五岳墩、龙王庙等处海塘被风潮激塌，奏请捐修；又查明御史张兴仁奏劾前任长洲县知县王如林匿荒包庇各款，并无实据；并请开复督办团练之知府温绍原，奖叙捐输军饷之在籍藩司王藻、绅士潘诵诰等；奏参滥保兵丁之都司陈国柱：均得旨俞允。

六月，实授两江总督。上以在籍中允冯桂芬有徇庇捐户等情，谕令桂清查参。八月，奏称冯桂芬，乡评毁誉参半，其捐输吴江、太湖等处，均由众绅公议，尚无包庇情事，诏毋庸议。时以京米缺少，户部奏请江苏、浙江招商买米，桂清饬布政使王有龄等设局赶办，速运天津，并议定商贩章程。奏上，诏优奖之。又以江苏合属捐输踊跃，奏请加广文武中额，并请加广各属学额，允之。九月，江宁踞贼分党窜踞镇江、瓜洲，都统德兴阿先进兵克复瓜洲。十一月，提督张国樑等合兵克复镇江府城。捷闻，谕曰："何桂清筹济军饷，不遗馀力，能令士饱马腾，奋勇用命。加恩赏加太子少保衔。"八年四月，以淮南引盐豫筹销路，请派候补盐运使金安清前往湖北察看情形；又以丹徒运河涸浅，奏请捐浚，以工代赈。从之。时靖江、吴江、镇洋等县均有盗匪抢劫，桂清奏劾废弛捕务之署知县翟鑅观等，褫其职，通州各属濒海地方，匪徒啸聚，出洋肆劫，桂清檄游击文裕等购线缉捕，先后拿获盗犯陈小胖子等四十七名，讯治如律，并将各处贼巢一律平毁。

十一月，命桂清为钦差大臣，办理各国通商事务。九年正月,荆溪县兰庄地方匪船滋事,都司方锦荣缉捕被戕,桂清派兵剿平之。又以扬关所辖白塔等四口征收,已尽数拨充军饷,实无盈馀,请俟江北军务平定,再将关闸复设,并请奖叙筹饷之布政使王有龄及粮台出力各员,均允其请。二月,大学士彭蕴章奏收获匿名书函,事涉苏州漕弊,并有牵涉彭姓之处,上令桂清及江苏巡抚徐有壬确查参奏,并谕令因时整顿。三月,以率属捐济皖省赈需,诏查明子弟核给奖叙。五月,以江南乡试因乱久停,偕巡抚徐有壬遵旨会议,奏请借用浙闽举行乡试,并条陈章程,分别办理,允之。十一月,奏请故提督向荣入祀江苏名宦祠,并请简任布政使薛焕、盐运使乔松年等,兼理江苏粮台,诏从其请。十年正月,赏加太子太保衔。御史林之望奏参督办军务侍郎胜保、提督李世忠、安徽巡抚翁同书、道员黄元吉等各款,命桂清暨提督和春查奏。寻奏称:"或事出有因,或并无其事,惟胜保退守蒋坝,正军务紧急之时,未能拒绝将弁庆贺生辰,实属不知远嫌。"疏入,得旨,翁同书等免议,胜保以副都统降补。二月,贼由广德窜入浙省,杭州失守,浙江巡抚罗遵殿殉难。上令桂清等速派军应援。时桂清已檄提督张玉良等带兵援浙,驰抵大关,立将武林钱塘门外及昭庆寺贼垒,全行扫荡。杭州将军瑞昌当贼陷省垣时,坚守驻防内城。至是,亦出兵夹击,将城隍山教场屯聚之贼斩馘殆尽,遂复杭州省城。捷入,谕曰:"何桂清派兵援救,不分畛域,深堪嘉尚!着先行交部议叙。"

方浙江之有警也,苏常戒严,商贩裹足不前,厘捐各务减色,通省军需款项均不敷用。桂清偕巡抚徐有壬等设法筹办,毫无所绌,并能兼顾江北清江各营。经漕督庚长等奏其功,上深奖之。三月，溧阳埠踞贼纠党上窜，冀由厚圩犯扑常州，桂清檄总兵马得昭等督军分路剿平之；又檄副将刘成元等击败围攻金坛城之贼。总兵熊天喜等克复广德州城，贼遂南窜，乘虚扑陷江阴，饬常熟县知县周沐润等督同各路河勇攻复之。旋以江宁大军失利，和春、张国樑等阵亡。贼分股东窜，官军水陆防御之师皆溃，丹阳亦陷。桂清退驻常熟，自请议处。谕曰："何桂清自丹阳失守，即思前往苏州。现又辗转退至常熟，以照料粮台为词，希图掩饰。实属畏葸无能，有负委任。着即革职，来京听候审讯。"四月，江苏巡抚徐有壬奏劾桂清退避各节，复谕曰："前因何桂清辗转退至常熟，当经降旨革职，来京听候审讯。兹据徐有壬所奏，桂清自丹阳失守以后，既不能固守常州，阻扼凶锋，以总督重臣，辄思逃避。现在常州绅民尚能登陴固守，而该革督节节退守，以致贼氛愈炽，实属殃民误国！着即拿问，交徐有壬派员押解来京，听候审讯。"十一年五月，给事中唐壬森奏请将桂清赶紧解京，谕以何桂清日久尚未到京，着薛焕查明该革员现在何处逗遛，即行派员押解，迅速起程，并着沿途各督抚催令前进，不准稍涉延缓。

同治元年五月，解送到京，上令大学士会同刑部审定罪名。旋经给事中郭祥瑞及给事中谢增、卞宝第、王宪成、何桂芬，御史何兆瀛联衔具奏，均以桂清情罪重大，请速正典刑，以昭炯戒。得旨："何桂清身膺总督重任，辄敢弃城逃避，致令全局溃败，实属罪无可逭。惟朝廷明慎用刑，方足以伸国宪而昭公允。着大学士、六部、九卿、翰詹、科道将何桂清所供，并给事中郭祥瑞、谢增等各折片，公同会议定拟，迅速具奏。"寻桂清呈出司道公禀，刑部奏请查办,谕以"该革员呈出公禀一件,系前任江苏按察使查文经、前任江宁布政使薛焕、前任江南盐巡道英禄、江安粮道王朝纶,于丹阳失守后,联衔禀请何桂清退守苏州各情,该司道等均有地方之责,当常州危急之际,应如何帮同总督竭力守御,乃联衔禀请退守苏州,显系见事危急,意在同逃。徐有壬原参折内亦有何桂清率领地方官逃避之语,若不从严查办,何以肃军律而饬官方?着曾国藩、李鸿章将该司道据实查明参办。"六月,大学士桂良及大学士衔礼部尚书祁寯藻等遵议罪名请旨,谕曰:"前据大学士会同刑部定拟何桂清罪名,以情节较重,于斩监候律上,从重拟以斩立决。当因何桂清曾任一品大员,复谕大学士、六部、九卿、翰詹、科道再行会议。兹据大学士桂良等公同会议,请仍照原议将何桂清比照守边将帅被贼攻围,不行固守而辄弃去,因而失陷城寨者,斩监候律上,从重拟以斩立决。复据大学士衔礼部尚书祁寯藻等各折,以刑部原奏,即称遍察刑律,如临阵而退,弃城先逃等条,均罪至斩监候而止。明知舍此本律,不能改引。又云情罪较重,拟以斩决。是为拟加非律,非臣下所得擅请等语。此案既叠经廷臣等会同刑部定拟罪名,自应按律科断,即不必于法外施刑,以昭公允。何桂清着仍照本律,定为斩监候,归入朝审情实秋后处决。此系为查照定律详慎用刑之意起见,非为何桂清情有可原,将来可从末减,致蹈轻纵也。"

九月,以刑部招审册内未将桂清罪案奉谕旨紧要之语录入,严旨申饬。十月,刑部具题朝审情实官犯本上,得旨:"已革两江总督何桂清一犯因廷臣会议互有异同,酌中定议,将该犯比照带兵大员失陷城寨本律,予以斩监候秋后处决,已属法外之仁。今已秋后届期,若因停勾之年再行停缓,致情罪重大之犯久稽显戮,何以肃刑章而示炯戒? 何桂清着即行处决。"遂弃市。

李续宜

李续宜,湖南湘乡人。兄续宾起义勇讨贼,续宜以文童隶部下。咸丰四年十一月,随克江西泰和、安福,授从九品。五年七月,克义宁州城,擢知县。六年,从续宾剿贼湖北,累战皆捷,升同知,赏戴花翎。旋克武昌、汉阳,湖北巡抚胡林翼奏续宜功多。谕曰:"李续宜随伊兄筹剿贼匪,颇资得力。着以知府用,加道衔。"七年六月,剿贼黄州,战于坝崎山,三路包钞,毁贼垒六。七月,攻蕲水、黄冈连界之马家河、火石港、柳林湾贼垒,贼倾巢来犯,续宜率队伏山而行,出其不意,突击之。贼乱,众军乘之,毁垒四十,移营蕲水。皖贼万馀来援,遇之于月山,诱贼至山角,以劈山炮轰之,贼溃,直捣贼巢,焚贼垒六十三,破伪城五。捷闻,诏以道员用,赏伊勒达蒙额巴图鲁名号。

九月,会克江西湖口县。十月,逆酋韦俊率二万众复窜湖口,续宜驻蟛蜎山,分兵:一出马影桥,一出流澌桥,一扼劳家渡。贼来拒,击却之,而西洋桥、排龙口、二贤寺之贼直趋蟛蜎山,续宜麾三路军奋击,杀贼千馀。援贼屯彭泽泰坪关,续宜驰抵磨盘山以正兵诱敌,以伏兵夹攻,贼败遁。八年四月,贼陷黄安,续宜亲攻北门,平其四垒,贼夜窜,遂复黄安。九年四月,授湖北荆宜施道。六月,逆酋石达开率众数十万自江西南安府犯湖南境,掠祁阳,攻宝庆甚急。湖北巡抚胡林翼饬续宜率师赴援,续宜渡资江而军,贼数万薄营,续宜麾军分击之,贼众大溃,旋造浮桥渡江,官军蹙之,皆溺。越日,贼悉精锐来犯,续宜自率骑兵蹂之,贼复大败,遂趣诸军分捣其巢,贼尸枕藉,贼乃渡江东窜。上以续宜赴援神速,加布政使衔。七月,续宜追及贼于贺家坳,石达开以死党二万人拒战,续宜急击之,贼败走;遂合援军驰之,毙贼无数,馀贼遁广西。楚境肃清。

十年九月,升安徽按察使。时楚军攻安庆,久未下,而伪英王陈玉成率悍党十万众,自庐江上窜,图解安庆之围。桐城西南贼垒布满。十月,续宜督军往剿,与副都统多隆阿设伏诱贼,贼婴垒不出。多隆阿自挂车河掠贼垒而北,续宜自新安渡掠贼垒而南,贼倾巢出战,戈矟如林,官军夹击,尽破棠梨山、尊上庵、香铺街、望鹤墩贼垒。各营会合,裹贼于中,呼声动天地,贼尸枕藉,流血成渠。共破贼馆百馀处,平贼垒四十。捷闻,赏二品顶戴。

十一年正月,擢安徽巡抚。时湖北孝感、德安均为贼踞。三月,续宜逼孝感城下,与广东惠潮嘉道彭玉麟水陆夹攻,乘夜纵火,县城立复。进攻德安,六月,挖地道,克之。七月,会克武昌县,并派员会克通城、咸宁、蒲圻、崇阳等县。八月,署湖北巡抚。官军克复安庆省城,以续宜有随同筹办功,赏穿黄马褂。寻授湖北巡抚,命驻湖北、安徽交界地方,督办军务。十月,官文及续宜以官军克复黄州府城情形上闻,上以调度有方褒奖之。十一月,豫捻窜扰湖北光化、穀城、均州及枣阳、襄阳等处,皆击走之。是月,调安徽巡抚。同治元年二月,黔匪攻陷湖北来凤县城,令臬司刘岳昭攻拔之。石逆复由龙化阑入楚境,并窥施南府,亦经岳昭败之。三月,命帮办钦差大臣胜保军务。时捻、粤各匪合攻安徽颍州府已数月,围急,续宜令记名提督成大吉、总兵萧庆衍渡淮来援。大吉军至大桥集,贼以步骑四万馀张两翼围官军,官军殊死战,殪悍贼千馀,贼乃却。是夜,贼悉众围庆衍营,庆衍开壁纵兵击之,大吉应之于外,贼大溃,斩馘二千。捻首张乐行复尽驱攻城匪众来拒,官军转战而进,贼走,颍围解。事闻,得旨褒奖。五月,疏言:"天堂巡检冯焯之子冯福基年十四岁,为贼所获,以药置饭中,毒杀贼十七人,亦自仰药死。童年智烈,请予旌恤。"从之。霍丘县城久陷于贼,续宜令道员蒋凝学攻复之,并剿抚附近诸贼墟。奏入,上嘉其办理妥速。

七月,命为钦差大臣,督办安徽全省军务。旋丁母忧,上以安徽军情吃紧,续宜简任巡抚以来,办理深合机宜,命在军营穿孝百日,改为署理巡抚,赏银治丧。又谕钦差大臣僧格林沁蒙、亳、徐、宿等处剿匪事宜,与续宜会商筹办。八月,疏请奔丧甚力,谕曰:"李续宜沥陈哀悃,吁恳赏假回籍。览其所奏,出于至诚,且该抚旧病未痊,若令其在营穿孝,强抑悲哀,非所以示体恤。着赏假百日,回籍治丧。假满后,即驰赴安徽军营接署抚篆。惟现在安徽军务甫经就绪,镇抚机宜在在需人,李续宜着俟唐训方抵任后,再行回籍。该抚当体朝廷破格夺情之意,务以军事为重,毋再渎请。"闰八月,尚书罗惇衍、大学士贾桢先后疏言皖省军情紧要,请敕续宜旋任视事。得旨:"该抚到籍后,赶紧料理丧事,克日旋皖任事。毋庸按定假满,始赴署任。"

二年四月,命续宜会合僧格林沁等兜剿逆练苗沛霖。续宜途次患病,疏请开缺专办军务,允之。十一月,卒。经湖南巡抚恽世临奏言:"续宜治军严整,日以忠义礼让训勉士卒,身经数百战,未尝挫失。自其兄续宾败没于三河,续宜并统其众,毅然以灭贼为己任。其为皖抚,革除苞苴,有惠政,百姓赖之,实属不可多得之才。人望乡评,同称惋惜!"谕曰:"前任安徽巡抚李续宜由诸生带勇剿贼,忠勇奋发,沉毅有为。与其兄李续宾戮力行间,受文宗显皇帝特达之知,荐擢封圻。转战湘、鄂、江、皖数省,屡克名城,战功卓著。咸丰十年间,逆匪石达开窜扰湘南,该员统师援剿,力解宝庆之围,厥功尤伟。朕御极后,调任湖北、安徽巡抚,办理一切,深合机宜。上年因丁母忧,赏假回籍治丧。本年复准开缺,专办皖北军务。旋因患病,节次赏假在籍调理。[一]方冀渐起沉疴,长资倚畀。兹闻溘逝,悼惜殊深!着加恩照总督军营病故例赐恤。任内一切处分,悉予开复。应得恤典,该衙门察例具奏。并准于湖南、湖北、安徽省城,宝庆府城及原籍湘乡县城建立专祠,其历年战绩,着官文、曾国藩详查具奏,宣付史馆。伊父李登胜,着赏给人参四两,并着该地方官以时存问。伊子一人尚幼,俟及岁时,由该部带领引见。"寻赐恤如例,予谥勇毅。

　　三年七月,上以金陵克复,加恩有功诸臣,赏续宜子直隶州知州。光绪十一年,安徽巡抚卢士杰以续宜与西安将军多隆阿功德在民,请将民建私祠改于潜山县建立专祠,列入祀典,以彰忠荩而顺舆情,允之。十五年,慈禧端佑康颐昭豫庄诚皇太后归政,追念功绩最著诸臣,各赐祭一坛,续宜与焉。

【校勘记】

〔一〕节次赏假在籍调理　"在"原误作"回"。今据李续宜传稿(之三七)改。按上文既云"赏假回籍治丧",旋因患病,则此应是在籍调理无疑。

张芾

张芾,陕西泾阳人。道光十五年进士,改翰林院庶吉士。十六年,散馆,授编修。十八年,充会试同考官。十九年二月,大考二等,遇缺题奏,赏文绮。五月,充广东乡试正考官。二十年,擢詹事府右春坊右中允。二十一年三月,充会试同考官。四月,升翰林院侍讲。十月,署日讲起居注官。十二月,转侍读。二十二年四月,命在南书房行走。八月,擢右春坊右庶子。九月,转左庶子。二十三年三月,大考一等,以少詹事升用,四月,补缺。七月,充江西乡试正考官。八月,授安徽学政。十一月,调江苏学政。二十四年,升内阁学士,兼礼部侍郎衔。二十五年,授工部右侍郎,兼管钱法堂事务,均留学政任。二十六年,抵京,命仍在南书房行走。二十七年,教习庶吉士。二十八年八月,调吏部右侍郎。九月,署工部右侍郎。十一月,兼署户部右侍郎,均兼管钱法堂事务。十二月,充经筵讲官。二十九年七月,署户部左侍郎,兼管三库事务。芾自二十七年至是年,历派充举人覆试、庶吉士散馆、进士朝考、大考翰詹考试试差阅卷大臣,八月,授江西学政。三十年正月,以被参江西袁州协副将达崇阿废弛营务,挟优纵子,九江府知府刘炽昌侵蚀公项,玩视民命,谕芾确查密奏。寻奏请分别传讯褫职,允之。

是月,文宗显皇帝登极,诏陈言,芾以四条奏入:一、明黜陟以励人材,一、宽出纳以培元气,一、禁靡费以端民俗,一、求制胜以重海防。上嘉纳之。寻命查江西巡抚陈阡被参各款,十二月,查明分别奏入,得旨陈阡着即革职,听候查办。旋经陈阡奏参前任江西学政兵部侍郎孙葆元、现任学政张芾收受陋规,致江省巨亏,上命两江总督陆建瀛查奏。寻查明孙葆元、张芾考试均系循照旧章,并无格外需索,奏入,得旨着无庸议。咸丰二年正月,调吏部左侍郎。三月,调刑部左侍郎,均留学政任。八月,命署江西巡抚。十月,以捐备军饷,下部优叙。十一月,粤西会匪窜入湖南,陷岳州,命芾赴九江防堵。十二月,实授江西巡抚。三年正月,匪复窜湖北,攻陷武昌,申谕芾于大江两岸节节扼防,贼旋窜入九江。芾奏请从重治罪,得旨革职留任,现在贼窜下游,着即回省于沿江一带,密为防范。会钦差大臣湖北提督向荣将兵东下,九江贼匪窜出。旋奏言:"逆匪东窜,本年漕运关系綦重。可否敕下广东督抚招商买米,运至天津,实于京仓有裨。"经部议覆,请敕两广总督劝谕绅民捐米,仍照输银奖励,从之。

时粤逆窜踞江宁,大兵云集,需饷浩繁,均由江西转解。芾奏称:"各省应解江西接济江南军饷,其未解各款,请由户部查明严催,应由江西经过者,江西转解;如距江宁较近,即径解大营,以免迟误。"从之。五月,率属续捐军饷,下部优叙。寻以江宁久为贼踞,芾奏筹设江防,并咨两湖督抚拨兵会剿,得旨:"该逆被剿穷蹙,难保不回窜上游。着该督抚各就地方情形,择要布置。"四月,有贼船千馀只扬帆自江宁回窜,芾檄饬湖北臬司江忠源星夜驰赴安庆下游,相机剿办。续奏官兵击贼,败回九江,探闻安庆业已失守,请敕催江忠源迅速赴剿。又奏贼船蔽江,谋犯江西,请添兵援应。均报闻。贼船旋入湖口,芾奏拿获奸细四十馀名,现在豫备守御。江忠源亦奏兼程驰赴江西省城。谕曰:"所奏拿获奸细至四十馀名,其所带布袋及伪号封条,难保非遣散后未暇毁弃之物。该抚仍当会商,分别应剿及应遣散之处,妥筹速办。"

六月,奏称贼船乘北风大作,扑犯南昌,江忠源督饬兵勇分三路直扑贼队,奋勇剿击,毙匪百馀名。匪复拼死回扑,知府觉罗耆龄、林福祥等燃炮轰击,该逆溃走,并请拨兵援救。旨令湖广督抚迅速拨兵应援。嗣奏:"连日缒城攻剿,先后获胜,该逆于永和得胜门外连扎三营,江忠源派兵进击,焚毁贼垒、贼船。臣与在籍尚书陈孚恩登城督阵,兵勇分扑贼营,歼贼甚夥。川楚及九江、南昌各勇三面接应,鏖战二时之久,贼始败退。惟兵力稍单,攻剿总未得手。请饬湖广督抚迅拨精锐,一鼓歼除。"疏入,谕曰:"逆匪攻扑南昌,兵勇缒城杀贼,叠获胜仗。江忠源所带楚勇,尤能勇往出力。现在向荣已派镇将大员,带兵驰赴江西,湖北、湖南各督抚亦拨将弁兵勇助剿。蠢兹丑类,不难指日荡平也。"旋奏称:"贼用地雷轰城,城垣倾蛰六丈馀,两旁膨裂各三四丈;匪又施放火箭、枪炮,子密如雨。江忠济督勇挺立缺口,指麾众勇,血战逾时,逆势始却。臣等督员抢筑缺口,一律完全。是日,毙匪约五六百人,夺获器械六十馀件。"疏入,赏江忠济五品顶戴、花翎,馀升叙有差。

旋因逆匪窜入南康,复扰及湖口、彭泽,奏请从重治罪。谕曰:"湖口、彭泽虽据称并未失守,难保非饰词禀报。所请从重治罪,俟围解后,再降谕旨。"七月,奏:"逆匪扑城,江忠源督饬员弁,击毁贼数垒,总兵马济美等两路夹攻,歼贼三百馀名。现于永和章江门外扎营,为左右翼,逼近贼巢,并掘濠瓮听,以防地道。"得旨:"办理甚合机宜。着赶紧剿办,东西四门防守较易,不可稍存大意。"旋奏:"逆匪复用地雷轰城,塌卸三处,均经江忠济、守备李朝辅等严督兵勇奋力堵击。又马济美等自永和等门分路追杀,前后歼贼二百馀名,城垣赶紧修筑,一律完复。"得旨嘉奖。又奏:"未几贼扑大营,马济美整队出敌,遇贼伏中矛阵亡,官军势却。芾于城上督放大炮抬枪,适中贼队,将弁出城分路攻剿,杀贼无数。匪大败,泅水而逸。"上以芾奋力督战,转败为功,复传旨嘉奖。会河水涨发,逆匪乘间窜入瑞州府城,芾下部议处。八月,丰城、高安相继失守,泰和县土匪滋事,窜扰万安,并分攻兴国,知县潘安国同在籍武进士韩进春登陴守御,匪乘夜爬城,兵勇奋力击退。该县各堡首事,约集助剿,斩级二百十三颗,生擒百七十一名,焚毁贼营三座,馀匪奔逃。奏入,报闻,上嘉奖之。九月,江西省城围解,芾等会奏,略曰:"逆匪攻城日久,城内时出奇兵,凶锋渐挫。连日于城头分布大炮,轰击贼垒,并先后夺毁贼船数十,擒斩逆匪数百名,烧毙溺毙无数,夺获炮械多件。馀匪下窜,现派将弁兵勇绕出贼前截击,江忠源与总兵音德布等亦跟踪追剿。"谕曰:"逆匪攻扑江西省城九十馀日,经张芾等督率文武官绅婴城固守,虽未能尽剿贼匪,而省会得以保全。张芾着开复革职留任处分,陈孚恩着赏戴花翎,江忠源着赏给二品顶带。其出力文武员弁及绅民兵勇人等,着据实保奏。"十二月,保奏江西守城出力文武员弁,上以单开文武各员,保举过优文职人员,为数尤多,命部臣核议。部议未上,芾又申奏,谕曰:"前据张芾奏保守城出力人员,朕以其所保过优,当交部核议具奏。该抚应候续降谕旨,懔遵办理。乃于未接部文之先,哓哓置辩,该抚扪心自问:此文武二百馀员中,竟无一人冒滥耶? 至该省绅士业经加恩,其馀闻警迁避之员,该抚乃称仍俟酌量请奖。既经参奏于前,又复回护于后,尤属纰谬。张芾着传旨申饬。"旋疏言:"武职有捍卫地方之责,必周知山川形势,熟悉风土人情,乃可得力。江西自副将至守备共五十三缺,题补仅八缺,馀归部选,武职廉俸无多,赴任资斧不易。本省题补既少,拔至千总,永无升阶,人材每多湮没。应请敕部将选缺较多省分,酌改题缺,庶武职由本省升转,情形较熟,并免赴任之苦。方今军务未竣,遇有开缺,可否即于本处升补,以免员缺久悬,似于戎行有裨。"奏闻,命下部议。

　　先是,芾奏截留滇、黔铜铅银两,上以其不知缓急,严旨切责之。至是,庐州需饷孔急,谕将前项银十万两迅速委员解庐。旋奏言:"昨奉朱谕,忧惧惊惶,莫知所措。因思库款支绌,各省皆然。江西有事,闽、浙、楚、粤无不动摇,于大局有碍。在籍尚书陈孚恩自蒙恩赍,感激涕零。乃忽蒙严旨,若非言官风闻纠弹,即系大臣挟嫌攻讦。现值寇氛未息,士民联为一气,地方可冀稍安。若群情涣散,必致事事掣肘。"谕曰:"据张芾奏留滇、黔铜铅银两,朕于折内严旨切责,正望其激励有为。乃本日奏筹军饷折内,仍复哓哓致辩,转视训谕为多事,实属有负委任。张芾着交部议处。"四年正月,部议革职,谕曰:"江西巡抚张芾陈奏截留银两,滥保员弁,率多任意妄行。朕于折内批示,原系成全造就之意。乃张芾负气逞词,并另片奏尚书陈孚恩守城时积劳成疾,忽奉严旨,若非言官纠弹,即系大臣挟嫌攻讦等语。朕奖功黜罪，一秉大公，从未尝以风闻影响之词，遽加罪戾。张芾敢以私意揣测朕躬，实属胆大糊涂，着照部议革职。"十二月，兵部左侍郎王茂荫以徽、宁团防事宜请芾筹办，得旨，着发往安徽军营，交将军和春、巡抚福济差遣委用。

　　五年，浙江巡抚何桂清奏收复休宁、石埭，芾协剿出力，赏给六品顶戴。六年二月，两江总督怡良等奏："皖南军务紧要，必须才识兼优、声望素著者，方足胜任。六品顶带前任江西巡抚张芾自上年筹办徽、池防剿，联络绅民，劝捐军饷，约计五十万两，且文武员弁均乐与共事，如假以事权，必事半功倍。"上纳其言。五月，逆匪扰婺源、祁门两县，芾亲督兵勇扼隘堵截，败贼于七里桥及屯溪口等处，毙贼甚夥。匪由潜口窜杨邨等处，兵团追剿，斩馘无算，馀匪溃逃。徽境肃清。福济上其功，赏换五品顶戴。十月，福济奏安徽团练请由芾调度，从之。时江西德安贼匪复窜踞休宁，芾派拨兵勇亲自督阵，殪贼千馀名。匪寻以大股扑营，经副将周天受等督饬兵勇、乡团拒却之。时芾丁母忧，上以军务紧要，命留营办事。寻复休宁，浙江巡抚何桂清奏入，谕曰："张芾办理徽州防剿，甚为出力，深得民心。此次克复休宁，尤属调度有方。该员现丁母忧，俟服阕后，以三品京堂候补。"七年八月，呈请葬亲，谕给假六个月，旋复奉谕曰："现在徽州防剿吃紧，张芾仍着暂留，俟军务稍平，即遵前旨给假六个月，回籍营葬。"八月，匪犯徽境之清华街，芾饬参将王庆麟等截击，毙贼甚众。嗣复四面兜剿，贼溃窜，官军追杀殆尽。十一月，谕："徽郡一带防剿事宜，即着张芾妥为筹办，在防将士并着张芾委员统领，以期得力。"寻以婺源、祁门先后击退贼匪，景德镇业已收复，奏恳回籍。两江总督何桂清等会奏池、太各属败匪窥伺徽、宁，不宜遽易大员。疏入，命仍留徽州督办。

八年六月，奏参提督衔福建漳州镇总兵周天受调度乖方，纵兵骚扰，并有擅杀乡团情事，上以周天受系蒂保奏之员，下部议处。七月，浙江巡抚晏端书奏浙江全境肃清，以蒂先后拨兵援剿有功，赏戴花翎。十二月，浙江巡抚胡兴仁奏张蒂以母服已满，咨请代奏回籍，补行守制。奉谕俟军情大定，请旨遵行。先是，安徽婺源县城被贼窜踞。九年二月，蒂密派将弁断贼接济，督队薄城，贼目张宗相乞降，署皖南镇总兵江长贵乘机进攻，斩关直入，立复县城，并将高沙贼垒一律平毁，馀匪西窜。三月，补通政使司通政使。六月，以安徽绅士情愿筹捐津贴，举行乡试，奏入，允之。十月，授都察院左副都御史。十一月，官军由穆岭进发，袭破太平县郭邨贼卡，歼其众，江长贵率众直逼二卡，副将王恩荣首先攻入，匪溃走，克复郭邨。汀州镇总兵米兴朝闻捷，乘夜进攻石埭县夏邨贼垒，乡团助战，贼众狂奔，夏邨亦即克复。寻奉谕皖南四府一州军务，均着张蒂督办。其宁国一军，自周天受以下，俱归节制。

十年二月，泾县、旌德复陷。三月，贼由绩溪扑犯徽郡，蒂奏陈官军迎剿进攻情形，并自请治罪。谕曰："贼由绩溪扑犯徽州府城，经张蒂督同总兵江长贵分军先后继进，贼众倾巢而至，官军大呼冲入，马队从山后包钞，贼势大溃。复于二十二日夜间，密派队伍，进攻绩溪，匪仓卒迎拒，弃城逃窜，县城克复。张蒂着加恩改为交部议处。"寻部议上，命暂行革职，仍督办皖南军务。闰三月，蒂遣知府苏式敬、湖北道员萧翰庆、总兵江长贵等分路进规太平、旌德、石埭等城，三日之内，均克之，乘胜复泾县。时溧阳踞匪回窜安徽建平，芾派兵救援，未及而城陷，下部议处。五月，浙江淳安县踞匪复窜徽州南山之荡坑，芾豫饬已革副将罗承勋等回军堵御，毙贼无算。得旨迅速攻剿，毋留遗孽。六月，南陵败匪回窜泾县，广德亦同时告警，旋即先后失陷。芾下部议处。七月，命来京。十月，奏请开缺回籍守制，允之。谕曰："汝年尚壮，将来报效，为日正长。朕自中秋抵承德后，身体安健，特谕汝知。"

　　十一年，陕西回匪滋事，三月，命督办陕西团练事宜。四月，命出同陕西巡抚瑛棨办理陕西防堵事。同治元年四月，芾亲赴渭南仓头镇晓谕回匪，责以大义，回众颇有感悟者。逆首任老五谓不戕芾，无以坚众心，嗾令其党拥出。芾坐地大骂，目眦皆裂，遂被害。八月，经瑛棨查明奏入，谕曰："陕西回匪滋事，张芾率同临潼县知县缪树本、山西候补知县蒋若讷等分往劝谕，行至油房街，被回匪拥至仓头镇，于五月十二日先后将张芾等杀害。张芾骂不绝口，被祸尤惨。见危授命，大节懔然！着照侍郎例从优议恤。伊子二品荫生张师劻，赏给举人，准其一体会试。并于陕西省城建立专祠，缪树本等一并附祀。"九月，鸿胪寺少卿朱梦元等奏称："张芾前在江西学政任内，为士林所宗仰。迨擢任巡抚，粤匪扑犯省城，张芾激励兵勇士民，登陴固守，历九十六昼夜，卒保危城。士民至今感戴。请于江西省城建立专祠，并恳赐谥，以昭忠荩。"允之。寻赐恤如例，予谥文毅，赏骑都尉兼一云骑尉世职，袭次完时，以恩骑尉世袭罔替。

　　芾之被害也，逆匪将其首悬河滩榆树，数日容色不变。其子师劭于事平后,往觅遗骸。时渭水涨发,河流漫树而北,莫可踪踪。有土人知其事者,指点被害处所,在李氏祖茔碑亭侧,觅得腿、颧、手面、手腕各骨共九节,啮己臂出血滴验,一着深入,因负归敛葬。三年,师劭赴巡抚衙门呈请将苇死事颠末宣付史馆,并请将苇亲支殉难之二品顶戴张荫等二十七名,妇王氏等二十五口,及同时遇害之家丁余榜等六名,附祀省城专祠。巡抚刘蓉据情奏入,谕曰:“前因张苇在陕西办团,抚回遇害,曾降旨从优议恤,并加恩予谥,在陕省建立专祠,以彰忠烈。兹复据刘蓉奏称,查明该故员殉难颠末,及其眷属人等殉节甚多,并据其子二品荫生举人张师劭呈报寻获伊父残骸归葬各等语。〔一〕张苇秉性忠直,扬历中外。前在江西等处屡保危城,迨办理陕西团练,当回匪初起,亲往弹压,晓以大义。逆首恐众匪心动,遂拥至渭南仓头镇地方,杀害甚惨。洵属大节懔然。览奏,倍深悯恻!着照所请,将死事实迹宣付史馆,并于仓头镇再建专祠,该故员家属二品封典张荫妇王氏等五十二名口,或守城遇害,或城陷捐躯,忠烈萃于一门,尤可嘉悯!均着交部分别旌恤,准其附祀陕省专祠,以彰节义。该故员家丁余榜等六名,骂贼遇害,均着于陕省专祠附祀。”

　　四年四月,礼部题准入祀江西名宦祠。五月,安徽京员鲍康等赴都察院呈称:“原任都察院左副都御史张苇于咸丰四、五年间赴徽防剿,经历六年之久,坚守苦战,保障一方。绅民感戴,愿捐资于徽州府城建立专祠。前湖南提督周天受、候选知县徽州府学训导李应诏等,〔二〕请一并附祀。”经左都御史全庆等代奏,得旨允行。七年,江西巡抚刘坤一奏苇及江忠源、江忠义等专祠落成,请列入祀典,春秋官为致祭,以垂久远,从之。光绪十五年,慈禧端佑康颐昭豫庄诚皇太后归政,悯念亮节孤忠诸臣,各赐祭一坛,<u>芾</u>与焉。

子<u>师劬</u>,举人,袭世职,盐运使衔河南知府。

【校勘记】

〔一〕呈报寻获伊父残骸归葬各等语　原脱"各"字。今据<u>张芾传稿</u>(之三七)补。按"各"字为清代公文中套语。

〔二〕候选知县徽州府学训导<u>李应诏</u>等　"诏"原作"昭",形音相似而讹。今据<u>张芾传稿</u>(之三七)改。按<u>毅录</u>卷一三九叶二上不误。

赵景贤

<u>赵景贤</u>,<u>浙江归安</u>人。父<u>炳言</u>,刑部右侍郎。

<u>景贤</u>,道光二十四年举人,误注<u>乌程县</u>籍,经<u>炳言</u>奏请,革去举人。二十六年,<u>景贤</u>呈请捐复,并更正籍贯,礼部核与例符。奏入,允之。寻捐教谕。二十八年,选<u>宣平县</u>学教谕。二十九年,改捐内阁中书。<u>咸丰</u>三年,<u>粤</u>逆窜<u>江宁</u>,<u>江浙</u>震动。署<u>湖州府</u>知府<u>王有龄</u>饬所属举行团练,举<u>景贤</u>为之倡。巡抚<u>黄宗汉</u>遵旨督办通省团练捐输,复以<u>景贤</u>总其事。五年,巡抚<u>何桂清</u>奏<u>景贤</u>办理捐输团练已历两载,劝捐至百万两之多,请加奖励。命以知府归保举班即用,并赏加道衔,六年,以知府分发<u>甘肃</u>候补。十年,以吏部尚书<u>许乃普</u>奏保办理<u>浙江</u>团练,命交督办团练大臣<u>邵灿</u>差委。

时贼窜<u>广德</u>,<u>景贤</u>在<u>江苏</u>闻警,即驰归筹布城守。适<u>衢州镇</u>

总兵李定泰、参将周天孚先后失利,景贤收集溃兵,为固守计,侦知江南援军,水陆并至,乃亲督队出城夹击,擒斩数千名,立解城围。逆旋由埭溪窜入杭州,景贤随同提督张玉良驰援,复其城;并于湖州召募兵勇,添筑新城,制造炮船,饬各属集团,以次克复长兴、德清、安吉、武康、孝丰等县。四月,贼陷苏州,扰嘉兴。景贤派队驻南浔扼其冲,贼旋从宜兴、溧阳窜至太湖夹浦,逼湖郡之西北门。记名道萧翰庆率军进援,遇贼战殁,景贤招集溃勇入伍。贼围五门,景贤督队开奉胜门出击,血战数昼夜,毙贼无算,贼遁。五月,贼踞平望,复督炮船往剿,驰抵梅堰六里桥。见匪沿河筑垒钉桩,自率亲兵及团勇由鸳脰湖一带进攻,逼近六里桥,贼率众迎拒,官军水陆并进,鏖战四时之久,贼败走。随将沿河贼卡烧毁,复添调楚军驰赴平望,密遣南浔、双林等处民团袭破贼营东路,合军于米市湖,突过贼濠,毁其炮台,毙匪千馀。贼惊窜,遂复平望。时贼伪英王仍由宜、溧窜入,窥伺湖郡。景贤回救,合民团击走之。经巡抚王有龄奏入,奉旨以道员用,赏给额德木巴图鲁名号,并赏戴花翎。六月,贼窜踞广德州,景贤派兵堵剿。七月,贼大股来扑,我军击败之,乘胜追剿,直抵城下,遂复州城。杭州将军瑞昌等奏入,奉旨着交军机处记名,遇有道员缺出,请旨简放。

　　方杭城之初复也,溃贼分窜湖属之南乡、新市、陈市、埭溪各镇,景贤督水陆各军驰剿,三阅月,始就肃清。十月,贼复围省城,景贤率队赴援,围甫解而湖防又告急,星夜驰归,贼已至南山之岘山,忽报副将刘仁福督带广勇由昌化来援,驻军北门新城内,潜与贼通。景贤侦得实,派队由南门击岘山之贼,自率勇出北门诱擒仁福，枭其首，标示岘山，贼胆落。寻分股扰东乡之双林、马要等镇，官军合攻二十馀日，将贼营悉数踏平。十月，贼由机坊港、大钱口等处来扑，分犯青铜门及横渚、塘桥，马贼由杨家庄来犯，均击退；复由奚家庄西分扑后路，贼船直犯西门，官军水陆迎剿，轰毙甚多。其分踞仁黄山之贼，亦经击散，并歼其渠，遂分攻各山贼营，由陇山进剿，贼分路迎扑，炮毙悍贼多名，水陆夹击，复将后山、弁山及杨家庄贼卡尽行烧毁，生擒二百馀匪。湖城围解。叙功，赏加按察使衔。

十一年正月，克复长兴，遂分剿东西及八都、九都、山岕，并击散宜兴来犯之贼。寻贼陷太湖之洞庭东西两山，踞之，全湖失险，长兴不能守，郡之北路七十二溇港横被窜扰。景贤于大钱口添扎水师大营，联络民团，分顾各路，大小数十战，皆捷。五月，贼大股由澉山溪窜踞南乡之菱湖镇，景贤亲督水师战于双福漾，分队由长生桥夹击，轰沉贼船数十，生擒贼目，夺获船数百号，七月，平望之贼复窜南浔镇，直至东迁；石门之贼由新市仍窜澉山溪。官军分路迎击，大破之。九月，贼并力攻骥村、晟舍，复逼郡城，景贤督军水陆出剿，鏖战五昼夜。贼遁，追至江苏震泽境，毙贼无数。适太湖贼来犯夹浦，顺帆往剿，时杭城被围，饷道隔绝，景贤虑军食不继，率大队滚营前进，由平政、高桥、雷甸一带猛攻，连破贼卡二十馀座。东山贼侦知官军南向，乘虚袭大钱口，景贤且战且退，回军掩击，夺获大小船二百馀只。贼遁，而东南乡从逆之匪，复劫扰双林镇，景贤派队驰救。旋闻杭州陷，叹曰："四面皆贼，湖城孤注。惟当效死弗去，以报国恩耳！"遂与在城文武将弁民团，誓以死守。十月，授福建督粮道。同治元年正月,谕曰:"赵景贤督带团练,杀贼守城,战功卓著。现当杭城失守,尚能激励绅团,力保湖郡及所属地方,并将递送伪示之李元林、李元桂正法,洵足以伸大义而固人心。在办团人员中,最为异常出力,着加恩赏布政使衔。"

初,贼匪逼郡城,仅太湖大钱口可通运道,忽上年十二月大雪三昼夜,炮船胶不能动,太湖冰坚如平地,于是洞庭东山之贼,履冰来扑,水师不能开炮,大钱口陷,〔一〕饷道遂断。贼以湖防受挫,死伤枕藉,恨景贤刺骨。至是觅掘景贤父墓,戒不与交战,但断绝粮道以困之。景贤叠次开门出击,辄不利,遂密寄帛书至沪与其叔炳麟诀,誓以守死,尽臣子之职。时上犹以景贤能否赴任,寄谕两江总督曾国藩酌度情形办理。复谕浙江巡抚左宗棠设法传谕该道,交代经手事件,轻装赴任。三月,景贤于围城中密奉饬知,并闻恩命,军气复为一振。乃于各营挑选壮勇三千名,由南北两门出斫贼垒,并夺获贼粮而还。时城围日久,军火粮饷日绌,每兵只给米二合五勺,官民均食粥糜。继而糠粃亦尽,但以草根树皮充饥,道殣相望。景贤意气不少挫,侦知管带宜兴勇、县丞李士元通贼,擒斩之;饥军有搜掠民间者,仍按军法。

五月,援绝城陷,景贤呼曰:"我死无憾,误我十数万军民耳!"贼首谭绍光已蜂拥到局,景贤冠带见贼,喝曰:"军民幸勿杀,速杀我!"谭逆为之改容,徐曰:"亦不杀汝。"景贤遂抽刀自斫,为所夺,拥之而去。至苏州,幽之牢,始则挫辱之,至批颊流血;继复谬为恭敬,百端诱胁。景贤不为动,作绝命诗四章云:"岂待孤城破,方嗟力莫支? 从来疆守义,敢以死生辞。乱刃交挥处,危冠独坐时。相持不相杀,鼠辈尔何知? 裂眥呼狂寇,奚烦讲说多? 断头身自分,抗手意云何! 厚貌徒为尔,孤忠矢靡他。空劳樽酒献,骂坐更高歌。猝为群盗困,遑敢学文山? 且尽从容义,聊惊丑类顽。单词明顺逆,正气慑神奸。反覆谁家子,相看只厚颜。是岂天良见,环观涕泗挥。但期能悔祸,岂必与生归? 伏剑余何憾,投戈汝莫违。漫收吾骨葬,暴露益光辉!"伪忠王李秀成致书景贤,欲诱之降。复云:"景贤奉命督办民团,保守湖城,筹画不周,粮绝致陷。其时被执在局,即可自戕,因欲保全军民,亲见谭绍光言之。言毕请杀,不解何意坚不允从。抽刀自刎,又被夺阻。延息至今,揆之城亡与亡之义,一死已迟,无怪左右动疑,询及尊意云何? 贤世受国恩,万勿他说。张睢阳慷慨成仁,文信国从容取义,虽不能效法古人,私心窃向往之! 若堕节一时,贻笑万世,虽甚不才,断不为此也。来书引及洪承畴、钱谦益、冯铨辈,当日已为士林所不齿,清议所不容,旋奉纯皇帝御定贰臣传,名在首列。此等人何足比数哉? 国家定制,失城者斩。死于法孰若死于忠? 泰山鸿毛,审之久矣。左右果然见爱,则归我者之知己,不如杀我者之尤为知己也。再来书称贤为清官,提及'清'字,顾名思义,刻不容留。"云云。寻李逆前赴江北,密戒勿杀景贤。谭逆稍善视之,景贤初以未得死法,欲伺隙手刃李逆;自李逆去苏,此志莫遂,与谭逆日詈骂。逆携常熟地图以询,遽付于火,曰:"天戈所指,汝辈齑粉死矣!"在城中不蓄发,日危冠索饮,胁从者隐为化导,皆怦怦有反正心。遇乡人则促之归,或泄其事于谭逆,于是又欲杀之。适太仓败贼到苏,播言景贤通官兵袭苏,谭逆设席招饮。酒次,诘曰:"汝通妖兵耶?"答以"我本官兵,何得谓通?""汝献苏城耶?"答以"苏本大清土地,何得谓献?"又曰:"汝今死期至矣。"景贤仰天大笑曰:"求之一年而不得者,今何幸也!"遂肆口谩骂,谭逆即取洋枪对胸一击而殒。

二年五月,曾国藩等遵旨查明死事情形具奏,略言:"景贤幼随父任读书,有奇气,辄以志在千古为言。遇事喜任人所难能。丁父忧,闭门读礼,足不履长吏庭。素为浙江巡抚王有龄所器重,以绅士办理团练,专湖防一面之任。三解城围,每战辄数昼夜,杀贼动盈万,至不可数计。先后夺获贼船大小千数百号。时乘间四出赴援。当简放福建粮道之时,闽疆吃紧,需才孔急。假使景贤遵旨交替湖防,自赴新任,诚如恩谕移其捍卫桑梓之力,以保障闽疆,厥功亦属甚伟。揆以为国惜身之义,亦未始无辞。而景贤感激益深,效死益坚,义不忍去。城陷之日,距贼围城五月有馀,从来各处守城未有如此之久者。臣等远隔贼巢数百里,无路能援,负疚徒深。景贤大义懔然,终能寻约。洵属忠贞盖世,可敬可哀! 其长子赵深彦,年甫十二,闻湖州失陷,痛父情切,即先服毒自尽。经湖南巡抚毛鸿宾奏请奖恤。其次子年甫数岁,幼者尚在襁褓,远寄湖湘,孤苦无依。闻景贤在围城中,未尝一置念也。"奏入,谕曰:"曾国藩等奏称赵景贤誓守湖郡,血战三年,并分兵四出,恢复远近坚城。贼匪畏不敢与战,以大股合围,断其运道,至五阅月,粮尽援绝。城陷后,该道抽刀自刭,被贼夺阻。执至苏郡,多方诱胁,百折不回。至本年三月间,骂贼不已,被贼枪伤殒命。核其死事颠末,洵属皎然不欺其志,无愧完人。请照布政使阵亡例,议恤、赐谥、建祠,并将事迹随折咨送军机处,付史馆立传等语。赵景贤系湖州在籍绅士,并无守土之责,集团训练,每战必捷。迨至孤城困守,粮饷军火俱尽,仍复坚持数月,力竭被擒。经贼匪诱胁百端,矢志不移,卒以身殉。劲节孤忠,实属可嘉可悯! 布政使衔福建督粮道赵景贤,着改为照巡抚例从优议恤,并加恩予谥,准其于湖州府地方建立专祠。其业经议恤之长子赵深彦,着一并附祀。所有该员事迹节略,着宣付史馆,予立特传,以彰忠荩。其子赵滨彦、赵润彦、赵滋彦、赵溁彦、赵涞彦均着俟及岁时,交吏部带领引见。"寻赐恤如例,予谥忠节。光绪元年、五年,〔二〕先后引见,得旨:"赵滨彦以主事用,赵溁彦、赵涞彦以通判用。"

滨彦,补户部主事,袭世职,荐升道员;溁彦,补湖北汉阳府通判;涞彦,荐升知府。

【校勘记】

〔一〕大钱口陷　原脱"口"字。今据赵景贤传稿(之三七)补。按上文即作太湖大钱口,"口"字不可省。

〔二〕光绪元年五年　下"年"字原误作"月"。今据赵景贤传稿(之三七)改。按元年五年之下云"先后引见",以改"年"字为长。

　　周之琦

周之琦,河南祥符人。嘉庆十三年进士,改翰林院庶吉士。十四年,散馆,授编修。十八年,充山西乡试副考官。二十年,升国子监司业。二十五年七月,擢詹事府右春坊右中允。十一月,迁翰林院侍讲。道光元年,授四川盐茶道。六年三月,迁浙江按察使。七月,擢广西布政使。

　　十年,署巡抚。十二年二月,擢江西巡抚。六月,奏:"南安、赣州二府所属厅、县缺苦政繁,每遇缉捕,筹办无资,以致情弊多端。请于九江关赢馀项下借银十二万两,发商生息,以资津贴。"上以"国家经费有常,关税馀银亦属正项,岂容任意借拨?"不许。八月,遵议裁汰冗员,奏请裁建昌、九江二府通判,袁州、九江、抚州三府照磨,武宁县高坪司、新淦县怀山司、德兴县白山司三巡检,均如所请行。又奏:"赣州上年水灾,粮价日昂,匪徒乘青黄不接之时,纠众求赈停征,已饬地方官捕其首从按治,刁风稍戢。"又奏:"赣、南二府贼盗充斥,率盐、粮、赣南三道捐资助捕,分拨各府县存储。[一]如遇情罪重大之案,须该府亲行,即由库存项下支给,以冀缉捕得力。"又以庐陵匪徒持斋念经,煽诱至二千馀人,奏将伪造经典咨送军机处,请分别办理。闰九月,偕两江总督陶澍奏称:"江西例食淮盐,惟广信府食浙盐,赣州、南安、宁都食粤盐,而饶州与广信连界,吉安与赣州连界,建昌与闽省之邵武连界,以致浙、闽、粤三路私盐充斥,浸灌淮界。请遴员巡缉。"均从之。

　　时上闻江西学政郑瑞玉不协舆情,命之琦认真访察。寻奏郑瑞玉场规不严,覆试点名,迟至巳午。疏入,得旨瑞玉下部议处,之琦以未能觉察,下部察议。又奏南昌、新建墟堤被水冲塌,被灾之后,民力难于自修,请借库款动工。十二月,奏:"丰城县杜家门首接连甘家角,土堤七十馀丈,为章江下游,堤在东北,章由西南下注,直至堤身,始折转由西北而去。下流上游,均有沙洲。从前洲未长大,河身平衍,土堤尚能杜御。今则上游之金鸡洲逼紧河身,下游之中宿洲日见长大,来水急而去水缓,土堤屡修屡塌，必须改建石堤。请于司库铁炉项下动支修建。”均如所请行。又奏：“南康府星子县万蓼花池为众水之汇，日久淤塞，因于池口东北挑去淤沙，疏通沟道，并于沟旁起筑避沙堑坝，添建闸板。其芦沟外紧接鄱阳湖口，有平沙一片，横塞于前。复令挑疏，水患少息。”又奏：“广信府界连闽、浙，有大乘教匪，南、赣二府有三点会等匪，匪众推年长者一人为首，号为‘老大’，复多布耳目，以避官捕。已饬州县严拿首从，民情渐靖。”均报闻。

十三年四月，奏：“淮盐频年滞销，由浙私浸灌，请定饶州府属七县与食浙盐之广信府连界，变通缉私章程：一、安仁县石港水卡，应置巡船；一、安仁县蓝桥水卡，与邓家埠陆卡应行裁撤，以专责成；一、安仁县长塘陆卡应复原设兵额；一、德兴县香屯卡宜分路梭巡；一、鄱阳县黄龙庙卡应设巡船；一、馀干县瑞洪卡宜设卡兵；一、运省漕船，宜稽查夹带。”如所请行。五月，遵议江西被水各区，酌借籽种，疏言：“查进贤、都昌、建昌、湖口四县食谷无多，恐青黄不接之时，不敷平粜。请援成案每石折银六钱，给与贫民。”从之。时有言南昌府查夜委员，多乘夜至殷实铺户，诬为吸食鸦片，临时伪行搜出，任意讹索者，命下之琦查奏。寻奏江西毗连粤东，烟贩最易侵入，一经查拿，则造为谤言，妄思挟制，报闻。六月，奏江西上游五月间因雨盛涨，鄱阳湖水势倒灌南昌，新建各属傍湖墟堤，多被冲塌，请分别赈恤。又奏江西界连闽、粤、两湖，山川辽阔，武备宜修，火器尤关紧要。率属倡捐制造，分拨九江、赣南二镇演习。七月，奏自六月后连日阴雨，南昌二十馀县被灾尤重，请于九江关库内就近拨银赈恤。又奏续查吉水、万安二县低田被水，请分别赈粜。十四年二月，奏：“江西被水较广,邻省楚、皖,亦多灾区,米价日昂。早稻登场,尚须时日。请借拨仓谷,运省平粜。又上年鄱阳等县被水冲决墟堤,请借款兴修。允行。六月,奏言:“江西境内入夏多雨,滨临江湖州县,多被水淹。”命先由司库拨银抚恤。七月,续查南昌等十三县水灾,请拨藩库及借九江关、赣关银分别赈恤。十五年三月,奏:“江西滨临江湖州县,民舍田庐,全赖墟堤捍卫。今被水冲塌,多系连年被灾之区,民力万难自修。请借款动工,以防春涨。”均如所请行。

时有言江西封禁山,过路行客,多白昼被劫者。命下之琦偕陶澍查奏。九月,奏言:“禁山外口隶江西者十二汛,隶福建者二汛,禁山正面即铜塘山,其东北即江西之上饶、广丰,其西南即福建之崇安、浦城,山之基址在江西者共三百馀里,外口渐次开垦,作为民田者不止三分之一。口内之大东坑、小东坑等处,间有平地,或可开地二三顷。此外如洞门底、横梭口等处,可垦者不过一二亩,馀则崇山峻岭,毫无隙地。若加开垦,不但衙署规模无从建立,即小民栖止亦防山水冲漂。查封禁山自唐季以迄元、明,久经封闭。雍正、乾隆年间,侍郎赵殿昂、江西巡抚陈宏谋两次请开未遂。良以人情趋利若骛,一闻弛禁,势必日聚日多,蔑法负嵎,不若照旧封禁,以杜事端。仍酌定巡防章程。”报闻。又奏本年被旱之上高县等三十三州县,请将钱粮展缓,允之。

十六年二月,调湖北巡抚。七月,奏均州之池口,上通豫省,为潞私屯集之所,时侵淮盐纲地,请设卡查办。又奏夏秋间江河盛涨,沔阳、潜江、监利等县田禾淹没,请分别展缓,并因库项支绌,请拨邻省银接济。下所司议行。十二月,偕湖广总督讷尔经额及陶澍奏言："淮盐捆载之仪征等处,距汉口几二千里,挽运不易。船户水手夹带私盐,稽察本属难周。加以湖北之宜昌府紧接川江,铜船自四川捆载北上,沿路收买私盐,入楚售卖,致宜昌一府尽食川私,并灌及荆门、远安、当阳等处,又随州、应山近豫省之信阳州,被潞私浸灌,黄安、麻城近豫省之光山、固始及皖省之英山,被芦私浸灌,而襄阳府属与豫省南阳各处,均犬牙相错。豫省行销潞引,较之淮盐,贵贱相悬,浸灌本易,而奸贩屯集之地,又迫近楚省,甚至包运至楚。谨会议缉私章程。"下部议行。

十七年正月,奏:"武昌城外石堤,近因上游白沙洲尾坍缺,江势东徙,大溜直射岸脚,以致膨裂坍塌。臣亲往查验,天后宫地方原建迎水石坝,长二十七丈,高三丈七尺,若照旧修补,堤身过高,难期稳固。应改为上下二层,各高丈馀,旁筑护岸,相地制宜。乘此水落归槽之时,赶紧兴修,以防春涨。"又奏上年襄河秋涨,钟祥县老堤过顶内灌,新修月堤随溜卷塌六百四十馀丈,急应修补。均如所请。

　　二月,上闻楚、豫交界,有巨盗张开运,大为民害。命之琦严密查拿。寻奏襄阳府系行销淮盐之地,与豫省行销潞盐之南阳、新野接壤,价值低昂迥别,时有背负肩挑,滥入楚境,张开运陆续收买。业经拿获,并获私盐万馀斤。七月,奏荆江水涨异常,李家埠堤涌出黑水,源源不绝,因偕督臣林则徐督令以江柴抢护,排钉大桩,高与堤等,堤内渗漏之处,以篾篓麻袋盛土填压,其上鱼埠堤底先有裂缝,探明裂处,以绵被包石灰堵塞,后以大锅覆之,外加抢护。又监利县堤居荆江下游,南邻洞庭。时值川江、洞庭二水并涨,堤身处处皆险,饬地方官星夜抢筑,化险为平。

请将摊征堤费概行豁免。十八年三月,偕林则徐奏黄梅县与江西之德化、安徽之宿松接界,德化所属之祁公堤残废多年,民力未能修复,以致江潮倒灌。又地界三省,互相观望。此修彼阙,虽上下游各有堤,而中间独缺,江潮乘虚直灌,愈刷愈宽,上下堤亦难保固。请于董家口以下筑新一千五百馀丈,直接大田尾以资堵御,上如所请。四月,丁母忧,二十年七月,服阕。八月,授太仆寺卿。旋署刑部右侍郎,十一月,实授。

二十一年闰三月,授广西巡抚。九月,奏:"粤西盗匪充斥,现督饬地方官认真缉捕,至再至三,并定章程,限三月内通报。现在审明二十七案,缉获七百馀人,仍饬令上紧追捕。"二十二年,奏捕获贵县滋事匪首关亚乌等正法,匪徒敛迹。六月,奏广西抢劫拜会案内在逃各犯,续行拿获七百馀名。均报闻。十一月,奏请设奉议州学额三名。二十四年五月,遵议酌减马干银两,疏言:"广西地处边隅,邻近越南,多系陆路,并不滨海。专借马队,以壮军威。通省额设马一千四百馀匹,数本无多,一经裁撤,势必改马兵为步兵,恐于公事有碍。请于提督以下、守备以上,酌减马一百三十馀匹,千总以下应免裁撤。"均下部议行。五月,奏广西劫案续行拿获七百馀名,报闻。

时部议开采金银矿,之琦奏:"广西五金并产,近年产银之区仅存贺县之蕉木厂及河池州之南丹、[二]桂红二厂,每年课银四五百两。查临桂县有野鸡银厂,兴安县有平峡岭银厂,荔浦县有崇溪山银矿,河池州有沾红金银厂,思恩县有卢山银矿,苍梧县有金盘岭金厂,怀集县有汶塘山、荔枝山银厂,雍正、乾隆间皆经开采。嗣因沙薄山空,先后题请封闭,以后并未开采。[三]"二十五年正月,奏:"平乐府之贺县、梧州府之苍梧、藤县、容县、岑溪、怀集皆界连粤东,易藏奸匪。嘉庆二十年督臣蒋攸铦奏请于义宁协拨把总一员、外委三员,带兵往巡。议俟三五年后,酌量情形,应否裁撤。嗣经屡次奏请留巡,目前盗风未靖,仍应留防。"均从之。十二月,因民人黄亚组起衅纠殴重案,之琦未能确实根究,率行定谳,经刑部奏参,下部议处。

二十六年,因病陈请开缺,允之。咸丰三年,命办理本籍捐输团练事宜。同治元年,卒。

【校勘记】

〔一〕分拨各府县存储　"拨"上原衍一"县"字。今据周之琦传稿(之三七)删。

〔二〕贺县之蕉木厂及河池州之南丹　"州"原误作"洲"。今据周之琦传稿(之三七)改。下文有河池州可证。

〔三〕以后并未开采　原脱"未"字。今据周之琦传稿(之三七)补。

徐之铭

徐之铭,贵州开泰人。道光十六年进士,改翰林院庶吉士。十八年,散馆,授编修。十九年,丁母忧。二十一年,服阕。二十五年,补授四川保宁府知府。咸丰三年,擢陕西潼商道,兼办粮台防务。四年六月,升湖北按察使。七月,丁父忧。六年,署四川总督、成都将军乐斌奏留四川办理酉秀防剿事宜。七年五月,服阕,六月,补湖南按察使。旋调云南按察使。八年正月,云南东路回匪聚众焚掠,勾结昭通、东川等处倮夷,麇集永安铺,之铭督带兵练击败之;复会同参将麟志等,分路进剿,毙贼四百馀,抢上迤谷山梁扎营。二月,贼来扑营,之铭等指挥兵练,分两翼从山后钞出,左右夹击,乘胜移营,直逼永安铺贼巢,添筑炮台,施放火箭,烧毁望楼,兵练继进,贼胆慑,乞降。捆献首逆沐成林、白正营正法,馀匪就抚,赏加布政使衔,并赏戴花翎。

旋护理云南巡抚。十一月,授云南巡抚。九年四月,以滇省军务未竣,请展缓本年恩科乡试,允之。六月,逆回马凌汉等聚党数千,攻袭昆阳州城。之铭檄外委陈起龙招集兵练进攻,枪毙马凌汉,乘胜追至城下,鹹斩无算。时云南回氛甚炽,临安、缅宁等处皆有贼踪,官军剿灭甫竣。七月,回匪又踞富民、宜良两县。之铭檄副将福兆等分路进攻,复两城,首匪马鸿轩伏诛。逆回又踞大理、顺宁等府县,之铭督饬兵练进攻,贼已穷蹙。适鹤丽练勇互斗,游击张正太等遇害。该匪遂乘势攻扑云南县及弥渡营,兵练退守普洏、沙桥一带。之铭以翼长署永昌协副将福申等堵剿不力,奏请降革留营,以观后效,从之。旋以药材收税抽厘,请俟集有成数,再行报部查核。谕曰:"该省现办剿匪事宜,经费支绌,准其将抽厘一款,实用实销,报部备核。至所征土药,仍着遵照部文,收有成数,即报明解部,不得擅行动用,以重税课。十月,之铭派兵讨平嵩明州回匪,又剿灭武定州暨禄丰、禄劝等县夷匪,上嘉奖之。嗣以迤西逆匪分遣姚州回匪马定国暨蒙化回匪潜入楚雄、镇南境内,勾结哨地大迤能、小迤能等处夷匪滋事,势甚猖獗。之铭委署楚雄县知县积寿等带练往剿,毙匪首陈钟礼等;又檄优贡生丁灿文攻袭烧香寺山顶贼营,生擒回匪姚小七,戮之。又派都司高天泽等会剿打卦山等处贼营,毙贼二千馀。楚雄境内肃清。

十二月，昭通府属匪首罗保林等聚众数千，在大关乡之新场等处出掠。之铭派镇雄营守备段定邦管带兵练，杀毙匪首，歼擒千馀，馀贼逃窜。四川筠连一带，上命之铭严饬地方文武督率兵练，越境进剿，会同川省带兵提督皂陞等并力夹击，不得稍分畛域。是月，讨广西州匪徒瞿腾霄等，平之。十年正月，滇省界内老鸦滩、黄毛坝、豆沙关、两河口等处有匪首马沅盛、[一]李偏胡子等，聚众盘踞横顺一带，牛皮寨老巢贼匪亦思蠢动，其地皆距川甚近。四川总督曾望颜饬令来川助剿之云南前任知府夏廷楫带勇回滇，[二]先将牛皮寨入川各路要隘堵御。上命之铭等速调精兵，简派得力大员管带，驰往牛皮寨等处，探明贼踪所向，会合夏廷楫所带之勇，迎头截击，分路扫荡，毋令阑入川疆。是月，宣威州属永安铺回匪丁发桂等就抚复叛，之铭檄知县徐承勋等平之；又讨平安宁州属逆匪马三先锋等暨阿陋井各处回、夷。

三月，之铭疏陈：“滇省昭通、东川一带与四川壤地毗连，仅隔一江。春间有巴部夷人黑蛮偷渡过江，肆行烧杀，并掳人勒赎。此股夷蛮系四川宁远府西昌县各属土司所辖。请饬四川会剿。”四月，回匪马合等围攻晋宁州城，之铭檄游击何自清等驰往救援，连破环城贼营，生擒匪首马合等，悉置诸法。州境肃清。又元江夷匪勾结九龙山朋匪，攻扑州城。之铭檄普洱府文武驰援，分路进攻，毙明、夷各匪五六百人，烧毁贼营九座；乘胜攻拔乌萨、黄杨树等处贼巢，生擒首逆刁阿寨等，枭之。八月，回匪窜陷广通、元谋等县城，[三]楚雄府城亦相继失陷。之铭以未能先事豫防，降二级留任。十月，路南州匪首赵庆春、胡天贵等勾结外回、夷二万馀人，窜踞州城，攻扑宜良县境。之铭檄署参将何自清等讨之，连获大捷，遂将州城克复。迤南临安等处夷民均震慑投诚。寻蜀、滇接壤之豆沙关等处复有匪徒滋扰，之铭饬昭通文武会团剿办，歼毙首匪罗星斗等，乘胜移师大湾等处，生擒首逆钟二达页等，枭之；即进逼豆沙关，将川省著名流匪李偏胡子等歼毙。昭通、大关等处一律肃清。又派兵疏通羊毛关盐路。

　　十二月，兼署云贵总督。奏请以回务掌教马德新等办理抚回事宜，允之。寻奏称滇省军务紧要，未能兼署督篆，请留前任总督张亮基在任调理。上谕令张亮基仍暂留本任，督办云南军务，俟刘源灏到滇再行交卸。十一年二月，云贵总督张亮基奏回务掌教马德新等恳请就抚，随商同之铭，先诣江右馆，亲加晓谕。之铭疑不敢往，密令从九品单功定煽惑刁绅李祖植等怂恿散练，赴督署恳求不准抚回，并将署内什物抢毁，杀毙通海县知县雷焱。旋纵兵练将就抚之回民轰退，逼令浙江候补道马椿龄自尽，谋杀招抚委员福建候补知府孙钧。谕曰："云南汉、回互斗，办理之法，全在分别良莠，[四]不分汉、回。剿抚兼用，不可稍存私见。张亮基奏称亟宜招抚，系为大局起见，徐之铭任性妄杀，阻回民向善之机，必致激生他变。种种妄为，实属大负委任。刘源灏接奉此旨，着即迅赴新任，将徐之铭被参各款，确查据实具奏，不得稍涉回护。"

　　五月，之铭奏调任陕西巡抚邓尔恒行抵曲靖府城，暂居府署，夜间突被窃贼拒伤殒命。谕曰："邓尔恒系巡抚大员，被贼戕害。首犯李宝等虽经兵役戮毙，并拿获董有等正法。惟曲靖府文武各员所禀情节支离，着刘源灏查明据实具奏。"六月，疏陈滇省回匪攻踞澄江府城,声称带兵进省,设立回局。惟回匪开列多条,必筹议妥善,方能办理。讵该匪既欲求抚,忽又从澄江起事,攻破呈贡县,省中兵练,扎营石虎关防堵。匪首徐元吉统率三四千人,乘夜暗袭石虎关,直抵江右馆,环省扎营二十馀座,假装兵练,混入南城喊杀,被守城官兵击出,仍归江右馆扎踞城内,万分危迫。"疏入,报闻。又奏:"回匪屯踞昆明海口之马老街等处,阻遏运粮要道。现派临元镇总兵何自清等督练进攻,将出拒之贼前后夹击,轰毙数百人,踏毁贼营六座;复将接应之贼击毙千馀,连克贼营二十七座,追至海滨,溺毙无算。乘胜围逼大材寨,将贼巢焚毁,轰毙者不计其数。其大小莺庄等处贼营,亦经焚毁殆尽,歼毙首逆杨天宝等,立将海口克复。"谕曰:"前据张亮基奏徐之铭擅杀就抚回民各情,当谕令刘源灏查明覆奏。嗣据徐之铭奏称回匪假抚攻袭省城,邓尔恒被戕,别有情由,与张亮基前参各款均不相符。刘源灏已令来京,另候简用。福济昨授云贵总督,着福济于到任后详细确查,将张亮基与徐之铭办理回务如何意见不合,并张亮基所参徐之铭各款一并秉公详查具奏。"八月,谕曰:"前据张亮基奏邓尔恒在曲靖被戕,传闻系候补副将何有保之练,并有抚臣徐之铭主使等语。此事情节种种可疑,着福济到任后,^{〔五〕}详查邓尔恒被害确情,据实具奏。"九月,奏报寻甸州属回匪占踞柯渡、八甲等处,檄何自清带练驰剿,克之。村寨一律肃清。十月,疏言:"逆回占踞寻甸州属易隆各处驿站要道,^{〔六〕}现檄翼长保升知府岑毓英专办澄江一带回匪,攻毁贼营十馀座,贼势已蹙,即挑选劲练,并力兜围,连克坚垒,毙贼千馀,将易隆贼巢攻克,歼毙伪帅多名,馀匪溃窜,驿站疏通。"

同治元年三月，疏言："回匪高起等率众进逼云南省城，分股窜踞安宁各要隘。署云南提督林自清攻克碧鸡关后，贼势已戢。署澄江府知府岑毓英亦袭攻大树营贼垒，焚杀无算。臣出示劝谕，率众归诚。林自清亦临阵开导，岑毓英亲督兵练赴省援应，途遇各回，就便晓谕，回众等弃戈投地诉冤。适武生马如龙驰赴省城，约林自清出城。马如龙自以世受国恩，情愿解散招抚，亲赴各垒劝导。林自清会同回目，将各路汉、回营盘撤退。臣亲赴江右馆与马如龙相见，饬令妥速安抚。省围立解。所踞昆阳、新兴、嵩明、呈贡各州县均即退出，汉、回各复旧业。"疏入，谕曰："林自清办理省城抚回事宜，奋勉出力。着交军机处记名，遇有提督缺出，请旨简放，并赏穿黄马褂。武生马如龙系殉难九江镇总兵马济美之侄，世传忠勇，赤心报国。此次晓谕回众，就抚解围，洵堪嘉尚。着加恩以总兵用，并赏戴花翎。其余出力员弁，着徐之铭择尤保奏，候朕施恩。"又奏称："四品掌教马德新率回众就抚，该掌教为回教所信服，请赏给头品顶戴、花翎。"上如所请。寻以委署文武员缺有违定例，自请交部严议，上免之。

四月，疏言："林自清呈请拟带兵练八万人，自备夫粮，分兵三路，同抵川境，助剿贼匪。一俟川省底定，即全师进攻江南粤逆，以图报称。"谕以"川省股匪业经骆秉章督兵剿办，屡获大捷，渐就肃清。江浙一带，现在兵力已敷剿贼之用，无庸该总兵前往助剿。现已谕令骆秉章于该练未入川境时，先期檄止。此时大理府城尚未克复，滇省军务未平，需材孔亟。着徐之铭即饬林自清统率所部驰赴大理，迅克郡城，懋膺殊赏。"寻奏称："署布政使花咏春既老且病，恐难胜任。岑毓英剿办回匪，为汉、夷、回所悦服,兵练亦能弹压。查新任藩司萧浚兰至今未经到任,可否将道员岑毓英于两司畀予一缺,于边疆大有裨益。"疏入,报闻。八月,奏言:"寻甸州接壤之颖庄地方练目冷国洪等招集练众,〔七〕占踞村寨,勒派盐粮,拥众自固。现檄回将马青云前往剿办,攻克马衔子、象顿山各营,将附和练众,尽行解散,歼除巨匪陈老五、李国曾等,颖庄各处肃清。"又疏陈:"滇省抚局初定,前云贵总督张亮基统兵赴滇,回民惊疑。请饬张亮基轻车减从,不可多带兵练,并无用张贴告示,以定抚局。"谕曰:"张亮基奉旨办理滇省事务,带领兵练护卫,亦系体制当然,使滇中已如常安堵。该前督即无须用武,所带兵练即可于到滇后遣散,已谕知张亮基酌办。至张亮基所发滇省告示,系属剿抚兼施,并非专主剿办。徐之铭于晓谕回众后,即行张贴,无庸避忌。该抚惟当镇抚回众,明白晓谕,令其不必惊疑。并就现在应办事宜,悉心筹画,俾张亮基入滇后相助为理,悉臻妥协,以副委任。"

又奏称大理西路抚局,尚未就抚,已谕马德新等设法开导,林自清不可再令赴滇办理大理抚事。〔八〕谕曰:"林自清应否随同赴滇,抑或留川差遣,着骆秉章、潘铎、张亮基妥筹办理。至林自清部下兵练尚扎泸州,该督等设法安置,以弭后患。"旋以滇省盐价平减,请令川省停止加运额盐;又请将前督张亮基所收银两,令解交滇省藩库,以重帑项:允之。闰八月,谕曰:"林自清率众入川一节,兹据韩超奏称,饬令镇宁州地方官传询林自清之父。据称林自清家信内有系徐之铭授意等语,且徐之铭行文韩超,始则称林自清赴川助剿,未奉谕旨,率行起程,不可节制,恐入黔境,扰累地方;继又称贵州安南县城危急,委林自清赴援。前后自相矛盾,是该抚之欺饰,已可概见。着潘铎传讯林自清是否自愿赴川,抑系徐之铭授意遣往,据实覆奏。"

十一月,云贵总督潘铎奏省城安静情形,并察明邓尔恒被戕原委,并无他人指使。谕曰:"滇省自回教就抚而后,汉、回各释猜疑,群思休息。省城既已粗安,外郡县亦可渐期复业。潘铎莅任伊始,当随时宣布朝廷威德,使已靖地方永远相安;其未能向化如大理等处,亦须一律疏通,得以休息疆宇。张亮基已令署理贵州巡抚,毋庸前赴滇南。徐之铭在滇年久,熟悉情形,一切地方事宜,潘铎正可与之和衷商推,妥为筹办。徐之铭亦当振刷精神,勉策桑榆之效,正不必以万里孤臣自危自阻也。至邓尔恒被戕一案,据潘铎奏称实系何有保令史荣等带练戕害,其为并无他人指使,尚属可信。史荣等业经到案,着潘铎等督饬承审各员严行审讯,穷究党与,尽法惩治,以申国宪,毋得稍涉宽纵。"十二月,潘铎奏拿获戕害邓尔恒要犯戴玉堂等,讯明正法,并请将疏于防范各员议处。谕曰:"云南巡抚徐之铭于邓尔恒被戕一案,据潘铎奏称,讯据各犯供称,并无知情徇纵情事。惟案情重大,疏于防范,实难辞咎。着交部议处。"部议降三级留任。

二年正月,广西石逆由黔窜滇,盘踞横江、双龙场各处,上命徐之铭等督饬带兵员弁实力剿除,与川军会合夹击,毋留馀孽。三月,之铭奏称:"迤西逆匪杜文秀遣其党李俊等,乘马如龙出省,勾结武定、嵩、寻等处回匪数千,赚入省城,督臣潘铎在南门弹压,复亲赴五华书院劝谕解散。该逆猝然鼓噪,督臣登时遇害。臣会同署藩司岑毓英等分头巷战,署云南府黄培林等阵亡。臣赴掌回教马德新寓所会议防守,并飞催马如龙檄调练勇,分攻城内贼营,生擒伪都督李俊等正法。省城现已安堵。"谕曰:"前因骆秉章、韩超奏,云南省城被匪袭陷,当经降旨令骆秉章等派兵援剿,将该省文武下落及督抚死难情形查奏。兹据徐之铭所奏情形,与骆秉章前奏大相歧异。徐之铭在滇有年,于回众勾结进城,未能先事防范,致令督臣被戕,府县殉难,该抚尚腼然苟活,实属罪无可解!着革职来京,听候议罪。"

五月,之铭密陈鹤丽镇总兵马如龙忠诚无二,为汉、回、夷所惮服。迤西杜逆占踞大理等府,势甚猖獗,惟如龙一人足与抗衡。又署藩司岑毓英与马如龙共事,时以忠孝互相砥砺。省城之变,若非该署司谋勇兼优,极力维持,焉能保守危城半月之久,以待马如龙援兵?实属胆略过人,堪胜将帅大任。现在滇南之事,惟赖该署司与马如龙二人。回教兵练,有马如龙节制;汉、夷兵练,有岑毓英安辑。如此办理,则滇疆有安靖之期,臣虽死无憾。"疏入,上命云贵总督劳崇光等详查密奏,妥筹办理。

三年八月,卒。光绪五年,翰林院侍讲王先谦疏言之铭情罪重大,请旨查办,从之。寻据云贵总督刘长佑等覆奏称:"邓尔恒被戕,并非徐之铭主谋,其为逆党马荣说合一节,当时徐之铭曾改装赴岑毓英军营计议。因岑毓英一意进剿,旋即会商战守事宜,肃清省城,亦非甘心从逆。"疏入,得旨,王先谦所请不准其子出仕应试之处,着无庸议。

【校勘记】

〔一〕马沅盛 "沅"原误作"沉"。今据显录卷三〇六叶三上改。按徐之铭传稿(之三七)亦误。

〔二〕云南前任知府夏廷榴带勇回滇　原脱"前任"二字。今据<u>显录</u>卷三〇六叶三下补。按<u>徐之铭传稿</u>(之三七)亦脱。

〔三〕回匪窜陷广通元谋等县城　原脱"陷"、"城"二字。今据<u>徐之铭传稿</u>(之三七)及<u>显录</u>卷三二七叶二九下补。

〔四〕全在分别良莠　原脱"全在"二字。今据<u>显录</u>卷三四四叶一七上补。按<u>徐之铭传稿</u>(之三七)亦脱。

〔五〕并有抚臣徐之铭主使等语此事情节种种可疑着福济到任后　原脱"徐之铭"。又"任"误作"省"。今据<u>毅录</u>卷二叶五上下补改。按<u>徐之铭传稿</u>(之三七)亦脱误。

〔六〕逆回占踞寻甸州属易隆各处驿站要道　"甸"原误作"匐"。今据<u>毅录</u>卷二叶五下改。按<u>徐之铭传稿</u>(之三七)亦误。

〔七〕颖庄地方练目冷国洪等招集练众　"颖"原误作"颍"。今据<u>徐之铭传稿</u>(之三七)改。下同。

〔八〕林自清不可再令赴滇办理大理抚事　"抚事"原误作"事宜"。今据<u>徐之铭传稿</u>(之三七)改。

徐宗幹

<u>徐宗幹</u>,<u>江苏通州</u>人。<u>嘉庆</u>二十五年进士,以知县用,分<u>山东</u>。<u>道光</u>元年,署<u>曲阜县</u>知县,数月案无留牍。寻补<u>武城县</u>知县。二年,大堤口决,合而复开者再。<u>宗幹</u>露坐小舟,周历灾区,抚恤之。三年,<u>临清</u>教匪<u>马进忠</u>等谋逆,随巡抚<u>琦善</u>往剿,平之。四年,调<u>泰安县</u>知县。八年,充<u>山东</u>乡试同考官。十年,大计卓异。十一年,充<u>山东</u>乡试同考官,以历年钱漕全完,加五级,并得旨不论俸满即升。又以获盗多名,加三级。<u>泰安</u>地丁银四万两,向以钱折纳,嗣银价昂贵,不敷火耗解运费,民求加羡,不许。然

在任十年,终无逋赋。县南徂徕山为盗薮,深入剿捕,并严治掖刀匪徒,盗贼屏息。修岱麓书院,购经史藏其中。设醴泉义塾于岱麓,延师教民俊秀,朔望偕师生行释奠礼。

十三年,升高唐州知州。十四年,复充山东乡试同考官。十七年正月,潍县教匪马刚等戕官谋逆,随巡抚经额布剿擒之。时议将首犯解省监禁候旨,宗幹以戕官之犯未可稍稽,请于巡抚就地戮之,众心以安。潍邑距省五百里,其缘坐家属妇女百馀人,并请就地发遣,免其解省。任高唐四年,朔望及三八日宣讲圣谕广训衍义,放告之日,老幼麇至,堂下皆满。暇则辟门坐堂上观书,有呼冤者立召问之。听讼每至夜分始退。复微服巡行,幽僻曲巷亦遍历之。州境内有“十虎”棍徒,诛治殆尽。修鸣山书院,乡试前期,令诸生至院,授以餐,亲督课之。尝访一炷香教匪,令黠役入其党,侦得实,于其聚会日密掩捕之,无一脱者。罪其魁,馀宥之自新。

六月,署临清直隶州知州,值运道水浅,亲自督挽粮艘,复以捐修运河剥船,下部议叙。十八年,升济宁直隶州知州。二十一年,岁旱,宗幹为文祷于峄山,雨立沛。撤淫祠,改祀先贤樊子、高子、曹子、郑子,访其后裔,使奉祀之。割三官庙僧道田为渔山书院膏火,朔望令狱吏诵御史陆陇其劝谕盗犯文,并宣讲圣谕,使狱囚环听,察其实心愧悔者,给以工值,令挑浚河泥,或积土牛防汛,以食其力。词讼待质者,按日分除在标牌以悬之,无敢私押者。时金乡县民挑浚彭河下游,屯民集千馀人阻之,刀械误伤差员,势汹汹。宗幹闻报,轻骑往,中途遇役赍文书请兵。宗幹取文书怀之,叱役返,抵境晓谕解散,屯民皆匍匐自首。大吏欲置重典，宗斡以为民畏水灾，非与官敌，聚众出于阻工，殴官非其本意，力争之，乃遣戍为首者七人。

寻署兖州府知府，以捐修济宁州城垣、学宫，赏加知府衔。兖属邹县、滋阳河堤年久残缺，兼苦雨涝，民修以工巨不能集，请借帑于上官，辄格不行。宗斡上言：“水利为民田所关，民田为国课所出。暂时停工省费有限，历年缓灾为数甚多。况涸复启征，所得倍蓰于所用。为民计，即所以为国计也。”卒奉谕旨允行。二十二年，以巡抚托浑布遵旨保奏，入都引见。旋授四川成都府遗缺知府，召见，谕以“实心实力，勿染外官习气”。二十三年三月，补保宁府知府，寻兼署川北道。时南江县因奉文采伐柏木，修造广东战船，旋经停止。乡民以官为私，集数千人断其木，几成大狱。宗斡单骑往，集首事者，数语解散之。

四月，擢福建汀漳龙道。漳属有械斗案，官莫敢问。宗斡莅任后，先以他事买舟泊城外，密书带壮勇胥役若干，授阍者令逾时始拆阅。只身夜登舟至其地，牌示不焚屋，不准从人犯秋毫。道遇差弁向宗斡附耳语，请速返，宗斡不为动。壮勇数十人亦至，直入庄内，老幼环集，有积仇久斗不休者。集两造令同酒食以解之，谕子弟为非者既往不咎，现在犯事者当自献，皆唯唯设鼓乐香案送登舟。一时著名巨匪皆投首，并自缚其子弟及党羽来献。

二十五年，丁母忧。二十七年，服阕，在籍授福建台湾道。初，闽浙总督刘韵珂密疏：“宗斡廉正明达，精勤果锐，前在汀漳龙道任内，除暴安良，械斗掳赎之风顿减，漳民至今思之。”故有是命。咸丰元年，以前在山东误接滥抵流摊赔款，部议革职留任。二年六月,剿擒结盟竖旗之匪犯王勇等。十二月,以剿灭谋逆之匪犯洪纪等,办理迅速,先后下部议叙。旋经总督季芝昌疏陈宗幹循声懋著,讲求吏治,整顿地方,并剿擒匪犯,调度合宜,赏戴花翎。三年四月,匪徒洪泰等谋逆,连陷台湾、凤山两县,扑郡城。宗幹偕总兵恒裕督率将弁,联络庄董,防剿兼施。时有旨命宗幹带兵内渡,剿漳、泉逆匪,以台地扰乱中止。六月,官军复凤山县。寻擒首逆杨文爱等。八月,逆匪扰及噶玛兰厅,经宗幹督兵剿平之,逆首吴瑳等就擒。

四年正月,擢按察使。先是,台郡戒严,宗幹以与恒裕意见不合,密呈督抚,请将总兵委员署理,并自请开缺。经巡抚王懿德奏参撤任调回内地察看。八月,王懿德疏陈:“上年台湾、凤山等县逆匪分窜滋扰,经宗幹克期扑灭,无烦内地兵力,得以迅速蒇事。第远隔重洋,底蕴难以周知,兹朝夕相见,留心体察,洵属有才有识之员。乞将宗幹留于闽省差委,并请各省按察使缺出,仍一体简放。”得旨,着来京,交吏部带领引见。五年十一月,抵京,叠荷召对。十二月,命赴河南帮同英桂办理剿匪事宜。六年,命赴安徽帮同福济办理剿匪事宜。英桂旋以防剿需人,奏请暂留河南,允之。七年正月,授浙江按察使。九月,以前在河南剿贼出力,赏加布政使衔。十一月,署布政使,九年正月,实授。十月,以短解甘饷,降三级调用。十年六月,命交江北团练大臣晏端书等差委。旋经江南团练大臣庞钟璐奏请,以宗幹办理通、泰一带团练事宜,允之。十一年六月,以办理团练出力,赏还布政使衔。十二月,命来京听候简用。

同治元年正月,擢福建巡抚。二年四月,奏请将三品武职之

参、游大员停止捐输,下所司议行。十月,匪首李阿四窜扰延、汀
各属,台湾逆首戴万生陷彰化县,先后剿擒之。三年二月,江西
窜匪犯汀郡边境。四月,饬署按察使徐晓峰等率师驻延郡防剿。
五月,饬延建邵道康国器击贼,并收复江西新城县城。六月,檄
署汀州镇总兵关镇国、署汀州府知府朱以鉴击贼,并收复江西瑞
金县城。九月,逆首李世贤、汪海洋等由广东突犯汀郡,直扑漳
城。时龙岩州云霄厅及武平、永定、南靖、平和等县相继失守,宗
幹咨请江苏巡抚李鸿章派兵来援,闽浙总督左宗棠亦由浙督师
入闽。宗幹自请督师出剿,得旨,留办省防。四年五月,偕左宗
棠饬提督高连升、黄少春等剿平各贼。闽境肃清。九月,偕左宗
棠派兵剿捕兴、泉、漳、永各属小刀会匪,首要各犯次第擒斩,得
旨嘉奖。五年正月,以捐输军饷,下部议叙。

　　十月,卒。福州将军兼署闽浙总督英桂、调任陕甘总督左宗
棠合词疏陈:"宗幹以循良著闻,蒙列圣特擢,荐至藩臬。皇上御
极之初,特授福建巡抚。时台湾小丑跳梁,汀郡寇氛逼扰,上下
游各郡匪盗时复鸱张。宗幹战守兼筹,次第平定。同治三年巨
逆李世贤、汪海洋突犯漳、龙,宗幹会商剿办,练团筹饷,并规画
援剿事宜,料理转运各务,昼夜勤瘁,未敢告劳。其居官廉惠得
民,所至皆有声绩。日坐堂皇,手治官书。自为牧令,至今皆然。
即在病中,未尝废事。病笃犹以闽事及西征饷事相问,语不及
私。"谕曰:"徐宗幹居官廉惠,所至有声。由道府荐至藩臬,擢
授福建巡抚。战守兼筹,将台湾汀州各匪次第平定。及发逆突
犯漳州,办团筹饷,倍著勤劳。本年九月间,偶患脾泄,方给假调
养,以资倚任。讵意因病出缺,身后萧然,无异寒素。披览遗折,

悼惜良深！徐宗幹着照巡抚例赐恤。任内一切处分，悉予开复。历任政绩，着编入国史循良传。并加恩予谥，入祀福建名宦祠。伊子中书科中书徐毓海，俟服阕后，由该部带领引见，用示笃念荩臣至意。"寻赐祭葬，予谥清惠。

子毓海，恩赏主事。

翁同书

翁同书，江苏常熟人。父心存，体仁阁大学士，自有传。

同书，道光二十年进士，改翰林院庶吉士。二十一年，散馆，授编修。二十三年三月，大考二等。六月，充广东乡试正考官。二十七年，大考二等，赐文绮。二十八年，提督贵州学政。三十年，擢詹事府右春坊右中允。咸丰元年，应诏条陈四事：一、广抚恤，自粤匪横行，失业良民，宜早筹抚恤，且免狡黠者转而从贼；一、宽赋税，直省官吏额外横征，转致正供缺乏，宜撙节爱养，并令各督抚察举一二洁己爱民之守令，以为标准；一、修水利，江、浙、湖、广地本水乡，近年灌溉之利少，泛溢之患多，良由江身壅垫，淮渎不得畅流，其馀广泽通津，亦多壅遏，宜责成地方官，实力兴修；一、练水师，粤贼肆扰，岭海相连，易于窜伏，宜训练水师，加意巡防，以期有备无患。上韪之。三年正月，命驰赴江南军营，交钦差大臣琦善差委。三月，擢翰林院侍讲学士。六月，转侍读学士。七月，擢詹事府少詹事。四年，以在营办理文案出力，赏戴花翎。

六年二月，奏言："安民自足兵始，足兵自理财始。方今理财之要，惟有就固有之利，为化裁通变之方。谨拟数端，以备采择：

一、疏通滇铜，以广鼓铸。近年小丑跳梁，江运不通，滇中之铜愈壅，京师及各省之钱愈绌。雍正年间曾于云南产铜处所，设局铸钱，由汉口搭运至京，行之有效。查滇铜起运，由四川泸州登舟，直抵湖北荆州。今若查明旧章，或于滇中设局鼓铸，运至荆州收储；或设局荆州，运滇铜以铸制钱。水运则可浮大江以达武昌，充楚省军需之用；陆运则可由襄樊以达开封，充豫省河工之用，且于军营皆有裨益。一、暂换引地，以销滞盐。淮盐之利甲天下，每岁额征课银，报部销者二百二十馀万两。计出自淮南者几及十之八九。今沿江戒严，淮南片引不行，军饷不继，持筹者计无所出，而不知失淮南盐课之利为可惜也。臣以为江运虽未通，而引地可暂易。查江西一省向食淮盐，今若借以予浙，则由杭州抵玉山，直达广信，距南昌诸府甚近，水陆运费尚不为重。况江西乏盐之地，行销甚易，湖广商贩且闻风而来。如行之有效，销路日广，于江西设局稽查，坐收其利。此浙引之可行于江西也。至苏、松、常、镇四府，太仓一州，向食浙盐，除浙江产盐之区，仍食浙盐外，其苏、常、镇三府，太仓一州，[一]请暂令改食淮盐，舟楫可通，形势尤便。如此则江楚之民无淡食，而淮南之滞盐得销矣。一、河海并运，以利漕行。粤寇阑入长江，梗阻运道。三载以来，全赖江浙之米由海运以达于通仓，其数不及全漕之半，而频年海寇窃发，登州洋面即有觊觎运艘之事。若徒恃海运，恐中途有阻，漕不时至，则天庾何由而裕？且会通一河，前人百计经营，傥废置累年，必致淤浅。请酌分海运米若干石，仿剥浅之法，雇用民船，由水次以达清江；而临清，而天津，节节置仓，节节易舟，无风波盗贼之虞，无守冻搁浅之滞。且运河一通，则商贾往来，百货辐辏。其所经浒墅、扬州、淮、宿、临清、天津诸关，收课日赢，于国计亦有裨益。一、清厘马政，以重帑项。马政之废弛，莫甚于今日者有二：一曰营马之弊。定例额设马兵，即应骑官马一匹，近虽奉议裁汰，而例设之马尚多，实则徒存册籍，并无马匹，各省马干，多入于不肖营员之手，徒饱私橐。今宜于额设营马之中，量减数成，稍减刍秣之费。如是则一省所节以数万计，合直省计之，可成巨款。一曰牧马之弊。甘肃一省，甘州提标及西宁、凉州、肃州诸镇标，皆有牧厂，其地水草肥沃，牧马蕃息。果使得人经理，马数可以日增。乃近闻各厂于孳生之马，往往以多报少，隐匿大半，上下通同一气。加以野番钞掠，几无虚岁，由是卒不获草场之利。请饬陕甘总督设法抽查，将孳生之马拨给各营之外，其馀全数变价，解存司库，则牧厂可收实济。一、严汰羸卒，以杜虚糜。伏思用兵制胜，惟恃精锐。今远调士卒，转战累年，骁勇者多战殁。水土不服，尤多物故。加以乡勇口粮优于营兵，逃兵充勇，时时有之。兵额缺则补馀丁，馀丁尽则随地募补。其人皆负贩细民、市井游手，驱以战则见贼而怯，绳以法则畏罪而逃。军心何由坚？军威何由振？臣所深忧，实在于此。请就原营中添调精锐十分之一，俟其到营，即将原调之羸疾遣归，新募之游惰裁汰。庶兵皆劲旅，饷不虚糜矣。满营官兵亦多受伤患病，不能临敌者留之军营，虚糜饷糈，何若听其撤回，稍可节省。请恩准满营官兵之伤病者，量予撤回，仍责成大员亲加点验，以杜规避。再空粮阙伍，行军最忌，上年侍郎杜翮奏请稽核实为切要。请饬各路统兵大员一体实力整顿，务使军伍无旷，信赏必罚，将士用命。如是而谓贼未易平，臣不信也。一、筹补仓谷,以崇本计。窃惟州县仓谷,所以济凶荒,补缓急,牧令贤否不一,侵渔影射,势所不免。军兴以来,遭蹂躏者,仓廥如洗,即大军所过,行不赍粮,州县无以供亿,往往枭变仓谷,求济目前。报明碾动者有之,私自通挪者有之,其碾用若干,实存若干,监司尚不尽知,何况督抚?何况司农?请饬督抚通查,造册报部,以便稽核,一面督令该管道府,率各州县设法筹补。贼退之后,首重耕耘,如人病痊,当培元气,不可谓非急务也。近年被兵之地虽广,犹幸年谷丰稔,民困稍苏。该地方官诚以此时劝谕富民,纳粟入仓,视其捐数,量予奖励。其州县官行有成效者,准计典列入卓异。倘敢藉端科派,立予参革。如是仓储充实,可备水旱而民鲜饥寒,亦不至流为盗贼矣。并请严禁种植罂粟,以重农政而维民风。"又疏陈:"江防五要:一曰扼要津。自汉口、芜湖而下,各隘口已有水师驻守,惟和州之针鱼嘴,在西梁山之下,现无水师。故贼船得由皖省内河及巢湖出江,援应运粮,直抵金陵。是针鱼嘴亟宜拨船堵截。二曰联陆路。凡江面屯泊水师之处,岸上必须有陆军接应。今观音门水师孤立,宜于陆路派一军,驻扎南岸燕子矶、栖霞山一带。三曰断岸奸。查浦口南岸之七里洲,丹徒境内之世业洲,仪征境内之老河影,皆岸奸聚集之所,应设法缉拿。四曰议火攻。自艇师上驶,皆以火攻得胜。宜令水师兵勇泗水登陆,燔烧贼营。五曰增小船。艇船过于笨重,即龙哨快船亦未十分灵捷。倘贼乘划船,[二]难期返击。宜多设小船,与大船相辅而行。庶贼船无从窜脱。"疏入,并下部议行。

三月,江宁、镇江悍贼万馀渡江,纠合瓜洲踞贼直扑扬州,官军溃败,托明阿退守三岔口,城遂陷。上褫钦差大臣托明阿职,以德兴阿易之,命同书帮办军务,并谕以先就现在兵勇,择要分投堵剿,毋令扰及清、淮一带。同书驰抵邵伯镇,收集溃兵,联络民团,击贼于蒋王庙,贼败遁;进攻薛家桥及七里桥贼垒,搜杀伏贼殆尽。复会合提督邓绍良进攻扬城,复之;回驻邵伯,防贼北窜。四月,与德兴阿会师攻复浦口及江浦县城。七月,擢詹事。十一月,奏陈扬营兵饷久缺,请仍照托明阿前奏月支三两零九分之数,毋庸议减,允之。十二月,会攻瓜洲踞匪,水陆并进,毙贼千馀。七年三月至五月,叠次进攻贼垒,擒斩无算。六月,败贼三汊河,毁其瞭台、望楼三十馀处。十一月,亲督诸军更番出战,以火炮毁贼垒,克瓜洲,上嘉其功,赏穿黄马褂,以侍郎候补。方官军之破瓜洲也,金陵贼船图驶入为援。同书侦知之,分军堵截,水师直入内河,进逼金山寺,擒伪总制萧有方,斩伪将军陈恩书,贼众大溃;追至巴斗山,又败之,斩伪元帅赖元益等,馀匪悉遁。

八年四月,来安贼犯六合,败之于施家集;贼益兵来援,又击败之,复来安城。下部优叙。六月,授安徽巡抚,督办军务。时庐州再陷,捻、粤各匪互相勾结,淮南北蹂躏殆遍。上命同书帮办钦差大臣胜保军务,皖境各军均归节制,同书移营进驻定远。九月,贼窜马头城,同书督兵分路击败之。天长踞匪复犯三河集,同书派兵迎剿,贼败遁,遂复天长。十月,疏请严禁徽、宁等府花会,略曰:"军兴以来,皖南各郡,远隔贼氛。徽州处万山之中,其俗朴茂俭勤。道光二十八年间,忽有闽省传来花会,用射覆之计,避聚赌之名,角胜分曹,注金夺采,浸相传习。愚民败产倾家,酿成巨案。徽郡乱源,已伏于此。乃地方官不能禁止,转用其人以御贼,地方遂日以不靖。已饬各属严拿惩办,惟皖南逆氛梗阻,又与浙省毗连,难免传染。请饬令一体严禁,以绝乱萌。"上韪其言。时怀、凤捻逆窜扰定远,同书督军迎剿,累战皆捷。粤逆来犯,又分路击却之。

九年二月,疏请严定查办恤典限期,毋任胥吏需索,下部议行。三月,捻匪大股纠集安庆贼党,陷六安州,遂犯定远。胜保督队出战,同书夹击,大破之;复派兵练进攻六安,复其城。四月,以擅调已革淮徐道郭沛霖赴营,部议降二级留任。五月,国史馆臣工列传书成,同书以前充总纂官,下部优叙。六月,捻匪龚逆率大股扑定远,同书督郭沛霖等击败之。贼复勾合庐州粤匪数万来犯,城遂陷。同书移驻寿州。上以同书身任封圻,未能督兵固守,下部严议。旋命革职留任。七月,疏陈:"练兵选将裕饷事宜:一、请调陕甘督标、固原提标、汉中镇标兵各一千名,来皖助剿;一、以提督郑魁士忠勇有谋,请令来营带兵,俾资镇压;一、请与胜保军营均分协饷。"十月,以贼踞明光,淮盐不得渡河,请令皖北暂采芦盐以济民食。"下部议行。

又以皖北糜烂已极,疏陈补救三策,略曰:"近来可用之兵,莫如楚师。谍闻楚师之顺江而下者,已破石牌,将扼安庆之吭,而拊潜山之背。倘别遣劲旅万人,间道疾趋英、霍,直捣舒城,得舒城,〔三〕则桐城、潜山、太湖皆下矣。庐城坚大,宜且按甲勿攻,徐出奇兵,以图怀、定,牵贼之势,使不得东向,然后清江可以无虞,皖境可以渐复。此上策也。如楚师转战潜、霍间,未能深入,法当先图怀远,胜保一军为明光贼势所牵,未能西来;傅振邦一军为宿北捻势所挠,亦难南迈。欲制怀远,〔四〕惟苗沛霖练丁可用,所居距怀远不及百里,若以河南省漕粮三万石赒给苗军,辅以官兵,再由湖北督抚派勇将引偏师径趋下蔡,以为声援。并请敕下户部发实银二三万两,添置水师炮船,浮淮而下。计百日内可拔怀城,则临淮、凤阳一鼓可下。此中策也。若二者皆不能行,则以胜保一军攻复明光,急檄李世忠一军逾清流关而入,以保东路,臣扼守寿州,与傅振邦、关保互相应援,制孙葵心刘天福二巨捻。又用剿抚兼施之策,徐翦其羽翼,以保西路。虽未能使贼大创,或不致十分决裂。此下策也。否则因循日久,徒以劲骑重兵画淮而守,恐淮南尽失,即淮北泗、灵一带,亦难遏燎原之势。"疏入,报闻。

　　是月,捻逆孙葵心率大股贼围扑颍州,同书派兵迎剿,贼败走;复败于太和境,乘胜攻粤逆于霍山,复其城。并分攻霍属之毛坦厂贼垒,平之。十二月,粤、捻合股围扑寿州,同书派兵击却之。十年正月,攻捻逆于定远之炉桥,焚其垒。二月,进击舒城援贼,连获大胜。三月,击王家海贼圩,破之,擒其渠申连复。时河北围练响应,练总褚开泰率练勇击粤、捻巨股于全椒,斩其伪佐将,阜阳团练亦攻破任家圩、临湖铺两处贼巢,并收抚张家冈贼圩。四月,攻克小华家圩贼巢,擒其渠。寻疏陈盐利开屯之策,略曰:"颍、寿、六、霍之间,受粤、捻荼毒,白骨成丘,青蒿蔽野。庐舍耕具,荡为灰烬。欲苏民困,非兴屯垦不可;欲兴屯垦,非筹经费不可。今兵食浩繁,度之匮乏,惟有以盐利开屯一策。盖自长、淮梗阻,淮北票盐,片引不行。今虽渐次廓清,然人心未定,商贾裹足,故票盐尚未畅行,莫如官为捆运。由西坝上达三河尖销售,听各贩转运阜、颍、霍、六各州县及豫之汝宁、光州等处,先盐后课,免抽厘金。俟销盐后,将盐价水脚一一清还,计尚有赢馀之利,即以为屯垦经费。有经费即可创立屯田章程,如清厘绝产,收买官田,召募耕农,买牛给种,发粮盖棚,可次第筹画举行。"并陈屯田六利。疏入,下部议行。

时捻首孙葵心拥众数十万,胜保屡遣人招抚之,上命同书与胜保妥办。六月,同书奏言:"孙葵心党羽太多,众心不一,抚之则凭恃其众,不乐遣散。若令自成一军,徒縻口粮。现在官军进攻程家圩贼巢,程圩若拔,则兵威既壮,又何必曲意招抚耶?"疏入,报闻。旋拔程家圩逆巢,收抚捻圩六十座。二月,夷氛逼近畿地,胜保请飞召外援,以资夹击。同书因疏请苗练,迅赴通州,候胜保调遣,并自请开巡抚缺,躬率苗练北行。上以皖防紧要,止之。九月,粤逆陈玉成率大股犯寿州,扑北关。同书亲督诸军堵御,夜令水勇凫渡至山麓纵火。贼众惊溃,围遂解。贼窜六安,复击退之。十月,密陈四事曰:请回銮以孚民望,戒浪战以审事机,裕京仓以安人心,发德音以耸群听,上韪之。十一月,复陈五事:一曰谨天戒,二曰固邦本,三曰收人才,四曰练京营,五曰争形势。疏上,谕曰:"收人才一条,利少弊多,馀将随时措施矣。"十二月,寿州绅练,因嫌雠杀。命同书会同袁甲三查办。寻奏:"苗沛霖所部练勇,因勇目都司李学曾等被害,辄纠众围攻寿州,经袁甲三派员开导,始悔悟撤队,苗沛霖亦知感激图报。应交部议,以示薄惩,仍责令剿贼,以赎前愆。"从之。十一年,召来京。寻以寿州绅练雠杀未能速办,部议镌秩留任。

同治元年正月,两江总督曾国藩奏劾同书于定远失守时,弃城奔寿州,复不能妥办,致绅练有雠杀之事。迨寿州城陷,奏报情形复前后矛盾。命褫职逮问,经王大臣等定拟罪名。奏入,上以同书遗误地方厥罪甚重,即照所拟斩监候,秋后处决。十一月,以同书父心存病笃,上加恩命刑部暂行释放,俾侍汤药;心存卒,复命穿孝百日,再行监禁。二年,发往新疆效力赎罪。三年,经西安将军署陕甘总督都兴阿奏留赴甘肃军营效力,允之。四年八月,同书督兵在花马池、定边一带截击大股窜匪,叠获胜仗,并阵斩首逆伪平西王孙义保,赏四品顶戴。十一月,卒,都兴阿以闻。谕曰:"已革安徽巡抚翁同书前在江北屡著劳绩,嗣在安徽巡抚任内失守定远、寿州,降旨革职,发遣新疆。上年六月,经都兴阿奏请留营差委,统领直、晋官兵,扼守花马池。叠次带队立功,并擒获逆首孙义保。业经加恩赏给四品顶戴。兹因积劳成疾,于病势沉重之际,犹以未能荡平回匪为恨,语不及私,情殊可悯!着加恩开复原官,照军营立功后病故例赐恤。"寻赐恤如例,赠都察院右都御史,予谥文勤。七年,两江总督马新贻奏扬州府绅士请捐建同书专祠,从之。

子曾源,翰林院修撰;曾桂,二品顶戴,江西按察使。孙斌孙,侍讲衔翰林院检讨。

【校勘记】

〔一〕至苏松常镇四府太仓一州向食浙盐除浙江产盐之区仍食浙盐外其苏常镇三府太仓一州　"四"原误作"三",又自"向食"以下,共脱二十六字。今据翁同书传稿(之三八)改补。

〔二〕倪贼乘划船　"乘"原误作"众"。今据翁同书传稿(之三八)改。

〔三〕直捣舒城得舒城　原脱"得舒城"三字。今据翁同书传稿(之三八）补。

〔四〕欲制怀远　"怀"原作"淮"，音近而讹。今据翁同书传稿（之三
　　八）改。按上下文均有"怀远"可证。

冯德馨

冯德馨，山东济宁州人。道光三年进士，以主事用，分户部。
十七年，补官。十八年，升员外郎。二十一年，迁郎中。二十三
年，京察一等。二月，记名以道府用，旋截取以繁缺知府用。三
月，授贵州粮储道。二十四年，调山西河东道。二十五年，擢广
西按察使，暂留山西决谳。二十六年，抵任。二十七年，湖南土
寇雷再浩勾结广西群盗扰新宁，德馨奉檄会楚兵堵剿。以歼渠
功，赏戴花翎。二十八年，擢江宁布政使。二十九年七月，高、宝
运河涨溢，德馨率属启车逻坝以泄水。

八月，升湖南巡抚。十一月，新宁土匪李沅发倡乱，戕官据
城，劫掠黄龙、白沙一带。德馨檄军进剿，贼入城拒守。〔一〕十二
月，以克复新宁、首逆就殄入告，上奖其督率有方，下部优叙。德
馨寻知贼实弃城遁，疏劾所属妄禀，并自请严议。调回所撤兵防
剿，添募乡兵，为坚壁清野之计。贼遂远飏，蔓延益甚。上责德
馨迁延贻误，奏报失实，命革职逮问，下刑部治罪。狱上，遣戍
新疆。

咸丰三年正月，以从事叶尔羌勤奋，加恩释回。二月，命在
籍办团练。六年，防堵出力，赏六品顶戴。十一年，赏加四品顶
戴。同治五年，山东巡抚阎敬铭疏言修筑济宁州圩工，保卫民
居，德馨昼夜宣劳，始终勤奋，得旨下部议叙。七年，卒。

【校勘记】

〔一〕贼入城拒守　"拒"原作"踞"，音近而讹。今据冯德馨传稿（之
　　八）改。

刘蓉

刘蓉，湖南湘乡人。咸丰四年，以附生随侍郎曾国藩水军，
剿办粤匪，复湖北武昌府城，叙训导。五年八月，复蒲圻、崇阳，
擢知县，赏戴花翎，加同知衔。请假回籍。十一月，署湖北巡抚
胡林翼奏刘蓉熟悉营务，足资襄办。上命湖南巡抚骆秉章即饬
刘蓉前赴军营。十年，骆秉章奉命督师四川，奏以刘蓉襄办军
务。十一年八月，官军复绵州，秉章奏刘蓉悉心筹画，动中机宜，
故能屡获大胜，立解城围。命以知府选用。九月，赏三品顶戴，
署四川布政使。

同治元年二月，实授。八月，陈情乞退，秉章以闻。谕曰：
"刘蓉沥陈到任六月，于民生吏治挽救毫无，因见前顺天府府尹
蒋琦龄所陈中兴十二策中，有慎名器一条，益为愧悚，请赐罢黜。
刘蓉以湘楚诸生，经骆秉章、胡林翼保奏，受两朝特达之知，不次
超擢，原与各路军营滥保骤进者不同。姑无论川省军务方殷，不
宜遽行乞退，即以朝廷用人而论，黜陟赏罚，一秉大公，果其人才
能出众，不妨破格录用，若以后不能称职，该督抚即可随时劾参，
朝廷见闻所及，亦必加以摈斥。此中权衡，操之自上，非臣下所
能干预。该藩司无所用其引嫌，惟当如常供职，尽心地方公事，
以图报称，勉为名臣，不必务退让之虚文也。"是月，逆首李永和、
卯得兴败窜龙窕场，〔一〕官军围之。蓉驰抵军营，设伏诱贼出巢，

擒李、卯二逆,馀匪悉平。谕曰:"刘蓉运筹决胜,生擒渠魁,实属异常出力。着交部从优议叙。"二年六月,湖广总督官文奏言:"刘蓉晓畅戎机,勇于任事。刻下石逆成擒,川省军务得手,即于滇、黔各匪环伺川疆,得骆秉章指挥调度,想能次第荡平。应令刘蓉独当一面,俾资展布。如蒙天恩予以疆寄,令督办陕南军务,与荆州将军多隆阿各张一帜,必能绥靖边疆。"疏入,七月,命刘蓉督办陕南军务。

　　寻授陕西巡抚。奏调在川之湘、果等军,提督萧庆高、何胜必等赴陕会剿,败贼西乡属之斗山,毁焚其垒,进捣宝山贼营,破之,馀贼窜石泉。蓉督军进剿汉南,叠有斩擒。会道员张由庚等军攻油坊街,深入致败,汉中、城固相继陷。十二月,中旗逆匪由郭家坝,窜略阳,趋宁羌之戴家坝,图扑阳平关。蓉遣总兵周达武等击走之。三年正月,贼窜广元之梨坪,蓉遣知县黄鼎、戴炳奎等由旺仓坝扼剿,贼退守黄官岭。蓉谍知汉中之贼粮尽思遁,檄何胜必、萧庆高由青石关出师,防中旗贼偷窜,分兵径捣汉中,自法慈院直趋油坊街。贼弃汉中窜石泉、汉阴一带。时中旗贼前队窜城固与伪启王合,中队尚在黄官岭、红庙塘一带,何胜必等驰击破之,馀贼窜上元观,副将萧品元等破中旗后队于木家坝,[二]搜斩殆尽。上元观为伪启王党与盘踞之地,筑垒十馀座,凶焰甚张。官军分四路进攻,贼不支,溃走;毁其巢,进攻城固,复之,毙贼数千。馀党窜西乡,蓉檄诸军攻洋县。洋县自蓝朝柱窃踞已逾二年,留其悍党据守,官军攻之不克,退驻捷顺桥,潜派壮勇入城,吹角举火为号,外军乘之,遂复洋县。馀贼向华阳败窜,与郿县首逆曹灿章合。

三月，蓉疏言："汉南踞逆合股东窜，其前队扶端各酋，由山阳窜商南、淅川，后路马、启各逆，闻汉阴有兵防御，北趋镇安，图犯兴安，为候补四品京堂李云麟击败。马逆窜而北，启逆馀党及中旗一股游弋叶家坪一带，李云麟击之，贼窜镇安。于是兴安以西肃清。蔡逆一股由蜀河偷渡回川，为澄汉水师所扼，退驻双河口，将由郧西上犯洵阳。臣与李云麟会商，以蔡逆已入彀中，机不可失。而发逆下窜，自应尽力穷追，为夹击聚歼之计。拟以该京堂所部各营分为两路：一由洵阳之蜀河，一由安康之傅家河，派英毅六营由镇安径趋山阳，三路并进，以取建瓴之势。如马、启各逆并力东窜，则英毅六营可由山阳跟追，驻商州之蓝斯明一军亦分道并进，是为尾追之师。李云麟全军俟蔡逆破灭，〔三〕即由水路下驶襄樊，相机邀击，是为拦截之师。多隆阿围蓝朝柱于盩厔，功在垂成，臣饬黄鼎等折赴宁陕，与湘、果各营专剿曹、蓝馀孽。饬按察使刘岳昭果后九营，回川剿办黔匪。"疏入，上韪之。

官军寻复盩厔，蓝朝柱率馀党窜金鸡两河，将与曹逆合。黄鼎连破曹逆等于八斗坪、洵阳坝，又破蓝逆于朗板橙。贼奔北山，蓉饬官军分道搜剿，屡败窜匪，自驻西安，妥筹布置。四月，贼粮尽势蹙，蓝逆窜安康之紫溪河，为团勇所殪，官军破曹逆老巢。曹逆遁，擒之于玉皇庙山窝。陕南肃清。是月，蔡逆、启逆由大小心川合窜镇安。蓉出省督剿，贼分踞盩厔所属之店子头、楼观台、黑水峪、西骆峪等处，联营数十里。蓉与荆州将军穆图善、提督曹克忠逼贼而营，〔四〕贼出扑，连败之。贼据堡树栅坚守，蓉令逐日出队巡哨，绝其粮路，步步进逼。七月，贼窜南山，官军蹑追，败之八阁坪、大河坝。贼由酉水河窜城固，为各军扼剿，遂趋略阳，陷阶州。蓉督诸军越境围之。九月，甘肃回逆窜入陕境，蓉调兵进剿，贼退窜秦州。捻首张总愚由湖北西窜，图犯陕省，蓉派兵堵扼于商南、山阳等处，并饬各州县齐集民团，分防隘口，贼不得逞。四年正月，回逆由陇州回窜陕境，蓉督官军追击，馀孽窜醴泉，踞赵村。提督彭基品等掩贼不备，将所踞村堡攻克，擒斩无遗。陕境肃清。五月，官军复阶州，斩蔡逆，馀党悉歼。

　　七月，固原提督雷正绾剿金积堡失利，部将胡士贵等索饷哗溃，围泾州，陕西大震。蓉遣将扼驻要隘，晓以顺逆，解散胁从，悉令归伍，擒胡士贵等，置之法。先是，编修蔡寿祺奏参蓉行贿夤缘，上命蓉明白回奏。蓉奏言："前蔡寿祺在四川自刻关防，征调乡勇，聚众横行。臣曾宣言驱逐，故蔡寿祺衔恨，造词罗织。"并疏陈："臣以湘楚诸生，志安贫贱。咸丰三年，曾国藩在籍办团，出境剿贼，邀臣襄其军事。前后两年，旋与罗泽南、李续宾等各率一军，由江西赴援湖北，转战崇阳、通城、蒲圻各县，值臣弟薰殒命疆场，负骸归葬。咸丰六年，胡林翼奏调赴营。时臣父年已笃老，不忍远离。不幸臣父见背，胡林翼旋有敬举贤才、力图补救一疏，滥列臣名。十年六月，钦奉谕旨垂询胡林翼前保之同知刘蓉现在何处，闻该员才具尚好，应如何录用之处，着胡林翼酌量具奏。林翼覆陈有器识远大、堪胜封疆藩臬之任等语。叠奉旨以知府归部铨选，赏三品顶戴，署四川布政使，擢补陕抚，以重事权。臣受朝廷特达之知，超越非常，实属儒生旷世之遇。惟自惭经术迂疏，知识暗陋，无以仰称朝廷破格录用之意，即当世士大夫之贤者,亦不过以为朝廷过听胡林翼之言,遽使叨窃至此。至于出处大节,固共信其无他。乃蔡寿祺以其不肖之心,造作夤缘之谤,肆情侈口,惟所欲言。臣幼承庭训,颇识礼义之归,壮游四方,雅以志操相尚。其于希荣慕禄之情,降志辱身之事,不待禁戒而自绝于心。且臣起自草茅,未趋朝阙,于皇上左右亲贵之臣,未尝有一面之识;政府枢密之地,未尝有一缄之达。夤缘之谤,将何自来?而蔡寿祺肆口诋诃,遽至于此。乞皇上严加查察,推究根由,如果涉暧昧之情,着交纳之迹,即请严治臣罪;或仰荷圣明,远垂无私之照,深察致谤之由,亦乞悯臣孤危,放归田里。"奏入,谕曰:"朝廷听言,必期详审。刘蓉既被指参,岂能不加讯问?转致大臣名节,无由共白。今刘蓉折内有请归田里等语,词气失平,殊属非是。黜陟进退,朝廷自有权衡,非臣下所能自便。刘蓉所请,着毋庸议。"

　　寻御史陈廷经奏参刘蓉放言高论,妄自尊大,请旨严行治罪,以为大臣之轻量朝廷者戒。上命骆秉章查明刘蓉参蔡寿祺在川招摇各款,据实奏覆。至是,秉章覆奏,命革蔡寿祺职,并谕以刘蓉于明白回奏之件,语多过当,有乖敬慎,交部议处。寻部议应比照言官条奏失体,降一级调用。诏如所请。十月,谕曰:"陕甘总督杨岳斌奏,陕西绅士雷致福等禀称刘蓉自莅任以来,叠遇贼匪窜近省垣,及甘省溃勇东窜,均能不动声色,派兵剿办,全陕倚若长城。今闻以事去官,遐迩惊疑,据情代奏。并据奏称刘蓉为甘省筹饷筹粮,不遗馀力,一旦解任,甘省亦失指臂之助等语。前派瑞常、罗惇衍驰赴陕西查办事件,于刘蓉品行才具,及平日居官声名如何,民情是否爱戴,办理军务吏治是否合宜,自必确有闻见,着据实具奏。"寻吏部尚书瑞常等奏称,刘蓉秉性朴实,惟吏治尚未熟悉,自负间有过高,而办理军务有胆有识,本年甘肃溃勇窜入陕境,刘蓉调拨兵勇,不动声色,诛其渠魁,馀俱遣散归伍。甘肃逆回时或东窜,刘蓉分兵布置,居民恃以无恐。"奏入,谕曰:"刘蓉任陕西巡抚已经数年,地方情形俱能谙悉,讵可因语言小过,致令闲退? 自应俯顺舆情,以期裨益地方。刘蓉着带革职留任处分,署理陕西巡抚。"

十一月,奏报署任日期,并陈:"患病未痊,请迅简贤员来陕接任,俾臣暂息仔肩,藉资调理。"谕曰:"陕西军务未竣,剿防均关紧要。该署抚仍当懔遵前旨,力疾从公,以图报称,毋许固辞。"五年二月,以前保贤能牧令龚衡龄等,酌给升阶虚衔,经吏部议驳,奏言:"近来登进之途,多在军营,而究心民瘼者,仍潦倒于下吏,陕省疮痍未起,亟应举善劝能,请仍照前议奖励。"从之。又奏言:"陕西当兵燹之后,沃土久荒,地方官以招来开垦为急务。应查明被灾之轻重,荒地之多少,垦种之成数,分别劝惩,责成该管府州督率考课。"谕嘉其章程周妥,命照所议办理。八月,奏病难速痊,恳请开缺回籍调理,上允其开缺,暂留陕办理军务。时捻匪愈炽,肆扰陕、豫、皖、鄂之间,官军叠次失利。十二月,谕曰:"刘蓉以获咎之员,特令署理陕西巡抚。嗣复允其开缺,暂留陕办理军务,倚任不为不专。乃屡谕该署抚出省督剿,置若罔闻,以致官军挫失,捻势愈张。贻误地方,实堪痛恨! 刘蓉着即革职,毋庸再留陕西。"

十二年,卒。湖南巡抚王文韶奏闻,谕曰:"刘蓉前因剿贼失利,降旨革职。兹据王文韶奏该员前在湖南、湖北、四川、陕西等省,曾著战功。所有前得革职处分,着加恩开复。"十三年六月,四川总督吴棠奏言:"咸丰十一年,骆秉章督师援蜀,邀刘蓉佐理军事。时滇匪李永和踞青神,蓝朝鼎巨股攻绵州,何崟顺、张国富、何蚂蚁等分扰川东、川南各州县,纵横驰突,全蜀几无完土。楚军节节进剿,于是年八月,大破蓝朝鼎数十万众于绵州。蓝逆奔绵竹,乘胜追击,军威大振。刘蓉奉旨署理川藩,旋蒙实授。筹画军储,遣撤游勇,附省人民,始获安枕。次年春间,蓝逆授首,石达开拥众入蜀,李永和负嵎自固。刘蓉亲诣军前激励将士,密授机宜,不数日而有龙究场之捷。石逆亦被诸军击退。张国富、周泽永、郭刀刀等以次削平。又明年,石达开率十馀万众由滇入蜀,刘蓉禀商骆秉章,驰往雅州一带,自督诸军遏其前,密调各土司截其后,屡战俱捷,石逆就缚。计楚师至蜀,前后不过二年,各匪次第荡平。固由骆秉章调度有方,知人善任,而军中机宜,多由刘蓉亲自指画,绩殊伟矣!刘蓉自任四川藩司,升补巡抚,前后未逾二载,整饬吏治,讲求军实,倡办捐厘,革除时弊,搜访真才,汲汲如不及。当两浙糜烂时,左宗棠移书告急,刘蓉立筹饷数万两,派在籍知县杨昌濬募勇驰援。厥后全浙肃清,甚赖此军之力。其规画宏远,不沾沾于一省,而蜀都人士感戴尤深。仰恳天恩,宣付史馆,并入祀名宦祠,暨附祀骆秉章成都专祠,以顺舆情而彰荩绩。"十月,陕西巡抚邵亨豫奏言:"刘蓉起家儒素,擢任封坼。自同治三年统兵来陕,值逆焰方张,会同荆州将军多隆阿筹画机宜,亲冒锋镝,粤、回各逆次第剿除。旋奉命督办全陕军务,其治兵筹饷,察吏安民,兴利除弊,竭力尽心。日夜忧勤,积劳成疾。迄今军民爱戴不忘。仰恳恩准入祀陕省

名宦祠。"均从之。光绪二年,陕甘总督左宗棠等复以蓉夙著勋
劳,士民感戴,请于陕省建立专祠,以表勋勤而隆食报。十四年,
湖南巡抚卞宝第以蓉等前随曾国藩办理军务,运筹决胜,请与已
故贵州布政使李元度、已故内阁中书郭昆焘一并附祀湖南曾国
藩专祠,以彰忠荩而符公论。均得旨允行。

　　子麒祥,江苏候补道。

【校勘记】

〔一〕卯得兴败窜龙宄场　"卯"原误作"苑",又"兴"误作"嶼"。今据
　　刘蓉传稿(之三六)改。

〔二〕副将萧品元等破中旗后队于木家坝　原脱"品"字。今据刘蓉传
　　稿(之三六)补。

〔三〕李云麟全军俟蔡逆破灭　"俟"原作"侯",形似而误。今据刘蓉
　　传稿(之三六)改。

〔四〕提督曹克忠逼贼而营　"营"原误作"垒"。今据刘蓉传稿(之三
　　六)改。

清史列传卷五十

大臣画一传档后编六

蒋益澧

蒋益澧,湖南湘乡人。咸丰三年,粤匪窜陷岳州,益澧由文童随大军攻下之,以功叙从九品。四年,随克湖北黄梅,晋县丞,赏戴蓝翎。十二月,官军进规九江,取道白水港,贼乘半渡蹙我。益澧偕道员罗泽南等分途迎剿,败之;又败贼于小池口。五年三月,进攻广信,大军驻城西乌石山,益澧以所部驻山右为犄角。贼见营垒未定,悉众来攻,益澧严壁以待,俟其怠,纵击之,斩贼酋数人于阵;直逼城下,诸军蚁附而登,复其城。

七月,进兵义宁州,入州故有二道:一由坑口达西门,一由乾坑入鳌岭达北门。罗泽南侦知鳌岭三峰相连,形胜可据,潜师直进,而先命益澧驻乾坑。贼以二千人争之,复分七八千人,出坑口钞官军后,林箐深密,伏贼莫测。益澧谓诸将曰:"今以数百人当七八千贼,不死战,尽殒于贼矣!"众皆奋,益澧挥兵直前击之,贼披靡遁去,追北十馀里。会泽南于鳌岭,[一]乘胜急攻,拔之。捷入,以知县升用,加同知衔。九月,复蒲圻。十一月,克武昌。益澧皆在事有功,荐晋知府,赏换花翎。

　　七年五月,广西贼踞兴安、灵川,势张甚。湖南巡抚骆秉章檄益澧剿之,师次卖珠岭,贼以大队来犯,击却之。比至唐家市,贼复倾巢出拒,并于瓦子铺密林中伏贼数千,将伺官军进攻而钞其尾。益澧分军先剿伏贼,贼不虞官军突至,惊溃。诸军继进,大败之,俘斩无算。馀贼遁入城,遂逼兴安,贼复于南门筑栅,[二]内开炮穴,外列竹签,三日而濠垒具。益澧会道员江忠濬等军四面环攻,纵火焚之,栅立毁,燔毙者山积。灵川贼率众来援,败之,贼遁去。两城先后报复,得旨以道员选用,赏额哲尔克克巴图鲁名号。十一月,艇匪窜平乐,益澧以兵讨平之,加按察使衔。八年四月,巡抚劳崇光以益澧剿贼屡胜,疏请留于广西,以道员补用,允之。六月,驻军鸡石湾,令同知蒋泽春等由雒容进屯山门。都司谢年丰等护水师沿江而上,遇贼于洛垢墟,水师稍却。益澧大呼突阵,火其船,贼败退。翼日,贼船复蔽江而下,陆贼列队护之,势甚炽。益澧督军力战,斩级数千,遂次鹧鸪山,进攻柳州,拔之,磔女贼目李潘氏等。奏入,赏加布政使衔,寻署广西按察使。时贼犹踞庆远,益澧偕右江道张凯嵩会兵进剿,掘长濠断其出入。贼困,欲渡河窜逸,复邀击败之。庆远平,命以按察使记名。十月,剿贺县贼,累战不利。益澧赴湖南募勇,浔匪乘虚上驶,柳州戒严。九年三月,益澧以兵至,援之,贼退。四月,授按察使。旋擢布政使。

　　八月,伪国宗石镇吉由兴安窜入,诇知会城无备,遂犯桂林。学政李载熙疏劾:"益澧贪鄙任性,偾事殃民,自击退平乐贼匪后,并不追剿,反赴修荔,致贼蹈虚窥省。迨省城被围,益澧仅以疲病之兵千馀人回援。以养勇为名,浮冒钱粮,遇有调发,雇募充数。贺县团勇击贼得力,乃忌其功不用。坐拥厚赀,不发军饷。"疏入,上以益澧尚有战功,革去布政使,以道员留于广西差委。所参各节,交抚臣查明覆奏。会益澧与道员萧启江等军水陆合剿,桂林围解。十月,湖南巡抚骆秉章疏言:"查楚省赴援广西之萧启江、刘长佑诸军,已于八月二十八日、九月初九日先后驰抵桂林。贼闻楚军大至,悉数由南路窜遁,城围立解。窜扑广西省城者伪石国宗一股,至石达开尚踞义宁、永福一带。广西学臣李载熙原奏,系八月二十七拜发,萧启江、萧荣芳均于二十八日抵省,贼已解围。李载熙近在一城,何以先一日拜折之时,竟无闻见?乃以省城危急,外援未到情形入告,致烦圣虑。至蒋益澧少年气盛,阅历甚少,自以身经百战,颇习兵事。每论戎机,于僚属多所凌忽。臣早经虑及,然广西一省,除益澧所部,实别无兵勇可以调拨。"巡抚曹澍钟亦疏称:"益澧克平乐后,因各军疲病,暂留养锐,而贼伺瑕窜省。初令知府潘家馥回援,不甚得力;继又自统全师协筹防剿,守御完固,人心以安。所部湘勇向照楚省原定营制条款,难悉与例符。综计册籍,尚无侵蚀。惟连年军需匮乏,移前济后,不克按期。而益澧年轻性急,间有过当,于伤病士卒未能优恤,致有刻薄寡恩之谤。贺县团勇因系新抚之众,未经督带来省,实非忌功不用,请宥其罪,仍以道员留省。"从之。

　　十年六月,贺县贼分扰昭平、平乐,益澧自率湘勇进击,连破之于画眉岭、公会墟，斩伪官王鼎新等。是时下郢贼未靖，益澧恐大兵一撤，贼必继出，谍知逆首陈金刚纠集悍贼屯聚沙田，势将复振；遂进军战于大湾岭，益澧亲执桴鼓，军士呼声动天，火其寨，歼戮殆尽，尽夺茶庵各要隘。贺境肃清。论功，加盐运使衔。寻谕曰："蒋益澧身先士卒，擒斩贼目，克复贺县，尚属奋勉，赏还布政使原衔。"十一月，会广东援师剿下郢至竹洞岭，贼悉众出拒。益澧率副将陈友胜等自高坡驰下，捣其中坚，贼大溃，窜浔州。下郢平。命以按察使记名。十一年七月，授广西按察使。进驻平南，会总兵李扬陞水师攻浔州，复之，焚逆艇四百馀艘，毙贼二千。以功开复布政使原官，并赏三代一品封典。

同治元年正月，授浙江布政使。八月，自湖南募勇东下。时贼由兰溪窜寿昌，分党出上方岭。九月，益澧至衢州，分军复寿昌。伪侍王李世贤窜裘家堰，结垒自固。浙江按察使刘典各营先进，益澧继之，贼目李侍详内应，〔三〕官军衔枚夜进，悉拔其垒。由罗埠攻汤溪，屡败援贼，射书入城，晓以祸福。二年正月，以计诱贼目李尚扬等，磔之，克其城。自酤坊、开化村至白龙桥，贼垒数十悉平。上以益澧战功卓著，赏文绮、荷囊、玉韘、翎管，并下部优叙。二月，总督左宗棠进屯严州，规富阳，援贼麇至，益澧由南岸渡江，筑垒新桥，令诸军分三路迎击，大败之。贼于鸡笼山筑垒十馀，据地险要。八月，令游击徐文秀、副将杨政谟等攻之，益澧自率亲兵督战。徐文秀先登陷阵，官军继进，尽破其垒，遂以大小炮船攻城，贼披靡，窜走富阳，复新桥，贼垒皆平。时贼自杭州至馀杭，连营数十里，益澧沿江而下，渐逼清波凤山两门，令总兵高连陞等营十里长街、六和塔、万松岭，俯瞰杭城；自将徐文

秀等扎东岳庙。九月，贼由馒头山分路来犯，督军遏退之，夺其
扬家桥新垒。十月，贼由万松岭、清波门分道来犯，迎击之，皆负
创走。十一月，左宗棠檄益澧偕道员杨昌濬、总兵黄少春会剿馀
杭，贼由西北两门出悍党万馀拒战，背城而阵。官军三面麾之，
自辰至酉，斩级六百馀，馀贼坚匿不出。十二月，益澧督诸营列
队秦亭山，牵制贼势，令高连陞攻凤山门，连破九垒，直抵吴山
麓；水师亦破清泰门外贼垒，由钱江入西湖，夺贼艘十馀。平湖、
乍浦、海盐均下。伪会王蔡元隆以海宁州来降，易名元吉。三年
正月，袭桐乡，降贼酋何绍章，命率六营驻乌镇双桥，以扼嘉兴之
贼；令知府陈恩燨将降人蔡元吉会苏师以复嘉兴，贼势日蹙。二
月，馒头山地雷火发，坏城垣三丈馀，诸军拥入，贼死拒。益澧令
以火器环击之，麾战竟日，悍目多毙，馀贼夜逸。遂复杭州，馀杭
亦同时下。上以益澧自调任浙江，战功卓著，屡拔坚城，兹复亲
督各军克复省垣，实属奋勇异常，赏穿黄马褂，寻给云骑尉世职。
三月，分军克德清、石门，进攻湖州。六月，蔡元吉一军深入，为
伪堵王黄文金所困。益澧亲赴菱湖，令李邦达等攻思溪，高连陞
等攻双福，转战而前，距元吉营仅隔一河，逼贼营未得达。时江
宁伪幼王洪福瑱亦入湖州，黄文金众尚十馀万。七月，益澧作浮
桥以通蔡元吉各营，改由袁家汇、荻港出湖蚨漾，袭贼后路，连战
克之。贼目谭侍友降，遂由荻港出太湖，攻袁家汇贼垒，擒斩有
差。蔡元吉亦溃围出，贼气阻且惧，弃城走。益澧自西安邀击
之，遣散胁从数万。上以益澧统兵入浙，身先士卒，所向无前。
廓清浙境，懋著战功。晋骑都尉世职。十一月，护理浙江巡抚，
疏陈善后事宜：一、筹闽饷，一、浚湖汊，一、筑海塘，一、捕枪匪。

谕曰:"该护抚缕陈事宜,惟当实心实力,审度时势,次第筹理。总期弊无不除,利无不兴,不可稍有畏难之心。"四年,刘典军于杨坊,失利。益澧疏言:"左宗棠驻浦城,较衢州尤为扼要。现檄衢镇刘清亮进扼浦城,归左宗棠调遣;复令副将余朝贵领新湘五营屯衢,与浦城军联络,保护粮道。"上韪其言。寻回本任。

五年正月,命办理广东军务,兼筹粮饷。二月,授广东巡抚。九月,疏言:"粤省太平关税,康熙间改归巡抚委员监收,乾隆间奏归南韶连道经理。如果承办之员洁己奉公,何至有亏短之弊?乃自咸丰八年以来,均未征收足额。再四访察,半皆耗于苞苴。即如臣衙门到任节寿月费,每年合计银二万五千八百两,此外省中文武各衙门陋规,暨南韶连镇薪水,数又万馀,约计共四万两。送者不敢少减,受者视为成规。猾丁奸吏,藉口侵渔。以维正之供,为官吏挥霍,殊堪发指!请将臣衙门及各署规费一并裁禁,并经征太平关税家丁书吏即行斥革,由臣派员襄办,著为定章。"从之。十二月,因粤东乡试人众,奏请增同考官三员,受卷、弥封、对读、誊录官各一员。六年二月,五坑客匪倡乱,督军剿平之。客目黄焕章等投诚,分别遣散,安插于高、廉各府及贺县、贵县等处,偕总督瑞麟疏请将客民读书子弟另编客籍,每二十人取进一名。均如所请。六月,因病请开缺,优诏给假调理。十一月,总督瑞麟疏劾益澧任性妄为,列款入奏,命闽浙总督吴棠查办。吴棠奏称:"蒋益澧久历戎行,初膺疆寄。到粤东以后,极思整顿地方,兴利除弊。惟少年血性勇于任事,凡事但察其当然,而不免径情直遂,以致提支用款,核发勇粮,及与督臣商酌之事,皆未能推求例案。请交部议处。"寻议降四级调用,上改为降二级,以按察使候补,发往左宗棠军营差委。

　　七年二月,授山西按察使。以病给假回籍。八年正月,开缺。十三年,命来京陛见。十月,入都。十二月,卒。旋据太常寺少卿周瑞清疏言:"益澧谋勇兼备,调度有方。治军严明,秋毫无犯,有古名将之风。臣籍隶广西,见闻所及,知之最详。粤西之危而复安,实赖该员之力。合省士庶,颂德歌功,亿万人如出一口。奏乞优恤。"奉旨:"开复原官,照巡抚例赐恤。生平政绩,宣付史馆立传。"光绪元年四月,浙江巡抚杨昌濬奏称:"益澧自统军入浙,连克名城,血战数十,无不身冒锋镝,出奇制胜,杀贼数十万。克复省城,廓清全境。其行师之略,纪律最严,秋毫无犯。沿途收埋骴骼,资遣难民。每复一城,所得贼粮,赡军之外,皆散诸闾阎,全活甚众。接护抚篆,筹办善后,井井有条,百废具举,是以农商相率来归。首重学校,优其廪糈,增书院膏火,建经生讲舍,设义学,兴善堂。乙丑补行乡试,贡院新成,一切草创,应试士子均沾实惠。据浙中绅士吁请于省城建立专祠,春秋官为致祭。"三年七月,浙江巡抚梅启照复行疏请赐谥,略言:"益澧再造浙江,功既加于粤西,事且艰于闽、豫。士民感念不忘,联名呈请,奏乞天恩赐恤,以彰忠荩。"疏入,先后均奉俞旨。寻赐祭葬,予谥果敏。

　　子德椿,十五年,由通政司经历,兼袭骑都尉,及岁引见,赏主事,分刑部。

【校勘记】

〔一〕会泽南于鳌岭　"泽南"原作"师"。今据蒋益澧传稿(之三六)改。

〔二〕贼复于南门筑栅　"南"原误作"北"。今据蒋益澧传稿(之三
　　六)改。

〔三〕贼目李侍详内应　"详"原误作"祥"。今据蒋益澧传稿(之三
　　六)改。

袁甲三　侄保庆

袁甲三,河南项城人。道光十五年进士,以主事用,分礼部。
二十年,补官。二十三年,充军机章京。二十七年八月,升员外
郎。九月,以捐备本籍赈需,下部议叙。二十九年,迁郎中。三
十年五月,擢江南道监察御史。寻稽察丰益仓。文宗显皇帝御
极,六月,疏云:"夷务之兴,〔一〕已及十年。在事诸臣,或仓皇失
措,坐失机宜;或庸懦无能,藉以要挟。我宣宗成皇帝轸念民生,
曲从所请,藉示羁縻。上年广东力拒进城,制其要领,薄海臣民,
同深欢颂。我宣宗成皇帝为民屈己之心,亦历年始获稍慰。本
年春间,英人乘我皇上御极之初,故智复萌,藉端尝试。幸赖圣
志坚定,屹然不摇,俾英人不战而屈。傥当时稍有游移,则疆事
又多反覆矣。今当外患稍平,内政急宜修治。应请旨敕下大学
士、九卿,将从前之错误,后此之防维,虚衷详议,久远是图,俾天
下咸知公论之难诬,自强之足恃。振兴鼓舞,众志成城,则夷人
咸懔然于天朝之纪纲整肃,莫得动摇,自可日久相安矣。"报闻。

七月,擢兵科给事中。九月,疏劾广西巡抚郑祖琛慈柔酿
患,致贼充斥,及粉饰弥缝状,诏褫祖琛职。又疏劾江西巡抚陈
阡与属吏狎妓饮酒,贿赂交通,命下江西学政张芾按之,得实,褫

陈阡职。十一月,转兵科掌印给事中。时户部请开捐例,甲三奏言:"皇上御极之初,曾诏停捐输,未及一年,不便举行,请收回成命。"咸丰元年正月,诏免各省钱粮积欠。甲三疏言:"官吏奉行恩旨,每迟久而后核定,挪移侵蚀,弊窦丛生。请限以三月,开单奏明,并严禁延匿誊黄。"均允行。二月,上以祈谷礼成,加恩太常寺执事各员,悉予议叙。甲三疏云:"满假之渐,即骄泰之机。天难忱斯,不易维王。请皇上宸居斋心,益励寅畏,时懔克艰之义,弥严昭事之忱。"上嘉纳焉。又疏举将才,广州副都统乌兰泰、京营总兵达洪阿、江苏道员严正基、湖北道员姚莹等,报闻。十月,南河丰北决口,甲三疏请:"因决口导河由大清河入海,使水行地中,免堤防之劳、横决之患。"

二年五月,以广西贼首洪秀全等窜扰湖南,命湖广总督程矞采督办防剿,钦差大臣赛尚阿自广西移军追贼。甲三疏陈:"军务事权宜一,程矞采以总督驻衡州,守土之臣,责无旁贷。若复令赛尚阿持节移军,恐在事文武,各分畛域,透过争功,互相掣肘。况贼已出巢,尾追更难制胜。请命赛尚阿回京供职,而诏程矞采便宜行事。如有疏虞,按律定罪。"时湖北巡抚龚裕闻贼入境,托疾乞休。甲三疏请治罪以昭炯戒,并言失守人员,每奏请随营曲为开脱,请饬禁止,报闻。六月,列款奏参定郡王载铨及刑部侍郎书元贪鄙险诈,诮事载铨。疏云:"载铨在先帝时,本未深资倚畀。书元由司员循例升至侍郎,更属无所表见。今蒙皇上稍示优容,遂各肆意妄行,不恤物议。邪正消长之机,当亦先帝之所降鉴也。皇上现以孟秋大祀,虔宿斋宫,先帝之灵,实式凭之。倘蒙乾威独断,俾大小臣工无不知感知惧,天下幸甚!臣受先帝豢养之恩十馀年,如有挟私妄讦、淆惑圣听之处,先帝陟降在天,断不令臣幸逃法网也。"疏入,命甲三明白回奏。甲三覆奏,辞益切。诏除载铨内大臣差使,并夺王俸三年,书元亦镌级。

三年正月,工部侍郎吕贤基奉命赴安徽办理团练防剿事宜,奏请调甲三赴营,帮同办理军务,允之。时粤匪陷凤阳府,踞临淮关,煽动土匪,连陷怀远、蒙城,将由亳、滁窥河南。甲三至军,疏言:"贼势未遽北犯,请益定圣志,以固民心,谕在事诸臣勿涉张皇,及其羽翼未成,力为图制。"报闻。六月,署庐凤道。八月,抵正阳关。时颍州汉、回相焚杀,围府城。甲三出示晓谕,谓同系朝廷赤子,不问汉、回,但分良莠,别首从、诛倡乱者,毋致结党寻衅。遣同知张家驹解散良民,擒首犯张银盘等,斩之。九月,兵部侍郎衔前任漕运总督周天爵卒于亳州之王市集,命甲三代领其众。先是,周天爵奏蒙、亳匪众合五十八捻为一,有四大天王诸名目,宜急讨,未及剿而天爵卒。甲三至王市集,兵勇已散,民无固志,贼进踞孙村店。甲三收集散勇,饬乡团扼要隘,遣游击朱连泰等击贼高公庙,大破之。捷闻,得旨:"袁甲三接办剿匪事宜,即能激励兵勇,将大股捻匪迅速兜剿,办理尚合机宜。"寻赏加三品卿衔,署安徽布政使。甲三疏言:"现在剿办捻匪,正当吃紧,一署地方,限于职守,剿匪事宜转恐贻误。"得旨,毋庸署理布政使,即以三品卿衔兵科给事中剿办安徽捻匪。时捻首邓大俊由雉河集扰及标里铺,甲三分兵袭之,擒其渠,乡民先后捆献者二千馀,悉置诸法。寻疏言:"江宁百姓,有为义约告上元、江宁两县,订期图收复者;扬州难民有于城上言贼不多,怨官军不战者;且有愿杀贼以应者。无如统兵大臣均置之不闻,致百姓谋泄被戕,忠义解体。然朝廷厚泽在人,忠愤未泯,急作其敌忾之心,许以非常之赏,义旗所指,当可奏功。"得旨,饬钦差大臣向荣、琦善克期攻剿。

十月,粤逆由安庆犯集贤关,窜据桐城县,旋陷舒城县,吕贤基死之。命甲三由颍州移军桐城,甲三疏言:"捻逆张茂踞怀、蒙间,称伪西怀王,窥庐郡。非臣亲往督剿,人心愈摇,应先赴蒙、亳一带,为各郡声援,以便闻警驰应。"如所请行。时颍、亳捻匪经官兵屡剿,并踞雉河集。甲三饬县丞徐晓峰等破之,擒贼渠孙重伦。贼另股潜窜临湖铺,复分兵击之,擒贼首宫步云,贼党马九等谋劫步云。甲三遣游击李成虎等分两路击之,擒马九等,并贼目数十,各捻首搜捕殆尽。得旨嘉奖。甲三以张茂在怀远,势尤炽,遣游击钱朝举等往剿,与知县朱镇督团勇一战破之,张茂受伤遁。十一月,疏言:"皖省南路宜剿,北路宜防,防剿兼施,非多兵不可。皖省兵分过单,查陕甘总督舒兴阿所带陕、甘兵尚在陈州,请敕赴南路会剿。"从之。旋以贼扑庐州,甲三驰赴宿州,防贼北窜。奏催舒兴阿速援庐州,并分兵扼正阳关,上命舒兴阿拨兵驻防。甲三于徐、宿择要驻扎,为临淮后应。十二月,贼陷庐州,巡抚江忠源死之。甲三奏请及贼未定,急图收复,上命在籍侍郎曾国藩以水陆军由九江急趋安徽。并劾舒兴阿拥兵坐视,致庐州陷,舒兴阿遂褫职。

四年正月,甲三以贼久踞庐州,虑其旁扰,疏请拨兵防寿州、六安。上命河南巡抚英桂调兵防堵。二月,贼陷六安,窜蒙城。甲三进捣蒙城,贼走永城。甲三奏言:"永城四路可通,贼将窜宿州,趋徐州。徐州为粮台重地,急应严防。"上命甲三确探贼踪,迎头截剿。甲三追贼及于萧县,贼前股已渡河,后股折而南走。乃奏云:"贼踪飘忽,渡河者万难追及,徐州镇道兵勇,足剿土匪。臣应折回宿州,严堵南路窜匪。"遂引军还,上严饬之,谕曰:"粮台重地,必应严为防范。前有旨令袁甲三赶援,以遏贼匪北窜。该给事中何以竟行折回,置北来之贼于不顾?"三月,贼由黄河南窜,甲三败之于颍州,复败之于正阳关,馀贼掠舟遁回六安。甲三遂回军剿亳、蒙捻匪。时捻首张捷三等纠合粤匪,以义门集为总巢,分踞雉河集、临湖铺,势张甚。甲三进军捣临湖铺,贼溃,甲三遂逼雉河集。雉河集贼已先期移踞赵旗屯,将诱官军大集而夜袭之,且分股由河北断官军后。甲三侦知之,饬船只尽泊南岸,候补直隶州知州张家驹阵河干,候补参将朱连泰、李成虎等败贼马家楼,复迫之涡河,歼贼殆尽,遂破义门集贼巢。捷入,得旨嘉奖。时永城贼为官军所败,由正阳掠舟回窜六安、颍、亳一带,贼尚纵横。上以临淮为前路要隘,命甲三驰扎临淮,遏贼北窜。四月,奏陈临淮布置情形,又疏劾护理庐凤道立诚巧滑贪鄙,劣迹昭著,请革职提讯;并奖励督带练勇首先杀贼立功之凤台县练总王恩绶等。均从之。五月,擢都察院左副都御史。六月,六安民团克复州城,甲三疏请立沛恩施,并免粮赋,其捐粮助剿者,优叙官职,以资激励。如所请行。

　　时淮南土匪以俞家湾为巢穴,七月,甲三分兵进剿,先败其外援,毙贼目史学江等,旋逼贼巢,百步为垒,以大炮碎巢内屋壁,贼乱,官军填濠入,火之,焚贼甚众,擒贼渠李占青等四十馀人,悉置诸法。八月,疏言:"现在兵势分,贼势合,惟有克期共举,塞江路,据险要,然后江南北同时进兵,辅以民团,兼散贼党。

虽有一二死守之贼,亦不难合力剿灭。请饬各统兵大员并力合谋,而以重臣统之,以收指臂之效。"又言:"皖省军务以克复庐州为最急,寿定肃清,附近无虞勾结。若出偏师赴南路,断庐贼接应,不特庐南各属可清,且剿其逆党,即庐郡踞贼孤立。臣已令绅民等密行纠约,多备粮米,即拟进驻六安。"上嘉勉之。寻以粤匪陷和州,窥江浦,将北窜。甲三奏请缓赴六安,遣参将吉连扼关山,庐凤道张光第赴滁河,集团练为声援,上是之。十月,以皖北贼复炽,遣张家驹、朱连泰等进军蒙城,败苏天福等于寺觉集。会粤匪由和、含踞乌江一带,檄张光第与署按察使恩锡击败之。甲三策贼必复来,饬光第严防。十一月,贼果乘夜结五垒于驻马河,官军乘贼营初立,薄之,擒歼无数。甲三复以桐城之贼恃大小关为固,遣参将刘玉豹、举人臧纡青由六安进,连夺两关,围桐城。庐江援贼乘夜大至,复击走之。甲三恐孤军深入无援,奏言:"桐城南连安庆,西连潜山,东连庐江。我军深入重地,三面受敌,即克复亦难为守。临淮复无兵可拨。"疏入,命提督秦定三由舒城迅拨兵勇为纡青等声援。寻臧纡青攻桐城西门、安庆、潜山援贼麇至,城贼复分门出应之,官军三面受敌,纡青力战死。刘玉豹方攻北门,闻警赴援,收合馀众,退保六安。诏严饬甲三及和春等拨兵策应,以赎前愆。

五年正月,甲三疏言:"庐州居江北腹地之中,水陆四通。贼又旁陷十馀州县,江宁资其挽输,安庆倚为后应。庐州不克,不特江北各路防兵为所牵制,楚师东下亦不能急捣江宁。请饬曾国藩等以水师逼安庆,陆兵由北岸扫太、宿、潜山,而以劲旅出贼后,先克庐州,由北而南,取舒、桐,趋安庆,并逼江岸,直下江宁,可无后顾旁顾之忧。"报闻。二月,疏筹全皖军务,分东、西、中、北四路,略曰:"北路以临淮为要,正阳次之。臣驻临淮,牛鉴扼正阳,声势联络,可无虞贼北渡。庐州为中路,臣所以请先克庐州者,盖庐州一克,无后顾之忧。各路防兵皆可前进,庐南各州县不攻可下。无如和春、福济师老力疲,急难奏效。西路蕲、黄,无处非贼,兵力过单,终属无济。东路沿江针鱼嘴、西梁山一带,贼船贼垒,来去无常。虽有张光第等分军进攻,而水师不能夹击,终难蒇事。刻下楚贼力争江路,骁悍必尽聚上游。庐州机会,诚大可乘。请益厚兵力,分扼庐城东南,或添兵并剿舒、巢,使其应接不暇,自可一鼓成擒矣。"寻疏请将宿州知州郭世亨开缺办理军务,而以王启秀代之,命与和春、福济妥商具奏。甲三辄再疏言之,[二]谕曰:"朕以调署牧令,必须与督抚会衔,并非不准袁甲三与闻举劾。乃阅另折覆奏,祇称往返函商,仍未联衔具奏。袁甲三着传旨申饬,仍着福济会同和春、袁甲三详细酌度办理。"和春、福济遂疏劾甲三坚执己见,无从会衔;并劾甲三株守临淮,粉饰军情,擅截饷银,冒销肥己等款。得旨:"袁甲三先行交部严加议处,即来京候旨;至擅截饷银、冒销肥己等情,着和春、福济确查具奏。"寻议革职。五月,甲三遣丁赴都察院呈诉:"被参折内所称擅截饷银等情,为和春等所诬。缘上年桐城之役,事后曾函责和春等,置不应援。本年复以庐州未复,两次具奏,和春等衔恨,遂捏造蜚语诬参,请奏明查办。"都察院以闻,命下两江总督怡良秉公查办。怡良覆奏入,事获雪。

是年,亳州捻匪张乐行、宫得、韩狼子勾结河南捻匪苏天福、王贯三等踞雉河集,四处焚劫。给事中孙观,御史曹登庸、宗稷辰先后疏言："甲三在临淮剿办有方，地方藉以安谧。自离任后，捻匪大肆蹂躏，请仍起甲三视师。"怡良及江苏巡抚吉尔杭阿、浙江巡抚何桂清复交章荐。六年二月，命甲三随同英桂剿办河南捻匪。时张乐行等分踞凤、颍、徐州各境，围亳州，陷怀远、蒙城、夏邑、虞城，犯归德府，江、皖、豫三省之兵屡挫。甲三至军，即合南阳镇总兵邱联恩、大名镇总兵史荣椿等击之，三战皆捷。会甲三之子编修袁保恒集旧部三千人至军，遂力解亳州之围，进战于翟村寺北，复大败之，毙贼四千馀。张乐行等纠蒙城悍党于白龙王庙，据险为寨，悉力拒守，宫得、王贯三为之援。五月，甲三会邱联恩、河北镇总兵崇安马步并进，已革察哈尔都统西凌阿与保恒以马步队沿江袭之，杀贼数千，平其寨；乘胜攻燕家小楼，贼党数万列长阵以拒。官军冲其中坚，贯贼阵，贼大溃；遂乘夜疾进，破赵旗屯、穆家寨、沙土集，越日抵雉河集，贼凭垒力拒，枪炮雨注，官军齐力并攻，毁其南岸土墙，拥而入，遂破贼巢，穷追四十馀里，获苏天福等。张乐行仅以身免。捷入，得旨："袁甲三自永城、亳州急抵雉河集贼巢，督阵摧坚，累战皆捷，洵属懋著勤劳。着以三品京堂候补。"张乐行既南走，徐图复逞。七月，踞三河尖，寻犯颍州，甲三败之于大桥口，贼北走。北路官兵不能御，贼遂复踞雉河集。甲三督邱联恩等击贼于太清宫，又败之于十八里铺，歼王贯三。七年四月，以另股捻匪分踞王、邓诸圩，深沟高垒，伏匿不出。甲三檄史荣椿等诱战，败之，进攻王圩，贼冒死出突，官军蹙之入林，一炬歼焉。五月，督诸军填濠进，筑炮台，临圩中如指掌，贼殊死守。邓圩贼来援，击却之，遂火王圩，薄邓圩，筑长濠困之。是月，授太仆寺卿。六月，分兵拔宋圩，邓圩以

粮尽内讧,缚献首逆李寅等百馀人,邓圩平。姚圩亦旋破。奏
入,上以甲三剿抚兼施,调度有方,赏戴花翎。七月,副都统衔胜
保攻张乐行于正阳关,久不下,奏请甲三移师助剿。甲三遂檄朱
连泰、署徐州镇总兵史荣椿留剿败匪之踞韩圩者。九月,克韩
圩。十月,粤匪李秀成围河南固始县,甲三偕胜保赴援。八年二
月,固始围解,遂进攻六安,复之。五月,捻匪由东路扰铜山,逼
徐州,饬史荣椿击走之,擒斩巨匪孙大旺于睢宁县泥沟。六月,
宿南贼踞王家圩,甲三自正阳移军宿州,檄知府徐晓峰乘夜袭
之,歼贼首王绍堂等,乘胜复七圩。

　　七月,命代胜保督办三省剿匪事宜。时张乐行袭破陈家庄,
分踞各圩,甲三分兵击走之。八月,捻匪李大喜纠群贼由怀远北
犯,正红旗蒙古副都统伊兴额遏贼于萧县,失利,贼陷丰县。甲
三遣兵复其城,令徐州镇总兵傅振邦绕出贼北,截击之。十月,
贼南趋铜山之孙家集,傅振邦率马队追剿,适保恒与知府李荣等
以步卒至,合击败之。贼西窜,甲三败之于褚庄,又败之于木牌
坊。寻蒙、亳贼窜归德府,甲三令保恒偕傅振邦以马队驰援,贼
闻风遽趋西北,逼近开封。省城震动。甲三以贼窥周家口已久,
其向西北者特为牵制官军计,乃檄傅振邦等疾驰八昼夜,及贼于
太和之李兴集,保恒豫纠各团,追贼于桥口,傅振邦督马队分三
路进,保恒督兵团张两翼策应,遂大破之,追奔四十馀里,毙贼数
千。豫境肃清。河南巡抚恒福奏入,赏保恒伊勒图巴图鲁名号,
馀各赏赉有差。是月,疏陈统筹全局,略言:"兵分则势孤,合则
势盛。张、宫等逆踞地千馀里,奸徒附和,良民被胁。贼圩遍地,
一气相通。东可以扰清、淮,西可以犯归、陈,北可以窥山东,若

连粤逆,为害更甚。臣所统兵勇,除各处留防外,不过数千,仅能为应敌之军,不能制贼死命。东、豫各省防兵,零星分布。与其画界散处,终归无济,曷若并力大举,迅图成功。请敕各督抚合力规筹,与臣军联络一气,进逼贼巢,为扫穴擒渠之计。"报闻。九年正月,檄协领关保、游击滕家胜等击张乐行于草沟,破其巢,追至沱河,贼溺死者无算。越日,复追击于双渡口,张乐行仅泅水免。适奉谕曰:"袁甲三督办三省剿匪事宜,已逾半载,但知防堵徐、宿,不能直捣贼巢,日久迁延,迄无成效。着即来京供职。"甲三遂请假省亲禹州。四月,到京。

　　旋命以三品顶戴署漕运总督。时科尔沁亲王僧格林沁在天津海口击退英船,军威方振。甲三与河道总督庚长奏陈:"通筹南中军事,亟须添派重兵,合力大举,请特简亲信知兵重臣如僧格林沁者,乘此英人被创之后,暂为移缓就急之计,酌拨马步大队数千,统带南来,节制各军,迅速兜剿,以期扫除南贼,即以廓清北路。"报闻。十月,胜保以母忧解任,甲三接署钦差大臣关防,督办皖省军务。旋实授漕运总督、钦差大臣。时贼踞临淮关,跨两岸为垒。甲三以援贼皆自凤、定而来,其火药粮米亦取给于凤、定,非断其粮道,绝其外援,关不可拔,乃筑营于关之西南扼要处。贼屡出挠,且战且筑。十一月,营成。乃进围,鏖战月馀,先破南岸贼巢,北岸之贼争弃械乞命。甲三以其抗违日久,令自七十以下、十五以上尽诛之。北岸贼数千,亦无得脱者。生擒伪翼天侯顾大陇等,遂克临淮关。移师进捣凤阳。十年正月,督马步军薄城下,凤阳府县两城相距三里,甲三并围之,屡战屡捷,军威大振。贼目邓正明潜诣军前乞降,甲三密遣总兵张得胜诱首逆张元隆出,斩之。邓正明等益震詟,缚献伪丞相张先等十四人,遂复府城。县城犹未下,以大炮击之,擒斩乞援之伪军师赵玉奇。贼登城环跪乞命,贼目常四、邵殿伦等出降,县城亦复。甲三于城外别筑七营,驱两城降贼入,择尤悍者三百馀人诛之,馀悉遣散。捷闻,上以甲三叠次克复城池,调度有方,赏穿黄马褂。

凤阳既定,饬江南提督李世忠击涧溪贼巢,克之。先是,保恒随甲三至京,遂留京供职。二月,命保恒赴甲三军营差遣。是月,捻匪陷清江浦,甲三恐贼犯山东,檄道员张学醇等军出贼前,破走之,遂复清江浦。寻粤贼由庐州袭滁州,李世忠击走其众,贼退保全椒。复乘胜克之,降贼党二千。得旨嘉奖。三月,粤贼陈玉成由和、含复扑全椒,分扰滁州。甲三檄李世忠等解滁州之围,夺大桥、草茅岭诸贼垒,乘胜抵全椒城下,内外夹击,尽毁贼营,陈玉成遁。甲三移军攻定远,连挫贼锋,壁城下。五月,贼乘李世忠剿古城土匪,陷来安县。甲三责李世忠即图收复,数月乃克之。时江宁官军溃,将军和春、提督张国樑等战殁,江南州县尽陷。甲三饬道员徐晓峰、九江镇总兵黄开榜督水师严防高、宝诸湖,贼不得渡。六月,文宗显皇帝三旬圣寿,赐甲三母郭氏"懿桀颐龄"匾额及"福""寿"字、如意、紬缎等。七月,以定远未下,檄张得胜、副都统花尚阿合保恒之军围之,连战皆捷,夺贼垒十七;复于城东北筑炮台击之。八月,陈玉成纠大股来援,力战数日。会粤、捻合扑凤阳,据九华诸山,连营数十里,城中食尽。甲三督诸军屡战,围不解,遂令张学醇督参将黄国瑞以锐卒四百,夜衔枚薄九华山贼营,跃而入,枪炮齐发,贼争溃走。城上发巨炮应之，贼愈乱，同时弃营走，风境以清。

是年秋，英法联军犯顺，甲三奏请勤王，拜疏后，即遣镶蓝旗汉军副都统穆腾阿率张得胜先发，将自督后队继进。上以临淮为南北锁钥，饬甲三仍留镇守。甲三再疏请行，又诏止之。寻和议成，甲三疏言："国家于逆夷，不得已而议抚，〔三〕非本意也。夷情叵测，后患方长。卧薪尝胆，当在此时。"因陈四策："一曰慎采纳。津沽构衅以来，亦尝屡战屡败之矣。近之失利，非我忽怯、夷忽勇也。只以宜战宜和，左右本无定见。即若迎若拒，将帅无所适从。夫战不胜则和难久，虽权时言和，亦必终归于战，从古如斯也。是在圣明独断，不为众议所摇，然后人得坚敌忾之心，转弱为强矣。一曰节糜费。京师旗绿各营岁糜帑数百万，不足以赡，而未尝可用也。夫游手者得以坐耗，则敢战者疲于不饱。请释其不愿入伍者，听自谋生。特选精锐三四万，优其粮饷，专习战守，则兵可用而费亦节矣。一曰精训练。旗丁以操演为具文，虽健锐各营号称娴熟，亦临敌而靡，以兵未历行阵，而将统领不常也。若于京营中择其精壮者若干人，分置各路军营，俾资历练，定限换防，久之则摧坚陷阵，皆视为故常。然后择而任之，使久于其职，以期兵将相习，庶几战克守固矣。一曰选将才。练兵必先择将。夫不试之于平日，而欲责之于临时，用人者既将就而不暇择，任事者亦竭蹶而不敢辞。此两误也。请敕下各路统兵大臣，择其素经战阵能得兵心者，各保数人，以备选择，庶几群策群力，缓急足恃矣。"奏入，上嘉纳之，下行营王大臣议行。

时驻跸滦阳，十二月，甲三疏请还京，谓："行殿萧条，非森严之体；天时寒沍，非调卫之宜。且夷人在京，距滦阳仅三百馀里，万一率众数百人北踞关隘,诏书不得下逮,疏报不得上通,天下汹汹,何所属望?"疏入,报闻。十一年四月,遣<u>张得胜</u>等破<u>泗州</u>、<u>灵璧</u>之贼,<u>张乐行</u>方纠众屯聚<u>涡河</u>之北,<u>甲三</u>遣<u>李世忠</u>击走之。七月,<u>穆宗毅皇帝</u>御极,九月,^{〔四〕}奏道员甘心叛逆,请急派兵进讨。谕曰:"<u>苗沛霖</u>以生员办理团练,受皇考厚恩,四年之间,擢任道员,记名盐运使,赏布政使衔,并赏花翎、勇号。该员宜如何感激图报,乃因所部练勇被害,纠众围攻<u>寿州</u>。皇考不加谴责,谕令<u>袁甲三</u>秉公查办。迨经<u>翁同书</u>查明起衅根由,将<u>徐立壮</u>正法,<u>孙家泰</u>于监禁后,旋亦畏罪自尽。该员自己无可藉口,乃围攻<u>寿州</u>之练,不即撤退,复遣其党<u>苗金开</u>等窜扰<u>河南</u>,日形跋扈。兹据<u>袁甲三</u>奏,该练围攻<u>寿州</u>愈急,并令死党<u>张士端</u>等踞守<u>怀远</u>,抗拒官兵,且受<u>粤</u>逆伪封,逼令练众蓄发,四出抢掠。其为甘心谋逆,自外生成,万难宽贷。<u>四川川北道苗沛霖</u>着即行革职,拔去花翎,撤销勇号。即着<u>袁甲三</u>督同<u>李世忠</u>调派官军,会同<u>贾臻</u>、<u>田在田</u>、<u>严树森</u>、<u>毛昶熙</u>等各路兵勇,奋力追剿,以伸国法。各路带兵大员,只将逆首<u>苗沛霖</u>擒获,尽法惩治。其馀党与如自拔来归,概免究办;其从前立功得有官职者,亦各照旧。如能缚献首逆,或能随同官军剿贼出力,仍当优加奖励。并着<u>袁甲三</u>等晓谕各该练众人等知之。"<u>甲三</u>遂檄<u>李世忠</u>等援<u>寿州</u>。<u>世忠</u>等军未至<u>寿州</u>四十里,<u>沛霖</u>已陷<u>寿州</u>。<u>甲三</u>自请议处,得旨宽免。嗣以<u>安徽</u>巡抚<u>翁同书</u>逮问,<u>甲三</u>亦下部严议。

　　<u>沛霖</u>之入<u>寿州</u>也,<u>翁同书</u>奏称<u>沛霖</u>并未滋事害民,只求辨明心迹,诏<u>甲三</u>罢攻<u>怀远</u>。适<u>张乐行</u>复率大股将由<u>长淮卫</u>渡<u>淮</u>而北,<u>甲三</u>遂移军击之,<u>乐行</u>败走。<u>甲三</u>驻军<u>长淮卫</u>,解散<u>苗沛霖</u>

胁从诸圩,先后反正者二百馀圩。十一月,保恒及张得胜等袭定
远,定远贼慑于军威,无固志,甲三复纵间摇之。保恒等抵城下,
贼即弃城走,追歼殆尽,遂克定远。捷入,谕叙保恒战绩,毋引
嫌。甲三奏保恒随营,藉资阅历,不得与将士争功,特旨赏保恒
遇缺题奏。十二月,粤匪由和、含窜滁州,甲三檄李世忠等军分
三路击败之;进剿六合,阵斩悍贼冯真林,贼惊溃,遂拔六合。上
以甲三调度有方,下部优叙。寻乘胜克天长县。同治元年正月,
移军攻克江浦县及浦口镇,复下部优叙。四月,粤匪犯六合,檄
李世忠击败之。贼犯滁州、来安,复败之。时陈玉成久踞庐州,
甲三饬张得胜、总兵徐鹢、副都统克蒙额等会将军多隆阿之军攻
之。张得胜设伏北门外,诱贼出战,贼大败,遂薄城下。贼分门
出战,诸军合击,贼又大溃。官兵乘胜逾城濠入,遂克庐州。陈
玉成率死党突走寿州,官军沿途追杀,蹙之肥水,溺毙无算。苗
沛霖开城纳陈玉成,甲三及多隆阿索之急,沛霖乃执玉成送胜保
军前。六月,甲三因病请假,七月,以病势增剧,疏请开缺回籍调
理,允之,并谕曰:“前因寿州失陷,袁甲三与翁同书共办一事,且
有督办军务之责,降旨交部严加议处。惟念该大臣督办安徽军
务三载,时值艰危,竭力支持,一切尚属稳练。该部所议袁甲三
应得革职处分,着加恩宽免。”甲三行至归德,疏陈四事:一、圣学
之缓急宜权;一、议政之精力宜专;一、用人宜审;一、听言宜断。
上嘉纳焉。

　　时楚师攻克安庆,僧格林沁亦连破捻众,声势赫然。苗沛霖
惧,退出寿州、正阳,为乞抚缓兵之计。十一月,甲三奏言:“苗练
终难就抚,万不可再令其厚集财力,占据上游形势。”二年三月,

苗沛霖果复叛,甲三奏:"宜亟乘其初起,迅图剿办,以遏凶锋而定人心。并敕当事诸臣此后毋得再及'抚'之一字,则奸人气折,士志益坚矣。"疏入,命甲三在籍会筹防剿。甲三疏请调吉林、黑龙江马队,并请敕山东、河南练步卒备会剿,允行。五月,苗逆围蒙城,断官军粮道,诏甲三急筹接济。甲三乃倡捐饷需,募敢死士由间道解至蒙城。寻苗逆复陷寿州,捻首张总愚等犯陈州,甲三遣军击败之。时蒙城被围久,甲三疏言:"蒙围非寻常比,救蒙之军亦非寻常行军比。请遣僧格林沁急趋蒙城,曾国藩迅攻寿、正,唐训方迅攻怀远,使苗逆专力自顾,不暇旁扰,庶可挽回大局。"六月,捻匪再犯陈州,甲三击走之。

　　时甲三病已亟,犹日召将士议战事。是月,卒。遗疏入,谕曰:"前任漕运总督袁甲三老成正直,强毅有为。蒙先皇帝特达之知,畀以钦差大臣关防。自捻逆纵横皖、豫数年,统军淮甸,擒灭张元隆等巨股,叠次克复凤阳府县各城。勤劳懋著,备历艰难。前在临淮军营,积劳致疾。适值苗逆复叛,以该漕督矢志灭贼,本籍陈州,毗连淮、颍,复谕令在籍督率兵团,兼筹防剿,犹能筹饷筹兵,悉心捍御。前据奏称沉疴未愈,又复疽发于背,方冀调理就痊,堪资倚畀。兹闻溘逝,念其力疾筹防,殁于王事,披览遗折,悼惜殊深!袁甲三着照漕运总督军营病故例从优赐恤。历任一切处分,悉予开复。应得恤典,该衙门察例具奏。伊长子前詹事府右庶子袁保恒,着俟服阕后,以翰林院侍讲学士即补;次子举人袁保龄,着赏给内阁中书,用示笃念荩臣至意。"寻赐恤如例,予谥端敏。八月,大学士湖广总督官文疏陈甲三治军坚苦状,诏于陈州建立专祠,将历任事迹宣付史馆。三年三月,安徽

巡抚唐训方奏请于临淮建甲三专祠,七月,漕运总督吴棠奏请于
淮安建甲三专祠,均允之。旋因两江总督曾国藩等遵查孙家泰
等死状,上以甲三办理未善,撤销临淮专祠。四年,曾国藩暨安
徽巡抚乔松年复据安徽全省绅民,以甲三统兵淮甸,清廉勤苦,
有拊循保障之功,至今遗爱在民。奏入,特予给还。寻河南巡抚
张之万题请入祀河南乡贤祠,江苏巡抚李鸿章题请入祀淮安名
宦祠,均允行。光绪十五年慈禧端佑康颐昭豫庄诚皇太后归政,
追念功绩最著诸臣,各赐祭一坛,甲三与焉。

　　子保恒,进士,户部侍郎,自有传;保龄,直隶候补道。

　　保庆,甲三从子也。咸丰八年举人,随甲三剿办粤逆,攻克
安徽六安州城。副都统胜保等疏列战绩,请以光禄寺署正即补,
允之。十年,报捐郎中,签掣刑部。时顺天府府丞毛昶熙督办河
南团练,保庆以刑部郎中发往河南,交毛昶熙差遣委用。十月,
山东窜匪七八万勾结亳州出巢捻逆,牵掣官军,力图西窜。保庆
偕内阁中书刘锡鸿等督率练丁,迎击于开封、归德,与官军互为
声援,四面截剿。保庆首先陷阵,鏖战数日,擒斩数千人。贼败
归亳州。河南全境安谧。叙功,加四品卿衔,并赏戴花翎。十一
年正月,捻酋刘天福大股窜扰宋集、雷集、平台一带,保庆与道员
周煦徽等约总兵成景分带兵练,前后夹击,连破丁小楼、张椿等
四寨,直逼贼巢,贼自是不敢远出。亳北居民,藉以少休。同治
二年,莠民赵凤冈勾引捻首王九现、李如松,盘踞项城之尚店寨,
深沟高垒,拒敌官军。保庆督率团勇,与总兵张曜等昼夜环攻,
力克坚巢,俘斩略尽;并生擒陈州、汝宁各属著名首逆李如松等
十九名。河南巡抚张之万上其功,加盐运使衔。四年,张之万疏

言："保庆在籍办团,防剿发、捻,亲冒锋镝,动中机宜。请以道员分发省分,归候补班尽先补用。"下部议,不准行。寻浙江巡抚马新贻遵旨疏举所知,请以道员留于浙江补用,仍格部议。五年,引见,得旨以知府发往山东补用。七年,叙剿办捻逆功,免补本班,以道员仍归山东尽先题补。时马新贻升两江总督,疏调保庆差委,命赴两江,俟差竣仍回原省。九年,马新贻疏请留于江苏,仍归原班酌量补用,从之。嗣署江宁盐法道。

十二年,卒。两江总督李宗羲疏言："保庆少有大志,读儒先书,身体力行。咸丰年间,发、捻交讧,陈州为四战之区,保庆练民团,授拳勇技击之法,捍卫乡里,众咸信服。随袁甲三临淮军营,适当饷竭兵疲,危殆万状,保庆能以忠信固结饥军,声名遂震。嗣经毛昶熙、张之万等先后檄办团练,往来南阳、汝、光各府州,战功卓著。前督臣马新贻疏称其德性坚定,胆识俱优,堪膺重任。盖马新贻在袁甲三军营,与保庆相处最久,知之最深,洵非溢美。自留两江数年来,讲求吏治,查勘河工,督销鹾务,总理留防水陆各军,无不心精力果,实事求是。历任督臣曾国藩、何璟、张树声,皆倚之如左右手。由其性情恳挚,器识沉毅,不随流俗为转移,故见许上官,如出一口。臣莅任后,察其言动不苟,论事持大体,从公之暇,手撰格言,暗然内修,不自表暴。方思具疏荐列,为国家备干城之选,不意遽殒,赍志无穷。保庆从戎十有馀年,离营已久,遵例不敢奏请赐恤。惟生平所志所学,卓然可传。应请宣付史馆,并附祀袁甲三临淮专祠。"疏入,谕曰："已故署江宁盐法道袁保庆前在原任漕运总督袁甲三军营,颇资得力;复在河南南阳等处督办团练,历著战功。旋经调赴两江,于

吏治、河工、鹾务,及整顿防军,均能实事求是。据所奏各节,卓
有贤声,赍志以殁,殊深矜悯! 着加恩将袁保庆事迹宣付史馆,
附列袁甲三传后,并附祀袁甲三临淮专祠,以彰荩绩。"

【校勘记】

〔一〕夷务之兴　"夷"原作"洋"。今据袁甲三传稿(之八)改。按"洋
　　务"一词盛于同、光之际,咸丰之初,以称"夷务"为是。

〔二〕甲三辄再疏言之　原脱"再"字。今据袁甲三传稿(之八)补。按
　　上文"寻疏"之前,已有二月一疏,此则应补"再"字。

〔三〕不得已而议抚　"抚"原作"和"。今据袁甲三传稿(之八)改。按
　　"和"字乃后人所改。"逆夷"原作"洋人"亦同。

〔四〕九月　"九"上原衍"元年"二字。今据袁甲三传稿(之八)删。按
　　清穆宗御极实在咸丰十一年七月,第二年始改元为同治元年。

多隆阿

多隆阿,呼尔拉特氏,满洲正白旗人,黑龙江驻防。由前锋
于咸丰二年补骁骑校。三年,广西会匪窜扰河南怀庆,多隆阿随
钦差大臣正蓝旗汉军都统胜保进剿,旋解城围。叙功,赏戴蓝
翎。四年,补防御,复以功擢补佐领。五年,升协领。六年,江西
九江踞匪窜入湖北黄州,分扰新洲等处。多隆阿以钦差大臣湖
广总督官文檄,首先渡河,会合黄州练勇奋力兜剿,歼擒多名。
匪旋窜广济,多隆阿随江宁将军都兴阿分路截击,贼溃;复由曹
家河进剿,大破之,遂复广济县城。

七年四月,贼踞九江对岸之段窑、枫树坳、独山镇等处,复添

筑多垒,与小池口之贼为犄角势。都兴阿偕副将鲍超攻小池口,饬多隆阿进剿段窑。贼分三路出扑,经鲍超击退,其分股往援段窑之贼,亦经伏兵截杀。多隆阿遂直抵段窑,大队冲入,射毙骑马贼目数名,毁贼垒十馀座,追至八里江,毙贼无算。复由黄梅县进剿枫树坳踞匪,多隆阿令副将王国才等分兵绕出贼后,击毙守垒悍贼,贼众大溃;乘胜攻独山镇贼垒,贼深沟密桩,为死守计。多隆阿派兵分伏要隘,提督孔广顺等轻骑诱之,贼出,伏尽起,多隆阿派勇潜越贼濠,拔桩登垒,贼惊窜,官军乘势剿杀,贼垒悉平。八年九月,都兴阿偕浙江布政使李续宾等督军分攻安徽太湖县城贼卡。多隆阿先运大炮向东山迤南轰击,大队由山后钞攻,毙贼无数;乘势进攻东岸及河西各垒,悉败之,遂偕都兴阿攻城。二更时,将火器射入,燔其火药所,城贼惊乱,官军奋呼登城,贼由东北突走,追杀甚众;并将黄泥庵所屯贼粮,悉数焚烧,遂复太湖县城。都兴阿上其功,得旨优叙。匪旋屯聚石牌地方,多隆阿攻破之,进剿安庆。节次绕攻,渐逼城垣,毁北门及东西山湾各逆垒。十一月,都兴阿军于宿松一带,贼窜花凉亭。多隆阿会合鲍超进剿,豫伏马队,歼毙贼目甚夥,贼众大溃。九年八月,补授福州副都统。九月,贼于石牌镇增筑坚城,图为太湖踞匪援应。多隆阿驰至,先将木城拆毁,越濠施放喷筒火箭,逆众汹惧。适潜山、安庆贼众分股来援,多隆阿派马队击退之,遂斩毁炮眼而入,伪城火发,贼大乱,歼伪官霍天燕、石廷玉等并馀匪数千,遂克石牌。十年正月,皖逆陈玉成于地灵港东西两岸筑垒,将分路上犯,多隆阿偕总兵鲍超以次扫平之。十一年四月,陈逆窜安庆集贤关外,多隆阿添调步队,于高路铺驻扎。适桐城、庐江逆首林绍章等纠合大股二万馀匪冀与陈逆联合,督军击走之。参将余福等复由横山钞杀,其新安渡逆众出援,并经各路官军围剿殆尽。五月,命帮办官文、胡林翼军务。时逆首黄文金纠党渡江,筑垒天林庄,图窜安庆。多隆阿率军由新安渡阵而进,贼众披靡,并击败攻扑挂车河老营股匪,进攻天林庄,逆众大溃。其踞集贤关之贼以骁悍留守,分队窜马踏石地方,多隆阿派队尾追,贼凫水过河,追至包家桥及蒋家山等处,设伏败之。贼窜桐城,遂将江家桥、麻子岭、黄家铺等处贼垒悉数焚毁。六月,得旨优叙。七月,贼勾结桐城土匪,图解安庆城围。多隆阿派兵于马鞍山堵剿,并拨兵分攻蒋家山及高河铺踞匪,均败之。自是安庆贼势益蹙,官军先后踏毁城外贼垒数十座。八月,开挖地道成,火发,轰塌北门,歼贼殆尽。省城克复。奏入,赏给云骑尉世职。九月,进攻桐城,直抵西南北三门,拔毁木城,梯而上,贼大奔,遂复桐城,并乘胜收复广济、黄州等处。十月,官文以多隆阿所向克捷奏闻,赏加都统衔,遇有都统、将军缺出,请旨简放。是月,补授正红旗蒙古都统。寻授荆州将军,仍办理江北安徽军务。

时逆匪陈玉成久踞庐州。同治元年四月,多隆阿派总兵雷正绾等攻之,增修炮台二十馀座,昼夜以大炮轰击,令总兵张得胜等于北面设伏诱敌。贼突出,多隆阿挥兵掩杀,并分军攻其西门,克之。陈逆奔寿州中津渡地方。寻诱擒伏法。官文等以闻,谕曰:"狗逆久踞庐郡,经楚军会合皖军,奋力攻剿,克复坚城,斩馘甚众。实足伸天讨而快人心。多隆阿身临前敌,调度有方,深堪嘉尚! 前于克复安庆案内,业经给云骑尉世职。此次着加恩赏给骑都尉世职。"五月,命督办陕西军务。七月,上以陕省军务紧急,多隆阿迟至两月之久,尚未到陕,命官文催令前进。寻以玩视军务,部议革职。上念其冒暑遄征,随营官弁均多患病,且节经阻雨,迟误有因,改为降三级留任。八月,发、捻各逆窜踞荆子关,[一]图扰秦、鄂,多隆阿由商南回剿,令副都统穆图善督队击贼于柳林沟山口。贼率众迎拒,穆图善分军为四,前后策应,枪炮环施,贼势不支,立将荆子关克复。上以多隆阿回军堵剿,即能以少击众,克复要隘,优诏奖之。十月,亳、颍捻逆复纠匪由豫西永、宜等处并力西趋,多隆阿饬总兵陶茂林等扼守武关,亲率总兵王万年等进扎捉马沟。贼分股来扑,多隆阿令穆图善于二更后由商南进剿,复分饬各军前进策应,而自率亲兵绕出贼背,登山大呼,匪众大乱,斩馘万计,馀匪穷奔;督军由武关合兵于三角池等处夹击之,歼戮殆尽。谕曰:"多隆阿调度有方,旬日间即将巨寇剿除,殊堪嘉尚!着赏给黄马褂一件、大卷江紬袍料二件、大荷包一对、小荷包二个、白玉四喜搬指一个、白玉柄小刀一把,以示优异。"

十一月,授为钦差大臣,督办陕西军务。二年二月,同州回匪盘踞王阁村、羌白镇等处,多隆阿督军分道并进,设伏诱之。贼拥众鼓噪而出,大败之,遂克羌白镇;分兵直捣王阁村。四月,匪于仓头镇负嵎抗拒,多隆阿移营进剿,挥队纵击,贼大乱,遂挥军奋勇登城,斩杀无算。仓头镇及东路同、朝等处以次肃清。七月,进攻蒲桃洼、拜家村等处贼寨,均克之;乘胜驰赴南平,攻剿三府里逆众,毁白鸭嘴、马乌什堡、沙窠诸贼巢。八月,进攻高陵县踞匪,多隆阿派马队伏于十三村之北,复饬穆图善由南路进,自统大军由东路进。匪蜂拥而至，三路夹攻，匪众大溃，遂复县城。时官军已节次攻拔高阳庄、东穆家寨各处贼垒，直薄苏家沟。多隆阿督军逾沟，并击退援贼，直抵渭城，副将孟宗福、总兵姜玉顺挥军突入，毙匪逾万，救出难民千馀人。九月，调西安将军。寻分兵援凤翔，贼众迎拒，大败之，城围立解。时匪首蓝逆久踞盩厔。三年二月，多隆阿亲督兵勇进攻，〔二〕破其东面月城。贼抢筑内卡，多隆阿身受枪伤，仍派兵扼守月城，令穆图善于县城西、南、北三面昼夜环攻，潜由东路乘其不备，填濠拔桩，缘梯而上，克其东门。贼夺路奔逃，官军截杀无算。馀匪窜新口峪，县城克复。奏入，谕曰："多隆阿奋勇督战，虽身受枪伤，曾不稍挫，卒拔坚城。实属忠勇性成，劳勚卓著。赏假一月，安心调理。并由内府发去如意拔毒散四料，交该大臣祗领，以冀速痊。"

三月，卒于军。遗疏入，谕曰："钦差大臣西安将军多隆阿前在湖北带兵剿贼，叠著战功。同治元年，率师入皖，攻拔庐州。匪首陈玉成败窜，被擒伏法。旋由湖北督师入陕，授为钦差大臣，将同、朝一带回巢悉数削平，先后克复城寨数十处。并分兵解凤翔之围，俾陕省回匪一律肃清，厥功尤伟。嗣蓝逆占踞盩厔县城，屡攻不下，该将军忠勇奋发，躬亲督战，力拔坚城，头面致受枪伤。节经赏给内府如意拔毒散及人参等件，交该将军祗领。方冀医治速痊，长资倚畀。兹据因伤出缺，披览遗章，实深悼惜！多隆阿着加恩晋赠太子太保，照将军阵亡例从优赐恤。赏给一等轻车都尉世职。任内一切处分，悉予开复。应得恤典，该衙门察例具奏。并准入祀京师昭忠祠。其曾经立功省分，各该督抚查明建立专祠。赏银一千两，经理丧事，由陕西藩库给发。其灵柩回旗时,着沿途地方官妥为照料。伊子孙几人,着黑龙江将军查明,俟百日孝满后,由该旗带领引见,以示笃念忠荩至意。"寻赐恤如例,予谥忠勇。七月,上以江宁克复,追念死事诸臣,复赏加一云骑尉世职,归并为一等男爵。光绪十一年,安徽巡抚卢士杰以多隆阿与前任安徽巡抚李续宜功德在民,请于潜山县建立专祠,列入祀典,以彰忠荩而顺舆情,允之。十五年,慈禧端佑康颐昭豫庄诚皇太后归政,悯念亮节孤忠诸臣,各赐祭一坛,多隆阿与焉。十六年,安徽巡抚沈秉成以多隆阿安庆省城专祠落成,请列入祀典,诏如所请。

子双全,三等侍卫,袭一等男爵。

【校勘记】

〔一〕发捻各逆窜踞荆子关　"子"原作"紫",音近而讹。今据多隆阿传稿(之三六)改。按传稿清本原作"紫荆",有吴怀清批云:"河南浙川有荆子关,与陕西之商南界连。此非紫荆关,疑有误。"按捻军"尚未到陕",则此应是荆子关,"子"以音近,误作"紫"耳。下同。

〔二〕多隆阿亲督兵勇进攻　"进攻"原误作"前进"。今据多隆阿传稿(之三六)改。

托明阿

托明阿,鄂栋氏,满洲正红旗人。由护军校于嘉庆二十二年,授三等侍卫。道光元年,升副护军参领。二年,拣发山东,以游击用。四年,以捕蝗出力,下部议叙。六年,补兖州镇中营游击。旋因喀什噶尔回匪滋事,巡抚武隆阿请将托明阿带往军营差遣,允之。七年四月,在兰山等处战胜,赏戴花翎。七月,凯撤回营。十二年,升山东台庄营参将。十六年,升胶州营副将。十八年正月,巡抚经额布以堪胜陆路总兵奏保,七月,升曹州镇总兵。二十年,署四川松潘镇总兵,二十一年,实授。二十四年三月,调重庆镇总兵。五月,升四川提督。二十六年,因病开缺,二十七年,病痊,授乌鲁木齐提督。二十八年,调陕西提督。寻授绥远城将军。二十九年,疏请派拨闲散与甲兵一体操练枪炮,每年支发银两,于该处地租生息等项内筹款津贴,允之。三十年,查出口外各厅亏欠银米,与山西巡抚兆那苏图奏请按数追补,如所议行。

咸丰二年,来京,赐紫禁城骑马。寻以捐备军饷,下部优叙。三年三月,粤匪陷扬州,逼近淮、徐,命赴江南、山东交界防堵。山东巡抚李僡奏言:“淮安府之清江浦已有河臣杨以增遏其前,拟以托明阿统带归化、[一]绥远等兵继其后,相机助剿。”署四川总督慧成亦奏请拟令托明阿带兵驻清江浦,以为应援。四月,驰至清江浦。时贼已窜入滁州,托明阿请由洪湖以北直趋泗州,与兵部侍郎衔周天爵会剿。得旨:“进剿机宜,朕难遥制。总以迅速为妥。”五月,贼由蒙、亳一路入河南,陷归德,复窜开封。托明阿偕提督善禄等驰抵归德,沿途追剿,于睢州、杞县、陈留各处与贼接仗,均有斩擒。寻以省城围急,遵旨驰援。时贼已西窜中牟,谕令赶紧追剿,勿堕贼之诡计。旋偕善禄及已革都统西凌阿追贼至汜水,贼方争渡,蹙之,毙多匪,毁逆船多只,生擒五十馀名,并歼黄巾红袍贼目四名。贼寻陷汜水,托明阿亲督各兵攻其北门，克之，毙贼千馀。上嘉其调度有方，赏玉翎管、玉搬指等件，命帮办军务。六月，贼窜河北，围怀庆，托明阿会合各军渡河，由武陟分三路进剿。贼亦分三路抗拒，我兵迎击，毙七八百匪。奏入，得旨嘉奖。贼添设土城木垒，为负嵎计。托明阿分军三面，连日环攻，毙匪二三千名。七月，遂移营直逼贼巢，昼夜攻击，破贼垒，解怀庆围。捷闻，赏穿黄马褂，并赏给西林巴图鲁名号。时溃贼由山西垣曲县陷平阳，帮办军务内阁学士胜保带兵绕出贼前，复其城。上授胜保为钦差大臣，仍命托明阿帮办。贼旋由涉县、武安窜入直隶永年之临洺关，上以托明阿未能遏贼，致窜畿辅重地，降五级留任。先是，托明阿在山西丰仪镇地方截剿窜匪，身受枪伤，赏假医治。并谕曰："汝历练多年，打仗奋勇。朕盼汝迅速痊愈，汝子敬文已给假省亲。该侍卫到营后，着即常川随侍，学习打仗。"十月，疏陈伤疾难痊，恳请回旗调理，允之。四年二月，病痊，命驰赴钦差参赞大臣科尔沁亲王僧格林沁、都统衔胜保军营，帮办军务，并赏文绮。时粤匪北窜，踞阜城，经僧格林沁计诱出巢，托明阿督带马队，遥为声势。侍卫达洪阿等从旁攻击，毙贼多名。三月，另股贼窜清河，胜保由阜城带兵迎剿，托明阿等移驻阜城东北，贼出扑，托明阿督率已革总兵德坤等极力抵御，败退回巢。旋于东南面窜出，至连镇踞之，托明阿与西凌阿等分扎连镇东西两岸，严密围攻，并防其回窜。适钦差大臣琦善在扬州军营病故，上命为钦差大臣，驰往扬州督办军务，并谕以"悉心筹画，与陈金绥、雷以諴迅扫妖氛，尤当与向荣等咨商联络，不可稍存意见"。

八月，授江宁将军。九月，进攻瓜洲，贼用铁索联贯巨木，横截运河,饬副将鞠殿华等率水勇砍铁索,<u>直隶提督陈金绶</u>等由东岸进攻,贼从<u>东门</u>出扑,击败之。十月,<u>江宁</u>贼艚下驶,官军轰毙伪丞相<u>黄起茅</u>等多名,并续获贼艚二。托明阿亲督师船,进攻<u>北固山</u>,毁贼望楼。旋至<u>金山</u>,轰贼坠江者无数。其分踞浦口、<u>九洑洲</u>各贼营,亦节经官军先后攻破,并击走援贼,复会合各军,分路夹攻,贼溃窜。十一月,复攻<u>瓜洲</u>,分东西两路截剿,经游击<u>马永泰</u>等开炮轰击,匪败窜回巢。五年正月,匪纠约<u>镇江</u>逆党窜扑<u>仪征</u>,饬总兵<u>李志和</u>等防堵,并督副都统<u>德兴阿</u>等进剿,连败之。四月,督兵由<u>三汊河</u>进剿,贼突出,官军佯退,<u>德兴阿</u>设伏以待,贼冒雨来冲,击败之。八月,督筑长围,堵剿<u>瓜洲</u>踞匪。复偕<u>陈金绶</u>等分路进攻<u>江宁</u>贼,以轮船来援,总兵<u>叶长春</u>等击沉之。九月,贼窜<u>江浦</u>之<u>石矶桥</u>,饬总兵<u>武庆</u>、副都统衔总管<u>西昌阿</u>等驰援,杀贼二千馀名,将<u>石矶镇</u>克复,并饬总兵陈国泰等炮船直逼<u>金山</u>,贼势遂蹙。寻得旨:“<u>瓜洲</u>久为贼踞,所筑长围,仅能防贼旁窜,仍未能遏截贼踪。若非水陆并力进攻,剿办何能蒇事?着督饬水陆大军奋力夹击,并约会<u>吉尔杭阿</u>同时进攻<u>镇江</u>,俾南北两岸贼匪不能互相援应。”又谕曰:“该逆奸诡之谋,总在援应<u>镇江</u>、<u>瓜洲</u>。如先将二处克复,则<u>江宁</u>自成孤立之势。万勿以长围为可恃。”十二月,会<u>江苏</u>巡抚<u>吉尔杭阿</u>南北合攻,<u>吉尔杭阿</u>在<u>黄山</u>督战,连环大炮,击入城中。托明阿扼剿北岸援匪,败之。六年二月,贼屡伺隙图窜,均经击退,复乘雾暗扑西路围墙,经<u>德兴阿</u>等督兵截击,轰毙无数。其分扑<u>尹家桥</u>等处之贼,复经副将<u>英桂</u>等夹击,歼毙多名。旋突围出,分股窜入<u>扬州府城</u>。上以托明阿既不能先事严防,迨逆匪扑出,又不能力扼,而营盘连陷,府城复失,调度无方。着先行革职。

时贼踞扬州,并分窜西北各路,叠经官军击败。三月,督队攻城,协领乌尔恭额攻其西,营总巴林保等攻其南,德兴阿由司徒庙进攻,巴林保首先冲击,德兴阿手斩贼目一名,各将领连斩贼目,逆众大溃。十月,因病请回旗调理,允之。八年四月,病痊,赏三等侍卫,赴胜保军营防剿。复得旨,赏头等侍卫,前往天津会同直隶总督谭廷襄办理夷务。寻授直隶提督。六月,授西安将军,仍署直隶提督。十月,到京,请训,赴将军任。十年二月,恭逢上三旬万寿,托明阿子敬文得旨免补参将以副将用。同治元年,粤匪窜入陕境,由华阴犯潼关,托明阿饬官军追剿,毙贼千馀。千总李蕴和临阵脱逃,并逃兵张满彪等十名,均拿获正法。奏入,谕曰:"办理尚属认真。嗣后各路统兵大员,着即照此办理,以肃军律。"七月,川匪窜至陕西上元关,官军进剿,败之。八月,回匪扑犯省城,滇匪复窜平利,均遣军击却之。九月,以伤疾举发,请开缺调理,允之。四年,卒。

子敬文,直隶河间协副将。

【校勘记】

〔一〕拟以托明阿统带归化　"统带"原误作"带领"。今据托明阿传稿
　　（之三六）改。

觉罗耆龄

觉罗耆龄,正黄旗人。由工部笔帖式中式道光十七年举人,升刑部主事。二十四年,升员外郎。二十五年,升郎中。二十六

年,京察一等,记名以道府用。二十七年,授江西广信府知府。二十八年,调南安府,旋署建昌府。二十九年,署抚州府。三十年,署吉安府,调袁州府。

咸丰三年四月,交卸回省,派管官团局事务。六月,广西逆匪窜扑江西省城,耆龄会同文武分段守御,击退各股逆匪。巡抚张芾奏入,赏戴花翎,并加道衔。十一月,补赣州府知府。五年七月,升吉南赣宁道。十一月,贼窜义宁州,耆龄带兵赴援。六年四月,擢布政使。六月,以贼匪窥伺饶州,命耆龄实力防守。七月,饶州陷,旋即克复。上以克复迅速,免其置议。十二月,逆匪逼瑞州,署巡抚陆元烺檄耆龄带勇赴省,办理防剿。寻以瑞州陷,兵部右侍郎曾国藩奏称:"耆龄带领赣兵,在饶防堵。联络绅团,屏障东北。今瑞州已陷,九江重兵已撤赴省城,局势更变。耆龄等宜仍驻饶州,无庸调往他处。"疏入,允之。

七年三月,擢江西巡抚。六月,克复万安县城,寻复乐安县城。七月,攻剿宁都州,杨逆率党数万由新城来援,败之。九月,赣属各匪次第歼除。十二月,克复临江府城。八年五月,克复建昌府城。节次克复金溪、新城及吉安府城。得旨嘉奖。十月,福建窜匪陷瑞金县城,上命耆龄会同曾国藩等进剿,克期收复。九年正月,克复瑞金县城。逆匪复窜扰安远、信丰,分股攻陷南安府城。命耆龄严饬各军,并力进剿。三月,克复南安府城,并解信丰之围。

九月,调广东巡抚。十年,以广东州县署事太多,请以实缺人员各赴本任,允之。十一月,逆匪翟明开等由广东南雄州败窜江西,围攻安远县城,耆龄派兵越境追剿,立解城围。十一年正月,逆匪由安远败窜粤东,陷平远县城。四月,复陷福建武平。
耆龄分军进剿,均克之。十一月,以覆奏采办洋米迟延,降四级
留任。同治元年正月,命赴福建办理援浙军务。五月,以援浙耽
延,交部议处。七月,擢闽浙总督。闰八月,逆匪窜踞处州,耆龄
派总兵秦如虎等分道进攻,直逼城下,贼势穷蹙,窜缙云县,遂复
府城。秦如虎等复率各营追击,并复缙云县城。十月,克复奉化
县城。二年正月、二月,先后克复汤溪、永康、武义、龙游、兰溪等
县,并金华府城。浙东全境肃清。

三月,调补福州将军。六月,命查办福建布政使裕铎等信任
劣绅姚镜图交通贿赂等款,寻鞫实,裕铎等降革有差。十月,卒。
遗疏入,谕曰:"福州将军耆龄由部曹简放外任,擢授封圻。上年
升授闽浙总督以来,督师援剿浙江,会同攻复兰溪、金华等城,所
向克捷。本年三月,简任福州将军,方期整饬操防,长资倚畀。
兹闻溘逝,悼惜殊深!耆龄着照将军例赐恤。伊长子主事承斌,
次子承铨,均着俟及岁时由该旗带领引见。"寻赐祭葬,予谥
恪慎。

子承斌,荫主事。

明绪

明绪,诺洛氏,满洲镶红旗人。由翻译生员捐纳笔帖式。道
光十八年,分刑部。二十一年,补官。二十六年,京察一等,记名
以理事同知通判用。二十七年,升主事。二十九年,升员外郎。
咸丰元年,升郎中。二年二月,京察一等,记名以道府用。六月,
充张家口监督。以捐输军饷,下部优叙。四年四月,授江西抚州

府知府，旋调直隶永平府。五月，擢甘肃西宁道。五年，升按察使，旋署布政使。六年，以捐助剿办番匪经费，赏戴花翎。七年，续捐经费银两，移奖子弟。八年三月，丁母忧。十一月，命署陕西按察使。十年，服阕，赏副都统衔，充塔尔巴哈台参赞大臣。寻授镶蓝旗汉军副都统。十一年，复以捐廉助饷，下部优叙。

时俄罗斯国使臣请勘办西北地界，上命乌里雅苏台将军明谊前往塔尔巴哈台，会同明绪妥为办理。寻奏：“请约俄使在西北两路适中之处，据图会议，议定后即各就近互换信约，建立界牌、鄂博。”疏入，下总理各国通商事务衙门议行。[一]同治元年四月，明绪疏言：“上年俄国派廓米萨尔官二员前来，接见时，察其言语欺朦，情多谲诈。且据该匡苏勒官呈来草图一张，留心阅看。大抵该夷之意，总在多占伊犁、塔尔巴哈台两处之界，为收服哈萨克、布鲁特计。查该国条约所指特木尔图淖尔，则在伊犁境内，宰桑淖尔则在塔尔巴哈台辉迈喇虎卡伦之内。该国约于此处议分，心存欺混，已可概见。若照前约定议，中国原设卡伦，被其包入；若指明不许，则该国必将以条约既定为辞。以此揆之，是会议西界尤重于北界。夷情无厌，得寸思尺，不可不豫防其渐。”五月，疏言：“接俄国覆文，据称原议勘办地界，分两路前往，恐山岭无路，难以商办。请仍照条约到塔尔巴哈台会议换约，议定后再行分赴各本境，据图建立界牌、鄂博。”从之。上复以该国欲于未勘界址之先，会议换约，意存侵占，特命总理各国通商事务衙门发去地图一张，并谕伊犁将军常清将新疆地图绘出，分送核对。嗣俄人于伊犁呢玛图一带设立卡伦，阻我前赴勒布什查边之路，又于沙拉托罗海地方率兵拦截，声称哈萨克、布鲁特为该国之地,并于鄂尔果珠勒卡伦抢夺牲畜、器物。诏明绪等向俄国公使剀切理谕。时明绪已调伊犁参赞大臣,谕令俟分界事竣,再赴新任。寻俄国使臣到塔,分遣将领带兵于附近卡伦及卡内先立鄂博十七处。明绪等言不得于尚未议定地址率行侵越,委员带同俄官往查,毁其鄂博。六月,疏言:"特木尔图淖尔、宰桑淖尔均在伊犁、塔尔巴哈台界内,距伊犁之索伦、锡伯营不及百里,距塔尔巴哈台仅三、五十里,日久恐为心腹之患。亟应据图剖辨,毋令侵占,然后互换信约。"上嘉其所虑周备。又因哈萨克、布鲁特人携带男女老幼、〔二〕毡房、牲畜,移进卡伦,声称为俄罗斯逼迫,求给近地游牧。明绪等以哈萨克、布鲁特前曾随俄兵滋扰卡伦,兹于两国分界未定之先,相率入卡,事属可疑。遂派员开导,遣回原牧。疏入,上韪之。

七月,俄国使臣博普考等来会,以续约第二条内,载有西疆未定之界,此后应顺山岭大河之流,及现在中国常住卡伦为界之语,执为定论,并呈出地图一张,内以红点为限。所有卡外尽作应给该国之地。明绪等以条约内载自沙宾达巴哈界牌末处起,至浩罕边界为界,其中袤延万里,仅有三处地名,并未详细指定逐段立界之处,且所载中国常住卡伦等处,并无为界之语。自应遵照地图,于已定旧界之外,专论从前未定之界,秉公商办。即如乌里雅苏台、科布多所属唐努乌梁海及塔尔巴哈台所属爱斯勒布什之哈萨克,伊犁所属特木尔图淖尔,哈拉塔拉之哈萨克、布鲁特,皆中国给予游牧养牲之地,并各赏爵职、禄俸。若将其地分隶尔国,其人生计立蹙,必仍甘心内附,恐与尔国不利。博普考等语塞。翼日,复议,仍执前说,语渐不逊,至以称兵为词。

明绪等谓："两国和好有年,秉公会议,谁敢遽云用兵?"博普考
等词屈而退。旋遣使言彼国复派杂哈劳为会勘地界全权大臣,
俟到再行议期。杂哈劳者前驻伊犁之匣苏勒官也。前在伊犁卡
外拦阻查边绘图官兵,皆其主谋。特伪为彼国全权大臣,主持议
事,以为侵地之助。比来见,仍坚持常住卡伦一说,以中国不照
条约为废约。明绪等言:"据图以议,何谓废约?且勒布什边界
地方,自乾隆年立有石碣,至今尚存。伊犁、塔尔巴哈台岁遣官
兵查收哈萨克租马,均在此会哨,非大清境界而何?"而杂哈劳以
此界为私立,明绪等辨论移时,仍未决。寻杂哈劳等持图至,明
绪等指图节节辨驳,杂哈劳词遁,遂谓图不足凭,仍以条约为准。
明绪等即以条约沙宾达巴哈一条折之,复不能答,但谓宜候两国
复派委员会同绘图,方能定议。

　　明绪等因疏陈会议状,言:"该使臣呈出所绘地图,并未照依
条约内载山岭大河之流,分晰何山何水名目,但以现在常住卡伦
等处均画红线,指为应分之界。其欲分之大山大河,多在乌里雅
苏台、科布多边界之内,必须细核舆图,有无侵占地方,方能定
议。科布多、塔尔巴哈台、伊犁三处常住卡伦,距各城近者不过
数十里,远者亦止二三百里。至塔尔巴哈台所属之哈萨克、布鲁
特各部落住牧,皆在卡外边境内西南、西北一带。若许其自卡伦
议分,不特三处西南、西北疆界均被侵占,且乌、科二城所属之蒙
古割截数处,每年出产例进貂皮之地,亦皆裹去;而伊犁、塔尔巴
哈台所属岁收租马之哈萨克、布鲁特各部落尽属该国。倘该蒙
古不受该国欺陵,仍求内附,不惟无地安置,并恐俄国藉端寻衅。
如不指给游牧之地,该哈萨克等众族内徙,必致军民慌乱。况今

各城军民俱不甘心于俄,若被侵占,必皆有愤发思战之心。是求息事而反生事。请敕总理各国通商事务衙门即与俄国驻京大臣会同商定,照会俄国,转饬该使臣照依条约妥议,庶不致任意贪求,以弭兵隙。"又奏言:"详核旧图,面讯乌里雅苏台、塔尔巴哈台委员,俱已履勘,查对明白,了如指掌。惟科布多、伊犁二城,卡外疆界,不能指实,碍难悬揣办理。当经飞咨常清,并科布多参赞大臣锡霖,派员分赴各本境逐一复查,绘图贴说何处有碍蒙古及哈萨克、布鲁特生计,何处无关紧要,可以议分,以便汇办。至乌里雅苏台自沙宾达巴哈末处至科布多,向无旧定界址,无从适中拟分。其卡外之唐努乌梁海、阿勒坦淖尔乌梁海游牧,有无关碍,应俟复查明确,再与核议。"上以明绪等据理驳斥,词严义正,谕知总理各国通商事务衙门与在京公使剖辨;复谕明绪晓以利害,适中定议,不可畏难迁就,亦不可专俟在京商议,致误事机。既而杂哈劳等固执不允,呈来议单,仍欲以常住卡伦分界,经明绪等叠次驳诘,俄使竟不候议而归。明绪等念夷性谲诈,此后再来议界,难保不带兵豫占地方,爰分咨各城豫为之防。唐努乌梁海蒙古部落及哈萨克、布鲁特等地方亦豫为抚绥,俾资联络。奏入,得旨嘉奖,并以前后奏称分界事宜极为周匝,命坚持定见,相机妥办,勿开边衅。

二年四月,塔尔巴哈台有俄兵三四百名驻巴克图卡伦之外,图占地方。明绪请饬总理各国通商事务衙门告知驻京公使,行文西悉毕尔总督撤回俄兵,并催勘界使臣来塔会议,上从之。六月,奏:"查科布多吹河有道光年间俄人建盖之木房,塔尔巴哈台有咸丰初年驻扎之俄兵,伊犁勒布什迤南,有俄人所设之卡伦木城,今又移进卡伦一层。当经派员巡查晓谕,令其撤回。"上以从前疆吏不能慎固封守,至为俄人潜占,命将军大臣等力求自强之道,毋得再蹈前辙。旋杂哈劳又带马步二百馀人闯赴博罗胡吉尔卡伦寻隙,并屡扬言内犯。上命明绪等行知西悉毕尔衙门令其切实回覆,又谕曰:"会议分界一事,该国日久总未定期。若再向催促,该国必以我意存惧怯,愈加倔强。此次行文,只宜责其不俟议定界址,称兵肇衅,殊失两国和好之谊,较为妥当。"七月,俄国驻京公使经总理各国通商事务衙门以叠次肆扰,面加诘责,该公使谓因边界未能早定,恐该地民人滋事,是以拨兵弹压,委无他意。其言尚为恭顺。明绪等亦疏言:"审度时势,于两害相形之下,酌其重轻,勉图收束。"上因谕明绪等准照该使臣议单,妥为办理。十一月,奏言:"俄人建立界牌鄂博,期在明年五月。其阿勒坦淖尔、乌梁海蒙古部落中,如有真心内附者,宜亟行择地,令移于卡内住牧。阿勒台乌梁海游牧内潜居之哈萨克人众,应往卡外驱逐,请豫行商办。"得旨:"着于会议时,即就当时情形径行酌办,不得游移瞻顾,动辄咨商总理各国通商事务衙门,以致贻误。"又谕曰:"塔尔巴哈台所属藩部,即由明谊、明绪查明情愿内附人众若干,设法笼络,无任与俄人勾结。一面查明卡内空旷处所,以便于定界后酌筹内徙。至伊犁各城,有碍蒙古人等生计数处,能否令俄国让出数百里,以便安置此项人众之处,并着于会商时相机办理,毋稍拘执。"

三年二月,授内阁学士,兼礼部侍郎衔,仍留伊犁参赞大臣之任。复谕曰:"议分地面,如与索伦奈曼生计无碍,即着相机办理,速为了结。倘万难令其占踞,仍当遵照前谕,令俄国让出数百里,安置此项人众。如该国藉口中国已与驻京公使议定,不能稍有所让。即告以总理衙门前给驻京公使照会内,原有妥商照办之语,且从前该国分界使臣博普考亦有不必尽照议单之说。既与索伦奈曼等生计有碍,则两国自应按照照会妥商,以期彼此均有裨益。傥该国于此二者均坚执不允,或即将乌、科等城边界先行勘分,其伊犁境内暂从缓办,以期徐图补救。"寻明绪等遵旨给与照会,俄使覆文谓前递单内所指界址,业经廷臣允许,而疆臣不肯行,且以妥商之语诬为擅添。明绪与之辨论,谓议单内所指地名与原约不符之处,不能不公同妥商,且指出游牧安插两层,为应商办之处。诏嘉其措辞周妥。五月,俄使覆称卡外住牧蒙古哈萨克、布鲁特人众本应归入俄国,并未占索伦奈曼人等居住之处;又称总理各国通商事务衙门虽有妥为商办之语,并无令其让出一二百里之意。若照俄国议单,毫无更改,即派分界大臣到塔会议,否则具奏国王,将分界大臣撤回停办。

先是,陕甘逆回四出煽惑,有大兵净洗回人之谣。塔尔巴哈台回民亦疑惧思乱,经明绪传令回目石金斗等明白开导,始各遵服。至是,乌鲁木齐等处逆回寇迪化,陷汉城,围满城。东路大扰。塔尔巴哈台回民益自危。[三]明绪密拿外来勾诱匪徒,出示安抚良回,拨兵扼守边要,传集石金斗等,分谕各户,共安生业,回众乃安。未几,叶尔羌失守,英吉沙尔、喀什噶尔相继起事。伊犁防守尤关紧要。明绪尚在塔尔巴哈台,见逆焰日张,而俄兵以分界未结,又节节移近图尔根河西驻扎,强占卡内地方,口舌不能为力。适常清咨请檄调蒙古兵统带来伊,因商同行文西悉毕尔衙门,准照该国议单分界,檄调土尔扈特官兵五百名,饬营长巴霞管带,先进库尔喀喇乌苏一带,会同堵剿,自率察哈尔、额鲁特兵五百名,督饬领队大臣荣全同赴伊犁,并以回目石金斗、乡约陈生福等素为回众敬服,稽查弹压,始终不懈,疏请奖励。时上已有旨令明绪统带蒙古兵二千名迅赴伊犁,得疏均如所请。八月,明绪至伊犁之五台,闻金顶寺、巴燕岱各城回众讹传官兵剿洗,惊疑聚众。明绪派员往谕,授以机宜,尽散其党。并疏言:"回众纷纷变乱,连陷数城,揆厥所由,皆因该大臣及各地方官平日不能推诚抚驭,[四]不问是非曲直,但属回民,一切从严。以致该回心怀不平,祸由内生。"又疏言:"为政之道,以用人、理财为先。非讲求吏治、开源节流,不足以收治平之效。"奏入,上嘉之。

十月,授伊犁将军。先后击败库尔喀喇乌苏诸贼,并解乌城之围。复疏劾常清优柔胆怯,毫无振作,以致营务废弛,呼应不灵。常清亦自陈罪状,言明绪到伊后,事无巨细,悉合机宜,军民藉为长城之倚,请加显擢。遂权以令箭授明绪,军务悉由主持。旋贼陷库尔喀喇乌苏,伊犁北关回民数千同时皆叛,攻扑城垣,领队大臣托克托奈死之。所属各城次第沦陷。伊犁孤悬贼中,岌岌难保。明绪疏陈紧急情形,且言:"俄兵贸易圈地,为贼扰占,已行文西悉毕尔衙门,暂借俄兵相助。请敕下总理各国通商事务衙门,与该公使商办。"从之。时贼围伊犁多日,明绪调派知印房章京额腾额带兵出城,会同荣全等军,夜袭贼垒,杀贼数百,尽毁其营。城围遂解。上嘉其调度有方,赏穿黄马褂。会巴燕岱领队大臣穆克登额告急,明绪派兵援剿,总管德克都临阵先逃,师遂大败。疏入,诏明绪严切查明该总管失事情形,即行按照军法从事。时贼数十倍于官兵,军又乏食,明绪出俸钱八千缗充军饷,搜括在城馀兵,克期亲督出战,阖城官民环向泣阻,乃以兵属荣全,自率在城官民登陴防守。既而官军攻贼,三战皆捷。卒以寡众不敌,致挫。十二月,明绪以前任抚民同知崇熙素得民心,擢办军务。旗兵素骄惰,择其尤甚者立予正法,兵弁肃然。并查出旧存铁块尚夥,监造枪炮,日勤操练;又亲选马队四百名,招集八旗闲散民勇,教演刀杆,为守城之用。逆回屡以大队扑城,叠有斩获,官军胆益壮,以贼众我寡,诫勿穷追。值除夕,轻骑历各营,拊循激劝,士卒咸鼓舞。权用印券,按名给赏,即牛酒之犒,亦以票据畀之。四年正月,令额腾额、崇熙出师进援巴燕岱,自督所训马队为后应,抵窝铺,逆回悉众抗拒。官军以马队排阵冲突,枪炮环击,贼大溃。谕曰:“该将军自到任以来,坚忍苦守,深得军民之心,竟能以少击众,实堪嘉尚。”

寻授正白旗蒙古都统。时塔尔巴哈台回众又叛,明绪遣领队大臣布尔和德往援,而伊犁三面受敌,东面精河、绥来、迤东一带,贼众麇聚。明绪饬乌鲁木齐章京锡拉春等募勇扼扎精河之东,檄库城粮员瑞琳就地筹画口粮接济,檄精河粮员吉拉图等防贼钞袭。四月,锡拉春移营进逼库城,贼弃城走,追至安集海,夺其营。乘胜直抵乌兰乌苏军台,贼倾巢出,复三战三胜之。东路渐通。方拟进规绥来,而巴燕岱城困守数月,卒陷于贼。贼又猖獗,纠众攻伊犁,明绪督令额腾额等击却之。贼复潜绕官兵之后,崇熙等奋力冲杀,围乃解。五月,贼薄绥定城,官军有临阵退缩者,明绪立斩以徇。官兵争先效命,歼红衣逆首一名,毙匪数百。贼乘夜来袭,佐领乌勒德春阵斩二千馀名。翼日,贼分队攻扑大城,明绪亲督官兵迎击,杀伤无算。奏入,温旨褒美。自是贼越二三日，必分股来扑，官军昼夜不得休息。荆州将军穆图善等援军久不到，藉助俄兵之策，迄无成议。户部前后奏拨新疆饷银共一百馀万两，亦无解到者。官军枵腹待饷，至折栋楠以为薪，刲驴马以为食。得胜收队，辄以自用鞍马衣服充赏，犒军积券累数万。战马日饿毙。由是蒙古官兵抗不赴调，察哈尔潜与贼通，哈萨克、布鲁特乘乱劫掠，官兵伤亡者多，至以十岁以上幼丁充补甲缺。然贼困左营城时，犹驱饥疲之卒以解其围。明绪先后奏陈，略言："以四面数十万之回逆，伊犁孤守其中，缩食减粮，不过苟图目下。虽各兵勇尚能冲锋陷阵，足见天良具在，不辜朝廷豢养厚恩，而目睹情形，心实难忍。苟无以续其命，而使有所希冀，则涣散即在旦夕。此臣所以殚竭血诚而束手无策者也。"于是上切责乌里雅苏台将军明谊、科布多参赞大臣广凤等畛域太分，命将已到伊犁饷银尽数运解。十月，锡伯、索伦两营囤粮全遭焚毁，[五] 城关隘要尽为贼踞。明绪以孤城困守，官兵殍死过半，设法用树皮油渣磨面散放充饥。贼薄城下，督官兵亲冒矢石，昼夜无间，如是者又两月。五年正月，贼掘地道轰陷城墙，犹尽法堵守三日。俄北门火起，贼蜂拥上，率馀兵退守将军衙署。又二日，贼攻衙署，明绪率妻宗室氏，子员外郎衔二品荫生麟保、员外郎钟保，阖家自焚卒。

光绪元年，署伊犁将军荣全查明奏闻，谕曰："前任将军明绪见危授命，大节凛然，殊堪悯恻！着交部从优议恤。同时殉难之该员家属，着一并交部旌恤。"寻赐恤如例，赠太子少保衔，予谥忠节。赏骑都尉兼一云骑尉世职，袭次完时，以恩骑尉世袭罔替。十五年，慈禧端佑康颐昭豫庄诚皇太后归政，悯念亮节孤忠诸臣,各赐祭一坛,明绪与焉。

嗣子延增,袭世职。

【校勘记】

〔一〕下总理各国通商事务衙门议行　原脱"下"字。今据明绪传稿
　　（之三八）补。

〔二〕哈萨克布鲁特人携带男女老幼　原脱"布鲁特人"四字。今据明
　　绪传稿（之三八）补。按上下文均以哈萨克、布鲁特对举,此则显
　　系脱落。

〔三〕塔尔巴哈台回民益自危　"益"原作"亦",音近而讹。今据明绪
　　传稿（之三八）改。

〔四〕皆因该大臣及各地方官平日不能推诚抚驭　原脱"因"字。今据
　　明绪传稿（之三八）补。

〔五〕锡伯索伦两营囤粮全遭焚毁　"遭"原误作"行"。今据明绪传稿
　　（之三八）改。

　　宗室常清

　　宗室常清,镶蓝旗人。道光九年,授三等侍卫。十七年,升
二等侍卫。二十一年,赏头等侍卫。二十四年,授正白旗蒙古副
都统。二十七年,充乌什帮办大臣。咸丰三年五月,授库车办事
大臣。九月,调喀什噶尔办事大臣。四年,授叶尔羌参赞大臣。
因捐助军饷,下部优叙。时喀什噶尔回民沙木滋事,常清捕擒
之,及馀犯斯拉木等均正法。得旨嘉奖。五年,喀什噶尔贼首铁
完库里与倭里罕霍卓率众闯卡,命常清就近往剿,擒逆党玉散霍

卓依善,其首逆倭里罕霍卓与铁完库里潜逃,经浩罕伯克胡连雅尔转求将获犯释回,常清拘禁之;令将首逆擒送,再行释放。上韪其议。

　　六年十月,擢伊犁将军。十一月,补镶白旗蒙古都统。初,叶尔羌满营官兵裁撤后,所馀牛马,厂中有可耕之地,经常清招募回户垦种,陆续垦地一万二千亩。七年,察看收成丰稔,议定科则,奏闻,下部议行。八年,授热河都统。九年,遵旨查办已革贝子德勒克色楞念诵黑经一案,以案内要犯日久未获,下部议处。寻因整顿热河银矿厂课加增,得旨嘉奖。又以热河所产铜斤日形短绌,奏请封禁,允之。时奉天骑马贼窜扰朝阳、赤峰一带,常清饬属缉捕匪徒张永福等,治罪如律。因疏请严定捕盗章程,上以奉天西北与热河接壤,时有盗伙出没,命常清派员带兵与奉天各员合力缉拿。寻疏言:“热河地面辽阔,冈峦丛绕,处处可以藏奸。拟请挑选得力兵丁,每年分班梭巡。”疏入,允之。十年二月,调乌鲁木齐都统。七月,再授伊犁将军。十月,补正白旗汉军都统。十一年,因俄国续约内载东西两边设立界牌,奏请派员会勘。得旨,着派明谊前往塔尔巴哈台会同明绪妥为办理。时逆匪斜黑阿浑之子阿布都拉依木窜入喀什噶尔卡内滋扰,常清商令喀什噶尔办事大臣奎英,檄总兵福珠凌阿统带满、汉官兵迎击,并饬章京文德讷等率领回兵截贼归路,分马队为两翼进剿,生擒首逆阿布都拉依木,馀匪歼焉。地方肃清。上嘉其办理迅速。寻奏参叶尔羌参赞大臣英蕴于回匪抗差逞凶一案,并不按例惩办,辄照回子经典,斩决多名;且有违例演戏各情,命偕参赞大臣景廉确查具奏。同治元年四月,查明究出三品阿奇木伯克阿克拉依都等摊派回庄银两、滥行枷责,据实奏闻,均论罪如律。

　　时乌里雅苏台将军明谊奉命会同俄使查勘地界,而俄国匪苏勒官覆文,遽约两国大臣同到塔尔巴哈台会议换约,上以界址尚未会勘,先行会议,恐彼国意存侵占,命常清迅将伊犁库存新疆地界图说绘出,分送明谊等,以凭核对。七月,常清旋奏言:“俄国忽于呢玛图地方擅立卡伦,并于沙拉托罗海地方拦阻查边官兵,请旨饬下总理各国通商事务衙门,行文俄国转饬该边界头人等将卡伦官兵撤回。各守疆圉,以笃夙好。”如所请行。二年正月,明谊等将会勘地界情形具奏,谕曰:“俄国使臣上年在塔尔巴哈台议界,未遂所欲,隐忍回国。现在伊犁卡外游驶之俄人,业经全行撤回。趁此春融冻释,即可将该处地界详细查勘。着常清迅派妥员将伊犁本境边卡何处可以议分,有无关碍哈萨克及布鲁特生计之处,逐一详查绘图贴说,由常清核准咨送明绪妥筹办理。”三月,奏言:“伊犁近年以来,内地粮饷不至,积欠军饷至一百数十万,兵丁苦累难支。上年回匪滋事,各处戒严,筹饷调兵,诸形拮据。值此有事之秋,何能令其枵腹从事?而接济之源毫无涓滴,伊犁旧有河工捐输之案,请援照办理。再部颁筹饷条款,官犯纳赎各款,均极详妥,应仿照一律捐输。至回子伯克捐输赎罪加级等项,均照理藩院所颁条款,分别银数遵行办理,以昭平允而广招徕。”疏入,均如所请。

　　时伊犁惠远城之三道河地方,有回民抢劫库存枪械,杀毙兵丁,常清派员缉捕,前后生擒首从各犯百馀名,置于法。奏入,上嘉之。七月,奏言:“俄国因分界未定,闯卡寻衅,经我伏兵击退。

该使复扬言攻取索伦、沙冈等情。"疏闻,命总理各国通商事务衙
门面责俄国公使,并谕明谊等酌量情形,妥为办理。先是,哈萨
克勾结俄人越卡寻衅,屡经官兵堵御。八月,俄人复于喀尔奇拉
河地方肆意滋扰,常清调派弁兵及内附之哈萨克、布鲁特等出力
堵御,胜之。寻奏言:"俄国咨称哈萨克、布鲁特为伊国所属。查
该国于咸丰三、四年间,始准在伊犁通商,辄欲将百数年内附之
哈萨克、布鲁特等据为己有,实属荒谬。况和约内并无哈萨克、
布鲁特属与该国之语。请旨敕下总理各国通商事务衙门,转谕
该国使臣,斥其所言之谬,及早息兵。"并奏称:"俄国头人在各
营投递字据,云该国王将前此滋事之人唤回治罪,〔一〕不准伊等
再行打仗。是该国自知衅由己起,似有转机,乃又私寄哈萨克、
布鲁特信,劝其不可内附,而归罪于锡伯、索伦兵丁。窥其用意,
分明畏锡伯、索伦兵勇强劲敢战,故为此挑唆之语,诡谲多端,心
怀叵测。现已饬令各营带兵领队大臣加意防守,勿堕其术。"疏
入,谕常清相机防范,毋稍疏忽。

　　三年,库车城池被汉、回延烧,吐鲁番所属之托克逊,哈密所
属之奇台相继乱起。谕曰:"常清为诸城领袖,应如何调兵豫防,
均系分内应办之事。岂能莫展一筹,任令匪踪延蔓?着迅速设
法妥筹办理。"初,新疆各城汉、回互相煽惑,经常清遍谕各城,妥
为抚辑。及库车汉、回滋事,常清以阿克苏四路通达,素称饶裕
之区,地距库车甚近,恐贼众垂涎,即派员带兵五百名驰援。并
咨乌鲁木齐都统平瑞派兵一千名,由大路进攻;咨喀喇沙尔办事
大臣依奇哩调土尔扈特兵二千名,相机剿办。又以冰岭为伊犁
南路出入要隘,亦派兵防守。讵各城回民叛乱,叶尔羌等处纷纷

求援,伊犁一带皆为贼扰,乌鲁木齐汉城亦陷。至是,常清疏言:"伊犁为极边偏隅之地,南山、冰岭不通,东南那拉特山外,贼匪盘踞,西南俄人带领兵队占卡,惟东北军台仅通塔尔巴哈台一城。此二城孤悬,缓急无恃,伊犁附近尚有巴燕岱等八城,多系回民,即伊犁城内外回民亦复不少。霄夜一呼,烽火响应,军饷涓滴俱无,外援空劳指望。目下仅馀存城兵勇,暂将根本重地协力保护,再图机会。惟有吁恳天恩,敕下乌里雅苏台将军等迅派喀尔喀蒙古兵二万名出关,分路剿贼,收复各城。"疏入,得旨如所请。

寻贼陷叶尔羌,英吉沙尔中营守备蓝发春、喀什噶尔中营把总王得春等暗约汉、回同时谋叛。经官军奋勇擒斩多名,馀逆始散。十月,官军驰解库尔喀喇乌苏之围,遂进剿库车回逆,败之。时伊犁城围紧急,常清奏言:"前因各城军务浩繁,请调参赞大臣明绪会同办理军务。该大臣自抵任以来,事无巨细,任劳任怨,悉合机宜,军民藉为长城之恃。当此危急存亡之秋,何敢虚词谀美,藉以卸肩?惟恐事权不一,官弁兵勇无所适从,势难再事拘泥。当即将令箭送交该大臣收领,随时调度。恳恩锡以极品之荣,俾军民仰望,弥形踊跃。"奏入,诏旨切责,授明绪为伊犁将军,夺常清职,留伊犁听候查办。四年,逆回围扑伊犁,常清与明绪登陴固守,城陷。亲率家丁巷战,死之,阖家同时殉难。光绪元年,经都察院奏闻,谕曰:"同治四年,回匪攻扑伊犁时,常清因革职留伊查办,遂随同该城将军等登陴固守。城陷后,常清巷战阵亡,全家同时殉难,殊堪悯恻!常清着照四品官议恤。其庶母程氏,子德润,女贞格、安格、兰格、定格,妾王氏、赵氏,着一并分别旌恤。"寻赐恤如例,予谥勤毅。赏云骑尉世职,袭次完时,以恩骑尉世袭罔替。

俚恩韶,袭;恩韶,故。

子宝第,袭。

【校勘记】

〔一〕云该国王将前此滋事之人唤回治罪　原脱"前"字。今据常清传稿(之八)补。

明谊

明谊,托克托莫特氏,蒙古正黄旗人。祖策丹,副都统;兄明训,吏部右侍郎、内务府大臣、副都统。

明谊,嘉庆二十四年进士,以主事用,分兵部。道光五年,补官。十三年,充武会试提调。十四年,升员外郎。历充则例馆提调、马馆监督。十六年,充张家口税务监督。十八年二月,京察一等,记名以道府用。三月,授广东琼州府知府。二十一年,升甘肃安肃道。二十五年,调镇迪道。二十七年八月,以喀什噶尔回匪滋事,卡外安集延、布鲁特纠约本地回众,乘隙肆扰。上命明谊驰赴肃州,随同陕甘总督布彦泰办理粮台事务。十月,擢山西按察使。二十八年正月,以前在甘肃捐修乌鲁木齐城垣,下部议叙。八月,调甘肃按察使,二十九年,署布政使。先是,明谊在甘肃时,招道士苏姓医病,嗣道士易服,更名为薛执中,至京师用符咒等术,祈雨治病,意图惑众。三十年,被获,下部严讯。供称明谊曾令医病,并布施银两,转荐至伊犁将军萨迎阿处治病。命明谊赴部质讯。旋以明谊亲供与薛执中所供未符,饬萨迎阿明白回奏。旋覆奏,该犯自往伊犁募化,明谊并未给与信函。经刑部覆核,得旨明谊降四级调用。

咸丰三年三月,赏二等侍卫,充哈密办事大臣。十一月,捐助军饷,下部优叙。四年二月,率属续捐军饷,复下部议叙。八月,奏言:"户部议准核减条款一节,查哈密经费银两,按照此款变通,所有应发款项,拟请照旧给银者二款,减成给银者三款,折给钱钞各半者五款,每银一两折给制钱二千者三十二款、仍给制钱一千五百者五款,俟各城拟议条款到部,汇总核议,以免歧异。再哈密库存经费,只有实银,其拟改折制钱及钞票者,均暂照甘肃现发台饷章程,每钱钞二千补发银六钱五分。统俟奉到部覆,如有增减,再行核扣补支;并俟钞票领到,库有钱文时,再遵照现议,以钱钞支发。"下所司议行。嗣以哈密经费银两不敷支放,奏请敕下陕甘总督在甘肃藩库先行借款动拨银二万两,务于明春解到哈密,以资接济,如所请行。

十月,赏头等侍卫,充库伦办事大臣。五年,赏副都统衔,充塔尔巴哈台参赞大臣。六年七月,疏言:"塔尔巴哈台应行备调七年经费,议将本处官兵应支俸饷盐菜银两,照饷折粮各半支放。"下部议行。八月,授镶黄旗蒙古副都统。八年,疏言:"俄罗斯国前被烧圈抢货,若徒空言和解,彼自不甘折本,恐终不免决裂。自蒙恩准伊犁将军扎拉芬泰之奏,豫征茶税,与以贴补,并调戍员萨碧屯等来此,豫购工料,立许修圈。凡此消弭边衅,皆仰赖神谟广运。现在该国商货已到,顺便运回茶箱,沿途毫无事故,且夷货到卡时,听从查点,不似从前任意搀越及横阻卡官查点情形,与华商交易亦极公允,足征心折。"报闻。九年六月,奏请豫调塔尔巴哈台经费,七月,疏陈俄罗斯派管贸易之匪苏勒官到城恭顺情形,并饬革员萨碧屯、阿弼善等赔修货圈房屋工竣。

　　十月,擢乌里雅苏台将军。十一月,奏言:"本年应许贴补俄罗斯国茶箱,经山西巡抚、绥远城将军采买,由台运到交付,俄商以稍有水湿,挑剔不收。当晓以长途解运匪易,始行收领。该商总以此次茶斤,因木箱绳索较去年交付分两加重,希图补给斤数,始肯出具收足字样。奴才以俄人贪得无厌,令委员等不可轻增;如实在不能交付,再将备用茶箱酌给若干,以完巨案而免葛藤。"从之。旋以已革防御萨碧屯、笔贴式阿弼善赔修货圈工程完竣,奏请免其发遣,并免缴台费银两;萨碧屯贴修银数尤多,请赏给笔贴式,以示鼓励:允之。十年,以率属捐助军饷,下部优叙。寻授镶红旗汉军都统。[一]

　　时英人犯顺,上驻跸热河。明谊偕参赞大臣阿尔塔什达、署乌里雅苏台将军平瑞合疏奏达行在,略言:"英、法二国肆意要求,更复陈兵直犯,天威震怒,不得已而用兵。复蒙圣慈,不遽绝悔罪投诚之路,但能回心向化,仍许和好通商。现在该国等已于九月换约,通商和好,天津百姓各安生业。此皇上恩同覆载,为该国等施法外之仁,即为中土善安内之策也。因念时事多艰,皆赖宸谟指示,此次剿抚夷氛,更必重劳宵旰。谨将边地人心安静各由,奏慰圣廑。"报闻。十一年,赴塔尔巴哈台,会同镶蓝旗汉军副都统明绪与俄国使臣查勘西界事宜。同治元年,奏拨骆驼二百只,赴科布多应用,允之。四年三月,疏陈科布多十四台站蒙古游牧,屡遭旱灾,牲畜多毙。<u>黑龙江</u>官兵到台,必误军资。得旨,令管带<u>黑龙江</u>官兵之记名副都统<u>花尚阿</u>,改道由内地径赴<u>山西</u>,归<u>联捷</u>统带前进。

　　五年,以病奏请开缺,允之。七年,卒。遗疏入,谕曰:"<u>乌里雅苏台</u>将军<u>明谊</u>由部曹简放知府,荐升<u>乌里雅苏台</u>将军,持重老成,克供厥职。前以积劳患病开缺,回旗调理。遽闻溘逝,悼惜殊深!<u>明谊</u>着加恩照将军例赐恤。任内一切处分,悉予开复。应得恤典,该衙门察例具奏。"寻赐祭葬,予谥<u>勤果</u>。

　　子<u>常灏</u>,兵部员外郎。

【校勘记】

〔一〕寻授镶红旗汉军都统　"红"原误作"黄"。今据<u>明谊</u>传稿(之八)改。

　　<u>裕瑞</u>

　　<u>裕瑞</u>,<u>佟佳氏</u>,<u>满洲</u>镶蓝旗人。祖<u>嗣存</u>,散秩大臣;父<u>舒明阿</u>,杭州将军。

　　<u>裕瑞</u>,由闲散于<u>道光</u>五年二月,补銮仪卫整仪尉。十月,开缺,随父之<u>杭州</u>任。六年,补原官。十一年,升治仪正。十二年,擢云麾使。十三年,充协理办事章京。十五年,擢冠军使。充续办事章京。十八年八月,得旨,记名以副都统用。十一月,署正白旗<u>蒙古</u>副都统。寻补镶黄旗<u>蒙古</u>副都统。十九年正月,授<u>山海关</u>副都统。十二月,遵旨查讯兵丁马棚馀项积欠一案,骁骑校<u>富忠阿</u>等逗刁展狡,请革职交刑部审办,从之。

二十年,调广州副都统。二十一年,英夷犯顺,扰及广东。裕瑞督率文武防守省城,擒斩夷匪多名,赏戴花翎。二十二年、二十五年两次署广州将军。二十七年四月,入觐。五月,命署江宁将军,六月,实授。二十九年,调福州将军。咸丰元年八月,调成都将军。九月,署闽浙总督。十月,疏参福宁镇总兵孙鼎鳌等捕盗不力,请革职留缉;并奏保拿获邻境盗犯之莆田县知县马百庆,请加同知衔:均如所请。又奏海坛镇总兵沈河清拿获洋盗二十二名,治如律。二年,赴成都任,以福建官犯何士节脱逃处分,降四级留任。

寻署四川总督。三年五月,疏请成都驻防官兵春秋两操,兼阅枪炮,允之。旋以率属捐饷,下部优叙。时大竹县知县杨得质、盐源县知县盛朝辅讦告署布政使苏敬衡收受节礼陋规,命裕瑞偕副都统伊瑑额提讯。寻以杨得质误听人言,自行检举奏结。八月,补四川总督。户部左侍郎王庆云疏称“借征济饷,首在得人。四川办理津贴,几费周章。裕瑞资望尚浅,恐难镇抚”等语。会裕瑞具疏谢恩,谕曰:“朕闻汝在川,一切未免宽缓,殊少果断。又有二语,谓汝‘严明不如琦善,廉介不如徐泽醇’。今特谕汝,有则改之,无则加勉!”十二月,遵谕督办省城团练,以立局募勇操演情形奏入,报闻。四年三月,率属捐饷,下部优叙。九月,贵州桐梓县民杨隆喜藉团肆扰,界连四川綦江等县。裕瑞饬都司赵应熊等分往堵御,自率重兵赴泸州防堵。先是,南江县民郑怀江与解邦溁互争场市牙息,势欲械斗,居民讹传谋反,纷纷迁徙。怀江族人郑映芳惧累报县,知县伊克精阿传讯,尚无不法情事,取结完案。嗣经裕瑞风闻,派把总曾芝荃等侦之,芝荃等探听不

实,遽以谋逆禀覆。裕瑞遂将郑怀江等六人凌迟处死。至是,为
学政何绍基所劾,并称有收受属员陋规,作为捐款情弊。上命侍
郎载龄、崇实往鞫得实,褫裕瑞职。

六年六月,赏三等侍卫,充喀喇沙尔办事大臣。〔一〕十一月,
赏二等侍卫,调喀什噶尔办事大臣。八年,赏加副都统衔,授叶
尔羌参赞大臣。九年七月,奏定叶尔羌变通钱法章程,如所议
行。十月,补正红旗汉军副都统。十二月,授理藩院左侍郎。时
来京进贡之阿布都剀里木、浩罕额尔沁,于奏请停止来京后,在
叶城逗遛行凶,为众兵殴毙,裕瑞未能先事豫防,下部议处,旋命
来京。十一年四月,署镶红旗满洲都统,寻署兵部右侍郎。九
月,署镶蓝旗护军统领。十一月,署镶红旗护军统领。十二月,
署兵部左侍郎。

同治元年正月,署正蓝旗护军统领。四月,叶尔羌摊派回众
银钱,参赞大臣英蕴以不遵定律擅照经典议罪,斩绞回子多名,
褫职遣戍。裕瑞以前任参赞大臣,下部议处。十一月,充右翼监
督。二年三月,充武职六班大臣。六月,署正蓝旗护军统领。八
月,署镶白旗汉军副都统。九月,充稽查坛庙大臣。三年六月,
署正红旗护军统领。七月,署正黄旗护军统领。八月,署镶红旗
满洲副都统。四年五月,授正白旗护军统领。八月,充管理营房
大臣。五年五月,补正白旗蒙古都统。九月,署察哈尔都统。六
年四月,授绥远城将军。五月,以牛羊群副总管扎克都尔私征网
利,有玷官箴,请褫职,允之。

七年,卒。遗疏入,谕曰:"绥远城将军裕瑞,于道光年间,由
整仪尉荐任将军,〔二〕历升四川总督,缘事罢斥。旋授叶尔羌参

赞大臣,内擢侍郎、都统。同治六年,简授绥远城将军,办理防剿事宜,谨慎趋公,不辞劳瘁。方冀克享遐龄,长资倚畀。遽闻溘逝,悼惜殊深! 裕瑞着加恩照将军例赐恤。任内一切处分,悉予开复。并准入城治丧。伊子徵林,着赏给三等侍卫,俟及岁时,在大门上行走,用示眷念耆臣至意。"寻赐祭葬,予谥恪勤。

子岳林,理藩院右侍郎;嵩林,户部员外郎;嵘林,理藩院主事;徵林,三等侍卫。

【校勘记】

〔一〕充喀喇沙尔办事大臣　"喇"原误作"什"。今据裕瑞传稿(之八)改。

〔二〕由整仪尉荐任将军　"任"原误作"升"。今据裕瑞传稿(之八)改。

平瑞

平瑞,那拉氏,满洲正黄旗人。由翻译生员补印务笔帖式,荐升公中佐领。咸丰三年二月,升副参领。十月,升参领。五年,补印务参领,以军政卓异,奉旨交军机处记名。八年,署正红旗蒙古副都统。九年,赏副都统衔,充乌里雅苏台参赞大臣。十年,署乌里雅苏台将军。

十一年,授乌鲁木齐都统。同治元年,考验乌鲁木齐各营军政,二年二月,提督业布冲额所部营兵,胁官索饷。平瑞奉旨查办,立将首要各犯分别惩治。嗣因兵民缺食,请于乌鲁木齐厂地开垦屯田,以裕仓储。又以巴里坤兵多粮少,请酌量迁移,以资养赡。均下部议行。先是,前任乌鲁木齐都统法福礼以宝迪局铸额加增,具奏请奖,于咸丰十一年三月奉旨交户部议奏,其劝捐人员及十次捐输人员亦于是冬交部议奏,事经两年,迄未咨覆。平瑞抵任后,奏请核覆,奉旨敕部查明,并将漏未移付之司员查明严议。四月,以署哈密协副将恩贤于钱粮重款,并不查察,任令字识藉端侵扣,并以都司全龄放款牵混,奉旨拿问,交平瑞等严讯究办。九月,以吐鲁番领队大臣并新疆各城大臣简放日久,请催赴任,以重职守,俱如所请。三年八月,乌鲁木齐地震,半刻始息。城垣、衙署、兵民房屋,间有塌损,城楼倾圮尤多。查报兵民压毙及受伤者,以数十计,当即分别抚恤;其不堪栖止房屋,并拨给帐房,暂令栖身。嗣据所属先后禀报,同时地震,情形各有不同,而塌毁皆所不免。疏入,得旨查明抚恤。

十月,回匪攻扑迪化州城,平瑞督兵守御,已阅数月,卒以粮尽援绝,城陷,平瑞力战阵亡,阖家被害。事闻,谕曰:“本年夏间,汉、回变乱,攻扑州城。乌鲁木齐都统平瑞等督兵固守,数月之久,粮道断绝。九月初三日,州城被陷。都统平瑞全家殉难,实属无忝职守,忠烈可风! 平瑞着照都统例,交部从优议恤,入祀昭忠祠。平瑞之妻、妾、子女,均着交部查明,分别旌恤,以彰忠节。并着该旗查明是否另有子嗣,奏明请旨。”寻赐恤如例,赠太子少保衔,予谥忠壮。并赏骑都尉兼一云骑尉世职,袭次完时,以恩骑尉世袭罔替。旋经正黄旗满洲都统查明,京中并无子嗣,该族公议,以伊胞侄护军桂明承袭。四年二月,本旗带领引见,奉旨赏给三等侍卫,在大门上行走。十二月,袭职。光绪十五年,慈禧端佑康颐昭豫庄诚皇太后归政,悯念亮节孤忠诸臣。

各赐祭一坛,平瑞与焉。

舒保

舒保,舒穆鲁氏,满洲正黄旗人。道光二十五年,由护军补护军校。二十六年,升委护军参领。二十九年,迁副护军参领,旋擢护军参领。咸丰四年,随参赞大臣科尔沁郡王僧格林沁围剿连镇逆匪。时贼因大风雨向东面奔扑,意图逃窜,舒保督兵截剿,歼毙无数。五年四月,贼窜踞冯官屯,僧格林沁引水灌之,首从擒戮。奏奖出力员弁,舒保与焉,赏加副都统衔。

五月,荆州将军宗室绵洵奏调赴楚北带领马队。时贼窜德安,舒保以马队助剿,奋力直前,所向有功。六年四月,发逆窜陷黄州,蔓延麻城等处,筑垒固守。舒保督队环击,先将李家集贼垒攻破,追杀三十徐里,毙贼百徐名;复会同乡团追至团风地方,以火器轰击贼垒,次第削平。八月,武昌踞逆分扑洪山,舒保率马队截击,贼大溃败;复追毙三四百名,又败之于沙子岭、小龟山、双凤山等处。经湖北巡抚胡林翼奏称:"旬日之间,大小二十八战,水陆用命,而舒保马队之力居多。"得旨,赏倭什洪额巴图鲁名号。十月,襄阳匪徒高二先等扰樊镇,另股贼匪图扰枣阳,偕知府唐训方直趋黄龙桥截击,败之,追至余山店,枪毙甚多,遂抵襄阳会剿,屡有斩获。高二先等窜匿张家集,复偕唐训方乘雪夜行,四面进攻,先败贼于白家集,乘胜剿杀,戮贼目杨五先等于阵,遂擒高二先,军前正法。徐匪西遁,襄樊肃清。经湖广总督官文等先后奏奖。

七年,襄樊徐匪由南漳窜陷河南之内乡县城,适舒保带队追及,遂会合豫军攻克之,奸匪净尽。八年正月,授镶黄旗汉军副都统。四月,发贼复窜陷麻城等县,偕副将张文焕进剿,率马队往来策应,力攻三时,将贼垒一律平毁。复有发逆由豫窜鄂,扰及黄安,舒保带队往援,分路迎剿,贼大溃败,擒斩无算。适有由皖窜鄂之贼,叠陷德安、黄州等府,孝感等县,荆州将军都兴阿劾舒保调遣迟延,意存观望,下部议处。十一年四月,道员金国琛督兵攻剿德安踞贼,舒保以马队接应,先将孝感克复。八月,会合水陆各军围攻德安,贼由西北两门窜出,马步官军左右钞击,水师复列炮排轰,登陆援应,贼众溃乱。官军缘梯登城,连斩守城悍贼多名,立将德安克复。下部优叙。十月,经官文奏舒保调度合宜,所向克捷,赏加都统衔。

同治元年正月,补镶红旗护军统领。七月,发、捻各逆复由河南分东西两路窜入楚疆,偕总兵穆正春等分途截剿,西路之贼经穆正春等击败;舒保击其东窜之贼,初败之于黄陂,复追败之于广济、应山,贼遂窜回豫境。官文奏其功,赏穿黄马褂。九月,应山股匪下窜孝感,攻扑县城。舒保带队开南门奋击,贼势已却;突有后股马步贼数千人,由北城缺口阑入,副都统德克登额及署知县韩体震等巷战阵亡。舒保闻报,飞驰入城,鏖战两时之久,贼败出城,乘胜追杀三十馀里。二年,贼由随州分扰应城,图扑汉口,号十馀万,官军屡却之,遂由云梦之义坛等处,直扑孝感。舒保先后在李家湾等处奋力攻击,又追击于黄冈县属之仓子埠及新洲一带,〔一〕阵斩长发、老捻千馀名;其分窜麻城、盘踞宋埠等股,复督饬将士昼夜血战,斩馘甚多,捻遁豫境。官文等叠次奏入,赏大小荷包及玉搬指、玉翎管等件。

三年，由湖北杨家河追剿发逆，分路追击二十馀里，直抵寿山。时已薄暮，层冈深涧，不利马战。贼来愈众，舒保直捣中坚，陷入重围。越坎落马，犹复手刃悍贼，力竭阵亡。事闻，谕曰："舒保自到湖北带兵以来，屡却悍寇，叠复名城。十馀年来，战功卓著。此次因极力追贼，陷阵遇害，览奏殊深悼惜！着照都统阵亡例，从优议恤。任内一切处分，悉予开复。并加恩予谥，入祀昭忠祠，于湖北武昌、汉阳、黄州、德安、襄阳建立专祠。历年战绩，宣付史馆。伊子倭克吉纳，俟及岁时由该旗带领引见，用示笃念勋臣至意。"寻赐恤如例，加赠太子少保衔，予谥贞恪。赏骑都尉兼一云骑尉世职，袭次完时，以恩骑尉世袭罔替。光绪十五年，慈禧端佑康颐昭豫庄诚皇太后归政，悯念亮节孤忠诸臣，各赐祭一坛，舒保与焉。

继子双明，袭世职。

【校勘记】

〔一〕仓子埠及新洲一带　"洲"原作"州"，音同而误。今据舒保传稿（之三六）改。

宗室奕纪

宗室奕纪，镶红旗人。和硕成哲亲王永瑆孙，多罗贝勒绵懿子也。由应封宗室于嘉庆二十一年十一月，赏头等侍卫。十二月，封二等辅国将军。道光二年，命在乾清门行走。六年七月，授尚茶正。十二月，擢奉宸苑卿。七年，充向导大臣。九年，授正白旗蒙古副都统。十年闰四月，兼正红旗总族长。七月，命管理左翼铁匠营事务。八月,授内阁学士,兼礼部侍郎衔。十一月,命在御前侍卫上行走,充右翼监督。十一年七月,署正蓝旗护军统领。八月,补镶白旗护军统领。十二月,署理藩院右侍郎。十二年五月,署正黄旗满洲副都统。九月,补理藩院右侍郎,调正黄旗满洲副都统,充翻译乡试副考官,调兵部右侍郎,署奏事班长。十三年四月,充翻译会试副考官、考试笔帖式阅卷大臣。六月,以失察书吏假发随营武举验票,降一级留任。十一月,署正白旗满洲副都统,充崇文门副监督。

　　十四年正月,命偕都察院左都御史升寅前赴山东、河南查阅营伍,并查办控案。二月,偕升寅查明河南桐柏县知县宁飞滨查拿贩私,故出人罪,奏请发往军台效力,从之。六月,转兵部左侍郎,充国史馆清文总校。七月,调吏部右侍郎、正黄旗护军统领,授总管内务府大臣,管理清漪园、太医院事务。十二月,补左翼前锋统领,调户部左侍郎,兼管三库事务。十五年二月,赏镇国将军,赐紫禁城骑马。三月,署镶黄旗满洲副都统。闰六月,补镶黄旗汉军都统,管理上驷院事务。九月,以恭修龙泉峪万年吉地工程,整齐坚固,赏加太子少保衔。十二月,管理武英殿御书处事务。十六年九月,署正红旗汉军都统,总理工程处事务。是月,圆明园不戒于火,奕纪以救护出力,赏加三级。十月,命管理健锐营。十一月,补内大臣,充总理行营大臣,升理藩院尚书,署正黄旗领侍卫内大臣。

　　十七年正月,授御前大臣。三月,充后扈大臣,赏穿黄马褂。四月,以保送护军校富呢雅杭阿马步箭平常,镌一级留任。五月,调礼部尚书,署工部尚书。六月,又以保送副翼长拟陪之凌山弓箭脱扣,镌一级留任。十八年正月,授镶黄旗领侍卫内大臣。闰四月,调户部尚书、正白旗满洲都统、阅兵大臣,管理御茶膳房事务。八月,兼管理藩院事务。先是,杭州副都统善英参奏将军桓格,于拣选佐领以防御勒尔精阿弓箭软弱,率令其具呈告退,奉旨饬调来京。九月,命奕纪偕大学士潘世恩、侍郎文庆核实考验,旋验明覆奏。谕曰:"勒尔精阿虽弓马不能出色,尚属平平,不致废弃,何以率令具呈告退? 殊属非是! 桓格着交部严加议处。善英接到桓格饬令具呈告退咨文,并不咨驳,于具折参奏后,又复咨商倒填月日,居心狡诈,善英亦着交部严议。"十一月,奏参精捷营教习之河南额外外委罗锦川训练无方,不遵营制,得旨交兵部解往河南,交该抚严加管束。是月,参领福拉讷禀称正白旗副都统功普于该旗拣选佐领,辄函托将前锋校吉庆入选,奕纪以大员营私参奏,谕功普着革职严讯。十九年二月,署正蓝旗护军统领。五月,命管理沟渠河道,授銮仪卫掌卫事大臣。十一月,以保举前经逐出乾清门侍卫裕祥引见侍卫什长,议降二级调用。上改为降三级留任。十二月,命管新建神机营酌拨兵丁,专操训练。二十年正月,赏用紫缰,充经筵讲官。

初,哲布尊丹巴呼图克图入京擅用旗伞,经理藩院禁止,呼图克图旋呈出乾隆年间案据,奕纪以管理理藩院大臣未及具奏,部议褫职。得旨革去御前大臣、户部尚书、总管内务府大臣,并革去紫缰,罢管理理藩院事务,留都统任,管理神机营事务,仍带革职留任处分。先是,理藩院书吏陈八于呼图克图那旺吹木丕勒来京,藉称办公,向那旺吹木丕勒索诈多金。旋经告发,词连奕纪,曾由喇嘛沙布朗递受那旺吹木丕勒银物,旋即退还等语。

得旨,着革职逮问,寻鞫得实。谕曰:"此案已革都统奕纪以一品大员管理理藩院事务,乃于沙布朗代送银两,并不正言绝拒,存至八日之久,方始退还,厥咎较重。着发往黑龙江,充当苦差,以示惩儆。"七月,丁母忧,命暂行释回,补穿孝服,俟百日期满,仍发往黑龙江。

二十一年,英吉利船驶入各海口,命赴广东效力,旋改发天津。二十二年六月,赏四等侍卫,交钦差大臣赛尚阿差遣委用。十一月,复以前在内务府大臣任内失察库掌珽璋私雕印信,冒领库项,革职严讯,寻经刑部讯明具奏。上以奕纪有心讳匿,从重发盛京充当苦差。二十三年,将军宗室禧恩奏言:"此次制办火药,铸造炮位,均责成奕纪经理,可否量予恩施?"得旨,俟扣满三年,再行奏请。二十五年,释回。三十年,医生薛执中编造妖言,传授道术。事发,讯供奕纪曾令其在家求雨。上命宗人府会同刑部质讯得实,命发吉林,交该将军严加管束。

咸丰元年,谕随同将军固庆等巡查禁荒。三年四月,释回,赏给六品顶戴,命赴河南军营,交恩华差遣委用。八月,随理藩院尚书帮办大臣宗室恩华解怀庆之围。十一月,饬带兵前赴天津,会同都统胜保等围攻独流逆匪,毁贼木垒,并擒斩多匪。十二月,谕曰:"奕纪随同进剿,尚能奋勇,着赏给三等侍卫。"旋因病请赴天津就医,上以攻剿吃紧之际,奕纪藉词巧避,始终不知愧奋,革职回旗。五年,赏给四品顶戴。同治二年,故。

子载鑛,候补笔帖式;载肃,盛京工部侍郎。

全顺

全顺，萨尔图拉氏，蒙古正蓝旗人。咸丰六年，翻译进士，改翰林院庶吉士。寻以宣宗成皇帝实录庆成，全顺恭与校辑，赏加侍讲衔。九年，散馆，授编修。旋升詹事府右春坊右中允。十年正月，英吉利各国兵船驶至海洋，钦差大臣科尔沁亲王僧格林沁督兵设防，奏调全顺随营差委。五月，迁翰林院侍读，旋擢侍讲学士。十一年，直隶、山东、河南土、捻、会、教各匪滋扰，全顺奉僧格林沁檄充翼长。寻以剿捻出力，赏戴花翎。寻转侍读学士。

同治元年，教匪踞商丘金楼圩，官军叠攻弗克。僧格林沁檄全顺随侍郎宗室国瑞督兵驰剿，匪首邰姚氏就戮，金楼圩平。时捻首李廷彦窜扰亳州迤北，盘踞数寨。官军进攻卢庙贼巢，贼匪不出。适邢大庄匪徒率众来援，官军诱战，并分队驰攻附近之张大庄等处，首逆穷蹙，伪乞降，斩之。由是邢大庄及孙老庄、王新庄各匪以次歼除。全顺与有功，命以三品京堂候补。二年，巨捻张乐行等麇聚尹家沟及雉河集，官军攻克之，捻首王怀义等先后投诚，全顺等奉敕驻花果集进剿，捻首苏天才等按名弋获，首逆李勤邦等吁请反正，诱擒张乐行父子以献。蒙、亳一带肃清。赏穿黄马褂。寻因淄川踞匪屡抗官军，全顺带兵奋击，克之。十二月，擢内阁学士，兼礼部侍郎衔。三年，授西安左翼副都统。

四年，随僧格林沁剿贼于曹州高楼集，阵亡。帮办军务杭州将军宗室国瑞以闻。谕曰："内阁学士全顺随同僧格林沁带队剿贼，在曹州中伏失利，僧格林沁阵亡。该学士身陷重围，受伤甚重，犹复短刀杀贼，力竭捐躯，被害尤惨。该员从戎数省，转战多年,功绩卓著。其至死不离主帅,见危授命,尤属可嘉可悯! 全顺着加恩照尚书阵亡例,从优议恤;并附祀僧格林沁专祠,以慰忠魂。"寻赐恤如例,予谥忠壮。赏骑都尉兼一云骑尉世职,袭次完时,以恩骑尉世袭罔替。

弟全恒,袭职。七年,以捻逆肃清,赐祭一坛。八年,附祀昭忠祠。光绪十五年,慈禧端佑康颐昭豫庄诚皇太后归政,悯念亮节孤忠诸臣,各赐祭一坛,全顺与焉。

全恒故,侄庆岱,袭世职。

关保

关保,乌扎拉氏,满洲正黄旗人,吉林驻防。道光六年及十年,两次随征喀什噶尔,积功补领催。十四年,擢伊通正黄旗骁骑校。十八年五月,授伯都讷正红旗防御。九月,调吉林镶蓝旗防御。二十三年,升三姓镶红旗佐领。咸丰三年,充委参领,随侍郎恩华在河南怀庆府剿贼获胜,追奔至山西平阳府又败之,还屯正定。钦差大臣胜保拔补委营总,率三姓马队剿深州、静海遗匪。旋攻天津独流镇有功,得旨以协领即补,并赏戴花翎。寻补三姓协领。

四年正月,随参赞大臣科尔沁亲王僧格林沁由独流逐寇至阜城三里庄,贼首林凤祥率众拦截,关保右额中枪丸,裹创奋击,贼遁,追杀四十馀里。僧格林沁、胜保上其功,赏年昌巴图鲁名号。五月,贼自临清窜丰县,胜保等督兵歼之,关保在事出力,以总管升用。五年,[一]调赴安徽剿匪,会大军克庐州。叙功,赏二品衔。六年正月,江南提督和春进剿五河踞匪,饬关保以吉林马步队设伏，伺贼至，突出击之，贼惊窜，斩馘甚多。三月，偕副都统麟瑞以马队冲五河贼营，贼以三千馀人袭我后路。关保首先陷阵，贼少却，有黄衣马贼三人，手长矛扼其后，麾众来扑。关保所部吉林兵，以火枪击毙二人，贼大溃。官兵勇气百倍，歼贼千数百名，获首级二百，生擒十三名，夺器械四百馀件。四月，随僧格林沁山东高唐州剿贼，蹙诸冯官屯，歼之。

　　寻调赴湖北助剿，甫次德安；又调河南，复派赴安徽和春军营，随剿捻匪。道经归德，遇江苏邳州援贼，击败之。寻解寿州之围，毁贼两营。六月，设伏兵败贼于颍上县高桥，追至八里河，断其来援马队，大获。又随军击贼十八里堡，转战至小青龙尾、小河沿一带，遇马贼千馀、步贼四五千，列阵抗拒。关保等马队当先，排枪奋击，多应声而倒，贼遂遁。九月，隶河南巡抚英桂军营，败贼于马村桥。十月，统吉林、黑龙江马队及步队乡团，由亳州双沟进捣贼巢，遇贼队于姬桥，兜剿歼焉。乃分兵三路进三丈口，遇贼大队，败之。旋击贼旧县集，又败之。寻安徽巡抚福济疏调关保率所部赴蒙城剿贼，而英桂以捻匪大股非马队不可制，疏请暂留豫省。谕曰："英桂与福济剿办皖、豫捻匪，自应察看何路紧要，和衷商摧，调兵策应。乃关保所带马队，福济请调赴蒙城，英桂请暂留豫省，几致靡所适从。现已派郑魁士会同英桂剿办捻匪，三省官兵均归节制。着郑魁士会同英桂体察情形，斟酌调派。"

　　十二月，捻匪窜逼徐州，适关保统兵赴怀远，绕道过境，助剿获胜。上允漕运总督邵灿等之请，敕关保暂留徐州剿办。七年，邵灿等以察哈尔马队未到，关保一军连次获胜，实为得力，仍请暂留徐州,从之。关保偕徐州镇总兵史荣椿往永城岳家集,捻首李月闻风先遁,焚其巢。既而疾发,腰腿麻木不可骑。是冬,撤回原营。八年,病愈,值津沽有警,命统吉林官兵驻天津。十月,命来京引见。十一月,命率吉林、黑龙江察哈尔兵一千七百五十名,往徐州太仆寺卿袁甲三军营剿贼。诏袁甲三妥为调度。时捻逆扰山东,官军与战失利,蔓及嘉祥、巨野,大股屯金乡。上命关保行抵东境时,豫为戒备,整队而进,遇贼即剿,毋参差落后,为贼所乘。嗣捻逆苏天福等窥伺济宁,势颇披猖,敕关保暂留东境候调,如捻氛已远,仍速诣袁甲三军营。

九年正月,抵徐州,袁甲三令偕宿、睢两营马队,分两路攻浍北贼围,捻首曹金斗踞圩死守。关保等先以火器轰之,贼众自乱,乘势督马队破其圩,衔枚疾趋,复破首逆张宝全,并剿洗百善站一路,馀匪尽净。时怀远逆首张乐行纠马步一万馀人,绕由五河,水陆并窜,直趋东北,破泗州踞草沟民寨,并北筑一圩为援应。关保等会合民团,先夺其北圩外炮台,旋用火攻,立毁之。寨贼大惊,向东、南两门出窜,自相践踏落壕死。其逸出者,官军前后兜截,数十里尸积如麻,人马填沱河,水为不流。追至五河、西双渡口,贼正夺船纷渡,复枪毙过半。是役凡获大小船一百馀只,枪炮旗帜一千九百馀件,擒长发老捻张起等三百五十二名。捷入,上以此次出其不意,立破贼圩,歼毙殆尽,关保临阵,甚为得力,诏以副都统记名简放。

时江南徐州镇总兵傅振邦督办三省剿匪事宜,命关保为帮办。二月,逆首张天福自浍北败遁,方凫水渡浍,关保截杀之,进捣捻首任乾于毕圩,该逆率党突围,不得脱,反身却走,官军乘势麾之，圩民内应，先斩任乾，官兵入圩，歼死党千馀人，无一漏网。四月，上以副都统伊兴阿统带河南防剿官兵，不胜委任，命关保接统之，该省防剿事宜，悉归督办，仍作为傅振邦帮办。复谕河南巡抚瑛棨，俟关保驰赴永城接替后，即令驰赴鹿邑，督率豫军相机攻剿。五月，授黑龙江副都统。七月，捻逆大股扑亳州，关保遗总兵朱连泰、副将王凤翔、参将承惠等迎剿获胜，并布置沈丘、太和一带边防。八月，上以捻股甚多，徐、宿一带地方紧要，敕傅振邦与关保等务为犄角之势，以固北路藩篱。

时窜扑亳州之贼为关保所败，凶锋已挫，而捻匪刘狗等忽由间道北趋，欲走鹿邑，并声言赴东省筑圩盘踞，意图北窜。关保还驻鹿邑，谕令确探北路贼情，分投迎剿，断不可令其肆意蔓延。捻首孙葵心等由宿西、永东分路北趋，尤应与傅振邦等会合剿击。关保即派参将承惠等驰往会剿，以遏北窜，仍严扼鹿邑，侦贼所向，迎头堵截。九月，孙葵心等在岳家集聚党，分起至永城，会齐出窜。上以江苏丰、砀等处贼势已将蔓延，未可令其阑入山东边界，敕关保亲督承惠等前迎进扎，就近截其西路，逼贼归巢。嗣孙葵心等股匪二万，分扰河南商丘、柘城，围睢州，贼踪且至杞县，开封戒严，巡抚瑛棨咨令关保檄承惠、王凤翔等率队绕出贼前，力顾西北两路。上以开封情形吃紧，命关保即由鹿邑赴援。既而承惠等兵挫于亳境，而贼扰睢、杞，窜兰仪，分股至通许、尉氏，距省尤近。关保驰抵陈留，饬兵夹击，偕瑛棨疏报情形，上责其着着落后，徒成尾追之势，令严饬将弁并力歼除。十月，贼避窜南路，关保由通许进军鄢陵，闻许州告警，驰援之。贼由临颍、襄城窜舞阳，后股复沿郾城之洪河西行，期与前股合。关保饬王凤翔率马队驰扼洪河,亲督步队继进。王凤翔出贼不意,击之洪河北岸,逐北十馀里。明日,大股攻扑临颍县城,关保麾兵奋击,匪势渐靡。一贼执旗呼啸突出,匪众从之,官军抵死迎战,擒之归,则孙葵心亲属孙套也,斩讫;复追之,拔出被胁难民千馀口,获大车二百馀辆。贼后队踵至,又败之,夜选精骑劫贼营,斩殪又无算。明日,整队复进,贼溃而东奔,闻别股窜扶沟、太康,关保即时驰往,战于王隆集,贼狂奔,沿路搜杀甚夥。南路馀捻皆还巢,北路亦三战三捷,豫境肃清。

十年正月,命都统胜保督办河南剿匪事宜,关保仍为帮办。二月,贼窜虞城、夏邑、鹿邑,关保遣别将击走之。三月,贼又大至,其前队距省垣仅五六十里。上以关保驻鹿邑,何以并未截剿,致贼深入,谕:"胜保查明是否年老迟钝,抑或恇怯?据实参奏。"闰三月,胜保奏言:"关保一军,方历周家口至项城、汝阳,扼剿东路股匪,其忠悃勇敢,众所共知。惟贼情狡诈,每避兵而行,地广贼多,此堵彼窜。关保此次实已派兵迎截,而贼经深入,是以由睢赴援,并非年老恇怯。河南邻贼之处,袤延千里,无险可扼,而兵力单薄,是以防务较他省为难。"复疏言:"另股捻逆窜西平、遂平、上蔡,关保督队击之于蔡沟,追至槐店斗门,毙贼数千。"有旨嘉奖。寻转战汝宁、确山,又截剿于魏桥,皆胜之。七月,贼扑鹿邑县城,关保督兵严守,遣部将破刘集,并解邱集之围。贼东还,复纠援贼围攻鹿邑,关保一面守御,密饬偏师间道出贼后击之,贼大败遁。豫境又一律肃清。

九月,以旧伤复发,疏恳赏假调理,寻得旨给假一月。十一月,复赏假两月。旋奉谕关保病久未痊,着撤去帮办。俟假满即回本任。十一年二月,离营。同治元年,至黑龙江副都统任。八年,卒。

【校勘记】

〔一〕五年　"年"原误作"月"。今据关保传稿(之八)改。按续碑卷五二叶六下不误。

锡霖

锡霖,博尔济吉特氏,满洲正蓝旗人。由贡生捐笔帖式。道光十六年,补兵部笔帖式。二十年,升主事。二十六年,升员外郎。二十九年,京察一等,寻升郎中。三十年,迁光禄寺少卿。咸丰三年,以捐助军饷,下部优叙。四年,升内阁侍读学士。九年,赏头等侍卫,充科布多帮办大臣。十年,以蒙古笔帖式托体揭控办事大臣色克通额,命驰赴库伦,会同科布多办事大臣多尔济那木凯审讯。寻以讯无实据,按如律。是年,授科布多参赞大臣。十一年正月,赏副都统衔。十一月,命来京。同治元年,仍赏副都统衔,授塔尔巴哈台参赞大臣。四年,塔尔巴哈台回匪苏玉得等为乱,劫夺库中器械,踞城外礼拜寺。锡霖驰往弹压开导,与领队大臣博勒果素同时遇害。事闻,命照阵亡例议恤。寻赐恤如例,予谥武烈。赏骑都尉世职,袭次完时,以恩骑尉世袭罔替。

五年二月,塔尔巴哈台城陷,锡霖之子候选知州安达,二品荫生安通、女四姑,安达妻他塔拉氏,及仆婢三十五人,阖门殉难。锡霖之侄安兴具呈,经都察院奏请旌恤,允之。光绪五年,塔尔巴哈台参赞大臣锡纶奏请于塔城地方建立专祠,以彰忠荩,诏如所请。

德兴阿

德兴阿,乔佳氏,满洲正黄旗人,黑龙江驻防。道光二十六年,由前锋驻京。旋赏蓝翎侍卫,在乾清门行走。二十七年,升三等侍卫。二十八年二月,升二等侍卫。三月,以拿获惊马,赏穿黄马褂。咸丰元年,赏给善骑射。二年,升头等侍卫。

寻命带领黑龙江官兵赴河南钦差大臣琦善军营,候调遣。时粤贼踞江宁,馀党四窜,浦口、扬州一带皆贼巢穴,琦善等分途进剿,兵力甚单,德兴阿领黑龙江官兵由河南改道驰往。三年二月,抵军。三月,琦善等围贼扬州,以蒋王庙为扬州赴仪征要路,虑贼越窜,檄德兴阿带兵严防。四月,贼由南门窜出,行近蒋王庙,德兴阿等奋击败之。贼回窜扬城,不敢再出。六月,援贼大队由瓜洲进占虹桥,琦善檄守备毛三元驻三汊河,德兴阿驻蒋王庙为策应。七月,贼舍舟登陆,分三队来攻三汊河营盘,德兴阿与毛三元合兵击败之。贼结筏渡河,德兴阿单骑直前,射毙贼目一人,贼始却,官军乘之,酣战竟日,贼大败遁。琦善等上其功,得旨赏加副都统衔。

时另股贼目攻破仪征,来援扬城,由新集子、东石人头分两路进。德兴阿留兵驻七里沟,以防新集子、仪征之贼,亲率所部赴东石人头,毁贼浮桥,而贼益增众,至瓜洲筑土城于河西,意欲近逼三汊河,与仪征贼为犄角。德兴阿与总兵瞿腾龙等由高明寺渡河,分三路进,直毁贼营,歼毙无算。自是贼每渡河西窜,德

兴阿叠击退之。十二月，东路施家桥等处乡勇败溃，扬州贼乘势
窜瓜洲。德兴阿随同收复扬州、仪征。四年正月，升正白旗汉军
副都统。嗣与瞿腾龙由瓜洲西岸深入攻剿，贼倾巢出袭，瞿腾龙
死之。德兴阿纵骑陷阵，贼众败退，军赖以全。赏博奇巴图鲁名
号。七月，败贼三汊河。八月，贼暗伏地雷诱官军，德兴阿闻之，
派兵自八里铺且战且进，贼退，伏土垒不出，复挥军两路夹攻，毙
贼甚众，夺获大炮、地雷。捷闻，赏御前侍卫。

　　五年正月，官军进攻瓜洲贼垒，德兴阿带兵由朴树湾渡河攻
剿，平毁南岸贼营。九月，复督兵逼贼濠，已革提督陈金绶由东
岸策应，并力夹攻，大破之。十一月，贼约镇江匪党图旁窜，德兴
阿截击于虹桥、八江口等处，败之。六年三月，贼由土桥围攻三
汊河大营，钦差大臣托明阿兵溃，扬州复陷。事闻，卜褫托明阿
职，命德兴阿为钦差大臣，加都统衔，并谕以择要扼截，毋令该逆
扰及清、淮一带，其由扬州旁窜之路，亦即分投堵剿，毋稍疏懈。
寻贼由冻青堡来扑薛家楼等处，德兴阿分兵击败之，进规扬州府
城，贼万众迎敌，德兴阿单骑斩贼目一，各军乘之，贼大溃；乘胜
复扬州。时另股贼匪陷江浦、浦口，德兴阿令总兵武庆等攻克
之。四月，大破仪征窜匪于庙山，平三汊河贼巢，进逼瓜洲，而
徽、宁贼渡江，江浦复陷。八月，德兴阿督水陆官军环攻瓜洲，大
破之。

　　七年正月，擢正白旗蒙古都统。四月，复檄参领富明阿等败
贼于土桥、四里铺等处，水师击沉贼船，阵斩伪将军陈磊。闰五
月，檄总兵陈国太督战船攻瓜洲，焚其巨舰炮台，陆师会攻，大败
之。六月，复调集仪征快船，亲督马步各军进攻，毁其瞭台及望

楼多处,贼势愈蹙。十一月,亲督兵勇垫道移营,更番进逼,直抵贼营,纵火焚之,遂逾城入,复瓜洲。捷闻,谕曰:"德兴阿督师两载,调度有方,加恩着赏戴双眼花翎,并赏给骑都尉世职。"德兴阿复乘胜进逼金山,尽平新河口、龙王庙等处馀匪。八年正月,攻江浦县城,获胜。四月,皖匪大股窜江浦,官军失利,浦口大营不守。奏入,得旨:"德兴阿统师两载有馀,从无挫失。此次浦口溃败,虽系兵单贼众,究属督率无方。着拔去双眼花翎,革职留任。"贼旋陷江浦、天长、仪征,攻逼六合,遂陷扬州。谕曰:"此次逆贼攻陷浦营,德兴阿等节节退守,尚冀其收合兵勇,力图补救。乃至扬城不守,重被贼陷,实属调度乖方。德兴阿着革去骑都尉世职。"

　　会江南提督张国樑率兵渡江收复扬州,德兴阿迁延观望,上严谕谴之。九年,以围攻六合日久无功,命革任来京。寻赏六品顶戴,交科尔沁亲王僧格林沁差遣委用。十一年,赏三品顶戴,署密云副都统。同治元年二月,调署正白旗汉军副都统。七月,授西安右翼副都统。闰八月,留办山西防务。二年,上命督兵过河,办理同、朝防剿事宜,移驻同、朝、仓头一带。五年,赏给副都统衔,充塔尔巴哈台参赞大臣。旋授正红旗汉军副都统,仍帮办新疆北路军务。六年正月,丁母忧,改为署理塔尔巴哈台参赞大臣,仍帮办军务。五月,请假回旗穿孝,允之。西安将军库克吉泰等以德兴阿母乌里苏氏事姑尽孝,抚孤四十馀年,奏请敕部建坊旌表,诏如所请。

　　寻卒。遗疏入,谕曰:"帮办新疆北路军务正红旗汉军副都统、塔尔巴哈台参赞大臣德兴阿,于咸丰年间,由侍卫出师江南,旋督办江北军务,屡著战功,因事革职。同治元年,朝廷弃瑕录用,在陕西剿办回匪,复著劳绩。本年带兵出关,行抵陕境,适遇捻匪肆扰,叠次督队接仗,力挫凶锋。前因闻讣丁忧,加恩改为署任,并经赏假穿孝,暂准回旗。方冀长资倚畀,克竟全功。兹闻在营病故,殊深悼惜! 德兴阿着加恩照都统军营病故例赐恤。任内一切处分,悉予开复。灵柩回旗,沿途地方官妥为照料。伊子候补协领富庆、候选知州福亮,均着百日孝满后,由该旗带领引见,以奖劳勋。"寻赐恤如例,予谥威恪。

子富庆,协领;福亮,候选知府。

瑞昌

瑞昌,马佳氏,满洲正白旗人。道光六年,由翻译生员考取缮本笔帖式。九年,补工部笔帖式。二十年,升主事。二十一年,升员外郎。二十五年,升郎中。二十七年,充宝源局监督。二十九年,京察一等,授山西太原府遗缺知府。寻补蒲州府知府。咸丰三年,粤匪窜平阳、垣曲,距蒲州仅百馀里。瑞昌筹办防堵,布置严密,贼不敢犯。旋调署太原府知府。四年,升冀宁道。六年,泽州府阳城县民抗粮殴官,聚众谋叛,瑞昌奉檄驰往查办,获首犯赵连城等正法,馀党悉平。巡抚王庆云上其功,赏加盐运使衔,并赏戴花翎。十年,擢山西按察使。十一年正月,以捐输京饷,交部从优议叙。同治元年六月,御史胡寿椿劾瑞昌贪劣,命兵部尚书爱仁等前往山西确查覆奏。寻爱仁等奏请将瑞昌暂行革职,以便查办,诏如所请。八月,查明具奏,奉旨暂革山西按察使瑞昌虽讯无贪婪实迹,惟当防务吃紧之际,致招物议,不知检束,着开复原官,仍交部严加议处。寻议降四级调用。四年,赏给二等侍卫,授驻藏帮办大臣。行至四川,因目疾增剧,陈请开缺回旗调理,允之。十三年二月,卒。

子继格,咸丰二年进士,广州将军;继崑,五品衔兵部主事;继福,步军统领衙门委署主事;继勋,户部委署主事。孙锡泰,工部笔帖式;锡璋,二品荫生。

周天受

周天受,四川新都人。由行伍荐升督标中营千总。咸丰元年,随副都统巴清德剿贼广西,保以守备升用。三年,随钦差大臣向荣剿贼江南,升四川顺庆营中军守备、保安营都司。以打仗奋勇,赏沙拉玛噶依巴图鲁名号,并赏戴花翎。

四年,擢川北镇左营游击。五年正月,向荣令管带川兵,赴徽、宁防剿。贼由黟县陷婺源,天受率队攻东门,贼大队突出,会浙军夹击之,贼溃,复其城。命以参将升用。时江西败贼越浙岭入徽,陷休宁。天受由严州驰援,战稍却,天受麾军策应,手斩贼目。贼惊逸,追蹑之,进攻石埭踞贼,夺门入,斩获殆尽。录功,命加副将衔,升参将后以副将擢用。六年四月,天受援太平,败贼于花桥,复败之西溪,进规泾县,大败贼于双坑寺,复其城。诏免补参将,以副将补用。南陵贼窜泾县之上下坊,图援宁国,天受驰剿。会婺源贼陷休宁,官军战不利,前江西巡抚张芾檄天受助剿,连挫贼锋,击退扑营之贼。旋进师石岭,毁万安街贼垒,贼入城拒守。天受会各军攻之,歼其众,再复休宁。上以天受叠著战功,命军机处记名,以总兵简放。七年二月,升陕西潼关营副将。三月，天受败贼婺源，再复县城。闰五月，擢福建漳州镇总兵。七月，败贼于曹家湾，贼复立卡陵阳镇。八月望日，天受令各营作庆节状，夜半，出不意，纵火攻之，尽毁贼卡。浙江巡抚晏端书奏保天受威望素著，调度有方。十月，浮梁贼窜安庆、祁门，踞五里牌。天受率军大败之，直捣其巢，斩获甚众。寻在营闻讣，丁母忧，诏免其开缺，改为署理。

八年四月，天受援衢州，将军福兴令入城防守。天受主扼樟树潭，力保浙西完善地。会贼窜龙游，天受留军守垒，自率千人驰扼汤溪、宣平，福兴令总兵饶廷选城守，而自营浮石渡。贼窥伺寿昌，将从衢州北窜，开化贼亦渐内犯，遂安告急。钦差大臣和春疏陈："浙江诸将，惟天受尚知机宜，能占先着，而兵力较单。总兵周天培乃天受之胞弟，臣严饬会商，力扼下窜之路。"会有旨加天受提督衔，督办浙江防剿事宜。先是，副将李家万军处州银场，为贼所困。天受援之，被贼斫断两指，仍亲身殿后，马步相间，获全军以退，乃严守金华府城。六月，天受偕周天培剿武义，数破贼，复其城；遣游击吴再升军上交道，亦屡败贼。又会同江南军复永康。三品京堂张芾劾天受骄恣，纵兵抢掠，上以武义、永康次第收复，尚有微劳，从宽先行革去提督衔，毋庸总统浙江军务，仍责令带兵剿贼，以观后效。时天受遣部将会江南军复缙云，自督诸军复宣平，各路贼尽窜处州。天受部署江南军会同温处镇道，进规府城，设伏夹击，克之。七月，晏端书奏："天受带兵援浙以来，并无迁延贻误。被参各节，传闻异词。"上念其叠复各城，著有劳绩，仍责令奋勇图功。寻败杨梅岭踞贼，复龙泉，以浙江军务将次完竣，拟即助剿福建。得旨加恩赏还提督衔，即驰赴福建,与周天培、饶廷选、张廷蛟等分路进剿。天受闻命即由龙泉驰援浦城,偕周天培破贼龚村,进军关庄,又败之,追至松波桥,乘胜毁城外贼营七,遂复浦城。福建贼回窜江西,东犯皖南,徽州戒严。张芾请旨救天受防徽,福建巡抚庆端奏留天受军。天受已应张芾调,筹攻婺源,命俟徽郡军情稍松,再回漳州本任。九月,有旨署理湖南提督。会贼窜宁国,提督邓绍良战殁,张芾奏言:"天受素著声威,前年复泾县,本年力解南陵围,形势熟悉。宁防各军援浙时,半隶天受部曲。地利人和,均属相宜。拟檄令总兵江长贵赴婺源防,天受驰往宁国防剿。请敕天受总统宁防诸军,各镇将咸听节制,以一事权。"从之。天受屡败婺源贼,断其接济,身先士卒,督军进战,三复婺源。九年二月,捷闻,下部优叙。

五月,诏以天受督办宁国军务。天受至,贼已陷石埭七都营垒,窜入太平之郭村。天受令副将荣陞等往援,克之;其窜扑泾县万级岭、西乡岭贼,天受复遣将败之。九月,贼踞查村,天受遣参将周天孚截贼章家渡,大败之。十一月,天受遣荣陞等破石柱坑贼卡,连败之。十二月,天受以胞弟署湖北提督天培战殁浦口,奉旨优恤,陈谢并请恤同时捐躯之堂兄天元、天顺,侄荣陞,报允。十年三月,泾县、旌德各军失利,贼窜浙境,上责天受未能实力堵剿,褫职留任,并革勇号。闰三月,张芾奏:"宁防将弁大半籍隶湖南,皆邓绍良旧部,习气甚深,天受虽力求整顿,而转滋谤讟。提督米兴朝援浙偾事,实此辈误之。前兵部侍郎曾国藩纪律严明,请敕督办皖南军务。"四月,天受率副将吴再升等偕江长贵军,再复泾县。五月,服阕,诏令在营起复。六月,文宗显皇帝三旬庆典,以天受父文喜年逾八十,赏御书匾额、紫檀三镶玉如意、江绸八丝缎袍褂料。

时贼二三万窜扑宁国,势张甚。天受激励饥军,数袭贼垒,叠有斩获,而城围益急。会徽州失陷,饷道梗绝,贼愈麇聚。八月,官军败于庙埠,天受督兵出北门,大雨如注,火器不燃,守陴兵勇亦因饥溃散,城陷。天受与贼巷战,力竭死之。两江总督曾国藩上其事,谕曰:"已革湖南提督周天受力守宁国危城七十馀日,粮尽援绝,誓以死守。于城陷时,力竭捐躯,殊堪悯恻! 周天受着开复原官,照提督例从优议恤,并于宁国府建立专祠。其胞弟周天培上年在江北殉节,周天孚本年在金坛殉节,皆系坚城固守,力竭不屈。一门忠烈,大节凛然。着于四川省城及本县建立周天受、周天培、周天孚三人祠宇,以褒忠义而昭激劝。"寻赐恤如例,予谥忠壮。赏骑都尉兼一云骑尉世职,袭次完时,以恩骑尉世袭罔替。同治元年,穆宗毅皇帝御极,追念死事诸臣功勋卓著者,各赐祭一坛,天受与焉。四年,命附祀京师昭忠祠。

　　周天培

周天培,四川新都人。咸丰元年,由行伍随副都统巴清德剿贼广西,攻克猪仔峡、风门坳各贼巢,以外委尽先拔补,并赏戴蓝翎。[一] 旋升四川川北镇左营千总。五年,擢顺庆营守备。六年二月,镇江逆匪窜扰高资及蔡家窑,天培随钦差大臣向荣进剿,焚毁贼垒出力,升保安营都司。九月,署浙江处州营中军游击。

　　时西坝贼垒森立,[二] 天培奋力攻扑,负伤击贼,焚其垒,以功赏换花翎。十月,以金坛解围,赏卫勇巴图鲁名号。七年正月,攻克东坝贼垒,扫平宝堰逆巢,以参将尽先升用,并加副将衔。三月,贼由邬山一带来援,天培带兵抢至外濠,枪炮齐施,毙贼无算。五月,贼又出尖山横冲,天培等伏兵痛剿,贼势大溃。官军直逼濠墙,毁贼营八,夺获贼垒十,克复溧水县城。以副将尽先补用,并赏总兵衔。闰五月,升湖南抚标中军参将。八月,扼剿镇江虎头山援贼,毙六七百人。十一月,擢贵州定广协副将。旋以攻克瓜洲,得旨以总兵交军机处记名。十二月,官军攻克江宁东北贼垒,会捣秣陵关,天培功为多。八年二月,升云南鹤丽镇总兵。以克复秣陵关,下部优叙。四月,江宁悍贼突出南门,经湖南提督张国樑檄天培钞袭,毙贼二千馀名,斩首三百馀级。六月,贼窜踞浙江武义县城,天培由寿昌督兵援剿,连日环攻,复其城。七月,贼窜松阳,天培取道宣平追之,贼窜闽境;复协同漳州镇总兵周天受等分路进剿。贼之踞杨梅岭也,设卡数重。天培等追杀三十馀里,毙贼无算,收复龙泉县。〔三〕浙江全境肃清。赏提督衔。八月,逆匪窜浦城,天培由龙泉带兵赴援,营于龚村,督兵鏖战,枪毙黄衣马贼数名,乘胜追至松波桥,贼逸去;复集队进攻东北两门。九月,与周天受亲率兵勇战于龚村,追奔三十馀里,遂复浦城。先是,天培与周天受檄副将郭启举力攻老佛窑贼卡,克之,复督队渡河,攻克营头贼卡,先后毙贼三百馀,擒一百五十馀。得旨,遇有提督缺出,由军机处题奏。九年二月,皖北诸贼与黄池、湾沚逆匪会合,为江宁声援。天培手殪马贼,贼却退。时逆匪盘踞江浦,并筑垒于双阳、萧家等圩,突由包公庙、九洑洲窜出,蜂拥而前。天培与署安徽寿春镇总兵熊天喜等分投迎剿,歼毙执旗贼目数名。三月,江北逆匪扰及九里山,复在萧家圩筑垒。天培分队环攻,进克逆寨。张国樑等与贼战于九洑洲,突有逆匪扑天培营,挥兵斩馘,三战三捷。以功擢湖北提督。

十一月,以扼剿浦口窜匪,众寡不敌,死之。钦差大臣和春以闻。谕曰:"湖北提督周天培,由行伍荐膺专阃,随同和春等攻剿金陵逆匪,屡摧大敌。上年贼窜浙省,该员带兵赴援,由金华节节进剿,连克永康、武义、缙云、宣平等处城池。迨逆贼窜闽,复会同周天受等统兵进剿,直抵延平,所向皆捷,并将浦城、建阳等城池克复,实属战功卓著。兹以扼剿浦口窜匪,众寡不敌,力竭阵亡,殊堪悯恻!周天培着照提督阵亡例,从优赐恤,以慰忠魂。"寻赐恤如例,赠太子少保衔,予谥武壮。赏骑都尉兼一云骑尉世职,袭次完时,以恩骑尉世袭罔替。并于四川省城及本籍,与兄天受、弟天孚同建专祠。同治元年,穆宗毅皇帝御极,追念死事诸臣,各赐祭一坛,天培与焉。

【校勘记】

〔一〕并赏戴蓝翎　原脱"赏"字。今据周天培传稿(之七)补。

〔二〕时西坝贼垒森立　"西坝"原颠倒作"坝西"。今据周天培传稿(之七)改正。

〔三〕收复龙泉县　"收"原作"攻",形似而误。今据周天培传稿(之七)改。

鲍起豹

鲍起豹,安徽六安直隶州人。父友信,云南昭通镇守备,剿苗匪阵亡,赏云骑尉世职。起豹于嘉庆十七年袭职,分发六安营学习,期满引见,发原省以守备用。道光四年,补江苏苏松镇守备。六年,以缉捕出力,下部议叙。十一年,擢吴淞营游击。嗣以捕盗勤奋,经两江总督陶澍奏请仍留原任,遇有水师参将缺出请补。十二年,补参将。旋升太湖营副将,署苏松镇总兵。十四年,署狼山镇总兵。十五年,擢广东琼州镇总兵。二十三年,以副将张斌巡洋被劫,要犯未获,起豹坐失察,褫顶戴。寻获盗首九龙兽等多名,开复。二十四年,以督捕洋盗出力,下部议叙。二十七年,奏请回籍养亲,允之。旋丁母忧,三十年,服阕,授甘肃凉州镇总兵。

　　咸丰元年,擢云南提督,寻调湖南提督。时粤匪洪秀全倡乱,起豹偕提督余万清筹办防堵。粤匪旋袭踞宜章县边卡,起豹督兵剿之,获贼百馀,夺回卡座。二年四月,粤匪攻扑广西全州,起豹由江华移驻永州,相机策应。贼寻由僻路突窜永州城外,毁柳公庙等处民房,开炮攻城,起豹登陴力御,贼始退。五月,贼复窜零陵,起豹偕永州镇总兵孙应照击之,大挫贼锋,馀贼窜道州,扼水门关要隘。湖广总督程矞采檄起豹率游击傅振邦会剿,起豹等分路齐进,诱贼出巢,歼毙无算。时贼扎营于水南门及斧子岭、洪家村一带,势张甚。起豹偕赴援之总兵和春等,乘贼营未备,并力攻败之。六月,贼陷永明,踞之,起豹带兵追至城下,贼即弃城窜江华县,复追至江华之高脚岭,杀贼多名。七月,贼陷安仁、攸县,窜醴陵,直犯长沙省城,逼近南门,踞妙高峰。起豹督兵赴援,登陴轰击,贼稍却。连日焚攻贼营,贼负固不出,旋于妙高峰上开炮攻城,起豹等用大炮轰击,毙贼数十人,贼仍踞鳌山庙，[一]于墙隙开炮，起豹等饬四川援兵缒城击贼，杀毙多名，生擒悍贼二。贼于南门外开挖地道，起豹等侦知之，破其计，火药炸裂，尽杀地道中贼，并派游击周兆熊等直冲贼队，毙贼三四百名。遂偕和春及河北镇总兵王家琳等直薄墙濠，贼伏匿不出。上命起豹等亟应出奇制胜，将城外贼营痛加剿洗。九月，贼由妙高峰绕至浏阳门外教场，扑官军各营，起豹与和春等分投迎击，擒斩甚多。贼复于省城上游渡江，扰龙回潭一带，起豹等合力围攻，贼溃，渡河踞阳湖村，起豹偕提督向荣进攻之。适湖湘土匪王万里聚众作乱，起豹与提督博勒恭武起兵会剿，歼毙净尽。回军长沙，于城侧密挖地洞，用火罐炸炮，轰毙悍贼三百馀，遂解长沙之围。贼由河西僻路窜逸。事闻，谕曰："此次省城防守，功过尚足相抵。鲍起豹着加恩免议。"

　　十一月，贼陷岳州，上以起豹未能守御，降四级留任。十二月，进攻岳州城，克之。三年，贼复窜湖北，陷武昌，起豹带兵赴岳，防贼回窜。寻贼由武昌窜至江西之阳逻地方屯泊，起豹督带兵船暨各路炮船齐赴金口，贼窜江西九江府，岳州撤防。先是，起豹在广东琼州总兵任内，剿办洋匪获胜，颇得红单船之力，适长江贼踪往来肆扰，户部尚书孙瑞珍奏请雇觅粤东船只，交起豹统带，以资攻剿，允之。会广东、广西、江西土匪窜扰湖南之永明县及茶陵州等处，起豹均前后剿灭之。四年正月，以捐助军饷，下部优叙。二月，贼自湖北南窜，复陷岳州，下部议处。寻命节制全省军务，保卫省城，相机迎剿。贼由岳州窜赴长沙之靖港、铜官及湘阴之樟树港等处，起豹与前任礼部侍郎曾国藩奏请遣调广东等省兵勇助剿。四月，贼陷湘潭，大兵击贼于靖港，贼败退,复其城。嗣逆匪屡窜,上以起豹安坐省城,并未督队迎剿,切责之,即褫职。八年,卒。

子开源,盐提举衔府经历;开禧,花翎,游击。

【校勘记】

〔一〕毙贼数十人贼仍踞鳌山庙　"十"原误作"千",又"仍"误作"乃"。今据鲍起豹传稿(之七)改。

王浚

王浚,直隶万全人。由行伍于嘉庆二十五年,补张家口协外委。道光四年,升把总。五年,擢千总。十八年,升广西提标前营守备。二十四年,擢湖南常德城守营都司。二十七年,迁广东南韶连镇左营游击。二十九年,阳山、英德等县匪徒聚众戕官,两广总督徐广缙督浚等进剿,迅就肃清。叙功,命以参将即行升用。三十年,补陆路提标中军参将。寻署南雄协副将。嗣以剿办英德一带匪党,未能得力,经徐广缙奏劾,谕曰:"王浚既已失利于前,又复偷生于后,实属庸懦无能,着即革职,枷号两个月,在军营示众。"

咸丰元年,投效广西军营。五月,金田贼匪由中坪、仁义、邓村窜出,至古磨、黄岱岭屯聚。钦差大臣赛尚阿令浚伏兵于下官村,别遣兵诱敌。贼至,浚率潮勇齐起,枪毙伪先锋三人,馀匪溃走。七月,官兵攻破双髻山,立营界顶,是夜,贼分三路围营,官军开炮轰击,贼殊死拒,浚等督勇驰至,阵斩百馀人,贼败退。得旨以守备用。二年正月,复命以都司补用。三月,贼以吕公车攻桂林,广西巡抚邹鸣鹤率浚等登城力御,焚其车,轰毙贼匪多名,赏戴花翎。七月,随湖南绥靖镇总兵和春攻剿嘉禾贼匪,立将县城克复。捷入,得旨遇有游击缺出,即行补用。七月,补湖南镇筸镇标中营游击。

四年九月,以江宁上方桥贼营恃通济门雨花台为援应,湖北提督向荣檄浚等督带精锐,直捣雨花台,连毁贼卡六重,俘斩数百人。旋擢广东雷州营参将。十月,江宁贼匪南窜殷巷、马木桥一带,浚驰往截剿,贼已夜窜秣陵,追及之,贼大溃,向北关口冲出,复伏兵钞截,斩馘百馀。馀匪败窜,遂破其栅,手刃多名。五年九月,升广东三江口协副将。十月,贼自朝阳门、龙脖子等处各出队数千人,窥我前敌,经官兵击却;贼复以千馀骑由太平门驰应,浚等自灵寺山前分队迎击,大败之。六年三月,三汊河贼匪乘雨远遁,官兵追击,石埠桥、栖霞各匪亦纷纷夜窜。浚统兵接应,由观音门沿江一带追剿,贼皆弃械逃逸。三汊河贼垒一律平毁。五月,太平、神策各门贼匪由龙脖子潜出窥伺,并在大小水关、冯家边一带筑垒。浚等督马队两路包钞,逆匪败退,旋扑仙鹤门营盘,浚复击却之。七月,贼扑五里牌,浚随福建漳州镇总兵张国樑分路攻击,斩贼渠一人,毙匪甚众。贼复窜踞宝堰,浚带勇进攻,叠有擒斩。记名以总兵用。七年二月,进攻句容,斩黄衣悍贼数名。四月,分路进围句容,贼于西北两门各出救援,浚击破之。五月,贼匪大股出扑,浚直前冲突,刺悍贼数人落马,立破西南贼垒五座,遂克句容。以功赏毅勇巴图鲁名号。八月,镇江踞匪四出分扑,官军击败之。西城之贼复攻台勇两营,经浚等奋力捍御,毙贼三十馀。九月,升陕西陕安镇总兵。十一月,克镇江府城,赏提督衔。八年三月,江宁贼匪出扰,浚等随张国樑四面兜杀,大获胜仗。四月,贼从雨花台等处突出,和春檄浚等更番轰击,擒斩千馀。我军直捣雨花台逆垒,歼匪甚夥。九年二月,命遇有提督缺出,由军机处题奏。会逆匪于江浦县之双阳圩、萧家圩筑垒修卡,浚等五路齐发,直薄圩围。贼出巢抗拒,复由包公庙、九洑洲各出逆党万馀,蜂拥而来,官军并力抢险,贼垒木卡一时俱破。十一月,擢湖北提督。

　　十年四月,攻剿丹阳贼匪,阵亡。安徽寿春镇总兵熊天喜驰援浚军,亦同殁于阵。事闻,谕曰:"逆匪攻扑丹阳县城,和春令王浚等于营前五里外分翼进剿。贼于大雾中冒官军旗帜,数道并进,突至王浚军前,转战约一时许,王浚中枪落马,熊天喜即行驰救,力竭阵亡。湖北提督王浚、安徽寿春镇总兵熊天喜,屡著战功,同时殉难,殊堪悯恻!均着交部议恤,以慰忠魂。"五月,帮办军务四品京堂许乃钊奏请将王浚恤典撤销,谕曰:"王浚播弄威权,汝在军中既有确见,何不单衔密奏?于大局不无小裨。逮军溃地失,人已死而追论于后,不知者或被汝愚,朕岂能受汝之愚?此无他,身家之念重耳。至王浚恶劣声名,叠饬和春密查,伊总以为可用,是以未撤。今若照提督例,恤典未免过优。着饬部改为参将例议恤,以昭平允。此朕心自有权宜,初不因许乃钊所奏也。王浚以一武弁,从征十载,随向荣由楚北至江南,虽有劣迹,尚能见危受命,视仆仆奔走为何如耶?视自命书生偷生海隅又为何如耶?"寻部改照参将例议恤,赏云骑尉世职,袭次完时,以恩骑尉世袭罔替。同治五年,御史朱镇奏请将殉难之将军祥厚等于江宁合建忠义祠,如所请行,浚与焉。

清史列传卷五十一

大臣画一传档后编七

饶廷选

饶廷选，福建侯官人。由行伍荐升千总。道光十五年，补建宁左营守备。二十五年，升漳州城守营都司。二十九年，升左营游击。咸丰三年四月，会匪扑犯漳州，伏党城内纵火，陷之。廷选会合绅民奋勇追击，毙匪千馀，生擒贼首谢厚、伪军师陈金牛，获江苏上海逆首李咸池、伪军师黄恭。闽浙总督宗室有凤、福建巡抚王懿德先后疏奏，均报闻。十二月，署漳州镇总兵。四年正月，王懿德遵保堪胜总兵人员，奏言："廷选实心任事，明白安详，并能认真训练，不染军营恶习。上年逆匪倡乱，道途梗塞，漳州总兵、道、府不能赴任，兵饷两穷。廷选联络军民，固守至半年之久。更为敏干可嘉。"疏入，得旨，以总兵记名简放。二月，授贵州安义镇总兵。五月，署福建提督。

　　六年九月,江西边钱会匪由南丰、新城窜出,围攻广信。时廷选管带闽兵,驻防浙江严州。两江总督何桂清檄调迎剿,毙贼三千有奇,踏平城外各贼垒;复与知府沈葆桢内外夹攻,城围立解。何桂清上其功,赏西林巴图鲁名号。七年,调补浙江衢州镇总兵。八年三月,逆匪窜扑衢州,经官军击退,复由东北两路来犯,并分股窜入浮石桥。廷选分路迎击,痛歼之。五月,江西泸溪逆匪由铁牛关攻陷福建邵武,复窜浙江江山等处。廷选严督攻剿,屡获胜仗,并调各路精兵,分赴温、处协防。六月,寿昌等县失守,上以廷选所辖地方,连失三城,不能进图规复,实属因循贻误,革职带罪留营,以观后效。七月,浙江巡抚晏端书奏言:“廷选拊循士卒,力保衢城。迨解围后,江山、常山等县,均经廷选督饬文武次第收复,衢、严一律肃清。功过尚足相抵。”得旨开复原官,仍以总兵简用。八月,授江西南赣镇总兵。十二月,闽浙总督王懿德劾廷选奉檄驰赴连城剿匪,辄请取道福州省亲;及饬由沙县前进,仍复藉病迁延。疏入,命革职留营。

　　九年正月,官军复连城、龙岩。论功,开复原官。五月,补南赣镇总兵。十年五月,逆匪窜浙江,踞淳安。廷选督饬知府彭期举等分路薄城,并偕副将王梦麟合师齐进。贼由北门灵溪一路窜遁,遂复县城。旋升浙江提督。十月,杭州解围,并复馀杭。下部从优议叙。十一年八月,贼陷严州,廷选由兰溪往援,水陆并进,直薄城下,与参将罗大春等攻克之。九月,进规浦江,逆匪以大股钞袭,师溃,退保诸暨。浙江巡抚王有龄以闻,得旨:“饶廷选统领诸军,纪律不严,以致溃退。下部严议。”寻议革职留营。时杭州戒严,廷选引军还省,[一]贼自海潮寺至凤凰山,列栅实土为坚壁,隔绝内外。粮道阻。十一月,城陷,廷选死之。

同治元年正月,闽浙总督庆端奏入。谕曰:"浙江提督饶廷选于杭州失守,力竭阵亡,交部从优议恤。入祀本籍昭忠祠,并在殉难地方建立专祠。其兄弟饶廷杰、饶廷夔力战阵亡,均照例从优议恤。饶廷选之妾方氏、林氏,闻警自尽,均交部照例旌表,附祀专祠,以彰忠烈。"寻赐恤如例,予谥壮果。赏骑都尉兼一云骑尉世职,袭次完时,以恩骑尉世袭罔替。三月,两江总督曾国藩以廷选前在江西,保守广信府城,厥功甚伟,请于广信建立专祠。九月,江西巡抚沈葆桢奏称廷选与浙江宁绍台道罗泽南先后剿匪广信,功在生民,请建祠合祀。均允之。光绪十五年,慈禧端佑康颐昭豫庄诚皇太后归政,悯念亮节孤忠诸臣,各赐祭一坛,廷选与焉。十六年,浙江巡抚崧骏以廷选等力保衢郡,请与原任衢州府知府吴艾生、原任衢州镇总兵李定太、已故前西安县知县吴来鸿,一并附祀大学士前浙江巡抚左宗棠衢州府城专祠,列入祀典,允之。

【校勘记】

〔一〕廷选引军还省　"还"原误作"退"。今据饶廷选传稿(之七)改。

刘松山

刘松山,湖南湘乡人。以乡勇随邑绅王鑫防剿粤匪,始战于湘潭云湖桥,[一]嗣捣道州桥背街踞贼,复击贼江华三里亭、永明栗木街,叠解宁远、蓝山之围,先后擒贼目谢邦甲、杨得金等。贼陷东安,王鑫率所部往援,增募湘勇五百名,以松山充哨长,随队毁草鞋街贼营,围攻三月,复其城。越境捕逆首胡有禄,毙之邵阳四明山寺,歼焉。咸丰六年,保外委。随克桂阳州、郴州,蹀剿至广东连州,还击永明、江华,克之。复往连州,会击东陂观、云雾洞股匪,剿洗大东山及阳山西江墟、青莲墟各剧贼,俱有功。七年正月,擢千总,赏戴蓝翎。随援湖北,破通城石南桥贼,又破之崇阳洪桥堡,追奔数十里,克崇阳;又战于白霓桥,斩贼目韦再玷等,蒲圻贼惧走。进剿通山,又克之。松山斩贼酋八名,生擒一名,赏加守备衔。王鑫援江西,委松山领第四旗,从剿吉安,破水东援贼五垒二巢,又遏贼吉水之藤田,随破永丰境内逆垒三十馀,进战于宁都之钓峰,广昌之古夏、东山坝,追贼南丰,遏甘竹之援,又剿太平市、甘泉墟各股匪,均大捷。

王鑫卒,松山隶道员张运兰部,进营峡江。阜田贼回窜,松山率所部首先横截之,蹀追至白坑,毙贼七百馀,会攻吉安,扼吉水三曲滩窜匪,所向皆捷。八年三月,命以都司留湖南补用。是时松山已随克乐安,宜黄,扫磁圭墟等贼巢十馀处。寻又克南丰,破贼新丰墟三十馀营,克建昌府。六月,奏捷,升游击,赏换花翎。七月,福建贼窜江西,犯新城,另股由泸溪、金溪,陷安仁。松山从运兰兼程赴援,战于青山铺,蹀剿至安仁,攀堞而登,复之。命以参将留湖南补用。贼窜福建,松山度岭援顺昌、将乐,贼还窜江西。回军会剿,拔景德镇,追贼至浮梁。贼反斗,城贼三四千突出助之,松山独当其冲,战良久,后队始集,寻复浮梁。十月,擢副将。

十年,逆首石达开率众围湖南宝庆府,松山驰救,至,围已解。广东股匪犯临武、宜章,被击,退踞连州星子司。松山由郴州赴境,破之。馈匪罗加海与剧贼何观保、李荣叙踞连州之禾洞及上下门村,分建木城为犄角。松山自江蓝厅往会剿,由上门村奋锐直入,叠毁其垒,擒何、李二酋及伪都督、指挥五十馀人,覆罗加海之巢。连境肃清。叙功,加总兵衔,赏志勇巴图鲁名号。十一年,伪侍王李世贤扰皖南,分股陷徽州。松山奉调助剿,邀击于杨溪一带,杀贼千馀,会攻休宁,破冯家岭,进营迪祥湖,斩其酋汪怀忠及悍党百馀,夹击万安街,大破之,又毁北门迆东诸垒。突有羊栈岭贼万馀来援,陷黟县,松山等迎剿,立复其城,追战于柏庄岭,斩馘四千;又会各军败卢村巨股,破上溪口贼巢,毁石田贼营六座;又败小当援贼,擒伪钦天豫及伪将军等,克休宁。诸将谋攻徽州,拔队齐进,贼夜劫槐塘营,众溃,松山列队月下,屹然不少动,贼不敢逼,溃众皆归,全师而还。贼复入黟县,松山再克之,毁樟岭、卢村各卡垒,徽州贼弃城遁,松山驻守之。七月,命以总兵记名简放。寻复赏加提督衔。伪辅王杨辅清大股围徽州,布垒城外,松山四战四捷。会援军追击之岩市,贼大败,杨逆受伤遁。同治元年二月,下部优叙。寻克旌德,松山移守宁国府。

十月,张运兰病归,钦差大臣协办大学士两江总督曾国藩檄松山与总兵易开俊分统其众。逆首黄文金等率众攻城,松山等击却之,寻破庙埠多垒;又会泾县诸将剿湾滩、大坑及黄村、北贡里、曹村、老坑、荞麦湾各贼股。时太平逆酋古隆贤踞泾县茂林、潘村,石埭逆酋赖文鸿踞丁家渡、章家渡,垒卡重叠,松山等悉数划除之。闻贼袭宁国,驰还缮守具,设伏敬亭山,伺贼大至,督所部分三路鼓噪而出,贼骇走,伏起夹击,伏尸塞路,蹙馀贼于水滨,溺死又无数。三年六月,大军克江宁,败匪窜过徽、宁境,松山迎击于钱村铺,收降四千人,分别遣散。十月,曾国藩以皖境肃清,疏请奖叙,赏正一品封典。十二月,署安徽皖南镇总兵,四年二月,授甘肃肃州镇总兵。四月,调补皖南镇。

　五年,曾国藩奉命剿办捻匪,奏派松山总理临淮营务,统领湘军。四月,解山东曹县之围。五月,追败之江苏铜山境。时捻首张总愚、牛乐红分扰西华、上蔡。六月,松山追至西华,贼分道并出,松山力战逾时,败走,追至上蔡之双庙。贼设伏万金寨旁,图截辎重,会总兵李祥和等击歼之,进攻双庙,贼大队迎敌,败之,馀贼遁,追及偃师之召陵,又破之。七月,大破贼于南阳新野。十二月,捷闻,下部优叙。张总愚大股窜陕西,松山自洛阳驰至西安。六年正月,剿贼鱼化镇。二月,渡沣水,破吕兆集、南丰店、秦渡镇、花园集。是月,升广东陆路提督。贼踞鄠县境,松山偕副都统安住等逼贼槐芽镇,进捣银渠、金渠二镇,拔之。转战扶风、岐山间,历乾州、兴平,抵泾阳之竹范村,先渡泾以待,乘贼半济,击之,毙二千馀,追至富平,悉破其垒,又败诸流曲镇。既而灞桥军失利,贼至同州、朝邑,扰及郃阳。松山一捷于晋成堡,再捷于姜彦村,进攻许家庄小壕,夺其堡。张总愚复挟大股来拒,马步亘二十馀里,松山严束队伍,与各军分三路鏖战,历四时许,贼大奔。同、朝围解。四月,谕曰:"刘松山自入陕以来,剿办回、捻,屡著战功。此次追贼同、朝,复能会合各军,大获全胜,保固河防,深堪嘉尚! 着赏给玉柄小刀一把、火镰一个、大荷包一对、小荷包一对,以示优异。"

　五月,贼渡渭犯省城,松山疾驰至城南,与各军大战于山门口、木塔寨、齐王村,阵斩数千级,散胁从万人,得战马数千,阵毙者称是。六月,张逆勾结回匪,复窥同、朝,分悍党踞流曲镇、王寮镇,以阻追师。松山病暍,念河防吃重,力疾驰援,拔二镇;遂绕北山急趋朝邑,出贼前拦击,贼败走高陵,九月,渡泾而东。松山据泾,浚濠筑墙以困之。贼铤走白水,入北山,十月,陷绥德州。松山蹑其后,立攻复之,追至河滨。贼渡冰桥,悉数入山西。松山裹粮尽,军士饥疲,暂驻东岸候辎重。偕诸将趋吉州、乡宁,解河津、稷山之围。十二月,追及于平阳,张逆踞柏家庄拒战,不能抗,遂奔垣曲,入河南济源,寻窜卫辉,由内黄入直隶。畿辅戒严。陕甘总督左宗棠统师入卫,檄松山等逾太行绕出贼前。松山冒雪兼程,日行百数十里。七年正月,由巨鹿夜越贼屯,击斩其出拒者甚夥;疾驰至祁州。时贼骑已至保定城下,松山迅赴之。署直隶总督官文以闻。谕曰:"刘松山由陕、豫追至直隶,星夜兼程,绕越保定,尤属奋勉可嘉!着先行交部从优议叙。"二月,偕郭宝昌等军剿献县踞贼,破商家林等三屯,移剿深州。贼闻松山至,先窜。松山截剿,破贾城村、瓦口庄,追败之梨园村,侦贼屯祁州,回军追剿,会援贼至,官军马队中断,松山以步军力战,贼乃败走,追至博野之南邓村。贼围郭宝昌营,松山挥众驰突,贼大溃,穷追至深州,擒斩万计。于是张逆全股渡滹沱河而南。捷入,赏换达桑阿巴图鲁名号。三月,追贼河南至延津、封丘,破所踞村庄数十处,入直隶长垣。贼设伏小寨,图截我辎重。松山结方阵,环施枪炮,贼猛扑五次,伤毙甚众,乃却走,寻窜滑县。松山会淮、豫各军痛剿之,贼争渡卫水,不得,折窜山东,延入直隶吴桥。四月,左宗棠疏言:"松山战功卓著,早在圣明洞鉴之中。其人识量恢宏,心地笃实,宽而有制,严而不苟。与人共事,从无居功之心,各统将倾心悦服。请充步军翼长。"报闻。自是至六月,松山驰逐直、东各州县,偕淮军将士合力兜剿,大小数十战,先后擒斩,及穷蹙乞降者,不可称数。张总愚投水死。西捻平。七月,左宗棠奏言:"松山保垂危之秦,救不支之晋,速卫畿甸。以步当马,为天下先。此次捻逆荡平,何尝非松山之力?"谕曰:"提督刘松山上年冬间,由陕入晋,跟踪剿捻,叠著勤劳。本年复会同李鸿章等派出各军,力筹兜剿,俾捻逆全股肃清,洵属著有劳绩。刘松山着赏穿黄马褂,并赏给三等轻车都尉世职。"

时左宗棠还军陕甘,檄松山克期西进,遂率所部还洛阳,添募成军,由山西入陕。十二月,次绥德州,分军攻怀远之大理川等处回巢,自督诸将攻小理川、店子寺、周家嶮,悉破之,搜剿各镇堡,当者辄靡。寻破定边回酋马万得、马棘子之众。八年二月,北山游匪诱松山部下之驻绥德者,叛踞州城。松山驰还,抵清涧,营勇缚匪首谢永清、唐太春等反正,遂诛首逆及游匪叛卒并哨弁等百馀人,绥德复。松山自请重治,得旨加恩免其治罪,交部议处。寻议革职留任。陕省北路土匪,各踞堡寨肆掠,松山剿抚兼施,节节扫荡,未一载,降其众十七万。榆、绥、延、鄜各郡一律肃清。

八月,率师度陇,越花马池,进规灵州,破李旺堡、黑城子等堡寨数百。九月,灵州复。诏嘉松山速赴戎机,谋勇兼备,开复革职留任处分。时败匪悉遁入马家、纳家等庄寨,诡词求抚。松山知其诈,督军迅击,贼西遁,平大小庄寨三十馀。回目马化隆踞金积堡。十一月,松山攻之,拔附堡各庄寨二十馀,贼徒集以避。松山率勇进战,大捷。北路悉平。九年正月,侦回逆千数百由胡家堡窜秦渠南,踞石家庄空堡及马五、马七、马八条三寨。松山以其地扼秦渠之要,势所必争。驰抵石家庄,贼于西南废堡已筑三垒,麾军三路齐击,夺之。贼窜入马五等寨,松山令各营逼寨筑垒,督攻未下,忽马步援贼二千馀,来自东南,列队甚整。松山令先剿骑贼,骑贼奔,步贼犹屹立不动。松山督各军奋击,锐气百倍,贼向胡家堡败窜。是役也,毙悍贼千馀,夺善马百馀匹,器械无算。遂攻马五寨,薄外卡,一鼓破之,外卡悍贼无脱者。松山纵火焚寨门,策马督攻益急,贼炮发,飞子中左乳,坠马下,亲兵扶之归。诸将来视,叱令整队速攻,毋顾我,乱行列。官军遂破马五寨。松山创甚,张目嘱诸将曰:"我受国厚恩,未能报,即死,毋遽归我尸。当为厉鬼助尔等杀贼!"言讫,卒。

左宗棠奏言:"松山以勇丁从征,荐擢提督。剿办发、捻、回匪,无役不从,无战不克。自入灵州以来,荡平堡寨五十,贼巢九十馀。上年七月初,师由花马池前进。时马化隆潜调西宁马朵三喉撒回助逆。马朵三以千五百骑应,未及一月,经松山剿败,遁归。自此西宁逆回不敢复至。河州逆回马占鳌前在宁夏大言于众,密助陕回。及松山屡捷,目睹军威,不敢复逞。故此次马化隆求援于临洮谢四及靖远马聋子,而河回终未与之俱。其威震西陲如此。治兵严,不尚苛察;临财廉,不肯苟取。其行师御敌,得古人静如山、动如水之义。居心仁厚,而条理秩如。语及时局艰危,辄义形于色,不复知有身家性命。从征伐十八载,仅募勇归籍一次,家居十馀日耳。年三十有七,聘妇未娶者二十馀年。臣由直隶西旋,知其妇家送女至南阳已两年馀,嘱其行抵洛阳,于募勇未到之暇,克期完婚。适甘肃土匪蔓延,臣饬令督队入秦。松山奉檄即行,婚甫半月。观人于微,虽古良将何以过之!"疏入,谕曰:"刘松山由勇丁转战湖南等处十馀省,剿平粤、捻各巨寇。谋勇兼优,无愧名将。此次西征回匪,策马前行,躬冒锋镝,该逆闻风胆落。方冀攻克金积堡,扫荡而前,肃清边围。不料中道阵亡,曷胜悼惜! 刘松山着照提督阵亡例,从优议恤。加恩予谥,入祀京师昭忠祠,并于陕、甘等省立功地方建立专祠。所部阵亡各员,查明一并附祀。该提督各省战绩,并着宣付史馆立传。其遗榇回籍时,着沿途地方官妥为照料,以示朝廷轸念忠勤至意。"

寻曾国藩奏言:"松山初随王鑫、张运兰,转战各省,其功绩多归于统将,故事不甚著。咸丰九年,官军破景德镇,各营猛追三十里,队伍散漫。将至浮梁县,中有浮桥三道,贼因过桥拥挤,回头猛扑,城内亦出悍贼数千。松山在东桥边纵横苦战,力遏贼冲,军赖以全。十一年,官军攻徽州,分驻民村,三更后贼出扑营,诸军惊溃四散,松山独列队不动。月下遮诸将而告之曰:'请无溃走,我第四旗刘松山也!'众军毕归。松山从容殿后而还。同治四年,臣赴北路办捻,湖南将士多不愿随征,独松山毅然请从。士卒或索饷,不肯北渡,松山立诛数人,抚定其众。训练步卒,联络民圩,广筹米粮,使士卒不因乏食思归。山东、河南一带官民,皆称老湘营纪律之严,所至逢迎恐后。部下习而安之,不以北征为苦。臣于五年冬,密保松山忠勇朴实,堪倚平寇。捻逆入秦,臣檄鲍超率霆军赴援,霆军迁延不至。改檄老湘营,松山不辞艰苦,慷慨入关。及再率师入陕,行抵绥德州,土回兼剿,竭六昼夜之力,转战数百里,收降董福祥等十七万馀人,设法安插。既定计由北路进兵,规取金积堡,以陕甘之粮,取给山西,远至千数百里,妥筹转运,由军渡至清涧,历安定、定边至花马池,按程设站,挑选壮丁,分班搬运。别夷险,均劳逸,粮运粗足。长驱西向,回氛已衰,荡平有日。不图大功未竟,长城遽摧。松山在军,无日不讨士卒而训迪之,虽战罢宵深,尤殷殷劝诫不休。其平日公忠自矢,又实足以激发士气。是以守宁国之时,疾疫盛行,十人五病,饷项久亏,而有警则一呼齐集,弁勇不以为困。渡江剿捻,诛罚不用命者,弁勇不以为酷。北道崎岖,军中盛暑运粮,与骡驴负重并行,弁勇不以为虐。绥德之役,哥老会匪一见主将归来,罗拜输服,不闻退有后言。其与淮军及豫、皖、秦、陇诸将相接,亦皆推心置腹,至性相孚。众情之翕服,实为近今所罕见。乞并宣付史馆,俾名将行实昭著。并请于本籍建立专祠。"奏入,诏如所请。寻赐恤如例,加赠太子少保衔,予谥忠壮。赏骑都尉兼一云骑尉世职,袭次完时,以恩骑尉世袭罔替。

十年,金积堡平,松山榇尚未回籍,左宗棠奏言:"松山英锐忠勇,绝少比伦。毅魄忠魂,时露灵异。"上追念前功,命赐祭一坛,由左宗棠派员前往致祭,以慰忠魂。十二年,关内肃清,命再加恩赏一等轻车都尉世职。光绪十五年,慈禧端佑康颐昭豫庄诚皇太后归政,悯念亮节孤忠诸臣,各赐祭一坛,松山与焉。

所遗世职,并为二等子爵。嗣子山西按察使盉,兼袭。

【校勘记】

〔一〕始战于湘潭云湖桥　原脱"湖"字。今据刘松山传稿(之七)补。

江忠义

江忠义,湖南新宁人。咸丰三年,由文童带勇剿贼。四年,随江南提督和春进攻庐州等处贼匪获胜,赏戴蓝翎。五年,丁父忧,奏留军营。九月,剿贼庐州,和春等奏保,以府经历、县丞选用。十月,复以克复庐州,保升知县。七年,贼陷江西临江府城,逆首张发纪等负嵎抗拒,忠义随道员刘长佑等星夜督军进薄,克复郡城。江西巡抚耆龄奏入,命以知府即选,并赏换花翎。八年,福建逆匪窜扰新城,忠义由崇安驰往合剿,累败之,毙贼数千。

九年四月,粤逆石达开瞰楚军并力宝庆,乘虚犯永州、衡州,长沙大震,忠义连战破之,贼不敢顺流下。捷入,得旨以道员归部即选。七月,石达开复率死党二万馀,攻贺家坳大营,忠义会同各军,分路进剿,生擒伪将军李定发等四十五人,赏额尔德木巴图鲁名号。十年,贼叠陷东安、绥宁,分窜新宁,以精兵围武冈。忠义檄游击徐良墺等由各门齐出,自率亲兵策应,大破之。贼复乘夜潜谋登城,复分道击却之,武冈围解。其窜攻新宁之贼为官军所败,趋踞东安。忠义率所部驰援,分三路直薄城下。贼袭官军后,鏖战逾时,贼奔溃,遂复东安。时忠义一军南援江华、永明,西顾绥宁、靖州,东防攸县、醴陵,屡战皆捷。十二月,署湖南巡抚按察使翟诰奏入,得旨以道员交军机处记名,请旨简放,并赏加按察使衔。十一年八月,赏二品顶带,命署贵州巡抚。

时石达开由粤窜楚,仍留大股屯踞东山,分窜靖州、绥宁,并扑会同县城,忠义由洪湖驰援,派知府席宝田、副将周达武等击却之。石逆复率众十馀万来扑,忠义以兵三千,毙贼二万馀人。贼复结湖北来凤股匪扰官军,忠义击退之,克来凤,贼遁入川。十二月,丁母忧,奏言:"带兵以来,转战数省,时历数年。前在庐州军营丁父忧,现又丁母忧,恳请终制。"谕曰:"江忠义沥陈变服受任,礼有未安,情词恳恻,不忍尽拂其意。惟墨绖从戎,古有明训。准其开署贵州巡抚之缺,在籍终制,仍着在湖南本省带兵剿贼。"同治元年闰八月,授贵州提督。十二月,署广西提督。二年,皖南发逆窜入江西湖口、都昌一带,适忠义率军至,乘夜薄城垒,焚歼无算。时两广总督毛鸿宾以皖贼势张,奏请饬忠义由江西赴皖。署两广总督晏端书复请饬忠义会剿广东高州踞匪。先后奉旨准行。忠义以广东兵有馀粮,他将力能办之,江西饷绌兵单,贼数十万,万一不支,南省全局瓦解。乃奏请力援江西,统军直抵湖口,逼贼营,贼率死党力拒,忠义屡出奇兵钞击,截其饷道,贼大溃。江境肃清。江西巡抚沈葆桢、两江总督曾国藩先后奏闻,赏穿黄马褂。九月,贼窜皖南,攻青阳,忠义督军进扎墨铺,檄道员席宝田逾岭攻贼卡,复分队出董家村由后钞击,副将江忠宽等缘岩而上,忠义挥兵直前,贼骇奔,青阳围解。太平、石埭、宁国等处踞匪亦次第请降。上嘉其功,下部优叙。

旋以积劳成疾,就医江西,道卒。沈葆桢以遗折入,并奏言:"忠义年甫三十,出师十有二载,金创遍体。其克复地方,安徽则庐州,江西则临江、抚州、崇仁、新城,广西则修仁、莲塘,贵州则天柱,湖北则来凤,湖南则东安、桂阳,其馀保全甚多。治军严而有恩,尤于民生利病,刻不去心。故所至民怀其德,贼避其锋。"谕曰:"署广西提督江忠义,由文员带兵剿贼,转战湖北、江西、安徽等省,屡复名城。援黔援粤,懋著勋勤。本年夏间,赴援江西,败贼于湖口、青阳。江境肃清,皖南渐次底定,厥功尤伟。方冀干城之选,御侮长资。兹以积劳,伤疾齐发,竟于新建县属之吴城病故。中道殒折,未竟其才。披览遗章,殊深悼惜!江忠义着加恩照总督例赐恤,予谥。其生平战绩,着宣付史馆立传。并于江西省城、安徽青阳及本籍地方建立专祠。准其入城治丧。任内一切处分,悉予开复。应得恤典,该衙门察例具奏。伊子江孝诒,俟及岁时,由吏部带领引见,候旨施恩,以示笃念荩臣至意。"寻赐祭葬,赠尚书衔,予谥诚恪。荫一子入监读书,期满以知县用。光绪十一年,赠太子少保衔。十三年,赐祭一坛。

子孝诒,刑部主事;孝咏,知县。

林文察

林文察,福建彰化人,今隶台湾县。咸丰八年,由军功随剿台湾淡水厅及斗六冈等匪出力,奖六品顶翎。寻捐银助饷,以游击分发福建补用。九年,闽浙总督王懿德等檄带台勇会剿建阳土匪,先登陷阵。十年,九垄山股匪郭万宗等出掠建宁、邵武各乡,汀州、龙岩股匪胡熊等扰宁洋、永安,文察随军力剿,擒伪军师等一百八十六人。郭逆遁,麇集邵武之上山坊,文察合军麾之,遂降。胡熊窜踞东坂土寨,文察随大军破擒之,胡熊伏诛。闽浙总督庆端等疏言:"文察涉险穷追,勇冠全军。迅奏肤功,实赖文察之力。"得旨擢参将,换花翎,赏固勇巴图鲁名号。寻捐助饷钱五万串,加副将衔。

十一年正月,檄调援浙。时粤匪陷江山,肆掠大溪滩一带。

文察冒雨搏战,胜之,即督队攻城,毁城外贼垒,移营双塔底及乌木山,先击败诱战贼,并尽杀西山援贼,攀城而登,贼惊夺门出,伏发,歼焉。遂克江山。是役,文察以孤军二千困重围,卒能以少胜多,转败为功。捷闻,以副将尽先补用,赏换乌讷思齐巴图鲁名号。四月,福建汀州及连城陷,文察奉调回闽。五月,破贼金鸡岭,声言由亨子堡攻连城,自率小队伏江防一带,令勇首廖得全赴堡诱敌。贼倾巢迎战,连城贼出助之,得全战且走,贼追之,不虞伏兵之猝起也,骇窜,多自践死者,立拔连城;乘胜攻汀州,克之。庆端上其功,命以总兵记名简放。六月,沙县土匪为乱,官军往剿失利。七月,文察驰至,再战平之。时粤匪自皖南窜浙江,分陷金、衢、严各郡县,众数十万,杭州将军瑞昌疏调文察入浙。文察所统台勇,仅存五百馀,派员赴台添募,未能速进。十二月,杭州陷,有旨令文察与前皖南道李元度分道援杭州。未几,杭州贼自去。同治元年正月,庆端檄文察率所部由处州一路进,兼顾处、衢。适衢州被围,文察星夜驰援,围解,进拔常山。方进兵,闻讣丁忧。庆端以文察有谋勇,疏请留营带兵,允之。二月,杭州复陷,龙游、遂安、寿昌聚贼愈多,处州、松阳、遂昌踞匪逼闽省西路之浦城、松溪、政和及北路寿宁各州县。文察与参将林文明进军龙泉,署浙江按察使张铨庆出松溪,为文察后路策应。四月,处州贼分股聚松阳之大港头,文察派队袭其后,别遣兵由云和之五都夜劫贼营,贼弃垒遁碧湖。军还龙泉,会民团克遂昌,贼并聚松阳,其蔓延云和、景宁者复击走之。文察以一军当三面剧贼,庆端恐其失机,令步步为营,妥筹战守。文察与总兵曾玉明合军,进规处州郡县。

　　是时两江总督曾国藩以查办闽浙总督庆端各款,疏称:"闽中健将,文察为最,克复邵武、汀州,皆独力打仗,不避艰险。"上嘉文察勇敢善战,谕庆端妥为调遣。六月,松阳贼络绎于汤溪、武义间,文察与副将曾元福等三路进剿,毁二十馀垒,斩馘千馀。既又设伏令曾元福假作民团诱贼出,殪三四百人。七月,补四川建昌镇总兵。时处州贼势已衰,大股屯金华境。上命文察规复处州,直捣金华,联络衢郡楚军声势,以为恢复全浙计。寻攻松阳,七十馀日未下,远道转运,饷不时至。文察勉以忠义,饥卒皆奋。适碧湖贼数千运军实以济松阳,文察驰扼南坑,出不意击败之;随拔附近各垒,进攻旧市,设左右伏,破之。乘胜与松阳、遂昌民团夜袭松阳,复其城。闰八月,自松阳历碧湖、苏埠、白口、[一]太坪、兰埠抵处州,五战皆捷;与各军合攻郡城,贼坚守,炮石雨下。文察与总兵秦如虎攻愈急,贼穷,乘间由东北二门遁,追斩无算,并克缙云。得旨加提督衔,仍下部优叙。十一月,移军武义之李村,前军小挫。文察驰至,贼始退。十二月,贼分股踞王村、徐村、岭下阳街,来扑李村,文察横陈其师于贼中,贼溃而复至。文察戒各营俟贼近濠乃击,如是者十馀次,最后乃伺其归,开壁逐之,平岭下阳逆垒,王村、徐村贼遁入城。是月,调福建福宁镇总兵。二年二月,克武义。由是浦江、义乌贼悉奔渡江,既而绍兴及萧山各匪俱窜徽州,浙东肃清。文察仍军武义。

　　六月,闽浙总督左宗棠以文察廉朴勇敢,奏署福建陆路提督。八月,嘉义不靖,左宗棠疏言:"台湾一郡,远隔重洋。居民多系泉、漳及广东占籍,每村辄筑土围,栽植栗竹,根柢盘固,有碉堡之固,而无修筑之劳。枪炮弹丸,不能飞入,纵火不能延烧,以故恃险恃富,易肇乱萌。文察籍隶台湾内山,素称能战。请饬酌带本标得力弁兵数百名渡台,号召旧部,并统领各军,刻期攻剿,以靖海疆。"诏如所请。寻命署理福建水师提督,责令迅速渡台剿匪。十月,上以文察已携陆路提督印信赴台,命毋庸兼署水师提督。十二月,抵台,驰赴嘉义,偕护理水师提督曾元福议进兵。时逆首林戆晟、戴万生等踞彰化及斗六地方,南北间阻,上下百馀里,皆贼藩篱。文察促曾元福进军石龟溪,亲督游击白瑛等攻斗六,侦知彰化贼以分援斗六,势颇张惶,即驰告台湾镇总兵曾玉明等,迅捣彰化,克之。先是文察甫入台境,宣示朝廷威德,谕以从违祸福。抵嘉义后,派员绅赴各乡开诚劝导,数日间缚献股匪,乞免罪者二百数十庄,逆势瓦解。及彰化既复,各逆皆趋斗六。枭贼陈哑狗等踞大突等庄,文察偕曾元福攻拔助逆之三十馀庄,直薄斗六土城,贼固垒死守,以附近之小溪洲、鸭母寮等三十馀庄为声援。文察分军十队,令参将关镇国,游击白瑛、许忠标等约期分出,以大炮击之。各逆局散势分,不能策应,密令军中扬言彰化贼复起,将分兵往剿。次日,拔队行。比夜,偃旗帜伏蔗林,其留守之关镇国等数营,皆积薪近舍。及晚火起,官军于烟焰中诡作奔窜声,及惊惶溃毙状,斗六贼千馀来犯。蔗林伏兵潜出其后,曾元福等迎击于前,贼首尾不相顾。官军乘势突入土城,大队继进,斩馘无数,擒伪军师钟合和及逆首蔡四正等,遂拔斗六。戴万生先期奔彰化,与林戆晟煽胁各庄,无敢剃发。

　　文察移师彰化,申谕之,又运粮赈粜,以安民心。三年正月,复破樵溪口等数十庄,擒逆首林传等二十馀人,戮之,戴逆窜张厝庄,联目宜山、红毛社等匪巢四十馀,负嵎抗拒。文察檄兵团连毁其五巢,谕贼党擒万生至,诛之,而林戆晟踞四块厝老巢,外列层楼,内置大炮,树密径险,攻之不下,乃四围筑炮台环击之;犹不下,因觅敢死者五人,夜潜入贼垒,塞其炮门。迟明,各军鼓噪进,用火攻,贼惊窜,林戆晟伏诛。四月,左宗棠奏调文察内渡剿贼。五月,彰化逸贼复结党围县城,文察一战解之。七月,台湾道丁日健劾文察家居五十馀日,顿兵不出,扎营彰城,兵勇骚扰,绅民怨恨。谕敕左宗棠等确勘。八月,疏言:"文察以馀匪复炽,诿过于地方官,文武意见不合,互相攻讦。文察回内山,至今亦未内渡。请先行交部议处。"十月,文察驰抵福州,巡抚徐宗幹疏称:"文察赴调延缓,实因夏秋每多飓暴,重洋阻滞。现已星赴邵武、汀州一带,相机堵剿。应请敕部免议。"从之。

文察之内渡也,仅带旧勇二百人,请增兵于徐宗幹,兵未集而江西败匪窜云际关,逼近闽疆,即日拔队趋邵武。寻漳州陷,宗幹檄文察回扼泉州、龙岩州境。文察以州属之漳平、宁洋,与永春、大田、永安,路路可通,虑贼乘虚内窜,分队取道安溪,赴宁洋。宗幹复促文察统领全部由同安规取漳州,于是沿途调募兵勇,至十一月,驻军洋洲,距漳州三十里。贼已西陷武平、永定,南窜平和、云霄,北扰南靖、龙岩所在披猖矣。文察派游击许忠标扼南路,以守备林向日率舟师泊湘桥应之。游击林崇春扼东路,已革副将惠寿等驻赤岭、万松关应之,守备黄益龙、协守安溪,调厦勇赴漳平以御北窜。十二月,惠寿营先陷,文察退屯玉洲。寻出队响水桥,获小胜,立营万松关。贼先出数千人来拒,击走之;旋大股数万至,文察督勇奋击,鏖战五时,贼围愈密,寡不敌众。文察跃马挥刀，手刃数贼，突围不能出，中枪，殁于阵。

　　左宗棠疏言："文察此次内渡，仓猝调集，兵将两不相习，前檄令力保泉、厦，并未敢责以规复漳州。旋闻其已进万松关，距漳郡仅二十馀里。复檄其深沟固垒，勿浪战求胜。俟浙军到后，协力并规，乃为稳着。不料其急于趋战，致有此失。"徐宗幹疏言："文察壮年英勇，节次在闽浙各处带兵，剿匪出力，身先士卒，所向有功。今寡不敌众，血战捐躯，实堪悯惜。"谕曰："署福建陆路提督林文察前在浙江、福建等处，带兵剿匪，所向有功。此次进攻漳州踞匪，该逆率众来扑，官军奋勇击退。该署提督手刃多贼，猝因中枪阵亡，实堪悯恻！提督衔署福建陆路提督福宁镇总兵林文察，着交部照提督例从优议恤。"寻赐恤如例，赠太子少保衔，予谥刚愍。赏骑都尉世职兼一云骑尉，袭次完时，以恩骑尉世袭罔替。光绪四年，漳州绅士呈请建立专祠，奉旨允准。十五年，慈禧端佑康颐昭豫庄诚皇太后归政，悯念亮节孤忠诸臣，各赐祭一坛，文察与焉。十六年，福建台湾巡抚刘铭传以文察功在桑梓，请于本籍台湾省城建立专祠，由地方官春秋致祭，允之。

　　子朝栋，兵部郎中，二品顶带，候选道。

【校勘记】

〔一〕自松阳历碧湖苏埠白口　原脱"白"字。今据林文察传稿（之一〇）补。

　　高连升

　　高连升，湖南宁乡人。咸丰五年，由外委随浙江宁绍台道罗泽南拔<u>江西</u><u>义宁州</u>,升把总,赏戴蓝翎。旋因克复<u>湖北</u><u>通城</u>、<u>崇阳</u>、<u>蒲圻</u>各城,经巡抚<u>胡林翼</u>奏奖,以千总补用,加守备衔。六年,以克复<u>咸宁</u>、<u>山坡</u>、<u>金口</u>,逼攻<u>武昌</u>省城,屡战皆捷。命以守备尽先补用。

时<u>广西</u>遣散<u>苗</u>勇,戕官于<u>龙胜</u>,<u>连升</u>偕巡检<u>徐俊</u>集团击溃,复厅城。擢都司,赏换花翎。八年,率<u>湘</u>勇援<u>广西</u>,以复<u>雒容</u>等城功,擢游击。又随大兵复<u>庆远</u>,升参将。九年,随<u>广西</u>按察使<u>蒋益澧</u>剿<u>柳州</u>踞贼,<u>连升</u>渡河筑垒,贼争薄之,鏖战数时,毙贼甚众。贼复以舟师至,陆军与水师夹击之,贼败退。[一]叙功,命以副将补用。十年,<u>梧州</u>匪徒<u>罗华观</u>等结<u>浔州</u>艇匪,负嵎抗拒,<u>连升</u>随<u>蒋益澧</u>会同总兵<u>潘庆</u>等分路进攻,克下<u>邳</u>贼巢,并夷<u>莫洞</u>及<u>三堡</u>贼垒;贼窜<u>四萎</u>,又克之。十一年正月,赏<u>尚勇巴图鲁</u>名号。时<u>浔州</u>逆首<u>陈开</u>由<u>塔脚田垅</u>来犯,<u>连升</u>率队迎击,歼获甚众,进薄<u>浔州</u>城。<u>陈逆开</u>城欲遁,兵勇乘势攻之,克<u>浔州</u>。八月,捷上,得旨遇有<u>两广</u>总兵缺出,请旨简放。

<u>同治</u>元年八月,授<u>广西</u><u>右江镇</u>总兵。奉檄带兵赴<u>浙</u>。闰八月,复<u>寿昌</u>。二年正月,复<u>金华</u>。命以提督记名遇缺题奏。八月,进攻<u>富阳</u>,悍贼万馀逆战,兵勇亦殊死斗,破贼垒六,杀贼数百人;会同水陆各军攻<u>杭州</u>,夷贼垒九,毙贼二千馀。三年,驻军<u>馒头山</u>,以巨炮俯击<u>凤山门</u>女墙尽毁,贼启门遁,遂克省城。馀<u>杭</u>之贼亦引去,并复其城。三月,捷闻,赏穿黄马褂。未几,攻馀匪于<u>德清</u>,败之,复其城。五月,攻<u>湖州</u>,累战皆捷,焚贼船数十。十月,署<u>浙江</u>提督。四年,逆酋<u>李世贤</u>踞<u>福建</u><u>漳州</u>,兼犯<u>漳浦</u>。<u>连升</u>随<u>闽浙</u>总督<u>左宗棠</u>统兵赴<u>闽</u>,由<u>海澄</u><u>石码</u>进攻,毙悍贼数

百;又遣部将扼劈刀山,截贼归路,大败之,生擒悍贼三百馀,世贤泗水潜逸。连升以功,赏换穆特本巴图鲁名号。

李世贤败后,复于漳州东北筑垒,图截官军后路。连升分道攻剿,叠获奇捷,复击乌头门贼巢,连拔十四垒,毙贼万馀,生擒三四千,复毁东关贼垒十,馀贼奔逸。将入城,连升蹑踪追剿,夺门入,李逆悉众死拒,巷战逾时,毙贼数千。李逆开西门遁,遂复漳州。五月,左宗棠等请奖,赏白玉四喜搬指一、白玉翎管一,及荷囊、燧囊等物。贼旋窜平和,连升又率军克其城,复迎击诏安窜匪,生擒伪祥王黄隆芸等,奸寇略尽。闰五月,升广东陆路提督。时发逆汪海洋窜粤,伏匿镇平,据险固守。连升偕提督黄少春从分水坳进攻,汪逆倾巢分三路出,乍战贼败去,而左右两路之贼,复缘山直下,意图包钞,连升急击之,追至山巅。副将李大有等攻其左,黄少春攻其右,贼势披靡。连升绕贼后,伏枪半山丛林中,要其归横击之,奸寇无算。汪逆中创死。逆首谭体元代领其众,与贼目胡瞎子等踞城死拒,谋攻官军东路营垒,连升饬各营栉比进扎,贼不敢犯。十二月,总兵方耀败贼于州西七树径,提督鲍超又袭破之,贼夜启西门遁。连升入城,搜剿馀贼,复出,追及贼于大田,大破之,斩叛勇欧阳晖及逆目赖速新等。谭逆伏诛。

五年正月,赏云骑尉世职。旋命赴陕剿办回匪。六年二月,调甘肃提督。时回逆麇聚宜君之偏桥、窑坪镇,连升偕总兵刘端冕分道兜剿,由建庄追至凤凰山后,逆众凭险回拒,连升屡战皆捷。七年二月,进攻何家庄踞回,横刀先登,士卒争搏战,破逆回万馀人,生擒其酋马阿浑、伪将军禹方魁等,诛之。三月,董志原踞回邹阿浑等复率悍党五万馀,窜踞宜君之马兰镇,并分扰三水、三原各处,连升率队围攻,复马兰镇。

八年,以杨店叛勇披猖,亲往弹压,仓卒被害。事闻,谕曰:"甘肃提督高连升,自咸丰初年从军,在广西、湖南剿办贼匪。嗣复转战浙江、福建、广东等省,叠克城池,殄灭李世贤、汪海洋巨股,卓著战功。迨经左宗棠调赴陕西,追剿回、捻,身先士卒,所向有功。实属忠勇性成,深资得力。乃因查拿叛勇,仓卒被害,殊堪悯恻!著照阵亡例议恤,并加恩予谥。其从前战绩,宣付史馆立传。准于广西、浙江、福建、广东、陕西等省,建立专祠,以慰忠魂。"寻赐恤如例,予谥勇烈。赏骑都尉兼一云骑尉世职,袭次完时,以恩骑尉世袭罔替。将先后世职并为三等轻车都尉。光绪四年,陕甘总督左宗棠请于湖南宁乡县原籍建立专祠,允之。十五年,慈禧端佑康颐昭豫庄诚皇太后归政,悯念亮节孤忠诸臣,各赐祭一坛,连升与焉。

子承业,袭世职。

【校勘记】

〔一〕陆军与水师夹击之贼败退　"之贼败"原颠倒作"败之贼"。今据高连升传稿(之一〇)改正。

黄开榜

黄开榜,湖北施南人。由行伍随军,转战湖北、安徽。咸丰四年,贼由临清窜江南丰县,开榜随钦差大臣胜保追剿,歼匪略尽。叙功,以经制外委用。五年,随侍郎曾国藩、提督塔齐布等水陆大军攻毁半壁山贼营,破田家镇踞贼,并复蕲州、广济、黄梅等城。擢把总,赏戴蓝翎。积功荐升都司。七年,襄阳匪徒窜扰郡城,开榜随楚军攻破之,湖广总督官文上其功,得旨赏换花翎。

　　时河南捻匪踞正阳关,开榜以所部随胜保剿之,叠次获胜。八月,六安捻酋李兆受率贼五六千人,由马头集来援,开榜截击之,毙悍贼无算。寻随攻克正阳关,胜保奏请奖励,得旨以游击升用,先换顶带。九月,补直隶密云城守营都司。八年,安徽贼匪分屯马头城附近各村,开榜与记名副都统穆腾阿等分路迎击,[一]有斩级功,复率炮船迎击水路之贼,大破之,夺贼船二十馀,并粮米枪炮甚多。未几,贼钞官军后路,胜保劾开榜恇怯,奉旨摘去顶翎,以观后效。十一月,开榜随胜保等攻复六安州城。捷闻,赏加副将衔,仍带原参处分。九年正月,胜保檄开榜赴三河尖,会知府张曜等捣颍上县属之南照集贼巢,贼知官军大至,望风先遁。开榜尽平贼圩,搜斩馀匪十数人,并招抚被胁之吴家圩等处。沙河南岸毗连固始一带无贼踪,而北岸捻匪复啸聚数千人,欲攻朱家圩,开榜以其地逼近三河尖,亟同张曜驰回防御。三月,胜保以开榜被参后,屡立战功,奏请开复顶翎,允之。六月,开榜偕都司黄鸣铎率水师剿蚌埠、长淮卫一带捻贼,接战七昼夜,获贼船百馀,杀贼千人,夺旗帜枪炮无算。贼掠临淮粮漕输怀远,开榜等调炮船遮击之,焚其舟。贼又自上洪搭桥渡淮来犯,开榜复破之水卡。八月,上命胜保亲率水陆各军由临淮、蚌埠,进攻怀远东路捻逆,其西南、西北两路,调开榜水师及道员苗沛霖练勇分投攻击。十月,开榜与知府秦荣等率水师攻破沿路贼卡,击贼垒于临淮西岸,都司杨德昌亦统炮船来会。开榜等乘胜直抵怀远之**文昌阁**,贼腹背受敌,官军乘势下攻,毁贼二垒,俘斩千馀人。是役**开榜**功最,赏给勤勇巴图鲁名号。寻合军击退援**怀**剧贼,水师直抵城关,舍舟登陆。**开榜**及黄鸣铎等拔帜先登,遂复**怀远**。得旨以副将即行升补,并赏加总兵衔。十一月,补**直隶**督标后营游击。

十年正月,以漕运总督**袁甲三**檄,进规**凤阳**。凤阳府、县两城,相距不及三里,官军连营五十有奇,掘长濠三道,合围之,贼计穷。其酋**张乐行**招诸援贼,自南路如云而至。**开榜**与各军夹击,大破之,追杀四十馀里。府城贼目**邓正明**等潜诣**开榜**营乞降,述逆首**张隆**等负固状,**开榜**即请**袁甲三**亲赴**凤阳**城外,示以兵威,令总兵**张得胜**诱擒**张乐行**,促令缴出枪械,并缚献贼目**张先**等十四人,斩之,遣散胁从万馀人,而县城之贼犹怀观望,遂枭**张逆**,悬首壁门,悉军环攻。阵斩伪军师**赵玉奇**,各匪乞降,复缚献贼目**常四**等十一人,**开榜**因于两城外,列营七,纳降众亲籍之,诛其凶悍者三百人,其馀一律遣散。是役也,**开榜**在军,竭二十馀昼夜之力,防则无懈可击,战则无役不捷。**袁甲三**等上其功,得旨以总兵记名简放。二月,偕总兵**田在田**等破贼于**王家营**,复**清江**。三月,逆首**陈玉成**众十馀万犯**太湖**,**金陵**城内之贼同时并出,势张甚。将军**和春**等退守**镇江**,上以贼势猖獗,**清江**一路无重兵扼守。谕**袁甲三**等饬**开榜**严密防范。四月,攻**江北**逆匪于**僧道桥**、**菱塘**等处,燔其土城木筏。降贼**薛成良**者,索饷不遂,拥众入**邵伯湖**,筑垒于**高邮**之**王家港**,约**西菱塘桥**匪谋东窜,开榜及副将**刘成元**等合军进攻,贼掠舟遁,以水师追之,毁贼船三百有奇。**薛逆**投水死。捷闻,赏加提督衔。

　　十一月,署漕运总督王梦龄奏请以开榜所部防湖水师统归节制,得旨如所请。十二月,特旨授江西九江镇总兵,会江南提督李世忠连复江浦、浦口两城,奏称:"其地距九洑洲仅数里,洲四面临江,非水师不能进攻。请拨派战船,以资调遣。"十一年,开榜进攻天长,叠平贼垒。上嘉其调度得宜,下部照提督衔总兵,给予应得封典。同治元年正月,命开榜率所部炮船星速驶赴浦口。三月,捻逆由武家墩窜至山阳之泾河,[二]开榜檄副将黄国瑞击破之,贼窜宝应,自以炮船破之,复登岸,败贼于八试、平桥等处,桃源、清河、山阳、宝应,境内一律肃清。下部优叙。会泗州东窜捻逆,经官军击败,逃踞山阳之汊河,开榜乘夜攻克之,殄贼无算。其分窜蒋坝一带之贼,复与总兵安勇等分路截击,叠挫之于周桥、古沟等处;又与道员张富年合攻观音寺、仁和集踞贼,破之,宿州境内悉平。

　　时捻逆扰邳州,经黄国瑞等剿退,开榜奉命趋宿、邳运河分拨水师,遏贼东渡,饬黄国瑞率陆军渡河进剿邳州、何庄一带,斩贼目王春玉,自督军夜攻猫儿窝,纵火焚之,拔贼栅十有一。复得旨优叙。适科尔沁博多勒噶台亲王僧格林沁疏劾开榜饰禀冒功,命署漕运总督吴棠确查。寻覆奏,事得白。八月,吴棠以徐、宿逼近捻氛,为四省交界之区,军务最为吃重。惟开榜堪独当一面,请令接统徐、宿军务,并由清、淮军营,拨派副将姚广武等马步各队隶之,所有原带水师仍归节制,其防宿、邳之炮船,别归黄国瑞就近调遣,与僧格林沁合词入奏。诏如所请。二年二月,开榜督所部攻克长城贼圩及郜家花园,生擒贼目朱佃奎等,天齐庙、童亭、谢家湾等圩并就抚,因进攻孙疃踞贼,侦知捻酋任缚得欲剃发潜遁,豫设伏要击,大破之。任逆伏诛,乘胜毁其巢,获铜炮二百尊,枪械无算。命军机处记名,遇有提督缺出尽先题奏。适发逆大股渡江,淮扬一带防务吃紧,谕吴棠饬开榜酌带所部折回高邮,以重湖防。寻苗沛霖叛,踞怀远,开榜等派兵破其党吴昆田,而苗逆练多粮足,复结发、捻,将乘势东下。上命吴棠严饬开榜等勤加侦探,遏其北窜。

时发逆窜踞天长、六合一带。五月,开榜移军攻剿,屡破贼于六合之新集、程家桥等处,并派副将龚云福等,以水师扼高邮、宝应湖。四月,贼围天长,大治木筏,兼掠民舟,将渡湖扰高、宝。开榜饬都司谢国恩等夺其船,毁其木筏,贼落水毙者甚众。而天长围仍不解,开榜督各队先败贼伍子胥庙,继以炮船攻护城桥贼营,通城中运粮水路,龚云福舍舟击堤上贼,参将陈浚家驾炮划由小河口突围转战,直入县城,堤上贼亦败退。官军内外夹击,遂克三汊河逆圩。五月,天长围解。奏入,上深嘉之,仍令严扼天长湖口各要隘。时贼由天长遁江浦、浦口,开榜以将军都兴阿檄,会水师统领梁正源驻沙漫洲备之。未几,大军复江浦、浦口,开榜挟楚师炮船,叠破贼于中关、七里洲、下关等处,毁贼垒三,焚其船六十有奇。贼纷走,坠水死。乘胜攻九洑洲,拔之。九洑洲者,与江宁相望,发逆馈运出入之孔道也。既为官军所破,江宁贼势由是大衰。旋因苗逆窜陷寿州,北围蒙城,西伺霍丘,势张甚。谕吴棠檄开榜驰赴临淮,会合兵部右侍郎彭玉麟各军迅速扫荡。七月,苗逆增调悍党,由黑窑、上洪两处包钞临淮后路,又亲率大股二万馀人,阵于黑窑,筑垒抢渡。开榜会总兵普承尧等攻破七里河贼垒,适曾国藩拨军来援,因合剿之。是年冬,苗逆伏诛，蒙、霍、怀、寿皆平。三年，发逆攻江阴，上谕开榜入江协剿，并统带所部师船，往通州一带沿江驻泊，与江防艇师互为犄角。是年六月，江宁复。四年，开榜回九江总兵任。

十年，卒。江西巡抚刘坤一以闻。谕曰："黄开榜前在军营，转战湖北、湖南、江苏、安徽、山东、直隶等省，屡摧巨寇，叠克城池，战功卓著。抵任后，整饬营务，躬亲校阅，亦复无间寒暑。兹因劳积日久，在任病故，殊堪悯惜！黄开榜着交部从优议恤，并加恩予谥。"寻赐祭葬，予谥刚愍。光绪十四年，两江总督曾国荃以开榜舆情感戴，请于高邮州捐建专祠，以彰荩绩而慰舆情。诏如所请。

【校勘记】

〔一〕开榜与记名副都统穆腾阿等分路迎击　"腾"原误作"胜"。今据黄开榜传稿（之一〇）改。

〔二〕捻逆由武家墩窜至山阳之泾河　"捻"原误作"馀"。今据黄开榜传稿（之一〇）改。

郑魁士

郑魁士，直隶宣化人。道光四年，由行伍考拔左营外委。八年，补独石口协右营把总。十二年，升城守营中军千总。二十八年，选补湖南提标中营守备。二十九年，带兵赴宝庆剿贼。三十年，贼首李沅发等就擒，擢镇筸镇前营都司，赏戴蓝翎。九月，随湖南提督向荣赴广西剿匪，旋赴浔州府剿捕会匪，皆捷。赏换花翎。

　　咸丰元年二月,擢湖南九溪营游击。五月,随向荣剿贼于永安,贼分股来扑,魁士率楚勇击破之。二年正月,向荣诱贼出巢,魁士以短兵冲杀,贼大溃;乘胜毁平炮台,叠经钦差大臣大学士赛尚阿奏奖,命以参将尽先升用。二月,追击窜贼,裹创力战,至桂林与诸军坚守月馀。寻追贼越灵川,斩擒甚众,贼复拥众窜湖南境,魁士追及之长沙,额中枪伤,犹力战,杀贼数人。命以副将尽先补用,并赏沙拉玛巴图鲁名号。十一月,随向荣追贼抵湖北。十二月,武昌陷,魁士昼夜带队环攻,三年正月,城复。贼顺流而东,窜越江西,遂逼安徽,陷安庆。向荣督师追剿,魁士以不遵军令被劾,诏革职留营。三月,带兵夜袭贼营有功,赏还都司翎顶。

　　四年正月,奉命带楚兵赴庐州,随江南提督和春击贼。二月,贼屡出扑,魁士屡败之。得旨开复副将尽先补用。十二月,命署安徽寿春镇总兵。时庐州贼匪屡为官军所挫,设防益严。魁士率诸军环攻不下,因移营驻城南要隘,扼贼出入之路,且以绝其外援。五年二月,连战皆胜,毁贼营八。三月,安庆援贼二千突至城南,乘夜筑垒,魁士冒雨击却之。旋探江宁亦出贼二三千来援,急挥兵夹击,始退。城中贼七千馀人恃粮足,殊死守,援贼之来亦日众,水陆交警,魁士往来接战无虚日。十月,乘夜袭攻,魁士带兵潜至城下,立云梯,众军随登,遂复其城。魁士先以南路扼剿有功,得旨优叙。至是捷入,赏加提督衔。

　　六年正月,贼窜踞三河,魁士渡河追剿,焚贼巢数处。嗣以捻匪屯南屏集,带兵趋宿州,歼之。二月,捻匪分五股窜河南界,河南巡抚英桂请旨迅饬魁士带兵驰赴永城;和春等方倚任魁士剿办皖匪,因上疏吁留,并檄魁士往来策应。会捻匪耿小金等分股窜怀远,魁士追击败之,因率精锐击茅塘集剧贼,纵火焚其马队,贼大溃;乘胜追杀二十馀里,毙贼三千。寻驰抵河溜,进剿褚殿、耿万金诸股,生擒褚殿等四十馀人。贼渡河遁,复收集散亡,由蒙城大肆焚掠,魁士设伏奋击,斩馘甚众,焚其军实,贼奔溃,坠水死者无算。三月,贼谋攻怀远,魁士督兵固守,出剿叠胜,贼愤甚,分队四扑。魁士匹马先登,手刃数贼,仓卒被围,刀矛雨集,中二十馀创,遇救乃免。和春等奏闻,上嘉其忠勇,赏穿黄马褂。五月,捻匪分窜太和县境,魁士督团防剿,贼败遁。

嗣因和春授钦差大臣,接办江南军务,命魁士会同安徽巡抚福济督办安徽军务。九月,授寿春镇总兵。叠克舒城、庐江、无为等州县。捷入,下部优叙,并赐以御用棉袍及翎管、搬指、荷包。又以魁士躬冒锋镝,中炮伤甚剧,上特诏奖其忠勇,赏药物医治。初,魁士檄总兵音德布攻和州,至是城复,遂进攻桐城,分兵规潜山。十月,桐城出贼万馀人,分五队来扑,魁士率兵迎敌,贼败走入城。方追奔,忽援贼自练潭至,魁士以伏兵击退之,贼势渐蹙。十一月,魁士督兵围城,并檄各队分攻要隘,伺贼出队来犯,密令以枪炮侧击,复调马队三面围攻,毙贼无算。时江西贼党与安庆之贼会合来袭,魁士皆派兵击退之。

寻奉命会同英桂剿办捻匪,三省官兵归其节制。十二月,复潜山。七年正月,贼陷庐江,福济引兵赴援,贼乘虚扑桐城营,密约城内悍贼夹攻援师。魁士亲督兵勇,奋击始退,庐江之贼亦分股来扑,欲截出援师之前,驰往追击,贼奔溃。寻派兵由潜山攻克太湖,并击退湖北大股窜匪。贼侦潜山空虚,扑陷数营。二月,上以魁士攻剿桐城失利,褫翎顶,归福济节制。时桐营兵勇因饥溃围,舒城、六安遂沦于贼。上命魁士迅图克复。闰五月,密疏驰陈江宁贼目石达开潜遁,洪逆已成孤立,宜乘机规取江宁;并请迅饬官文、胡林翼、曾国藩等于上下游探踪截捕。九月,捻匪窥庐州,遂踞桃镇。魁士督军会剿,连日获胜,贼退守派河,因严饬诸军屯驻要隘。十月,粤匪由湖北窜回,纠合皖省各匪齐扑庐州,魁士督队迎剿,毙贼三千人,生擒三十七人,贼锋大挫。上命赏还翎顶。旋督攻桃镇、派河,克之。时贼复围和州,魁士急派重兵赴援,击退悍贼,力遏全滁北窜之路。八年正月,谍知捻匪有订期合窜庐州,并犯凤阳、临淮、怀远之说,派兵移守临淮,以扼北路门户。三月,奉旨调赴江南军营协同剿匪。十二月,授浙江提督,督办宁国军务。九年正月,攻克湾沚,遂驰赴贵池,剿平南岸贼垒。四月,督南陵官军攻平章村湖、海家山、工山坊诸贼垒,遂进军驻湾沚。五月,命回和春营,带兵剿贼。六月,谕令驻扎高淳、东坝一带,办理防剿事宜。十年五月,因伤疾未痊,请假调理,上以魁士屡次退守,并不协同防剿,命以总兵降补。六月,奉旨随同钦差大臣漕运总督袁甲三剿贼。七月,补甘肃宁夏镇总兵。十一年三月,以病开缺回籍。十二月,诏令来京听候简用。同治五年,捻匪北窜,奉命赴直隶迤东一带督队协剿。六年,署直隶提督。七年,以督办练军防剿得力,下部优叙。

　　八年,旧伤疾发,奏请回籍,允之。十二年,卒。直隶总督李鸿章奏言:"魁士坚苦刚毅,骁勇绝伦。驭众恤兵,严整宽厚。军兴以来,无役不从,与军务相为终始。每临大阵,首陷凶锋,出生入死。身受重伤,先后八九次,遍体创痕鳞积。大江南北一时名将,无不推魁士为最。勋勤卓越,悬恩优恤。"谕曰:"前任浙江提督郑魁士,由广西带兵,转战湖南、湖北、江苏、安徽、直隶、山东等省,宣力行间,叠受重伤,勋劳懋著。兹因伤发病故,轸惜殊深! 着交部议恤,并加恩予谥,以彰忠荩。"寻赐恤如例,予谥忠烈。光绪十五年,慈禧端佑康颐昭豫庄诚皇太后归政,追念功绩最著诸臣,各赐祭一坛,魁士与焉。

陈大富

陈大富,湖南武陵人。由行伍补湖北施南协外委。咸丰三年,剿捕巴陵土匪出力,赏戴蓝翎。复以屡著战功,荐升绥靖中营守备。六年,署常德营中军都司。

寻调赴江南,随剿芜湖、镇江等处粤匪,节次获胜。叙功,赏换花翎。八年,随大军击退安徽宁国府属之黄池湾及南陵、泾县一带贼匪,命以游击尽先补用。九年正月,贼由江西分扰浙江之金华、处州等郡,经官军击退。大富在事出力,升参将,并加副将衔。五月,以续保南陵解围功,得旨以副将补用。寻以贼窜安徽之婺源等县,总兵江长贵饬令大富等并力攻击,遂毁陵阳贼巢,复婺源等城,下部优叙。十年三月,贼由泾县复窜南陵,三路攻城,并分扑麒麟桥、慈姑桥两营,大富派兵分堵,并亲赴麒麟桥援应,鏖战月馀,歼贼无数。寻江长贵与大富军合攻泾县踞匪,城外赤滩、白华、晏公堂各路贼卡棋布,大富等一律踏毁,直抵城下,轰毙守陴贼目。贼立溃,官军斩关直入,擒斩甚多,馀贼奔窜,遂复泾县。大富复回破南陵贼围,入城固守。奏入,命以总兵记名简放。四月,补安徽皖南镇总兵。十一年正月,贼率大队复攻南陵,大富激励将士,婴城死守,势已濒危,适提督杨载福统水陆军至,击贼北门外之鲁港,大富遂突围出,立毁东、西、南三面贼卡,馀贼悉溃,围遂解。

时江西贼复窜踞建德县城,并金家村一带。总兵鲍超督兵进攻,城将下,贼犹死拒。大富会水师驰往,克之。二月,贼目伪侍王李世贤由安徽婺源窜踞玉黄港、景德镇等处,大富闻警往剿,遇贼于双凤桥,且战且追。贼至李村佯败遁,大富跃马当先,会伏贼猝起,身受枪伤,血溅马背,犹裹创力战,手刃数贼。嗣见大营火起,遂下马北向拜,投河死之。两江总督曾国藩奏闻,命照总兵例从优议恤。寻赐恤如例,予谥威肃。赏骑都尉兼一云骑尉世职,袭次完时,以恩骑尉世袭罔替。

子昌明,袭。

熊天喜

熊天喜,湖南永绥厅人。道光十二年,由行伍充永绥协营勇。咸丰三年,随钦差大臣和春带水师剿镇江贼,拔补永顺协千总,赏戴蓝翎。

四年闰七月,粤匪窜扰江南,天喜随和春在庐州、舒城等处剿贼,斩擒逾万。得旨以守备尽先补用。十月,补长沙协右营守备。五年二月,庐州逆匪于得胜门外至七里站列营,天喜越濠先登,众军继之,立平贼垒。和春等上其功,以都司尽先补用。七月,庐州援贼大至,天喜等督兵鏖战至夜分,贼始退。八月,援贼窜柘皋,游击伊林布等凭河扼守,阵亡,遂围总兵吉顺营。天喜随和春乘夜疾驰百里,抵柘皋,督马队击走之。叙功,赏换花翎。

十月,进攻庐州,天喜以首先登城功,赏拔勇巴图鲁名号,并以游击遇缺即补。六年,攻破三河贼垒,又破贼于姚口,擢岳州城守营参将。八年,署安徽寿春镇总兵。

九年二月,随提督张国樑进攻江浦县贼,[一]五路并进,天喜与提督周天培等阵斩执旗贼目数人,毁其垒。十年正月,随张国樑进攻江宁上下两关,约贼目秦礼国、谢茂廷为内应。天喜越濠攻毁七里洲、官塔桥各垒,夺获炮船六只、大炮百馀尊,遂克两关。二月,江宁贼窜浙江湖州府等处,天喜与参将罗熙贤攻复长兴县城,毁虹兴桥贼营。时贼党分踞安徽广德州城,天喜移驻广德浪岩桥,亲率大队,以枪炮连环轰击,遂复广德州城。闰三月,随提督张国樑督师丹阳五里亭,月晦,贼乘雾冒官军旗帜力战城外,与国梁同时力竭战死。和春以闻,谕曰:"逆匪攻丹阳,和春令王浚、熊天喜于营前五里外分翼进剿。贼于大雾中冒官军旗帜,数道并进,王浚中枪殒命,熊天喜即行驰救,复被包钞,手持短兵,杀贼甚厉,力竭阵亡。安徽寿春镇总兵熊天喜屡著战功,殊堪悯恻! 着交部议恤,以慰忠魂。"寻赐恤如例,予谥勤勇。赏骑都尉世职,袭次完时,以恩骑尉世袭罔替。

子心美,补用都司。孙顺熙,承袭。

【校勘记】

〔一〕随提督张国樑进攻江浦县贼　"贼"原误作"城"。今据熊天喜传稿(之一〇)改。

杨昌泗

杨昌泗,湖南乾州厅人。由行伍拔补乾州协千总。道光十二年,广东连州瑶匪滋事,随户部尚书禧恩剿抚出力,赏骁勇巴图鲁名号。十四年五月,升湖南镇篁营守备。九月,迁沅州营都司。十五年,调宝庆协都司。十八年,擢永州镇标中营游击。二十一年,升贵州朗洞营参将。二十四年,迁直隶大沽协副将。二十六年,擢甘肃西宁镇总兵。二十七年,调广东高州镇总兵。

咸丰元年,钦州土匪起,窜灵山,踞陆路墟。昌泗偕提督陶煜文督兵进剿,歼贼数百。翼日,贼复来犯,昌泗督兵却之,复纵火烧墟,斩贼二千。三月,两广总督徐广缙以闻,得旨嘉奖,并下部优叙。十月,以剿办逆匪凌十八、何名科两股,调度乖方,革职。三年四月,谕交帮办军务理藩院尚书恩华差遣委用。七月,署湖广总督张亮基奏留湖北差遣。九月,粤匪窜九江,直扑田家镇,昌泗偕粮道徐丰玉等督兵堵御,严阵以待。贼船驶近,炮密如雨,官军环墙屹立不为却,遂沉贼船,大败之。十二月,湖广总督吴文镕奏参昌泗带兵剿贼,擅自回省,请发往军台效力赎罪。

四年三月,逆匪窜踞汉阳、汉口,图扑武昌,昌泗奉巡抚青麐檄,带兵击却之。五月,汉口贼船四百馀窜下游矶窝,昌泗督兵驰剿。贼伏匿不出,昌泗奋勇当先,坏其土城,焚其望楼,夷其垒四,阵斩执旗悍贼数人,贼败回船;乘胜追剿,擒斩略尽。矶窝一律肃清。别贼一由汉口扑塘角,一由鹦鹉洲扑鲇鱼套,昌泗自矶窝回援,击沉贼船无数,馀匪败窜。捷上,得旨免其发往军台,仍留湖北以观后效。六月,武昌失守,昌泗随青麐收集溃勇,绕道长沙,前赴荆州防剿。七月,命赴署湖广总督杨霈军营,以备调遣。旋以荆州将军官文檄,带兵赴监利,扼要堵截。闰七月,昌泗督军从大江北岸转战而下,与升用道李孟群合剿螺山下游两岸馀匪。八月，抵汉阳西岸，有贼船二千馀，由襄河、涢口、蔡店趋汉口，造浮桥，将袭我军。昌泗偕凉州副都统魁玉等尽焚其船，歼贼二万。九月，复有贼船千馀由蔡店顺流而下，昌泗率兵绕至杨林沟，钞贼后路，贼惊溃；适水师战船霆击而入，大破之。寻攻虾蟆矶，焚贼土城，合水师进克鹦鹉洲。复会各军攻汉阳，将晴川阁、大别山下栅垒尽行攻毁，擒伪将军、总制等戮之。汉口贼之与水师遇也，战未竟，昌泗已率兵梯南门入，贼大惊遁，遂复武昌、汉阳。湖南提督塔齐布等以闻，得旨开复原官。十一月，杨霈劾昌泗驻兵蕲州，不能扼截窜匪，请摘去顶带。

时楚北溃匪自田家镇被创后，与安徽贼合，入黄梅、广济。昌泗随塔齐布等进攻广济，复之。贼窜黄梅，昌泗会各军四面围剿，歼贼二千，乘胜薄城，夺门而入，遂复黄梅。十二月，杨霈以昌泗被参后，督兵剿贼得力入奏，命赏还顶带。旋授陕西延绥镇总兵。五年四月，贼窜德安，昌泗败之于长林冈，歼匪二百。贼窜浙河，复追及之。六年，贼复窜踞汉阳，昌泗复攻克之，斩级二千。叙功赏加提督衔。八年十月，河南捻逆窜扰杞县及太康、通许所属朱口、崔桥各地方，谕令昌泗督同马步官兵驰往通许吕潭、周家口一带迎击，并绕前会剿，毋令分窜。十一月，因病请开缺，允之。

寻卒。十二月，事闻，谕曰：“杨昌泗久历戎行，著有劳绩。兹以带兵赴豫，力疾遄行。积劳病故，殊堪悯恻！着照提督军营立功后病故例议恤。”寻赐恤如例，予谥刚介。荫一子六品顶带。

孙秀观，知府；秀实，主事。

程学启

程学启,安徽桐城人。初陷贼中,不为屈。咸丰十一年,大军逼安庆,学启自拔来归,道员曾国荃檄充营官。七月,攻北门三石垒,奋勇先登,越日复猛攻,破之,共擒贼千馀。八月,随克安庆省城。叙功,擢游击,并赏戴花翎。旋带队克无为、铜陵等州县,得旨以参将遇缺即选。

同治元年三月,随福建延建邵道李鸿章援江苏上海。四月,剿贼南汇、奉贤间,会克南桥镇,连毁杭头、新场贼垒。五月,大股逆匪扑松江府城,随江苏巡抚李鸿章援剿,军于泗泾。逆首陈炳文纠集悍贼突营,复分股由营后绕攻沪城,势张甚,围攻学启所部开字营,并力死扑。学启督兵抵御,毙匪无算,贼尸枕藉,几与壕平;仍死战不退,学启手燃巨炮,开门冲杀,匪始披靡。李鸿章复分兵三路夹攻,匪众大溃,城围立解。随平毁泗泾一带贼营。得旨以副将尽先推补,并赏勃勇巴图鲁名号。七月,李鸿章遣军攻青浦,学启败贼于东北门,遂复县城。

八月,贼首谭绍光攻陷浙江湖州,且计窥上海,以为江宁之援,屡扑官军北新泾营。李鸿章约学启会剿,学启至七宝镇遇贼,力战败之,擒斩三千馀匪。时李鸿章亦行抵虹桥,贼凭河踞垒,李鸿章与学启合军进剿,踏平贼营数十,匪众奔溃。沪防肃清。奏入,得旨以总兵记名简放。九月,谭逆复纠众十馀万,围四江口水陆各营。官军分路进剿,贼扼桥布阵,学启挥兵前进,击断贼队,胸受炮伤,裹创疾战,贼众败退,其先渡河者悉歼之,复分三路围杀。是役也,歼毙并落水死者,以数万计,毁贼营二百馀座,夺获炮械无算,立解重围。奏入,命遇有总兵缺出尽先题奏,并赏加提督衔,旋补江西南赣镇总兵。二年三月,与统领李鹤章进攻太仓踞匪,[一]逆首蔡元隆伪降,东南门各出贼数千,又于昆山东路出贼数千,并贼船八十有奇,突扑鹤章营,学启独扼西门,力歼千馀匪,贼稍却,复窜扑官军娄塘营,逆首李文熙并以炮船扼河口,学启督水陆诸军夹击,斩李文熙于阵,蔡元隆突围逸,学启追歼之,遂复太仓。四月,逆首夏天义等仍踞昆山、新阳县城,学启督军赴剿,谭逆纠合苏城大股来援,击败之。正义镇者苏垣达昆山要路也,遂偕总兵郭松林分兵击之,毙贼三千名,夺石营两座。谭逆败遁,挥军直抵城下,梯而登,遂复昆山、新阳两县。捷闻,命以提督记名遇缺题奏,赏给一品封典。

六月,会洋将戈登取花泾港,督副将欧阳利见破夹浦,分军扫九里湖北岸贼垒。忽援贼由尹山桥大至,击败之,拔同里镇贼营,复吴江、震泽县城,连却嘉兴援贼。七月,太湖贼匪仍凭湖结寨为久抗计,学启督军扼飞虹桥口,先断浮桥,贼不得遁,歼之,戮其酋徐尚友;乘胜追杀,燔踞贼于洞庭东山,[二]遂督兵恢复苏城,附城贼垒甚坚,炮远不能及。八月,学启至永安桥,城贼出扑,击败之。旋攻宝带桥贼垒,是桥为太湖锁钥,贼死力拒守。学启合水陆军夹攻,克之。逆首李秀成率悍贼来援,学启督军奋击竟日,贼始遁。九月,破五龙桥贼垒,会军八坼,擒贼首陈得胜。十月,用郎中潘曾玮策,进攻蠡口、黄埭,学启跃濠直入,连破之,斩贼二千,生擒其渠万国镇,复拔观音庙贼壁四,合队前进,尽夷浒墅关、十里亭、虎丘等处贼营数十,直抵阊门,连克娄、齐、葑、盘四门外贼垒。逆酋李秀成宵遁,旋克复苏州省城。先

是伪纳王郜云官势蹙,惧,因副将郑国魁密纳款,学启单舸誓之
洋澄湖。既而李秀成察云官等战不力,疑之,惟慕逆谭绍光为死
党,嘱以守事,挈帑贿走。越三日,绍光会诸酋誓,云官党杀之,
遂据其伪府,开齐门降,献绍光首。明日,学启入城,降酋自云官
下曰伪比王伍贵文,伪康王汪安均,伪宁王周文佳,伪天将范启
发、张大洲、汪怀武、汪有为皆歃血,然未剃发,乞总兵、副将等
官,署其众为二十营,划屯城半。学启佯许,密劝李鸿章诛之。
鸿章谓杀降不祥,且虑他城闻风坚守,固请乃可。明日,学启令
诸酋谒鸿章于其营,及宴,鸿章托事去,俄炮举营闭,健卒百馀挺
矛入,刺八酋皆死。学启驰入云官伪府,召悍目数百悉诛之,尽
收贼械,遣散其众。苏城大定。

　　时浙地介苏之平望镇,仍为贼踞。学启会提督李朝斌击破
其巢,斩贼目及悍党四五千人,毁贼船五六百,追杀五十馀里,荡
平九里桥、黎里。十一月,嘉善守贼降,因复县城。三年正月,学
启进窥嘉兴,击下小西门、北门贼营七,俘贼目二,毙悍贼千,夺
大炮五十,分克秋泾、合欢等桥逆垒,殪东北门贼殆尽。督军逼
城筑炮台,轰塌城垣十数丈,击败盛泽扑营贼。二月,益缮攻具,
督勇缚草膝行,增筑月墙,环攻不息。十七日,复发地雷,裂城百
丈,摧贼炮台二十馀座,连夜支浮桥二道。明日,遣别将击走新
塍援贼,会军奋攻,城头炮石雨注,学启肉薄登,大呼杀入,中枪
贯脑,踣而复起。部将刘士奇继之,血战移时,遂复郡城。捷入,
谕曰:“此次程学启进攻嘉兴,日则往来督战,夜则露坐炮台,指
挥照料,冒死血战。以致身受重伤,用能攻拔坚城,扫除巨逆。
其志可嘉,其功尤伟!着李鸿章传旨嘉奖,令其安心医治,以冀

速痊。仍着该抚详查劳绩,奏请奖叙。"旋经李鸿章胪列入奏,复谕曰:"总兵程学启身带重伤,克复郡城,实属出奇制胜,谋勇兼长!着赏给白玉翎管一支、白玉搬指一个、玉柄小刀一把、荷包一对。"

寻卒于军。李鸿章奏称:"学启籍隶安徽桐城,遭乱被掳,尝自逃去,为贼追回,拘絷不能脱。咸丰十一年四月间,曾国荃攻安庆,学启密诣曾贞幹营纳款。曾国荃兄弟见其忠勇,志趣异常,遂留营,饬令带队督剿。旋克安庆,功居多。寻偕督师至沪,五月则有虹桥之捷,八月则有北新泾之捷,十月则有四江口之捷,皆杀贼万计。先后收复青浦、嘉定、太仓、镇洋、昆山、新阳、吴江、震泽各州县,进逼苏州。苏州为群贼渊薮,城大粮多,非四万人不能合围。程学启以水陆万人,由娄门外跨塘进剿,将城东之宝带桥、五龙桥,北之蠡口、黄埭,西之浒关、虎丘各处石卡贼垒,次第扫平。又两次分队远剿嘉兴援贼于八坼、平望一带,又助剿李逆大股援贼于大桥、角望亭一带,又分剿湖州援贼于太湖东山一带,出奇入险,贼中怖为神兵。其收复苏城降酋郜云官等八人,拥众不下二十万,意图胁制。学启谓曾在贼营,熟知情伪,杀数头目,即可解散馀众。遂诛其酋,散其党,苏州大局,顷刻即定。其深心远虑,能谋能断,近时武将所罕见,中外所共知。设天假之年,功业讵止于此?正月间,曾国藩商调该军赴江宁,学启以进攻嘉兴,势难撤回,惟身受曾国荃荐拔之知,耿耿图报。拟俟嘉兴、常州克复,当驰赴江宁,攻歼老巢,以酬知遇。今年甫三十五岁,遽因攻克嘉兴,殒身锋镝。每念时事多艰,将才不易,臣诚私心痛之!前于杨舍督剿时,曾往看视,学启言贼虽溃败,势尚悍众，请饬诸将慎重兜击；又以不能为国家驱除残寇，哽咽流涕。嘱家丁为穿御赏黄马褂，望阙叩头，并令其营务处知县韩杰驰来臣营。嘱专心剿贼。语不及私。临绝时，大呼'心事未了，圣恩未报'。脑浆迸流，因伤出缺。其攻安庆后两年之间，连复江浙各城十数处，并克复苏州省城，为东南第一战功。兹为国捐躯，可否照提督阵亡例从优赐恤，特旨予谥，宣付史馆立传，并于安庆、苏州、嘉兴各府建立专祠，以彰忠荩。"疏入，谕曰："遇缺题奏提督江西南赣镇总兵程学启，由安庆来归，带队攻克皖城。上年复随李鸿章督兵由沪赴苏，所向无敌。两年之间，先后克复苏州省城、嘉兴府城及江浙名城十数处，〔三〕实为东南战功称最。朝廷见其谋勇兼优，勋劳卓著，叠擢提镇，赏给世职。殊恩异数，屡锡褒嘉。乃于本年攻克嘉兴时，该提督躬冒矢石，首先登城，致枪子贯脑，绝而复苏。屡经降旨询问病状，方冀安心调治就痊，重资任使。讵意竟因伤重出缺，览李鸿章所奏，其临绝时犹以不能为国驱除残寇为憾。将才难得，悼惜殊深！程学启着追赠太子太保衔，照提督阵亡例从优赐恤。任内一切处分，悉予开复。加恩予谥，入祀昭忠祠。所有战绩及死事情形，宣付史馆立传。并于安庆、苏州、嘉兴各府城建立专祠。灵柩回籍，地方官妥为照料，并着李鸿章酌派司道大员前往赐祭一坛。伊子程建勋，着俟及岁时带领引见，候旨施恩，用示眷念勋劳、优加褒恤之至意。"寻赐恤如例，予谥忠烈。赏骑都尉兼一云骑尉世职，复加恩赏给三等轻车都尉世职，旋命归并以三等男爵世袭。光绪十五年，慈禧端佑康颐昭豫庄诚皇太后归政，悯念亮节孤忠诸臣，各赐祭一坛，学启与焉。

子建勋，工部员外郎，袭男爵。

【校勘记】

〔一〕与统领李鹤章进攻太仓踞匪　“鹤”原误作“鸿”。今据程学启传稿（之一〇）改。按下文“突扑鹤章营”中之“鹤”字亦误作“鸿”，今亦改正。

〔二〕熸踞贼于洞庭东山　“熸”原误作“潜”。今据程学启传稿（之一〇）改。

〔三〕嘉兴府城及江浙名城十数处　“名”原误作“各”。今据毅录卷九八叶三三上改。按程学启传稿（之一〇）亦误。

张树珊

张树珊，安徽合肥人。咸丰三年，粤逆入皖，树珊与兄树声奉檄团练乡兵，擒治土匪。淮军之兴，自张氏始。五年，击贼巢湖，以亲兵二十八人破贼千，擒斩伪尚书五人。叙功，以外委用。寻进攻巢县，破贼营二，以把总用。六年八月，克复来安县。九月，随道员李元华攻克无为州，以千总用。十二月，随攻克潜山至太湖，军仅五百人，遇贼酋陈玉成众万人，与战，军粮火药皆尽。贼屯堤上，树珊率敢死士缘堤下，蛇行入贼中，大呼杀贼，贼惊溃。七年，败捻首张乐行于官亭。九年，从击贼于霍山，复其城，赏戴蓝翎。十年，两解六安之围，以守备用。十一年，赴援寿州，并克复三河。叙功，以都司用，赏换花翎。

同治元年三月，随江苏巡抚李鸿章带兵至上海，因以名名其军曰树军。时上海三面皆贼，五月，贼酋李秀成拥众来扑，树珊谓贼势盛,宜乘其营未定,急击之,遂会诸军内外夹击,贼败退。李鸿章保奏以都司留于两江补用。七月,与诸军攻克青浦。八月,李逆遣悍贼数万扑上海之北新泾,围官军数重。树珊偕总兵程学启力战旬馀,击破之。捷闻,以游击用。贼窜回嘉定,九月,树珊复合诸军攻克之。贼惧官军之乘胜进攻也,遂以众十馀万围四江口水陆各营,阻江以守。树珊谓非逼贼冲筑一二营,则进战无地,乃率敢死士潜伏贼营旁,即夕营成,各军齐奋,连破贼二十馀垒,遂解四江口之围。捷入,以参将用,赏悍勇巴图鲁名号。十二月,常熟及福山之贼以城降。已而,福山贼复叛,进围常熟,城内降目告急于李鸿章。二年正月,树珊与诸军自上海航海抵福山上游之西洋港,港狭,军粮不得入,寄泊海中,风潮忽作,飘入贼巢,潮退搁浅,恐被贼焚掠。树珊以为兵法危地则战,乃登岸结营未竟,而贼大至。树珊大呼疾战,捣贼中坚,右肘中枪,流血盈袖,不少却。凡先立各营之被围者,尽拔出之。二月,上海援兵亦至,遂解常熟之围。李鸿章疏称:"树珊由险入深,以寡撼众,会合诸军解此重围,为苏军一大转局。"得旨以副将尽先补用。常熟既平,太仓、昆山亦相继复。五月,树珊由常熟之大河镇,进规江阴、无锡。时江阴踞贼负嵎久,李鸿章檄诸军分路进攻,八月,克之。树珊扼南门之冲,断贼去路,贼鲜得脱者。捷入,记名以总兵简放。是月,进攻无锡,李逆以无锡为苏常咽喉,势所必争,纠贼酋陈坤书、李世贤等率众十馀万,分扑我苏、锡交界之大桥角各营,树珊驰往助剿,饬所部火贼轮船二、炮船十,贼死者以万计,遂解大桥角之围。九月,李逆复自率贼七八万至无锡,连营数十里,树珊与诸军夹击,贼大溃。会苏州之贼,因李鸿

章围攻急,穷蹙乞降。李逆乃率其死党入太湖,结常州之贼,水
陆分进,以援无锡。时提督刘铭传专击外援,树珊与诸军合围城
贼。十一月,诸军奋勇登城,遂拔无锡县。捷入,记名以提督简
放。树珊寻与兄道员树声及刘铭传诸军,自无锡进攻常州,力战
数月,破东北面贼营数十座,歼擒援贼无算,贼犹死守。三年三
月,李鸿章抵常州,督诸军攻益急,四月,克之。树珊以先登功,
赏正一品封典。十月,授广西右江镇总兵。

　　四年正月,统兵驻江苏镇江府。三月,捻首任柱、赖文光等
窜运河东岸,扰及海州、赣榆。漕运总督吴棠奏调树珊赴淮徐剿
捻。适大学士曾国藩奉命督办剿捻事宜,驻徐州,以树珊所部为
亲军。九月,捻匪窜山东曹、济,树珊往援,败贼于鱼台。先是,
曾国藩奏请于临淮、徐州、济宁、周家口设四镇,贼来则战,去则
守,为以逸待劳计。河南陈州之周家口尤扼要,以刘铭传驻守。
是年冬,谕曾国藩追贼,乃以铭传为游击之师,而檄树珊移驻周
家口。五年三月,击贼于沙河,贼窜扑周家口,树珊回军夹击,败
之。五月,败贼于沙河之东。八月,树珊以贼骑靡定,〔一〕株守待
贼,终年不一遇,坚请率军追贼。曾国藩乃移驻周家口,而以树
珊为游击之师。九月,至鄢陵,闻贼围许州急,兼程前进,遂解许
围。十月,任柱、赖文光合窜山东境,树珊败之丰县南,又败之定
陶、曹县。十一月,回军周家口。时曾国藩回两江总督任,命李
鸿章为钦差大臣,督办剿捻事宜。檄树珊追贼于汝宁,贼窜湖
北。树珊遂与总兵周盛波入湖北追剿。十二月,提督郭松林败
绩于臼口,贼焰复张。树珊自黄冈追至枣阳,贼又窜扰黄州、德
安。湖北巡抚曾国荃方驻军德安,急檄树珊往援。时援鄂之师

踵至,皆言贼悍且众,不可轻发。树珊斥之,即率所部疾进,至德安,击贼于杨家河东岸。任柱败遁,树珊誓欲擒之,率亲军二百人穷追深入,至新家闸,贼横走,钞官军后。树珊力战陷阵,至夜半,马立积尸中,不能行,下马斗,死。是夜大雾,后队之被贼冲断者,分据各村,各以枪炮拒贼,贼退,一军犹全。

六年正月,李鸿章疏陈:“树珊自咸丰四年随臣在皖带勇,血性忠笃,治军精强,随征江南历克名郡,转战东、豫各省,屡获大捷。临阵勇敢,驭下有恩,有古名将风。讵以仓猝遇贼,与周盛波隔河并战,互救不及,军未败而身亡,恻悼曷已!请饬部从优议恤。”奏入,谕曰:“张树珊忠勇过人,叠克名城,所向有功。此次率兵赴援湖北,誓灭此贼,以致被贼围困,力竭阵亡,曷胜惋惜!着照提督阵亡例从优议恤,并加恩予谥。其庐州本籍及立功地方,均着建立专祠。所有随同阵亡之副将刘登朝、郭有容,都司马寿文,同知衔升用知县李辉麟,都司衔守备黄瀚,均着照原衔从优议恤。并准其附祀张树珊专祠,以慰忠魂。”二月,曾国藩疏称:“张树珊少负奇气,读书务通大义。因感世变,兼习骑射。自咸丰四五年间在籍办团,八年于合肥倡筑堡寨,群贼更番来攻,悉被创去。时发、捻方张,苗、捻继煽,皖北无尺寸安静地,独合肥西乡不充伪官,保全无恙,树珊为之倡也。平时带练助剿,解围克城,常为军锋,有未尽入奏者。同治元年,以都司从李鸿章驰赴上海,平定三吴,进攻福山之役,尤人所难。时航海之师甫抵岸,未及成营,而贼众掩至,全军被围。树珊倚坡结阵,大呼直下,捣贼中坚,拔出被围诸军,身受数伤。既克回营,解衣就卧,袖中干血,片片坠地。当苦战时,负痛不自知也。四年随臣北征,五年分防周家口,纪律严明,商民感戴。逮闻殉难之信,纷纷请于周家口为树珊建立专祠,以酬遗爱。"奏入,允之。寻赐恤如例,予谥勇烈。赏骑都尉兼一云骑尉世职,袭次完时,以恩骑尉世袭罔替。

七年七月,捻逆荡平,上追念前勋,赐祭一坛。八月,李鸿章疏言:"树珊所部诸军,分归刘铭传及其弟树屏统带,随同灭捻,大功告成,吁请敕赐宫衔。"得旨加赠太子少保衔。光绪元年四月,安徽巡抚裕禄奏言:"树珊忠勇过人,转战数省,叠克名城,所向有功。本省专祠业经落成,恳恩列入祀典,由地方官春秋致祭,以昭忠荩。"十一月,河南巡抚刘齐衔复以树珊曾于同治年间带兵驻扎周家口一带,纪律严明,叠击贼氛,市井安堵,众情感戴,该处建立专祠,一律工竣,请列入祀典。先后均如所请行。十五年,慈禧端佑康颐昭豫庄诚皇太后归政,悯念亮节孤忠诸臣,各赐祭一坛,树珊与焉。

子云逵,浙江候补道,袭世职。

【校勘记】

〔一〕树珊以贼骑靡定　原脱"树珊"二字,主格不明。今据张树珊传稿(之一〇)补。

李臣典

李臣典,湖南邵阳人。咸丰六年,粤匪扰江西,臣典由乡勇随优贡曾国荃在江西萍乡进兵,克安福,至固江,连战皆捷,遂攻吉安。七年,随复吉水、峡江等县,并于太和、万安、新喻、临江,叠次助剿。时逆首石达开，势甚猖獗，叠扰赣江两岸，众逾十万，臣典力战却之。吉安踞匪常挑战，数犯营垒，而曾国荃统兵不满三千，赖臣典奋勇，贼锋稍挫。八年六月，军于吉安南门外，鏖战多时，适曾国荃左腕受伤，贼愈集，臣典击走之。八月，吉安克复，追贼至永丰、新淦，歼毙尤多。十月，移师驻抚州，旋驻建昌。九年，进剿景德镇，克之，遂复浮梁；追剿至安徽婺源，始还。十年正月，逆首陈玉成围攻小池驿，势张甚。臣典绕出贼后，毁其垒，官军乘之，遂获大胜。

　　三月，随曾国荃进剿安庆，师次集贤关。五月，战于菱湖，曾国荃右腿中炮伤，坠马，臣典翼而出之。八月，围安庆。十二月，陈玉成犯枞阳关，臣典等率三营赴援，克之，遂以舟师塞枞阳河口。十一年三月，陈玉成等率悍党十馀万，攻围前后濠城，臣典与诸将且战且守，贼不得逞。七月，陈玉成等复率众二十馀万，分三路来援安庆。臣典等侦知其死党并集中路，率精锐直捣之，毙贼万馀。八月，克安庆。臣典执旗先登，众皆推为首功。初，臣典节经钦差大臣两江总督曾国藩保奏以游击用。至是奏捷，得旨以参将留于两江补用，并赏给坚勇巴图鲁名号。九月，曾国荃回楚募勇，以臣典留守安徽省城。同治元年二月，贼叠陷巢县等处。三月，臣典随曾国荃率兵由林台渡江，以逼巢县，连战皆克。先后收复巢县、含山、和州各城，经曾国藩保奏，请以副将尽先推补。官军自克和州后，连复西梁山、裕溪口各要隘，遂渡江攻克太平府，并金柱关、东梁山、菱湖各处，追贼至臧家湾、薛镇，又败之。是月，进规江宁，取丹阳镇，夺秣陵关，并扫平六郎桥、江宁镇、三汊河、大胜关各贼寨。五月，擢总兵。直逼雨花台，匪首洪秀全调苏杭等处踞贼来援,屡败之。六月,李秀成等援贼大至,众号六十万,并赍西洋炸炮,周濠数十里间,昼夜轰击。时曾国荃颊受重伤,官军多病疫。贼氛炽甚,密掘地置炮其中,图轰官军营垒。九月,炮发,李秀成等酋督贼十馀万,分路来攻。臣典等率锐卒死战,歼毙无算,贼众始退;又屡乘夜潜斫贼营,先后毁其垒百馀座。十一月,赏加提督衔。

二年四月,会副将赵三元攻贼雨花台伪城,拔之。五月,命记名以提督用。七月,攻贼于印子山,大战于赵家洼教场,毙贼万计。嗣是连克高桥门、尚方门、方山、土山、七瓮桥、孝陵卫、解溪、龙湖各贼垒,复秣陵关。十月,授河南归德镇总兵。三年正月,随曾国荃攻克天堡城。三月,大军合围江宁。曾国荃饬臣典穴地三十馀处,为潜攻计,谋旋泄。五月,克地堡城,占取龙膊子山。臣典侦知城贼米麦足支数月,而官军五万馀,旷日持久,恐兵气懈,因率总兵吴宗国等从贼炮极密处,复开地道。功垂成,臣典正在洞口,李秀成突出数百人,直犯地道大垒,别有数百贼伪为官军号衣,持火器延烧各炮垒,官军几濒于危。臣典腰受大炮子伤,犹能独扼左路,歼毙无算,贼不敢逼。翼日,曾国荃调集四路队伍,从龙膊子山一带自黎明攻至日中,臣典将所开地道封筑门口,安放引线,率营官各具舍死报国军令状讫,遂传令发火,顷刻揭开城垣二十馀丈。臣典身先士卒,直冲倒口而入。既入城,与刘连捷等扼太平门,杀贼极多,遂克江宁。奏入,上嘉奖赐一等子爵,并赏穿黄马褂、戴双眼花翎。

七月,创增剧,舁回雨花台营次。旋卒,经曾国藩奏请优恤。谕曰:"一等子爵记名提督河南归德镇总兵李臣典随同浙江巡抚曾国荃转战多年,战功卓著,屡挫逆首石达开于江西,克复吉安,继败悍贼陈玉成于皖省,力拔安庆。前后数十战,无不奋勇当先。以功荐擢总兵、记名提督。复随曾国荃攻剿江宁,与官军攻破雨花台,〔一〕秣陵关诸要隘,叠著奇绩。本年三月以后,江宁合围,贼犹负嵎抗拒。李臣典设计掘地潜攻,身董其役。前一日腰受炮伤,次日犹复力疾督攻,用能轰塌坚城,歼除巨憝。朝廷论功行赏,赐以一等子爵,并赏穿黄马褂,赏戴双眼花翎。方冀宠眷长承,深资倚畀,乃因受伤过重,遽行溘逝。眷念荩劳,实堪悼惜!李臣典着照提督阵亡例,从优议恤。任内一切处分,悉予开复。并加恩予谥。准于吉安、安庆、江宁等处建立专祠。俟继嗣有人,交部带领引见。历次战绩即着宣付史馆。用示轸念勋臣至意。"寻赐恤如例,予谥忠壮,赠太子少保衔。赏骑都尉兼一云骑尉世职,袭次完时,以恩骑尉世袭罔替。五年五月,御史朱镇奏请于江宁建立忠义专祠,以臣典附祀,允之。光绪十五年,慈禧端佑康颐昭豫庄诚皇太后归政,悯念亮节孤忠诸臣,各赐祭一坛,臣典与焉。

　　嗣子长禄,袭。

【校勘记】

〔一〕与官军攻破雨花台　"与"原误作"于"。今据李臣典传稿(之一〇)改。

　　唐殿魁

　　唐殿魁,安徽合肥人。咸丰十年,以乡勇奉安徽巡抚翁同书橄，率乡团援寿州，力解城围。叙功，以把总尽先拔补。十一年，随攻六安解围，以千总升用。十月，随攻克合肥县之三河汛。时粤匪连陷江苏苏州、常州等府，松江、太仓所属各县多失守。同治元年正月，殿魁随江苏巡抚李鸿章渡江进剿，扎营上海。寻随提督刘铭传，攻克南汇、川沙、奉贤、金山卫，经钦差大臣两江总督曾国藩保奏，以守备尽先补用，并赏戴蓝翎。闰八月，李鸿章以克复南汇等城，殿魁尤为出力，保奏，以都司尽先补用，并赏换花翎。

二年五月，随攻克江阴之杨舍汛城，以游击尽先补用，并赏振勇巴图鲁名号。八月，随攻克江阴县城，以参将尽先补用，并赏加副将衔。旋因攻克无锡，得旨交军机处记名，遇有总兵缺出，请旨简放。十一月，随刘铭传力攻常州，刘铭传时受伤未愈，乃檄殿魁偕副将黄桂兰督兵前往。甫至奔牛镇，而常州、丹阳贼大至，围殿魁所守石营，临河壁垒皆为贼毁。殿魁坚守二十馀日，粮饷火药皆尽，刘铭传裹创往救，殿魁从内夹攻，苦战数日，围始解。事闻，赏提督衔。三年，随李鸿章攻克常州府，生擒首逆陈坤书，命以提督记名简放。四年，捻首赖文光占踞张寨，殿魁督豫、皖各军，攻拔贼垒。旋随刘铭传渡淮剿捻，时烽烟四起，士卒皆畏劳苦。殿魁日诫其所部曰："我辈以布衣受国厚恩，一营之费，月縻饷数千金。当思出力图报，死且不惧，岂惮劳耶？"由是人皆感奋，军威大振。

五年二月，授浙江衢州镇总兵。以曾国藩檄赴湖北，克黄陂，得旨遇有提督缺出尽先简放。四月，捻匪自山东回窜，刘铭传先督兵追至乌官屯，殿魁统军继进，杀贼五百人，馀皆奔溃。

六年正月,调广西右江镇总兵。时捻匪麇聚湖北天门之尹隆河,刘铭传督率全部进剿,副将李锡增深入贼中,力战阵亡。殿魁率总兵田履安驰援,〔一〕冲突重围,杀贼无算。众寡不敌,遂与履安等同没于阵。事闻,谕曰:"唐殿魁治军严整,每战必先。此次力竭捐躯,深堪痛惜!着照提督阵亡例从优赐恤。"寻赐恤如例,赠太子少保衔,赏骑都尉兼一云骑尉世职,袭次完时,以恩骑尉世袭罔替。

七年三月,李鸿章奏:"殿魁忠烈性成,自办乡团,历著成效。及随臣带勇赴沪,屡克名城。臣察其才堪大用,为添募三千人,令随刘铭传渡淮剿捻,驰逐数省,身经百战,耐穷忍饥,志不稍懈。平日耿耿以灭贼为念,谆谆以练兵爱民为事。所到之处,军威整肃,舆情爱戴。自尹隆河阵殁后,失此良将,铭军几不复振。其弟唐定魁忠勤勇敢,素娴纪律,臣令接统唐殿魁旧部。上年赣榆、寿春之捷,该军杀贼最多。任、赖等逆全股就歼,固由将士用命,亦系唐殿魁平时恩谊所感,皆愿出死力,以偿其未竟之志。其忠义正直,军士每追念之,无不流涕。东捻现已肃清,该故提督积功最多,死事最苦。可否恳恩予谥,并于江苏等省及原籍建立专祠。其战功及死事情形,并请宣付史馆。"疏入,谕曰:"前记名提督广西右江镇总兵唐殿魁在湖北尹隆河剿贼阵亡,业经降旨优恤。兹据奏称,唐殿魁自咸丰年间倡办乡团,南御粤匪,北击苗匪,所向有功。同治元年,随李鸿章带勇赴江苏剿贼,叠复奉贤、南汇、川沙、柘林、常熟、江阴、无锡各城,复血战攻克常州府城;又随同刘铭传在山东、河南、安徽、湖北剿办捻匪,无战不捷,实为淮军诸将之冠。唐殿魁着加恩予谥。将该故提督战功及死事情状,宣付史馆立传。并准在江苏、湖北及安徽该故员原籍地方建立专祠,以彰忠荩而作士气。"寻予谥忠壮。

【校勘记】

〔一〕殿魁率总兵田履安驰援　"田"原误作"由"。今据唐殿魁传稿（之一○）改。

石清吉

石清吉,直隶沙河人。道光二十一年武进士,以蓝翎侍卫用。咸丰元年,授湖北郧阳镇守备。二年,粤逆窜扰湖北,巡抚常大淳檄清吉防通城。三年,贼由武昌东窜。时黄陂县金鼓山会匪及崇阳土匪陈江斗亦乘势焚掠,清吉先后随军剿平之。四年正月,粤逆窜扰上巴河,总督吴文镕檄都司周禄偕清吉冒雪驰击,叠败之。六月,进剿应城县属皂市踞匪,赏戴花翎。时京山土匪勾结粤逆,陷安陆府。七月,大军分道进攻,清吉带兵潜伏东门外,策应诸军,立复其城。得旨以都司即补。八月,都司刘富成追贼于京山佛祖山,与清吉驰入贼巢,阵斩悍贼三百名,大破之。逸贼由马溪河窜至孝感之四汊河,清吉会各军驰剿,烧贼船数十艘,夺器械无算,歼贼七百馀人,生擒七十人。

五年正月,贼由江北上窜,图扑省城。清吉从按察使胡林翼回援武昌,自上游渡至沌口,分攻汉阳诸贼。贼卷甲入城,不敢出。七月,汉阳踞贼分窜檀树坳等处,清吉带兵由蔡店赴援,叠有擒斩。八月,调赴德安府城,扎营八角庙,贼来攻营,清吉与参将颜朝斌等奋击,却之。十月,克德安府城,馀贼窜麦旺嘴。清

吉由天门驰赴仙桃镇迎剿,斩馘甚多。寻移襄河,甫扎营,贼鼓
噪来扑,战三昼夜而贼去。十一月,与颜朝斌等进攻汉阳,左腰
中炮。六年正月,移营沌口,前后数十战,皆奋勇。寻补道士洑
营都司。十一月,督马队攻汉阳,追贼至黄州,复其城。十二月,
败贼于蕲州曹家河,连复黄梅、广济。七年正月,击贼于小池口,
受炮伤,落二齿。旋叙功,以游击尽先补用。四月,移驻黄梅,贼
率众来攻,力战却之。六月,会剿童子簰贼匪,毁其垒。寻擢宜
昌镇标水师后营游击。复以黄梅、蕲州毁平贼垒功,得旨以参将
尽先补用。七月,赏加副将衔。

九月,檄赴安徽宿松车谷岭剿贼,进攻太湖天仙坳贼巢,平
之。八年四月,败贼于凉亭河。八月,进军太湖南门,歼贼三千,
立克县城。九月,毁平安庆城外集贤关贼垒数十。十一月,击贼
于花凉亭、酆家店,歼贼数千,夺器械无算。九年五月,补湖北抚
标中军参将。七月,以攻克太湖等城功,得旨以副将尽先补用。
十二月,击贼于潜山地灵港,毁贼垒二十馀。十年七月,进剿桐
城县踞匪,毁西门外贼垒二。十月,击贼于棋盘岭,平其垒四。
十一年正月,以会剿援贼功,赏加总兵衔。三月,援贼攻官军挂
车河老营,清吉督勇迎敌,歼贼七百人。四月,剿贼于江家桥、麻
子岭,平贼垒八。五月,得旨以总兵记名简放。八月,进攻桐城,
首先拔去木城,麾众竖云梯登城,立克之。叙功,赏幹勇巴图鲁
名号。同治元年二月,进攻庐州府城,逼西门为营,连战皆捷,旋
复其城。钦差大臣湖广总督官文等上其功,赏加提督衔。五月,
官文及两江总督曾国藩檄令清吉统领飞虎等营驻防庐郡。二
年,苗沛霖叛,庐州交界土匪崔光赞等煽乱。清吉督勇往剿,毁

其圩。寻捻逆张总愚等窜扰湖北,清吉赴孝感小河溪防堵。三
年四月,击贼于云梦县义堂、胡金店,斩杀甚多,救出难民三千馀
人。五月,击贼于黄冈新洲,毙匪八百,擒长发贼蓝才元等。七
月,攻白杲贼,克之。九月,贼扑关口马队营盘,清吉驰马往援,
力解其围。贼复纠合发、捻围之于丬山,清吉督勇鏖战,手刃数
贼,力竭阵亡。

事闻,谕曰:"提督衔记名总兵湖北提标中军参将石清吉,忠
朴勇敢。自咸丰五年带兵以来,在湖北、安徽等省叠克名城,临
阵奋勇争先,战功历著。此次因发、捻窜扰蕲水,该总兵赴援关
口地方,奋不顾身,冲锋陷阵。身受重伤,犹复手刃悍贼多名,关
口重围立解。该总兵竟以力竭阵亡,洵堪悯恻!石清吉着交部
照提督阵亡例议恤,入祀昭忠祠,并准于原籍直隶沙河县及安徽
庐州府城、湖北德安、黄州府城,并蕲水县各地方建立专祠,以慰
忠魂。"寻赐恤如例,予谥威毅。赏骑都尉兼一云骑尉世职,袭次
完时,以恩骑尉世袭罔替。嗣以安徽潜山县及安庆省城西安将
军多隆阿等专祠先后落成,巡抚卢士杰等请以清吉附祀,均
允之。

子成之,同知衔,安徽试用知县,兼袭职。

余际昌

余际昌,湖北穀城人。由行伍拔补提标右营外委。咸丰元
年,粤匪窜扰永安州,际昌以随剿受伤,升提标前营把总。二年,
随攻西炮台,叠次出力,赏戴蓝翎。寻升左营千总。

三年,随征湖北武昌踞匪。四年,击贼于应山县之八里坑,

胜之。赏给五品顶戴,并换花翎。五年正月,奉檄赴襄阳襄办营
务处事宜。九月,官军攻德安北门,际昌身先士卒,腿受炮伤。
旋委署本营守备。六年,襄阳土匪滋事,扑郡城,际昌叠次击退
之。七年二月,补右营守备,升署抚标右营游击。闰五月,以屡
次攻剿出力,命以都司尽先升用,先换顶戴。八月,随湖北巡抚
胡林翼在黄州、巴河、黄梅、广济一带剿贼,叠胜。八年正月,皖
匪由太湖窜扰蕲州,际昌督队防皖、楚交界之南阳河一带,毁贼
垒三十有奇,生擒贼目倚天侯,并伪官多名。贼败入英山,督军
乘胜围攻,复其城。大学士湖广总督官文上其功,请免补都司以
游击尽先补用,并加参将衔,允之。五月,贼复由潜山、太湖,纠
集安庆股匪,上犯弥陀寺一带,际昌督队迎击,破之。六月,命免
补游击以参将尽先补用,并赏加副将衔。十年正月,由潜山间道
绕击王家牌楼踞贼,毁其垒,贼溃,遂复太湖;乘胜夜攻潜山,克
之。命免补参将,以副将尽先推补,仍留湖北补用。十月,署督
标中军副将。十一月,以收复霍山,并会剿怀、桐功,赏加总兵
衔。十一年三月,贼窜黄州,际昌以防堵霍山各卡,不能坚守,致
贼窜越,命革职留营,以观后效。四月,檄带原部亲兵防堵省垣。
八月,克黄州。九月,派办襄阳防剿事务。十二月,以所募昌胜
中、左、右、前、后五营赴河南。同治元年,委赴屯陈留。时大股
亳捻麇集杞县,与官军相持,际昌攻围直入,钦差大臣科尔沁博
多勒噶台亲王僧格林沁谂其勇敢,饬带所部乘胜攻取焦赵二寨,
均破之。奏闻,开复原官,赏还花翎,仍赏给伟勇巴图鲁名号。
十月,进攻汝宁巨捻,遂围平舆,生擒逆首陈文等。经巡抚郑元
善保奏,得旨交军机处记名,遇有总兵缺出,请旨简放。十二月,

充右翼长,会各军进剿正阳各逆寨,生擒逆首张凤林。

二年正月,剿匪至湖北麻城一带,命补授河南河北镇总兵。四月,复督队剿贼,至方家寨,遇贼伏,因众寡不敌,身受重伤三十馀处,力竭死之。事闻,谕曰:"总兵余际昌久历戎行,素称勇敢。自剿匪以来,克复平舆等寨,战功叠著,实为军营不可多得之员。兹以追贼遇伏,力竭阵亡,殊深悼惜! 河北镇总兵余际昌着照提督例从优赐恤。入祀本籍昭忠祠,准其于本籍及死事地方建立专祠。并给予该故员曾祖父母、祖父母、父母一品封典。"寻赐恤如例,予谥威毅,赠提督衔。赏骑都尉兼一云骑尉世职,袭次完时,以恩骑尉世袭罔替。

孙晋藩,袭。

谭国泰

谭国泰,湖南湘乡人。咸丰五年,投效湘副后营,得五品军功。七年,随剿粤匪于江西,克瑞州,并击退峡江之阴冈岭援贼。八年,随同攻克吉安,命以千总补用,并赏戴蓝翎。十年,调赴安徽,以击退小池驿援贼,及克复太湖、潜山等城,在事出力,得旨以守备归湖南抚标拔补。十一年五月,随同官军荡平菱湖两岸贼垒。八月,复随同攻入安庆省城,擒斩悍贼。湖广总督官文上其功,命以都司补用,并加游击衔,赏换花翎。会逆匪攻陷池州、铜陵等城,国泰随同各军先后复之。同治元年三月,随克巢县、含山各城及铜城闸等处要隘。叙功,以游击补用,并加参将衔。

四月,随浙江巡抚曾国荃克太平、芜湖等城,并收复金柱关等隘口。命以参将补用,并加副将衔。时巢县贼踞东关铜城闸,官军水陆并剿,国泰亲带勇士数十人,毁栅越濠,架梯先登。贼飞炮雨下,不少却,官军继之,立克东关。嗣随曾国荃攻江宁,贼数十万踞雨花台。国泰合诸军战守月馀,竟破之。得旨以副将仍留两江补用,并赏搜勇巴图鲁名号。二年,以叠克城隘,命以总兵记名遇缺简放。三年,随曾国荃克复江宁外城,并攻夺天堡伪城;旋偕提督朱南桂等击贼于狮子山,进攻仪凤门,克之。命交军机处记名,无论提督、总兵缺出,尽先题奏,并赏给正一品封典。

嗣赴防江西。四年,撤伍回湘。七年,以左腿炮伤陡发,卒。曾国藩以国泰从征八、九年,奋勇争先,受伤数处。归里后因伤身故,奏请照提督军营立功后病故例,从优议恤,允之。寻赐恤如例,荫一子六品顶戴。

左宗棠

左宗棠,湖南湘阴人。道光十二年举人。咸丰二年,粤匪窜湖南犯长沙,先后佐巡抚张亮基、骆秉章戎幕,荐保同知、直隶州知州。五年,御史宗稷辰奏称:"宗棠通权达变,疆吏倚重之,迹甚微而功甚伟。若使独当一面,必不下于胡林翼诸人。"诏湖南巡抚送部引见。六年,侍郎曾国藩叙宗棠济饷功,请以郎中分兵部行走,并赏戴花翎,允之。八年,骆秉章疏保宗棠运筹得力,加四品卿衔。湖北巡抚胡林翼亦两疏荐之。十年三月,少詹事潘祖荫复疏荐宗棠,谓:"国家不可一日无湖南,湖南不可一日无宗棠。"疏下曾国藩,寻复奏宗棠刚明耐苦,晓畅兵机,请破格简用。四月,诏以四品京堂候补,随国藩襄办军务。

寻粤逆石达开窜四川，诏宗棠援蜀，曾国藩疏言："蜀省形势险固，蓝、李初起之贼，不难办理。江皖军情紧急，宗棠思力精专，识量闳远，于军事确有心得，可独当一面。若改令西行，则臣顿少一枝劲旅。以吴蜀事论之，难易轻重，不待智者而决。宗棠必不舍难就易，[一]避重就轻。请仍敕督勇来皖。"从之。九月，宗棠率湘军五千援江西，次景德镇。十月，广东贼窜乐平、贵溪，宗棠迎战大捷，克德兴、婺源。诏嘉宗棠，以新立之军骤当巨寇，十日之内连克二城，命以三品京堂候补。十一月，逆酋黄文金逼景德镇，宗棠破走之，复浮梁。贼窜石门洋，鄱、建之交也。十一年正月，会总兵鲍超军，复破走之，又败之黄麦铺。

二月，逆酋李世贤陷婺源，窥乐平，宗棠叠败之。四月，进军鄱阳，而以总兵陈大富守景德镇。镇复陷贼，宗棠回援，六战皆捷，世贤遁。赏珍物，并允国藩之请，改帮办军务。五月，授太常寺卿。先是宗棠追李世贤至广信，世贤窜入浙，[二]诏统所部援浙，而池州逆酋刘官方再陷建德，窜鄱阳祝由街。宗棠冒雨驰返景德镇，贼宵遁，击之桃树镇，复击之纲树岭，贼走建德，追及三里街，再破之，复建德。六月，移军婺源，曾国藩以景德、婺源当皖、浙之冲，鲍超北渡后，南岸七百馀里，仅宗棠一军，纵横策应，请俟安庆既复，再谋援浙，允之。是月，宗棠复破逆酋赖裕新于新建，追及白沙关，贼走浙，浙戒严。十一月，诏宗棠兼程赴浙督办军务，提镇以下均归调遣。未几，杭州陷。

十二月，授浙江巡抚。时逆酋杨辅清犯徽州，宗棠以徽州、皖南、江西大局所关，且为官军入浙后路，檄知州刘典统九营趋婺源，相机进剿；又以金、严、绍、宁、台五府相继陷。奏言："江西入浙之道,遍地贼氛,非节节攻剿不能深入;节节攻剿又恐旷日持久,饷竭兵疲,先已自困,非乘虚蹈瑕、诱贼野战不可。以东南大局言之,湖北、江西一律肃清,皖北逆氛渐熄,群贼悉萃江浙。如统兵诸臣声势联络,能力保完善之区,以规进取,则江西、湖北、安徽数省生民稍得苏息,钱漕厘税,征收日广。从此渐逼渐近,可作士气而扫贼氛,利戎机而速戡定。以浙江现在局势言之,皖南守徽、池以攻宁郡、广德,浙江守衢州以规严州,闽军严遏其由浙窜闽以绕犯江西之路,然后饷道疏通,米粮军火接济无误。诸路互相知照,一意进剿,得尺则尺,虽程功迂缓,实效可期。浙江军务之坏,由历任督抚始则竭本省之饷,济金陵、皖南各军,图藉其力以为藩蔽,而于练兵选将漫不经心。自金陵、皖南大局败坏,又复广收溃卒,縻以重饷,冀其复振。卒之兵增饷绌,军令不行,遂涣散决裂而不可复支矣。今非就现存兵力严为挑汰,束以营制不可,非申明赏罚予以实饷不可,非另行调募豫为换补不可。然欠饷日久,有不能汰遣之患;饷需不继,有不能调拨之患;经费不敷,有不能募补之患。名为节制提镇,实则营官哨长亦且呼应不灵,不得其指臂之助,而徒受其迫促之扰。应请敕部臣行令各省应协浙江之款,闽省及各省奉旨拨解援浙军饷,速即径解广信,交臣后路粮台,以应急需。刻下浙省仅存衢州一城,衢州地势为江西、福建枢纽,浙省水路通途,宜创立水师,为陆军助。”又言:“孤军转战,将少兵单,局势益危,人材日乏。请敕广西臬司蒋益澧率所部来助,广西巡抚刘长佑、贵州巡抚江忠义、湖北巡抚李续宜、四川布政使刘蓉,各精选一营、两营来听调遣。”上皆从之。

时贼之窜徽州者，自遂安逾岭，蔓延徽、衢两属，逆酋钟明佳等众十馀万，逼婺源，意在深入江皖腹地，阻援浙之师。宗棠以婺源地势居徽州、广信两郡之中，北可掣图犯徽州之贼，南可遏分窜饶州、广信之贼，中可截浙江开化、遂安之贼，地势在所必争，而官军仅五千人，不敷防剿，檄道员王开来趋德、婺交界之白沙关，自率所部赴婺督剿。同治元年正月，毁开化、张村、马金等处贼巢，诏促宗棠自衢规浙，宗棠奏言：“贼遇坚城，〔三〕必取远势包围。臣若先入衢城，堕贼诡谋，将至自困。今由婺入浙，先剿开化之贼，清徽郡后路。又饬老湘营由白沙沟进扼华埠，保广信以固衢城。”二月，克遂安。三月，复奏言：“浙省大局披离，进兵之路，最宜详审。自衢州深入，则饷道中梗；自金华进攻，则严州之贼由寿昌一带潜出包钞。今唯缘徽郡道严州，较为稳妥。”有旨褒勉，并诫宗棠勿蹈轻进之失。时李世贤围衢州急，总兵李定泰婴城守，宗棠抵常山，攻招贤关，克之，衢城粮路以通。世贤犯峡口，宗棠檄刘典等军会击，破之石门花园港，毁贼垒七，贼溃遁衢南石宝街、莲花洋塘一带。杨辅清复犯遂安，檄刘典军由马金趋昏口，自率所部趋开化，辅清遁。世贤复犯衢。六月，宗棠督诸军自北路援衢，破之莲花洋塘，毁贼垒数十，馀贼悉遁。宗棠奏言：“浙江贼数虽多，皆听李逆一人指嗾。该逆倚金华为老巢，严、处为犄角，于龙游、寿昌、兰溪、汤溪等县分布贼党，是其趋重金华，自应先攻龙、寿、兰、汤等城，撤其藩篱，然后分军严、处以蹙之。上嘉其随机决策，甚合机宜。是月，世贤率众数万，两路攻遂安。七月，进规龙游。闰八月，复寿昌。十一月，檄军援皖南，复祁门、绩溪，旋克严州府。二年正月，复汤溪、龙游、兰溪，进克金华府。旋复武义、永康、东阳、义乌、浦江、诸暨、桐庐诸城,仍分军防皖南。二月,进攻富阳,以规杭州。

　　三月,授闽浙总督,仍兼署浙江巡抚,檄军击徽、祁贼,复黟县。四月,败富阳、新城援贼,水师抵杭州。八月,复富阳,陆师亦抵杭州,檄蒋益澧攻之,复分军围馀杭。三年正月,复海宁、桐乡。二月,会江苏军克嘉兴府,旋克杭州省城及馀杭。捷闻,诏加太子少保衔,赏穿黄马褂。三月,宗棠进驻省城,设赈抚局,收难民,招旧商,勘应修浚工程。旋复武康、德清、石门。六月,复孝丰。七月,克湖州府。八月,全浙肃清。檄所部诸军出境击江皖窜贼。九月,谕曰:"左宗棠自入浙以来,克复城隰郡县数十处,肃清全浙,厥功甚伟。本欲即加懋赏,恐该督以洪幼逆未灭,必将固辞。一俟馀逆净尽,即降恩旨。浙江军务已竣,地方应办善后事宜,该督当督饬司道次第办理。"时宗棠奏减杭、嘉、湖三府额赋三之一,及绍兴、宁波两府浮收之数,并免征被兵各郡县同治二年漕粮,停设杭州北新关,又以商盐疲滞,请试行票运,条上四事,皆如所请行。十月,谕曰:"闽浙总督兼署浙江巡抚左宗棠督师入浙,恢复浙东各郡,进规浙西,攻克杭州省城,及湖州各州县,肃清全浙。并派兵截剿皖南窜贼,荡平巨寇,卓著勋猷。兹当洪福瑱幼逆就擒,歼除馀孽,东南军务渐次底定,自应渥加懋赏。左宗棠着加恩锡封伯爵。"宗棠疏辞,优诏答之。寻内阁拟进字样,钦定恪靖。时江宁馀贼窜闽,宗棠请解抚篆,督军援剿,并陈浙江善后事宜,得旨嘉赏。十一月,入闽。十二月,会粤军复永定,以闽省吏治军政积习相沿,奏调周开锡、吴大廷等来闽差委,从之。四年正月,复龙岩。二月,汀州、连城平。四月,克漳州府及南靖、平和、漳浦、云霄。闰五月,复诏安,全闽肃清。宗棠驻漳州,檄所部剿各州县土匪;又遣别将击江西、广东边界逸贼。六月,疏陈鹾务积弊,请改行票运,厘课并抽,户部议以四可虑难之。宗棠逐条疏覆,力主初议,卒如所请。

八月,闽军复镇平,逆酋汪海洋等分窜江、闽、粤之交,诏宗棠赴粤节制三省。十月,海洋陷广东嘉应州,宗棠奏言:"发逆仅一汪海洋,而广东患气在惠、潮、嘉三郡。海洋回窜,土匪散勇多附之。请假便宜,俾无遗种。"十一月,宗棠进驻大埔。十二月,督军围嘉应,毙海洋于阵,复州城,馀贼悉平。五年正月,赏戴双眼花翎。五月,奏请设立船厂,试造轮船,略云:"东南大利,在水而不在陆。自广东、福建而浙江、江南、山东、直隶、盛京以迄东北,大海环其三面,江河以外,万水朝宗。欲固海防,非轮船不可。无事之时,筹转漕则千里犹在户庭,筹懋迁则百货萃诸廛肆;有事之时,筹调发则百粤之旅,可集三韩;筹转输则七省之储,可通一水。匪特巡洋缉盗,有必设之防,用兵出奇,有必争之道也。况我国家建都于燕,津沽实为要镇。自海上用兵以来,泰西各国火轮兵船直达天津,藩篱竟成虚设,星驰飙举,无足当之,非急造轮船不为功。船厂之地,臣已择定福建罗星塔一带地方,〔四〕开漕浚渠,水清土实,先购机器一具,巨细毕备。觅雇西洋师匠,与之俱来。先以机器造机器,积微成巨,化一为百。机器既备,成一具轮机,即成一船。成一船即练一船之兵。比及五年,成船稍多,可以布置沿河各省,遥卫津沽。由此更添机器,触类旁通,凡制造枪炮炸弹,铸铁治水,有益民生日用者,均可次第为之。计五年内约费不过三百馀万两,如办理得人,以后必多获益。”得旨试行。

　　八月,调陕甘总督。九月,奏陈闽浙兵制,请减兵加饷,就饷练兵,下部议行。十月,奏陈台湾吏事兵事,宜早绸缪。略言:“台湾设郡之始,由内地各标营调兵,更番戍守,三载为期,用意深远。自班戍之制不行,有册无兵,战船无一存者。自道标裁撤,遇有剿捕事宜,文员不得不借重武营,一任其虚冒侵欺,莫敢究诘。吏事则官索陋规,民好械斗,宜复班兵旧章,三年更戍,仍设道标,俾有凭藉,申明镇兵归道察看之例,互相维制。移修船之费,制船巡洋,募练水兵,永革镇道以下陋规。别筹办公津贴,生番有心内附,宜弛垦荒之令,齿于编氓。”上悉嘉纳。又奏荐丁忧在籍前江西巡抚沈葆桢接办船厂事宜,诏嘉宗棠于轮船船厂,事在必行,不以去闽阁置,沉毅有为,能见其大。寻奏报交卸西征,请命前浙江按察使刘典帮办陕甘军务。十一月,请各省协饷,由部议拨定实款,并允之。六年正月,奏陈筹办情形,略言:“臣旧部得力将领,除已授实缺外,均署要缺镇将,若檄调随征,闽省空虚可虑,故携以同行者仅三千馀人。刘典亦仅令选募旧部三千人,初意南人用之西北,本非所宜,只可多挑营官哨长之才。入秦后再将陕甘现存兵勇,分别汰留,而匀拨胆技稍优弁勇,充当亲兵护哨,编列成营,以倡其勇敢之气,庶臣粮可资节省,陕甘饥军渐有位置。以地形论,中原为重,关陇为轻;以平贼论,剿捻宜急,剿回宜缓;以用兵次第论,欲靖西陲,先清腹地,然后客军无内顾之忧,饷道免中梗之患。谨一面采买口马,练习马队,俟所调各军取齐,由襄樊出荆子关,经商州赴陕,沿途遇贼即击,抵陕后增练马队,设屯田总局,相度秦陇要隘,有水草可佃牧者,开设屯田,汰陕西各营疲冗,愿留屯田者,编入册籍,指地屯牧;不愿留者资遣,然后军制明而内讧可免。屯事兴而军食渐裕,甘省回多于汉,兰州省会形势子然孤立,非驻重兵不能守;驻重兵则由东分剿各路,兵分见单,不克挟全力与俱,一气扫荡,将来臣军入甘,应先分两大枝,由东路廓清各路,分别剿抚。俟大局戡定,然后入驻省垣,方合机局。是故进兵陕西,必先清关外之贼;进兵甘肃,必先清陕西之贼;进驻兰州,必先清各路之贼;然后饷路常通,师行无梗。至兵事利锐,进止久速,则非熟审彼己长短之形、饥饱劳逸之势,随机立断,不能未可臆度而遥决也。臣于西北兵事未曾经历,所部均南方健卒,捻、回伎俩并无闻见,若不慎之几先,加以迫切,诚恐所事无成。伏愿皇上假臣便宜,宽以岁月,臣惟勉竭驽钝,次第规画,以要其成。剿捻剿回,均惟事机所在。"奏入,上嘉其洞中窾要,授为钦差大臣,督办陕甘军务。

四月,击鄂捻任柱、赖文光于随州、樊城,与刘典军两道入关。诏以捻逆张总愚一股屡为陕军痛剿,逆焰已衰,宗棠入关后,务与提督刘松山等军会合夹击,就地殄除。时捻逆张总愚窜渭北,屡为官军所败。宗棠虑其回窜鄂豫,檄诸军营渭上以扼之,并檄山西按察使陈湜防河。八月,捻逆渡泾而东,官军蹙之。十月,捻逆入北山,陷陕西延川、绥德,回逆同时披猖。宗棠自请严议,坐降二级留任。十一月,捻逆自宜川渡河而南,宗棠督所部入晋,请敕刘典暂行督办陕省剿回事务,并以调度无方,坐革职留任。十二月,捻逆窜卫辉,宗棠自翼城东趋入直,檄刘松山等出贼北,转战而南。七年正月,捻逆窜衡水、〔五〕定州。坐降二级留任。旋以刘松山军追贼至保定,宗棠亦抵获鹿,复得旨奖叙,并敕直隶现到各军均归宗棠调度。寻破贼献县、深州、束鹿、博野、深泽、饶阳、肃宁等处。二月,捻逆渡滹沱,复破之封丘、滑县、卫辉、延津、临清。四月,捻逆回窜东光、吴桥,宗棠军落贼后,坐降三级留任。闰四月,以黄运两河增涨,与钦差大臣李鸿章会筹沿运筑墙,且防且剿,贼不得逞。七月,蹙之徒骇河,张总愚投水死。捻逆平,诏开复叠次降革处分,旋赏太子太保衔,照一等军功议叙。宗棠力辞,上不许。八月,入觐,赐紫禁城骑马。是日,请敕山西巡抚、绥远城将军严密防河,以免罅漏。九月,请敕户部每年于洋税厘金项下,划提陕甘军饷四百万两,户部议行。十月,抵西安。时陕省东北延、榆、绥所属土匪游勇与甘回相附,西南回匪踞宁州董志原为老巢,北接庆阳,南连邠、凤,东北达鄜、延,逆回白彦虎、杨文治、马长顺、禹得彦、崔伟、马正和、陈林、马正刚、马生彦、冯均福、邹阿浑、余彦禄等十八头目,号十八营,四出剽劫。宗棠檄诸军破之鄜州、洛川、中部、陇州、甘泉、邠州、汧阳、宜君、三水、泾州、清涧等处。刘松山军复破土匪十数万于绥德、靖边,降其魁董福祥、李双良、张俊。绥、榆肃清。八年二月,董志原逆回倾巢出犯,大败之,贼弃巢窜灵州。庆、泾肃清。四月,奏言:"宜乘时耕垦,择要兴屯,然后徐图进取。一军驻董志原,扼秦陇要隘;一军驻秦州,通兰州饷道;一军驻正宁、宁州间,为进庆阳之谋;一军驻泾州,为通平固之渐:皆主固秦规陇,不敢造次。"上嘉其老成持重,仍谕令乘胜进剿。寻奏搜捕馀匪,陕西肃清。

　宗棠进驻泾州,分四路出师,北路以提督刘松山出定边、花马池,截宁、灵;中路一以道员魏光焘等出宁州,趋环庆,一以提督雷正绾等出华亭,规平凉;南路以中书吴士迈等出宝鸡,道秦州,而檄提督马德顺等驻灵台,策应南北两路。并以甘饷窘迫,请敕各省力筹协济,遴员署府州县,办理赈垦抚辑事宜,请敕部勿拘成例。均从之。时陕回窜灵州者,散布黑城子及预望、同心各堡,金积堡回酋马化隆阳为求抚,仍资以粮米马械,嗾使抗拒官军。五月,南路进剿河州窜回,叠胜之。贼遁归巢,兰州运道通。八月,奏言:“陕甘逆回萃于宁夏所属平罗、灵州、中卫一带,其东窜缠金之贼,提督张曜击之沙金、托海、磴口,解阿拉善、定远之围,穷追至广宗寺。复进贺兰山,距宁夏不远。提督宋庆击退鄂尔多斯及五胜扎萨克等旗之贼,都统金顺行近磴口,刘松山抵花马池,北路兵力已厚,边内外渐可肃清。南路亦渐有肃清之望,中路平凉府属固原以北,陕回畸零小户赴营求抚者,指荒绝地亩随时安插,盐茶厅民张贵踞庄浪县丞辖境威戎镇、水洛城等堡,聚众二十八营,与镇原匪首孙百万勾结,为平凉、秦州一大患。孙百万就擒,张贵谋变益急,现派兵直捣贼巢,并搜剿踞秦安神峪河另股回逆,如能迅速藏事,再分兵剿宁、灵、河、狄逆回,甘肃大局可期复振。”是月,道员黄鼎、总兵简敬临平威戎堡、水洛城贼巢,张贵及其党侯得应就擒。宗棠檄中路军扫荡而北,刘松山自花马池抵灵州,檄马化隆谕甘回毋妄动,遂剿陕回于郭家桥一带,毁其巢,进据下桥。陕回窜吴忠堡,马化隆嗾甘回扑营索战,松山击退之。陕回大股来犯,官军叠胜,马化隆嗾灵州甘回袭踞州城,以松山杀降激变,吁总兵胡昌会禀署陕甘总督穆图善。穆图善与绥远城将军定安以闻,谕宗棠查明具奏。宗棠奏言："马化隆阴贼险很，天下共知。自就抚后，筑塞修堡，购马造械，与陕回相首尾。西宁、河、狄各回民无不仰其鼻息。灵、宁一带汉民，几无遗类。失此不图，张骏、元昊之患，必见诸异日。办贼之法，先剿后抚。办回则以抚为先。回所藉以为乱端者，汉与回有异视也。非宣布朝廷德意，分良匪不分汉回，则贼有词以胁其党众，将剿不胜剿；然一于主抚，则必以抚愚我，阴集党众，蚕食汉民，又将抚不可抚。臣以为非俟其畏剿之极，诚心乞抚，未可漫然允之。现仍饬各军前进，一切剿抚机宜，俟刘松山察酌。"奏入，报闻。

先是，马化隆遣其党嗾白彦虎、杨文治等窜固原州，阻官军北行，雷正绾、黄鼎等破走之。九月，破黑城子、李旺堡，毙杨文治，陕回西窜。其预望城、同心堡甘回乞抚，宗棠遣员安置之。刘松山复灵州，十数战皆捷，毁吴忠堡寨略尽，金积堡贼势愈蹙。十月，宗棠进驻平凉。九年正月，西窜陕回崔伟、禹得彦等复勾结河、狄逆回，[六]窜礼县、宁远，北趋半角城、黑城子等处，中路南路诸军逆击，大破之。陈林等窜金积堡，刘松山复击走之。马正刚窜陕西三水，宗棠以未能先事豫防，坐降三级留任。是月，刘松山中炮阵亡，请以松山侄道员锦棠加三品卿衔统其军。回逆粮尽四窜，二月，总兵周绍濂败之预望城，毙马正和。三月，陕军击窜回马正刚，毙之。陕西复清。

六月，南路军复渭源、狄道及牟佛谛堡。七月，中路军夺陕口，据秦溪马连三渠之首，合围金积堡，十一月，克之，马化隆伏诛。宁、灵肃清。捷闻，诏开复降三级留任处分，赏加一骑都尉世职。十二月，署宁夏将军金顺会张曜克王疃、通贵、纳家闸诸回寨。十年正月,安插就抚陕回于华亭之化平川,请增设化平川厅通判、化平营都司各一员。檄诸军搜捕馀匪,运三月粮,规河州。七月,宗棠进驻静宁,肃州抚回复叛,檄提督徐占彪军十二营击之。八月,河州军夺康家岩。十月,渡洮,克三甲集回巢。十一年正月,河州叛回复乞抚。二月,请改宁夏府水利同知为宁灵厅抚民同知,驻金积堡,增宁武营参将一员。五月,复河州,安置续抚陕回于平凉、会宁、静宁、隆德、安定等处。六月,搜捕零匪净尽。甘南肃清。

　　七月,宗棠进驻兰州。八月,刘锦棠规西宁,叠破白彦虎等,十月,克之。十二年正月,克向阳堡回巢。二月,复大通,崔伟、禹得彦等就抚,安置平凉、秦安、[七]清水等处。前山西按察使陈湜复巴彦戎格、西宁,逆首马桂源等伏诛。三月,白彦虎窜肃州,为徐占彪所败,狂窜出关。四月,陈湜复循化,撒拉叛回平。六月,请升固原州为直隶州,仍归平庆泾道管辖,增设州判一员,驻硝河城,并于下马关设知县一员,训导、典史各一员;同心城设巡检一员,归新设知县管辖,裁平凉府盐茶同知,改设知县一员,增设训导一员,改原设照磨为典史;又于打拉城池增设县丞一员,下马关改设知县,名平远,盐茶厅改设知县,名海城,俱归固原直隶州管辖。七月,宗棠督军驰剿肃州贼,徐占彪军亦自甘州转战抵肃,破其外城,十月,克之,擒马文禄等九逆,磔于市。关内肃清。自是甘、凉、安、肃一带二千馀里,无回族聚处。捷闻,谕曰:"陕甘逆回扰乱,十有馀年,势极披猖。自简任左宗棠总督陕甘,数年以来,不辞艰苦,次第剿除。此次亲临前敌,督饬将士,克复坚城。关内一律肃清。朕心实深嘉悦。自应特沛殊恩,用昭懋赏。左宗棠着以陕甘总督协办大学士,该大臣前赏给骑都尉世职,着改为一等轻车都尉世职,并着督办出关一切事宜。”

十二月,奏言:“由肃州出嘉峪关而西,本汉唐师行大道,安西、[八]玉门、敦煌近遭白逆扰掠一空。然使关内之粮足供裹带,车驮驼只足供周转,出关之兵何惮不进?安西抵哈密计程十一站,千里而遥,经由戈壁,无台站,无水草,沙砾纵横,人马每多困踬。中间仅安西城北四站马莲井,支帐小憩,以备汲饮,未可久留。过此七站抵哈密,为缠头回族聚居之所,军兴以来,音耗阔绝。近被白逆窜扰,是否有粮采买,更无从知。臣前在肃与诸军集议,分起次第行走,必先将甘凉采买粮料,运存肃州;又由肃州出关,运至玉门,然后头起开拔至玉门,又用其私驼转搬玉门存粮赴安西,腾出驮官官车,转运第二起军粮,而后第二起继进。馀军仿照办理。比到安西州,作一停顿,又裹粮抵哈密。如此层递衔接,人畜之力稍舒,士气常新,可免意外之虑。至由哈密前进粮运事宜,断非臣力所及,自古至今,未有运甘、凉、肃之粮,济哈密以西军食者。金顺等至安西州搬齐粮料,必一面遣人赴哈密,询访就近堪资采买者若干,以定进止。如有可设措,不须转搬安西存粮,以节劳费。张曜进哈密,即藉资其粮。时距麦熟之期,当亦不远。后此续进之军,相时而动,自可不误师期。”又奏:“甘、凉、肃素称腴地,自诸军勘定河湟,甘凉道路渐清,农安耕获,幸获中稔。两年采买集有成数,通计甘、凉、肃三郡定买市斗军粮十六万三千馀石,石重三百馀斤,给银四两,以供金、张、额三军食用,及运粮车驮驼只,算至明年六月新熟,尚短粮料市斗二万馀石。拟括额征本色,及各标营季粮,陆续填补。凉州至安西千四百馀里，路多砂石，运转宜驼。臣派弁出口，采驼三千，暂以官价雇用民车，调集各营官骡，先后起运，通计粮百斤需银十一两七钱内外。劳费如此，若不筹撙节，动言用众，恐官军之饷运不继，糈台之储俟早空，不但后时不能保此不竭之源，即目前出关之师亦忧饥溃。自古关塞用师，在精不在多。承平无事，官私充足时，尚不能用众，矧祸乱十年，人物凋残，财用匮绝之日乎？臣在肃时汰疲乏冗杂以求精，资遣伤残成废弁丁以省累。察张曜一军锐气方新，作为头起，金顺次之，额尔庆额又次之。宋庆一军整理需时，俟明年秋后继发。并拟于所部整锐足恃诸军内，精选数营，届时慎择统将，率之同行。如天之福，甘、凉、安、肃，明岁丰稔，西师饱腾，再分起层递而前，如行衽席，庶边塞肃清，可操全算。"上嘉纳之。

十三年正月，请甘肃省城添建贡院，与陕西分闱乡试，并分设学政。二月，奏改甘肃茶务，略言："国家按引收课，东南惟盐，西北惟茶。盐可改票，茶何不可？前拟仿淮盐之例，以票代引，官商尚形裹足。应改拟商贩并招，正课照定例征收，杂课并归厘税项下征收。商贩领票，先纳正课，并添设南柜，招徕湖茶。其无票私茶，设卡盘验，令补领官票。"均下部议，如所请行。七月，授大学士，仍留陕甘总督任。八月，授东阁大学士。十一月，河州抚回闪殿臣复叛，檄刘锦棠讨平之。[九]光绪元年三月，命以钦差大臣督办新疆军务。六月，宗棠奏陈筹画情形，略云："北路归化、包头至射台、大巴一带十数站，大巴至巴里坤十六站，产粮之处甚多，雇驼价亦平减。北局设于归化，分局设于包头，已运四十馀万斤至巴里坤，每百斤合银八两内外。宁夏采运，雇驼数百,由察罕庙试行,俄国游历官称其国在山诺尔地方,距古城不远,产粮甚多,由俄代办起运,交送古城,每百斤费银七两五钱。比与订定年内运交二百万斤,明夏运足三百万斤,南路肃州、安西二局存粮,赶紧灌运。哈密报垦荒地万九千馀亩,获粮数千石,新粮市报渐减,转运亦较易。由甘运肃运安西,用车驮;由安西运哈密运巴里坤,用驼只。节设厂局,浚水泉,刈草薪,以利运道。派员经画哈密、巴里坤、古城屯垦事宜。西路旗、绿诸营,宜划兵农为二,精壮者束以营制,不任战者散之为农。庶营伍实,屯垦增。哈密、巴里坤、古城所驻各大臣,就现在存营,核定饷粮,如缺额过多,准照旧额马步,就地挑募丁壮补数,但令保守城隘,不必责以战事。"上如所请行。八月,奏以刘锦棠总理行营事务。十二月,以出关饷竭,请借洋款一千万两,下户部议行。二年二月,奏进止机宜,略言:"巴里坤有数路可通安西,不由哈密,饬徐占彪驻之。张曜扼哈密,防吐鲁番东犯之贼。庶后路可通,粮运不匮。乌鲁木齐踞逆,本地土回居多,白彦虎带陕甘逆回,踞红庙子、古牧地、玛纳斯等处,皆与安集延回酋帕夏通。自俄罗斯灭霍罕,所部安集延独免。同治四年乘回部之变,入踞喀什噶尔及各回城,于是吐鲁番、辟展以西土回附之。官军出塞,宜先剿北路乌鲁木齐之贼,而后加兵南路。臣年六十有五,岂思立功边域,〔一〇〕觊望恩施?顾事有万不容已者,乾隆中准部既克,即平回部,于各城分设军府,然后九关静谧者百数十年。今虽时异世殊,不必尽遵旧制,而伊犁为人所据,喀什噶尔各城为安集延所据,事平后应如何布置,尚费绸缪。若此时即置之不问,恐后患环生,不免有日蹙百里之患。"奏入,上嘉其"公忠体国,力任其难,所陈贼势军情,了如指掌,命随时相机筹办,奠定西陲,为一劳永逸之举。"

三月,宗棠进驻肃州,刘锦棠率所部分道出塞,期以闰五月会于古城。六月,与金顺会师阜康,克黄田、古牧地贼巢,乘胜收乌鲁木齐、迪化州、昌吉、呼图壁及玛纳斯北城。宗棠檄锦棠布置后路,进规南路达坂城;张曜道七克腾木,徐占彪自木垒河搜捕而进,会师辟展,以规吐鲁番,由锦棠定师期。九月,克玛纳斯南城,北路肃清。三年三月,徐占彪会张曜军,复辟展、鲁克沁、哈拉和卓城,会道员罗长祜军复吐鲁番满汉城,〔一一〕刘锦棠复达坂、托克逊两城。四月,逆酋帕夏阿古柏仰药自毙,子海古拉负尸西窜,为其兄伯克胡里所杀。南路肃清。宗棠以闻,得旨:"关外军情顺利,吐鲁番等处收复后,南八城门户洞开,自当乘胜底定回疆,着该大臣统筹全局。"六月,奏言:"立国有疆,古今通义。规模存乎建置,而建置因乎形势,必合时通筹,乃能权其轻重,而建置始得其宜。伊古以来,中国边患,西北恒剧于东南。盖东南以大海为界,〔一二〕形格势禁,尚易为功。西北则广漠无垠,专恃兵力为强弱,兵少固启戎心,兵多又耗国用。以言防,无天险可限戎马之足;以言战,无舟楫可省转馈之烦。非若东南险阻可凭,集事较易也。周秦至今,惟汉唐为得中策;及其衰也,举边要而捐之,国势以弱。往代陈迹,可覆按矣。顾祖禹之地理学最称淹贯,其论方舆形势,视列朝建都之地为重轻。我朝定鼎燕京,蒙部环卫北方,百数十年无烽燧之警。不特前代所谓九边,皆成腹地;即由科布多、乌里雅苏台以达张家口,亦皆分屯列戍,斥堠遥通,而后畿甸宴然。盖祖宗朝削平准部,兼定回部,开新

疆立军府之所赖。是故重新疆者,所以保蒙古;保蒙古者,所以
卫京师。西北臂指相联,形势完整,自无隙可乘。若新疆不固,
蒙古不安,匪特甘、陕、山西各边时虞侵轶,防不胜防;即直北关
山,亦将无晏眠之日。而况今之与昔,事势攸殊,俄人拓地日广,
由西而东万馀里,与我北境相连,仅中段有蒙古为之遮阂。徙薪
宜远,曲突宜先,尤不可不豫为绸缪也。高宗平定新疆,拓地周
二万里,一时帷幄诸臣不能无耗中事西之疑。圣意坚定不摇者,
推旧戍之瘠土,置新定之腴区。边军仍旧,饷不外加。疆宇日增
巩固,可为长久计耳。方今北路已复乌鲁木齐全境,只伊犁尚未
收回;南路已复吐鲁番全境,只白彦虎率其馀党偷息开都河西
岸,喀什噶尔尚有叛弁逃军,终须兵力。此外各城,则去虎口如
投慈母之怀,自无更抗颜行者。新秋采运足供,馀粮栖亩,鼓行
而西,宣布朝廷威德,且剿且抚,无难挈旧有之疆宇还隶职方。
如安集延、布鲁特诸部落则等诸丘索之外,听其翔泳故区可矣。
英人为安集延说者,虑俄之蚕食其地,于英有所不利。俄人方争
土耳其与英相持,我收复旧疆,兵以义动,设有意外争辩,在我仗
义执言,亦决无所挠屈。至新疆全境,尚称水草丰饶、牲畜充牣
者,北路除伊犁外,奇台、古城、济木萨至乌鲁木齐、昌吉、绥远等
处,回乱以来,汉回死丧流亡,地皆荒芜。近惟奇台、古城、济木
萨商民散勇、土著民人,聚集开垦,收获甚饶。官军高价收取,足
供省运。馀如经理得人,地方当有复元之望。南路以吐鲁番为
腴区,八城惟喀喇沙尔所属地多硗瘠。馀虽广衍不及北路,而硗
沃过之,官军已复乌鲁木齐、吐鲁番虽有驻军之所,而所得馀地,
尚不及三分之一。若全境收复,经画得宜,军食可就地采运,饷

需可就近取资,不至如前此之拮据忧烦,张皇靡措也。窃以为地不可弃,兵不可停,而饷事匮绝,计非速复腴疆,无从着手。至省费节劳,为新疆画久安长治之策,纾朝廷西顾之忧,则设行省,改郡县,其事有不容已者。”奏入,谕:“督饬将士,戮力同心,刻期进剿,并揆时度势,将如何省费节劳,为新疆计久远之规,与拟改行省、设郡县,一并通盘筹画具奏。”七月,刘锦棠自托克逊进兵,九月,复喀喇沙尔、库车等城。十月,复阿克苏、乌什等城。十一月,复叶尔羌、和阗、英吉沙尔、喀什噶尔等城。南路西四城回疆一律肃清。四年二月,捷闻,谕曰:“左宗棠督办新疆军务,剿抚兼施,定议先规北路,〔一三〕首复乌鲁木齐以扼其总要,旋克玛纳斯,数道并进,恢复吐鲁番等城,力争南路,然后整队西行,势如破竹。现在南八城一律收复,允宜特沛殊恩,用酬劳勚。左宗棠筹兵筹饷,遍历艰辛,卒能谋出万全,肤功迅奏。着加恩由一等伯晋为二等侯。”寻有旨仍用恪靖字样。三月,宗棠疏辞至再,上温谕勉之。十一月,逃匿俄境陕回分道寇边。十二月,阿克苏缠回及安集延逆酋阿里达什复同时谋入卡,均剿捕如律。五年三月,安集延、布鲁特两部复入寇,刘锦棠破走之。十月,请以锦棠帮办新疆军务。六年四月,奏新疆善后事宜,以修浚河渠,建筑城堡,广兴屯垦,清丈地亩,厘正赋税,分设义塾,更定货币数大端为最要,已次第兴办,兼推行蚕桑之利,上俞之。又覆陈新疆开设行省事宜,略云:“新疆形势所在,北路则乌鲁木齐,南路则阿克苏,以其能控制全境,地居天山南北之脊,居高临下,足以有为。谨拟乌鲁木齐为新疆总督治所,阿克苏为新疆巡抚治所,彼此声势联络,互相表里。将军旗、营驻伊犁,塔尔巴哈台设为都统,并统旗、绿各营。"疏入,下部分别议行。是月,以俄人未交还伊犁,宗棠督师屯哈密。寻诏来京,以通政使司通政使刘锦棠代之。

七年正月,入觐,命管理兵部事务,在军机大臣上行走,并在总理各国事务衙门行走。二月,奏请教练旗兵,兴修畿辅水利,下所司议行。七月,因病屡请开缺,上一再慰留之。九月,授两江总督,兼办理通商事务大臣。宗棠请回籍省墓,并便道查阅长江水师。十二月,抵任。八年三月,议导淮入海。四月,请复淮盐引地,一以费绌,一以川、鄂两总督奏格,并不果行。十一月,请开采铜山县属煤铁,核减税银,从之。九年,教匪王觉一等谋为乱,檄将弁擒其酋,馀党以平。三月,勘收六合朱家山、句容赤山湖水利工程。时法兰西扰越南,奏筹办海防机宜,并请饬前福建布政使王德榜募勇出关助剿,又请缓开龙江、西新、浒墅各关,均如所请。十月,以病请开缺,赏假两月。十年正月,以病尚未痊,仍请开缺。谕曰:"左宗棠宣力疆圻,劳勚懋著,朝廷深资倚任。屡次陈请开缺,均经赏假调理。兹复叠据奏称目疾增剧,气血渐衰,〔一四〕非静心调摄,断难见效。情辞恳挚,不得不勉如所请。左宗棠着准其开缺,赏假四个月,回籍安心调理。"寻内阁学士周德润奏:"勋臣不宜引退,请旨责以大义,令其在任调理。"有诏:"赶紧医治,一俟稍愈,不必拘定日期,即行销假。"四月,销假。五月,到京,仍在军机大臣上行走。谕曰:"左宗棠卓著勋绩,年逾七旬,着加恩毋庸常川入直。遇有紧要事件,豫备传问。并着管理神机营事务。所有应派差使,毋庸开列。"

法兰西扰福建台湾。七月,命以钦差大臣督办福建军务。

十月,慈禧端佑康颐昭豫庄诚皇太后五旬万寿,恩赏御书匾额,并上方珍物。是月,宗棠抵福州。法人方严海口之禁,宗棠檄军潜渡台北击之。十一年三月,和议兴,宗棠密奏:"要盟宜慎,防兵难撤。"五月,和议成,以旧疾请开缺,诏赏假一月。六月,请设海防全政大臣,并荐兵部侍郎曾纪泽。又奏:"台湾孤注大洋,为七省门户,关系全局。请将福建巡抚移驻台湾,以资镇摄。"卒如所请行。旋因病剧,再请开缺,谕准交卸差使,不必拘定假期,回籍安心调理;并以宗棠吏治戎机,久深阅历,如有所见,仍随时奏闻,用备采择。

七月,卒。遗疏入,谕曰:"大学士左宗棠学问优长,经济闳远,秉性廉正,莅事忠诚。由举人、兵部郎中带兵剿贼,叠著战功。蒙文宗显皇帝特达之知,擢升卿寺。同治年间,剿平发逆及回、捻各匪,懋建勋劳。穆宗毅皇帝深资倚任,畀以疆寄,荐陟兼圻,授为钦差大臣,督办陕甘军务。运筹决胜,克奏肤功。简任纶扉,优加异数。朕御极后,特命督师出关,肃清边圉,底定回疆,厥功尤伟。加恩由一等伯晋为二等侯爵,宣召来京,管理兵部事务,命在军机大臣上行走,并在总理各国事务衙门行走。竭诚赞画,悉协机宜。旋任两江总督,尽心民事,裨益地方。扬历中外,恪矢公忠,洵能始终如一。上年命往福建督办军务,劳瘁不辞。前因患病,吁恳开缺,叠经赏假,并准其交卸差使,回籍安心调理。方冀医治就痊,长承恩眷。讵意未及就道,遽尔溘逝。披阅遗疏,震悼良深! 左宗棠着追赠太傅,照大学士例赐恤。赏银三千两治丧,由福建藩库给发,赐祭一坛,派古尼音布前往致祭。加恩予谥文襄。入祀京师昭忠祠、贤良祠,并于湖南原籍及立功省分建立专祠。其生平政绩事实,宣付史馆。任内一切处分,悉予开复。应得恤典,该衙门察例具奏。灵柩回籍时,着沿途地方官妥为照料。伊子主事<u>左孝宽</u>,着赏给郎中,附贡生<u>左孝勋</u>,着赏给主事,均俟服阕后分部学习行走;廪贡生<u>左孝同</u>,着赏给举人,准其一体会试。其二等侯爵,应以何人承袭,着<u>杨昌濬</u>迅速查明具奏,用示笃念荩臣至意。"

寻闽浙总督<u>杨昌濬</u>、甘肃新疆巡抚<u>刘锦棠</u>奏陈宗棠历年勋绩,<u>昌濬</u>略云:"宗棠三试礼部不第,遂绝意仕进,究心经世之学,伏处田里十馀年,隐然具公辅之望。前<u>两江</u>总督<u>陶澍</u>,前云贵总督<u>林则徐</u>、<u>贺长龄</u>,交相推重。<u>湖南</u>巡抚<u>骆秉章</u>延佐幕军。适朝命在籍侍郎故大学士<u>曾国藩</u>团练御寇,乃就商,意见甚合。遂各举平素知名之士,召练乡勇,激以忠义,一时民气奋兴,所向有功。<u>湖南</u>之得为上游根本,<u>湘</u><u>楚</u>军之能杀贼者,<u>曾国藩</u>主之,<u>左宗棠</u>实力成之。用兵善于审机,坚忍耐劳,洞烛先几。戊辰召见,面奏西事,以五年为期,人或以骄讥之。及事定,果如所言。克一城复一郡,即简守令以善其后。用人因材器使,不循资格;为政因时制宜,不拘成例。外严厉而内慈祥,所至威惠并行。<u>甘</u>省安插<u>回</u>众十馀万,不闻复有叛者。固措置之得宜,亦恩信之久孚也。廉不言贫,勤不言劳。绾钦符十馀稔,从未开支公费。官中所入,以给出力将士,及亲故之贫者。督<u>两江</u>时,年七十馀矣,检校簿书,审视军械,事事亲裁。其言办洋务要诀,不外论语'言忠信、行笃敬'六字,以为物必相反而后能相克。西人贪利而尚廉,多诈而尚信。彼亦人耳,未必不可以诚动、以理喻也。居尝以<u>汉</u>臣诸葛亮自命。观其宅心澹泊,临事谨慎,鞠躬尽瘁,以经王事,可谓如出一辙。"锦棠略曰:"宗棠事无巨细精粗,必从根本做起,而要以力行。师行万里沙碛之地,虽酷暑严寒,必居营帐,与士卒同甘苦。垒旁隙地,悉令军士开垦。荒芜既辟,招户承种,民至如归。城堡桥梁,沟渠馆舍,乘战事馀暇,修治完善。蚕织牧畜,罔不因势利导,有开必先。军兴日久,文教浸衰。宗棠身在行间,讲学不辍。每克一城,招徕抚绥,兴教劝学。俄官索斯诺福斯齐游历过甘,阐说西教,宗棠接见,讲孟子三必自反之义,俄官为之敛容。其能以诚感人如此。"寻赐祭葬。十五年正月,慈禧端佑康颐昭豫庄诚皇太后归政,以宗棠前充军机大臣,夙夜在公,襄成郅治,命赐祭一坛。十六年,浙江巡抚崧骏疏言:"咸丰十一年,杭城失守,外府州县,仅存衢州一城,势甚岌岌。宗棠提师入浙,首解衢围,始转危为安。规复各郡,实为首先立功之地。请准于衢州府城由绅民捐建专祠,并将原任衢州府知府吴艾生、原任衢州镇总兵升任浙江提督饶廷选、原任衢州镇总兵李定太、已故前西安县知县吴来鸿,一并附祀,列入祀典,由地方官春秋致祭。"允之。

孙念谦,袭侯爵,通政使司副使。

【校勘记】

〔一〕宗棠必不舍难就易　原脱"不"字。今据左宗棠传稿(之一一)补。

〔二〕追李世贤至广信世贤窜入浙　原脱"至广信世贤"五字。今据左宗棠传稿(之一一)补。

〔三〕贼遇坚城　"遇"原误作"逼"。今据左宗棠传稿(之一一)改。

〔四〕臣已择定福建罗星塔一带地方　"已"原作"以",音近而讹。今
　　据左宗棠传稿(之一一)改。

〔五〕捻逆窜衡水　"水"原误作"永"。今据左宗棠传稿(之一一)改。

〔六〕禹得彦等复勾结河狄逆回　"复"原误作"得"。今据左宗棠传稿
　　(之一一)改。

〔七〕秦安　"秦"原误作"泰",形似而误。今据左宗棠传稿(之一
　　一)改。

〔八〕安西　"安西"原颠倒作"西安"。今据左宗棠传稿(之一一)改
　　正。下同。

〔九〕闪殿臣复叛檄刘锦棠讨平之　"闪"原误作"闵",又原脱"檄"字。
　　今据左宗棠传稿(之一一)改补。

〔一○〕岂思立功边域　"域"原误作"城"。今据左宗棠传稿(之一
　　一)改。

〔一一〕会道员罗长祜军复吐鲁番满汉城　"祜"原作"祐",形似而误。
　　今据左宗棠传稿(之一一)改。

〔一二〕盖东南以大海为界　原脱"盖东南"三字。今据左宗棠传稿
　　(之一一)补。

〔一三〕定议先规北路　原脱"先"字。今据左宗棠传稿(之一一)补。

〔一四〕气血渐衰　原脱此四字。今据左宗棠传稿(之一一)补。

　　文祥

　　文祥,瓜尔佳氏,盛京正红旗满洲人。道光二十五年进士,
以主事用,分工部。二十九年,补官。咸丰四年,升员外郎。五
年五月,以巡防出力,加知府衔,赏戴花翎。六月,验收海运漕
粮。叙功,加道衔。十月,升郎中。十一月,以襄办孝静康慈皇

后丧仪,赏三品顶戴。六年,京察一等,记名以道府用,因亲老乞留京供职。七年二月,授太仆寺少卿。十二月,擢詹事府詹事。八年正月,充日讲起居注官。三月,署刑部左侍郎。寻迁内阁学士,兼礼部侍郎衔。四月,署镶黄旗汉军副都统。五月,命在军机大臣上学习行走。六月,补礼部右侍郎。七月,充署经筵讲官。八月,署户部右侍郎,兼管钱法堂事务。十月,恭送仁宗睿皇帝圣容,宣宗成皇帝实录、圣训,诣盛京供奉尊藏,下部议叙。寻赐紫禁城骑马。十二月,调吏部右侍郎。九年二月,授镶红旗蒙古副都统,充前引大臣。三月,充会试知贡举。八月,复署户部右侍郎,兼管钱法堂事务。十月,命在军机大臣上行走。调工部右侍郎,兼管钱法堂事务。寻调镶蓝旗满洲副都统。十一月,调户部左侍郎,兼管三库事务。十年正月,上三旬万寿,赏加一级。三月,署工部右侍郎,兼管钱法堂事务,充对引大臣。五月,充朝考阅卷大臣,授左翼总兵。

时英、法二国犯顺,入天津海口,钦差大臣科尔沁亲王僧格林沁退驻通州。七月,上降亲统六师朱谕,适僧格林沁密疏请幸木兰,命王大臣会议。文祥以通州地异澶渊,人无寇准,非万全之道;木兰又无险可扼,我能至彼亦能至,与大学士贾桢等力持不可。文祥复独请召对,再三吁留。退偕军机大臣吏部左侍郎匡源、署吏部右侍郎杜翰具疏极言利害,请罢木兰之议,尽撤所调车马,并请上特降谕旨,宣示中外。八月,上幸木兰,留署步军统领。九月,圆明园火,黑龙潭等处土匪肆扰,[一]命署圆明园八旗、包衣三旗印钥,调兵严捕。仍随恭亲王办抚局,文祥虑事繁难兼顾,辞步军统领,允之。夷兵退,疏请定期回銮,以安人心。

十月,署正蓝旗护军统领。通商条约既定,上以文祥出入敌营,备历艰险,于夷人非分之求,侃侃直言,折之以理,使心服,下部优叙。十二月,偕恭亲王等通筹洋务全局,奏言:"夷情之强悍,〔二〕萌于嘉庆年间。迨江宁换约,鸱张弥甚。至本年直入京城,要挟狂悖,夷祸之烈极矣! 论者引历代夷患为前车之鉴,专意用剿。然揆时度势,各夷以英为强悍,俄为叵测,而法、美从而阴附之。窃谓大沽未败以前,其时可剿而亦可抚;大沽既败而后,其势能抚而不能剿。至夷人入城,战守一无足恃,则剿亦害、抚亦害。就两者轻重论之,不得不权宜以救目前之急。自换约以后,夷人退回天津,纷纷南驶,而所请尚执条约为据。是夷人并不利我土地人民,犹可以信义笼络,驯服其性,似与前代之事稍异。方今捻炽于北,发炽于南,饷竭兵疲,夷人乘我虚弱而为其所制。如不胜其忿而与之为仇,则有旦夕之变;若忘其为害而全不设备,则贻子孙之忧。古人有言:'以和好为权宜,以战守为实事。'洵笃论也。今日之势,发、捻交乘,心腹之害也。俄国壤地相接,有蚕食上国之志,肘腋之忧也;英国志在通商,暴虐无人理,不为限制,则无以自立,肢体之患也。故灭发、捻为先,治俄次之,治英又次之。惟有隐消其鸷疾之气,而未可遽张以拯发之威。傥天心悔祸,贼匪渐平,则以皇上之圣明,臣等竭其颛蒙之力,必能有所补救。若就目前之计,按照条约,不使稍有侵越,外效信睦,而隐示羁縻,数年间即偶有要求,尚不遽为大害。因拟善后章程六条:一、京师总理各国事务衙门以王大臣领之,军机大臣兼领其事,选章京满、汉各八人轮直。俟军务定,各国事简,仍归军机处办理,以符旧制。一、分设南北口岸大臣,牛庄、天津、登州三口暂设办理通商大臣,驻天津;五口钦差大臣旧隶两江总督,新增内江闽广口岸,事益繁,曾国藩方在军,仍暂令薛焕署理,驻上海。吉林、黑龙江边境,俄人越界侵占,久匿不报,令将军等履勘以闻。一、天津关税,以三口通商大臣主之;牛庄仍归山海关监督,听通商大臣统辖。新立通州口岸,应派员专理。镇江、九江、汉口、琼州、潮州、台湾、淡水诸口岸,由各督抚会上海钦差大臣遴员司其事。俄国新议行货之库伦、喀什噶尔、张家口,并旧通商之恰克图、塔尔巴哈台等处,定约惟乌苏里、〔三〕绥芬河各所不纳税,请下伊犁将军各大臣监督,悉心榷课,核实用。并以洋税扣归二成,请酌给官吏办公经费。一、各省办理外国事件,将军、督、抚互相知照,以免歧误。一、广东、上海各择通外国语言文字者二人来京,仿俄罗斯馆教习例,选八旗子弟年十三四以下者学习,两年后考其勤惰,有成者优奖。一、各海口内外商情,并外国新闻纸,按月咨报总理各国事务衙门备核。”均如所议行。

复密疏请练八旗兵丁,略言:“制敌在乎自强,自强必先练兵。比者抚局虽成,而国威未振,宜亟图振兴,使夷顺则可以相安,逆则可以有备。况发、捻交乘,尤宜速图剿办,内患能除,外侮自绝。请筹款添置火器营枪炮,给八旗兵丁演习,选闲散馀丁别立营伍,专习技艺抬枪。并请敕僧格林沁举知兵将弁一人来京,督率训练。”上韪之,遂立神机营。文祥又奏言:“自办理抚局以来,于外省军情见闻渐少,而深维大局,忧心如焚。窃谓今之患,外有四夷,内有发、捻,兵疲饷竭,在在为难。然夷性桀骜,竭力抚绥,尚不至遽有变局;而发逆蹂躏东南数省,仅恃有淮扬一线之隔,捻匪则出没三省间,蔓延徐宿,近更扰及山东金乡、鱼台一带。僧格林沁军有羊山集之挫,比虽小胜,然匪踪飘忽,直隶一带空虚,僧格林沁行兵后路尚形单薄;胜保所部多未经行阵。抚局既定,而未敢遽撤者,一以弹压土匪,一以防东省之匪阑入直境,藉此为僧格林沁后路策应也。夫僧格林沁与士卒同甘苦,并能调度一切机宜,然其势亦孤立无援;胜保勇敢有馀,而审慎不足。且同为统兵大臣,未肯相下,是僧格林沁军必得良将劲卒,赞助援应,方无意外之失。良将一时难得,窃忆前任副都统富明阿、西宁镇总兵成明,从军江北,素号得力,因养伤回旗,如病痊,请特旨录用,或发僧格林沁军营,领队击贼;或留京师训练旗兵。并请命各统兵大臣选带队得力者,保奏存记,酌量调遣,用资御侮。再湖南巡抚骆秉章近因石逆回窜,暂缓赴川,而川省贼势益张,文武皆不知兵。伏思前任云贵总督张亮基谋略素优,以病开缺,恐因滇事棘手,托词引退,若移之川省或能展其才猷;且川省安,滇省亦易就理。又前任江西九江道沈葆桢、湖北候补知县刘蓉,均才堪大用,请敕胡林翼察其能胜何任,[四]奏恳破格录用。"上嘉纳焉。

十一年二月,授右翼前锋统领。三月,署镶黄旗满洲都统。寻充总理各国事务大臣。七月,充崇文门副监督。文宗显皇帝升遐,穆宗毅皇帝御极,文祥请解枢务,命仍在军机大臣上行走。十月,偕王大臣等奏请两宫皇太后垂帘听政,并议章程礼节。寻充实录馆副总裁。十二月,充经筵讲官,管理神机营事务。同治元年正月,迁都察院左都御史、正白旗蒙古都统。二月,管理国子监事务。三月,署工部尚书,并管理火药局。命恭理丧仪。四月,充总管内务府大臣。五月,署镶白旗满洲都统。六月,署兵部尚书。充拔贡朝考阅卷大臣。七月,管理向导处事务。闰八月,授工部尚书,兼署兵部尚书。九月,恭送文宗显皇帝、孝德显皇后梓宫,奉移山陵礼成,赏加三级。二年四月,充朝考阅卷大臣。十二月,管理理藩院事务。

　　初,江苏、浙江省城克复,上屡欲加恩枢臣,均再三辞,上重违其意。三年六月,江宁复,首逆就殄。七月,捷至,谕枢臣同心辅治,宜予优奖。文祥仍固辞,上鉴其诚,赏太子太保衔,侄凯肇员外郎。寻署正黄旗汉军都统。十月,充阅兵大臣。四年三月,署户部尚书。四月,辞总管内务府大臣,允之。六月,调镶白旗满洲都统。八月,马贼入直隶喜峰口,窜遵化、蓟州,命文祥统神机营兵驰赴东陵防护,并督诸军追剿。贼窜滦阳,经铁门关遁。乃留兵屯遵化、迁安边隘,因疏陈地方豢贼酿患,请除积弊,清盗源。又奏言:"马贼巢穴,多在口外,如奉天之昌图厅、八面城,热河之八沟、哈达等处,五方杂处,回民为多。出则抢掠,归而聚博,入冬弥甚。宜悬重赏,购眼线,伏口外侦听,调兵掩捕。庶净绝根株,一劳永逸。"旋回京。九月,上谒东陵,命留京办事。文宗显皇帝、孝德显皇后梓宫永远奉安定陵,礼成,赏加二级,子熙联员外郎。十月,以督率神机营操练有方,下部议叙。

　　寻以母老多病,请回旗迎养,赏假三月,颁赐内府人参六两,俾赍归;因令统神机营出关剿马贼。时贼分扰关外,伏莽应之,势甚炽。文祥行至山海关,以所部兵力单,增调直隶步队五百、洋枪队一千;并请敕东三盟蒙古王公等由北夹击。十一月,贼入朝阳县,军夜进,抵锦州,贼东窜,败之北井子。十二月,谍知贼劫奉天狱,约期攻城;兼程驰至,贼退踞城东南肆掠,并围抚顺;檄总兵刘景芳率骑夜击破之,贼悉出边。于是吉林告警,文祥遣军赴援。五年正月,解长春厅围,追贼及于昌图朝阳坡,二月,军分三路进,贼悉众抗,士卒争奋,十数战皆大捷,擒斩贼目王洪义等,馘三千馀级,擒三百馀名。寻调吏部尚书。四月,贼首马傻子势蹙乞降,磔之,解其党。留兵饷授将军都兴阿,俾清馀孽。遂请蠲奉天地丁银米,停铺捐。五月,回京,仍管理火药局,充崇文门监督。十二月,文宗显皇帝实录、圣训庆成,赏文绮、鞍马,加三级,子熙治员外郎。六年八月,署翰林院掌院学士。九月,文祥五十生辰,御书“宣猷笃祜”匾额,“福”、“寿”字,并诸珍物赐之。七年三月,充会试副考官。闰四月,署神机营印钥。七月,以捻逆平,加军功二级。十一月,纂修剿平粤捻方略,充总裁。八年,因病三疏请假。十月,上遣御医诊视,给人参八两。十一月,请开缺,予假两月。十二月,丁母忧,回旗穿孝,上嘉文祥母教子有方,赐祭一坛、治丧银二千两。九年四月,百日服满,因病乞假,予两月,并给人参五两。六月,续假一月。

会天津民教滋事,文祥力疾回京。九月,以病未痊,请开紧要差使,得旨毋庸管理理藩院、国子监、向导处,并开对引大臣、阅兵大臣。十年,以吏部尚书协办大学士。十一年四月,稽察钦奉上谕事件处。六月,授大学士管理工部事务,充武英殿总裁。七月,授体仁阁大学士。八月,方略告成,赏加二级。九月,大婚礼成,加恩在紫禁城内乘二人肩舆。十二月,充文渊阁领阁事。十二年,以明年慈禧端佑康颐皇太后四旬万寿,并上亲政后初届元旦,特恩优叙。十三年,因病请开缺,赏假凡六次。

六月,日本窥台湾,文祥强出筹战守,因上疏曰:"方今时事可虑者甚多,而以图自强、御外患为亟。当和议之成,无人不为自强之言。十馀年来,迄无成效。其故由于鄙弃洋务者,托空言而无实际;狃于和局者,又相安无事,而恐启猜嫌。即或悉心讲求防务,复阻于财赋不足,而莫可施展。今变端已形,事机益迫,若再不措意,一旦大敌当前,将何所恃?伏愿敕下户部、内务府,宽筹饷需,裁减浮用,停不急之工作,谋至急之海防,俾部臣、疆臣皆得专力图维。至自强之道,首在虚怀纳谏,以求政治之得失。勿以将顺之言为可喜,勿以直遂之言为可憎。皇上忧勤惕厉,斯内外臣工振刷精神,不敢蹈玩泄之积习,否则狃以为安,不思变计,恐中外解体,人心动摇,其患有不可胜言者矣。"上嘉纳之。日本事平,偕恭亲王等策海防六事:一练兵,二简器,三造船,四筹饷,五用人,六持久。请敕中外大臣佥议,如所请行。文祥复疏言:"台湾一事,以备虚力绌,将就完结,心殊郁愤。更不能不思患豫防,前月总理各国事务衙门奏筹海防,远谋持久,尚待从容会议,而目前尤以防日本为尤亟。日本与闽浙一苇可杭,倭人习惯食言,难保必无后患;且彼国近以改旧制失人心,叛藩乱民,一或崩溃,则我滨海各口,岌岌堪虞,明季之倭患可鉴也。今台湾一役,彼理曲而勉就范围。傥他日强词寻隙,别启衅端,或阴与西洋各国合谋,虽欲委曲迁就,势亦不能。夫日本东洋一小国耳,略习西洋兵法,购二铁甲船,竟公然为中国难,而沿海疆臣佥以仓卒无备,不便决裂。若不及今亟求整顿,一旦变生,必更棘手。请敕沈葆桢等悉心筹商,酌留在台兵勇,布置全台事宜,以善其后。南北洋通商大臣迅速筹款,购铁甲船水炮台及军械,勿以倭兵已退,稍涉松懈。"允之。十二月,授武英殿大学士。光绪元年三月,复请开缺,谕开镶白旗满洲都统,毋庸管理工部、神机营,以大学士在军机大臣总理各国事务衙门行走,俟病痊入直。九月,上躬送穆宗毅皇帝、孝哲毅皇后梓宫,暂安山陵,文祥留京办事。谕日午散直,毋庸直宿,并佩正黄旗满洲都统印钥。文祥在军机大臣任,五届京察,均下部议叙。十二月,复以病请解枢务,上不许,叠予假调理。

　　二年五月,卒。遗疏入,谕曰:"大学士文祥,清正持躬,精详谋国,忠纯亮直,诚恳公明。由部曹荷文宗显皇帝特达之知,荐升卿贰,并令在军机大臣上行走。复蒙两宫皇太后、〔五〕穆宗毅皇帝重加倚畀,同治四年间因奉天马贼肆扰,特派带兵出关剿捕,地方赖以廓清。旋经简任纶扉,深资辅弼。于国计民生利病所关,及办理中外交涉事件,无不尽心筹画,实为股肱心膂之臣。只以积劳成疾,屡请开缺,朝廷宽予假期,曾遣御医诊视,赏给人参,俾得安心调理;并于召见军机大臣时,叠次垂询。方冀克享遐龄,长承恩眷。兹闻溘逝,震悼良深!着赏给陀罗经被,派郡王衔贝勒载澄带领侍卫十员,即日前往奠醊。加恩予谥,晋赠太傅,照大学士例赐恤。入祀贤良祠,赏银三千两治丧,由广储司给发。赏给骑都尉世职,即令伊子熙治于百日孝满后承袭。任内一切处分,悉予开复。应得恤典,该衙门察例具奏。灵柩回旗时,沿途地方官妥为照料,到旗后着崇实前往赐祭一坛,用示笃念荩臣至意。"寻赐祭葬,予谥文忠。十五年正月,慈禧端佑康颐昭豫庄诚皇太后归政,以文祥前充军机大臣,夙夜在公,襄成郅治,命赐祭一坛。

子<u>熙洽</u>,员外郎,袭世职。

【校勘记】

〔一〕黑龙潭等处土匪肆扰　原脱"黑龙潭等处"五字。今据<u>文祥传稿</u>（之一一）补。按<u>续碑</u>卷七叶一下亦脱此五字。

〔二〕夷情之强悍　"夷情"原作"洋人"。今据<u>文祥传稿</u>（之一一）改。

〔三〕定约惟乌苏里　"惟"原误作"为"。今据<u>文祥传稿</u>（之一一）改。按<u>续碑</u>卷七叶二下不误。

〔四〕能胜何任　"胜"原误作"任"。今据<u>文祥传稿</u>（之一一）改。

〔五〕两宫皇太后　原脱"两宫"两字。今据<u>文祥传稿</u>（之一一）补。